ATLAS PORTATIF,

CONTENANT

LA GÉOGRAPHIE UNIVERSELLE

ANCIENNE ET MODERNE.

Le même ATLAS, format de poche, avec un texte, 1 vol. de plus de 500 pages, dans lequel les cartes sont ployées, broché......... 12 fr.
Le même, cartes coloriées, broché .... 16 fr. 50

ATLAS PORTATIF,

CONTENANT

LA GÉOGRAPHIE UNIVERSELLE

ANCIENNE ET MODERNE.

Cet ATLAS, composé de 45 Cartes nouvellement dressées d'après les découvertes des voyageurs et les changemens survenus en Europe jusques et compris le traité de Presbourg,

PAR HÉRISSON, INGÉNIEUR-GÉOGRAPHE,

ET GRAVÉES AU BURIN PAR GLOT,

Est précédé de Notices ou Élémens de Géographie, extraits des ouvrages et des cartes de D'ANVILLE pour la Géographie ancienne, et pour la moderne des cartes les plus nouvelles et les plus estimées publiées en Europe, ainsi que des ouvrages de GUTHRIE, MALTE-BRUN, PINKERTON, &c. &c.

Pour servir aux Voyageurs, à l'instruction de la Jeunesse, à la lecture de l'Histoire et des Voyages, à celle des Dictionnaires et autres ouvrages de Géographie, à celle des Feuilles publiques, &c.

A PARIS,

CHEZ DESRAY, LIBRAIRE, RUE HAUTEFEUILLE, N° 4.

M. DCCC. VI.

AVERTISSEMENT.

Parmi les connoissances propres à orner la mémoire et à nourrir l'esprit, la géographie occupe une place distinguée. Elle contribue autant à l'utilité qu'à l'agrément. Aussi la plupart des ouvrages publiés sur cette intéressante matière ont été accueillis favorablement. Pourroit-on en effet regarder comme complète, l'instruction de celui qui n'a pas en géographie des notions un peu étendues? il seroit exposé à chaque instant à confondre les lieux, à appliquer à un pays ce qui appartient à un autre. Les connoissances géographiques sont donc d'une nécessité indispensable aux militaires, aux négocians, aux hommes de tous les états et dans presque toutes les circonstances de la vie; les femmes même ne peuvent se dispenser de les acquérir. Comment lire l'histoire soit ancienne soit moderne, même des romans; comment prendre quelque intérêt aux découvertes des navigateurs, profiter des observations des voyageurs; comment comprendre le sens d'une nouvelle racontée dans un journal ou dans la société, sans connoître la géographie, sans avoir des cartes sous les yeux? et quoi de plus confus que les événemens, si l'on n'a pas même l'idée des lieux où ils se sont passés et de leur distance respective? La géographie est donc devenue d'un usage universel, et rien n'est plus important que d'en inspirer le goût et de procurer les moyens qui doivent en faciliter l'étude.

Malheureusement ces moyens ne sont pas à la portée de tout le monde. Les atlas et même les cartes séparées sont à des prix bien au-dessus des facultés ordinaires, et l'incommodité de leur format empêche souvent d'y recourir.

L'utilité d'un atlas portatif a toujours été bien sentie; mais il n'en existoit pas encore dont les cartes fussent accompagnées d'un texte suffisant pour les besoins journaliers; la plupart des cartes de ceux qui ont été publiés jusqu'ici ont vieilli; privées d'ailleurs des nouvelles découvertes des voyageurs, elles n'indiquent pas les changemens survenus en Europe; enfin, la plupart de ces cartes ont été mal dessinées et mal gravées. Ces considérations nous ont fait penser qu'un Nouvel Atlas portatif composé de cartes dressées avec plus de soin, seroit utile et agréable au public. Nous avons suivi d'Anville et les sources où lui-même avoit puisé, pour la géographie ancienne; pour la moderne, Guthrie édition originale, Pinkerton, Malte-Brun, les cartes les plus nouvellement publiées en Europe, les auteurs et les voyageurs qui ont écrit le plus récemment sur les découvertes nouvelles. Nous avons adopté les divisions généralement usitées aujourd'hui. Nos cartes sont en nombre suffisant pour offrir un tableau complet du système géographique, pour guider dans l'étude de l'histoire, la lecture des voyages, celle des feuilles périodiques et pour l'usage de tous les dictionnaires de géographie. Le lecteur pourra y suivre les marches militaires et les opérations commerciales; il y reconnoîtra les lieux rendus à jamais célèbres par les événemens merveilleux qui illustrent notre siècle.

Nous avons fait précéder cet Atlas d'un texte abrégé qui contient les principales notions géographiques. C'est un résumé de ce qu'une mémoire exercée pourroit retenir d'une étude même approfondie de cette science, afin que cet ouvrage puisse servir à-la-fois d'élémens et de mémorial. Il est rédigé avec le plus de soin possible; nous y avons fait marcher de pair l'histoire et la géographie. Avant de décrire un pays, nous avons indiqué les faits et les époques principales qui l'ont illustré; nous avons ensuite fait connoître ses productions, son industrie, son commerce, sa population, son gouvernement, les mœurs de ses habitans, leurs usages, leur religion; en un mot, nous avons fait entrer dans cet abrégé tout ce qu'il est nécessaire de savoir et que les cartes ne peuvent pas apprendre.

Notre but a été, en publiant cet ouvrage, d'offrir un volume peu coûteux, d'un usage commode et d'une utilité journalière pour tous les âges: et nous pouvons assurer que rien n'a été négligé pour donner aux cartes et au texte la netteté, la précision et l'exactitude qui font le véritable mérite de ces sortes de productions.

TABLE DES ARTICLES.

GÉOGRAPHIE ANCIENNE.

GÉOGRAPHIE MODERNE.

FIN DE LA TABLE DES ARTICLES.

TABLE DES CARTES.

AVIS AU RELIEUR.

On placera les cartes à la suite du texte, par ordre de numéros.

ATLAS

ATLAS

DE

GÉOGRAPHIE UNIVERSELLE

ANCIENNE ET MODERNE.

NOTIONS PRÉLIMINAIRES.

La Géographie est la connoissance du globe terrestre, et plus particulièrement des parties qui sont habitées, tels que les continens, les îles, &c. Elle trace le tableau de la terre, décrit ses diverses parties, détermine leurs formes et leurs dimensions, ainsi que celle des eaux qui les baignent ou les arrosent.

Elle porte ensuite ses regards sur leurs habitans, mais comme secondairement; car leur nature ne paroît pas être pour elle un objet de grande importance, puisque des déserts l'intéressent presque également.

Les productions des pays, les moyens d'existence de ceux qui les habitent, paroissent encore moins l'occuper; et depuis quelque temps elle semble en abandonner l'étude à la Statistique, science nouvelle, utile aux gouvernans, et démembrée, pour ainsi dire, de la Géographie.

Lorsqu'elle ne s'occupe que de la description de la terre et de ses divisions, la Géographie se trouve dans ses domaines; mais alors il est difficile de les parcourir avec elle seule, sans éprouver de l'ennui; l'Histoire peut le dissiper : elles doivent être inséparables. Comment en effet parler d'un fait sans s'occuper du théâtre sur lequel il s'est passé? comment parler de ce théâtre et rejeter les scènes qui s'y sont développées, auxquelles même souvent il a donné lieu?

Il ne faut donc pas séparer ces deux sœurs; les événemens les plus remarquables doivent être rapportés en parlant de leurs théâtres, et ces théâtres ne doivent pas être dépouillés des ornemens qu'ils reçoivent de la nature ou des arts, encore moins de l'intérêt que leur donnent les personnages qui y figurent.

De toutes les manières d'apprendre à bien connoître tout ce qui a une forme et des divisions, celle d'examiner sa représentation est la plus simple et la plus sûre. La seule chose qu'il soit permis à l'écrivain de placer auprès, ce sont les détails que l'espace n'a pas permis de tracer sur la carte qui représente chaque partie de la terre, comme le globe représente la terre entière; et certes si les arts pouvoient exécuter une ou plusieurs vastes coupoles sur lesquelles on figurât le globe à vue d'oiseau, l'on y apprendroit plus en quelques heures qu'on ne pourroit le faire en étudiant de volumineux traités de Géographie. Le devoir de l'écrivain, qui n'ignore pas que pour instruire il faut plaire, est donc de suppléer par des notions succinctes à l'aridité des cartes. Chacune de ces cartes doit être regardée comme une partie quelconque du globe qui représente la terre entière.

Ce globe, image fidèle de la terre, est divisé, comme elle, en mers, continens et îles; mais outre ces divisions naturelles, il a fallu, pour soulager la mémoire, en admettre d'artificielles, dont on a pris l'idée de l'Astronomie et de la division du ciel.

On a supposé qu'un axe traversoit la terre du nord au sud. Les points extrêmes de cet axe ont été nommés les pôles : ils ont leurs points supposés correspondans dans le ciel.

A

Ensuite on a tracé sur ce globe des cercles dans des plans différens ; les uns qui ont le même centre que lui, sont les grands cercles. Ils sont censés couper la terre en deux parties égales ; ceux qui ont un autre centre que la terre dans la longueur de son axe, sont nommés petits cercles ; ils la coupent inégalement.

Parmi les grands cercles, le plus utile est l'Equateur : il divise la terre en hémisphère septentrional et méridional. Ce cercle est immobile et commun à tous les peuples.

L'Horizon est un autre cercle qui sert à reconnoître la situation de chaque pays relativement aux astres et particulièrement au soleil. Il est mobile et varie pour chaque peuple.

Le Méridien est le grand cercle sur lequel les rayons du soleil sont censés tomber dans chaque contrée, lorsqu'il est pour elle dans le milieu de sa course. Chacune a donc son méridien ; mais on n'en emploie que vingt-cinq. Chaque nation compte ordinairement de celui de son principal observatoire ; ce qui cause beaucoup de difficultés, lorsqu'on veut indiquer la position des lieux, sur-tout en mer.

Le Zodiaque, plus étranger encore à la division physique de la terre, coupe obliquement l'équateur, et sert pour chaque pays à la division des saisons, en indiquant la correspondance du soleil ou de la terre avec différentes constellations employées pour marquer ces saisons.

Les deux Colures sont presque étrangers à notre plan : ils se coupent à angles droits aux pôles du monde.

Les petits cercles sont : 1°. les deux Polaires, ainsi nommés parce qu'ils approchent des pôles, servent, avec les Tropiques, à distinguer les climats, et sont par conséquent très-utiles à la Géographie. Ces climats sont tous rangés sous des zones ou larges bandes qui divisent la terre parallèlement à l'Equateur. Celle du milieu est la zone torride, située entre les deux tropiques des deux côtés de l'équateur ; le soleil y darde des rayons perpendiculaires ; les anciens la croyoient inhabitée. Les deux zones tempérées sont entre les tropiques et les polaires ; les rayons du soleil y tombent obliquement, et la chaleur y est tempérée. Les zones glaciales sont entre les cercles polaires et les pôles ; les rayons du soleil ne font qu'y glisser obliquement, et le froid, du moins en l'absence du soleil, doit y être insupportable.

Cette division en cinq zones n'étant point assez exacte, on admit celle par climats : ce sont trente bandes qui se succèdent depuis les pôles jusqu'à l'équateur, auquel elles sont parallèles. Cette division est plus conforme à la nature et au sens du mot climat.

Après ces divisions générales, pour faciliter les moyens de connoître la position des lieux, on a imaginé les latitudes et les longitudes. Par le premier de ces termes on entend la distance d'un lieu donné à l'équateur. pour la trouver on place ce lieu sous le méridien, et l'on compte sur lui les degrés depuis ce lieu jusqu'à l'équateur. Par longitude on entend la distance d'un lieu donné, au premier méridien, c'est-à-dire, à celui que les géographes ou les astronomes sont convenus de regarder comme tel. Pour trouver cette distance, on place ce lieu sous un méridien mobile, qui devient celui de chaque pays, et l'on calcule sur les degrés de l'équateur l'espace entre ce méridien et le premier méridien.

Ces degrés de longitude et de latitude sont nécessaires aux marins, à ceux qui dressent des cartes et à ceux qui font sur elles quelques recherches ; ils servent aussi à connoître le climat ou température d'un pays.

Outre ces indices de la situation positive des lieux, il en est de très-utiles pour leur situation respective. On les suppose placés sur un hémisphère, et fixant l'attention sur les lieux du lever et du coucher du soleil, on a les quatre points cardinaux, qui sont à proprement parler, 1°. les deux extrémités de l'axe de la terre ; savoir : le pôle N. ou simplement le nord, et le pôle S ou simplement le sud ou le midi. Le méridien de chaque pays a ces mêmes pôles ; 2°. les deux axes ou points de l'équateur faisant avec ce méridien un angle droit ou de 90° ; le point vers lequel se lève le soleil est l'Est ou levant, celui où il se couche, l'Ouest ou couchant.

Après ces premières notions, il faut jeter un coup-d'œil sur le globe. Nous y voyons au milieu du vaste océan qui le recouvre en grande partie, deux continens, l'un oriental, qui renferme l'Europe et l'Asie au nord, et au sud l'Afrique, qui lui est jointe par l'isthme de Suez.

L'autre continent, occidental, ou Nouveau-Monde, renferme l'Amérique, divisée en septentrionale et méridionale par l'isthme de Panama.

L'Océan, ou volume d'eau qui les environne, est lui-même subdivisé en quatre océans ; savoir : 1°. l'Atlantique, qui sépare l'Europe et l'Afrique de l'Amérique. On lui donne ce nom, parce qu'on suppose qu'il entouroit jadis l'Atlantide, ancien continent que les Grecs et les Romains croyoient avoir été englouti par les eaux. 2°. L'Océan Pacifique, entre l'Asie et l'Amérique ; son nom indique qu'il est peu troublé par les tempêtes, peut-être à cause de son immensée étendue. 3°. L'Océan Septentrional ou Mer Glaciale, qui enveloppe le pôle nord, baigne les côtes septentrionales de l'Europe, de l'Asie, de l'Amérique, et joint au nord l'Océan Atlantique avec le Pacifique. 4°. L'Océan Indien, qui baigne les côtes méridionales de l'Asie, les côtes orientales de l'Afrique, et joint au sud l'Océan Atlantique avec le Pacifique.

Ces divers océans reçoivent les eaux des fleuves, des rivières et des lacs qui arrosent les continens. Toutes ces eaux descendent de vastes chaînes de montagnes qui les traversent en divers sens et même dans toute leur longueur, et des plateaux qui sont superposés l'un à l'autre depuis le fond de la mer jusqu'à leurs cimes ; car ce n'est que par fiction et mathématiquement parlant que l'on suppose la terre ronde.

L'Europe est traversée du S. O. au N. E. dans toute sa longueur par une chaîne de montagnes qui commence à Gibraltar et se prolonge en Asie. Cette chaîne se subdivise en quatre branches : deux entourent la Baltique au N., deux autres la mer Noire au S.

Au centre de l'Asie est un immense plateau ou masse de montagnes regardée comme le berceau du genre humain et qui se prolonge en quatre grandes chaines; deux vers l'O. se joignent à celles de l'Europe, deux vers l'E. passent dans d'autres continens: la première en Amérique par le détroit du N., la seconde atteint les îles de l'Asie, qui ne sont que des cimes de montagnes, et gagne la Nouvelle-Hollande.

Le détroit de Gibraltar n'est, à proprement parler, qu'un passage entre deux montagnes de la première chaîne. Cette chaîne prend son origine en Europe, et se prolonge en Afrique où elle se divise en deux branches, dont l'une suit les côtes de la Méditerranée de l'O. à l'E., gagne au S. l'intérieur de l'Afrique, et y aboutit au plateau ou point le plus élevé de ce continent: l'autre branche suit les côtes de l'Océan Atlantique, et passant par le S. E. au centre, s'unit à la première. Du point le plus élevé de ces continens partent deux autres chaines, l'une gagne par le S. la pointe méridionale de l'Afrique; l'autre par le N. atteint la mer Rouge, la sépare de la Méditerranée plus haute qu'elle, et se lie à l'une des chaînes de l'Asie.

Une grande chaine, qui court du N. au S., traverse le Nouveau-Monde dans toute sa longueur. Trois chaînes s'y attachent dans l'Amérique septentrionale: deux se dirigent vers l'E. et la troisième vers l'O.; cette dernière va vers le détroit du N. et tient à celle d'Asie. Une de celles

de l'E. traverse l'Océan Atlantique, et va se rattacher à celles qui font le tour de la Baltique; l'autre forme les Açores et les Canaries.

Ce mot de chaine est très-impropre; c'est plutôt comme un chapelet de montagnes, dont le tronc principal et les branches ont été posés par la main de Dieu sur la terre pour y entretenir la circulation des fleuves.

Si l'on examine des cartes faites à vue d'oiseau des îles et des continens, et que l'on considère les montagnes qui s'élèvent au milieu d'eux, et les côtes qui souvent sont de niveau à l'océan, on reconnoît que ses eaux en ont couvert une beaucoup plus grande partie, et qu'elles se sont retirées insensiblement de toutes parts, après avoir, pour ainsi dire, modelé les masses des continens.

Le globe, d'après les termes mêmes de l'Ecriture Sainte, paroît avoir été peuplé par trois grandes familles, dont les descendans sont les Scythes ou Tartares au N., les Arabes au milieu, et les Nègres au midi. L'influence du climat et des alimens a effacé les traces de cette origine commune chez la plupart des nations. Ce seroit en vain que l'on voudroit nier cette modification des formes de l'homme par ces causes accidentelles. Il faut l'admettre ou supposer que parmi les enfans de Noé il y en avoit un blanc, un noir et un rouge.

Après cet apperçu général, nous allons nous occuper du Monde connu des Anciens.

GÉOGRAPHIE ANCIENNE.

LE MONDE CONNU DES ANCIENS.

Nous devons à Homère les premières et les plus importantes notions sur la Géographie des Anciens, ou la Géographie du premier âge, car les livres sacrés ne parlent que de quelques foibles parties de l'Asie et de l'Afrique. Cette Géographie comprend la Grèce propre, la Grande-Grèce ou partie de l'Italie, une assez grande partie de l'Asie et les côtes d'Egypte seulement. Alexandre en faisant la conquête de l'Inde l'ajouta au Monde des Anciens, et particulièrement des Grecs, qui avoient aussi quelques notions de l'Ibérie et de l'Espagne. Les Romains, en étendant leurs conquêtes, reculèrent les limites des connoissances géographiques, et ce qu'ils en connurent, appelé Monde Romain, comprend toute la Géographie ancienne. Par la suite, nous restreindrons cette expression à ce qu'ils possédoient. Avant ces conquêtes, les Anciens croyoient que la terre n'étoit habitable que sous la zone tempérée. Ils soupçonnoient encore moins l'existence d'un autre continent.

De ces observations il résulte qu'en réunissant les notions des Hébreux à celles des Anciens, le monde fut, dès la plus haute antiquité, divisé en trois parties, l'Europe, l'Asie et l'Afrique. Elles étoient pour eux entourées de mers, connues sous le nom général d'Océan. La portion qui baigne la côte occidentale du couchant se nommoit Atlantique, ou de l'ancienne Atlantide, ou de l'Atlas qui en est voisin; de l'autre côté étoit la mer Erythréenne ou Mer Rouge; vers le N. l'Océan étoit appelé Mer Paisible, Mer Glacée. Ils nommoient la Méditerranée Notre Mer, parce qu'elle baigne toutes les contrées qu'ils connoissoient e mieux : on la désigna aussi sous la dénomination de Mer Intérieure.

Nous allons entrer dans les détails du Monde connu des Anciens. Quoique l'empire romain fût de beaucoup postérieur aux empires de l'Asie et de l'Afrique, et aux royaumes et républiques de la Grèce, cependant, comme il les a tous envahis, l'usage a prévalu parmi les géographes de suivre leurs divisions.

Il faut observer, 1°. que dans l'éloignement des temps et des lieux toutes les parties, souvent très-différentes d'un tout, se confondent pour ne former qu'une masse désignée par un terme générique; ainsi l'on dit les Gaulois en général, comme on dit les Chinois, sans songer que d'un Chinois du nord ou du premier siècle à un Chinois du midi, ou de nos jours, il y a autant de différence qu'il y en avoit entre les Gaulois du nord et du temps de Brennus, à un Gaulois du midi et du temps du Bas-Empire, quoique les Anciens disent toujours un Gaulois. Il en est de même des localités; ce qui cause la plus étrange confusion dans les idées et les rapprochemens. 2°. Que les nombreuses et fréquentes révolutions de ces contrées, les invasions, les émigrations, souvent lointaines, des Barbares; les différences entre les langues des divers possesseurs et leurs prononciations, le changement de lettres du B en V ou U, &c. ont jeté la plus grande confusion dans les noms et les divisions des pays, où l'on retrouve des dénominations et des peuples venus de contrées très-éloignées : ainsi les Gaulois se retrouvent dans la Moesie, &c. Si la Géographie moderne est pleine d'incertitudes, d'erreurs, de variantes de noms, que doit-ce être de l'ancienne ?

Nous donnerons ce qui paroît le mieux connu, le plus suivi, en ne citant cependant que les lieux les plus remarquables ou ceux qui ont des noms anciens analogues aux noms modernes, sans adopter la manie des antiquaires, qui se contentent de la similitude entre une ou deux syllabes pour baser une concordance de lieux.

LE MONDE ROMAIN.

L'EMPIRE romain s'étendoit sur les trois continens connus; il comprenoit presque toute l'Europe, l'occident de l'Asie, le nord de l'Afrique, et par conséquent les deux autres mondes, GREC ET SACRÉ, dont on a fait des cartes séparées.

L'EUROPE.

Cette partie du monde étoit composée de l'Ibérie ou Espagne, la Gaule, la Bretagne, la Germanie, la Rhétie, l'Italie, la Grèce, la Thrace et la Sarmatie européenne.

L'ESPAGNE.

Les Anciens la nommèrent Ibérie ou pays de l'Ebre; Hespérie, ou partie occidentale de l'Europe, et Celtibérie, des noms réunis de ses anciens habitans, les Celtes et les Ibères.

Les Phéniciens les premiers en découvrirent les côtes; ils y firent long-temps le commerce. Ils s'y établirent, ainsi que les Massiliens ou Marseillois, bientôt imités par les Grecs et les Carthaginois, qui la possédèrent en entier et la prirent pour lieu de rassemblement lorsqu'ils marchèrent contre Rome. Ils en furent dépouillés par les Romains.

Scipion en ayant fait la conquête, à l'exception néanmoins du pays des Cantabres, qui ne fut soumis que sous Auguste, ils la divisèrent en SUPÉRIEURE et INFÉRIEURE, puis en TARRAGONOISE, BÉTIQUE et LUSITANIQUE.

Elle étoit alors riche en mines d'or et d'argent, qui en faisoient, pour ainsi dire, le Pérou des Anciens. Cet or, trop abondant, causa la ruine des Romains, en procurant aux ambitieux les moyens d'acheter les armées.

On peut dire que l'Espagne étoit alors plus riche et plus florissante que de nos jours, ayant trois cent soixante villes principales.

L'ESPAGNE BÉTIQUE étoit peuplée par les Bastules, les Turdules et les Turdetans, qui donnoient même leur nom à toute cette portion qu'ils occupoient presque en entier. On la divisoit en quatre juridictions, dont les capitales étoient Acci, depuis *Cadix*, Córduba, *Cordoue*, patrie des deux Sénèques et de Lucain, Astigis, *Lecija*, et Hispalis, *Séville*. Dans la Bétique, qui forme aujourd'hui l'Andalousie et la Grenade, étoit à son extrémité la montagne de Calpé, qui, correspondant en Afrique avec celle d'Abila, formoit avec elle les colonnes d'Hercule.

L'ESPAGNE LUSITANIQUE étoit occupée par les Vettons, les Celtiques et les Lusitains entre deux: elle avoit trois juridictions, dont les capitales étoient Scalabis, nommée ensuite *Sainte-Irène*, puis *Santaren*, Emerita-Augusta, depuis *Mérida*. Les Lusitains, qui vivoient de brigandages, furent forcés par les Romains de cultiver les terres. Leur pays comprenoit partie des deux Estramadures et du royaume de Léon.

L'ESPAGNE TARRAGONOISE étoit habitée par un grand nombre de peuples différens; savoir: les Callaïques, les Asturiens, les Cantabres, les Vascons, les Lacétans, les Edétans, les Contestans, les Batitans, les Celtibères, les Carpétans, les Vaccéens et les Arévaques. On la divisoit en sept juridictions. Les villes principales étoient Gerunda, *Girone*; Barcino, *Barcelone*; Tarraco, *Tarragone*; Dertosa, *Tortose*; Ilerda, *Lerida*; Pompelo, *Pampelune*; Asturica-Augusta, *Astorga*; Bracara-Augusta, *Braya*; Segovia, *Ségovie*. Sagunto, détruite par Annibal, aujourd'hui *Murviedro*; Toletum, *Tolède*; Carthago-Nova, *Carthagène*.

Cette province avoit des eaux minérales fréquentées: elle comprenoit de plus les îles Baléares *Major* et *Minor*, dont les habitans étoient d'habiles frondeurs: les Romains en firent la conquête sur les Phéniciens: les villes étoient Palma et le Port de Magon, *Port-Mahon*.

LA GAULE ou LES GAULES.

Cette région étoit peuplée d'un grand nombre de peuples barbares. Leur langage ressembloit au croassement des corbeaux; leurs mœurs étoient féroces; ils immoloient des victimes humaines. La colonie grecque fondée par les Massiliens, le séjour des Romains, qui en firent la conquête, purent à peine les civiliser à demi. Les Francs, qui habitoient dans la Germanie, les fatiguèrent par de fréquentes incursions. Les Romains se virent obligés de leur céder des terres, et furent successivement dépouillés du reste de leurs possessions par d'autres peuples barbares venus du Nord.

Cette vaste portion de l'Europe étoit peuplée de trois grandes nations principales, les Celtes, les Belges et les Aquitains. Les Romains y pénétrèrent sous le prétexte de secourir leurs alliés les Massiliens; ils y possédèrent d'abord la Gaule appelée Braccate, du nom des cuissards dont se servoient les habitans de cette contrée; ensuite ils la soumirent toute entière.

Les Gaulois qui passèrent les Alpes réunirent à l'ancienne Gaule une partie de l'Italie; les conquêtes des Romains et des autres peuples occasionnèrent des divisions différentes, que nous allons rapporter.

Les plus grandes de ces divisions étoient la Gaule Narbonnoise, la Gaule Lyonnoise, l'Aquitaine, la Belgique. Il y avoit beaucoup de subdivisions.

La Gaule Aquitanique ou l'Aquitaine étoit comprise d'abord entre la Garonne, les Pyrénées et l'Océan : on l'étendit ensuite jusqu'à la Loire. On la subdivisa en 1re, 2e et 3e Aquitanique. La 1re, qui avoit pour capitale Avaricum, *Bourges*, étoit habitée par les Bituriges-Cubes, dans le Berry : ils dominèrent sur toute la Gaule Celtique; Bellovèse, l'un de leurs chefs, conquit la Lombardie l'an 164 de Rome; par les Arverniens, domptés par César, qui conduisit à Rome prisonnier leur chef intrépide Vercingentorix; par les Lémovices, dans le Limousin; les Gabaliens, dans le Gevaudan; les Héleutères, dans le Quercy; les Ruténiens, les Velaunes et les Cadurciens. Leur territoire répondoit à celui des anciens archevêchés de Bourges et d'Alby.

La 2e Aquitanique, dont Burdigala, *Bordeaux*, fut la capitale, étoit habitée par les Pictons et les Sanctons, qui prêtèrent leurs vaisseaux à César pour faire la guerre aux Vénètes; les villes de Poitiers et de Saintré ont des traces de leurs noms; par les Bituriges-Vibisques, dans le Médoc; les Nitiobriges, dans l'Agénois; les Pétrocoriens, dans le Périgueux, et les Agesinates, dans l'Angoumois. Toute la contrée renfermoit l'ancien territoire de l'archevêché de Bordeaux.

La 3e Aquitanique étoit aussi nommée Novem-Populanie, parce qu'elle étoit habitée par neuf peuples; savoir : les Ausciens, à Ausch; les Bénéarniens, dans le Béarn; les Bigorriens, dans le Bigorre; les Conseraniens, dans le Conserans; les Convènes, à Comminges; les Dactiens et les Tarbelliens à Acqs; les Elusates, à Eause, et les Vasates, à Bazas. Leur territoire répondoit à celui de l'ancien archevêché d'Ausch.

La Gaule Belgique comprenoit tout le territoire de la rive occidentale du Rhin : c'est-à-dire, l'Alsace, la Lorraine, partie des Pays-Bas, la Picardie, partie de la Champagne et de l'Ile de France. Les peuples se vantoient d'être Germains d'origine. Leur capitale Trevires, *Trèves*, devint la résidence des empereurs romains, lorsqu'ils en eurent fait la conquête. Ces peuples furent leurs alliés fidèles; ils servirent dans leurs

armées, et pour les mettre à l'abri des incursions des Germains et d'autres peuples, les Romains construisirent dans leur pays une grande quantité de forts où ils entretenoient garnison romaine. On divisoit la Gaule Belgique en 1re et 2e.

La 1re Belgique, dont Trèves étoit capitale, avoit pour habitans les Vangions, les Némètes, à Spire; les *Triboces*, les Leuces, à Toul; les Viroduniens, à Verdun; les Mediomatrices, dont la capitale étoit Metis ou Metz, et les Tréviriens, aussi féroces que les Germains, amis des Romains, qui ne furent soumis que par Vespasien, et s'allièrent ensuite aux Francs.

La 2e Belgique étoit habitée par les Ubiens, qui, s'étant attiré la haine des Germains, en appelant les Romains à leur secours contre les Cattes, furent obligés de repasser le Rhin; par les Bataves, originaires Cattes, les *Hessois*, au territoire de Battenbourg; ceux-ci pour se soustraire au joug des Romains, se retirèrent dans des marais et des terres dont le sol tremblant laissoit jaillir l'eau sous les pieds; par les Tongres, à Tongres; les Adantiques, qui eurent des rois prêtres de Neptune, au territoire de Namur; les Eburons, à Tongres; les Norins, à Taruenna, *Térouanne*; les Atrebates, à Arras, en flamand *Atrect*; les Ambianiens, loués par César, à Amiens; les Bellovaciens, peuples extrêmement braves, à Beauvais; les Silvanectes, à Augustomagus, *Senlis*; les Suessions, à Soissons; les Veromandiens, en Vermandois; les Remois, à Reims, très-liés avec les Romains sous César; les Nerviens, peuples très-puissans, à Cambrai; les Toxandres, en Zélande.

La Gaule Cisalpine étoit la partie de l'Italie conquise par les Gaulois; elle répond à la Lombardie. On la divisoit en Gaule Cispadane (en-deçà du Pô), et Gaule Transpadane (au-delà). La première étoit habitée par les Anamans, vers Nice; les Boïens, dans l'Ombrie ou l'Etrurie; les Semnons, les Lingons, amis particuliers des Boïens, dans le Bolonèze et la Romagne; les Liguriens, robustes et laborieux cultivateurs, au territoire de Gênes. La Gaule Transpadane fut conquise et occupée par les Carniens au Frioul, lesquels furent battus par Quintus Martius; par les Cénomans, venus du Maine sur l'Adriatique; les Euganiens, dans le Bressan et le Bergamase; les Insubres, les Istres, en Istrie; les Lèves, en Ligurie, près des Insubres au Pavesan; les Léponticns, au Valais; les Libiciens, à Verceil; les Orobiens, les Salasses, dans la vallée d'Aost, vendus à l'encan par César; les Segussiens, à Suze; les Tauriniens et les Vénètes, habiles navigateurs, venus du pays de Vannes au territoire de Venise. Cette partie renfermoit les Etats Vénitiens, le Mantouan, la Valteline, la Suisse italienne, partie du Milanois, du Montferrat et du Piémont, au N. du Pô.

La Gaule Lyonnoise fut divisée par les Romains en deux, puis en quatre et même cinq parties. Dans l'origine, elle comprenoit le vaste territoire qui dépendoit de Lyon, sa capitale. Cette ville fut fondée 42 ans avant J. C. sur le territoire des Segusians, par les Romains échappés de

Vienne au fer des Allobroges. Elle devint la plus considérable des Gaules; et soixante peuples gaulois y firent construire un temple à la ville de Rome et à Auguste. Les Romains y établirent une célèbre Académie; Néron la fit rebâtir après qu'elle eut été détruite par un incendie. On y construisit un vaste théâtre et des aqueducs. Cette ville étoit l'entrepôt du commerce entre les Gaules et l'Italie.

La Gaule Lyonnoise 1re, dont Lyon étoit capitale, avoit pour habitans les Lingons, au territoire de Langres, ils étoient alliés des Romains et très-opulens; les Edœns, peuple fameux que l'illustre Sacrovir, leur chef, voulut inutilement rendre à l'indépendance, ils furent l'un des peuples les plus puissans des Gaules, et qualifiés de frères du peuple romain. Leur capitale étoit Autun, *Augustodunum*, et non Bibracte, *Beurect*, que l'on confond avec Autun. Ils avoient pour alliés et sujets plusieurs autres peuples, les Ségusiens et les Mandubiens. Cette contrée comprenoit l'ancien territoire de l'archevêché de Lyon.

La Gaule Lyonnoise 2e avoit pour capitale Rotomagus, *Rouen*, habitée par les Veliocasses, qui ont laissé leur nom altéré au Vexin; les autres peuples étoient les Abrincates, dont la capitale, Ingena, se nomme *Avranches*; les Biducasses ou Viducasses; les Calètes, dont Iuliobona, *Lillebonne*, étoit le chef-lieu; les Eburovices, qui avoient pour capitale Evreux; les Lexoviens, à Lisieux; les Sessuens, les Unelles, à Valognes, l'ancienne *Crociatonum*.

La Gaule Lyonnoise 3e, dont Turones, *Tours*, étoit la capitale, étoit habitée par les Cénomans, au Maine; les Andegaves, *Angevins*; les Curiosolites, dont Courseult, près Dinant, rappele le nom; les Osismiens, dont la capitale répond à Karhez; les Rédons, à Rennes; les Turones, à Tours, et les Vénètes, au diocèse de Vannes; ils étoient habiles marins et firent la conquête du territoire de Venise.

La 4e Lyonnoise avoit pour capitale Agendicum, *Sens*; elle étoit peuplée par les Parisiens, ou habitans de Lutèce, qui fut bâtie long-temps avant Jules-César : Julien y résida; par les Meldes, à Meaux, l'ancien *Gatinum*; les Carnates, à Chartres, l'ancien *Carnates*, qui étoient sous la protection des Remois; les Aurélians, à Orléans; les Senonois, vers l'embouchure de l'Yonne, à Sens; les Tricasses, entre la Seine et la Marne; les Vadicasses, sur l'Orne. Elle comprenoit le territoire de l'ancien évêché de Sens, lequel renfermoit jadis Paris.

La 5e Lyonnoise, dont Besançon étoit la capitale, avoit pour habitans les Rauraciens, les Helvétiens et les Séquaniens, que César plaça sous la Belgique. Leur territoire comprenoit ceux des anciens évêchés de Besançon, Belley, Lausanne et Bâle, et partie de celui de Constance.

La Gaule Narbonnoise fut celle dont les habitans adoptèrent plus facilement les mœurs et le langage des Romains. Elle prit le nom de Viennoise lors de la décadence de leur empire, et fut partagée en cinq parties.

La Viennoise 1re ou Narbonnoise 3e, avoit pour capitale Vienne, qui fut fondée par les plus riches d'entre les Allobroges, l'un des peuples qui l'habitoient; les autres étoient les Camatules, à Toulon; les Cavares, à Avignon; les Commones, au territoire de Marseille; les Desuviates, au territoire de Tarascon; les Helviens, au diocèse de Viviers, Alps est l'ancienne *Alba Augusta*, leur capitale; les Ségaloniens et les Vocontiens dans les territoires de Die et de Vaison.

La Viennoise 2e ou Narbonnoise 1re, avoit pour capitale Narbonne; les habitans étoient les Volques-Arecomices, vers le Rhône, et les Volques-Tectosages, vers la Gascogne : leur territoire répondoit à ceux des archevêchés de Toulouse et de Narbonne.

La Viennoise 3e ou Narbonnoise 2e, avoit pour capitale Aix, et comprenoit le territoire de son archevêché, habitée par les Albiciens, alliés des Marseillois, qu'ils secoururent contre César; les Caturiges, au village de Chorges entre Gap et Embrun; les Mimènes, les Oxibiens, les Saliens et les Vulgientiens.

La Viennoise 4e, dans les Alpes maritimes, avoit pour capitale Embrun; le territoire archiépiscopal, et celui de Turin, formoient son étendue. Ses habitans étoient les Brigantes, que l'on retrouve dans la Grande-Bretagne et en Germanie; les Capillatiens ou Chevelus; les Décéates, à Antibes; les Ebroduntiens, à Embrun; les Nérusiens, les Ségussiens, les Sontiens, les Sutriens, les Tauriniens, les Vagimons et les Vediantiens à Cimiès près de Nice.

La Viennoise 5e, dans les Alpes Pennines, avoit pour capitale Tarentesia. *Moûtier* en Tarentaise; elle étoit habitée par les Pentrons, les Salasses, subiugués et vendus à l'encan par César, dans la vallée d'Aost; les Sodaniens et les Veragriens à Octodurus, *Martigny*.

Plusieurs portions de la Gaule avoient des noms particuliers. On appeloit la Gaule Cisalpine ou Citérieure, la Cispadane; Transalpine la vraie Gaule. La Gaule Braccate étoit dans la Narbonnoise; la Comate ou Chevelue, ainsi nommée de la longue chevelure de ses habitans, comprenoit la Belgique, la Lyonnoise et l'Aquitanique. La Gaule Subalpine, étoit au pied même des Alpes, c'est le Piémont. La Gaule Togate; partie de la Cisalpine avoit ce nom, parce que ses habitans portoient la toge romaine. On appeloit Armorique les côtes entre la Seine et la Loire, du mot *armor*, maritime, ou *ar-mor*, ville maritime.

Ces différentes divisions ne furent pas toujours les mêmes, soit avant soit après la conquête des Romains. Dans la Belgique, on comprenoit les deux Germanies, supérieure et inférieure, et première et seconde, dont le territoire bordoit le Rhin. Elles étoient habitées par les Sequaniens, les Rauraques. Les Triboces, les Némètes, les Vangions, venus de la Germanie, étoient entre le Rhin et les Vosges; les premiers à Strasbourg et à Brumt, leur capitale; les seconds à Spire, l'ancienne *Noviomagna*; les troisièmes à Worms, *Borbetomagus*; les Ubiens, à Cologne, *Colonia Agrippina*; les Gugernes, à Vetera, *Santen*. Les Eburones, extérminés par César pour avoir massacré une légion romaine, étoient au pays des Tongres, après les Trevirs, dans les Ardennes; les Ménapiens, à Castellum, *Kessel*; les Toxandres, dans la Campine; les Bataves, dans l'île de leur nom, à Lugdunum, *Leyde*, et Noviomagus, *Nimègue*.

LA GRANDE-BRETAGNE ou ALBION.

Cette île, la plus grande connue des Anciens, reçut le nom d'Albion de la blancheur de ses côtes. Ses principales rivières sont la Tamise et la Sabrine ou Saverne. Quoiqu'elle soit assez montueuse, l'antiquité ne cite que le mont Grampius. *Gransebain*, en Ecosse.

Elle étoit habitée par des peuples d'origines différentes; savoir : des Gaulois de l'Armorique ou Bretagne, au midi : les mêmes mœurs, une religion, un langage semblables, ou du moins très-rapprochés, en sont la preuve. La chevelure blonde, la haute taille des Calédoniens (les *Ecossois*), prouvent qu'ils étoient Germains. Le teint basané, les cheveux crépus et courts des Silures, attestoient leur origine ibérienne ou espagnole; peut-être même venoient-ils d'Afrique.

César ne fit, pour ainsi dire, que reconnoître la Grande-Bretagne; il n'avança que jusqu'aux rives de la Tamise. Les généraux de Claude soumirent la partie qui regarde les Gaules; Agricola, sous Domitien, la conquit jusqu'à la Calédonie, aux frontières de laquelle il bâtit un mur ou rempart pour arrêter les habitans. Ces limites furent reculées par Sévère. Cette île, quoique province romaine, eut souvent des momens de liberté, parce que d'autres guerres dans l'empire en éloignoient les troupes. Elle eut même des tyrans, qui s'y firent reconnoître empereurs; le dernier fut soumis sous Dioclétien. Elle a pris le nom d'Angleterre depuis son invasion par les Angles, venus de la Chersonèse Cimbrique.

Les divisions particulières adoptées par les Romains pour les provinces, sont peu connues, peut-être même n'en existoit-il pas. On distinguoit la Bretagne supérieure et inférieure, en outre une Bretagne 1ʳᵉ et 2ᵉ : il y eut aussi la Flavia Cæsariensis, la Maxima et la Valentia qui étoit aux frontières.

La 1ʳᵉ comprenoit le Cantium, qui étoit le comté de Kent, dont la capitale Durovernum est Cantorbéry : César débarqua sur ce territoire. Après vient le pays des Regni, puis les Belges, dont la capitale Venta-Belgarum est Winchester; les Atrebates, venus de la Gaule Belgique; les Durotriges, dont la capitale Durnovaria est Dorchester; les Dummoniens, à Exchester, l'ancienne Isca. L'extrémité de cette île, nommée de nos jours Corn-wall, étoit célèbre par le commerce d'étain que les Phéniciens et les Carthaginois venoient y chercher. Ils appeloient Cassi-

térides les îles Sorlingues et de Wight, alors *Vectis*, qui fut soumise par Vespasien.

La 2ᵉ Bretagne comprenoit le pays des Silures, au rivage septentrional de la Saverne, vers son embouchure; leur ville étoit Venta, *Caervente*; les Démètes, à Maridunum, *Caermarten*; les Ordovices n'étoient séparés que par un canal de l'île de Mona, *Man*, dans laquelle les Druides immoloient des hommes à leur Dieu.

La Flavia Cæsariensis, ou 3ᵉ Bretagne, étoit habitée par les Trinobantes, dont les villes étoient Londinium, *Londres*, Camalodunum ou Colonia, premier établissement romain à Colchester; Verulamium, Saint-Albans, ou Verulam; par les Iceniens, à Venta, *Caster*, sur les bords de l'Ouse ou Yken; les Dobuniens, dans le territoire desquels étoient les eaux du Soleil à Bath; les Cornaviens, à Viroconium, *Worchester*; les Coritains, à Lindum Colonia, *Lincoln*.

La Bretagne inférieure ou Maxima Cæsariensis, étoit habitée par les Brigantes, peuple puissant et voisin du rempart d'Adrien, leurs villes étoient Eboracum, *Yorck*, où résidèrent les empereurs Sévère et Constance-Chlore, et les Parisini, sur lesquels on ne trouve pas de détails, mais qui semblent être des Parisiens; leur territoire formoit la première province de l'INFÉRIEURE; la deuxième étoit habitée par les Ottadins, les Selgoves, les Novantes, les Damniens, &c. en-deçà des remparts des Romains, et au-delà les Méats, dont le nom a laissé plusieurs traces. Toute la contrée au-delà des remparts élevés par les Romains, étoit nommée

ALBION ULTÉRIEURE, CALÉDONIE ou BRETAGNE BARBARE.

Cette contrée, qui est l'Ecosse, étoit habitée par les Calédoniens; ils furent aussi nommés Pictes, parce qu'ils se peignoient le corps. On les croyoit Germains d'origine.

Les Scots ou Scythes, les *Tartares*, venus d'Hibernie, l'*Irlande*, s'emparèrent d'une grande partie de cette contrée à l'occident, et lui donnèrent leur nom. Les Horestéens étoient à l'embouchure de la Tay, et les Cornabiens à Caitness. Il y avoit encore les Epidiens, à l'île d'Arren; les Créones, les Carnovances, les Carins, les Mertéens, les Cantes, à la province de Ross; les Luges, les Vacomages, à la province de Stirling; les Taxales et les Vernicones.

Les Calédoniens ne furent jamais entièrement soumis par les Romains. L'illustre Fingal, dont les exploits furent chantés par Ossian son fils, remporta sur Caracalla, qu'il nomme Caracul, une victoire signalée.

Les îles Hébrides étoient les Westerns; les Orcades furent visitées par Agricola.

L'HIBERNIE.

Cette île, l'IRLANDE, fut aussi connue des Anciens sous le nom d'Ierne, d'Ierne, que l'on retrouve dans *Erin*, son nom moderne. Elle fut aussi nommée PETITE BRETAGNE et SCOTIE. Les Romains n'y débarquèrent jamais, et n'eurent avec elle que des rapports commerciaux : ils connoissoient au moins de nom Eblana, *Dublin*, les rivières de Buninda, la *Boyne*, le Senus, le *Shannon*. On croit qu'elle fut peuplée par des Ibériens ou Espagnols. On y retrouve aussi des Brigantes, venus de la Grande Bretagne.

On a souvent donné le nom de *Thulé* à l'Irlande ; mais il appartient plutôt aux îles de Shetland, qui furent découvertes par le Marseillois Pythéas, et vues par les Romains, lorsqu'ils firent la conquête des Orcades. Il y a beaucoup plus loin une autre *Thulé*, dont nous parlerons.

LA GERMANIE.

Cette vaste contrée, séparée de la Gaule par le Rhin, s'étendoit jusqu'à la Sarmatie : au nord, elle étoit bornée par l'Océan, au midi par le Danube ; le reste du territoire entre ce fleuve et les Alpes n'en dépendoit pas, quoiqu'on l'y ait compris depuis.

Les principaux fleuves connus étoient le Visurgis, le *Weser;* l'Albis, l'*Elbe;* le Viadrus, l'*Oder;* l'Amisus, l'*Ems* rivière, ainsi que le Nicer, le *Neker;* le Moenus, le *Mein;* la Lupia, la *Lipe*, et la Sala qui conserve son nom. Elles étoient presque toutes couvertes par la forêt Hercynie ; peut-être ce nom y étoit il générique pour toutes les forêts qui se touchoient, car il signifie forêt.

Le nom de Germanie, qui désigne le pays des Hommes de Guerre, n'étoit pas son nom primitif ; il lui fut donné depuis qu'elle eut été conquise et repeuplée par des peuples étrangers et belliqueux. Elle reçut celui d'Allemagne d'une peuplade d'Allemani dans la Souabe ; celui de Teutonique, des Teutones, alliés des Cimbres. Mais la nation la plus nombreuse et la plus puissante étoit celle des Suèves.

La masse des habitans de ces contrées étoit composée de barbares féroces qui vivoient au milieu des forêts dans de misérables cabanes de terre et de branchages, pêle mêle avec toute leur famille et leurs troupeaux, dont le produit fournissoit, avec ceux de la chasse, à leur nourriture et à leurs vêtemens. Toutes les fois qu'ils pouvoient exercer le pillage, ils le préféroient à la culture des terres. Ils faisoient de la guerre leur principale et presqu'unique occupation. Quoiqu'ils ne fussent armés que de piques, ils marchoient nus, sans discipline, et leur intrépidité, leur fanatisme belliqueux, leur vigueur, leur nombre, les égaloit presqu'aux Romains : ils étoient en un mot les Iroquois de l'antiquité. Après leurs expéditions militaires ou leurs grands travaux, ils consacroient leur exi-tence à manger et dormir. Leurs chefs et quelques familles principales étoient à demi civilisés. Ces peuples avoient des rois. Les fleuves, les

rivières, les marais, les broussailles des épaisses forêts, rendoient leur pays d'un très-difficile accès, et souvent des armées entières de Romains y périrent de faim ou par le fer des barbares. Mais après ils éprouvèrent de grands échecs, et même des déroutes complètes. Alors plusieurs d'entre eux s'allièrent aux Romains et leur fournirent des troupes dont quelques-unes formèrent la garde prétorienne, et décidèrent de la destinée de l'empire, en massacrant des empereurs et en en proclamant d'autres. Jamais leur pays ne fut soumis comme les Gaules ; ils attaquèrent même fréquemment les Romains, et détruisirent enfin leur domination. Il est difficile de retrouver dans les auteurs anciens, qui les connoissoient mal, les noms des différens peuples : nous donnerons ceux des plus célèbres.

On la subdivisoit en Scandinavie au nord, Rhétie, Norique, Pannonie et Illyrie : ces quatre contrées étoient situées entre le Danube, les Alpes et la mer Adriatique.

LA GERMANIE PROPRE.

Cette contrée, qui s'étendoit du Rhin au Danube et à la mer Baltique, étoit habitée par les Frisons, dans le territoire desquels étoit un lac que des inondations ont changé en une mer nommée Zuyderzée ; Drusus entra par l'embouchure du Flevo, la *Flie;* il s'empara de l'île Byrchanis, *Borkum*. Ces peuples étoient divisés en grands Frisons, aux provinces de Frise, Groningue, &c.; et petits Frisons, au comté de Hollande. Les Cauques, l'un des peuples les plus illustres et dont il est beaucoup parlé dans l'histoire, étoient divisés de même ; les grands étoient en deçà du Weser, les petits entre ce fleuve et l'Elbe. Les Bructères furent vaincus par les Romains ; Constantin les fit égorger et dévorer par les bêtes féroces. Presque détruits par les Saxons, ils entrèrent dans la ligue des Francs. Leur pays fut occupé par les Chamaves, les Angrivariens, qui quittèrent les rives du Rhin où ils furent remplacés par les Tubantes et les Usipiens. Les Marses étoient aussi dans la Frise ; les Chérusques habitoient les deux rives du Weser, au-dessus des Cauques. Conduits par Arminius, ils détruisirent les trois légions de Varus dans le territoire de Paderborn : ils furent ensuite presque anéantis par Germanicus, et soumis aux Cauques. Les Foses, leurs voisins, eurent le même sort. Les Chassuariens ou Attuariens, à Hatterech, entrèrent dans la ligue des Francs ; ils pénétrèrent en Bavière et dans la Gaule. Les Sicambres, sur la rive méridionale de la Lipe, chassés de leur pays par les Cattes ou Suèves, furent soumis par César et reçus dans les Gaules à la gauche du Rhin ; les Gugernes étoient un de leurs essaims. Les Tenctères, chassés de même par les Cattes, errèrent trois ans et se fixèrent à la droite du Rhin, dans le pays des Ménapiens, vis-à-vis Cologne. Drusus les ayant soumis, ils s'allièrent aux Romains. Les Cattes ou Suèves occupoient la Hesse et la Vétéravie ; ils s'étendoient même au-delà de l'Elbe, et dans la Sarmatie et la Scandinavie ; on les retrouve en Espagne. Ils étoient extrêmement braves et bons guerriers; les Suédois sont leur postérité. Un auteur les a supposés les pères du genre humain, dont la Suède, selon lui, seroit le berceau. La Souabe fut également peuplée par eux. Mattium, leur capitale, est Marpurg; ils en prirent le nom de Mattiaques, alliés des Romains: une partie de leur territoire étoit protégé par un retranchement dont il reste des vestiges. Les Hermundures, peuple puissant, ami des Romains, s'étendoient des rives de l'Elbe dans l'intérieur des terres ou plutôt des forêts, disputant aux Cattes la possession des rives de la Sala, plus précieuse pour ces barbares que si elle eût roulé de l'or, parce qu'elle leur fournissoit une saline à Hall. Après eux étoient les Narisques, au palatinat de Bavière jusqu'à la Bohême ou Boiohemum, dont les habitans, les Boïens, furent remplacés par les Marcomans qui le furent par les Sarmates ou Slavons, lesquels y subsistent encore. Les Boïens étoient alliés des Bataves; il y en avoit en Italie, dans les Gaules, en Asie. Comme eux, les Bohémiens, leurs descendans, parcourent l'Europe. Les Marcomans, pour se soustraire au joug des Romains, s'éloignèrent du Rhin et s'emparèrent du pays des Boïens qui se réfugièrent dans une autre contrée, nommée par eux Boïoarie, *Bayer*, *Bavière*. Les Quades, dans la Moravie le long du Danube, figurèrent sous le règne de Marc-Aurèle.

Les Suèves occupoient l'intérieur de la Germanie, et s'étendirent en Sarmatie, en Scandinavie, même en Espagne. Ils formoient diverses peuplades; savoir: les Semnones, la plus ancienne de l'Elbe, au-delà de l'Oder; vers ce fleuve, les Marsignins, les Gothins, les Oses, les Buriens; les Lygins, très-puissans, étoient voisins des Sarmates; leur ville ou chef-lieu Calisia est Kalitz; les Longobards, sur la Sprée; on les croit ancêtres des Lombards; après eux vers la mer étoient les Gothones; les Rugiens, à Rugenwald en Poméranie; les Varins, au Meklbourg, et près de son rivage les Vindiles ou Vandales, unis aux Burgundions ou Bourguignons. Les Cimbres habitoient le Holstein: le Danemarck, l'ancienne Chersonnèse Cimbrique, étoit divisé en deux nations, les Angles, qui s'établirent depuis en Angleterre, et les Saxons sur le rivage de la mer. Les Cimbres, par de grandes et célèbres émigrations, se trouvèrent réduits à un petit nombre.

LA SCANDINAVIE.

Les Anciens croyoient que cette contrée (la Norwège) étoit une île ou plusieurs îles situées dans la mer Baltie, depuis Baltique, et peuplées par les Suèves, parmi lesquels les Suiones, peuples marins, étoient les habitans de la Suède. La deuxième nation étoit celle des Sitons, en Norwège. On nomma depuis Hillevions les habitans de la Scandie ou Scandinavie dont une grande partie fut appelée Gothie. Bergon ou Nerigon, port où l'on s'embarquoit pour Thulé, est Berghen. Le nom de Finois fut donné aux Scandinaves à cause de leur légèreté en courant sur les neiges avec de larges chaussures: il paroît qu'ils étoient très-misérables et très-doux, ce qui caractérise encore les Lapons.

LA RHÉTIE.

Cette contrée se subdivisoit en 1re et 2e. La 1re, ou RHÉTIE PROPRE, étoit autour des Alpes, où le Rhin, l'Inn, le Tesin, l'Adda et l'Adige prennent leur source. Elle comprenoit le Tirol, le Trentin, le Seltrin, le Belunois et le pays des Grisons. La 2e, ou VINDELICIE, comprenoit partie des cercles de Souabe et de Bavière, entre le lac de Constance et l'Inn. Des Tusques ou Toscans, peuples civilisés et chassés de leur pays par les Gaulois, se réfugièrent dans ces montagnes; ils y devinrent barbares, et secondés par les Vindeliciens, ils infestèrent la Cisalpine, et furent vaincus par Tibère. Ce prince fit des deux contrées une seule province qui fut depuis séparée de nouveau. Les Sarunètes habitoient Sargans; Curia, *Coire*, étoit un chef-lieu. Les Lépontiens, dans les Hautes-Alpes aux sources du Rhin, du Rhône, du Tesin, ont laissé leur nom à Leventina. Les Focunates résidoient à Vogona; les Vennones, dans la Valteline; les Camunes, au Val Camonica. Tridentum et Feltria sont Trente et Feltre. Les Brixentes occupoient le territoire de Brixen. Le poste militaire de Terioli laissa son nom au Tirol.

La Vindelicie prenoit ce nom de deux rivières, Vindo et Licus, le Leck et le Wertach. Les villes de Brigantia-Augusta, colonie romaine, Cambadunum, Samulocenis, Regina, Veldidena, sont Bregentz, Augsbourg, Kempten, Saulgen, Regensburg et Vilten, près d'Inspruck.

LE NORIQUE.

Cette province de l'empire romain, qui suivit le sort de la Pannonie, se prolongeoit sur la rive septentrionale du Danube, depuis l'embouchure de l'Inn jusqu'au-dessus de Vienne, comprenant la Carinthie et la Styrie, et se terminant aux Alpes vers le midi. Les Boïens, chassés par les Marcomans, en occupèrent une partie. Les villes les plus remarquables étoient Lauriacum, *Lorch*, sur le Danube, station d'une flotte romaine; Lentia, *Lentz*; Ovilabis, *Wels*; Juvavum, *Saltzbourg*; Celeïa, *Cillei*, &c.

LA PANNONIE.

Cette contrée, l'une des principales de l'Europe, étoit comprise entre le Danube au N., la Save au S., la Mysie à l'E. et le Norique à l'O. Elle étoit divisée en supérieure à l'E. et inférieure à l'O. Elle fut conquise par Philippe et par Alexandre, rois de Macédoine, par les Romains, sous Auguste et Tibère qui en fit une province romaine, puis par les Goths et les Huns. Elle fut divisée en 1re et 2e province consulaire, et en VALÉRIE ou SAVIE entre les deux précédentes. Elle comprenoit partie du cercle d'Autriche, de la Croatie, de la Bosnie, de la Servie, toute la Basse-Hongrie et l'Esclavonie. Elle étoit habitée par les Scordisques et les Taurisques, Gaulois d'origine. Les premiers pénétrèrent en Moesie; les autres engagèrent les Helvétiens à s'emparer d'une partie de l'Italie; on les retrouve au canton d'Uri. Les villes les plus remarquables étoient Vindobona, *Vienne*; Arrabona, *Raab*; Sabaria, *Sarvar*; Aquineum, *Ofen* ou *Bude*; Cibalis, *Swilei*; Siscia, *Sissey*; Petovia, *Petau*.

Les Pannoniens étoient grands, robustes et féroces; deux cent mille de leurs soldats firent trembler Auguste dans sa vieillesse; Tibère les combattit avec toutes les forces de l'empire, et les dompta. Depuis ils fournirent aux Romains des légions, les meilleures troupes des armées romaines.

L'ILLYRIE.

Illyrius, fils de Cadmus, donna, dit-on, son nom à cette contrée. Les peuples qui l'habitoient s'imprimoient des signes sur la peau, comme les Thraces; ils étoient très-braves, et très-adonnés à l'ivrognerie; et quoique le territoire fût fertile, ils faisoient le métier de pirates, et forcèrent les Romains à les réprimer. Tibère acheva de les soumettre vers la fin du règne d'Auguste. L'Illyrie fut d'abord divisée en Liburnie et Dalmatie; sous Adrien on y comprit jusqu'à dix-sept provinces, parce que l'on y renfermoit la Pannonie et d'autres contrées environnantes. Une partie de la Liburnie, qui répond à la Croatie, &c. étoit habitée par les Iapydes ou Iapodes, qui furent soumis par Auguste; ils étoient assez misérables, et vivoient de millet; c'étoient des brigands intrépides. Les lieux principaux étoient Flanona, *Fianona*; Tarsatica, *Tersatz*; Senia, *Segna*. Les Liburniens étoient entre l'Istrie et la Dalmatie; ils passèrent en Italie; Livourne y rappelle leur séjour. En Dalmatie étoient les Autariates, qui étendirent au loin leur domination; les Ardyeins, qui furent les premiers attaqués par les Romains. Salona, la ville la plus forte, subsiste; Aspalathon est Spalato, Narona est Narenta.

Sur la côte étoient les îles Absyrtides, dont les noms, Crepsa, Apsorus, Arba, Issa, Brattia, Corcyra, Nigra, Melite, se retrouvent dans Cherso, Ossero, Arbé, Lissa, Brazza, Noire, Meleda et Curzola.

L'ITALIE.

L'empire romain avoit pour centre l'Italie, qui fut son berceau. Les Grecs la nommèrent HESPÉRIE, parce qu'elle est à l'occident de leur pays: elle eut aussi les noms de SATURNIE, parce que l'orgueil romain la supposoit le berceau de l'humanité; ceux d'ŒNOTRIE, du nom d'Œnotrius, roi des Arcadiens qui s'y établit au pays des Sabins; d'AUSONIE, du nom de l'un de ses anciens peuples; et enfin d'ITALIE, d'Italus, l'un des premiers rois, ou des bœufs, en grec *itaoli*, dont elle nourrissoit de nombreux troupeaux.

Les divisions de cette contrée varièrent beaucoup dans les différens âges, et le nom de ses habitans plus encore; il faudroit un volume particulier pour en débrouiller le chaos. Nous avons vu, en parlant de la Gaule, qu'elle empiétoit beaucoup sur l'Italie. Les Alpes, les limites naturelles de ces deux contrées et de la Rhétie, ne les bornèrent pas toujours à l'occident et au N. O., et la partie orientale eut dès longtemps et garde encore chez les savans le nom de Grande-Grèce, parce qu'elle renfermoit un très-grand nombre de colonies grecques.

On trouve dans cette contrée beaucoup de monumens d'architecture dite cyclopéenne. Il y en a de semblables en Grèce et probablement ceux de Tartarie sont les mêmes.

Quoique nous ayons déjà parlé de la Gaule Cisalpine, la nécessité de rétablir les grandes divisions de l'Italie, exige un nouveau tableau, d'autant plus que les Romains, par les conquêtes, reculèrent l'Italie jusqu'aux Alpes, ses limites naturelles.

LA CISALPINE.

La Cisalpine s'étendoit du pied oriental des Alpes à la mer Adriatique à l'occident; la Rhétie la bornoit au nord, et le golfe de Gênes au sud. Une partie fut nommée TOGATE, parce que ses habitans reçurent des Romains le droit de porter la toge. Ses rivières s'appeloient Padus, le *Pô*; Duria, la *Doria*; Ticinus, le *Tesin*; Addua, l'*Adda*; Ollius, l'*Oglio*, Mincius, le *Mincio*; Tanarum, le *Tanaro*; Rhenus, *Rheno*. Le triumvirat se forma dans l'une des îles de ce fleuve.

Les Celtes qui passèrent les Alpes et s'établirent au pays des Tusques ou Toscans, y fondèrent Milan, au territoire des Insubres, après qu'ils eurent été chassés de leur pays par des Gaulois. Les Taurins habitoient au pied des Alpes, à Taurinum, *Turin* ou *Torino*. Le souverain d'un grand nombre de peuplades et de montagnards résidoit à Segusio, *Suze*. Les Salasses étoient au val d'Aost, du nom d'Augusta; les Libicins dans la plaine au territoire de Vercellæ, *Verceil*; Novaria, *Novare*; et dans Lumellum, la *Loméline*. Les Insubres, vers Mediolanum, *Milan*, à Laus Pompeïa, *Lodi-Vecchio*, et à Papia, *Pavie*. Après eux, les Cénomans, Gaulois du Maine, s'étoient établis au territoire de Cremona, Brixia et Mantua, *Crémone*, *Brescia*, *Mantoue*. Aux frontières de la Rhétie étoient Bergomum et Comum, *Côme* et *Bergame*.

La Ligurie étoit au sud du Pô; les Liguriens s'étendoient jusqu'aux Apennins aux rives de l'Arno. A la fourche des Alpes et des Apennins étoient les Vagiennes, à Viozenna; après eux, les Statiellins, à Aquæ Statiellæ, *Aqui*; Alba Pompeïa, Asta et Pollentia sont Alba, Asti et Polenza. Sur le bord de la mer étoient les Intemeliens, les Ingaunes, dont les villes, du nom d'Albium, sont Vintimille et Albingue. Au golfe Ligurique étoient Genua, *Gênes*, et Segeste, *Sestri*; plus loin, Portus Veneris, *Porto-Venere*. Les Briniates étoient à Brugneto, et les Apuans à Pontremoli.

Les Gaulois occupoient le resté des rives du Pô. Des Celtes Boïens, des Lingones, venus de Langres, s'établirent en Toscane, aux pieds de l'Apennin; des Senones, de Sens, occupèrent l'Ombrie. Ces contrées furent appelées Flaminie et Emilie, noms des voies romaines qui les traversoient. On y trouve les villes de Placentia, *Plaisance*; Florentia, *Florence*; Parma, *Parme*; Regium, *Regio*; Mutina, *Modène*; Bononia, *Bologne*, et Ravenna, *Ravenne*. Cette dernière étoit la résidence des empereurs d'occident; elle eut jadis un port de mer creusé par Auguste. La Vénétie, au golfe Adriatique, fut peuplée soit par des peuples venus d'Asie ou par des Gaulois du territoire de Vannes qui forcèrent les Euganéins, qui l'habitoient, à se réfugier en Rhétie dans les montagnes. Les villes étoient Hadrea, *Atria*, fondée par les Toscans; Padua, *Padoue*; le port Venetus, *Venise*, qui fut peuplé lors de l'invasion d'Attila; Vicentia, *Vicence*; Verona, *Vérone*; Tarvirium, *Trevire*. Les Carnins étoient dans la Carniole, aux Alpes Carnines. Ciudal-di-Friuli et le Frioul rappellent Forum-Julii; Vedimns est Udine, Aquilée, *Aquileia*, ville forte et boulevard de Rome; apres vient Tergeste, *Trieste*.

L'ITALIE PROPRE.

Cette contrée comprenoit : l'Etrurie conservant le nom des Etrusques ou *Toscans*, qui s'y établirent après avoir été chassés de leur pays. On les croit originaires de Lydie. Très-habiles dans les arts, ils l'étoient plus encore à tromper les peuples par des augures.

Ils étoient distingués en douze peuples : les villes qui ont conservé des traces des noms anciens de ces peuples, sont Arezzo d'Arretium, Cortone de Cortona, Perouse de Perusia, Chiusi de Clusium, Livourne de Portus Liburni, Volterra de Volaterræ, Roselle de Rosellæ, Bolsena de Vulsinium, Falari des Falisques, Veies des Veïentes.

L'Ombrie, pays des Umbres, l'un des plus anciens peuples d'Italie, traversée par l'Apennin, avoit pour villes Ariminum, *Rimini*; Pesaurum, *Pesaro*; Fanum Fortunæ, *Fano*; Sena Gallica, habitée par des Gaulois de Sens, *Sinigaglia*; Æsis, *Iesi*; Forum Sempronii, *Fossombrone*; Urbinum, *Urbin*; Spoletium, *Spolette*.

Le Picenum, pays des Picentes, dépendoit de l'Ombrie, ou la Marche d'Ancône. Les villes Auximum, Firmum, Asculum, sont Osimo, Fermo, Ascoli. Le Tronto, fleuve, étoit le Truentus.

La Sabine étoit le pays des Sabins, les plus anciens peuples de l'Italie, qui fondèrent Cures, d'où le nom de Quirites fut donné aux Romains avec lesquels les Sabins se confondirent. Corrèze rappelle le nom de Cures. Narsia, *Norcia*, n'y est plus comprise; Tibius est Tivoli.

Le Latium comprenoit, avec la Campanie, la Campagne de Rome et la Terre de Labour. Il étoit habité par les Latins ou Romains dont le territoire, d'abord resserré entre le Tibre, le Teverone et la mer, fut accru de celui de beaucoup de petits peuples voisins qu'ils soumirent ou détruisirent, entre autres des Volsques.

Ce petit pays devint le centre du monde connu des Anciens. L'histoire des Romains, qui l'habitoient, présente trois grandes époques. Lorsqu'ils eurent des rois, qui furent les fondateurs de Rome, ils étoient brigands et cultivateurs, à demi civilisés et superstitieux : leurs mœurs étoient simples et presque barbares. Rome, devenue république, offrit long-temps à l'univers l'exemple de toutes les vertus. Plus de richesses, procurées par la conquête de presque toute l'Europe, de l'Asie et de l'Afrique, un plus haut degré de civilisation et d'instruction amenèrent le luxe, le mépris des dieux, et bientôt avec eux la corruption des mœurs, l'égoïsme et la fausse philosophie. Rome fut alors soumise à des empereurs. Les Romains devinrent les conquérans, les bourreaux et les corrupteurs de toutes les nations. Soumis eux-mêmes à ces empereurs, la plupart d'une férocité stupide ou ingénieuse, souvent égorgés, presque toujours nourris, amusés par eux, ils devinrent le peuple le plus vil, le plus féroce et le plus oisif de la terre. Ils furent à leur tour subjugués, asservis, anéantis par des barbares que leurs ancêtres ne connoissoient pas de nom. Dans ces diverses périodes, on leur retrouve toujours beaucoup d'orgueil, de férocité, peu de goût pour les lettres, les sciences et les arts; ils ne furent que soldats, et durent tout leur éclat aux Grecs, à leurs affranchis ou à des étrangers l'élite des nations.

Rome, la capitale, n'étoit dans l'origine qu'un gros village, ou réunion de chaumières éparses sur sept collines, appelées Palatine, Capitoline, Quirinale, Esquilie, Celie et Aventine; le Janicule et le Champ de Mars y furent ajoutés. La cabane de Romulus ne surpassoit les autres que par son étendue; les principaux habitans labouroient eux-mêmes le sol stérile qu'ils s'étoient partagé. Après la prise de Rome par les Gaulois, on l'entoura de murs : depuis on construisit des maisons, des palais, des temples même, en pierre, puis en marbre. Malgré ces embellissemens, elle avoit encore beaucoup de défectuosités. Néron, pour y remédier et vaincre tous les obstacles, la brûla, puis la fit rebâtir sur un meilleur plan. Rome fut long temps comme un vaste océan dans lequel se rendoient toutes les richesses du monde : elle eut des citoyens aussi riches que des rois modernes et dont les *trésors* furent assez considérables pour bâtir des villes de marbre. Elle fut souvent pillée par des empereurs même, par les Goths, les Vandales, les Herules. Plusieurs empereurs avoient porté ailleurs le siége de l'empire; Constantin lui enleva ce titre pour toujours, en faisant bâtir Constantinople sur l'emplacement de Bizance. On divisoit Rome en quatre régions: ses plus beaux monumens étoient le Capitole, le Panthéon, un amphithéâtre, des temples, des palais magnifiques, dont Rome moderne possède beaucoup de restes précieux.

Les autres villes du Latium étoient Ostie, Antium, *Anzio*, Circeii, *Monte-Circello*, Terracine, Gaëte, Præneste, *Palestrine*, &c.

Parmi les autres peuples étoient les Herniques, à Agnani, les Eques, peuples féroces et brigands, très-bons pour la guerre de parti; les

Volsques, nation fière et indépendante, que les Romains eurent beaucoup de peine à détruire. Arpinum, patrie de Marius et de Cicéron, est Arpino.

La Campanie, surnommée l'Heureuse, parce qu'elle est très-favorisée de la nature, répond à la Terre de Labour; Capua, célèbre par les délices de son séjour, qui toutefois n'énervèrent pas, comme on le dit, l'armée d'Annibal, puisqu'il lutta dix-sept ans en Italie contre les Romains, Capua étoit un peu plus près du Vulturne que la Capoue moderne; Parthenope ou Neapolis, *Naples*, étoit une colonie grecque; Puteoli et Baiæ, sont Pouzoles et Baïa. Salerne étoit la ville des Picentins. On trouve ensuite Nola, qui n'a pas changé de nom; et Nuceria, *Nocera*. Les autres lieux remarquables étoient les Champs Phlégréens ou pays brûlé autour du Vésuve. Les villes de Sezza et Tiano rappellent Suessa, habitée par les Aurunces, et Teanum par les Sidicins.

Le Samnium étoit habité par les Samnites, nation guerrière, difficilement soumise par les Romains: on les croyoit descendans des Sabins. Les plus remarquables étoient les Hirpins, à Abellinum et Compsa, aujourd'hui Avellino et Conza; les Marses, les plus dangereux ennemis des Romains, étoient autour du lac Fucin ou Celano, à Alba; les Pélignes, à Sulmo, *Solmona*, patrie d'Ovide, les Vestins, à Pinna, dite *Civita di Penna*; les Marracins, à Teate, dite *Civita di Chieti*; les Frentains, à Anxanum, *Anciano*. Le Samnium répondoit à l'Abruzze supérieure, au comté de Molise et à une partie de la Capitanate et de la Terre de Labour.

LA GRANDE-GRÈCE.

On a souvent donné ce nom à toute l'Italie méridionale, et même à la Sicile, parce qu'elles furent peuplées de colonies grecques. Elle eut aussi les noms d'APULIE, ou mieux d'IAPYGIE, ou de MESSAPIE. Une partie de l'Apulie fut aussi nommée DAUNIE, où étoient les villes d'Arpi, de Salupia, *Salpé*, de Luceria qui prend le nom de Lucera, de Venusia, patrie d'Horace, aujourd'hui Venosa, et de Cannes qui fut le théâtre de la victoire d'Annibal.

La Peucétie étoit entre la Daunie et la Messapie; Barium se nomme Bari. Le pays des Calabres et des Salentins étoit l'Apulie. Les premiers le quittèrent pour s'établir dans la Calabre moderne. Les villes de Tarentum, Brundusium, Hydruntum et Callipolis, sont Tarente, Brindes, Otrante et Gallipoli.

La Lucanie occupoit le fond du golfe de Tarente; les villes étoient Pœstum, *Pesti*; Helca, colonie de Phocéens: Abellinum-Marsicum, *Marsico-Vetere*; Potentia, *Potenza*; Metapunte, Héraclée, Sybaris, célèbre par la mollesse de ses habitans détruits par les Crotoniates ou habitans de Crotone.

Les Bruttiens étoient dans la Calabre; les villes de Roscianum et de Consentia sont Rossano et Cosenza. Scylacium est Squillace. Les Mamer-tins étoient au territoire d'Oppido; Rhegium est Rhegio. Ainsi cette contrée répondoit aux deux Calabres et à la Basilicate: elle fut la patrie de Pythagore, de Parmenide, de Zénon, &c.

Auguste fit une autre division de l'Italie en onze provinces; savoir: le Latium ou la Campanie, le Samnium ou la Lucanie, le Samnium avec la Sabine, le Picenum, l'Umbrie, l'Etrurie, la Cisalpine, la Ligurie, la Transpadane, la Vénétie. Constantin en fit également une autre, et la partagea en trois divisions et dix-sept provinces.

Les îles principales dépendantes de l'Italie étoient:

LA SICILE.

Cette île étoit dans l'origine appelée Sicanie, du nom de ses habitans venus d'Espagne; les Sicules d'Italie les ayant forcés de se renfermer dans une très-petite partie de l'île, elle fut appelée Sicile. Ses trois pointes la firent aussi nommer Trinacrie, et les habitans en général Trilingues, parce que les Grecs, les Carthaginois et les Latins y ayant des colonies, ou l'ayant possédée tour à tour, on y parloit les trois langues.

Des Messeniens, chassés du Péloponèse, s'étant établis à Zancle, elle prit le nom de Messine; Tauromenium est Taormine. Les Lestrygons et les Cyclopes, anciens peuples sauvages, étoient au pied de l'Etna, depuis nommé Gibel, de Gebel, nom qu'il reçut des Arabes qui l'envahirent. Syracuse n'occupe qu'une très-petite partie de son ancien territoire; Neætum a donné son nom à la partie de la Sicile appelée Val de Noto; Camarina se nomme Camarana; les ruines d'Agrigente sont à Girgenti; Mazarum transmit son nom au Val de Mazaro, Drepanum à Trapani, Panormus à Palerme; des Troyens s'établirent à Segeste, qui n'existe plus, vers San-Giuliana, forteresse qui remplace un temple de Vénus. Dans l'intérieur, Enna, séjour de Cérès et de Proserpine, donna son nom à Castro-Janni, Menæ à Mineo. Hybla fut célèbre à cause de son miel délicieux.

Près de la Sicile étoient les îles Eoliennes ou Vulcanies, aujourd'hui Lipari, Melite, *Malte* et Gaulos, *Gozo*.

LA CORSE.

Cette île se nommoit Cyrnos; des Phocéens s'y établirent, mais les habitans, d'un caractère sauvage, étoient de Ligurie. Ils furent soumis par les Carthaginois et les Romains. Marius et Sylla y fondèrent les colonies de Mariana et Alesia. L'ancienne Palania se retrouve dans Balagna, canton.

La Corse eut les mêmes destinées que la Sardaigne. Des habitans de cette dernière île nommés Corsi, vinrent y fonder des colonies.

LA SARDAIGNE.

Les Grecs la nommoient Ichnusa : elle fut peuplée par des Africains conduits par Sardus. Des Troyens, qui s'y établirent, furent appelés Ilieus. Les Carthaginois l'envahirent, et fondèrent Calaris, *Cagliari*, et Sulci ; les Romains s'en emparèrent ensuite, et fondèrent Lesa et Forum-Trajani, *Ales* et *For-Dongiano*. Lors de ces invasions, les habitans se réfugièrent dans les montagnes que l'on nomma Montes Insani, parce qu'elles étoient inaccessibles et réputées inhabitables, et s'y maintinrent indépendans. Parmi ces habitans quelques-uns avoient le nom de Corsi qu'ils communiquèrent à la Corse en s'y établissant.

LE MONDE DES GRECS.

Quoique toutes les notions sur la Géographie ancienne nous aient été transmises depuis que les Grecs eurent été soumis par les Romains et que leur pays eut été converti en provinces romaines; cependant puisque ces peuples illustres, qui occupent un rang si distingué parmi l'espèce humaine, ont, avant les Romains, tenu le sceptre du monde connu, et qu'ils occupent le premier rang dans l'histoire, nous avons cru devoir donner une carte particulière qui représentât les pays connus des Grecs, pour faciliter l'étude des auteurs anciens.

LA GRÈCE.

Cette contrée ne doit pas son importance à son étendue, mais à la multitude de grands hommes en tout genre qu'elle a produits, aux qualités supérieures de ses habitans nommés d'abord Pélasgiens; ils furent ensuite appelés Hellènes, nom qu'ils gardent encore chez les Turcs. On les distinguoit en trois races: les Ioniens, qui habitèrent l'Attique ou l'Achaïe; les Doriens, descendus du Parnasse dans le Péloponèse; les Eoliens, établis dans la Thessalie. Des étrangers y vinrent d'Egypte et de Phénicie, et y apportèrent les arts et les sciences qu'eux-mêmes avoient reçus de l'Asie. Leur histoire se partage en huit grandes époques; la première, depuis la fondation des premiers empires jusqu'à la ruine de Troie, comprend les temps héroïques. La fable, qui s'en est emparée, a recouvert les faits du voile de l'allégorie, et transformé tous les grands hommes de ce temps, en dieux et demi-dieux. Pour l'Histoire même des huttes de sauvages sont des villes, des pirogues sont des flottes; elle se sert de ces noms à une époque où les Pélasges ne connoissoient ni l'usage du fer ni la charrue. La seconde époque s'étend depuis la ruine de Troie jusqu'à la bataille de Marathon dans laquelle Miltiade, chef des Athéniens, défit les Perses et sauva la Grèce qu'ils vouloient envahir. Pendant cette époque la Grèce fut déchirée par des guerres intestines ou ravagée par les Perses. La troisième commence à cette bataille et finit à la mort d'Alexandre. Les domaines de ce prince furent partagés entre ses lieutenans et régis par eux durant la quatrième époque jusqu'à ce que les Romains en eussent fait la conquête. Ces pays devinrent alors provinces romaines, et furent gouvernés soit au nom de la République tant qu'elle subsista, soit au nom des empereurs après son assujettissement; ce qui constitue la cinquième et la sixième époque. La quatrième époque est la plus brillante; elle fournit le siècle de Périclès, les jours du triomphe de Lacédémone, d'Athènes et d'une foule d'autres villes; elle vit fleurir les arts, les sciences et la vraie philosophie. L'Empire romain ayant été partagé, la Grèce, pendant cette septième époque, devint le centre de l'Empire d'Orient, dont la capitale étoit Constantinople. La huitième et dernière époque est celle de l'asservissement de ces belles provinces par les Turcs; car jusque-là, si la prééminence entre les peuples doit se régler moins par les armes que par la supériorité dans les arts et les sciences, dans l'élégance des mœurs et du langage, les Grecs furent les conquérans et les dominateurs des Romains, dont les plus grands poètes, les plus grands orateurs, les plus grands artistes reconnoissoient avec admiration et reconnoissance les Grecs pour leurs maîtres.

La Grèce, dans sa grande division, comprenoit trois contrées principales: la Macédoine, la Grèce propre, le Péloponèse et les îles; on les subdivisoit ensuite en provinces, qui eurent une multitude de noms, chaque ville donnant le sien à son territoire et au peuple qui l'habitoit. Nous indiquerons les plus importantes.

LA MACÉDOINE.

Cette partie de la Grèce étoit d'abord bornée par l'Illyrie, la Thrace, la Dardanie et la Thessalie. Depuis elle les renferma dans ses limites, ainsi qu'une partie de l'Illyrie, qui prit le nom d'Epire. Elle eut aussi les noms de Péonie, Emonie. Caranus jeta les fondemens de ce royaume foible d'abord, resserré dans des limites étroites et en proie à ses voisins, jusqu'à ce que Philippe, père d'Alexandre, lui eût donné plus d'importance par la conquête et la réunion d'une partie de la Thrace et de l'Illyrie dont les habitans grossirent l'armée d'Alexandre. Leurs descendans, les Turcs, ont reconquis plusieurs des contrées qu'il avoit soumises. Quoique ce pays soit très-célèbre dans l'Histoire et très-connu des Anciens, il est difficile d'établir la correspondance des localités, parce que les modernes les connoissent très-peu. Les noms ne conservent presque rien de leur étymologie. Pella se reconnoît à peine dans Palatisa, Berœa dans Cara-Veria, Pydna ou Citron dans Kitro; cependant Thessalonique, l'ancienne

Therma, se trouve bien dans Saloniki et le promontoire Sanastræum dans Canonistro. Les Turcs appellent la Macédoine, Mædonia et Filia-Vilaieti.

LA GRÈCE PROPRE.

Cette contrée étoit renfermée entre la Macédoine, la mer Ionienne, le golfe de Corinthe et la mer Égée. L'Illyrie et la Thessalie occupoient la partie septentrionale; la Chaonie étoit vers le mont Chimère, et la Thesprotie vers le golfe d'Ambracie. Buthrotum a pris le nom de Butrinto; en face étoit Corcyre, aujourd'hui Corfou, dont la capitale reçut une colonie de Corinthiens; cette ville répond à Chersopoli, quoiqu'elle n'occupe pas la même place. Dodone, célèbre par ses oracles, étoit dans l'intérieur de l'Epire. Les Molosses, la nation primitive, s'étendoient le long du golfe d'Ambracie, qui étoit le nom de la capitale des Epirotes. La ville de Nicopolis fut élevée à la place du camp occupé par le vainqueur d'Actium; l'Athamanie s'étendoit sur un des côtés du Pinde.

La THESSALIE, arrosée par le Pénée, étoit divisée en Estiæotide, Pélasgiotide, Thessaliotide et Phtiotide. Les Perrhèbes habitoient vers les montagnes, au nord, et les Dolopes aux frontières de l'Etolie. Larisse, capitale des domaines d'Achille, garde son nom fameux. La vallée de Tempé, non moins célèbre, se retrouve entre l'Olympe et l'Ossa, vers l'embouchure du Pénée, nommée Lycostomo; ce n'est plus qu'un lieu sauvage presqu'inaccessible. La ville d'Oloosson se retrouve dans Alessone; Joannina dans Janina. La Magnésie prenoit son nom du golfe dans lequel la flotte de Xercès, roi de Perse, qui mit la Grèce à deux doigts de sa perte, fut battue par la tempête. Sciathus et Scopelus ont presque le même nom. Une ville avantageusement située et qui dominoit les plaines de la Thessalie, se nommoit par cette raison Thaumacie, nom qui exprime l'admiration. La Thessalie fut le théâtre du déluge de Deucalion. La fable des pierres qu'il jetoit avec Pyrrha, son épouse, et qui se convertissoient en enfans, n'est sans doute qu'une allégorie qui signifie qu'ils avoient placé leurs enfans à la cime des rochers. Les Thessaliens étoient les meilleurs cavaliers de la Grèce. La Thessalie se nomme aujourd'hui Janina.

Le golfe d'Ambracie séparoit l'Epire de l'ACARNANIE, nommée de nos jours CARNIE. Ce golfe s'étend le long de la mer jusqu'à l'Acheloüs, qui la sépare de l'Etolie. On le nomme aujourd'hui fleuve Blanc, *Aspro-Potamos*. La ville d'Actium est Azio: Argos, dite Amphilochium, se retrouve dans Filoquia.

La LEUCADIE, qui étoit une péninsule, fut séparée du continent par un canal. Céphallénia se nomme Céphalonie; cette ville et son territoire appartenoient à Ulysse, roi d'Itaque, île dont on retrouve le nom dans celui d'un écueil ou petite île déserte appelée Iatoco. Céphalonie se nomme aussi Thealki. Les Acarnaniens étoient d'excellens frondeurs; ils furent souvent vainqueurs dans les cinq exercices des jeux publics.

L'ETOLIE s'étendoit de la mer aux montagnes frontières de la Thessalie.

Des Valaques, qui y furent transportés par des empereurs grecs, la firent appeler Valakie. Les Etoliens, puissans sous les rois de Macédoine, puis formés en République, furent subjugués par les Romains. Leur principale ville étoit Thermus. Elle forme le Despolat, partie de la Livadie.

La PHOCIDE étoit habitée par les Locres-Ozoles ou Puants, peut-être à cause de quelques marais de leur territoire. La ville de Naupacte se retrouve dans Lépante. Dans la Phocide étoient aussi Delphes et le mont Parnasse; l'une, célèbre par l'oracle et le temple d'Apollon, l'autre par le séjour des Muses qui n'étoient peut-être que neuf sœurs ou neuf femmes qui chantoient les vers d'un poète-prêtre, du nom d'Apollon. La Doride étoit une petite contrée dans les montagnes, aux sources du Céphise, vers les bords duquel étoit Elatée, capitale de la Phocide. Deux de ces peuples furent nommés Locres-Opuntiens et Epicnemidiens, de la ville d'Opus et du mont Cnémis, voisin de l'Oeta, au pied duquel étoit le fameux détroit des Thermopyles qui ne laissoit que le passage d'un chariot entre le rocher et la mer. Elle forme une grande partie de la Livadie.

La BÉOTIE fut d'abord peuplée par des peuples barbares, puis par des Phéniciens amenés par Cadmus. Les Béotiens étoient vaillans et robustes, mais leur grossièreté et leur bêtise passoient en proverbe. Cependant elle fut la patrie de plusieurs grands hommes, entr'autres de Pindare, Plutarque, &c.

Thèbes bâtie par Cadmus, fut détruite par Alexandre qui ne conserva que la maison de Pindare. Lebadée laisse son nom à la contrée même appelée Livadie. Chéronée, célèbre par les victoires de Philippe et de Sylla, fut la patrie de Plutarque; Orchomène passoit pour le lieu le plus riche de la Grèce; Aulis étoit le port où s'embarquèrent les Grecs pour aller assiéger Troie. Les Thébains disputèrent long-temps l'empire de la Grèce, et défirent deux fois les Lacédémoniens; mais la perte d'Epaminondas entraina la leur; tant il est vrai que les destinées d'un peuple sont souvent attachées à celles d'un seul homme.

La Béotie se retrouve dans une partie de la Livadie nommée Stramalipe.

L'ATTIQUE, *Attica*, avoit reçu ce nom, parce qu'elle étoit bordée par la mer des deux côtés; seul, il rappelle toute la finesse, la malice et la vivacité de l'esprit des Athéniens, ses habitans; l'expression, *sel attique*, les rend avec énergie. Les arts, les sciences, le commerce y étoient très-florissans. Leur puissance militaire leur assuroit la possession de l'Archipel dans lequel l'excès de la population les força de fonder de nombreuses colonies. L'Attique l'emportoit sur toute la Grèce, elle-même la première contrée du monde. Athènes, qui se nomme de nos jours Sétina, fut la patrie de la civilisation et d'urbanité; elle eut des rois, puis fut république. Ses grands capitaines, ses hommes d'état, ses poètes, ses philosophes, ses savans, ses artistes, lui ont mérité un rang au-dessus de celui de toutes les villes de l'univers, et la barbarie romaine n'en éteignit pas l'éclat; des empereurs

pereurs romains se plurent à y demeurer, à l'embellir, à y posséder les premières dignités. Il y avoit un très-grand nombre de beaux édifices publics. Les étrangers y affluoient de toutes parts, et ses fêtes religieuses étoient les plus brillantes de la Grèce, comme ses femmes étoient les plus séduisantes. On appelle les Français, les Athéniens modernes, à cause de l'analogie entre ces deux peuples. Cette comparaison seule fait l'éloge du peuple qui peut l'établir en sa faveur ; mais l Athénien de la Grèce a toute la supériorité, si ce n'est dans la littérature. Athènes fut la patrie ou le séjour d'une foule de grands hommes ; il faudroit un volume pour décrire cette ville. Les autres lieux principaux étoient Marathon, célèbre par la défaite des Perses, Macris, *Macro-Nisi*, Megare, dont le nom subsiste, &c. Cette contrée forme une partie de la Livadie.

L'Eubée, ou île de *Nègrepont*, avoit pour capitale Chalcis. L'Egripo rappelle le nom de l'Euripe, canal qui sépare l'île du continent. Ædesus se nomme Dipso ; Carystus, Caristo.

LE PÉLOPONÈSE.

Cette vaste presqu'île, qui se nomme Morée, reçut son nom de Pélops, fils de Tantale, roi de Phrygie. Elle eut auparavant ceux d'Appia, Pélasgia, Argos. Son nom moderne désigne sa ressemblance avec une feuille de mûrier. On la divisoit en Achaïe, Argolide, Laconie, Messénie, Elide et Arcadie. Les fleuves principaux étoient l'Alphée et l'Eurotas.

L'Achaïe, très-célèbre dans l'Histoire par la ligue que ses habitans formèrent contre les Romains, donna son nom à la Grèce entière, considérée comme province romaine après l'anéantissement de cette ligue. Corinthe étoit une ville célèbre et puissante. Dans son ancienne et plus grande étendue, l'Achaïe répond à la Livadie.

L'Argolide fut autrefois un royaume possédé par des descendans d'Inachus ; depuis elle devint république, prit une part très-active dans les guerres de la Grèce, et fut subjuguée comme elle par les Romains. Argo conserve le nom d'Argos, sa capitale. Mycène fut le séjour d'Agamemnon. Nauplia se nomme Napoli de Romanie ; Epidaure se retrouve dans Pidaura, *Pidavra*. Egyne étoit puissante par sa marine.

La Laconie se nomme aujourd'hui par corruption Sacanie, de Tzaconia. Les Spartiates, habitans de Sparte ou Lacédémone, leur capitale, étoient célèbres par la stoïque simplicité de leurs mœurs. Les loix de la nature y étoient contrariées par des loix sociales aussi bizarres que sévères, souvent même indécentes. Les filles parois soient nues devant les garçons dans les fêtes publiques. On leur faisoit sacrifier leur pudeur sous le prétexte de conserver leur vertu. Les Spartiates vivoient en commun de mets très-simples, et n'avoient pour ainsi dire pas de parens, de femmes, d'enfans. La république étoit tout pour eux ; l'amour de la patrie devoit être substitué à tous les amours. A Sparte se forma la secte des stoïciens qui, sentant toute la dignité de l'homme, apprenoient dès la jeunesse à soumettre leur corps à leur ame et leurs passions à leur raison ; ils ne connois-

soient de vrai bien que la vertu, de mal réel que le vice. Sparte étoit, si l'on peut dire, un couvent civil de religieux mariés ou plutôt appariés pour la population. Très-durs à eux-mêmes, légers à la course, infatigables, intrépides à la guerre, ils furent des ennemis redoutables pour les Athéniens. Ils étoient plus redoutables encore pour les malheureux Ilotes, habitans d'Hélos, qu'ils réduisirent en esclavage et condamnèrent aux plus durs, aux plus pénibles travaux. Ces Ilotes étoient traités comme des bêtes de somme par ces Lacédémoniens qui outrèrent toutes les grandes vertus. Ils furent soumis comme les autres Grecs par les Romains, puis par les Turcs. Lacédémone n'est point Misitra, placée plus loin. Le promontoire Malea se nomme Malio ; l'île de Cythère qui n'en est pas éloignée, est Cérigo. La ville de Gythium est Colo-Kytia ; le cap Matapan étoit nommé Métopon ; il est couvert en entier par le mont Taygètes habité de nos jours par les Maynotes, peuple brave, indépendant et pirate, que l'on croit descendre des Spartiates.

La Messénie, bordée par la mer Ioniène, avoit pour capitale Messène, fondée par Epaminondas. Ce qui reste de cette ville se nomme Mavra-Martia ; Corone garde son nom. La forteresse d'Ira fut le dernier rempart des Messéniens subjugués par Lacédémone.

L'Elide ou Elée, étoit habitée dans les temps reculés par les Epéens, qui prirent depuis le nom d'Elée, leur roi. La Triphylie, sa partie méridionale, fut possédée par le sage Nestor. La ville d'Olympie étoit trèscélèbre par ses jeux. Cyllène, port des Eléens, est Chiarenza. Les Strophades, qui sont des écueils au midi de Zacynthus, *Zante*, se nomment Strivali ; la province même est le Belvédere.

L'Arcadie, toute entourée de montagnes faciles à garder et couverte de pâturages, étoit habitée par des bergers, non pas aussi doux que les poètes les représentent ; car ils lapidèrent plusieurs de leurs rois. et se formèrent en république. Ils aimoient beaucoup la musique ; et la Satire faisant allusion à leur ignorance, comme aux musiciens, fit appeler rossignols d'Arcadie les ânes excellens qu'elle nourrissoit. La ville de Mantinée, célèbre par la victoire d'Epaminondas, est remplacée par Tripolizza ; Phénéos se retrouve dans Phonia ; Mégalopolis est Léondari. Des Arcades fondèrent sans doute quelques colonies en Égypte où nous retrouverons le nom d'Arcadie.

LA CRÈTE et LES CYCLADES.

La Crète donna sans doute naissance au plus grand homme des temps héroïques, puisqu'on la regarde comme la patrie de Jupiter. Elle étoit jadis couverte de forêts de cyprès et de vallons très-fertiles. Ses habitans passoient pour être adonnés à une débauche criminelle ; ils étoient, de plus, ivrognes, menteurs et brigands. mais hospitaliers ; ceux de Sydonia excelloient dans tous les exercices du corps. L'île se nomme de nos jours Icriti, plus souvent Candie, comme la capitale. Le mont Ida fut le berceau de Jupiter ; la ville de Gnosse étoit le séjour du sage Minos ;

les ruines de Gortyne subsistent; des routes souterraines rappellent le Labyrinthe; la Canée a remplacé Cydonia; le port de Cisamus est Cisamo. Rhétimo rappelle Rhitymnæ. Les Cyclades, rassemblées en cercle, se nommoient ainsi du mot Kuclos, *Cyole*; le mot même d'Archipel vient d'Egios Pélagos, *mer Egée*. La première des Cyclades étoit Mélos, *Milo*; Cimolus est Cimoli ou l'Argentière; Syphnus, *Ciphanto*; Sériphus, *Serpho*; Cythnus, *Thermia*; Ceos est Zia Andros et Tenos sont Andro et Tire; Svros, *Syra*; Délos fut la patrie de Diane et d'Apollon: on la nomme Dili. Myconus est Miconi. Naxos, la plus grande de toutes, et fertile en vins, adoroit Bacchus: elle se nomme Naxia. Paros étoit célèbre par son marbre blanc: elle fut la patrie d'Archiloque. Jos est *Nio*; Sicinus, *Sikino*; Pholgcandrus, *Policandro*; le peuple de Théra, *Santorin*, fonda Cyrène en Libye: Anaphe est *Naphio*; Astypalea, *Stanpalie*; Skiro est l'ancienne Scyros, célèbre par le séjour d'Achille et de Thésée; Lemnos appartient à une autre contrée.

LA THRACE, LA MOESIE et LA DACIE.

La Mœsie et la Dacie n'étoient que des subdivisions de la Thrace, dont une partie conservoit ce nom. Les habitans descendoient, dit-on, de Thiras, fils de Japhet. Nous en parlerons séparément.

LA THRACE.

Ce pays sauvage, qui n'offroit quelques portions fertiles que vers la mer, étoit habité par des hommes dont les mœurs répondoient à son âpreté. Les Thraces étoient très-robustes, braves, féroces comme les sauvages le sont en général, mais ils unissoient à ces défauts ceux des esclaves dont ils avoient toute la bassesse d'ame. Fourbes, voleurs, assassins, leur nom synonyme de tant de qualités odieuses, étoit une injure atroce parmi les Grecs. Ils avoient des rois qui furent subjugués par les Romains. Les noms de Romanie et Romélie, quoique appartenant à toute la Grèce, province romaine, sont cependant affectés plus particulièrement à la Thrace. Les habitans modernes sont dignes de leurs ancêtres.

Le fleuve Mestus est le Mesto; Abdère fut la patrie de Démocrite; Nicopolis garde son nom; Maronea, Mésembria et Sarrum, sont Marogna, Misévria, Casho Saros. Scaptu-Hyla, où Thucydide avoit des mines d'or et écrivit son histoire, est Skipsilar. Cypsela garde son nom; Lysimachia fut fondée par Lysimaque, lieutenant d'Alexandre. Hexamili et Gallipoli n'ont que peu changé de nom. Les îles de Samothrace et Imbros sont Samothraki et Imbro. Les habitans de la première offroient aux malheureux un asyle inviolable. En rentrant sur le continent, Bisanthe ou Rhædestus est Rodosto et Héraclée se retrouve dans Erekli. Cette ville fut presque

réduite à rien lorsque Byzance fut relevée sous le nom de Constantinople: Constantin, dégoûté de Rome, voulant établir ailleurs le siége de son empire, fit bâtir sur l'emplacement de Byzance une ville nouvelle, qui devint rivale de Rome par la beauté de ses édifices, par les priviléges qu'il lui accorda, par la culture des sciences et des arts. retournés pour ainsi dire, dans leur patrie. enfin par sa population. Elle ressembloit encore à Rome par les sept collines qu'elle couvroit. Elle fut avant Rome la capitale du monde chrétien, puisque Constantin y éleva beaucoup d'églises, tandis que Rome n'en avoit pas, et qu'il fit détruire tous les temples païens, tandis que Rome les conservoit encore. Le mot de *Bos-Porus*, Passage du Bœuf, fut l'origine de celui du Bosphore, parce que les bœufs le passoient à la nage. Ce détroit fut formé par un volcan.

Dercou, construite par un empereur grec, ruinée par des barbares qui venoient jusqu'aux murs de Constantinople. n'offre plus que quelques ruines, à Derkous; Turullus ou Tzorolus est Tchourli, Didymo-Tichos est Dimotuc. Les Odryséens, peuple très-puissant, habitoient Ardiscus et Tonzus, qui sont Adra et Tonza. La première fut la résidence des Ottomans avant la prise de Constantinople; les Turcs la nomment Hedrine. Philippopolis, est Philiba; son territoire étoit habité par les Besses, peuple le plus féroce de la contrée. Leur pays se nommoit aussi Bessique, et avoit pour capitale Usqudama, maintenant Statimaka.

Vers le Pont-Euxin, dans la Thrace propre, étoit Beroé, que l'on croit être Eski. Cabyla est plus loin. Les domaines de Philippe s'étendoient jusque-là. Le promontoire Hœmi-Extrema, se nomme Emineh-Bourun. Le mont Hœmus est Emineh-Dag. La ville d'Apollonie, qui est nommée Sozopolis, est Sizeboli; Thynias est Tiniada, d'où sont sortis les Thraces établis en Bithynie: Bizya. résidence de Thésée, citée par la fable, garde son nom; Salmydessus est Midjeh. La partie maritime vers le Bosphore et à l'extrémité de la Thrace, se nommoit Astica, d'une nation nommée Astæ.

LA MŒSIE.

Les habitans de cette contrée furent subjugués par les Romains, qui l'appelèrent le grenier de Cérès, à cause de sa fertilité. Les Bulgares et les Serviens, peuples Sarmates, l'ayant envahie. appelèrent les parties qu'ils habitoient Bulgarie et Servie. La première de ces provinces répond à la Mœsie supérieure, la seconde à l'inférieure. Parmi les fleuves de cette contrée, le Drinus, le Margus, le Timacus, l'Oscus, l'Osmus, l'Iatrus, &c. portent aujourd'hui les noms de Drin, Morava, Timok, Esker, Osmo et Iantra. Les Scordisques, peuples gaulois, qu'Alexandre y trouva, habitoient en grande partie la Mœsie, et laissèrent plusieurs noms celtes à différens lieux. Darius y trouva des Gètes; les Romains y formèrent une subdivision appelée Dacie, qu'Aurélien abandonna ne pouvant la conserver.

Le long du Danube, que l'on nommoit aussi l'Ister, on trouve les villes de Singidunum, *Belgrade :* Viminiacum a encore quelques restes de fortifications. Le nom d'Ister devient propre au Danube dans la partie inférieure du cours de ce fleuve. Strabon établit ce lieu de partage à une cataracte vers Clisura : plus bas sont les ruines du pont de Trajan : Widdin étoit Bononia, et Artzar, Raliaria.

Les Tribailes, nation puissante et Thrace d'origine, habitoient Œscus, *Izigen.* Nicopolis, bâtie par Trajan, subsiste. Une autre ville sur l'Iantra se nomme Nicop. Durostorus est Distra. Dans l'intérieur Naissus, patrie de Constantin, est Nissa ; le défilé de Succorum Angustiæ est connu sous le nom de Zuccora. Sardica, capitale de la Dace, fut appelée par les Bulgares Triaditza. Tauresium, patrie de Justinien, et nommée par lui Justiniana, se retrouve dans Giustendil. Ce nom appartenoit aussi à la ville d'Ulpianum ou Justiniana secunda.

La DARDANIE, habitée par un peuple sauvage très-ancien, formoit l'intérieur de la Mœsie. Scupi, ville principale, est Uskup. La partie vers le Pont-Euxin s'appeloit sous Constantin, SCYTHIE : Tomi, ville dans laquelle Ovide fut exilé, est Temeswar. L'ancienne Constantiana se retrouve dans Kiustonge, et Marcianopolis dans Marcenopoli, nom de Prébislaw.

LA DACIE.

Parmi les anciens auteurs, les uns prétendent que les Daces et les Gètes étoient le même peuple ; que le premier de ces mots est romain et le deuxième grec. D'autres en font deux nations réunies qui étoient voisines du Danube, aux frontières de la Sarmatie. Ils y comprennent même les Jazyges, peuple Sarmate. Les Daces étoient Scythes d'origine, et venus de Gété ; ils firent des incursions dans la Mœsie et l'Illyrie, dont une partie prit leur nom. Ils y exterminèrent les Celtes ou Gaulois qui s'y étoient fixés. Auguste se contenta de réprimer les excursions de ces peuples, au-delà du Danube ; mais Trajan fit la conquête de la Dacie : elle secoua bientôt le joug romain.

La Dacie répond à la Transylvanie ; elle s'étend même en Hongrie sur toute la Valaquie et la Moldavie que Trajan avoit conquise en même temps. Il reste de vastes ruines de la capitale où résidoit Décébale vaincu par Trajan qui la nomma Ulpiana-Trajana. Le fleuve Marisus est le Maros, l'Alluta se nomme Alut. Zernis, place de guerre, est Czernès ; le fleuve Poretus est le Prut ; le Tyras ou Danaster est le Dniester. A Cokajon-Mons, résidoit un pontife réputé Dieu, dont l'ame céleste se transmettoit à un successeur comme celle de Zamolxis chez les Lamas de Tartarie ; nouvelle preuve que les Scythes sont Tartares. Une ancienne colonie romaine établie dans la Dacie, conserve la langue latine, et, sous le nom de Valaques, habite un territoire qui appartenoit à Rome.

Entre la Dacie romaine, le Danube et la Pannonie, se trouvoient les Jazyges, surnommés Métanastæ, c'est-à-dire transplantés. Vers les monts Carpathes, ou Krapaks, d'où coule le Tibiscus, aujourd'hui la Teisse, d'autres Jazyges sont vers Bude, au lieu nommé Jaz-Berin ou Fontaine des Jazyges. Aux temps du Bas-Empire, les Vandales et les Goths occupèrent cette contrée.

LA SARMATIE EUROPÉENNE.

Cette vaste contrée qui termine l'Europe, et se prolonge même en Asie, répond à la Moscovie, et en-deçà du Don, à la petite Tartarie, à la Pologne et à la Lithuanie jusqu'à la Vistule, la Baltique et la Livonie. C'est un immense pays de plaines ; le mot de Pole qui l'exprime, se retrouve dans celui de la Pologne, contrée qui lui est voisine. Les Sarmates, par leurs incursions en Germanie, et dans les autres pays, ont causé beaucoup d'embarras pour la fixation des limites de ces contrées.

Parmi les fleuves qui les arrosent, le Borysthène garde son nom, au moins pour les poètes. on l'appelle aussi Dnieper. Le Bogus ou Hypanis, est le Bog. Le Tanaïs est le Don. Une ville considérable du même nom, qui est à son embouchure, étoit appelée par les peuples du nord, Aas, mot qui se retrouve dans Azof. Parmi les Sarmates on distinguoit les Vénèdes, dont le nom répond à celui de Wenden en Livonie. Ces peuples occupèrent vers l'Elbe, les terres abandonnées par les Vandales avec lesquels on les confond, quoique ceux-ci parlassent tudesque, et les autres sclavon, langage qu'ils ont transporté dans la Carniole, appelée de leur nom Windishmark. Les Borusses ou Pruzzes, depuis Prussiens, habitoient vers les monts Riphées. Les Estiéens recueilloient l'ambre jeté par la mer sur les côtes des Electrides, plages étroites séparées du continent par les golfes Frisch-Haf et Curisch-Haf. L'Estonie, nommée jadis Est-Land, rappelle le nom de ces peuples. Les Pencins et les Basternes étoient aux frontières de la Dace ; les Jazyges et les Roxolans, que l'on croit être les Russes, habitoient les environs du Palus-Méotis. Dans l'intérieur, les Hamaxobiens vivoient errans dans leurs chariots. Les Budins et les Gélons luttèrent contre Darius. Les premiers étoient pasteurs ; les autres d'origine grecque, et venus du Pont-Euxin, conservèrent une partie du langage et du culte grec, mêlés à ceux des Sarmates. Ils bâtirent la ville de Gélonus brûlée par Darius. Parmi les Sarmates, quelques-uns étoient réputés anthropophages, d'autres nommés Arimphées, habitoient des forêts et vivoient de glands. On débitoit beaucoup de fables sur une nation hyperboréenne regardée comme sacrée.

LA CHERSONÈSE TAURIQUE.

Cette contrée répond à la Crimée que l'on appela jadis petite *Scythie,* et ensuite petite Tartarie. Des Grecs, et notamment des *Milésiens,* y fondèrent des colonies. L'ancienne Métropolis étoit placée au milieu des nombreux canaux, vers le Borysthène. Des langues de terre entre la côte et des lagunes se nommoient Courses d'Achille. La ville de Carsine, qui fut appelée Négro-Pyla, se retrouve à Négropoli. La Chersonèse Taurique prit ce nom parce qu'elle fut conquise sur les Cimmériens par les Tauro-Scythes, qui furent eux-mêmes soumis par Mithridate, roi de Pont, auquel on avoit cédé les colonies grecques: elle eut ensuite des rois tributaires des Romains.

Aux temps du Bas-Empire, des Grecs d'Héraclée bâtirent la ville de Cherson ; l'ancienne Théodosie se retrouve dans Cafa.

L'ASIE.

Ce continent à l'égard de ses divisions générales et de ses subdivisions a été sujet à plus de changemens et d'erreurs encore que l'Europe. Quoique l'antiquité ne connût pas le mot ASIE MINEURE, l'usage a prévalu de s'en servir pour désigner ce dont les Anciens avoient une notion *plus particulière.* Cette portion comprend un grand carré limité par le Pont-Euxin au N., la Propontide et la mer Egée à l'O., la Méditerranée au S., la Syrie et la grande Arménie à l'E. Cette contrée regorgeoit de richesses. Il y avoit dans l'Asie propre cinq cents villes très-opulentes et très-populeuses. Un citoyen de Laodicée laissa par testament huit millions à sa patrie, et cependant cette ville ne fut pas même placée au rang de celles qui par leur puissance pouvoient se disputer l'honneur d'élever un temple à Tibère déifié. L'ASIE SUPÉRIEURE étoit à l'E. de l'Asie mineure, et au S. de l'Arabie qui se trouvoit elle même entre la Syrie, la Babylonie et la mer Rouge. A l'E. de l'Asie supérieure étoit l'Inde, arrosée par l'Indus, et que ce fleuve, reconnu par Séleucus Nicanor qui pénétra jusqu'au golfe du Bengale, partage en Inde en-deçà et Inde au-delà du Gange. Après l'Inde, au-delà du Gange, étoit le pays des Sines (la Chine méridionale), borné par l'Océan. La Sérique ou Chine septentrionale, étoit à l'E. de la Scythie ou grande Tartarie. Celle-ci en étoit séparée par des montagnes et des fleuves qui y prennent leurs sources : ces montagnes, nommées Damasces, séparoient aussi l'Asie supérieure de la Scythie.

Parmi les îles que connurent les Anciens on peut citer Taprobane, aujourd'hui Ceylan ; les Sabadides, ou trois des Maldives, *Sumatra*, *Bornéo* et *Célèbes* ; les Manioles, depuis Manilles ; les îles des Satyres et les trois principales du Japon.

Après les conquêtes d'Alexandre qui pénétra jusqu'à l'Indus, l'Asie resta libre. les Romains se bornèrent à la possession de la Mésopotamie : sous les empereurs, ils possédèrent l'Asie mineure qu'ils divisèrent en plusieurs provinces. Nous donnerons successivement les grandes divisions et subdivisions.

L'ASIE MINEURE.

Pour faciliter la connoissance des divisions nombreuses de cette contrée, on l'a séparée d'occident en orient, en trois bandes, dont chacune contient quatre contrées principales, auxquelles on ajoute des contrées adjacentes plus petites. Nous allons en traiter dans leur ordre et d'après leur réunion.

LA MYSIE, LA BITHYNIE, LA PAPHLAGONIE ET LE PONT.

LA MYSIE.

Ses habitans étoient Thraces d'origine. La contrée la plus célèbre qu'elle renfermât, étoit la Troade, dont le nom rappelle le poëme sublime d'Homère. Les voyageurs modernes ont reconnu dans ses descriptions une parfaite exactitude ; mais le Scamandre et le Simoïs ne sont plus que des torrens, de même que le Granique qui se nomme aujourd'hui Ousvola. Les Dardanelles conservent les traces du nom de la ville de Dardanie. Cysicus fut assiégée par Mithridate les vestiges de cette ville ont conservé ce nom. L'île de Ténedos a aussi gardé le sien. Landemitre rappelle le nom d'Adramitti, l'ancienne Adramythium. Des Eoliens établis sur cette côte, donnèrent le nom d'Eolide à la partie de la Mysie qui va jusqu'à l'Hermus. Près du Caïcus, Eloela, port de Pergame, se retrouve dans Jalea La ville étoit capitale d'un royaume qui fut légué aux Romains par Attale, le dernier de ses rois ; on la nomme Bergamo. Dans l'intérieur de la Mysie, on distingue Scepsis, ville où furent retrouvés les écrits d'Aristote. Au fond d'un golfe étoit la Cilicie, avec les villes de Thèbes et de Lyrnesse qui n'ont pas laissé de traces. Celle de Miletopolis, fondée sans doute par des Mylésiens, se retrouve à Balykesri, et celle d'Hiera-Germa dans Germasti L'île de Lesbos se nomme Mytilin, du nom de l'ancienne capitale Mytilène, aujourd'hui Mytelini. Elle fut jadis illustre par ses littérateurs, et sur-tout par Sapho dont elle étoit la patrie. La deuxième ville est Methymne, dont Porto-Petera a pris la place. Lemnos se nomme Stalimène ou Lemno.

LA BITHYNIE.

La Bebrycie fut un royaume puissant après la mort d'Alexandre. Le dernier roi Nicomède en mourant en fit don aux Romains. Ses premiers habitans furent chassés ou détruits par des Thraces dont les uns se nommoient Thyniens, et les autres Bithyniens ; ils donnèrent leur nom à la contrée. Le mont Olympe faisoit appeler Olympène la partie voisine de la Mysie. Pruse, sa capitale, qui donna son nom à plusieurs de ses rois, se nomme aujourd'hui Bursa. Diascylium et le lac qui en étoit voisin s'appellent Diaskillo ; celui d'Apollonia porte le nom d'Aboullona. A une plus grande distance de l'Olympe est le lac Ascanius, aujourd'hui l'Is-Nik. C'est près de ce lac que se trouve Nicée, fameuse par le concile qui y fut tenu. Nicomédie a pris le nom d'Is-Nikmid. Vers le Bosphore, Libyssa, lieu de la retraite et de la sépulture d'Annibal, est Gébisé ; Pautichium est Pantichi.

Chalcédon signifioit ville des Aveugles, nom ironique par lequel on rappeloit la sottise des Grecs qui la fondèrent non loin du bel emplacement, depuis occupé par Byzance. Cette ville, nommée aussi Chalcédoine, se retrouve dans Kadi-Keni. Chrysopolis est Scutari. Près du Bosphore, qui est le Bogas des Turcs, se trouvoit Inrus, aujourd'hui Ioron, avec son temple de Jupiter. Au pays des Thyniens, plus près de la Thrace, le port de Calpée, est Kerbeh ; son nom fut donné à l'une des colonnes d'Hercule, et le nom de Sophon, *Sabandjeh*, appartient à un lac et à une montagne.

Au delà du Sangare, la principale ville étoit Héraclée ; elle subsiste dans Erekli : le golfe au fond duquel elle est située avoit une pointe de terre nommée Achérusie, parce qu'Hercule étoit sorti des enfers par cet antre.

Les Mariandyniens sont les mêmes que les Bithyniens, Leur pays, qui est près de la Paphlagonie, fut depuis nommé Honoriade. Bithynius ou Claudiopolis, sa métropole, patrie d'Antinoüs, favori d'Adrien, étoit où est Bastan. Adrianopolis, est Boli ; Comopolis-Modrenæ, est Mouderni. La Bithynie entière occupe partie de l'Anatolie et le Becsangil.

LA PAPHLAGONIE.

Cette contrée qui bordoit le Pont-Euxin, confinoit à la Galatie au S. Les Hénètes l'habitoient. On les a mal-à-propos confondus avec les Vénètes d'Italie. Les villes principales étoient Amastris, Sinope qui reçut une colonie de Milésiens, et Amisus : on retrouve ces villes dans Samastro, Sinopi et Simiso.

LE PONT.

L'illustre Mithridate qui lutta contre les Romains, a rendu ce royaume célèbre : il faisoit, long-temps auparavant, partie de la Perse, qui l'avoit conquis sur ses anciens rois ; il fut démembré de la Cappadoce pour faire un État particulier. Conquis et possédé par les Romains, il forma deux grandes provinces. La ville d'Amisus, fondée par des Grecs, fut agrandie par Mithridate ; Jamsoun occupe sa place. Amasia, qui fut la capitale de l'une de ces provinces est Amasieh Parmi plusieurs autres villes dont les noms subsistent avec quelques altérations, celle de Zéla, célèbre par la victoire de César sur Pharnace, fils de Mithridate, se retrouve dans Zeleh. Themiscyra, que l'on dit avoir été la résidence des Amazones, est

sur le Thermodon ; on l'appelle aujourd'hui Termeh. Les Tibarènes étoient au territoire de Cérasus, aujourd'hui Keresoun ; c'est de cette ville que Lucullus fit passer les cerisiers en Europe.

Zéphirium, Tribolis et le promontoire Hermonassa, se reconnoissent dans les villes de Zafra, Tireboli et le cap Haromza. Trapizus est Trébisonde.

Parmi les peuples de ce pays, on cite les Mosynécins qui s'imprimoient des marques sur la peau ; les Dryléens, qui habitoient le voisinage de Trésibonde, et les Chaiybes qui forgeoient le fer.

La seconde division de l'Asie mineure comprend, outre les grandes contrées suivantes, quelques pays qui en faisoient partie.

LA LYDIE, LA PHRYGIE, LA GALATIE ET LA CAPPADOCE.

LA LYDIE, L'IONIE.

Les Lydiens et les Méones qui habitoient cette contrée, ne formoient qu'un même peuple ; mais les parties maritimes de leur territoire ayant été occupées par des colonies d'Ioniens, on les appela l'Ionie, dont Ephèse, la capitale, fut fondée par un fils de Codrus, roi d'Athènes ; elle n'est plus qu'un monceau de ruines. Elle eut trois dynasties de rois : Lydus, est le premier connu. Des Phrygiens échappés du sac de Troie, s'y étant réfugiés, la nommèrent Phrygie.

Les Lydiens étoient renommés dans les combats pour l'agilité de leurs chars et leur vitesse. Ils étoient excellens cavaliers. Un grand nombre ayant passé en Toscane, y fonda plusieurs villes. Parmi celles de la Lydie, Smyrne, qui portoit le nom d'une amazone, l'a conservé. La ville de Phocée, colonie d'Athéniens, fournit l'essaim qui a fondé la ville de Marseille. Cuma ou Cymée, fut la plus puissante des colonies éoliques. Clazomène se nomme Vousla ; Erythrée, *Erethri*. Vis-à-vis de Scio, l'ancienne Chios, île dont la capitale portoit le même nom, étoit une colonie ionique. L'île de Samos fut peuplée par des Cariens avant de l'être par des Ioniens. Celle d'Icaria, fameuse par le nom d'Icare, devint déserte ; elle se nomme Nicarie. Dans l'intérieur de la Lydie, la ville de Sarde étoit la capitale du royaume de Crésus, fameux par ses richesses, et vaincu par Cyrus qui fit de la Lydie une province de Perse : le Pactole y rouloit de l'or. La ville d'Hircania, dont la place paroît occupée par celle de Marmara, fut peuplée par des Hircaniens que des rois de Perse y transportèrent. Celle de Magnésie, non loin de laquelle Antiochus-le-Grand fut défait par Scipion, se nomme Magnisa. En remontant le Méandre, on trouvoit la ville de Philadelphie, bâtie par un frère du roi de Pergame, sur le penchant du Tmolus ; elle étoit souvent agitée par des tremblemens de terre.

On appelle Catakecaumène, pays brûlé, un **vaste territoire qui** s'étendoit de la Mysie à la Phrygie, et dont le sol étoit volcanique. Sous Tibère, douze villes principales de l'Asie mineure, parmi lesquelles étoient Sardes et Philadelphie, furent presque bouleversées par un tremblement de terre. Cette deuxième ville, qui résista long temps aux Ottomans, est appelée par eux Ala-Shehr, ou belle ville, nom qui se retrouve en Espagne dans celui d'Alacer-do-Sal.

LA PHRYGIE et LA LYCAONIE.

Les Phryges ou Phrygiens, dont le pays formoit une grande partie de l'Asie mineure, étoient Thraces d'origine. Leur contrée prit le nom de grande Phrygie, pour la distinguer de l'une de ses parties qui fut occupée par des Troyens après la ruine de Troie. Virgile les appeloit Phrygiens par anticipation. Les Galates s'y étant aussi fixés, ce qu'ils en occupèrent prit le nom de Galatie.

Parmi les villes de la Phrygie, quelques-unes se retrouvent dans des noms modernes; par exemple, Cotyæium, dans Kutaïeh; Laodicée, dans Ladik; Colossée, dans Chonos; Cibyra, dans Buruz; Themisonium, dans Teseni : Sagalassus, dans Sadjaklu; la célèbre et riche ville d'Apamée, au confluent du Marsya et du Méandre, dans Aphiom-Kara-Hizar; Ipsum, près de laquelle les lieutenans d'Alexandre décidèrent par les armes du partage de son royaume, dans Synnada.

La Lycaonie, portion de la Phrygie, avoit pour capitale, Iconium, aujourd'hui Konieh, résidence des sultans seljukides; on la croit peuplée par des descendans de ceux qui bâtirent la tour de Babel. Alexandre en fit la conquête sur les Perses; les Romains l'enlevèrent à ses successeurs. Parmi les villes, Laodicée-Brûlée, se retrouve dans Inrekiam-Ladik; Laranda, dans Larandeh; le *Tatta-Palus*, marais salé, se nomme Tuzla.

LA GALATIE.

Quatre nations gauloises qui faisoient partie de l'armée de Brennus, après avoir ravagé l'Italie, firent éprouver le même sort à tous les pays en-deçà du Mont-Taurus; on les nommoit Galates. S'étant fixés dans une partie de la Phrygie, ce pays prit de leur nom celui de Galatie; on leur donna aussi celui de Gallo-Grecs, parce qu'ils se mêlèrent à des colonies grecques qui déjà possédoient la contrée; mais six cents ans après, leur langage avoit encore de l'analogie avec celui des Trévirs ou habitans du pays de Trèves. Ces Gaulois étoient subdivisés en Tectosages, Tolisto-Bogiens, Votures et Ambians Déjotarus, leur tétrarque, soutenu par Pompée, prit le titre de roi. Amyntas, protégé d'Antoine, posséda cette contrée avec une partie de la Lycaonie et de la Pisidie. La bataille d'Actium entraîna la perte de ce royaume, et il appartint aux Romains. Les apôtres y prêchèrent l'évangile; les Galates sont immortalisés par l'épitre que leur écrivit Saint Paul.

Ancyra, capitale des Tectosages, fit graver une inscription qui rappelle les belles actions d'Auguste son bienfaiteur : on la nomme aujourd'hui Angoura. Pessinus, Gordium et Germa n'ont pas laissé de vestiges. Gorbeus, qui eut un prince particulier tué par ordre de Déjotarus, existe dans Gorbaga; Trocmes dans Tchoroum; Gangra dans Kiangari, nom de la Galatie dans la Turquie d'Asie.

LA CAPPADOCE et L'ARMÉNIE-MINEURE.

Les Cappadociens étoient Syriens d'origine; ils eurent des rois; l'extinction de leur race donna lieu aux Romains, qui étoient leurs maîtres, d'offrir à ces peuples la liberté, qu'ils refusèrent, aimant mieux élire un nouveau roi, quoiqu'ils fussent presque tous esclaves du domaine, qui les vendoit aux autres peuples. Ils ne connoissoient pas l'argent monnoyé; les tributs étoient payés avec des bœufs et des bêtes de somme. Tibère réunit la Cappadoce au domaine impérial. Sous son empire, Mazaca, qui en étoit la capitale, prit le nom de Césarée. Cette ville n'occupoit pas précisément le même lieu que la Kaisarieh moderne. Son territoire étoit souvent inondé par le fleuve Halys. Cammanène se retrouve dans Kaman; Nyssa dans Nous-Sher; Mocissus, ancienne métropole, dans Moucious; Cadyna dans Nigdeh; Cybistra dans Bustereh; Archelaïs dans Erekli.

Vers les monts appelés Anti-Taurus étoient deux villes célèbres. Tyanes, patrie du célebre Apollonius, et Comana, dont le souverain étoit grand-prêtre de Bellone. On ne retrouve aucune trace de ces villes. Celle de Podandus, au milieu des montagnes, est Podandro. Cucusus, lieu où fut exilé Saint Jean-Chrysostôme, est Cocson. Le château de Dasmenon ou Tzamandus est Tzamaneni; l'Amasie représente la Cappadoce.

Mélitène fut la capitale de l'Arménie mineure, contrée située vers l'Euphrate; Mélas se retrouve dans Malaria. Sébaste est la même qu'Augusta, séjour de la veuve de Polémon, roi de Pont; on la nomme Sivas. Ariathira s'appelle aujourd'hui Artik-Abad. La place forte de Novas, située sur un rocher, dans laquelle Mithridate déposa ses trésors, est Heseu-Now. Nicopolis ou Téphrice, bâtie par Pompée, occupoit la place de Divriki. La forteresse de Sinoria, retraite de Mithridate vaincu, paroît être Snarvier. Dérindeh rappelle Daranalis; le mont Capotes se nomme Képouh; Kamak est l'ancienne Camachès; la petite Arménie répond à l'Aladulie.

LA CARIE, LA LYCIE, LA PAMPHYLIE et LA CILICIE.

Ces quatre contrées forment la troisième division de l'Asie mineure, dont elles sont la partie méridionale.

LA CARIE.

Le Méandre la sépare de la Lydie. Les Cariens ou Lélèges étoient réputés barbares, et méprisés par les Grecs à cause qu'ils vendoient leurs soldats aux autres nations. D'autres auteurs distinguent les Cariens des Léléges, observant que ces derniers venoient de la Troade. Les principales villes étoient Gnide, Halicarnasse, Milet et Mynde. De Milet sortirent beaucoup de colonies qui s'établirent dans diverses contrées de la Propontide et du Pont-Euxin. Thalès y posa les fondemens des sciences et de la philosophie. Mynda se retrouve dans Mentèse. Halicarnasse, fondée par des Grecs, possédoit le fameux tombeau qu'Artémise fit élever à Mausole son époux. Cette ville fut également illustrée par le séjour des rois, par la naissance d'Hérodote et de Denys et par le siège qu'elle soutint contre Alexandre. Cnyde, fameuse par le culte de Vénus, n'offre que des ruines. Céramus se retrouve dans Kéramo. Mylasa, où l'on adoroit Jupiter, avoit un port nommé Physcus, aujourd'hui Physco.

Les îles de la Carie appelées Sporades à cause de leur éloignement entr'elles, étoient Pathmos, où fut exilé saint Jean l'Evangéliste; Cos, patrie d'Apelle et d'Hippocrate, est aujourd'hui Stan-Co, et Calymna a pris le nom de Calmine.

L'île de Rhodes a souvent changé de nom d'après les établissemens qui y ont été formés par différens peuples. Les Rhodiens étoient d'habiles marins; les Romains, pour les récompenser du secours qu'ils en reçurent lors de la conquête de la Syrie, leur donnèrent des terres dans cette contrée. Rhodes, la capitale, résista long-temps aux efforts de Démétrius, dit Poliocerte ou le preneur de villes. La bonté de son port, ses édifices, mais sur-tout la supériorité de ses habitans dans les sciences, les arts et la guerre lui donnèrent long-temps la prééminence sur toutes les villes maritimes. Ses chefs-d'œuvre en peinture et en sculpture la faisoient appeler le séjour de Minerve. On sait qu'un énorme colosse d'airain étoit placé à l'entrée de son port. L'île de Carpathus se nomme aujourd'hui Scarpanto. La Carie entière est l'Aidinelli ou Anatolie.

LA LYCIE.

Quoique cette contrée fût avantageusement située pour faire des expéditions maritimes et qu'elle eût de très-bons ports, les Lyciens n'imitèrent pas l'exemple des habitans de la Cilicie et de la Pamphylie, leurs voisins, qui s'adonnoient au commerce et à la piraterie. Ils firent de bonnes loix, et s'appliquèrent aux arts utiles et à la culture de leur territoire, qui étoit borné par des montagnes. Cependant ils purent tirer un grand avantage des parfums excellens qu'il fournissoit. Parmi ses villes les plus remarquables, Thelmissus l'étoit par ses devins. Xanthus, capitale, sur le fleuve de même nom, est Eksenidé. Apollon rendoit à Patara, maintenant Patera, des oracles révérés comme ceux de Délos; près de Phasélis, aujourd'hui Fionda, se trouvoit un passage nommé Climax ou l'Echelle, tellement étroit, qu'en le traversant Alexandre fut obligé de mettre le pied

dans la mer. La partie septentrionale de la Lycie s'appeloit Myliade, contrée peu connue. La Lycie fait partie de l'Anatolie.

LA PAMPHYLIE, LA PISIDIE et L'ISAURIE.

La première de ces contrées étoit une province maritime, la seconde occupoit l'intérieur des terres. La ville d'Olbia, qui fut appelée Antalia, se nomme aujourd'hui Satalie. Cibyra s'appelle Iburar; Coracésium est Analieh; Termessus située aux frontières peu connues de la Pisidie, qui étoit couverte de montagnes, répond à Estenaz, qui paroît dérivé de *stenœ*, mot qui signifie des passages resserrés. La ville forte de Cremna, colonie romaine, est Kébrinaz, château fort vers une montagne. Selga, fondée par les Lacédémoniens et qui pouvoit armer vingt mille hommes, est inconnue. Les Pisidiens furent l'un des premiers peuples qui adopta le christianisme.

L'Isaurie, pays fort rude, adjacent à la Pisidie, étoit habitée par les Isaures, brigands plus dangereux que les Pisides, et cependant tributaires des Romains, Servilius détruisit Isaura leur capitale, qui se nomme aujourd'hui Sauba. L'Isaurie fut depuis jointe à la Cilicie; ces trois contrées se retrouvent dans la Caramanie.

LA CILICIE.

La Cilicie se divisoit en montagneuse et champêtre; celle-ci étoit vers la mer. Les Cilices exercèrent long-temps la piraterie sur les côtes de la Syrie; ils étoient protégés par les Ptolomées, ennemis des Seleucides; mais enhardis par de longs succès, ils osèrent attaquer la flotte des Romains; Pompée les défit, et prit Coracesium leur capitale.

Le pays limitrophe de l'Isaurie en prenoit le nom. La ville principale étoit Trajanopolis, où mourut Trajan; auparavant elle étoit appelée Sélinus, on la reconnoît dans Selenti. Au pied du mont Cragus, Antiochia se retrouve dans Antiochetta; Charadrus, dans Calandro, Anemurium, dans Anemurieh, &c. Toutes ces villes étoient dans la Cilicie-Trachée ou montagneuse. Dans la champêtre, Corycus se nomme Curco; Soli a pris le nom de Pompeïopolis. Anchiale renfermoit le tombeau de Sardanapale qui la fonda. Non loin de là, le Cydnus, qui faillit d'être si fatal à Alexandre pour s'y être baigné, formoit à son embouchure le port de Tarse, métropole de la Cilicie qui rivalisoit avec Athènes et Alexandrie dans la carrière des belles-lettres et de la philosophie. Anazarbe ou Césarée étoit la métropole de la deuxième Cilicie : le territoire qu'elle occupoit se nomme Anzarba.

Le fleuve Issus, près duquel Alexandre défit l'infortuné Darius, se nomme Aïasse : Nicopolis fut fondée pour rappeler cette victoire; Baïæ est aujourd'hui Païas.

La Cilicie qui termine l'Asie mineure, complète le territoire actuel de la Caramanie propre.

L'ARMÉNIE.

L'Arménie s'étend depuis l'Euphrate jusqu'au confluent de l'Araxe et du Cyrus, près de leur embouchure. Elle étoit bornée par les monts Taurus et Niphates, frontière de la Mésopotamie et de l'Assyrie, et par les Monts Caspiens et la mer Caspienne, frontière de la Médie; son territoire est en partie couvert par des montagnes. L'Arménie, trop peu considérable pour former long-temps un état indépendant, appartint tour à tour aux Mèdes, aux Perses, aux Syriens. Il y eut un instant d'anarchie; les gouverneurs de chacune de ses parties, se prétendoient souverains, mais bientôt les Parthes et les Romains se la disputèrent et se la ravirent alternativement.

La ville d'Arze qui dépendoit de l'empire Grec, se nomme par corruption, Erzeron; Gymnia est Ginis : le long de l'Araxe, la ville d'Anicum est Anisi; la rivière Harpasus se nomme Harpason, et la ville royale d'Armavria, est Armavir : la ville antique de Naxuana, fondée quelque temps après le déluge, a transmis son nom à Naksivan.

Parmi les diverses contrées de l'Arménie, on distinguoit la Chorzene, dont la métropole, Chorsa, se retrouve, au moins de nom, dans Kars; on reconnoît dans Moush, la Moxoène, qui fut cédée par les Perses à Dioclétien, et la Sophène, dans Zoph. La ville d'Arsamosata est Shimshat; Anzita paroît convenir à un lieu nommé Ansga; la position de Balisbiga indique Pali. Argana conserve son nom : celui de la contrée d'Amid se retrouve dans Kara-Amid, ville du Diarbekir.

La ville de Tigranocerte fut fondée par Tigrane, gendre de Mithridate, roi de Pont : il en fit la capitale de son royaume, détruit presqu'aussi-tôt par les Romains. La ville n'a pas laissé de vestiges. Vers les frontières méridionales de l'Arménie, près du lac Arsissa, nommé Van par les Arméniens, on retrouve Chaliat dans Aklat.

L'Arménie fut aussi divisée en majeure et mineure : la première qui est celle dont nous venons de parler, eut long-temps des rois particuliers, dont Tigrane, gendre de Mithridate, fut le premier. Depuis Tibère, elle n'eut que des princes; elle répond à la Turcomanie.

L'ARMÉNIE MINEURE faisoit partie de la Cappadoce, et se divisoit en septentrionale et en méridionale; elle répond à l'Aladulie.

LA COLCHIDE.

L'expédition des Argonautes qui, conduits par Jason, et instruits par Médée, enlevèrent la Toison d'Or, a rendu cette contrée très-célèbre. Elle étoit maritime et bornée par l'Ibérie et le Caucase. Le fleuve Phasis, se nomme Fasz; le Rheon ou Rhoaz, porte le nom de Rhione; Cyta qui se nomme Cotalis, fut la patrie de Médée, savante dans la connoissance des plantes vénéneuses dont cette contrée abonde. Scanda, ville des Lazes, conserve son nom. Dioscurias, fréquentée par les étrangers, se nomme Iskuriah; Pityunta se retrouve dans Pitchinda. Le passage de Derben, fermé d'un mur, entre les montagnes et la mer, étoit le Validus-Murus.

Le nom de Dandars que garde un lieu de cette contrée, appartenoit au peuple Dandare, qui l'habitoit. Le territoire des Abasces dépassoit la Mingrélie; les Suaniens, nation puissante, ont laissé leur nom au pays appelé Suaneti; les Mosches habitoient les montagnes, vers les sources de l'Euphrate, dont le nom appartenoit aussi à un second fleuve.

L'IBÉRIE.

La parfaite conformité de noms entre cette contrée et l'Espagne, qui fut nommée Ibérie, feroit croire que l'une a peuplé l'autre; mais l'histoire n'en parle pas. La chaîne du Caucase la séparoit de la Colchide et de l'Albanie. Le Cyrus et le Don la traversoient. Elle eut long-temps des rois que les montagnes qui la protégeoient rendoient indépendans des Mèdes et des Perses; mais les Romains y abordèrent par l'Albanie, sous la conduite de Pompée. Alors ses rois devinrent les tributaires de Rome : la capitale de cette contrée étoit Zalissa; Teflis se nomme aujourd'hui Tblisi. Un passage fort étroit entre les montagnes et fermé par un boulevart, portoit le nom de Portes du Caucase. On le nomme Topa. Il avoit été fortifié, pour empêcher les Sarmates de faire des irruptions dans les vastes plaines qui s'étendent de ces montagnes aux Palus-Méotides. Après la chute de l'empire romain, cette forteresse fut prise et occupée par les Huns. Les habitans de ce pays étoient grossiers et sauvages; ils occupoient les gorges du Caucase, et les ouvroient aux Sarmates qui venoient inonder le midi.

L'ALBANIE.

Cette contrée, dont le nom subsiste dans une province turque qui ne répond pas exactement à l'ancien territoire, étoit, du temps de Pompée, habitée par plusieurs nations sous un même roi. On y nourrissoit beaucoup de bestiaux. La partie montagneuse se nomme à présent Dhagistan. Des Scythes s'établirent près de la mer, sous le nom de Lèges, aujourd'hui Lesghnis.

La principale ville étoit Cabalaca, de nos jours Kablas-Var. Près de-là se trouve la rivière Samura, qui peut représenter le fleuve Albanus, cité par Ptolomée et qui donna son nom à la contrée. La ville de Mamechia se retrouve dans Shamaki, capitale du Schirvan, autre partie de l'Albanie. Il y avoit des défilés fameux, appelés Portes d'Albanie, à présent Portes de Fer ou Portes Caspiennes.

LE MONDE SACRÉ, OU CONNU DES HÉBREUX.

QUOIQUE les Anciens ne connussent point cette division qui appartient aux Hébreux et aux Chrétiens, et que les parties qui la composent soient des provinces romaines, cependant nous avons donné une carte particulière pour l'intelligence des livres sublimes de l'Ecriture Sainte. Ce monde, considéré sous le rapport des connoissances géographiques des Hébreux, devroit avoir des descriptions beaucoup plus étendues; mais afin d'éviter les doubles emplois, nous le restreignons aux lieux qui ont été le théâtre des principaux événemens, et sous ce point de vue, il se borne à la Syrie dont parle souvent l'Ecriture, et dont dépendoit la Palestine qui comprend toute la Judée ou Terre de Chanaan, et à la Mésopotamie dans laquelle les patriarches ont voyagé.

Les autres contrées, telles que l'Arabie, la Médie, l'Assyrie, la Babylonie, l'Egypte dont parle l'Ecriture, auront leur place dans l'ordre géographique; la carte seule suffit pour indiquer les véritables limites du Monde Sacré.

LA SYRIE.

Les bornes de cette contrée, dont la plus grande partie garde son nom, subirent des changemens qu'il seroit trop long de rapporter. L'intérêt qu'elle inspire par elle-même, réclame bien plus l'attention que de stériles divisions. On voit qu'elle est en partie montagneuse, et en partie formée de divers plateaux arrosés par le seul fleuve Orontes, qui garde son nom, et s'appelle aussi El-Ari, quoique cette dénomination semble mieux convenir à la rivière Axius, qui s'y jette.

Séleucus Nicanor, le plus puissant des lieutenans d'Alexandre, dans le partage des dépouilles de ce conquérant, eut la Syrie, dont il fit un empire qui s'étendit, par des conquêtes, depuis la mer Egée jusqu'à l'Inde. Les Parthes enlevèrent à Antiochus son petit-fils les provinces de l'Orient, et les Romains privèrent son successeur de la partie de l'Asie située au-delà du Taurus. La famille de ces princes, appelés Séleucides, ayant été considérablement affoiblie par des dissentions domestiques, Tigranes, roi d'Arménie, s'empara de la Syrie; mais il en fut dépouillé par Pompée, qui la réduisit en province romaine, devenue très-importante par sa contiguité avec l'empire des Parthes et celui des Perses. Souvent les armées de Syrie proclamèrent leurs généraux empereurs.

Les Romains divisèrent la Syrie en cinq parties; savoir : la première et la seconde, nommée aussi salutaire, dans les montagnes; les deux Phénicies, dont la Libanie étoit la seconde, et enfin l'Euphratésienne.

Cet empire, que les Livres saints appellent Aram, et les Arabes Sham, demanderoit un volume de détails historiques et géographiques. Les bornes que nous avons dû nous prescrire, ne nous permettent pas un développement complet.

Les principales villes de la Syrie étoient Alexandria, maintenant Alexandrette, ou, comme disent les Syriens, Scanderona; et Antiochia, qui, la première, appela Chrétiens les adorateurs de Jésus-Christ; les Arabes la nomment Antakieh; elle est presque déserte, quoique ses murailles subsistent encore. Séleucis donna son nom à une partie de la Syrie : elle se nomme aujourd'hui Suveidia. Apamée, sur l'Oronte, ville considérable où Séleucus Nicanor nourrissoit ses éléphans, s'appelle Famieh; Arethusa, *Restan*; Hemesa, *Hems*; Laodicée, *Touschiah*. Damascus, qui fut métropole de la PHÉNICIE DU LIBAN, se nomme Démesk; son agréable situation la rend encore importante. Héliopolis, fameuse par son vaste et magnifique temple du Soleil, a laissé des ruines imposantes à Balbek, dans la CÉLÉSYRIE ou Syrie creuse, vallée comprise entre les chaînes du Liban et de l'Anti-Liban.

Vers l'Euphrate se trouve la Comagène au Nord. Cette contrée eut des rois, et fut réunie à l'empire romain sous Vespasien. Samosate, sa capitale, se nomme Senusat; Barsalium et Claudias sont Bersel et Cloudieh. Plusieurs autres villes ont laissé leur nom à des villes modernes, avec quelques altérations. La ville moderne d'Alep remplace l'ancienne Beroea, la plus puissante de la Syrie. Quelques autres villes donnèrent leur nom à leurs territoires. La fameuse Palmyre fit nommer Palmyrène la plaine au milieu de laquelle elle étoit située, et qui touche à l'Arabie déserte. On dit que cette ville fut fondée par Salomon, qui la nomma Tadamora, dont le nom se retrouve dans Tadmor. Elle est placée entre deux empires près de deux mers qui favorisoient son commerce entre l'Orient et l'Occident. Elle devint très-riche, et la capitale d'un royaume possédé par Odenat et la fameuse Zénobie qui fut défaite et détrônée par les Romains. Il en reste au milieu d'un désert, des ruines magnifiques.

D

LA PHÉNICIE.

Les Phéniciens furent les plus célèbres navigateurs et les plus fameux négocians de l'antiquité : leur territoire ne comprenoit qu'une langue étroite de terre entre la mer et les montagnes ; mais le commerce et les nombreuses colonies qu'ils fondèrent sur plusieurs côtes baignées par la Méditerranée, leur procurèrent des richesses immenses et une grande puissance. Les arts naquirent, en quelque sorte, dans leur patrie. L'univers dut aux Phéniciens tous les objets de luxe, les arts et les sciences. Un Phénicien les fit connoître aux Grecs, qui bientôt surpassèrent leurs maîtres. Des Phéniciens bâtirent le temple de Salomon et fondèrent Carthage qui fit trembler Rome. Ils bâtirent aussi Utique et Cadix. Parmi les villes de ce pays, Laodicée se nomme Latakieh. Tyr, qui étoit, à proprement parler, dans la Palestine, fut construite dans une île près de la côte par des Sidoniens. Elle existoit au temps de Josué, et devint par ses flottes la reine des mers. Elle fournissoit à l'univers connu des étoffes d'écarlate réservées pour les rois. Ses forces militaires étoient redoutables, ses édifices magnifiques : mais de tant de splendeur, il ne reste que des palais ruinés, des pyramides renversées, des colonnes de jaspe et de porphyre rompues, ensevelies sous le sable ; de malheureux pêcheurs étendent leurs filets sur les restes de ses remparts, ainsi que l'avoit prédit le prophète. Ses ruines se nomment Sur, misérable village habité par cinquante pauvres familles.

Les montagnes habitées par les Nazerins s'appellent encore Nassaris. Plusieurs villes ont conservé des vestiges de leurs anciens noms, entre autres Beryte, qui se nomme Berut.

Sidon, la rivale de Tyr, avec laquelle on la cite toujours lorsqu'on veut parler de villes florissantes par les arts et le commerce, est connue aujourd'hui sous le nom de Seïde, quoiqu'un lieu voisin garde celui de Sidon. On doit à ses habitans, qui avoient le génie très-inventif, l'art de faire et de travailler le verre, de fabriquer des toiles de lin très-fines. Non loin d'elle étoit Sarepta, dont l'emplacement est aujourd'hui occupé par Sarfand. Une seconde Tyr (*Palæ Tyrus*) fut démolie par Alexandre qui se servit de ses débris pour construire une chaussée qui joignit Tyr la Grande, à la terre ferme.

L'ILE DE CYPRE ou CHYPRE.

Une montagne nommée l'Olympe, à présent Santa-Croce, qui occupe le centre de cette grande île, renfermoit les sources de quelques petites rivières et des mines de cuivre ; ce qui fit donner à cette île le nom de Cupros, changé par les Turcs en Kibris, par les Arabes en Kubrous. Elle reçut des colonies phéniciennes, puis des colonies grecques après la guerre de Troie. Elle fut partagée en trois royaumes dont se rendirent maitres des tyrans particuliers. Les Perses et les Egyptiens la possédèrent successivement. Elle fut conquise sur ces derniers par les Romains : après eux les Grecs du Bas-Empire l'occupèrent ; ils en furent dépouillés par les Arabes.

Les habitans de cette île rendoient à Vénus un culte particulier. La première de ses villes étoit Salamis, qui fut inondée par la mer lors d'un tremblement de terre. Elle fut remplacée par Constanzia, dont le local, aujourd'hui désert, a retenu le nom de Costanza. La ville de Paphos est célèbre par le culte de Vénus-Anadyomène ou sortant des eaux : on la nomme aujourd'hui Bafo ou Bafa. Il y avoit une ancienne ville du même nom. Citium, patrie de Zénon, s'appelle maintenant Chiti. Quelques autres villes ont laissé des traces de leurs noms, entre autres Idalie, célèbre par les charmes de sa situation ; c'est aujourd'hui Dalin.

LA PALESTINE.

Ce nom, que l'on donne à présent à toute la JUDÉE et à la TERRE-SAINTE, n'appartenoit jadis qu'à la portion du pays de Chanaan, appelée ainsi du nom du fils de Cham dont la postérité l'occupa, et depuis s'étend depuis le torrent de Bosor, frontière de l'Arabie Déserte, jusqu'à Césarée. Elle formoit une république sous le gouvernement des Juifs. La Palestine comprend ainsi tous les pays depuis la Syrie ou Célésyrie jusqu'à l'Arabie Déserte. Elle est en partie montueuse et presque sans rivières. La principale de celles qui y coulent est le Jourdain, fleuve qui descend de l'Anti-Liban. Il se rend au lac de Génésareth ou mer de Tibériade, d'où il sort pour traverser la mer Morte ou lac Asphaltite, c'est-à-dire de bitume, qui engloutit Sodome et Gomorhe. Saül, David et Salomon possédèrent cette contrée comme royaume. Elle fut ensuite partagée en deux monarchies, celle d'Israël, dont s'empara le rebelle Jeroboam sur Roboam, fils de Salomon, et celle de Juda qui continua d'obéir à ce prince. La Palestine subit divers partages entre les tribus d'Israël et les Philistins, ses premiers habitans. La tribu de Juda posséda tout ce qui s'étend de la mer Morte à la Méditerranée aux extrêmes frontières de l'Egypte. Celle de Siméon s'établit vers le pays gardé par les Philistins et vers les confins de l'Idumée. La ville de Bersabée s'y trouvoit comprise. La tribu de Benjamin, voisine de Juda, renfermoit Jéricho, Béthel et Jérusalem : ce territoire se nommoit Sion. La tribu de Dan étoit vers la mer, et touchoit, comme la précédente, à la tribu d'Ephraïm bornée par le Jourdain, la mer et le torrent de Cana. La demi-tribu de Manassés, qui occupoit un territoire contigu à celui de la tribu d'Ephraïm, touchoit à la mer au pied du Carmel vers les confins d'Aser. Cette tribu réclamoit aussi la ville de Bethsan, qui étoit à la tribu d'Issachar, laquelle occupoit Jezraël, et se trouvoit limitée au septentrion par le Tabor. Ce mont la séparoit de la tribu de Zabulon placée sur les bords du lac de Génésareth, qui se trouvoient aussi occupés par la partie septentrionale de la tribu de Nephtali, limitrophe à l'occident de celle d'Aser. Cette dernière habitoit le long de la mer depuis le Carmel jusqu'à Sidon, et comprenoit le territoire de Tyr ; mais elle ne posséda jamais cette ville. Les tribus de Ruben et de Gad , la demi-tribu de Manassès , étoient au levant du Jourdain : la première depuis le torrent d'Arnon jusqu'aux limites des Moabites ; la seconde au nord , la troisième sur le bord oriental du lac de Génésareth. La postérité sacerdotale de Lévi habitoit des villes répandues sur le territoire de toutes les autres tribus sans avoir de territoire particulier.

La chûte des royaumes d'Israël et de Juda fit disparoître ces divisions. Au retour de la captivité de Babylone, on partagea la Palestine en Judée, Samarie, Galilée et Perée , dénomination qui désigne un lieu au-delà du fleuve. Elle subit ensuite quelques subdivisions.

LA JUDÉE.

Jérusalem , ville de cette contrée, se nommoit auparavant Salem , et fut le séjour du roi Melchisédech. Les Jébuséens, fils de Chanaan, qui la possédèrent, l'avoient appelée Jebus : mais Josué la leur ayant prise, et David ayant enfin emporté la citadelle, dans laquelle les Jébuséens tinrent long-temps, elle devint la capitale du royaume de Juda sous son ancien nom et la résidence des rois. Salomon la décora d'un temple magnifique, bâti par des Phéniciens. Elle prit un rang au nombre des plus belles, des plus riches, des plus peuplées, des plus fortes villes de l'Orient. Sa splendeur excita la cupidité de ses voisins. Elle eut à soutenir deux sièges, et fut ruinée deux fois; d'abord par Nabuchodonosor, roi de Babylone, qui emmena captifs tous ses habitans. Rétabli par les ordres de Cyrus, elle fut détruite, après un fameux siége , par Titus. Lors de ce siége, les Juifs montrèrent qu'ils étoient le peuple le plus brave de la terre et le moins aisé à réduire. Adrien fit rebâtir Jérusalem sous le nom d'Ælia Capitolina; il y introduisit le culte des faux dieux. Constantin en chassa les idoles, et construisit un magnifique temple chrétien à la place du sépulcre, sur lequel on avoit à grands frais élevé un temple païen. On y retrouva la grotte et les trois croix du crucifiement. Sion, quartier principal de l'ancienne Jérusalem , n'est plus dans l'enceinte de la ville moderne.

De tous les lieux cités par l'Ecriture-Sainte , il en est à peine quelques-uns dont la position soit certaine, quoique les cartes les indiquent. On connoît celle d'Antipatris, dont le nom moderne est Saronas. Les ruines d'Apollonias sont Arsuf. Joppe, qui se nomma aussi Japho, se retrouve dans Jafa : c'est-là qu'Andromède fut attachée sur un rocher. On y débarque pour se rendre à Jérusalem. Lydda ou Diospolis se nomme Lod , Iabne est Iebna.

Le pays des Philistins se divisoit en cinq satrapies. On y retrouve Azotus dans Asdod. Ces peuples étoient très-attachés au paganisme, et par conséquent toujours en guerre avec les Juifs dont le principal dogme religieux étoit le culte d'un seul Dieu , et qui supportoient difficilement des voisins idolâtres. La ville de Gaza , détruite par Alexandre, fut rebâtie dans le même emplacement; elle subsiste encore.

Plus près de Jérusalem , on retrouve Hébron que le tombeau d'Abraham et de sa famille fait encore respecter par les Arabes. A six milles au sud de Jérusalem est Bethléem où naquit Jésus-Christ.

LA SAMARIE.

Lorsque Salmanazar eut emmené les Israélites captifs en Assyrie, des colonies de son empire, composées de Cuthéens , furent envoyées par lui pour les remplacer. Ils adoptèrent les loix de Moyse; mais un schisme les rendit ennemis des Juifs. Le pays qu'ils habitoient étoit entre le Jourdain et la Médie. Samarie détruite , puis rebâtie , fut ensuite embellie et fortifiée par Hérode qui la nomma Sebaste, en l'honneur d'Auguste : ses ruines gardent son nom. Sichem, ancienne ville royale d'Israël, fut nommée Néapolis ; Nabulos la représente. Césarée devint la résidence des gouverneurs romains.

LA GALILÉE.

Cette contrée , frontière de la Samarie, étoit plus fertile et plus peuplée que le reste de la Palestine; on la partageoit en inférieure ou basse, et supérieure ou haute. La première, qui étoit remarquable par sa fertilité, fut habitée par les tribus d'Issachar et de Zabulon. La deuxième prit le nom de Galilée des Gentils, parce qu'un grand nombre de ses habitans étoient païens. La prononciation étoit différente dans cette partie de la Judée. Saint Pierre étant à Jérusalem , fut reconnu pour Galiléen, à son accent. La ville royale de Jezrael se nomme Esdrélon. Le lieu de Legune rappelle le camp qu'y avoit établi une légion romaine. Le mont Carmel étoit également respecté des Juifs et des païens; son territoire étoit fertile et boisé. Acre , jadis détruite par Simon Machabée , fut depuis disputée long-temps par les Croisés et les Musulmans. Ces derniers la détruisirent : son nom subsiste dans l'ancienne Acco-Ptolémaïs. Sephoris , jadis très-forte, se nomma Diocésarée ; les Juifs la nomment Sefouri : Bethsan , près du Jourdain, se nommoit aussi Scythopolis, parce que les Scythes la possédèrent avec l'empire d'Asie. Elle a presque repris son nom dans Baïsan. Tibériade fut bâtie par Hérode, en l'honneur de Tibère, près du lac Tabarieh, jadis Chenereth.

LA PERÉE.

Ce nom qui fut donné à des contrées très-éloignées l'une de l'autre, désigne, dans la Palestine, en général tout ce qui est au-delà du Jourdain, et plus particulièrement les pays partagés entre les tribus de Ruben et de Gad. L'une de ses montagnes est le Nébo de la cime duquel Moyse vit la Terre promise. Parmi les lieux remarquables sont la ville de Livie , la fontaine de Callirhoë et la place forte d'Amathus. La montagne de Galaad donnoit le nom de Galaaditide à la région qui l'entouroit. La ville

de Pella étoit environnée d'eau ; elle servit d'asyle aux chrétiens de Jérusalem, après le siége que cette dernière soutint. La Béthanie, située au-
dessus de la Galaaditide, se nomme Bitenia ; elle fut conquise sur Og, roi
de Basan. Près du lac Tibériade, étoit sur des rochers la place forte de
Garmala : une rivière appelée Hiéromax, se nomme aujourd'hui Yer-
muk. Ses sources se trouvent dans une plaine à l'E. du Jourdain.

Dix villes dont les habitans n'étoient point juifs, formèrent entre elles
une confédération appelée Décapolide. Parmi ces villes on remarque
Philadelphie.

Trois pays, la Trachonitide, l'Iturée, l'Auranitide, n'ont pas de
limites connues. La première étoit habitée par des brigands réfugiés dans
des cavernes ; la deuxième est peu connue ; la troisième se confond avec
l'Arabie ; elle étoit aride et stérile, n'ayant d'eau que l'hiver. Bostra,
la capitale, le fut d'une province nommée Arabie ; son nom actuel de
Bostra est le même.

L'Ammonitide, dont les limites sont inconnues, faisoit partie de
l'Arabie Pétrée, étant située dans les montagnes de Galaad, au-delà du
Jourdain. Les habitans descendoient de Loth : la ville principale étoit
Ammon, qui fut ensuite appelée Philadelphie ; elle se nomme aujour-
d'hui Amman.

La Moabitide également habitée par des descendans de Loth, appelés
Moabites, s'etendoit à l'E. du lac Asphaltite ; sa capitale se nommoit
Aréopolis. Les Moabites conquirent ce pays sur les géans appelés Ecnim ;
ils en perdirent une partie dont ils furent eux-mêmes dépouillés par les
Amorrhéens auxquels Moyse la ravit pour la donner à la tribu de Ruben.
Ce chef des Hébreux épargna les habitans qui devinrent les mortels en-
nemis des Juifs, et qui furent enfin subjugués par Joram, roi de Juda,
puis emmenés en esclavage avec leurs conquérans.

LA MÉSOPOTAMIE.

Ce nom, qui désigne un pays compris entre des rivières, étoit donné
à une partie de l'Assyrie, nommée Syrie des Rivières, parce qu'elle
étoit renfermée entre le Tigre et l'Euphrate. Cette situation lui a fait
donner par les Arabes le nom d'Al-Gezira, mot que l'on retrouve en
Espagne. C'est mal-à-propos qu'on la nomme Diar-Bekir.

Cette contrée est regardée par quelques auteurs comme le berceau du
genre humain avant et après le déluge. La partie septentrionale, couverte
par des montagnes, étoit arrosée par deux fleuves, outre le Tigre ; la partie inférieure, aride et stérile, n'étoit habitée que par des Arabes errans.

On nommoit Osroëne la partie que l'Euphrate séparoit de l'Assyrie.
Ses princes placés aux frontières de l'empire des Parthes et de celui des
Romains, ne purent éviter de devenir les sujets de l'un ou de l'autre.
Caracalla l'unit comme province à l'empire romain. Édesse, la capitale,
se nommoit aussi Callirhoé, comme la fontaine qui étoit dans son en-
ceinte. Cette ville fut depuis appelée Orha, puis Orfa.

On peut croire que les Macédoniens avoient pénétré dans cette contrée, car on y retrouve des noms de ville de leur langue, notamment
celui d'Anthémusias qui se communiqua à une partie du pays. Char-
rac ou Charran, ville près de laquelle Crassus fut défait par les Parthes, étoit très-ancienne ; Abraham quitta ce lieu pour entrer dans la
terre de Chanaan. Ses habitans étoient Sabéens ; ils adoroient la lune.
Elle garde son nom dans Harran.

A l'entrée du Bilicha dans l'Euphrate, Alexandre fit bâtir, dans
une position avantageuse, la ville de Nicéphorium, à l'embouchure
du Chaboras, qui est l'Al-Khabour moderne. La ville de Circésium fut
fortifiée par Dioclétien, pour en faire le boulevard de l'empire. Ker-
kisia garde son nom.

Près de l'Euphrate, le nom moderne de Zoxo-Sultan rappelle le monument élevé en l'honneur du jeune Gordien assassiné en 244 par ordre
de Philippe, préfet du prétoire. Dans les longs circuits du cours de l'Euphrate étoient les villes de Neharda et Pombeditha, célèbres par leurs
écoles fréquentées des Juifs. Le canal près duquel le jeune Cyrus fut défait et tué par son frère Artaxerxès, subsiste, mais il est à sec.

En remontant le Tigre, on trouve la ville de Birtha, qui fut bâtie par
ordre d'Alexandre ; elle n'est plus qu'un village appelé Técrit. Hatra,
dans le désert, ville qui résista aux attaques des Perses et des Romains,
est ruinée. Singara, prise par Trajan, se nomme Singar. Nisibe, la ville
la plus importante de la Mésopotamie, fut fondée par Nemrod ; l'empereur Jovien la céda aux Perses, après qu'elle eut été long-temps le boulevard de l'empire romain contre les Parthes. Nesbin, qui la remplace,
n'est plus qu'un village. La ville de Dara, nommée Anastasiopolis par
l'empereur grec Anastase, fut prise par les Perses. Ses vestiges se nomment Dara-Kardin. La forteresse de Rabdium, élevée sur les montagnes qui couvrent Nisibe, est aujourd'hui Tur-Rabdin. Marde, château imprenable, s'appelle Merdin.

La Mésopotamie répond à-peu-près au Diar-Bekir.

L'ARABIE.

Ce nom hébreu désigne une contrée située à l'occident du Tigre et de
l'Euphrate. Elle est habitée par deux races d'hommes différentes. La
première de ces races, ou les Arabes proprement dits, eurent des villes
et des rois. Leur aïeul est Jectan, fils d'Eber. La deuxième, qui descend
d'Ismaël, fils d'Abraham, est composée de peuples nomades. L'immense
étendue de leurs déserts brûlans, qu'ils parcourent sans cesse, les a
soustraits au joug de tous les conquérans. Sous Auguste, une armée
romaine qui s'y étoit trop avancée, faillit y périr. Cette même cause
leur a fait conserver, presque sans altération, leurs mœurs et leur lan-

gage. Les Arabes modernes sont les mêmes qu'ils étoient dès la plus haute antiquité.

On nommoit Scénites ces Arabes habitant sous des tentes. Le nom moderne de Bédouins signifie habitans de la plaine. Le nom de Saracénins fut donné à ceux qui vivoient de brigandage. Il ne désigna d'abord qu'une tribu peu nombreuse, mais depuis ils devinrent très-puissans, sous le nom redoutable de Sarrasins, et furent distingués en Romains et en Persans; ces derniers occupoient dans leur course tout le territoire entre les golfes Arabique et Persique.

Les Arabes, en général, étoient païens et adoroient les astres, les arbres et les serpens. Ils forment l'une des trois races de l'espèce humaine.

L'Arabie fut toujours divisée, comme elle l'est, en trois contrées.

L'ARABIE PÉTRÉE.

Pétra, sa capitale, a donné son nom à cette contrée. Elle s'appeloit auparavant Nabathie, de Nabajoth l'aîné des fils d'Ismaël. La partie limitrophe de la Judée se nommoit l'Idumée. La conformité d'origine la fit d'abord respecter par les Juifs; mais la postérité d'Ismaël étant devenue très-nombreuse, et Nabajoth, fils d'Ismaël, s'y étant établi, les habitans furent nommés Nabathéens. Du temps d'Auguste, Pétra fut le séjour d'un roi. Trajan qui la conquit l'unit à la Palestine, et la nomma PALESTINE SALUTAIRE. Ses anciennes villes n'ont pas laissé de vestiges, excepté celle d'Ælana dont le nom se retrouve dans Ailah. Le port d'Asiongaber ou Bérénicé, est celui où s'arrêtoient les vaisseaux chargés de l'or d'Ophir. Un château y porte le nom de Château de la Descente, *Calaat-el-Acaba*. Le nom de Désert de Pharan rappelle celui du promontoire de Phara.

Les Nabathéens étendoient au loin leur domination dans l'Arabie Déserte. Madian, l'un des enfans d'Abraham, fit donner le nom de pays des Madianites au territoire qu'occupèrent plus particulièrement ses descendans. Une grotte conserve le nom de Shuaib, donné à Jéthro, beau-père de Moyse.

L'ARABIE HEUREUSE.

Une chaîne de montagnes la séparoit des deux autres : on la nomma Sabie, du nom de Saba, fils de Chus; les habitans furent aussi nommés Sabéens. Ils surpassèrent en opulence toutes les nations du monde. Les riches productions d'un sol fertile, l'or, l'argent, les pierreries y attiroient tous les négocians étrangers qui leur apportoient en échange ce qu'ils avoient de plus précieux. Sans courir aucune des chances maritimes, les Sabéens recueilloient les fruits d'un commerce immense fait par ces étrangers. Ils étoient les plus illustres entre les descendans de Jectan. On les distinguoit en divers peuples. Les Homérites, nom de la famille souveraine, avoient pour capitale Mariaba, résidence de Belkis, reine de Saba, qui vint admirer Salomon. La rupture d'une digue détruisit cette ville, dont il reste des vestiges. Catabanum étoit la capitale des Chatramotites; ce lieu se nomme aujourd'hui Shibam, et le pays l'Adramaüth. Non loin de là étoit le Segher, *Thurifera-Regio* ou *Libanophoros*, qui produisoit l'encens blanc, préféré à celui de l'Hadramaüth, près duquel les Romains s'avancèrent à une distance de trois journées ou vingt-une lieues. Les Minéens avoient pour capitale Carana. Ce nom se retrouve dans celui d'Al-ma-Karana, place forte. La ville d'Anagrana, dans laquelle entrèrent les Romains, fût le centre du christianisme en Arabie; elle devint aussi la résidence des rois : c'est aujourd'hui Nageran. Les Thamydènes, l'une des principales tribus, a donné le nom de Tzammud au pays qu'elle occupoit. On retrouve celui d'Oadite dans Wadi-al-Kora, sur la route de la Mecque. Les Maaddènes, qui exploitoient les mines et dépendoient des Homérites, ont laissé le leur à Maaden-al-Nocra. Jambia se reconnoît dans Iambo; Iatrippa fut anciennement le nom de Médine. Maco-Raba, fondée par Abraham, est la Mecque.

Le long de la mer Erythrée, le lieu nommé Arabia-Emporium-Felix s'appelle aujourd'hui Aden, ou Lieu de Délices. L'île de Dioscoride est celle de Socotora; Alexandre y fit passer une colonie d'Ioniens. Sur le continent, la ville d'Hasec croit avoir le tombeau d'Eber, fils de Jectan.

L'ARABIE DÉSERTE.

Cette dénomination, qui exprime aujourd'hui le petit nombre de ses habitans, ne donneroit pas à penser qu'elle fut cependant l'ancienne demeure des Iduméens, des Moabites, des Madianites, des Amalécites, et même pendant quarante ans celle des Israélites sortis de leur captivité; mais ces peuples n'habitoient que sur les côtes; l'intérieur étoit désert. Les noms de Moscha-Portus et Omanum, se retrouvent dans Mascat et Oman, contrée maritime. Les habitans étoient ichthyophages.

Dans le golfe Persique, l'île de Tylos étoit connue par la pêche des perles. La ville de Gessa, sur le continent, faisoit le commerce des parfums : les maisons, les remparts étoient construits de pierres de sel : on la nomme maintenant El-Katif.

LA MÉDIE.

Cette contrée fut le siége d'un vaste empire dont les fastes occupent dans l'Histoire un grand espace. Ils offrent dix époques distinctes. La Médie étoit d'abord une province de l'empire des Assyriens et demeura telle jusqu'à la mort de Sardanapale : alors elle devint royaume. Déjocès, qui y régnoit, étant mort, la Médie rentra dans son ancien état de province assyrienne. Cyaxare lui rendit son indépendance; il y ajouta les deux Arménies, la Colchide, l'Ibérie, le Pont et la Cappadoce. Ces vastes domaines furent envahis par les Scythes qui les occupèrent vingt-huit ans. Les Mèdes ayant chassé les Scythes réunirent à leur royaume une partie de l'Assyrie, à laquelle les conquêtes de Cyrus ajoutèrent toute l'Asie mineure et l'empire de Babylone. Cyrus y joignit le royaume des Perses, qui étoit son héritage et dont le nom prévalut sur celui de royaume des Mèdes. Alexandre ayant fait la conquête de ces deux empires, sa mort en causa le partage en deux états différens; l'un fut nommé Grande-Médie; l'autre Atropène, limitrophe de l'Arménie, du nom d'Atropatès qui profita de la dissention entre les lieutenans d'Alexandre pour fonder un royaume indépendant : on l'appelle aujourd'hui Aderbijan.

Les noms des peuples différens et des contrées de la Médie, sont assez nombreux. Les changemens qu'ils ont subis en rendroient l'énumération trop longue. Il faut passer aux noms des lieux remarquables. Gaza, capitale de l'Atropène, se nomme Tauris. Le lac salé de Marcianes est auprès de Maraga; il donnoit son nom à la Matiane ou Margianne, province habitée par les Caspiens. L'Amardus, qui se jette dans la mer Caspienne, descend des montagnes presque inaccessibles habitées par les Mardes, nation de brigands indépendans. Ce même pays connu sous le nom de Deilem, fut à une époque plus moderne le séjour des assassins qui furent exterminés par Hulakou. La fameuse Ecbatane, bâtie par Déjocès, étoit la capitale de l'empire; elle a occupé une place parmi les villes les plus célèbres. Les monarques Perses ou Parthes quittoient Suze et Ctésiphon, pour venir l'habiter pendant les chaleurs de l'été. On ne connoît pas précisément le lieu où elle étoit située; on dit cependant que c'est Hamedan. L'Orontes, montagne voisine, se nomme Eruend ou Eluend. Sur la route d'Hamedan se trouve un monument sculpté dans une montagne et connu des antiquaires. La deuxième ville étoit Ragès, nommée par les Macédoniens Europus, et Arsacia par les Parthes, du nom des Arsacides. On l'appelle à présent Rei, qui est son nom primitif.

Le nom moderne de Taburistan que l'on donne à une contrée, vient des anciens Tapures qui l'habitoient. Celui de Ghulistan rappelle les anciens Géléens ou Cœliges, dont le territoire étoit fangeux. Kurab est l'ancienne ville de Cyropolis. A l'extrémité de la Médie, le canton appelé Choara, situé au pied des montagnes et fameux par les agrémens de sa situation, se nomme Kaûar; la ville de Semina subsiste; le pays de Comisène a pris le nom de Comis. Hécatonpylos, ou la ville aux cent portes, étoit capitale d'une province appelée Parthie. Les cantons d'Articène et de Tabiène se retrouvent dans l'Ardistan et dans le nom de deux villes voisines appelées Tabas.

L'ASSYRIE.

Assur, fils de Sem, donna son nom à cette contrée, qui tantôt est considérée comme empire, tantôt comme province faisant partie d'autres empires.

L'empire d'Assyrie est le premier dont fassent mention les historiens, qui lui donnent outre l'Assyrie propre, la Perse, l'Inde vers le levant, l'Arabie, la Mésopotamie, la Syrie, la partie occidentale de l'Asie, l'Egypte et même l'Ethiopie. Cyrus et Darius le Mède en firent la conquête sous Balthazar, et le démembrèrent; mais il se rétablit avec moins d'étendue.

Comme province, l'Assyrie se borne à cette contrée proprement dite; on la nomme aujourd'hui Curdhistan, du nom des Carduches qui habitoient ses montagnes vers l'Arménie et l'Atropène. Les Kurdes modernes sont leurs descendans. Elle étoit arrosée par le Zabus ou Lycus, aujourd'hui le Zab et le Petit-Zab. Le nom d'Aturie, particulier au territoire de Ninive, fut souvent donné à toute la contrée qui prit aussi celui d'Adiabène. La Corduène, dans les montagnes au nord, fut cédée aux Romains, avec la Moxoène, l'Arzamène et la Zabdicène. La première fut reprise par les Parthes sur Trajan, les autres par les Perses sur Julien.

Ninive, bâtie sur le Tigre, plus ancienne et plus vaste que Babylone, fut fondée par un petit-fils de Noé, ou par Assur, fils de Sem, et agrandie par Ninus, fils de Belus, le Nemrod dont parle Moyse. Elle fut détruite conformément à la prophétie de Jonas, par les Mèdes et les Babyloniens ligués contre l'empire assyrien dont elle fut long-temps la capitale. On la rebâtit depuis, et ses vestiges subsistent dans un emplacement sur le Tigre, opposé à Mosul, et qui conserve le nom de Nino. Ces ruines doivent être les plus anciennes que l'on connoisse.

Arbelles, près de laquelle Alexandre défit Darius, étoit capitale de l'Adiabène; Erbil rappelle ce nom. La ville de Démétrius ou Corcura, près de laquelle la terre exhaloit des flammes, est celle de Kerkouk, où s'opèrent encore les mêmes prodiges naturels; le nom d'un lieu voisin, appelé Korkour, ne permet pas d'en douter. Siazuros s'appelle Sherzour.

Les Garaméens, dont la capitale étoit Garcha, se retrouvent au territoire appelé Garm, où est la ville de Kark ou Vieux-Bagdad. Antioche, placée sur le Tigre jusqu'à l'endroit où Alexandre le remonta, se nommoit également Opis. En s'éloignant du fleuve, le lieu nommé Dascara fait reconnoître l'emplacement de Dastagerda, palais magnifique de Chosroës, détruit par Héraclius pour le punir d'avoir ravagé des provinces de l'empire grec. Apollonius donnoit son nom à l'Apolloniatide.

L'Assyrie, dont les habitans connurent les sciences et les arts, dès la plus haute antiquité, se nomme le Kurdisthan.

LA BABYLONIE.

Le nom de Chaldée, qui étoit celui de l'une des contrées de la Babylonie, fut souvent donné à tout l'empire des Babyloniens ou Chaldéens, dont le territoire resserré dans ses véritables limites, entre l'Euphrate, le Tigre et le golfe Persique, est nommé par les Arabes l'Irak-Arabi. Plusieurs canaux, à présent desséchés, communiquoient d'un fleuve à l'autre.

Parmi les villes, celles de Peri-Saboras, Ancoharitis, Sitacène, laissent leurs noms à Firuz-Sapor, Anbar et Sitace. Bagdad est l'Irenopolis des Grecs du bas empire. La ville de Séleucie, située sur la rive droite du Tigre, ainsi nommée de Seleucus, et celle de Ctésiphon, bâtie de l'autre côté par les Parthes pour balancer le pouvoir de Babylone, sont remplacées par Al-Modaïn, la ville double : mais la ville par excellence étoit Babylone, fondée par Nemrod, agrandie par Belus, embellie par Nabuchodonosor et son épouse Nicotris : elle avoit six lieues carrées enceintes de murs ; quatre lieues seulement étoient couvertes de bâtimens et de jardins, le reste étoit réservé pour la culture, sur-tout dans le cas de siége. L'Euphrate passoit entre deux magnifiques quais de marbre, il mugissoit contre les arches de plusieurs ponts construits de la même matière. L'Histoire parle avec admiration des jardins de Sémiramis, suspendus en amphithéâtre sur de magnifiques colonnes au-dessus de vastes palais : peut-être n'étoit-ce que de belles terrasses sous lesquelles on avoit pratiqué des galeries. Cette ville fut la capitale des Assyriens, puis celle du royaume particulier de Babylone, formé par Nabonassar, de l'une des provinces de l'empire assyrien, auquel ses successeurs ajoutèrent de nouvelles possessions. Elle fut le berceau de l'idolâtrie astrologique, et ses habitans exercèrent les premiers l'art de fabriquer de riches étoffes avec des métaux et des fils de diverses couleurs.

Les Parthes s'étant emparés de cette ville, elle devint déserte, et son enceinte forma un parc immense dans lequel leurs rois prenoient les plaisirs de la chasse. Les ruines de Babylone, qui conservent le nom de Babil, nous transmettent les preuves de sa grandeur, de sa solidité, et nous donnent même une idée de la disposition de ses murs et des principaux édifices dont les fondemens se retrouvent dans d'énormes masses indestructibles.

Vologèse, roi des Parthes au temps de Néron, bâtit, près de Babylone, Vologesia, sur un canal tiré de l'Euphrate ; cette ville se nomme maintenant Meschhed-Hosein, parce qu'Hosein, fils d'Ali, fut enterré dans la place qu'elle occupoit. La ville d'Alexandrie, sur un autre canal, ainsi nommée parce qu'elle avoit été réparée par Alexandre, fut ensuite appelée Hira. La sépulture d'Ali lui a fait prendre celui de Meschhed-Ali.

Orchoë, l'une des villes principales de la Chaldée, étoit le centre d'une secte de docteurs auxquels le nom de Chaldéens fut donné par excellence.

Les Orchènes qui habitoient Orchoë détournèrent l'Euphrate pour arroser leur territoire, et conduisirent ses eaux dans le Tigre. On a reconnu dans les temps modernes l'ancien lit de ce fleuve jusqu'à la mer.

On appeloit Pasitigris tout le pays compris depuis la nouvelle jonction de l'Euphrate avec le Tigre jusqu'à l'embouchure de ce dernier, qui ne se jetoit dans la mer qu'après avoir traversé le vaste marais Chaldaïque, dans lequel Trajan et son armée risquèrent de périr pendant la haute marée.

LA PERSE.

Le nom de Paras, que l'on retrouve aujourd'hui dans Fars, est, dans l'Ecriture Sainte, celui de cette contrée. Elle étoit comprise entre la Médie, le Tigre, le golfe Persique et la Parthie, renfermant ainsi beaucoup plus d'espace que la Perse moderne. Elle fut peuplée par Elam, fils de Sem. Ses descendans restèrent dans l'obscurité jusqu'à Cyrus, fils de Cambyse, qui, l'unissant aux domaines de son oncle Cyaxare, régna sur tout le pays possédé par les Mèdes jusqu'au fleuve Halys, et sur les royaumes des Lydiens et des Babyloniens. Son fils, Cambyse, y ajouta l'Egypte ; et pendant deux siècles cet empire subsista dans ces limites. Détruit par Alexandre, il fut démembré par ses lieutenans. Seleucus l'eut en partage ; les Parthes rendirent ses successeurs leurs tributaires. Artaxerxès non-seulement secoua leur joug, mais encore les soumit eux-mêmes. Les deux peuples n'en firent plus qu'un seul pendant quatre siècles, jusqu'à l'invasion des Arabes.

Les Perses adoroient le soleil, mais ils ne lui élevoient point d'édifice sacré ni de statue. Les Mages étoient en même temps les sages, les savans et les prêtres. Le roi, chef de la justice, avoit un conseil de sept des principaux seigneurs ; ses provinces étoient gouvernées par des satrapes ; on ne levoit d'impôts que sur les peuples conquis. Les Perses furent long-temps de robustes et braves guerriers ; mais le luxe prodigieux de la cour depuis Cyrus, corrompit toutes les classes : la mollesse et les plaisirs énervèrent ses habitans, devenus la proie facile des Arabes ou des Tartares, les anciens Scythes. Leurs descendans ont recouvré la bravoure de leurs premiers aïeux. Ce pays se divise en PERSE proprement dite, et SUSIANE, qui aura son article séparé.

La Perse est en grande partie montagneuse, mais il y a de vastes plaines vers la mer. Ses principaux fleuves, l'Araxe et le Medus, ont leur embouchure dans un lac dont le nom moderne est Baktegian ; le second paroît être l'Abi-Kuren ou Eau de Kur, qu'il est impossible de confondre avec le Cyrus de Strabon, vu la manière dont cet auteur parle du Medus. La capitale Persépolis, près de l'Araxe, à l'instigation de la courtisane Thaïs, fut brûlée par Alexandre qui l'avoit épargnée après l'avoir prise. Quarante colonnes que l'on a trouvées à Chilminara, entre Hispahan et Schiras, ont fait présumer que c'étoit la place qu'elle occupa ; mais le fait paroît douteux.

Pasargade, l'ancienne ville royale de Perse, donna son nom à un peuple particulier, qui comprenoit la tribu des Achéménides d'où sortoit Cyrus; le tombeau de ce prince étoit dans cette ville : Fasa-Kuri la représente. Les Parétacènes habitoient les montagnes du nord. La ville d'Aspadana se retrouve dans Hispahan, et Ecbatane, séjour des Mages, dans Guerden, où les Guèbres, adorateurs du feu, ont un prêtre qui entretient le feu sacré.

LA SUSIANE.

Suze, la capitale, lui communiquoit son nom : on appeloit Elymaïs la partie septentrionale de cette province ; une autre contrée se nommoit Cissia, comme sa ville principale. L'Euleus, qui l'arrosoit, fournissoit l'eau pour les maisons royales. Pendant l'hiver, les rois résidoient à Suze, ou la ville des Lys; les chaleurs de l'été les forçoient à se réfugier à Ecbatane. Suze se nomme à présent Souster.

Dans les montagnes du nord vivoient des peuples indépendans. Alexandre fut obligé d'en détruire une tribu pour se frayer un passage dans les défilés. On les nommoit Uxiens, et leur nom se retrouve dans le canton appelé Asciac. Cette partie montagneuse s'appelle Louristan.

LA CARMANIE.

Le Kerman moderne des Perses, représente cette contrée qui étoit contiguë à la Perse vers l'orient. La moitié s'appeloit Déserte. Les lieux les plus connus sont tous vers la mer. Harmuz, ville du continent, étoit très-commerçante. Dans l'intérieur, la capitale Carmana a pris le nom de Kerman comme le pays.

LA GÉDROSIE.

Le Mekran est le nom moderne de cette contrée qu'il renferme presqu'entièrement. Elle s'étendoit de la Carmanie à l'Inde, et de la mer à l'Arachosie. L'armée d'Alexandre eut beaucoup à souffrir de la disette des vivres et de l'eau, en traversant ses sables mouvans dans lesquels, avant lui, des armées persanes avoient péri. Sur les bords de la mer étoient trois peuples ichthyophages, qui se vêtoient de peaux de poissons et dressoient des tentes, en se servant à cet effet des côtes des plus gros comme de pieux. La ville capitale de Pura, aujourd'hui Pury, fut le terme de la marche pénible de ce conquérant près la frontière de Carmanie. Plusieurs villes et peuples cités dans l'histoire de son expédition ont laissé sur les lieux des traces de leur nom.

Ici finissent les connoissances géographiques des Hébreux.

L'ARIE.

Les Anciens croyoient que ce pays étoit entouré de déserts et brûlé par des chaleurs insupportables. Elle n'étoit qu'une province qui répond au Korasan moderne; quelques auteurs l'étendirent jusqu'à l'Indus. Sa ville capitale portoit aussi le nom d'Aria, et le fleuve qui l'arrose celui d'Arius. Il y avoit quelques autres villes, parmi lesquelles on en met une nommée Alexandrie, parce qu'Alexandre traversa cette contrée. Parmi les peuples qui l'habitoient, on cite les Zarangéens, dont le nom subsiste dans Zarang ; les Ariaspéens, surnommés Evergètes, c'est-à-dire illustres, parce qu'ils donnèrent des secours à Cyrus, sont rappelés par le nom moderne de Dergasp.

L'Anabon, contrée limitrophe de l'Asie, dépendoit des Parthes ; elle précède la Dragiane, dont la ville principale Para, se retrouve dans Ferah ; la Sacastanie, qui en est voisine, étoit habitée par les Ségestans, peuple extrêmement brave. Ces trois pays forment le Sigistan.

L'ARACHOSIE.

Elle étoit sur les limites de l'Inde ; sa capitale, Arachotos, fut bâtie par Sémiramis. Alexandre, qui la traversa, laissa son nom à la ville d'Alexandrie, nommée aujourd'hui Scanderiéh. Il franchit le Paropamisus que les Macédoniens nommèrent Caucase, pour flatter leur chef. Le pays répond en partie au Candahar.

L'HYRCANIE.

Les Anciens ne sont pas d'accord sur les limites de cette contrée célèbre par ses forêts remplies de bêtes féroces. Syringis, la capitale, étoit située dans les montagnes. Antiochus, roi de Syrie, y pénétra dans son expédition contre les Parthes, auxquels elle appartenoit.

L'Astabène succédoit dans l'empire des Parthes à l'Hyrcanie. Arsaces, fondateur de cet empire, y fut proclamé roi. Les Dahéens qu'il commandoit laissèrent leur nom au Dahestan moderne. Les Barcaniens, qui se distinguèrent dans les armées des Perses, sont rappelés par le nom de Balkan donné à une montagne et à un golfe.

La Parthiène donna son nom à toute la nation; Parthaunisa, lieu de la sépulture des rois, étoit la capitale de cette contrée; la ville moderne de Nesa la remplace. Cette ville étoit au milieu d'une vaste plaine peuplée de Parthes nomades. Un essaim en sortit pour gagner les rives de l'Euphrate; il fut l'origine des Ottomans.

La Margiane, au levant de la précédente, prenoit son nom du fleuve Margus : elle étoit extrêmement fertile, et les vignes y donnoient des grappes longues d'une coudée. Antiochus, fils de Séleucus, frappé de la fécondité de l'un de ses cantons, l'ayant fait entourer de murailles, exécuta le projet conçu par Alexandre d'y bâtir une ville, qu'il nomma à cause de cela, Alexandrie. Malgré de nombreuses révolutions, elle ne fut pas détruite. On la nomme Marw-Shabi-Gian, pour désigner qu'elle fut toujours préférée par les souverains. Parmi les peuples de cette contrée, qui répond en partie au Korassan, on distingue les Massagètes, peuples barbares qui buvoient le sang des chevaux, exposoient les malades

malades aux bêtes, usages dont on retrouve quelques foibles traces, et mangeoient, dit-on, les vieillards, ne croyant pouvoir leur donner une sépulture plus honorable que leur estomac. L'histoire en parle comme de très-habiles cavaliers. Le nom des Marucéens, autre peuple, se retrouve dans celui d'un canton appelé Marus-Hak.

LA BACTRIANE.

Ninus en fit la conquête; Cyrus en dépouilla ses descendans : elle ne subit pas le joug des Parthes, parce qu'au moment où ils secouèrent celui de la Syrie, des Grecs qui administroient cette contrée pour les rois Syriens s'y rendirent indépendans, et devinrent tellement puissans par de nouvelles conquêtes, qu'ils possédèrent une partie de l'Inde beaucoup plus grande que celle qu'Alexandre avoit conquise. Le Bactrus, fleuve qui l'arrose et qui lui donna son nom, le transmit aussi à la capitale, Bactra ou Zariaspa, que l'on retrouve dans celui de Balk, ville moderne du Louvestan encore considérable. Alexandre pénétra dans la Bactriane par les montagnes; le nom des Tochares qui habitoient ces montagnes se retrouve dans celui du Tokaristan.

LA SOGDIANE.

Le fleuve Iaxartis et l'Oxus étoient les limites de cette contrée, dont le nom se retrouve à la vallée d'Al-Sogd, l'une des quatre qui méritent par leurs agrémens le nom oriental de Ferdous, *Paradis*. Un fleuve étanché par de nombreuses saignées, secondoit sa fertilité naturelle. Les historiens d'Alexandre le nomment pour cette raison Poly-Timetus. La ville de Maracanda se retrouve dans Samarcand. Une Alexandrie située sur l'Oxus prit le surnom d'Oxiane, et rappelle qu'Alexandre assiégea dans la Sogdiane la forteresse de Petra, située sur un rocher très-escarpé qui se nomme à présent Hisarec, c'est-à-dire forteresse. Il détruisit la ville frontière de Cyreschata, bâtie sur le Iaxartes par Cyrus pour réprimer les Massagètes. Le but du conquérant étoit de lui substituer une ville nouvelle de son nom.

Les Chorasmiens habitoient le pays traversé par l'Oxus vers son embouchure; il se nomme encore le Kharasm ou Khoaresm. Il fut occupé par les Euthalites, nation scythe que l'on nomme à présent Tartares-Usbeks. Leur capitale étoit Gorgo; la ville de Corgang des géographes orientaux est celle qui se nomme aujourd'hui Urghenz.

Le fleuve Oxus est actuellement connu sous le nom de Gihon; le Iaxartes, qui fut appelé Tanaïs, se nomme Sir : tous deux arrosent la grande Bukarie.

LA SARMATIE.

Le Tanaïs partage cette vaste contrée en deux parties, l'Européenne et l'Asiatique : nous n'avons plus à parler que de la seconde. Ses habitans étoient nomades et pasteurs; le nom grec d'Hamaxobiens exprime qu'ils portoient leurs demeures sur des chariots. Les Anciens connoissoient peu cette contrée. La mer Caspienne étoit pour eux un golfe de l'Océan septentrional. La partie la plus connue de la Sarmatie suivoit le bord du Pont-Euxin, depuis le Bosphore jusqu'à la Colchide, et parmi ses habitans on comptoit les Achéens, les Hénioques, les Abasches, &c. Au nord du Caucase vers l'Hypanis étoient les Alains, remarquables par la beauté de leur taille et de leur visage : ce qui les distinguoit des autres Scythes; car Attila leur roi, le fléau de Dieu, étoit petit. Ses larges épaules, sa tête très-grosse, ses yeux étroits, son nez aplati, son teint basané, son visage plat et sans barbe, formoient un tout hideux, dont le portrait représente le Kalmouk. Les Sabires étoient des Huns; ils habitoient au pied du Caucase; mais il est impossible de suivre les distinctions qui existoient entre des nations toujours errantes. La similitude des noms *Achæi*, *Achivi*, feroit croire que les Grecs descendoient des Sarmates ou Scythes, ou des Tartares.

LA SCYTHIE.

Les Scythes avoient des mœurs très-simples et très-pures; ils ignoroient les arts, les sciences, et se guidoient par les principes de l'équité naturelle. Ils vivoient principalement de lait et de miel. Habitant sous des tentes transportées sur des chariots, leurs armées étoient très-nombreuses. Les esclaves, les femmes même portoient les armes : ils ignoroient le prix de l'or et de l'argent et punissoient le vol avec sévérité. Ces peuples dont le pays correspond à la Tartarie, étoient l'une des trois nations primitives. Ce sont eux qui ont peuplé presque toute l'Europe et l'Asie. Ils envahirent pour un temps l'empire des Mèdes. Cyrus les attaqua pour s'emparer d'une partie de leur territoire. On le divisoit en Scythie en-deçà et Scythie au-delà de l'Imaüs, dont une branche partageoit cet empire en deux. Le peuple le plus nombreux étoit les Massagètes; ceux-ci furent attaqués par Cyrus. On donnoit le même nom aux Alains et aux Huns, autres peuples scythes. Les Sacéens étoient aussi très-nombreux; ils battirent Cyrus lorsqu'il voulut les attaquer dans leurs rochers et leurs forêts. Les Comédens habitoient les montagnes où le Iaxartes prend sa source; les Abiens étoient célèbres par leur équité.

LA SÉRIQUE.

Cette contrée tire son nom des Sères. Elle étoit la continuation d'un même pays avec la Scythie. Ces peuples, attendu leur situation, faisoient un grand commerce avec les Sines, aujourd'hui les Chinois. Les Issedones habitoient deux villes de ce nom; l'une dans la Scythie, l'autre dans cette contrée. La capitale étoit au confluent de deux rivières et se nommoit Sera: on l'appelle à présent Kan-Tcheou; ses habitans connoissoient les sciences. Les monts Altaï modernes se nommoient Annibi. La ville moderne d'Hami est l'ancienne Asmiroea. Les Sères vivoient très-long-temps, aimoient la justice et négligeoient les arts et les armes. Leur pays produisoit la soie, *sera*. Il étoit limitrophe de la Chine. Des modernes prétendent que c'est la Chine même, ou du moins une de ses dépendances.

L'INDE.

On désigne sous ce nom une des plus grandes parties de l'Asie. Les Indiens étoient civilisés et connoissoient les sciences et les arts dès l'antiquité la plus reculée. Il paroit même que leur pays peuplé d'abord, puis souvent envahi par les Scythes, fut le berceau des connoissances humaines. Quoique Bacchus, Cyrus, Darius, Sémiramis y eussent fait des expéditions, celle d'Alexandre seule le fit connoître. Il fut, sous le règne de Séleucus, reconnu jusqu'au Gange qui le partage en Indes en-deçà, et Indes au-delà de ce fleuve; les Anciens confondoient les Indes avec la Chine. La nation des Assacènes laissa des traces de son nom à une ville et à un canton appelés Ash-Nagar; ce dernier est le Kabul. La rivière de Suastus se nomme maintenant Suvat; la ville de Pocela est Pocual; Taxila, l'une des plus considérables de l'Inde, est Attek, et Caspira, Kashmir. En-deçà de l'Indus, Nysa fut fondée par Bacchus. Bucea et Nicea sur l'Hydaspe le furent par Alexandre, la première en mémoire de Bucéphale, cheval de bataille de ce héros; la seconde pour rappeler la victoire d'Alexandre sur Porus. Sangala qui lui résista fut rasée. Euthydemia a été fondée ou rétablie par le Grec Euthydème qui se révolta contre les Séleucides et fit une expédition dans l'Inde. Au-delà de l'Hyphase, à Sérinda, Alexandre éleva des autels, pour servir de monumens de son expédition. C'est de Sérinda que l'on envoya de la soie à Justinien. Ce lieu se nomme aujourd'hui Ser-Hend. Le Moltan, malgré l'extrême différence du nom, rappelle aux géographes antiquaires les Mallis, peuple puissant chez lequel Alexandre pénétra. Ce conquérant fit bâtir au confluent de l'Acesinès, dans l'Indus, une Alexandrie que l'on ne retrouve pas. A l'embouchure du fleuve étoit la ville royale de Sogdes, qu'il embellit en l'agrandissant d'une ville nouvelle nommée à présent Bukor, laquelle a servi de résidence à des rois de cette contrée.

L'île Prasiane, formée par un bras de l'Indus, avoit pour capitale Minnagara, la même qu'Al-Mansora. Elle s'est aussi nommée Mindhaûare.

Avant d'arriver à la mer, l'Indus se partage en deux branches. L'intervalle qu'elles forment renfermoit la Patalène, du nom de la ville principale Patala. La ville de bois construite par Alexandre et nommée Xilénopolis, est supposée être le port de Laheri. Il faut observer que dans cette contrée qui prenoit aussi le nom d'Indo-Scythie vers l'embouchure du fleuve, on trouve, au temps de Tamerlan, des Gètes, qui sont les mêmes que les Goths et dont un reste nombreux étoit également établi dans le centre de l'Inde entre le Gange et l'Indus.

Sous Seleucus Nicanor, on acquit quelques connoissances du Gange, qui prend sa source dans la Scythie, ainsi que des rivières qui s'y jettent. Sur ses bords, vers l'embouchure du Jomanes, position qui répond à celle d'Hélabas, étoit placé par les Indiens le lieu où l'on croyoit qu'avoit vécu le père des hommes. Les peuples de ces contrées révèrent encore aujourd'hui ce lieu comme le berceau du genre humain. Il est à remarquer que plusieurs nations ont donné ce titre sacré à de hautes montagnes dont les cimes sont habitées; mais que l'opinion des savans fixe le séjour des premiers hommes dans la Grande-Tartarie, au milieu de ses vastes plaines plus élevées que tous les autres plateaux de la terre, et par conséquent les premières abandonnées par les eaux; mais on ne peut nier que lors des déluges partiels, des hommes ne se soient, dans d'autres contrées, réfugiés également sur des montagnes.

Les Prasiens, nation puissante, habitoient la ville d'Hélabas qui se nomme aussi Prage; le nom d'Agara se retrouve dans Agra, ceux de Methora et de Sambulaca dans Matura et dans Sanbal, &c. Quelques rivières ont des noms assez analogues à ceux de l'antiquité : celle de Brahma-Putren descend des frontières des anciens domaines du Grandlama, situés entre la Sérique et l'Inde. De nos jours les lamas, successeurs des brames, y sont encore établis.

Dans l'INDE EN-DEÇA DU GANGE, au sud vers l'embouchure de l'Indus, la ville de Gagasmira se retrouve dans Asmer. La Syrastène, contrée maritime, se nomme maintenant Soret; la Larice répond au Guzerate. La ville royale de Baléocure fut le séjour d'un roi puissant nommé par les Indiens Balahara; le port de cette ville est aujourd'hui Cambaye. Ozène, la seconde ville, est Ugen, et la forteresse Mandiadeni, Mandoû. La ville de Barygaza se nomme aujourd'hui Barokia.

Dans la PRESQU'ÎLE DE L'INDE, la partie voisine de Barygaza étoit connue sous le nom de Dachan, qui désigne le sud; le Décan, mot qui dans l'Inde se prononce Daken, retrace ce nom. Les Anciens ne connurent guère que les côtes. Les pirates Angrias avoient pour repaire l'écueil appelé Vizindruk; Muziris paroit être dans cette position. Plus loin, la Lymirice, indépendante du roi de Baléocure, avoit un souverain particulier, qui résidoit à Carura, qui est la moderne Kaûri. L'espèce d'île appelée Baris, formée par des canaux, est celle de Goa; la ville principale étoit Neleynde où des pirogues faites d'un seul arbre apportoient le poivre de Cottonara, qui est le Canara. Le cap Comorin se nommoit Comaria. Le golfe *Kil-*

kar, qui vient après, s'appeloit Colchique; la côte de la Pêcherie portoit un nom analogue. Dans l'intérieur est Modura. C'étoit la résidence d'un roi nommé Pandion qui envoya une ambassade à Auguste lorsque ce prince étoit à Samos. Modura est évidemment Maduré.

La Taprobane, île connue des Anciens par l'expédition d'Alexandre, étoit pour eux un pays de fables, embelli et agrandi par leur imagination. Elle fut depuis appelée Salice, nom qui s'est conservé dans celui de Selen-Dive, ou île de Selen, assez analogue à celui de Ceylan; quelques auteurs croient que c'est Sumatra. Les Shingulais y montrent les vestiges d'une grande ville qu'ils nomment Anarodgurro, restes d'Anurogrammum, ville royale. L'empereur Claude reçut une ambassade du roi de cette île, lequel habitoit Palæ-Simundum, aujourd'hui Jafana-Patnam.

En remontant le Gange, la ville de Nigama se nomme Négapatnam. Chareris, ville et rivière, sont manifestement Caveripatnam et le Caveri. La côte de Coromandel étoit Paralia-Soretanum. La ville royale d'Arcati porte le nom d'Arcate, capitale du Carnate. Maliarpha est Meliapour, ville autrefois puissante; aujourd'hui c'est Saint-Thomé. Le fleuve Mesolus a transmis son nom à la ville de Masulipatnam ou ville de Masuli. Cocala s'appelle Sicacola. Les Calinges habitoient l'embouchure du fleuve à Calinga; leur ville se retrouve dans Calingapatnam, comme Palura dans Balasor.

Dans l'INDE AU-DELA DU GANGE il y a plusieurs lieux dont les noms modernes ont beaucoup d'analogie avec les anciens. Une ancienne ville capitale appelée Marcura se nomme Mero. Le Bésyngitide est aujourd'hui le Pégu. Le golfe de Siam s'appeloit le Grand-Golfe. Le grand fleuve Daona passe près de la ville moderne de Tana-Serim qui conserve quelques traces de son ancien nom. Le Serus, qui se jette dans le même golfe, a pris le nom de Seri.

Nous devons parler de quelques îles dans le golfe de Bengale, alors appelé golfe du Gange, lesquelles furent autrefois connues, au moins de nom; telles sont celle de Bonne-Fortune, qui ne peut se rapporter qu'à la grande Andaman; les Barusses, les Sindes et les Sabadibes, qui se succèdent dans le même ordre que les îles de Nicobar; toutes paroissent être habitées par des antropophages. Les îles Jabadies sont celles de Pulo-Wai devant Sumatra; la plus grande de ces îles étoit Sumatra même, ou peut-être Taprobane: la capitale Argentea occupoit la place d'Ashem.

LES SINES.

C'est par erreur que l'on a pensé que le pays des Sines étoit celui des Chinois; une foible ressemblance de nom a trompé les modernes. L'antiquité n'a connu ni les Chinois ni leur pays. Ce nom de Sine ne convient qu'à la Cochinchine, qui en garde encore la terminaison *sin* dans les langues orientales. Au contraire, les Chinois ont changé le nom de leur empire à chaque dynastie.

Thine, la capitale, étoit à l'embouchure du fleuve Cotiaris; ce fleuve ne peut être que la Camboja moderne : il a deux bras. Les îles de Pulo-Condor placées à son embouchure, étant peuplées de singes très-gros, ont été appelées îles des Satyres.

Le reste de cette vaste partie de l'Asie n'étoit pas connu des Anciens, même au temps du Bas-Empire.

L'AFRIQUE.

TOUT ce que les Anciens connoissoient de ce continent, dépendoit de l'empire romain, excepté la Libye, et par conséquent dans les quatre grandes divisions que nous avons adoptées, elle se trouve particulièrement dans le Monde Romain. On la divisoit en plusieurs grandes contrées; savoir: l'EGYPTE et la LIBYE, l'ETHIOPIE, l'AFRIQUE PROPRE, la NUMIDIE, la MAURITANIE, l'AFRIQUE INTÉRIEURE ou GRANDE-LIBYE.

L'histoire de l'Afrique sera développée dans les articles consacrés à chacune de ses parties.

L'ÉGYPTE.

Les limites de cette contrée ne sont pas positivement déterminées par les Anciens; mais la nature même du pays fait croire que l'on peut, pour la concorde géographique, adopter à-peu-près les limites actuelles, indiquées par la nature même, et tracées par elle au milieu des déserts. On a long-temps agité la question de savoir si ces déserts avoient toujours été ce qu'ils sont. L'organisation du chameau, nommé le *navire du désert*, et celle de l'autruche, prouvent que la nature les a faits pour habiter les sables, et par conséquent ces déserts appartiennent à la formation, sinon primitive, du moins secondaire du globe, après la retraite des eaux du déluge; mais il paroît hors de doute qu'ils se sont continuellement étendus par plusieurs causes, et notamment par la fluctuation des sables qu'occasionnent les ouragans.

On croit avec raison que l'Égypte est un des pays les plus anciennement peuplés. Là, plus que par-tout ailleurs, la Nature paroît vieillie, épuisée, desséchée par les efforts qu'elle a faits pendant des siècles pour nourrir une population innombrable. Il faut néanmoins en excepter les bords du Nil, resserré lui-même par les sables et diminué par le lent affaissement des montagnes où il prend sa source. Leurs débris entraînés par lui ont formé, dans la succession des siècles, le vaste Delta, alluvion immense que la Nature offre aux habitans comme pour les indemniser de ce qu'elle est obligée de leur retirer dans l'intérieur du continent.

L'Egypte fut peuplée, dit-on, par un fils de Cham, appelé Misraïm dont le nom se retrouve dans celui de Missir que les Turcs donnent à cette contrée. Au sein même des ténèbres qui entourent le berceau de l'histoire, l'Egypte brille de l'éclat des sciences et des arts. C'est des Egyptiens que les Grecs en reçurent les premières notions. Ceux-ci ont surpassé leurs maîtres. Les innombrables habitans de l'Egypte étoient extrêmement industrieux et actifs. Des montagnes, des fleuves, des canaux artificiels formés par eux en sont des preuves éternelles. Ils eurent, dès la plus haute antiquité, des rois dont plusieurs se sont immortalisés par les grands travaux qu'ils entreprirent et terminèrent. L'Egypte fut conquise et ravagée par Cambyse, fils de Cyrus, roi des Perses. Elle fit partie de leurs domaines jusqu'au moment de sa ruine par Alexandre. Après la mort de ce conquérant, Ptolemée, l'un de ses lieutenans, eut l'Egypte en partage, et ses descendaus y régnèrent pendant trois siècles. Les Romains en firent une province de leur empire. Ils en furent dépouillés par ce fanatique Omar, calife arabe qui fit à l'espèce humaine un tort long-temps irréparable, en brûlant la fameuse bibliothèque d'Alexandrie, dépôt de toutes les productions du génie, de l'étude et de l'expérience de l'antiquité.

Les rois d'Egypte étoient rigoureusement soumis à l'empire des loix. On les jugeoit après leur mort. Les prêtres égyptiens jouissoient d'une grande réputation de science et de sagesse. C'est près d'eux que les plus grands philosophes de la Grèce allèrent s'instruire. Ces prêtres exerçoient une jurisdiction très-étendue sur le souverain et ses sujets; ils tenoient le peuple asservi sous le joug de la plus honteuse superstition, lui faisant adorer jusqu'à des animaux et des plantes.

Les Egyptiens, fiers de l'ancienneté de leur empire, le croyoient éternel; et tous leurs monumens, par leur imposante solidité, semblent avoir été destinés dès la plus haute antiquité à rendre témoignage de l'éclat dont brilloit cet empire depuis les temps les plus reculés. L'architecture civile et hydraulique sont les arts dans lesquels les Egyptiens ont le plus excellé. La postérité des Egyptiens subsiste dans la classe d'habitans appelés Coptes.

Les Egyptiens étoient très-enclins à la sédition, et leurs révoltes excitèrent contre eux le ressentiment des Romains, qui souvent en massacrèrent un grand nombre et ruinèrent de fond en comble des villes rebelles; entre autres Coptos, Busiris, Alexandrie, &c. dont les habitans réunissoient l'inconstance, la vanité et la malice des Grecs leurs fondateurs, à l'opiniâtreté et à la superstition des Egyptiens indigènes.

La plus grande partie de l'Egypte est formée d'une longue vallée entre deux chaînes de montagnes, et qu'arrose le Nil; cette vallée s'élargit en une vaste plaine aux embouchures de ce fleuve. Le reste de l'Egypte, qui ne peut être baigné par les inondations, soit naturelles, soit artificielles, n'est qu'un désert.

On divisoit l'Egypte en supérieure et inférieure. Celle-ci comprend le Delta, depuis la division du Nil en différentes branches, jusqu'à la mer. De chaque côté des embouchures, on y ajouta des contrées plus ou moins étendues. Après le Delta venoit l'Heptanome, formée de sept nomes ou districts; ensuite la Thébaïde ou l'Egypte supérieure. Les villes d'Héliopolis ou Delta, de Memphis et de Thèbes, en étoient les capitales. Ces grandes divisions subirent depuis quelques changemens.

L'ÉGYPTE INFÉRIEURE.

Le Delta et les contrées latérales représentent cette première partie. Rhacotis étoit une ville à la place de laquelle Alexandre, qui reconnut tous les avantages de sa situation, bâtit la fameuse Alexandrie. Dès-lors elle devint l'entrepôt du commerce de l'Orient et de l'Occident. Les Ptolemées y résidèrent. Les Romains la ravirent à Cléopâtre; mais elle resta la seconde ville du monde. Ses habitans furent reconnus citoyens romains. Plusieurs causes l'ont fait déchoir de son ancienne splendeur. Au-dessus de cette ville sur le rivage étoit Nicopolis, théâtre de la victoire d'Auguste sur Antoine. On appelle cette ville Château des Césars, Kasr-Kiassera. Sur l'emplacement d'Aboukir étoit Canope, fondée par l'un des capitaines de Ménélas qui lui donna son nom; les mœurs de ses habitans étoient très-dissolues. C'est d'elle que l'une des embouchures du Nil prenoit sa dénomination. La petite Hermopolis est Demenhur. La ville de Nitria subsistoit par les riches produits des lacs d'où l'on tiroit le natron, près desquels elle étoit bâtie. Cette substance étoit embarquée sur le Nil à Thérénuthis, aujourd'hui Térané. La contrée déserte dans laquelle se trouvoient ces lacs étoit appelée Scithiaque, et Scété dans les légendes des solitaires, mot qui se retrouve dans Askit, nom d'un monastère appelé aussi Saint-Macaire.

Des Milésiens qui remontèrent le Nil fondèrent la ville de Naucratis. Celle de Saïs se nomme aujourd'hui Sa. L'ancienne Mételis, qui fut probablement une colonie grecque, s'appelle Missil. Byblos, dans laquelle les Athéniens résistèrent long-temps aux Perses, est Babel: ils eurent la même peine à réduire un prince égyptien qui s'étoit retiré dans une contrée maritime et marécageuse appelée Eléarchie. La ville de Busiris porte le nom de Busir.

Vers d'autres embouchures, Damiette est l'ancienne Thamiatis; Tennis, ville royale, laisse son nom à des vestiges appelés Sethrum ou Héracléopolis la Petite; c'est Sethron. Péluse, la clef de l'Egypte, a ses ruines à Tineh. Le lac Sirbon dans lequel fut jeté Typhon, meurtrier d'Osiris, prit le nom de Baudouin, roi de Jérusalem, qui mourut à El-Arisch, l'ancienne Rhinocore; il se retrouve dans Sebaket Bardoïl. Plus près du Nil, l'ancienne Leontopolis se nomme Tel-Essabe, Colline du Lion; Athribis est Attrib, Bubaste s'appelle Basta.

Parmi le grand nombre de lacs creusés pour fertiliser le sol, il en est très-peu qui n'aient point été comblés par les sables et dont on puisse retrouver les vestiges. Les villes mêmes, jadis également très-nombreuses, ont à peine laissé quelques traces de leurs noms. L'ancien bourg des Juifs se nomme Colline de la Juiverie. Il y avoit un temple dans lequel ils exerçoient leur culte. La ville du Soleil, Héliopolis, capitale de la Basse-Egypte, prit ensuite le nom de Fontaine du Soleil, parce qu'il n'en resta que ce monument utile, maintenant appelé l'Eau fraîche. Le quartier de Bablion au Vieux-Caire rappelle le nom d'une ancienne Babylone, fondée en Egypte par les Perses. Ces peuples y avoient un pyrée, ou lieu consacré au culte du feu que leur prescrivoit leur religion. Sous les Romains l'une des légions qu'ils y entretenoient y avoit établi ses quartiers.

La Basse-Egypte mérita par son extrême fertilité, sur-tout en blé, d'être appelée le Grenier de Rome.

L'HEPTANOME ou L'ÉGYPTE DU MILIEU.

La capitale de cette contrée fut la célèbre Memphis qui l'étoit en même temps du nome ou canton qui portoit son nom. Elle fut bâtie, dit-on, par Uchoreus à quinze milles de l'endroit où le Nil se divise pour former le Delta. Les rois y résidèrent jusqu'à ce qu'elle fut détruite par Nabuchodonosor, qui la reconstruisit. Dans plusieurs temples on adoroit Apis, le Dieu-Bœuf. Cette ville fut une seconde fois ruinée ; on bâtit le Caire sur son emplacement. Trois canaux creusés entre elle et les Pyramides, sépulcres des rois, ont donné lieu à la fable des trois fleuves de l'enfer, l'Achéron, le Cocyte et le Lété ; le jugement de Minos, d'Eaque et de Rhadamanthe est l'image de celui que les prêtres faisoient subir aux dépouilles mortelles des rois avant de les admettre dans les Pyramides ; le tribut exigé par le nautonnier Caron, rappelle celui que ces prêtres se faisoient payer. Une ville de Troie, *Troja*, bâtie par Ménélas, se nomme aujourd'hui Tora.

La vallée qui traverse le Nil s'y trouve resserrée par les deux chaines de montagnes, l'une à gauche appelée Libyque, l'autre nommée Arabique. Cet espace est aujourd'hui le Faïhoum, dont l'ancienne capitale étoit Arsinoë ou Crocodilopolis, ainsi nommée parce qu'on y adoroit le crocodile. Au nord, cette vallée étoit ouverte par un lac naturel que l'on a mal-à-propos confondu avec le lac artificiel appelé Mœris, lequel se trouve représenté par une lagune nommée Bathen. Auprès, étoit le labyrinthe bâti par douze rois d'Egypte, vaste enceinte de galeries au milieu de laquelle ils se réunissoient. Il en reste quelques vestiges au territoire d'Arsinoë dans le lieu nommé Haûara.

La partie la plus large de la vallée du Nil est dans l'Heptanomide. Là étoit la ville d'Heracleopolis la Grande, entre le fleuve et un canal dans la longue lagune de Bathen. Plus haut, Oxyrinche, où l'on adoroit un poisson de ce nom, étoit à la place de Bénésouef. Cynopolis, où l'on rendoit un culte au chien Anubis, avoit sa place dans une île du fleuve. Hermopolis la Grande, ou ville de Mercure, se nomme Ashmunein. Tauna rappelle Tanis dans laquelle il y avoit une garde thébaine.

Vers les frontières de l'Heptanomide se voyoient les deux Oasis, comme deux îles verdoyantes arrosées de sources vives au milieu du désert. Elles dépendoient de cette partie de l'Egypte. A la droite du Nil dans la vallée, est Aphroditopolis qui se nomme maintenant Atfiéh. Auprès sont des grottes remarquables que l'on suppose avoir été des temples. Antinoë, construite en l'honneur d'Antinoüs par Adrien, s'appeloit auparavant Besa, lieu alors peu connu ; dans les temps modernes on lui a donné le nom d'Ensené, puis de Skek-Abadé, de celui d'un personnage révéré dont on y voit la sépulture.

Il faut encore observer que cette partie de l'Egypte vers le Delta portoit le nom d'Arcadie.

L'ÉGYPTE SUPÉRIEURE ou LA THÉBAÏDE.

L'Heptanomide limitoit au nord cette dernière partie, que l'on nommoit plus souvent la HAUTE-EGYPTE. Elle étoit également limitée le long des deux rives du Nil par les deux chaines de montagnes, après lesquelles étoit l'Ethiopie à gauche. La première ville, Lycopolis ou Lycon, ville des Loups, est la Siouth moderne ; Hypselis étoit au lieu dit Sciotb ; Abotis se nomme Abutig, &c. A droite du Nil, Selinon et Anteopolis sont Silin et Kau-il-Kubbara. Chemmis se nomme Ekmius. Les villes Aphroditopolis, où l'on adoroit Vénus, et Crocodilopolis ont leurs ruines à Ilfu et Adribé ; celles de Ptolemaïs sont à Menshieh ; des vestiges d'Abyden, la seconde ville après Thèbes, se voient à Madfuneh. Loin du Nil vers cet endroit étoit la grande Oasis, lieu d'exil, et que les Grecs ont appelée l'île des Bienheureux, peut-être par ironie.

La petite Diospolis au coude du Nil, et sur l'autre rive Chenoboscion, ont des lieux correspondans, nommés aujourd'hui How et Eass-Essaïad, ou Château du Pêcheur. Au fond d'un autre pli du fleuve, la ville de Tentyra a laissé de belles ruines que l'on nomme Denderah ou Tentyris. Cœnopolis s'appelle Kené ; Coptos est Kept-Indis : c'étoit l'entrepôt du commerce par le Nil avec la mer Rouge, ce qui rendit cette ville la plus importante de la contrée nommée le Saïd. Cette partie de la Thébaïde fut illustrée dans le temps du bas-empire par le séjour de pieux solitaires qui vinrent s'y réfugier. Leurs couvens étoient comme des citadelles imprenables pour les Arabes : il en subsiste encore plusieurs.

Thèbes ou la grande Diospolis, ville de Jupiter, donnoit son nom à toute la contrée. Bâtie par Busiris pour être la capitale de son empire, elle fut ravagée par Cambyse, par Philométor, et enfin par Auguste, contre lequel elle s'étoit révoltée ; ce qui la réduisit à ne plus être qu'un amas de villages formés de ses ruines éparses. Dans ses temps prospères, elle étoit vaste et très-peuplée. Les Anciens ont célébré, peut-être même exagéré sa splendeur et sur-tout son étendue. Son circuit étoit de neuf lieues. On y entroit par cent routes différentes, aboutissant à autant de portes, qui la firent appeler Hécatompolis, *Ville aux cent portes*. Ses ruines imposantes et magnifiques sont éparses des deux côtés du fleuve sur un vaste terrain; on les appelle Luxor. On y admire avec enthousiasme des temples, des palais, des colonnades, des galeries, des statues de sphinx, des peintures qui bravent les outrages du temps, et donnent à ceux qui les contemplent la plus haute idée du génie et de la grandeur de ceux qui les ont élevés.

Les sépultures des rois étoient non loin de là, dans la montagne Libyque, où sont d'étonnantes excavations.

Plus haut, Erment rappelle Hermonthis, et Asfun Asphynis ou Aphrodytopolis. Asna remplace Latopolis; les vestiges de la grande Apollinopolis sont à Edfu. Dans le voisinage est Hieracon-polis, où l'on adoroit l'épervier. Eléthya, ou ville de Lucine, immoloit des victimes humaines. Le mont Silsilis se nomme Gebel - Sisili, *Mont de la Chaîne*. La dernière ville étoit Syène, à présent Siennëh; plus loin étoit l'île nommée Eléphantine, et à sept stades la petite cataracte, limite de la Haute-Egypte, le dernier poste militaire des Romains étant au-dessus dans l'île de Philée. A quelque distance du Nil, dans la montagne appelée Basanites, se trouve une carrière de pierres noires et dures dont les Egyptiens faisoient des vases pour le ménage.

Les limites de l'Egypte n'étoient pas déterminées d'une manière précise à l'isthme compris entre la Méditerranée et la mer Rouge ou golfe Arabique. Dans cet endroit étoient aussi plusieurs lieux remarquables. La ville d'Arsinoë ou de Cléopâtre occupoit la place de Suez. Le port appelé de la Souris est l'ancienne Aphrodites. Coseïhr correspond à l'ancien port de Philoctera. Le Smaragdus, montagne, est appelé en arabe Maaden - Uzzumurud, *Mine d'Emeraude;* le cap Lepta - Extrema se nomme Raz-al-Enf, ou *Tête du Nez ;* le port de Bérénice est Coptos. Cette côte étoit habitée par des Arabes ichtyophages, *mangeurs de poissons*, devenus sauvages et s'alliant avec les Troglodytes, habitans des cavernes.

LA LIBYE.

Ce nom qui fut donné à toute l'Afrique par les Anciens, étoit plus particulièrement appliqué aux immenses déserts situés à l'occident de l'Egypte. Elle étoit divisée en Libye intérieure, qui correspond au Zarah, à la Nigritie et à la Guinée (nous en ferons un article, sous le nom d'AFRIQUE INTÉRIEURE); et en Libye extérieure, qui comprenoit le Biledulgérid et la Barbarie. Cette seconde division répondoit au royaume et au désert de Barca; il renfermoit la Marmarique, la Cyrénaïque et la Libye extérieure ou maritime. Les Ptolemées la possé-

dèrent comme province avec cette dernière division. La Marmarique étoit limitrophe de l'Egypte. Ses bornes ont varié : les Marmarides qui y résidoient lui donnèrent leur nom. Les Adyrmachides habitoient les frontières de l'Egypte.

Les lieux les plus connus de ces contrées étoient vers la côte. La ville de Parétonium, dont le nom moderne est Al-Baretoun, est une place qui défendoit la frontière. La ville d'Apis portoit le nom du dieu que l'on y adoroit. Le territoire de ces villes formoit le nome Libyque. Après, venoit le nome Maréotique, voisin lui-même d'un désert de sable, au milieu duquel un oasis renfermoit le fameux temple de Jupiter-Ammon ou Tête de bélier : les Ammoniens, habitans de ce nome, avoient des rois. Le temple fut bâti en l'honneur de Jupiter par Bacchus, en mémoire de la découverte qu'un bouc lui fit faire au milieu des arides déserts, d'une source d'eau vive, l'objet le plus précieux que l'on y pût trouver. D'autres héros, Persée, Hercule, Alexandre, le visitèrent; ce dernier s'y fit déclarer fils de Jupiter. On y consultoit un fameux oracle dont le crédit ne dura même pas autant que la superstition païenne. On doit à M. Browne, Anglais, la découverte de restes d'architecture égyptienne qui paroissent être les ruines de ce temple célèbre. M. Horneman a reconnu ces mêmes ruines.

La CYRÉNAÏQUE se nommoit aussi Pentapole, à cause de ses cinq villes principales. Darnis, aujourd'hui Derné, étoit la première ; Cyrène, la deuxième, avoit été fondée par des Lacédémoniens. Venoient ensuite Apollonia, ville maritime; Arsinoë et Ptolemaïs remplacées par Tolometa. Une autre ville du nom de Bérénice portoit aussi celui d'Hespérie; les Anciens y plaçoient le jardin des Hespérides. Dans l'intérieur il y avoit plusieurs oasis habités. Parmi les peuples de ce pays on cite les Nasamones qui pilloient les naufragés ; leurs descendans, au royaume de Barca, exercent le même brigandage. Ils avoient détruit les Psilles, peuples qui savoient apprivoiser les serpens et guérir leurs piqûres en suçant la plaie.

L'ÉTHIOPIE SOUS L'ÉGYPTE.

L'Ecriture donne à cette contrée Chus le nom de Cham : les Anciens l'appeloient aussi l'Inde. Ses limites ne sont point déterminées; mais elles étoient à-peu-près les mêmes que celles de la Nubie et de l'Abyssinie modernes, que cette contrée représente. En remontant le Nil, elle commençoit après la Thébaïde et sur les bords de ce fleuve, vers la grande cataracte, étoient les Blemmyes, peuples dont la figure étoit monstrueuse. Sous Probus, on conduisit à Rome par curiosité quelques hommes de cette nation, pour amuser le peuple avide de nouveautés. Cambyse ayant eu la folle ambition de soumettre ces barbares, perdit une armée dans les sables. Les Romains plus heureux, pour venger une insulte qu'ils avoient reçue, pénétrèrent jusqu'à la ville de Napata, résidence de la reine Candace; cette ville n'étoit qu'à vingt lieues du golfe Arabique. Deux rivières qui se jettent dans le Nil comprenoient entre elles le pays de Méroë. La ville de ce nom à l'embouchure de l'un de ces fleuves, nommé Astaboras, et le même que celui qui porte en Abyssinie le nom de Tacasé, étoit la résidence d'une reine qui commandoit aux Sebrides, nation d'Egyptiens exilés. Dans l'intérieur des terres est Auxume, ville royale dont les ruines s'appellent Axoum. Non loin étoit la ville de Caloë qui renfermoit le trône de marbre sur lequel Ptolemée Evergètes fit graver une inscription qui rappeloit son expédition dans cette contrée. La province de Sémen, placée dans les hautes montagnes et qu'il avoit conquise, a gardé son ancien nom.

Le fleuve Astapus, qui se jette dans le Nil au-dessus de l'Astaboras et du même côté, est l'Abawi des Arabes, dont les sources furent confondues avec celles du Nil. Il est aujourd'hui reconnu que ce dernier fleuve prend sa source dans le Gebel-al-Kumri, ou Montagnes de la Lune, vers le huitième degré de latitude nord, dans un pays nommé Donga.

Ptolemée Philadelphe soumit la Troglodytice peuplée d'hommes qui habitoient des cavernes le long du golfe Arabique; on la nomme la côte d'Habesh. La ville de Bérénice, qui communiquoit par une route avec Coptos, étoit sur un golfe nommé l'Immonde, parce que son fond étoit vaseux; un géographe moderne l'appelle Giun-al-Malsk, ou Golfe du Roi. Au-devant étoit l'île Topaze qui fournissoit de ces pierres précieuses. On la nommoit aussi Ophiopodes, ou Serpentaire, parce qu'elle étoit infestée de serpens. Le promontoire Mnemium conserve un nom analogue pour le sens dans celui de Calmès, *Porte des Tombeaux.* La ville de Bérénice Panchrysos, ou toute d'or, étoit auprès d'une montagne qui fournissoit beaucoup de ce métal aux Ptolemées. Le port de Suakem se nomme Suche et dans l'Ecriture Sainte, Suchiim. Sur le raz nommé Abehaz étoit Ptolémaïde dont les habitans chassoient aux éléphans. Le port et la ville de Saba se nomment Anab. La ville de Bérénice étoit sur le détroit qui communique à la mer Erythrée. Là croissoit le cinnamome ou la cannelle qui donnoit son nom à la contrée. Les Troglodytes la transportoient sur des radeaux à Ocelis en Arabie, et même au-delà du détroit au port de Mosylon.

A la suite du golfe Arabique étoit un autre golfe nommé Avalites; près de-là est Zeila, autrefois l'*Emporium* des Avalites, alliés des Nubes. Le cap Guardafui se nomme dans Ptolemée promontoire Aromata; plus loin étoit le cap de Zingis, nommé ensuite Zendge, aujourd'hui Sofala. Cette côte portoit, outre le nom de Barbarie, celui d'Azania, dont on a fait Ajan.

Les connoissances géographiques des Anciens sur cette côte se pro-

longeoient au-delà de l'équateur, et s'étendoient jusqu'à la ville de Rapta sur les rives du Raptus. Elle avoit le titre de métropole, et tiroit son nom de celui de petits bâtimens ou pirogues qui côtoyoient le rivage. C'est-là que plusieurs auteurs placent la fameuse terre d'Ophir où Salomon envoya ses flottes. D'autres reculent ces limites jusqu'au dixième degré, car Ptolemée parle d'une île Menuthias, que l'on pense être celle de Zanzibar à la côte de Mélinde. Le nom de Cap-Verd rappelle un cap Prasum et la mer Prasodis ou Verdoyante dont ce géographe parle. L'auteur du Périple de la mer Erythrée a deviné que l'Océan à l'extrémité de l'Afrique s'enfonçoit vers le couchant et se réjoignoit à l'Océan Atlantique.

En rentrant dans les terres, la nation Agizymba se retrouve dans les Zimbas modernes.

L'AFRIQUE PROPRE.

Les deux Syrtes étoient deux écueils redoutés des Anciens. La grande Syrte répond au golfe de Sidra. Le lieu de séparation entre le pays d'Afrique et la Cyrénaïque étoit marqué par les Autels des Philènes, deux frères carthaginois qui combattirent pour étendre jusque là les limites de leur patrie. Ces limites subirent quelques changemens. Sous l'empire d'Occident, on y forma une province appelée Tripolis, parce qu'elle avoit trois villes principales. La plus considérable de ces villes étoit Leptis, surnommée la Grande pour la distinguer d'une autre située hors de la Tripolitane; elle avoit été fondée par les Phéniciens, et ses vestiges se retrouvent à Lebida. Œa, qui a pris le nom moderne de Tripoli, est la deuxième. La troisième, Sabrate, se nomme le Vieux-Tripoli. Quelques autres lieux et des îles ont laissé des traces de leurs noms. Les habitans étoient appelés Lotophages, ou mangeurs de lotos.

Dans l'intérieur, la contrée dite Phazania a donné son nom au Fezzan. Ghedemes offre des ruines de l'antique Cydamus et des routes qui la faisoient communiquer avec les places maritimes. Sous Auguste, les Romains pénétrèrent au pays des Garamantes, jusqu'à la ville de Tabidium, qui est la Tibedou moderne. Ces peuples avoient pour capitale Garama; des voyageurs romains y pénétrèrent. Le torrent desséché de Mezjerad est le Bagradas.

Sur la côte, la petite Syrte se nomme Gabès, du nom de l'ancienne Tacape, ville au fond du golfe.

Mais le nom d'AFRIQUE PROPRE convient plus particulièrement à la partie du continent qui regarde l'Italie, sur-tout la Sicile. Les anciens habitans étoient des Numides, nous en parlerons à l'article de la Numidic. Les Carthaginois s'y étant établis, lui donnèrent le nom d'Afrique Carthaginoise.

Le principal canton porte le nom de Frikia, diminutif d'Afrique ; ce canton est traversé par le Bagradas, aujourd'hui Megerda ou Mezjerad. Les frontières de ce pays avec la Numidie sont les mêmes que celles des royaumes de Tunis et d'Alger. Le pays et la ville de Bysacium fournissoient à l'Europe beaucoup de blé ; la ville se nomme Beyhni : le nom d'*Emporiæ* se donnoit aussi à son territoire, sans doute à cause de sa grande fertilité en grains qui en faisoit comme un dépôt de subsistances. Macomades s'appelle El-Mahrès ; Thènes conserve le nom de Taineh ; Taphrura, qui signifie *fossé*, parce qu'elle étoit près de celui que Scipion fit creuser pour arrêter les Numides, se nomme Fakes ; Cercina, Kerkeni ; Caputuada, Capondia ; Tysdrus, lieu où se trouvoient des ruines et un amphithéâtre, est El-Jem. La tour d'Annibal, d'où ce général redouté des Romains se retira en Asie, a été remplacée par la ville aujourd'hui détruite de Nahdia.

César remporta près de Tapsus une grande victoire ; cette ville laisse entrevoir quelques vestiges de son nom dans celui de Dempsus. Leptis est à la place de Lemta ; Hadrumète, une des principales villes de la Bisacène qui formoit avec la Zeugitane les deux provinces, n'a point laissé de traces ; Erklia rappelle Horrea-Cœlia.

En entrant dans la Zengitane, on trouvoit un palais accompagné de jardins délicieux, qui étoit le séjour des rois vandales ; il se nommoit Grasse, nom que l'on retrouve en France : ce qui ne doit pas étonner, car les Francs nos aïeux, après avoir conquis toute l'Espagne, s'emparèrent de toutes les embarcations qu'ils trouvèrent vers les colonnes d'Hercule, et franchissant le détroit, tombèrent sur l'Afrique étonnée de l'aspect de ces hommes jusqu'alors inconnus. Nabel rappelle Neapolis ; Gurbès, Curubis ; Aklibia, Clypea. Tunes ou Tunetum, qui devint la principale ville du pays après la ruine de Carthage, étoit au fond du golfe. Sur une péninsule moins isolée aujourd'hui, parce que la mer en se retirant a laissé une plus grande plage à découvert, étoit Carthage ; elle fut fondée par des Phéniciens ou Tyriens qui la nommèrent Carthada. Didon qui l'embellit fit construire la citadelle de Bothra, depuis Byrsa. Ses habitans entreprirent contre les Romains les trois fameuses guerres puniques dont l'une mit Rome à deux doigts de sa perte et l'autre entraîna la ruine de Carthage. Ce fut Scipion le Jeune qui détruisit cette ville. Auguste la fit rebâtir entièrement, en achevant ce que César avoit commencé. Elle redevint alors une ville assez florissante, et fut détruite par les Arabes au septième siècle sous le califat d'Abdel-Melik : on n'y retrouve que quelques citernes et des restes d'aqueducs. Les Carthaginois connoissoient les arts et les sciences. Descendans des Tyriens, ils en avoient conservé le langage, les mœurs, les loix, la religion, le goût et les usages. Ils adoroient les astres et leur faisoient des sacrifices humains. Il y avoit deux magistrats suprêmes et annuels nommés Suffetes, un sénat, et un tribunal des cent tirés du peuple.

Ces peuples faisoient le commerce maritime des trois continens ; ils exploitoient les riches mines de l'Espagne qu'ils avoient envahie.

Utique étoit comme Carthage une colonie de Tyriens, et elle-même d'une fondation antérieure à celle de cette ville, qu'elle remplaça jusqu'à son rétablissement par Auguste. La mort du deuxième Caton l'a rendue à jamais célèbre. Près d'Utique étoit le camp de Scipion. Les Arabes appellent Satcor le lieu que cette ville occupoit. Biserte, bâtie sur des canaux, nous a transmis par corruption, le nom de l'ancienne Hippo-Zarytus située à quelque distance de la mer. La ville de Tabraca a laissé son nom à l'île de Tabarca.

En remontant le Bagradas, on trouve Tuburbo, qui a conservé son nom, et Tucaber appelé aujourd'hui Tubernok. Tagaste, patrie de saint Augustin, et Madaurus, patrie d'Apulée, n'ont pas laissé de vestiges. Kef ou Urbs offre les ruines de Sicca-Venerea. Les voies romaines sont aujourd'hui presque les seuls moyens de reconnoître la situation de certaines villes. L'une de ces voies donne la position de Zama, remarquable par la victoire de Scipion sur Annibal.

La Byzacène avoit pour capitale la ville de Capsa où Jugurtha cacha ses trésors. Elle étoit située au milieu de déserts arides : son emplacement se nomme aujourd'hui Cassa. Dans une petite partie de la contrée nommée Biledulgérid, ou Pays des Sauterelles, étoient les deux marais de Tritonide et de Libye : le premier donna son nom à Minerve qui s'y étoit montrée, dit-on, pour la première fois. Le poste militaire dit la Tour Tamellène, sur la frontière, a laissé son nom à Tamelem.

LA NUMIDIE.

Les Numides étoient errans ; ils s'occupoient du soin de leurs troupeaux et plus encore de brigandage, pillant leurs voisins et les voyageurs, comme le font leurs descendans. Leur terrain étoit fertile, mais infesté de lions contre lesquels ces peuples combattoient avec intrépidité. Ils eurent des rois célèbres dans l'histoire par leurs guerres contre les Romains ou leurs alliances avec eux ; les premiers étoient Siphax, Jugurtha et Juba défait par César qui fit de la Numidie une province romaine. Maasinissa, le fidèle allié des Romains, ayant été dépouillé par Jugurtha ami des Carthaginois, de ses Etats que formoit moitié de la Numidie, les Romains vengèrent leur allié en lui donnant les dépouilles et le territoire de Jugurtha après l'avoir vaincu. La Numidie alors ne fit plus qu'un royaume jusqu'au moment où César la démembra en faveur du fils de Juba. Le père de celui-ci fut dépouillé de ses domaines pour avoir été partisan de Pompée.

Les deux peuples principaux de cette contrée étoient les Massyliens et les Massœsiliens, séparés par le promontoire Tretum, qui est aujourd'hui celui des Sept-Caps : ces noms font penser aux Marseillois ou Massyliens, mais l'histoire est muette sur ce point. Il est permis de conjecturer cependant que l'un de ces peuples fut la source de l'autre.

Sur

Sur la côte de la Numidie, la ville la plus célèbre est Hyppone royale où saint Augustin fut évêque. Non loin de là étoit le mont Pappua, retraite de Gelimir, dernier roi des Vandales, vaincu par Bélisaire ; ce mont se nomme Edong Au fond du golfe Numidique, nommé aujourd'hui golfe de Stora, une ville importante nommée autrefois Rusicade s'appelle Sgigada. Cuttu a gardé son nom. A cinquante milles de la côte, Citta, résidence royale, a pris le nom de Sittius, chef numide qui secourut César ; elle porta depuis le nom de Constantine qu'elle a conservé. On retrouve des traces de plusieurs voies romaines qui en sortoient. Milevis et Tipafa sont Mila et Tifas. Tagaste et Tebeste se reconnoissent dans Tajelt et Tebess. Plus loin de Constantine, Lambèse et Lamaslo ont à peine changé de nom. Vers les frontières, les monts Aurasius, de difficile accès, renfermoient des plaines fertiles et cultivées. Par elles, on entroit dans la Getulie peuplée d'hommes grossiers et barbares qui vivoient de chair crue. Jugurtha les arma contre les Romains et ceux-ci les subjuguèrent. Le pays des Getules répond à une partie du Biledulgérid et du désert de Zarah : à l'occident sont les Bérébères, descendans des Getules, et qui conservent toute la dureté des mœurs de leurs aïeux.

LA MAURITANIE.

La Méditerranée, l'Océan occidental et le fleuve Molochath ou Malacha, frontière de la Numidie, formoient les principales limites de cette contrée. Il paroît d'après d'anciens monumens que son nom doit s'écrire Mauretanie. Elle étoit habitée par les Maurasiens, qui avoient un roi. Bocchus, l'un de ces rois, fut l'allié des Romains, toujours habiles à profiter des dissentions entre les peuples, pour les subjuguer. Bocchus leur livra Jugurtha : les deux fils de Bochus se partagèrent cette contrée, mais les Romains réunirent leurs dépouilles, et la donnèrent comme royaume à Juba, leur allié, qui fit bâtir en l'honneur d'Auguste la ville de Césarée. Les Maurasiens ou Maures ayant tué Ptolemée leur roi, fils de Juba, Claude les subjugua, et divisa le royaume en deux provinces, dont l'une fut nommée Césarienne, de Césarée sa capitale. Elle s'étendoit en Numidie sur le territoire des Massæsyliens, et répondoit aussi au royaume d'Alger en exceptant la province de Constantine. L'autre étoit appelée Tingitane, du nom de sa capitale Tingis, qui comprenoit la Mauritanie propre et répondoit aux royaumes de Fez et de Maroc et aux terres à l'occident.

En suivant les côtes de la Césarienne, on trouve la ville Igilgilis, depuis Jigeli et par corruption Gigeri ; celle de Saldée qui se nomme Tedlès. Le fleuve Serbèles est l'Isser ou Ser. Quelques vestiges antiques à Sersil, ont fait penser que c'étoit à l'emplacement de Césarée ; mais cette ville étoit plus avant dans les terres. Cartenna se retrouve dans Tenez. Toute la côte étoit bordée de colonies romaines. Oran et Marzal-Kibir sont le port Divin et le Grand-Port. Le golfe Harsgone est l'ancien Meta-Gonium ; Ned-Roma, qui conserve des traces d'antiquité, se trouve à la place de Siga, résidence de Siphax. Au bord de Molochath, ou Mulucha, est l'ancienne forteresse de Calaa qui se nomme aujourd'hui Calaat-el-Wad, *Château de la Rivière.*

Dans l'intérieur de la Césarienne, Sétif est l'ancienne Sitifi. Des salines Nubonenses existent encore dans les montagnes. Au sud, on retrouve un marais salé. Burg remplace le château d'Auzea, poste romain. Malciana se nomme Meliana. Succubar, sur la pente d'une montagne, est Zuckar. Au temps du Bas-Empire, les armes romaines pénétrèrent jusqu'à Midroë, dont la position se rapporte à celle de l'ancien château nommé Medianum. Les Mazices étoient une nation puissante qui habitoit la Libye aux environs des oasis. Cette partie de la Césarienne fut enlevée par les Getules aux Massæsyles.

Dans la Tingitane, on ne connoît guère que les villes placées sur les côtes. Celles de Parietina, Toenialonga et Iagath sont remplacées par Velez de Gomera, Targa et Tetuan. Le mont Abyla, situé en Afrique, l'une des colonnes d'Hercule, est en opposition au mont Calpe en Espagne et à la péninsule de Ceuta, que l'on nommoit Septuin ou Septa sous Justinien. Les monts des Sept-Frères sont en arabe le Gebel-Mousa. La capitale Tingis, depuis Tinja, se retrouve dans Tanger qui n'occupe pas précisément la même place.

Au delà est la pointe du continent appelée Ampelusie par les Grecs et Cotès par les Carthaginois ; elle étoit remarquable dès l'antiquité par la beauté de ses raisins. Elle sépare le détroit de l'océan Atlantique. La première ville que l'on rencontre est Zilis, aujourd'hui Azzilia. Larache occupe la place de *Lixus, Linx* ou *Arais,* demeure d'Antée vaincu par Hercule. Le fleuve Lucos est l'ancien Lixus. Le Subur, grand fleuve, se nomme Subu. Sala, ville maritime, étoit la dernière place des Romains. Plus loin un dernier poste militaire étoit sous la protection de Mercure, dieu des chemins et portoit son nom. Dans l'intérieur, la Julie-Champêtre porte le nom de Naranja, à cause de ses beaux plants d'orangers. Volubilis, aujourd'hui Gualili, conserve des vestiges d'antiquité. Les Romains sous le règne de Claude passèrent l'Atlas et le fleuve Ger à l'endroit appelé Ziz. Au-delà deux villes, Cillaba et Alèle, se retrouvent dans Gher-Silbin et Helel.

L'AFRIQUE INTÉRIEURE ou LA LIBYE.

Le nom de Libye donné à toute l'Afrique et à l'une des provinces de l'Egypte, désignoit aussi l'Afrique intérieure qui répond au désert de Zahra, et dont les limites ne sont pas déterminées. Des Getules noirs l'habitoient jusqu'au Niger dès la plus haute antiquité. Les Anciens parlent aussi d'un grand fleuve nommé Gir qui fut reconnu par les Ammoniens envoyés par leur roi pour découvrir les sources du Nil. Ce fleuve, comme plusieurs autres, se perd, ou absorbé par les sables brûlans des déserts, ou affoibli par des dérivations. Le Niger lui-même y forme des

F

lacs d'eau douce pompée par les rayons d'un soleil ardent. On croit que la ville de Nigira, résidence d'une famille royale appelée des Fatimites, est à présent Ghaned. Les habitans se nommoient Nigrites. Les Autololes étoient un peuple nombreux et puissant; leur contrée étoit maritime et frontière de la Tingitane. Les Getules Daréens ont laissé leur nom au Darah, près l'Atlas. Une flotte des Carthaginois, qui avoit passé les colonnes d'Hercule, reconnut un cap que l'on dit être Soloë, depuis Salé. Deux Atlas, le grand et le petit, forment les deux promontoires ou caps Cantin et Bojador. La côte qui suit ces derniers étoit la Terre-Elevée couverte de montagnes.

Entre ces deux promontoires, les ports Rusupis et Mysocoras sont ceux d'Azafi et Mogodor; Tamusiga se retrouve dans Sainte-Croix, dominée par le château de Tamara.

Le cap de Ger portoit le nom d'Hercule qui reconnut ce cap lors d'une expédition qu'il fit dans cette contrée.

Les îles Fortunées, vis-à-vis la côte des Autololes, furent connues par les soins de Juba, souverain ami des sciences; quelques-unes étoient appelées Purpuraires, parce qu'il voulut y établir des fabriques de teintures en pourpre; on les nomme Lancerotte et Fortaventure; les autres étoient plus à l'occident. Canarie, la principale, a donné son nom aux autres. Le pic de Ténériffe, couvert de neiges, la fit appeler Nivaire. L'île de Fer ayant des arbres dont le feuillage en attirant des nuages distilloient des gouttes d'eau, fut nommée Pluviale et Ombrios, mot qui a la même signification en grec. Gomera et Palma se nommoient Capraria et Junonia.

Au-delà du cap Bojador est l'embouchure d'une rivière nommée par les Portugais Riviere-d'Or, laquelle correspond au fleuve Salathi. Près de là, Ptolémée place une ville du même nom. Le fleuve Lixus du Périple d'Hannon paroît être la même rivière. L'île Cerne est sans doute celle d'Arguin.

Un grand fleuve, appelé Daradus, descendoit du mont Caphas, et le nom de Caffaba se retrouve vers le haut du Sénégal. Le Cap-Verd étoit le promontoire Arsenarium. La pointe d'Almadie représente celle de Ryssadium; la rivière de Stachir est la Gambie. Passé ce terme, tout devient incertain; le promontoire le plus reculé dont parle Hannon est le Noti-Cornu, dont on ne connoît pas la véritable situation.

Nous parlerons, pour terminer la Géographie ancienne, de l'île Atlantique ou Atlantide, supposée située dans l'océan du même nom. Il y a relativement à cette terre des opinions très-différentes. Les Anciens ayant dit qu'il étoit probable qu'il y avoit de l'autre côté du globe un continent semblable aux trois qu'ils connoissoient, on a supposé qu'ils désignoient l'Amérique par le nom d'Atlantide, et qu'ils en avoient connoissance. D'autres ont cru devoir appliquer ce nom à une île inhabitée, quoique fertile, découverte par les Carthaginois; quelques-uns croient que c'étoit un continent ou simplement une île qui depuis fut submergée par les eaux. Il en est même qui appliquent ce nom aux îles du Cap-Verd, aux Canaries, &c. Enfin, on a pensé que l'Atlantide ne devoit son existence qu'à l'imagination de Platon qui parle allégoriquement de cette contrée. Selon Bailly il faut entendre par ce mot le plateau de la Grande-Tartarie, qu'il croit aussi être le berceau du genre humain.

Après ces notions de la Géographie des Anciens qui conduisent jusqu'à la Géographie du moyen âge, se trouve pendant les siècles d'ignorance une immense lacune dont on ne pourroit remplir une foible partie que par les connoissances géographiques des Arabes devenus alors les dépositaires des sciences et des arts chassés de l'Europe que dévastoient les fureurs de la guerre. Cette lacune inspire de vifs regrets aux amans passionnés des connoissances géographiques et historiques: elle leur dérobe les destinées d'une foule de villes anéanties ou fondées pendant ces siècles d'ignorance, et les empêche de suivre les changemens opérés dans les noms des lieux qui subsistent. Dans l'impossibilité de rien offrir à cet égard qui ait un grand intérêt, nous passerons à la Géographie moderne qui présente plus de certitude, et nous importe davantage à raison du rapprochement.

GÉOGRAPHIE MODERNE.

L'EUROPE.

L'Europe a pour limites, au N. la mer Glaciale, à l'O. l'océan Atlantique, au S. la Méditerranée, à l'E. la partie occidentale de l'Asie.

Sa longueur est à-peu-près de 1100 lieues du S. O. au N. E., et sa largeur de 900 lieues du N. au S.

Les diverses parties de l'océan Atlantique qui la bornent à l'O. ont des noms divers selon les côtes qu'il baigne. Entre les côtes de la Norwège et l'Amérique, c'est la mer du Nord : entre le Danemarck, l'Allemagne et les Pays-Bas d'un côté, l'Ecosse et l'Angleterre de l'autre, c'est la mer d'Allemagne : entre Douvres et Calais, c'est le Pas-de-Calais ou la Manche ; entre l'Ecosse et l'Angleterre d'un côté, l'Irlande de l'autre, c'est le canal de Saint-George ; sur une partie des côtes occidentales de la France, c'est la mer de Gascogne, et la baie de Biscaye le long des côtes septentrionales de l'Espagne.

Les autres mers de l'Europe sont, 1°. la mer Blanche, golfe formé par la mer Glaciale dans la Russie près d'Archangel ; elle renferme un grand nombre d'îles peu connues. 2°. La Baltique, entre le Danemarck, la Suède et la Russie d'un côté, l'Allemagne, la Prusse et la Pologne de l'autre. Le détroit du Sund la fait communiquer avec la mer du Nord. La mer Baltique est peu profonde et diminue d'une manière très-sensible ; on assure qu'elle perd tous les cent ans quatre pieds de son étendue ; elle se gèle facilement, les marées y sont peu sensibles ; elle est peu poissonneuse. 3°. La Méditerranée, située au milieu des terres ; elle prend le nom de golfe de Lyon aux bouches du Rhône ; de mer Adriatique ou golfe de Venise, entre l'Italie et la Turquie d'Europe ; d'Archipel, entre la Turquie d'Europe et celle d'Asie ; de mer Orientale, en s'avançant à l'orient dans la Turquie asiatique. Elle renferme un grand nombre d'îles très-fertiles ; la marée s'y fait peu sentir, et les poissons y sont fort abondans. 4°. La mer de Marmara ; elle tient à l'Archipel par le détroit des Dardanelles. 5°. La mer Noire ; elle tient à celle de Marmara par le détroit de Constantinople. 6°. La mer d'Azof on de Zabache ; elle tient à la mer Noire par le détroit de Caffa ; elle est remplie de vase, ce qui l'a fait appeler *Palus*.

Les pointes de terre ou caps les plus remarquables dans les mers d'Europe sont en Norwège et au N. le Cap-Nord, le Cap-Naze ou Ness au S. de la même contrée ; au N. du Jutland, le Scaw ; le Cap de la Hogue au N. O. de la France ; au N. O. de l'Espagne, le Cap-Finistère ; au S. O. du Portugal, le Cap Saint-Vincent ; le Cap-Matapan au S. de la Turquie d'Europe.

Les montagnes principales sont les Dophrines, entre la Norwège et la Suède ; les Alpes, en France et en Suisse, entre l'Allemagne et l'Italie ; les Pyrénées, entre la France et l'Espagne ; l'Apennin, qui traverse du N. O. au S. E. toute l'Italie ; les monts Krapacks, qui séparent la Hongrie de la Pologne ; enfin, les Poyas, entre l'Europe et l'Asie.

Il y a trois grands volcans : l'Hécla, en Islande ; le Vésuve, en Italie ; l'Etna ou le mont Gibel, en Sicile.

Les lacs principaux sont ceux de Ladoga et d'Onéga, en Russie ; de Constance, en Allemagne ; de Genève, en Suisse ; de Come et de Garde, en Italie.

Les plus grands fleuves sont le Volga, le Don, le Dnieper, en Russie ; la Tamise, en Angleterre ; le Rhin, en Suisse, en France et en Hollande ; la Loire, le Rhône, la Seine, la Dordogne, en France ; l'Elbe, le Danube, la Vistule, le Dniester, en Allemagne ; le Tage, l'Ebre, la Guadiana, en Espagne et en Portugal ; le Pô, en France et en Italie.

L'Europe se divise, 1°. en Europe septentrionale, qui renferme le Spitzberg, le Groenland, la Laponie, le Danemarck, la Suède, la Russie d'Europe, les îles Britanniques. Dans la mer du Nord, ses autres îles principales sont l'Islande, Séeland, Fionie, Alsen, Langeland, Femeren, Laland, Falster, Mone et Bornholm en Danemarck. Dans la Baltique, Aland, Gotland, Oeland et Rugen, à la Suède ; Dago, Oesel, à la Russie ; Usedom et Wollin, à la Prusse. 2°. En Europe centrale, qui renferme la Hollande, la France, la Suisse, l'Allemagne, les États de la maison d'Autriche. 3°. En Europe méridionale, qui comprend l'Espagne, le Portugal, l'Italie, la Turquie d'Europe. Les îles de l'Europe méridionale sont dans la Méditerranée, Ivica, Majorque et Minorque, à l'Espagne ; la Corse, à la France ; la Sardaigne, au roi de ce nom ; la Sicile, au roi de Naples. Dans la mer Adriatique, Corfou, Sainte-Maure, Téaki, Céphalonie, Zante, Sapienza et Cérigo, forment la République des Sept Îles. Dans l'Archipel, Candie, Milo, Santorin, Siphonto, Paros, Naxia, Syra, Tyne, Andros, Négrepont, Thasos, Stalimène, Metelin, Scio, Samos, Stancho, Stampalie et Rhodes, dépendent de la Turquie d'Europe.

L'Europe est presque en entier sous la zone tempérée ; mais les chaînes de montagnes et les mers y causent une grande variété dans les climats.

La religion chrétienne est dominante dans cette partie du globe. Elle est composée de l'église latine et de l'église grecque ; une partie de celle-ci a fait schisme, et son chef est le patriarche de Constantinople. D'autres sectes se sont formées dans la religion chrétienne ; les principales sont celles de Luther et de Calvin.

Divers modes de gouvernement régissent en Europe les divers États, mais la monarchie y est dominante. Des républiques y avoient été nouvellement établies. Plusieurs ont déjà disparu.

LE SPITZBERG.

Ce pays prend son nom d'une longue chaîne de rochers escarpés qui le borde et n'est interrompue que par les deux ports, l'un dit la baie Maurice et l'autre le havre du Sud.

Le sol y est stérile, le froid très-rigoureux et très-long ; cependant il y croît quelques végétaux et des mousses qui nourrissent quelques rennes. On n'y trouve ni insectes ni reptiles ; il n'y a d'eau que celle des neiges fondues pendant l'été. Des Russes vont y chasser à la lueur des aurores boréales qui les éclairent pendant les longues nuits d'hiver ; ils y prennent beaucoup de lions de mer. D'autres peuples vont y pêcher la baleine sur les côtes.

LE GROENLAND.

La mousse qui tapisse ses côtes lui a fait donner ce nom, qui signifie TERRE VERTE. La mer le borne à l'E. et au S. ; le détroit de Davis et la baie de Baffin à l'O.

Le sol y est presque stérile, et l'hiver très-rigoureux et très-long.

Pendant quelques jours de l'été les chaleurs y sont insupportables, et quelques végétaux s'y développent comme par enchantement. Ce pays est hérissé de hautes montagnes dont les cimes sont enveloppées de glaces et de neiges éternelles. Les côtes sont coupées de golfes larges et profonds, et sont bordées de beaucoup d'îles. Dans l'une de ces îles nommée Onartok, est une source d'eau bouillante.

Les côtes seules sont habitées. On y compte environ dix mille âmes. La petite-vérole y fait de grands ravages ; on y a introduit la vaccine. On trouve dans les montagnes de l'asbeste et une pierre colorée qui, pour certains usages, tient lieu de métaux aux habitans. L'angélique, le cochléaria, le romarin, sont presque les seuls végétaux. Les ours blancs y sont en grand nombre et vivent de veaux marins et de poissons : il y a beaucoup de lièvres blancs et d'oiseaux de mer. On pêche des baleines sur les côtes.

Les Groenlandois ont à peine cinq pieds ; ils ont les cheveux longs et noirs, la poitrine élevée, les épaules larges, sur-tout les femmes qui portent de pesans fardeaux. Ils sont lestes et très-adroits.

Ils vivent de poissons, de chair de renne, se vêtent de peaux ; ils en font aussi leurs barques.

Leurs huttes sont en charpente mêlée de maçonnerie. Les deux sexes se partagent les travaux. Leur religion est un mélange de christianisme et de paganisme. Les frères Moraves y ont formé des établissemens à l'O. Il y avoit en 1380, auprès d'un volcan, un couvent dont une source d'eau chaude adroitement distribuée rendoit l'habitation commode. Les naturels l'ont détruit.

LA LAPONIE.

Des Finlandois bannis de leur patrie ont peuplé cette contrée, qui est bornée au N. par la mer Glaciale, à l'O. par celle du Nord, par la Norwège et la Suède au S. et à l'E. par la Russie d'Europe. On l'a nommée Laponie, de *Lappes* qui signifie *exilés*.

La Laponie se divise en danoise au N. O., suédoise au S. et russe au N. E., d'après le nom des puissances qui possèdent ces différentes parties.

Le froid y est extrêmement rigoureux ; la neige haute de quatre à cinq pieds couvre la terre pendant l'hiver et sert de communication facile sur-tout lorsqu'un dégel d'un moment, suivi d'une gelée, a durci sa surface. Les chaleurs excessives de l'été fondant tout-à-coup ces neiges, des torrens se précipitent des montagnes, dont les masses énormes entassées sans ordre sont entrecoupées de rivières et de lacs parsemés d'îles. Le reste du pays est rempli de vastes et sombres forêts, de plaines arides ou de marais dangereux. Les aurores boréales et le crépuscule suppléent le soleil qui n'y paroît pas de l'hiver. Pendant le court intervalle de l'été, la terre se couvre subitement de fleurs et de verdure; le blé mûrit en deux mois.

La Nature indemnise la Laponie de la stérilité du sol par des mines d'or, d'argent, de cuivre et de plomb que des étrangers viennent exploiter. Des rivières y roulent des pierres précieuses; les cristaux, les améthystes, les topazes y sont en abondance.

Une autre richesse du pays consiste dans les fourrures, sur-tout celles de zibeline réservées aux souverains. Mais de tous les dons de la Nature le renne est le plus précieux pour les 60,000 habitans de ce pays. Ils en possèdent de nombreux troupeaux dont ils tirent leurs alimens et leurs vêtemens. Le renne se nourrit de mousse et de feuilles.

Les Lapons ont à peine quatre pieds de hauteur. Ils sont laids et difformes. Ils ont la tête plus grosse que le corps et ressemblent à des enfans vieillis. Les femmes sont un peu moins laides, mieux faites, très-nerveuses et sujettes à des attaques d'épilepsie; elles font avec beaucoup d'adresse des filets pour la pêche, laminent le cuivre, filent l'étain; les hommes font des traîneaux, des canots, des harnois de rennes, des vases, dés instrumens ornés de métaux.

Ces peuples à demi-sauvages sont, ou pasteurs montagnards, assez riches, à cause de leurs rennes, ou pêcheurs sur les rives des lacs, et plus pauvres. Leurs huttes sont des espèces de tentes revêtues de peaux, de haillons, d'herbages et de tout ce qu'ils peuvent se procurer; ils y vivent dans l'oisiveté, pêle-mêle, autour de foyers placés dans le milieu.

Ils ont des prêtres chrétiens, et sont encore presque tous païens. Leur langue dérive du finlandois; leur commerce consiste en poissons secs, fourrures, fromages de lait de renne, qu'ils échangent contre des denrées les plus grossières et les plus utiles de l'Europe, mais sur-tout contre l'eau-de-vie, pour laquelle ils ont une ardente passion, comme tous les Sauvages.

L'ISLANDE.

L'Islande, c'est-à-dire Pays de Glaces, est la Thulé des Anciens. Elle a 120 lieues de long sur 75 de large, 4,215 lieues carrées et 14 habitans par lieue. En 870, des Norwégiens s'y réfugièrent avec leurs familles. La religion chrétienne y fut portée au dixième siècle. Les habitans jusqu'alors en république, reconnurent les rois de Norwège pour souverains en 1261, et la réunion de ce royaume au Danemarck les soumit à ce dernier. On divise l'Islande en quatre parties correspondantes aux quatre points cardinaux.

La rigueur du climat, moins froid que sa latitude ne le feroit présumer, est néanmoins augmentée par des montagnes de glaces qui s'arrêtent sur ses côtes et y portent des troupes d'ours qui les ravagent.

Ces glaces prolongent le froid jusqu'au milieu du printemps. Le sol est peu fertile; il y a des prairies sur le bord de la mer. Les montagnes renferment des mines de fer, de cuivre, de plomb et sur-tout du soufre; il y a du porphyre, du cristal de roche, des zéolythes, des juspes, des agates, des basaltes, du spath et du suturbrand, espèce de bois durci qui s'enflamme aisément et reçoit le poli.

L'Islande, couverte en partie de glaces et brûlée dans son sein par des volcans dont les explosions sont fréquentes, est le théâtre du combat des élémens. La Nature s'y montre dans un désordre effrayant; d'immenses colonnes d'eau bouillante jaillissent du milieu des neiges; d'énormes montagnes de glaces viennent entourer les côtes; des amas d'arbres flottans s'allument entr'elles et causent des incendies dont l'éclat lutte avec celui des aurores boréales ou des nombreux météores qui éclairent ses longues nuits. Parmi les montagnes volcaniques culbutées par le feu, l'Hécla, la plus élevée, a de fréquentes irruptions qui ébranlent l'île entière et la menacent d'être brisée, et engloutie par l'Océan.

Les habitans, dont le nombre est beaucoup diminué par des maladies contagieuses et par la petite-vérole, sont encore au nombre de 60,000. Ils sont en général de moyenne taille, bien faits, mais peu vigoureux. Ils s'occupent particulièrement de la pêche ou du soin des troupeaux. Ils sont luthériens, et parlent l'ancienne langue du Nord. Ils ont encore dans cette langue des livres d'histoire, les sciences ayant été cultivées avec assez de soin dans ce pays, du dixième au treizième siècle. Ils s'habillent sans luxe, mais avec décence. Les étoffes grossières dont se revêt le peuple sont noires. Leurs habitations sont incommodes; un foyer au milieu d'une pièce est formé de quelques pierres; la fumée sort par un trou du toit. Ils ont quelques vitraux. Ils vivent de poisson sec, de beurre rance, d'un peu de viande, de petit-lait et de lait mêlé d'eau. Ils aiment beaucoup à réciter des vers, à lire des auteurs grecs et latins, et sur-tout à jouer aux échecs. Tranquilles sous la protection du roi de Danemarck, à qui ils paient chaque année 180,000 livres, ils sont les seuls peuples de l'Europe exempts des horreurs de la guerre, du moins depuis les incursions que vinrent y faire les Maures d'Afrique.

Les Islandois commercent en poissons secs, viandes salées, beurre, suif, huile de baleine, peaux et fourrures, qu'ils échangent pour du bois, des outils de pêche, du tabac, du pain, des fers pour leurs chevaux, des vins, des eaux-de-vie, du linge et de la soierie.

Cette île est arrosée par trois principales rivières, savoir: le Skalfanda, l'Oxaferd et le Bura: elles descendent des hautes montagnes qui coupent cette île et dont la principale branche s'étend de l'E. à l'O. Le Vesterjécul a 4600 pieds de haut. Le Katlégia, le Sidu, le Leichunke, le Krabble et sur-tout l'Hécla, sont volcaniques. Leurs éruptions sont très-fréquentes et presque toujours précédées d'ouragans qui ravagent l'île, et causent beaucoup de variations dans l'atmosphère.

Les lieux principaux sont Skalholt, capitale située sur une montagne, auprès de laquelle sont plusieurs sources d'eau bouillante ; il y a un évêque ; Hoolum ou Hola, qui a un assez bon port et un collége, et Bésestède, résidence du gouverneur.

LES ILES DE FÉROE.

Ces îles, dépendantes du gouvernement d'Islande, situées dans la mer du Nord au S. E. de l'Islande, sont au nombre de vingt-quatre, et forment un groupe qui occupe un espace de vingt lieues de long sur quinze de large. On passe en bac de l'une à l'autre. Elles ont cinq mille habitans qui exportent des viandes salées, des cuirs, des suifs et des bas de laine de leur fabrique. La plus grande, nommée Stremo, a huit lieues de long et trois de large. Elles sont d'un très-foible produit pour le Danemarck. Le climat y est doux, humide, sujet aux orages : on y élève des moutons à laine très-fine. Il y a des mines de cuivre et de charbon de terre.

LA NORWÈGE.

La Norwège a formé un royaume depuis 875 jusqu'en 1395 ; elle a 340 lieues de long sur 80 de large, 11,090 lieues carrées et soixante-sept habitans par lieue. Elle est bornée au N. par la mer Glaciale, à l'O. par la mer du Nord, au S. par le Catégat, à l'E. par la Suède et au N. E. par la Russie.

Unie à la Suède, on l'appeloit jadis Scandinavie. Sa longueur du N. au S. cause beaucoup de variété dans le climat : tempéré à Berghen, il devient très-rigoureux vers le pole, où les eaux sont toujours glacées. Des cataractes gênent la navigation des rivières ; la plus grande de celles-ci est le Glommen qui reçoit le Vormen, et forme à son embouchure une très-belle cataracte près de Frederikstadt.

Sur les lacs, dont le plus considérable est le Miesen, il y a des îles flottantes, formées de racines d'arbres et de plantes entrelacées, recouvertes de terre : ce lac a quinze lieues de long. D'autres plus petits communiquent ensemble par de petites rivières. La Norwège a cinq golfes principaux, Christiania, Stevanger, Hardanger, Sognefiord et Drontheim.

Elle est partagée en cinq grands gouvernemens, qui sont, 1°. celui de Wardhus au N. ; il comprend la Laponie danoise ou le Finmarck ; la côte est bordée d'îles ; il n'y a que des pâturages et point de villes : Wardhus est le bourg principal ; il est situé dans une petite île, à l'E. du cap Nord. Au S. O. de Wardhus, est le port de Warangen sur une baie de ce nom. 2°. Le gouvernement de Drontheim, au S. de Wardhus ; il a pour capitale Drontheim ; il est très-peuplé le long des côtes, et couvert de montagnes qui renferment des mines de cuivre. 3°. Le gouvernement de Berghen ; la ville du même nom en est la capitale. Ce gouvernement est situé au S. O. de celui de Drontheim. Il produit des fruits, des bestiaux, du gibier, de la volaille et du bois. Il y a des carrières de marbre, du cristal de roche, du charbon de terre et des mines d'argent. 4°. Le gouvernement de Christiansand ; cette ville en est la capitale ; on y trouve en outre la ville d'Arendal au N. O. Il est très-bien cultivé : on y pêche des perles et beaucoup de poissons, objet d'un grand commerce. 5°. Enfin, le gouvernement d'Aggerhus. Il est à l'E. de ceux de Berghen et de Christiansand. Ses villes principales sont Christiania capitale, auprès de laquelle est la forteresse d'Aggerhus, Konsberg, Laurvig, Tonsberg, Frederikstadt et Frederichs-Hall. Le territoire est montagneux, et couvert de forêts ; il y a des plaines fertiles et des lacs qui sont poissonneux. On y trouve aussi des mines d'argent et de fer, du marbre, des salines.

Les îles voisines qui dépendent de la Norwège sont Langoë, Loffoden, Moskoë, Vikten, Froyen, Hitteren et Karm.

Cette contrée est toute couverte de montagnes dont les chaînes la parcourent en divers sens, et qui offrent un aspect romantique ; la masse principale se nomme Kirlen. La montagne d'Isbre, près Berghen, est un énorme glacier. L'accès de la plupart de ces montagnes est très-difficile, parce qu'elles sont coupées par des précipices, des torrens et des cataractes : plusieurs offrent des vestiges de volcans éteints, dans le cratère desquels sont des lacs profonds ; presque toutes sont couvertes de bois et peuplées de troupeaux de brebis et de chèvres, que leurs maîtres ont l'adresse de retirer des précipices lorsqu'elles y sont tombées.

Ces montagnes ont des mines d'or, d'argent, de plomb et de cuivre, la plupart très-abondantes. On y trouve aussi du fer, de l'aimant, de l'amiante, des cristaux, des granits, des améthystos et des agates ; il y a des carrières de très-beaux marbres et de pierres précieuses.

D'immenses forêts peuplées de divers arbres de l'Europe fournissent en abondance des bois à la marine de différentes nations. Ces forêts sont habitées par des élans, des rennes, des ours, des loups, des linx, des renards, des gloutons, des hermines, des lièvres, des lapins et d'autres animaux, dont la chasse, ainsi que celle d'une très-grande variété d'oiseaux, occupe les Norwégiens ; ils pêchent sur les côtes une quantité considérable de morue, et sur-tout de harengs. Près de ces côtes est le fameux Maelstrom ou tournant d'eau formé par des courans, objet de la terreur et des contes des anciens navigateurs, et que les modernes osent traverser à pleines voiles, peut-être parce que sa force entraînante est diminuée.

Cette contrée a sept cent cinquante mille habitans. Leurs mœurs sont simples et douces ; ils sont tous artisans industrieux, occupés des métiers les plus utiles, ou faisant le commerce de bois de construction, pelleteries, poissons secs, métaux, en échange de blés, de verreries et d'autres marchandises d'Europe. Une douce aisance, la force de leur tempérament et leur sobriété, leur procurent une vie très-longue ; les centenaires y sont nombreux. Ils sont luthériens, et leur langue est dérivée de la teutonique. Ils fournissent au Danemarck jusqu'à quatorze mille matelots et trente mille soldats, et lui paient 4,800,000 livres de revenu.

LE DANEMARCK.

Les Cimbres ont été les premiers habitans de ce pays ; mais il ne put suffire à la nourriture de leurs nombreux essaims. Ils s'unirent aux Teutons, et allèrent inonder l'empire des Romains qui, sous la conduite de Marius, s'opposèrent à eux et les exterminèrent. Ceux qui échappèrent au carnage furent nommés Jutes. Devenus encore trop nombreux, ils envahirent les îles Britanniques sous le nom de Danois, et les Gaules sous celui de Normands.

Ce pays, nommé d'abord Chersonnèse Cimbrique, prit ensuite le nom de Danemarck. On y trouve beaucoup d'inscriptions en caractères runiques dont le sens est aujourd'hui inintelligible.

Canut-le-Grand, roi d'Angleterre, réunissoit sous son autorité le Norwège et le Danemarck : Haquin, roi de Norwège, en épousant Marguerite de Waldemar, opéra la réunion des deux royaumes ; bientôt cette reine y joignit la Suède. Mais vers 1521, cette dernière contrée secoua le joug. En 1525, le Danemarck embrassa le luthéranisme. Le pouvoir devint illimité, et la monarchie héréditaire en 1660. Le prince régnant est Christiern VII. Le régent vient de donner la liberté à tous les paysans.

Ce royaume possède les îles d'Islande, de Féroé et la Norwège, qui font des articles séparés.

Les pays que comprend le Danemarck sont le Jutland dans la Baltique, et, comme nous avons déjà dit, les îles de Séeland, Fionie, Alsen, Langeland, Femeren, Laland, Falster, Mone et Bornholm.

Le roi a de plus le Holstein.

Le Danemarck a 80 lieues de long sur 60 de large ; sa superficie est de 1,661 lieues carrées. Il y a 620 habitans par lieue. Il est borné au N. par le Catégat, à l'O. par la mer d'Allemagne, au S. par l'Allemagne et la Baltique, à l'E. par le Sund qui le sépare de la Suède, et par la mer Baltique.

Ses deux parties principales sont le Jutland et les îles de la Baltique. On n'y connoit que l'été et l'hiver, le passage du froid au chaud étant subit. Dans le nord l'intensité du froid gèle les mers même.

Les principales rivières sont dans le Jutland celle d'Holsterbroë, le Gouden, le Skiern, la rivière de Warde, celle de Nibs-Aae, la Widan, la Wiecke et la Treen. Les lacs sont, en Jutland, ceux d'Asmild, Eves, Ans, Salten, Knuss et Moss. Les golfes sont le Lymford, dans le Jutland ; le Stequestrand, dans l'île d'Odensée, et l'Iséfio, dans Séeland.

Une chaîne de montagnes traverse du N. au S. le Jutland. Le terrain est gras et abondant en pâturages à l'O. ; à l'E. il y a de belles forêts de chênes, de sapins, de hêtres et de bouleaux. Le sol des îles de Séeland est sablonneux en général.

Dans ce royaume on récolte des grains de toutes les espèces, d'excellens légumes, de très-belles pommes, des poires, des prunes, des abricots et des pêches, du cumin, un peu de lin et de chanvre. Les forêts sont vastes et remplies d'arbres utiles. Les chevaux sont très-estimés. Les bêtes à cornes et les porcs y abondent, ainsi que les abeilles, les oies et la volaille. La laine des moutons est épaisse ; ils y multiplient sans craindre les loups ni les ours qu'on ne voit pas dans ce pays. Les côtes sont très-poissonneuses. On trouve dans le pays de la tourbe en abondance, de la terre à porcelaine, de la chaux, &c.

Il y a un million d'habitans, la force armée consiste en soixante-quinze mille soldats payés et cinquante mille de milice sans paie ; vingt-cinq mille matelots sont enregistrés, quatre mille sont salariés et destinés à équiper vingt-quatre vaisseaux de ligne et quinze frégates, plusieurs de ces vaisseaux néanmoins sont trop vieux pour être montés. Il y a deux ordres de chevalerie, celui de l'Eléphant et celui de Dannebroge.

Les habitans s'habillent à la française, connoissent peu la tempérance, suivent la religion luthérienne et parlent une langue dérivée de la teutonique. Le français et l'allemand se parlent à la cour. Les arts utiles ou agréables et les sciences n'y ont pas atteint le même degré de perfection que dans les autres royaumes de l'Europe.

Il y a en Danemarck quatre grandes manufactures de toiles ; deux en Jutland, une en Finlande et une en Fionie. On y fabrique aussi les objets nécessaires à une nation civilisée. Le commerce consiste principalement dans les productions du sol et des forêts, sur-tout en bois de construction, et dans le produit des troupeaux et de la pêche ; on échange ces objets pour du sel, des vins et eaux-de-vie de France et de Portugal, des soieries d'Italie, des draps et quincailleries d'Angleterre.

Le Jutland se divise en Nord et Sud-Jutland. Le Nord-Jutland a 110 l. de long sur 70 de large : il est partagé en quatre diocèses. C'est un pays plat, coupé de rivières et de lacs, très-fertile en blé, lin, navettes, sarrasin, houblon, foin et légumes. Ses excellens pâturages nourrissent des chevaux très-estimés et beaucoup de bestiaux ; le gibier fourmille dans les forêts qui sont à l'orient ; à l'occident on ne brûle que de la tourbe et des bruyères. Les villes principales sont Balberg capitale, Viborg, Runkioping, Ripen, Aarhus, Scanderborg, Fredericia et Kolding.

Le Sud-Jutland ou duché de Sleswick a de bonnes terres et d'excellens pâturages où l'on élève beaucoup de bestiaux. Ses villes principales sont Sleswick capitale, qui a des manufactures de toiles très-fines; Flensbourg, Appenrade, Hadersleben, Tondern, Husum, Tonningen, Frederickstadt et Echrenford.

Les îles sur la côte O. du Jutland sont Sylt, Forn, qui a Saint-Jean pour capitale; Nordstrandt, de laquelle il ne reste plus qu'une petite partie, le reste ayant disparu en 1634, dans une inondation qui fit périr six mille personnes, Horsbul est sa capitale; Helgeland, dont il ne reste également qu'une partie, a deux mille habitans Frisons et pêcheurs, Saint-Nicolas en est la capitale; Fanoë, Manoë, Rom, &c.

L'île de SÉELAND, dans la Baltique, a des lacs très-poissonneux et des forêts remplies de gibier; elle est très-peuplée; mais les brouillards nuisent à la salubrité de l'air. Sa capitale est Copenhague, qui l'est en même temps du royaume. Cette ville offre un très-bel aspect; elle est bien fortifiée : les vaisseaux abordent devant les maisons par des canaux qui traversent les rues. Le port est très-vaste et très-facile à défendre. Il y a une université, une société des sciences, deux sociétés d'histoire, une académie de peinture et sculpture, une de médecine et de chirurgie, un musée d'histoire naturelle et de physique très-curieux, &c.

Les autres villes sont Frederickabourg, Roskild, Elseneur, et près de cette dernière la forteresse de Crouenbourg.

Cette île produit de l'orge et du tabac. Il y a des eaux minérales.

L'île de FIONIE ou FUNEN, dans la Baltique, a cent dix mille habitans; elle produit beaucoup de seigle, d'orge, de sarrasin, d'avoine, de pois et de miel dont on fait de l'hydromel. Ses principales villes sont Odensée capitale, qui renferme de beaux monumens et des manufactures, Niborg, Faborg et Swinborg.

Les autres îles sont Alsen; elle a pour capitale Sunderbourg, elle est fertile en grains, le froment excepté : Langeland, très-fertile en blés et en pâturages; elle abonde en poissons, et a pour capitale Rutkoping : Femeren, dont le territoire très-fertile n'a ni source ni rivière; elle a pour capitale Bourg : Laland, qui produit de bon froment; sa capitale est Naxhon. Il y a une autre ville nommée Nyosted : Falstir, c'est le domaine des reines et le verger du Danemarck; le gibier y abonde; Nikoping en est la capitale : Mone a Steko pour capitale; Rodno est celle de Bornholm, qui a cinq autres villes, et trente mille habitans lesquels possèdent beaucoup de bestiaux; cette île produit d'excellente avoine et nourrit beaucoup de moutons; la pêche y est très-abondante; elle a de la terre à porcelaine.

Les colonies danoises sont, en Asie, la ville de Tranquebari et son territoire, à la côte de Coromandel; en Afrique, le fort de Christianbourg, à la côte de Guinée; en Amérique, les îles de Saint-Thomas, de Saint-Jean et de Sainte-Croix, au golfe du Mexique. (*V. ces articles.*)

En Danemarck, la monarchie est héréditaire; les femmes peuvent régner. Les revenus royaux sont de 36 millions, les dépenses de 25 millions, et la dette de l'Etat de 62 millions. Le supplice d'usage pour les crimes odieux est la roue; on tranche la tête pour les autres crimes capitaux. Pour les fautes moindres on emploie la marque et le fouet.

LA SUÈDE.

La Suède qui, jointe à la Norwège, se nommoit Scandinavie, a pris son nom moderne des Suèves qui l'ont habitée. Quelques auteurs en ont fait le berceau du genre humain; mais elle fut envahie, comme tout le Nord, par les Goths venus des contrées orientales. On y retrouve quelques-uns de leurs monumens. Elle forme, depuis très-long-temps, un royaume; son histoire se perd dans l'obscurité du passé. Les Goths qui inondèrent l'Europe sous le nom de Visigoths et d'Ostrogoths, en occupoient la partie méridionale. Elle fut réunie, depuis 1395 jusqu'en 1521, au Danemarck, contre lequel les Suédois se révoltèrent, sous la conduite de Gustave Vasa qui les délivra de ce joug, et mérita de devenir le roi de cette contrée. Il embrassa la réforme de Luther et rendit la couronne héréditaire. Les tentatives de ses successeurs pour rétablir le catholicisme occasionnèrent de grands troubles. Après la célèbre Christine, que son amour pour les sciences porta à abdiquer en faveur de Charles x, Charles XI rendit le pouvoir illimité et donna le jour au fameux Charles XII, dont la folie belliqueuse mit la Suède aux abois. Sa sœur Ulrique-Eléonore renonça au despotisme. Frédéric v auquel elle céda la couronne, n'ayant pas d'enfans, les Etats élurent, en 1743, un duc de Holstein dont les descendans occupent encore le trône.

La Suède a 25,413 lieues carrées et 110 habitans par lieue. Elle est bornée au N. par la mer Glaciale, à l'O. par la Norwège, le Categat et le Sund, au S. par la mer Baltique et à l'E. par la Russie d'Europe.

La Suède est un pays de montagnes la plupart couvertes de forêts et entrecoupées d'un nombre infini de lacs. Le climat y est assez rigoureux pour qu'en hiver le froid gèle les extrémités du corps. Les habitans font alors usage de poêles et de fourrures. L'été succède brusquement à l'hiver, et en peu de jours les charmes du printemps font oublier les neiges et les frimas.

On divise la Suède en Laponie suédoise, Suède propre, Gothie, Bothnie et Finlande suédoise. La mer Baltique est un grand golfe de l'océan Atlantique très-peu salé et qui reçoit presque toutes ses eaux des fleuves. Elle forme trois golfes moindres, qui sont ceux de Bothnie, de Finlande et de Riga. A la Suède appartiennent les îles d'Aland, de Gothland et d'Oeland.

La Laponie suédoise au N. est divisée en cinq cantons; savoir : celui
de

de Tornéa, et ceux de Kimi, de Luléa, de Pitéa et d'Uméa, noms des rivières qui arrosent cette contrée : il n'y a pas de villes. On y trouve quelques terres labourables, semées d'orge et de seigle ; il y a de vastes forêts peuplées de rennes ; les montagnes renferment des mines d'argent, de fer et de plomb.

La Suède propre fournit beaucoup de bois, du fer travaillé, des munitions navales. Des manufactures en tout genre y sont en activité ; la pêche y est très-abondante. La Suède est subdivisée en Jemptie au N.E., dont la capitale est Froson ; Angermanie à l'E., qui a pour capitale Hernosand ; Medelpadie, capitale Sundswall ; Helsingie au S., capitale Hudwiskswall ; Dalécarlie, capitale Falem ; Gestricie, capitale Gefle ; Westmanie, dont les villes sont Westeras capitale, Koping et Salberg ; Upland, dont la capitale est Stockholm, qui l'est en même temps de la Suède, et dont le port est vaste et commode ; le roi y réside dans un magnifique palais ; il y a une académie des sciences et des arts très-florissante dont les membres ont publié des mémoires très-estimés ; Upsal est la seconde ville, son université est fameuse. La Néricie a pour capitale Orebro ; et la Sudermanie, Nicoping.

La Gothie, au S.O. de la Suède propre, abonde en grains de toute espèce ; il y a des lacs très-poissonneux, des forêts, beaucoup de gibier et des mines. La Gothie est subdivisée en Wermeland, capitale Carlstadt ; Dalie, capitale Amal ; Botrusland, dont les villes sont Botrus capitale, et Maetstrand ; Westro-Gothie, qui a pour capitale Gotheborg, et une autre ville nommée Skara ; auprès de la première est un précipice affreux dans lequel tombe une cataracte. Ostro-Gothie, capitale Norkoping ; cette province produit beaucoup de grains ; Smaland, dont les villes sont Calmar capitale, Westerwich et Jonkoping ; cette contrée a des forêts, des pâturages et des lacs ; Halland, dont les villes sont Halmstad capitale, et Warberg ; elle nourrit beaucoup de bestiaux ; Scanie, dont les villes sont Lunden capitale, Helsinborg, Landscroon et Malma ; les plaines de cette dernière sont fertiles en grains ; Bléking, capitale Carlskrone, seconde ville Carlshamn, laquelle a d'excellens pâturages.

La Bothnie, à l'E. de la Laponie suédoise, a beaucoup de lacs et de forêts ; les montagnes y sont couvertes de mousse, qui sert de nourriture aux rennes ; il y a des mines d'argent, de fer, de cuivre et de plomb ; cette province fournit beaucoup de pelleteries, de salaisons, de gibier, &c. Elle est divisée en Westro Botlnie, dont Tornéa est la capitale, et Uméa la seconde ville, et Ostro-Bothnie, qui a pour villes Uléa capitale, et Wasa.

La Finlande suédoise, au S.E. de la Bothnie, est en grande partie couverte de lacs et de marais ; la partie orientale est couverte de montagnes, de vallées et de lacs : le sol y est en général stérile, et rarement les grains y ont le temps de mûrir. On y fait commerce de bois, de pelleteries, de poissons. Ses côtes sont hérissées de rochers. Elle se divise en Cajanie, Cajaneborg capitale ; Sawolax, Nislot capitale ; Tawastie, Tawastus capitale ; Nyland, capitale Helsingfort, et Finlande propre, capitale Abo.

L'île d'Aland a pour chef-lieu le bourg de Castelhom. Ses montagnes renferment de la pierre à chaux ; ses belles forêts sont pleines de loups cerviers, de renards, &c. Les côtes sont très-poissonneuses. On y élève de très-beaux chevaux, qui, ainsi que la chaux, le charbon et les produits du bétail, y forment les principaux objets de commerce.

L'île de Gotland, au S. de la précédente, a pour capitale Wisby, qui est un bon port ; elle est entourée de vingt autres îles : on y trouve des pierres précieuses, des coraux, de l'agate, de belles pétrifications.

L'île d'Oeland a pour capitale Borgholm, défendue par une bonne forteresse et auprès de laquelle est le bon port de Borga. Elle renferme au N. des forêts, des carrières de pierre, des mines d'alun ; au S. il y a des plaines très-fertiles, d'excellens pâturages peuplés de bétail et de petits chevaux. Elle fournit beaucoup de miel et de noix.

Les principales rivières qui arrosent la Suède et ses dépendances sont celles de Tornéa, l'Akunis-Jocki, la Luléa en Norwège, le Kimmen en Finlande, la Dal-Elbe, la Motala et le Goetha-Aolf. Les lacs sont ceux d'Hornawam, d'Enara en Laponie, de Pajane et de Saima en Finlande, de Wener en Westro-Gothie, de Meler en Sudermanie, de Hielmar en Néricie, et de Welter en Ostro-Gothie.

Le sol, en général très-peu fertile, a été beaucoup amélioré par les travaux des habitans qui le forcent à produire des grains pour leur consommation. Dans la Gothie, on récolte les grains les plus utiles et quelques fruits rouges. Il y a de mines abondantes d'argent, de cuivre, de plomb et de fer, des cristaux, des pierres précieuses et du marbre.

On trouve en Suède la plupart des animaux du Nord et des poissons d'eau douce en si grande abondance, que l'on est obligé de les saler. La pêche du hareng fait une des principales richesses du pays.

Les nobles suédois ont hérité de la bravoure de leurs aïeux ; le peuple et les négocians y sont uniquement occupés du soin de procurer à leur famille des moyens d'existence, et ne prétendent point aux vertus guerrières. Ils parlent une langue dérivée de la teutonique.

Le gouvernement y protège les arts et les sciences. Ce pays a vu naître Puffendorf et le célèbre Linnæus. Il y a une célèbre et très-bonne université à Upsal, une à Lunden, une autre à Abo ; celle d'Upsal a été féconde en hommes de mérite. La Suède est luthérienne.

Depuis le seizième siècle, les Suédois travaillent les métaux de leurs mines, qu'ils livroient jadis bruts aux étrangers, pour les recevoir d'eux convertis en ustensiles. Ils ont établi chez eux toutes les manufactures nécessaires, et sur-tout des forges pour le cuivre, l'acier et le fer. Ils font le commerce de toutes les productions du Nord, et les échangent pour du sel, des vins, des eaux-de-vie, du tabac, des laines, du lin, du chanvre, du coton, des épices, &c. Ce commerce se fait par quelques villes privilégiées. La seule colonie de ce royaume est l'île de Saint-Barthélemy, au golfe du Mexique.

La couronne de Suède est héréditaire, même pour les femmes. Le roi convoque et dissout à son gré les Etats ; il dispose des forces de terre, de mer et des emplois. Il ne peut exiger d'impôts sans le consentement des Etats, si ce n'est dans des cas urgens. Ses revenus annuels qui ne sont que de 36 millions, sont absorbés par les dépenses, et l'Etat doit plus de 240 millions. Les monnoies d'or et d'argent sont rares en Suède ; celles de cuivre plus communes y ont un poids très-incommode. La population est de deux millions huit cent mille habitans, dont quarante mille sont soldats. La marine, jadis de quarante vaisseaux, est dans le délabrement, et les chantiers sont abandonnés.

Les supplices sont le gibet et le feu : on tranche la tête aux nobles. Les jugemens doivent être confirmés par le roi. Il y a trois ordres de chevalerie, l'Etoile polaire, celui de Wasa et celui de l'Epée.

Les Suédois ont toujours été alliés des Français; le prince régnant, Gustave-Adolphe iv, paroît s'éloigner de ce système.

L'EMPIRE RUSSE.

Cet empire, qui renferme la Russie d'Europe ou Moscovie et la Russie d'Asie, comprend une longueur de 165° de longitude sur une largeur de 32° de latitude. Il se divise en trois régions : 1°. la Septentrionale qui n'a qu'un été très-court et un climat très-varié. A l'E. l'hiver dure huit mois avec la plus grande rigueur, le mercure y gèle, et les habitans, entièrement privés de grains, ne vivent que de chasse, de pêche et de quelques productions végétales recueillies sans culture; les vallées nourrissent beaucoup de bestiaux, les montagnes renferment les mines. A l'O. l'hiver est moins rigoureux.

2°. La région centrale; celle-ci est subdivisée en européenne et asiatique. Dans la première, l'été est long et la chaleur souvent très-vive : dans la seconde, l'hiver est toujours rigoureux et très-long; mais en été les végétaux y croissent et mûrissent comme par enchantement, et la culture rend cette contrée la plus fertile de l'empire.

3°. Enfin la région méridionale; l'hiver y est court et très-doux, l'été long et presque toujours brûlant. Moins fertile que la région précédente, cette région en est indemnisée par la nature de ses productions, ayant toutes les meilleures espèces de fruits et de très-bon vin, beaucoup de plantes utiles pour la nourriture ou pour la médecine, des poissons délicats et des métaux.

La partie asiatique se trouvera à l'Asie. *Voyez la carte.*

LA RUSSIE EUROPÉENNE ou MOSCOVIE.

Cette contrée faisoit jadis partie de la Sarmatie européenne ; les Ruthéniens, ancien peuple qui en habitoit une partie, lui ont fait donner le nom de Russie ; celui de Moscovie vient de Moscow, l'ancienne capitale.

Ce vaste empire, fondé au neuvième siècle, étoit jadis beaucoup plus peuplé qu'il ne l'est à présent. Ses habitans, dont les essaims nombreux inondèrent souvent toute l'Europe, doivent leur origine aux Tartares, jadis nommés Scythes. Ceux-ci ont fourni avec les Arabes les deux grandes familles qui ont peuplé le globe ; mais ce pays n'est célèbre que depuis le commencement du dix-huitième siècle. Les premiers souverains qui résidoient à Kief, alors ville principale, se nommoient grands-ducs ; ils transportèrent leur siége à Moscow en 1300. Plusieurs petits princes russes, vers le quinzième siècle, se soumirent à leur domination, qui s'étendit dans la Grande-Tartarie.

Ivan Bazilowitz prit le nom de czar ou tzar, que Pierre-le-Grand, véritable fondateur de cet empire, changea en celui d'empereur. Ce prince appela dans ses domaines les sciences, les arts, et ne négligea rien pour civiliser son peuple. Ses successeurs ont suivi son exemple. L'histoire de cet empire présente une suite de révolutions dont plusieurs se sont succédé rapidement.

Alexandre, le prince régnant, paroît, par sa sagesse et ses grandes qualités, promettre à ce vaste empire des destinées heureuses.

La monarchie est héréditaire en Russie ; les femmes sont appelées à la couronne. Le souverain ou autocrate de toutes les Russies est maître absolu de la vie et des biens de ses sujets. Ses revenus sont de 244 millions. Il y a en Russie une noblesse très-ancienne ; autrefois elle étoit divisée en *knèses*, *boyards* et *vaivodes* ; aujourd'hui les titres sont les mêmes qu'en Europe. On y compte cinq ordres de chevalerie ; savoir : ceux de Saint-André, de Saint-Alexandre Neuski, de Sainte-Catherine, de Saint-George et de Saint-Wladimir.

On punit en Russie par le fouet ou le knout, *les coups de canne et la* décapitation.

Le gouvernement y fait tous ses efforts pour hâter les progrès des sciences, des arts et de la population; il a posé les fondemens de plusieurs villes dont quelques-unes n'existent encore qu'en projet, quoique portées sur les cartes. On emploie tous les moyens possibles pour attirer les étrangers utiles; mais les rigueurs du climat s'opposent à ces efforts. La population actuelle de cet Etat et ses richesses en font dès aujourd'hui une des premières puissances de l'Europe.

La Russie d'Europe est bornée au N. par la mer Glaciale, à l'O. par la Suède, la mer Baltique, la Prusse et les Etats d'Autriche, au S. par la Turquie européenne et la mer Noire, à l'E. par la Russie asiatique.

Son immense étendue y occasionne une grande variété dans le climat : au N. l'hiver est extrêmement rigoureux, l'haleine s'y gèle sur la barbe et les larmes que le froid fait verser se condensent en glaçons sur les joues. Il y a de la neige à Saint-Pétersbourg pendant dix mois de l'année. Les vêtemens et l'art d'échauffer les appartemens garantissent de ces froids insupportables dont d'ailleurs on tire l'avantage de conserver fraîches les provisions, et particulièrement la volaille, les bestiaux et le gibier, tués d'avance et entassés en piles dans des tonneaux ou des caves entre des couches de neige. On les en tire à mesure qu'on en a besoin pour garnir les marchés, et l'on a ainsi épargné long-temps leur nourriture.

Le sol en Russie est aussi varié que le climat. Le bois et beaucoup d'autres productions y sont en abondance. Il y a beaucoup d'huile de poissons, de pelleteries, de cairs, de champignons, de blé, lin, chanvre, coton, houblon, tabac, fruits, vin, riz, melons, &c. Les habitans emploient le miel à faire de l'hydromel, qui est leur boisson ordinaire dans les campagnes. Ils tirent aussi du seigle, une liqueur spiritueuse qu'ils préfèrent à l'eau-de-vie. Ils entretiennent de nombreux troupeaux dans de bons pâturages.

Le pays est en général uni et couvert de forêts. Il y a des plaines immenses et des *stepps* ou plaines arides très-étendues, vers le N. E. sous les monts Poyaz ou Riphées. On y trouve des mines abondantes de tous les métaux et particulièrement de fer et d'aimant; il y a aussi des carrières de marbre, d'albâtre, de jaspe, d'autres espèces de pierres, du sel fossile et de l'alun.

La Russie a plusieurs lacs considérables. Celui de Ladoga, au N. E. de Pétersbourg, a 40 lieues de long sur 26 de large. Les tempêtes en rendent la navigation dangereuse et le fond très-mobile. Le lac Onega, au N. E. du lac Ladoga, auquel il communique par le Svir, a 45 lieues de long sur 20 de large. Nous citerons en outre le lac Peypus et le lac Ilmen. Les principales rivières sont : — Le Volga; il sépare l'Europe de l'Asie et traverse 1000 lieues de pays où il répand l'abondance; il a soixante-dix embouchures dans la mer Caspienne; il est très-poissonneux. — Le Don; c'est l'ancien Tanaïs; il parcourt 330 lieues et s'approche assez du Volga pour que l'empereur Pierre III ait formé le projet de les unir par un canal. — Le Dnieper ou Borysthène; il traverse 350 lieues. — La Dwina; elle se jette dans le golfe de Riga. — La Néva; elle passe à Pétersbourg.

Il y a dans la Russie d'Europe 34 millions d'habitans. La force armée en temps de paix est de 200,000 hommes. En temps de guerre, l'empereur tient sur pied 500,000 soldats. 15,000 matelots sont répandus sur 50 vaisseaux de ligne et 30 frégates. Les Russes sont de moyenne taille, ont le teint blanc, sont très-vigoureux, propres au travail, extrêmement industrieux, d'une adresse inconcevable, apprenant en peu de temps tous les métiers auxquels on les destine, superstitieux, ignorans, bons, assez gais; quoique presque tous esclaves; ils résistent à toutes les fatigues, et cette qualité jointe à des idées superstitieuses qui les déterminent à se laisser tuer sur la place dans les combats, en fait des soldats redoutables. Les gens de la campagne et les ouvriers vivent de très peu de chose; dans des huttes ou des maisons de bois, au milieu desquelles est le foyer. Ils suivent la religion grecque et parlent une langue dérivée de l'esclavon, Le grec moderne et le français y sont aussi en usage, du moins parmi les gens instruits.

Tous les cultivateurs, même les artisans et les négocians dans les villes, appartiennent, comme esclaves, à des seigneurs ou à des particuliers auxquels leurs anciens maîtres ou le souverain, qui est despote, les a donnés.

Leur commerce consiste dans toutes les denrées du pays, qu'ils échangent contre celles des trois parties du monde. Il est presque tout entier dans les mains des Anglais, du moins pour l'extérieur sur l'Océan.

Les Russes manufacturent avec adresse la soie de la Perse et de la Chine, ainsi que les métaux de leur pays.

La langue russe est difficile à apprendre et à prononcer, mais très-douce : elle a été employée par un très-petit nombre de littérateurs ou de savans.

L'éducation n'a pas encore atteint en Russie la perfection dont elle est susceptible; des popes apprennent à lire et à écrire aux enfans du peuple; les grands et les riches appellent des instituteurs étrangers pour élever les leurs, et leur font apprendre plusieurs langues, sur-tout le français. Tout récemment l'empereur Alexandre a donné une nouvelle organisation à l'instruction publique, et créé des écoles de différens grades depuis celles des paroisses jusqu'aux universités.

On divise la Russie européenne en trente-neuf gouvernemens qui portent les noms de leurs capitales. Ces gouvernemens sont :

ARCHANGEL : le froid y est rigoureux; le sol couvert de forêts, de montagnes, de marais, est stérile; les moutons y abondent; les eaux sont poissonneuses; il y a 170,000 habitans qui sont très-laborieux et s'occupent de chasse et de pêche. *Archangel*, capitale du gouvernement, a un port sur la mer Blanche.

OLONETZ : ce gouvernement a plus de 200,000 habitans; le sol en est pierreux, peu fertile, bien boisé. On en tire du marbre, des métaux, même de l'or; beaucoup de gibier et de poisson. Les principales villes sont Pétrozavodsk capitale, sur le bord occidental du lac Onega, et Olonetz.

VYBOURG, est coupé de montagnes, de lacs et de marais; les grains n'y mûrissent pas, on les fait sécher. Ce gouvernement fournit du bois, du goudron. Il y a 186,000 habitans. *Vybourg* capitale a un bon port sur le côté septentrional du golfe de Finlande.

REVEL, a plus de 200,000 habitans; on y récolte du seigle, du lin et du chanvre; il nourrit de nombreux troupeaux. *Revel* capitale est sur le côté méridional du golfe de Finlande.

RIGA, est fertile en grains et abonde en gibier ; il est couvert de lacs et de forêts, peuplées d'ours, de loups, de rennes, d'élans, &c. On y compte 525,000 habitans. *Riga* capitale, à trois lieues de la Dwina, fait un gros commerce.

PÉTERSBOURG, très-fertile en blé, abonde en gibier, sur-tout en élans, en poissons; il y a de riches manufactures de porcelaine et de tapisserie : *Pétersbourg* en est la capitale; cette ville a deux lieues de diamètre, 200,000 habitans, de magnifiques édifices civils et religieux et des manufactures ; le commerce se fait par les Anglais : les autres villes principales sont Cronstadt, Cronslhot, Jambourg et Narva, fameuse par la victoire de Charles XII.

PSKOF, est sablonneux, plat et argileux; il produit du blé, du lin, du chanvre, du bois de construction, du foin, beaucoup de poissons, des cuirs, du goudron, &c. *Pskof* capitale est sur la Velikaja, près de son embouchure dans le lac Peïpus.

NOVOGOROD produit du lin, du chanvre, du blé, des fourrages, du bois en abondance; il y a des sources salées, du gypse, de la chaux, des mines de fer, et près de 600,000 habitans. *Novogorod* capitale est une des plus anciennes villes de la Russie.

VOLOGDA, est un pays marécageux, convert de forêts, de lacs, de rivières; on y trouve des salines. Les troupeaux y fournissent de très-belle laine. Il y a plus de 550,000 habitans, occupés de la pêche et d'ouvrages en bois très-utiles. *Vologda* capitale est l'entrepôt d'un commerce considérable.

TWER, a près d'un million d'habitans; il est très-fertile en grains et en végétaux de toute espèce; les forêts, garnies de chênes, d'aunes, de bouleaux, de peupliers, de pins, de sapins, de genièvre, sont peuplées d'un très-grand nombre de quadrupèdes divers ; les rivières sont très-poissonneuses et facilitent beaucoup le commerce. *Twer* capitale est au confluent de la Twer et du Volga.

JAROSLAF, a plus de 740,000 habitans, presque tous manufacturiers, la terre étant peu fertile. *Jaroslaf* capitale est sur le Volga.

KOSTROMA, est peu fertile; ce gouvernement produit du blé et du suif. Sa population est de 815,000 ames; les habitans travaillent le bois avec beaucoup d'adresse; ils se répandent dans tout l'empire où ils exercent le métier de menuisier, charpentier, &c. La capitale *Kostroma* est sur le Volga.

SMOLENSKO, est très-fertile et produit beaucoup de blé, de lin, de chanvre, de bois, de laine, de cuirs, de suifs, et sur-tout une grande quantité de belles fourrures provenant des animaux de ses forêts. *Smolensko* capitale est sur le Dnieper.

Moscow, riche en pâturages, nourrit beaucoup de bestiaux; il y a des fabriques de porcelaine. *Moscow*, capitale du gouvernement et autrefois de l'empire, ressemble à une vaste campagne où se trouvent mêlées de belles maisons habitées par des gens riches, avec d'humbles huttes,

des bosquets et des prairies arrosées de ruisseaux. Au milieu s'élèvent une forteresse, le palais impérial, et beaucoup d'édifices civils ou religieux. Moscow a un siége archiépiscopal et une université ; on y compte 250,000 habitans. En 1770 la peste en fit périr 100,000. Cette ville éprouva un violent tremblement de terre en 1802.

WLADIMIR ou WOLODIMER, est très-fertile ; il nourrit une grande quantité d'abeilles; il fait un grand commerce de bois, de savon et de cerises sèches. *Wladimir* capitale étoit autrefois la métropole de la Russie.

NIJÉGOROD, est très-fertile en grains et nourrit beaucoup de bétail; il y a des forêts de tilleuls et de chênes. On y trouve du marbre, de la chaux, du cuivre, du fer, des salines ; il abonde en gibier et poissons. On y fabrique du savon, des cuirs et des cables. *Nijégorod* capitale est au confluent du Volga et de l'Occa.

KALONGA, a 780,000 habitans; quoique peu fertile, il fournit du blé, du bois, du chanvre, du lin, du goudron; il y a des fonderies, des raffineries de sucre, des manufactures d'étoffes, de toiles, de poteries, &c. *Kalonga* capitale est sur l'Occa.

TOULA, a 870,000 habitans; il fournit du blé, du chanvre, beaucoup de foin : on y fabrique beaucoup de poterie et des ouvrages d'acier. Les charpentiers y exploitent une grande quantité de bois. *Toula* capitale est sur l'Oupa.

RIAZAN, est très-fertile, a d'excellens pâturages, des mines de fer et 870,000 habitans. *Riazan* en est la capitale.

TAMBOF, est couvert de forêts au N. Dans les autres cantons il offre des champs de blé et des prairies; on y fabrique des draps, des étoffes, des cordages; il y a une fonderie. On y compte 887,000 habitans. *Tambof* en est la capitale.

NOVOGOROD-SEVERSKY, a 740,000 habitans ; ses plaines sont fertiles en blé ; ses vastes prairies nourrissent de nombreux troupeaux ; il fournit au commerce, du bois, du charbon, des peaux, du miel, &c. Sa capitale est du même nom.

OREL, a près d'un million d'habitans; il abonde en blé, lin, chanvre et miel ; il fournit au commerce beaucoup de suifs, de cuirs, de cables, de mâtures, de toiles, et sur-tout du fer dont il y a beaucoup de fonderies. *Orel* capitale est sur l'Occa.

KOURSK, a une population qui approche également d'un million. Ce pays est montagneux, couvert de forêts et d'arbres fruitiers: on y récolte aussi du lin, du chanvre et des fourrages. *Koursk* en est la capitale.

VORONÈJE, est très-fertile en grains, fruits, raisins et melons d'eau; la pêche y est très-abondante; les mines de fer fournissent à un grand nombre de forges. Il y a de plus 800,000 habitans. *Voronèje* capitale a des manufactures de draps.

TCHERNICOF, a 740,000 habitans, et fournit beaucoup de blé, de tabac, de pâturages et de bois. *Tchernicof* en est la capitale.

KHARKOF, est plat et humide, et produit beaucoup de blé, de fourrages, du salpêtre. Il y a près de 800,000 habitans, et une capitale du même nom.

KIEF: ce gouvernement fut long-temps disputé aux Russes par les Polonais; il fournit au commerce beaucoup de chanvre, de lin, de tabac, de miel, des bœufs, des chevaux, des huiles, du suif. Il n'y a pas de bois. *Kief* capitale est sur le Dnieper.

CATHERINOSLAF, a beaucoup de blé et d'excellens pâturages. Sa capitale *Catherinoslaf* a été bâtie par Catherine II. C'est dans ce gouvernement qu'est Pultawa, place fameuse par la victoire de Pierre-le-Grand sur Charles XII.

La TAURIDE; c'est le nouveau nom donné à la Petite-Tartarie, conquise sur les Turcs, et qui faisoit partie de la Sarmatie européenne; elle est maintenant habitée par les Tartares-Nogais venus de la Grande-Tartarie; ils y mènent une vie errante, négligeant la culture d'un sol fertile pour ne vivre que de la chair des chevaux et du lait des jumens. Ils transportent leurs tentes et leurs ustensiles sur des chariots et n'ont point de villes.

La CRIMÉE forme la partie méridionale de la Petite-Tartarie; c'est l'ancienne Chersonnèse Taurique. Elle est mieux cultivée que la partie septentrionale, produit des grains, des fruits, beaucoup de bestiaux et de poissons. Elle est coupée à l'E. et à l'O. par une chaîne de montagues; la partie septentrionale, où règnent presque continuellement les vents du nord, n'a que des pâturages : au midi, le climat est très-doux. Outre les Tartares, il y a des Grecs, des Turcs, des Arméniens, des Juifs qui font le commerce, beaucoup d'Allemands et des Français dont quelques-uns sont vignerons. Les villes principales sont Simferopol capitale, nommée autrefois Caffa, et plus anciennement Théodosia; les autres villes sont Procop et Bachaseraï.

La Crimée fournit au commerce beaucoup de laines, de poils de chameau, de peaux et de cuirs, du salpêtre, des vins, des grains, du sel, des chevaux et des chameaux.

La partie de la Pologne qui appartient à la Russie forme dix gouvernemens; savoir :

POLOSTK : le pays est plat et humide; il fournit du lin, du chanvre, du miel, de la cire, de la potasse; il nourrit beaucoup de bêtes à cornes et quelques castors: il y a des mines de fer. Sa population est de 620,000 ames. Sa capitale se nomme aussi *Polotsk*; elle est au confluent de la Dwina et de la Polota.

MOHILEF, gouvernement assez fertile en lin et chanvre. Il fournit au commerce beaucoup de bestiaux, des peaux, du suif, du cuivre, du bois, du miel, de la potasse, &c. Il a 662,000 habitans. La capitale porte le même nom.

COURLANDE : le territoire est gras, argileux, couvert de forêts, de marais et de pâturages, fécondés par les inondations; il y a de bonnes terres labourables, le lin y réussit; le poisson d'eau douce et de mer y est très-commun : on trouve aussi dans le pays beaucoup d'ours, de loups, de linx, de renards, de martres, d'élans, de lièvres, de sangliers et d'oiseaux de plusieurs espèces. La capitale est Mittau sur l'Aa.

VILNA, dont la capitale porte le même nom; ce gouvernement fournit beaucoup de lin, de miel et de pelleteries.

SLONIM, a des forêts et des champs semés de chanvre et de lin; sa capitale est du même nom.

MINSK, dont la capitale est aussi du même nom, est couvert de forêts, de lacs et de marais, et fertile dans les endroits cultivés; il y a beaucoup d'abeilles.

VOLHINIE, a des lacs très-poissonneux, des forêts où l'on trouve du romarin, des asperges et d'autres végétaux utiles aussi beaux que s'ils étoient cultivés. Ce pays a souvent été ravagé par les Tartares. Sa capitale est Novogorod-Volunski.

PODOLIE, dont la capitale est Kaminieck : ce gouvernement est extrêmement fertile en pâturages et en grains, le blé y rapporte jusqu'à cent pour un; les bœufs nombreux qu'il nourrit, quoique très-gros, disparoissent dans les herbages tant ceux-ci sont élevés.

BRATSLAF ou BRATSLAW, produit des grains; il renferme un lac dont on retire beaucoup de sel. *Bratslaf* capitale, est sur le Bog.

VOZNESENSK, qui a aussi une capitale du même nom sur le Bog, comprend une partie de la Bessarabie et l'ancienne Dacie, habitée par les Gètes; il est fertile en grains.

Les îles voisines qui dépendent de la Russie sont Cronstadt, Dago et Oesel. Il faut remarquer que dans une si grande étendue de territoire les habitans, leurs mœurs, leurs vêtemens, &c. doivent différer beaucoup entre eux.

L'EMPIRE BRITANNIQUE.

On comprend sous cette dénomination non-seulement l'Angleterre et l'Ecosse, qui réunies portent le nom de Grande-Bretagne, mais encore l'Irlande, et toutes les îles qui les entourent. Ce même Etat se nomme aussi royaume-uni d'Angleterre. Nous traiterons de ses différentes parties en divers articles.

L'ÉCOSSE.

Cette contrée s'appeloit jadis Calédonie; les Scots, ancien peuple qui s'y étoit établi, lui ont donné leur nom.

Elle étoit habitée du temps des Romains par deux peuples indomptables, les Pictes au S. et les Scots au N. Les Pictes vivoient de brigandage ; les Romains arrêtèrent leurs incursions par une grande muraille. Les Scots étoient venus d'Irlande ; ils détruisirent les Pictes; alors l'Ecosse forma une royaume qui commença en 800, et fut réuni à l'Angleterre en 1603. L'Ecosse est aujourd'hui gouvernée par un vice-roi anglais.

On retrouve encore aujourd'hui des traces de la fameuse muraille bâtie par les Romains, plusieurs de leurs camps, des restes de leurs routes, des camps et des fortifications danoises, des obélisques en mémoire de leur défaite par les Ecossois, des pierres chargées de divers ornemens en sculpture et des temples circulaires propres à la religion des Druides.

L'Ecosse a 110 lieues de long sur 60 de large, 3,900 lieues carrées, et 512 habitans par lieue. Elle est entourée par la mer au N., à l'E. et à l'O., et limitée par l'Angleterre au S.

Quoique la latitude du pays soit assez septentrionale, le climat y est tempéré, par des collines, des vallées, des rivières, des lacs, et sur-tout par les vents chauds de la mer qui contribuent en même temps à le rendre salubre ; mais auprès des montagnes couvertes de neige, l'hiver est long et rigoureux. Ces montagnes presque toujours très-élevées et d'une forme romantique couvrent en partie toute la contrée. Une chaîne principale, formée par les côtes du Grampian, va de l'E. à l'O. ; les côtes de Pentland traversent le comté d'Edimbourg. Une troisième chaîne nommée Lammer-Muir se dirige de la côte orientale vers l'O. ; les côtes de Tiviot séparent de l'Angleterre cette contrée, hérissée d'ailleurs de plusieurs autres montagnes détachées, de forme conique.

On y trouve beaucoup de mines, sur-tout de fer et de plomb, lesquelles sont très-productives ; d'autres de charbon et qui ne sont pas moins utiles ; des mines d'or, exploitées autrefois, sont à présent inconnues. Il y a de belles pierres de taille et de la pierre à chaux. On y rencontre aussi de l'alun, du lapis-lazuli, du cristal de roche, des pierres susceptibles d'un beau poli, du talc, de l'argile. Ces montagnes sont peuplées de cerfs, de chevreuils et d'autre gibier ; les chevaux n'y réussissent pas, mais il y a beaucoup de gros bétail.

Entre les montagnes qui couvrent les deux tiers du pays, sont quelques plaines très-fertiles en grains et des vallées couvertes de pâturages et toujours engraissées par les terres que les eaux détachent des lieux les plus élevés. Là prennent naissance beaucoup de rivières, dont les principales sont le Tay, la Spey, la Tweed, remarquable par ses sinuosités, et la Clyde jointe au Forth par un canal qui unit les deux mers.

Il y a une très-grande quantité de lacs dont les bords sont presque toujours très-pittoresques. Celui de Spinie près d'Elgin est couvert de cygnes : dans le voisinage, près de celui de Ness, est une montagne haute de 1,800 toises, qui est un volcan éteint; son cratère est changé en un lac d'eau douce sans fond ; le lac Handwyn ne dégèle jamais entièrement ; le Tay et le Lomond qui renferment un grand nombre d'îles, offrent de très-beaux points de vue.

Une partie des montagnes les moins élevées sont couvertes de forêts. De grosses souches d'arbres que l'on retrouve sous la mousse prouvent que ces forêts étoient jadis infiniment plus étendues. Les grands propriétaires font replanter en beaucoup d'endroits.

Les Ecossais ont, à force de travail, défriché des bruyères, des montagnes et desséché des marais ; ils ont ainsi forcé ces terrains à produire des grains et du bois, sur-tout le long du Forth. Là les habitans sont plus aisés, et les troupeaux plus beaux que dans les autres comtés. Les parties les mieux cultivées produisent des grains, du chanvre, du lin et des fourrages. Au midi, il y a des pêches, des abricots, et dans les terrains incultes beaucoup de fruits sauvages très-agréables et très-sains.

L'Ecosse compte à peine 2,000,000 d'habitans, la plus grande partie professe le calvinisme et quelques-uns le catholicisme; d'autres sont épiscopaux, quakers ou anabaptistes. Dans les montagnes, on parle une langue dérivée du celtique ; dans les autres endroits l'anglais est en usage.

Les Ecossais font de magnifiques funérailles à leurs parens décédés : les bergers de cette nation ont une passion remarquable pour la musique et la danse. Le vêtement des montagnards consiste en un gilet, et un manteau très-ample de diverses couleurs ; ordinairement elles y sont rangées par quadrilles et combinées soigneusement. Les autres Ecossais s'habillent à l'anglaise. Le peuple est en général très-sobre, très-intelligent et très-instruit : l'éducation est bien soignée en Ecosse ; il y a quatre universités ; savoir : celles d'Aberdeen, de Saint-André, de Glascow et d'Edimbourg. L'Ecosse a en outre plusieurs écoles. La danse y forme un des principaux amusemens.

Les peines sont les mêmes qu'en Angleterre, on y décapite au moyen d'une machine, nommée *demoiselle*. Cette contrée fournit beaucoup d'excellens matelots.

Le commerce de l'Ecosse prend chaque jour de l'accroissement ; la pêche du hareng sur les côtes, celle de la morue que les Ecossais vont faire à Terre-Neuve, et de la baleine vers le Spitzberg et le Groenland, sont très-productives. L'exploitation des mines de fer et de charbon de terre ne leur est pas moins avantageuse. Il y a des manufactures de toiles très-florissantes, et quelques-unes de laine. On y fabrique des verres, de la faïence, des papiers, de très-bonne bière ; il y a des raffineries de sucre.

L'Ecosse se divise en trente-trois comtés; savoir :

ORKNEY ; ce comté comprend les Orcades et les îles de Schetland ; il a pour capitale Kirkwal.

CAITHNESS ; sa capitale est Wick. Ce pays est en partie couvert de montagnes peuplées de chevreuils, d'autre gibier, de beaucoup d'aigles, et en partie de lacs remplis de poissons ; il y a sur la côte une chaîne de collines escarpées vers la mer. Le climat est bon ; cette contrée produit quelques grains et nourrit beaucoup de bestiaux. On y parle la langue galtique.

SUTHERLAND, dont la capitale est Dornoch ; ce comté n'est qu'un vaste désert couvert de montagnes, peuplées de chevreuils et garnies de forêts. Il est peu habité.

ROSS : ce pays quoique montagneux, produit vers la mer du blé, des fruits, des pâturages : les oiseaux et les poissons abondent vers les côtes. La capitale est Tayne.

CROMAUTIE ; son territoire qui est très-fertile et bien cultivé, produit beaucoup de blé. La capitale porte le même nom.

NAIRNE, est fertile, bien cultivé, produit beaucoup de blé, de laine et de poissons. La capitale se nomme aussi *Nairne.*

INVERNESS, avec une capitale de même nom ; cette contrée est couverte au N. de montagnes qui renferment des mines de fer et de cristal ; au S. il y a d'excellens pâturages autour des lacs, et beaucoup de bestiaux.

ELGIN, avec une capitale de même nom, porte aussi celui de MURRAY : on regarde ce pays comme le meilleur de l'Ecosse. Il y a beaucoup de saumons dans la Spey qui l'arrose.

BAMFF, avec une capitale de même nom, a beaucoup de blé, des pâturages, des bestiaux, des carrières de marbre, d'alun, de pierres à chaux.

ABERDEEN, produit beaucoup de grains, sur-tout d'avoine ; les bestiaux y sont nombreux ; on y pêche beaucoup de saumons. Il y a des manufactures considérables. La capitale qui porte le même nom, a, comme nous l'avons dit, une université.

KINCARDIN, dont la capitale est Inverbervie, produit beaucoup de sapins : ce comté s'appelle aussi Mearns.

ANGUS, dont la capitale est Forfar, est couvert de lacs et de collines ; il produit du blé, des fourrages ; il y a des carrières d'ardoises, de pierres de taille, des mines de plomb, de fer. On y pêche beaucoup de thons à la côte.

PERTH, dont la capitale porte le même nom, couvert en partie de hautes montagnes boisées, a des vallées et des plaines fertiles, une rivière et des lacs très-poissonneux.

ARGYLE, dont la capitale est Inverary, est plein de montagnes, de lacs et de bois ; il y a des vallées fertiles, d'excellens pâturages. Les habitans vivent de chasse et de pêche.

FIFE, a pour capitale Saint-André, où il y a une université ; ce comté est très-populeux, le sol est fertile, il y a des manufactures florissantes, beaucoup de bétail, des mines de fer et de charbon de terre.

KINROSS : sa capitale qui porte le même nom a des manufactures de toiles.

CLACKMANNAN, avec une capitale du même nom, abonde en pâturages et mines de charbon.

LINLITHGOW, est fertile en blé, légumes et pâturages ; il y a beaucoup de gibier et de poisson, des mines de charbon, de la pierre à chaux, du sel blanc. *Linlithgow* capitale a une belle manufacture de toile.

STIRLING, est très-fertile vers le Forth ; il a beaucoup de mines de charbon. *Stirling* capitale est grande et bien fortifiée.

DUMBARTON, dont la capitale est du même nom, est montueux et produit des grains en quelques endroits ; les montagnes sont couvertes de pâturages. La pêche du hareng y est considérable.

RENFREW, dont la capitale porte le même nom, est agréable, fertile et bien peuplé : il appartenoit à la famille de Stuart.

BUTE, composé des îles de Bute et d'Arran, dont la capitale est Rothsay, est très-fertile en blé et pâturages ; la mer y est poissonneuse, il y a beaucoup de harengs.

AYR, est fertile sur-tout en pâturages, et bien peuplé d'hommes très-industrieux. La capitale porte le même nom.

WIGTOWN : ce comté n'a rien de remarquable. La ville est du même nom.

KIRKUDBRIGHT : ce comté nourrit beaucoup de bestiaux. La ville est aussi du même nom.

DUMFRIES : ses vallées sont très-fertiles et les montagnes sont boisées. *Dumfries* en est la capitale.

LANERK, a pour capitale Glascow, très-belle ville avec une université.

EDIMBOURG ; sa capitale qui porte le même nom est en même temps celle de l'Ecosse ; c'est une très-belle ville avec une université ; son territoire est coupé de bois, de rivières et de montagnes ; il abonde en pâturages, blé et poisson. Il y a des mines de plomb, de charbon et de la chaux.

HADDINGTON : son territoire est très-fertile en blé, légumes et pâturages ; il y a beaucoup de charbon de terre, de chaux, de bois, de sel blanc. La pêche du hareng y est très-abondante. La capitale porte le même nom ; elle est située sur la Tyne.

MERSE, dont la capitale est Duns : son territoire abonde en blé et pâturages.

ROXBOUROUG, dont la capitale est Jedbourg : le territoire est montagneux et fertile en excellent blé.

SELKIRK, avec une capitale de ce nom sur l'Ettrick, nourrit beaucoup de moutons.

PEEBLES : la pêche y est très-abondante. La capitale, où se fabriquent des tapis, porte le même nom.

Les îles qui dépendent de l'Ecosse sont : 1°. celles de Schetland, on les anciennes Oemodes ; elles sont au nombre de quarante-six dont la plupart sont désertes ; la plus grande est l'île de Mainland, dont Larwick est la ville principale. Il n'y a pas dans l'île plus de cinq cents familles. Les Hollandais vont y pêcher le hareng. L'aspect du pays est affreux ; le sol rocailleux ne produit que du gazon qui sert de combustible.

2°. Les Orcades ; elles sont au nombre de trente ; dans vingt-six qui sont habitées on compte environ 23,000 personnes ; Pomone, la plus grande d'entre elles, a pour capitale Kirkwal. Ces îles nourrissent beaucoup de moutons et de chèvres ; leurs principales productions consistent en grains, bétail, poisson, gibier, plumes et duvet. On y fabrique en laine des étoffes grossières.

3°. Les Hébrides ou Westernes, nommées anciennement Eburdes, sont en très-grand nombre ; plusieurs ont une grande étendue : Lewis et Harries ne font presque qu'une île de 33 lieues de long sur 4 de large ; Stornway en est la capitale. L'île de Sky a pour lieux principaux Muggastot et Dunvegan.

Au S. de Sky, les îles du Nord-Uist, Sud-Uist, Lismore, Col, Tery, Mull, Jura et Ilay sont peu considérables. Dans celle de Stafa est la fameuse grotte basaltique de Fingal. Bute, dans le golfe de Clyde, a 4,000 habitans, et pour capitale Rothsay. Arran a 7,000 habitans, et pour chef-lieu Ranza, village.

Le climat de ces îles est froid, mais sain ; les brouillards et les tempêtes en rendent l'accès difficile pendant huit mois. Il y a des mines d'argent, de fer et de plomb, des carrières de marbre et d'ardoise, quelques lacs et de petites rivières peuplées d'excellentes truites.

Les terrains cultivés produisent des grains et des légumes en abondance. La population de ces îles est estimée à 48,000 ames. Les habitans des Orcades et de Schetland ont à-peu près les mœurs des Ecossais de la plaine. Les riches cultivateurs y ont adopté le luxe européen ; les autres habitans vivent de poisson, du produit des troupeaux et de gibier aquatique. Ces habitans des Hébrides tiennent beaucoup des montagnards de l'Ecosse ; leurs habitations ressemblent à celles des Lapons et des Norwégiens ; ils se nourrissent des produits de leurs troupeaux et de leur pêche. Tous sont calvinistes. Leur langage est un mélange du teutonique, de l'esclavon et du hollandais. Ceux de Schetland vendent à l'Angleterre de petits chevaux excellens. On tire des Orcades, des plumes et du duvet ; ces insulaires fabriquent aussi des draps et de la toile. Ceux des Hébrides vendent en Ecosse beaucoup de bestiaux et des moutons salés. Le surplus du commerce se compose de l'excédent des produits du sol, qu'on échange pour les denrées de l'Europe les plus nécessaires.

L'ANGLETERRE.

L'Angleterre étoit appelée par les Anciens BRETAGNE, des Bretons qui l'habitoient, et ALBION à cause de la blancheur de ses côtes. Les Angles s'y étant établis au cinquième siècle, elle fut de leur nom appelée Angleterre. Ses premiers habitans furent les Bretons, auxquels se mê-

lèrent depuis des hommes venus du Nord qui y firent souvent des incursions, et des Germains, des Gaulois et même des Espagnols. Le pays fut entièrement soumis aux Romains par Agricola ; les Bretons chassés pour la plupart de leur pays par les Angles et les Saxons, se réfugièrent dans les Gaules ; la province qui les reçut fut nommée Bretagne.

Les Angles et les Saxons fondèrent l'Heptarchie, c'est-à-dire sept royaumes qui furent réunis en un seul sous Egbert. Les Danois ayant envahi l'Angleterre la ravagèrent pendant deux cents ans ; ils en furent chassés par les Normands, dont un duc rétablit sur le trône Edouard, descendant d'Egbert. En 1066, Guillaume-le-Conquérant descendit en Angleterre à la tête de ses Normands, défit les Anglais et les Danois à la bataille d'Hasting, et monta sur le trône. Après sa mort et celle de ses fils, la couronne passa par sa fille dans la maison des comtes de Blois, puis dans celle des comtes d'Anjou, qui la posséda avec une partie de la France et de l'Irlande, dans la personne de Henri, seconde souche des maisons de Lancastre et d'Yorck, dont les divisions ensanglantèrent le royaume jusqu'à leur réunion par le mariage de Henri VII. Henri VIII, son fils, se sépara de l'Eglise romaine. Sous ses successeurs la réforme acheva de s'établir.

Jacques Stuart, roi d'Ecosse, réunit sur sa tête les trois couronnes, sous le titre de roi de la Grande Bretagne. Son fils, Charles 1er, fut décapité ; Cromwell gouverna pendant dix ans avec le titre de protecteur ; Charles II remonta sur le trône ; son frère, Jacques II, fut chassé, à cause de son attachement à l'Eglise catholique, et la couronne fut donnée à son gendre le prince d'Orange. Aujourd'hui la maison de Brunswick, issue de celle de Stuart par les femmes, possède ce royaume.

Le roi régnant est George III, monté sur le trône en 1760.

On trouve en Angleterre, comme en Ecosse, beaucoup d'antiquités romaines, telles que des inscriptions, des traces de camps et de voies publiques, et la fameuse muraille frontière de l'Ecosse. On y voit aussi des constructions circulaires que l'on croit être des restes de temples de Druides, et beaucoup de ruines d'églises et de châteaux bâtis par les Normands et les Saxons. Ces ruines magnifiques dans plusieurs endroits embellissent des parcs, dans lesquels on les a renfermées.

L'Angleterre a 127 lieues de long, 100 de large, 6,300 lieues carrées et 1,269 habitans par lieue. Elle est bornée au N. par l'Ecosse ; le reste est entouré de la mer.

Le climat y varie beaucoup selon la latitude et la situation respective des plaines et des montagnes. En général, l'atmosphère remplie des brumes de l'Océan, y est plus humide que froide. Cette humidité jointe à la viande dont les Anglais font leur principale nourriture, leur donne des maladies très-graves et occasionne la consomption. Les changemens de temps y sont très-fréquens, et le cours des saisons très-incertain. Le mélange agréable des prairies, des plaines, des plantations, des clos, des châteaux, des villages, des fermes, des villes, produit un spectacle très-varié, très-varié, et forme souvent des paysages enchanteurs pour lesquels on a créé le mot de romantique.

Il y a beaucoup de collines, mais très-peu de montagnes ; les plus remarquables sont dans le Derby'shire, le Lanka'shire, l'York'shire, aux frontières de l'Ecosse, dans le Worcester'shire, le Glocester'shire, le Shrop'shire et la principauté de Galles. On trouve des mines dans ces montagnes. Celles d'étain dans le pays de Cornouailles sont abondantes et forment une des principales richesses du pays; l'étain en est d'une qualité supérieure. D'autres donnent beaucoup de cuivre et de la pierre calaminaire. Le Devon'shire a des carrières de marbre; le Northumberland et le Che'shire de l'alun et des salines. Il y a du charbon de terre dans beaucoup d'endroits.

Ces montagnes donnent naissance à la Tamise, la Severn, la Medway, la Trente et à d'autres rivières qui arrosent ce royaume, telles que l'Ouse, l'Humber, la Tyne, la Tees, l'Eden, l'Avon, la Derwent, la Ribble, la Mersey, la Dée, &c. La plupart des lacs ont été desséchés; il n'en reste plus guère que dans le Cambridge'shire, le Westmoreland et le Derby'shire.

Les forêts en Angleterre sont presque toutes détruites; elles n'ont laissé que leurs noms à des landes et des bruyères parsemées de quelques chênes rabougris.

Dans les parties basses il y a beaucoup de sources de très-bonne eau. Dans les lieux plus élevés sont des puits abondans. On y trouve des eaux minérales dont on fait grand usage, particulièrement à Bath, Bristol, Buxton, Matlock, Tunbridge, Epsom, Harrowgate, Scarborough, &c. L'ennui et les maladies très-communes dans un pays riche et triste, y envoient annuellement un grand nombre de personnes.

Les progrès de l'agriculture, portée presque à sa perfection dans ce royaume, ont beaucoup amélioré le sol. Il reste cependant encore des terres incultes, et les récoltes ne suffisent pas à la consommation du pays. Les jardins y sont très-nombreux et très-vastes. Les Anglais entendent parfaitement la taille des arbres. Il y a trois forêts remarquables, Windsor, Dean et Sherwood. Le sol produit des grains, des légumes et du safran ; l'art parvient à y faire mûrir les fruits des quatre parties du monde; mais l'humidité y nuit à leur saveur. Les légumes y sont abondans ; la principale richesse consiste en de vastes champs de trèfle, de luzerne, de sainfoin et autres fourrages pour la nourriture de nombreux et superbes troupeaux et d'excellens chevaux. On cultive dans les comtés de Kent, Essex, Surry et Hants, une immense quantité de houblon, dont on fait la bière, principale boisson de l'île.

Outre les superbes troupeaux de bêtes à cornes, il y en a de nombreux de moutons, dont la laine est précieuse et recherchée.

La population de l'Angleterre n'est que de 8 millions d'habitans.

Les Anglais sont portés à la tristesse, soit que cela provienne de l'influence du climat ou de la nourriture. Ils excellent dans les arts mécaniques ; et leur situation insulaire en fait de très-habiles marins. Le thé parmi eux est une boisson d'usage général. Ils aiment les spectacles, les voyages et les jeux d'adresse. Ils ont eu de grands hommes dans presque tous les genres de littérature. Dans les sciences exactes, la philosophie, les sciences naturelles, leurs écrivains le disputent à toutes les autres nations. L'Angleterre a eu la gloire de donner naissance à Newton.

La religion dominante en Angleterre est celle que l'on nomme anglicane ; le roi en est le chef. Toutes les autres sectes ou religions y sont tolérées; la catholique y est la moins favorisée ; ceux qui la suivent sont exclus des charges publiques.

La langue anglaise dérive, dit-on, du celtique et du saxon ; cependant des savans prétendent qu'on n'y trouve aucun mot celtique. Elle est aujourd'hui composée de toutes les langues de l'Europe. C'est sous le règne d'Elisabeth qu'elle s'est perfectionnée. Une preuve qu'elle ne manque point de souplesse, c'est que les Anglais ont de très-bonnes traductions.

Les établissemens publics pour l'éducation sont très-nombreux en Angleterre, et les Anglais n'épargnent rien pour l'éducation de leurs enfans ; aussi est-il assez ordinaire qu'ils parlent quatre langues. Il y a en Angleterre deux universités, celle d'Oxford et celle de Cambridge. Londres a beaucoup d'écoles et une Société royale très-célèbre. Il n'y a guère de villages où il n'y ait pour les enfans un instituteur assez instruit.

Les manufactures de tous les genres sont portées en Angleterre au plus haut point de perfection, à l'aide sur-tout de la mécanique ; les plus riches et les plus admirables sont celles de draps, d'étoffes et de toiles; celles où l'on travaille les métaux en tout genre et sous toutes les formes ; on y fabrique des cristaux, des verres, &c.

L'industrie des Anglais a fait des prodiges dans la construction des ponts et des canaux dont plusieurs portent des bâtimens à voiles, passent à travers des montagnes et sur d'immenses aqueducs.

Leurs draps, fabriqués souvent de laines étrangères, sont exportés dans toutes les parties du monde, et envoyés même chez les Sauvages. Ce peuple, essentiellement négociant, fait un commerce immense de toutes les denrées et de tous les objets qui entrent dans les échanges entre les nations. Rien n'y est négligé, et les objets les plus vils y deviennent des sources de richesses: on y tire un grand parti des pêches du Nord.

Le gouvernement est mixte; le pouvoir du roi est limité par la constitution. Le parlement est composé de lords spirituels et de lords temporels, qui forment la chambre des Pairs et des Communes. La chambre de celles-ci est formée de 513 députés anglais, 45 députés écossais et 100 députés irlandais.

La fameuse Compagnie des Indes forme un corps politique dans l'État;

H

ses richesses et ses possessions territoriales dans l'Inde sont immenses.

La principale force de l'Angleterre consiste dans sa marine.

Le roi lève les troupes, en décide l'emploi, fait la paix ou la guerre, entretient les relations politiques, nomme son conseil, dispose de tous les offices militaires et de ceux de la couronne; mais il ne peut ni faire des loix ni lever d'impôts sans le parlement, qu'il dissout à son gré. Il ne peut non plus passer trois ans sans le convoquer. La royauté est héréditaire même pour les femmes.

Le capital de la Grande-Bretagne s'élève à 29 milliards, dont le revenu est estimé à 2 milliards 500 millions; la dette nationale est de 11 milliards 520 millions, dont l'intérêt annuel est de 456 millions.

Il faut ajouter à cette valeur les colonies et particulièrement l'Inde où s'étoit amoncelé tout l'or des trois continens.

Le revenu du roi ou sa liste civile est de 24 millions; celui de l'Etat est de 600 millions. Les forces de terre sont de 40,000 hommes en temps de paix, et sont portées à 200,000 en temps de guerre : le service militaire est peu considéré. Il y a beaucoup de troupes étrangères. Les forces de mer de 15,000 matelots ou soldats de marine en temps de paix, sont portées à 100,000 en temps de guerre, et réparties sur 200 vaisseaux de ligne et 400 frégates épars sur toutes les mers. On les recrute par la presse, c'est-à-dire par l'enlèvement de tous les hommes du peuple en état d'agir, et même des matelots étrangers, la population de l'Angleterre ne suffisant pas à l'équipement d'une marine aussi considérable que celle qu'elle entretient.

On divise l'Angleterre en cinquante-deux comtés ou shires, qui sont:

Northumberland : la température y est douce; la partie occidentale est stérile, l'orientale a de bons pâturages et produit d'excellens blés: il y a des mines de plomb et de charbon. Newcastle, capitale de ce comté, est sur la Tyne; elle a un bon port et fait un grand commerce.

Cumberland : le froid y est rigoureux; les montagnes nourrissent beaucoup de moutons; on récolte du blé dans les vallées; ses lacs offrent les plus beaux paysages. Il y a des mines de cuivre. La capitale est Carlisle.

Westmoreland : les parties montagneuses de ce comté ont beaucoup de mines de cuivre d'une exploitation difficile; les vallées produisent du blé, le bord des rivières offre des pâturages. On trouve dans ce comté de très-belles ardoises: l'air y est pur. La capitale est Kendal.

Durham : ce comté est couvert à l'O. de montagnes stériles; à l'E. sont des prairies, des bois et des plaines fertiles. Il y a des mines de fer, de plomb et de charbon. *Durham* capitale est sur la Wead.

York : dans la partie orientale, l'air est malsain. Le sol sablonneux et aride suffit à peine pour nourrir quelques bestiaux; à l'occident, l'air est froid, mais salubre. Les vallées sont fertiles en pâturages où l'on envoie les bestiaux de l'E. On y trouve des mines de plomb, de fer et de charbon. Au N. on nourrit beaucoup de moutons; il y a des plaines très-fertiles en blé et d'excellens pâturages. Les principales villes de ce comté sont *York* capitale, autrefois *Eboracum*; Leeds, sur l'Aire; Halifax, ville peuplée et bien bâtie, et Sheffield, célèbre par sa coutellerie.

Lancastre : ce comté est un des plus populeux de l'Angleterre; ses montagnes renferment des mines de charbon et des carrières de pierres; ses plaines produisent du blé et d'autres grains; ses rivières abondent en poisson. Il y a de riches manufactures d'étoffes de soie et de coton. Les villes principales sont *Lancastre* capitale, sur la Loyne; Liverpool, qui est un des premiers ports de l'Angleterre, et Manchester.

Che'shire ou Chester : les pâturages de ses montagnes nourrissent beaucoup de vaches dont le lait sert à faire les fameux fromages de ce nom : les plaines produisent du blé. *Chester*, sur la Dée, en est la capitale. Dans le même comté on trouve Namptwich, sur la Weever.

Derby : dans les montagnes de ce comté, où le froid est très-rigoureux, il y a des mines de plomb et des carrières de marbre, d'albâtre, &c. Dans les vallées, l'air est plus doux; les pâturages sont fertiles. *Derby* capitale, est sur la Derwent.

Nottingham, est remarquable par l'agrément de ses vallées sinueuses et sa fertilité; il fournit beaucoup de laine, de bois, de poisson, de gibier, de charbon de terre, de poteries et de verreries. *Nottingham* capitale, près de la Trente, fait un gros commerce.

Lincoln : le climat y varie selon les distances de la mer; le pays est fertile en blé et en pâturages qui nourrissent des chevaux et des moutons très-estimés. *Lincoln* capitale, est sur le Witham.

Shrop : dans les montagnes, l'air est froid, il y a des mines de plomb, de cuivre, de fer et de charbon mêlé d'une substance qui produit beaucoup de bitume. Au N. et à l'E. la température est douce; on y récolte beaucoup d'orge et de blé. Shrewsbury, située sur une colline dont la Severn forme une presqu'île, en est la capitale.

Stafford : il y a des mines de fer et de charbon, des carrières de pierres et d'albâtre; le sol est assez fertile; ses poteries sont recherchées. *Stafford* en est la capitale. On trouve aussi dans ce comté la ville de Lichfield.

Leicester : ses pâturages nourrissent beaucoup de moutons à longue laine et d'excellens chevaux; il a des mines de charbon et des manufactures de bas. Sa capitale, *Leicester*, est sur la Soar.

Rutland : le territoire nourrit beaucoup de troupeaux; on y récolte du blé; ses moutons ont la laine rousse. Le sol y est fertile et l'air très-sain. Sa capitale est Okeham.

Hereford : la pureté de l'air y contribue à la longue vie des habitans; le sol, extrêmement fertile, produit beaucoup de blé, de fruits, sur-tout des pommes. La laine des troupeaux y égale en finesse celle d'Espagne; le poisson y abonde. Sa capitale, *Hereford*, est presqu'en entier entourée par la Wye.

Worcester, est très-fertile en blé, pâturages et fruits; l'air y est très-pur. Sa capitale porte le même nom; elle est sur la Severn.

Warwick : le territoire est très-productif, sur-tout en bois, grains, laines, charbon de terre, chaux, fromages et bestiaux; on y jouit d'une température douce. La capitale est *Warwick*, ville autrefois importante. On y trouve aussi Birmingham, devenue très-considérable, et Coventry.

Northampton : le N., coupé de rivières, est souvent inondé; ce qui fait que l'air y est moins sain que dans la partie méridionale, où il est très-pur. Il y a d'excellens pâturages, de magnifiques bestiaux et de vastes champs de guède, plante dont on se sert pour la teinture. *Northampton* capitale est sur la Nen.

Huntington, est arrosé par l'Ouse, qui traverse de belles prairies; l'air est malsain dans la partie marécageuse de ce comté, mais il est pur dans les parties élevées où l'on récolte du blé. *Huntington* capitale et patrie de Cromwell est sur l'Ouse.

Montmouth : on y nourrit beaucoup de moutons et de chèvres dans les montagnes; l'Usk, qui abonde en truites et en saumons, traverse ses vallées très-fertiles en blé et en pâturages; le climat est tempéré. *Montmouth* capitale est au confluent de la Wye et de la Minnow.

Glocester : la Severn, qui le traverse, arrose d'excellens pâturages. Plus loin, il y a des champs de blé, des vergers, des bois, des mines de fer. L'air y est sain. *Glocester* capitale est arrosée par un bras de la Severn où les vaisseaux peuvent remonter. On y trouve aussi Cirencester, sur la Churn.

Oxford : on en tire de l'argile et plusieurs espèces de terres utiles aux arts; il produit aussi du blé; ses fromages sont renommés. *Oxford* capitale est célèbre par son université.

Buckingham : sa richesse et sa température très-saine le font remarquer; les plaines y produisent des grains; les montagnes sont couvertes de bois propres à la charpente et sur-tout de hêtres. *Buckingham* capitale est sur l'Ouse.

Bedford : il y a un grand nombre de manufactures de menues merceries; il produit beaucoup de blé; l'air y est pur. *Bedford* capitale est sur l'Ouse.

Norfolk : ce comté nourrit des troupeaux dont la chair est excellente, et de très-gros dindons, beaucoup de faisans et d'autre gibier. On y récolte des grains et du safran; il y a des manufactures d'étoffes de laine et de soie. Norwich en est la capitale. Cette ville et celle d'Yarmouth du même comté sont sur l'Yare.

Suffolk : ce pays est un des plus riches de l'Angleterre, parce qu'il produit des grains de toute espèce, du chanvre, des légumes et qu'il nourrit des chevaux excellens, ainsi que des bestiaux qui fournissent beaucoup de beurre et de fromage; l'air y est très-pur. Ipswich, sur la rivière d'Orwell, en est la capitale.

Cambridge : sa partie septentrionale est marécageuse et peuplée de toute sorte d'oiseaux aquatiques. *Cambridge* sa capitale, ville ancienne, a une célèbre université.

Hertford : une partie de ce comté est montagneuse; dans l'autre on cultive du blé; l'air y est sain. La capitale du même nom est sur la Lec.

Essex : ce comté est couvert de vastes forêts. Vers les côtes, il est humide et malsain; ses pâturages nourrissent beaucoup de bestiaux dont il envoie les produits à Londres, ainsi que des oiseaux aquatiques et des huîtres pêchées sur ses côtes : il produit aussi beaucoup de safran et de blé. Chelmsford, sur la Can, est sa capitale. On y trouve aussi Colchester, sur la Coln, et Harwick, bon port à l'embouchure de la Stoure et de l'Orwel.

Middlessex : l'air y est pur et le sol assez stérile; mais le voisinage de Londres l'a vivifié. Ce comté est presqu'entièrement couvert de jardins, de pâturages et d'enclos. Sa capitale est Londres qui l'est aussi de l'Angleterre et de l'empire britannique. Cette ville est située sur la Tamise; on la dit plus grande que Paris : elle est le centre d'un commerce et d'une richesse incalculables : sa situation sur la Tamise où remontent les vaisseaux, le séjour de la cour et du parlement, lui donnent les avantages d'une ville du premier rang. Sa population est évaluée à près d'un million d'habitans. Il y a de fort beaux ponts, de belles rues avec des trottoirs, une bourse, une amirauté, des hôtels publics et particuliers, une cathédrale (Saint-Paul) qui passe pour une des plus belles églises du monde; quelques monumens qui méritent l'admiration des voyageurs, parmi lesquels il faut distinguer une colonne de 195 pieds, élevée en mémoire du fameux incendie de 1666, qui détruisit une partie considérable de cette ville. Il faut ajouter à cela la Tour, Westminster, le palais du roi et d'autres édifices publics. L'air de Londres est brumeux sans être malsain.

Kent : la blancheur de ses dunes a fait donner le nom d'Albion à l'Angleterre. Le long de la Tamise, le sol de ce comté est marécageux; dans les autres parties sont de belles forêts, des vallons fertiles et d'excellens pâturages. Il fournit une grande quantité de veaux, de fruits, sur-tout des cerises et des pommes. La capitale est Cantorbery, ville ancienne sur la Stoure; son archevêque est primat d'Angleterre. On trouve dans le même comté Greenwich, où est l'observatoire royal; Rochester, sur la Medway, et Douvres, où l'on aborde de Calais.

Sussex : le sol, la température et les produits de son territoire varient selon les situations. Il y a beaucoup de blé, d'excellens pâturages, de vastes forêts, des mines de fer; mais le défaut de ports profonds nuit à son commerce. Chichester, jolie ville, en est la capitale.

Surry : le sol, qui est varié, y produit des grains, du houblon, des asperges; les noyers y sont très-multipliés. On y trouve de la terre à foulon. Guilford en est la capitale.

Hantz ou Hamp'shire : ce comté produit du blé, du houblon, du bois et du miel. On y élève beaucoup de gros et de menu bétail et des porcs ; la population y est nombreuse. L'air, qui est vif et pur dans l'intérieur, est humide et doux vers la mer. Winchester en est la capitale. On y trouve en outre Southampton et Portsmouth, port célèbre.

BERKS : la forêt de Windsor et des terrains incultes en occupent une grande partie, le reste est très-fertile en grains ; la température y est saine. La capitale est Reading, au confluent de la Kennet et de la Tamise. Dans le même comté est Windsor, château royal bâti par Guillaume-le-Conquérant.

WILTZ : les montagnes de la partie septentrionale de ce comté sont couvertes de forêts, et l'air y est très-vif ; il y a de bons pâturages et beaucoup de bestiaux, des carrières de pierres, des manufactures de draps. La capitale est Salisbury, sur l'Avon. On y trouve aussi Wilton.

SOMMERSET : les montagnes renferment des mines de charbon, de plomb, de calamine, de cuivre, de cristal. On y cultive la garance. L'air y est doux et tempéré. Il y a des manufactures de diverses étoffes. La capitale est Bath, lieu fréquenté à cause de ses eaux minérales. Bristol et Wells sont dans le même comté.

DORSET : le sol très-fertile y nourrit une grande quantité de moutons estimés à cause de leur chair et de leur laine ; il y a du gibier, sur-tout des oiseaux et du poisson ; on y récolte du blé, du chanvre et du lin, et on y fabrique des draps. Le pays a des carrières de marbre et de pierre. La température y est douce. Dorchester capitale, renommée par sa bière, est sur la Tame ; Poole et Weymouth, ports de mer, sont dans le même comté.

DEVON : ce pays très-populeux nourrit beaucoup de chevaux, de bétail, de volaille et de gibier ; il y a des carrières de très-beau marbre ; le sol est fertile et produit d'excellens fourrages, beaucoup de fruits et sur-tout des pommes ; le sable des côtes sert d'engrais. Exeter, sur l'Ex, en est la capitale ; Plymouth et Darmouth, ports fameux, sont dans ce comté.

CORNOUAILLES : les habitans de ce comté exploitent des mines de cuivre et d'étain très-productives, et des carrières de granit ; ils s'occupent beaucoup de la pêche. Les montagnes sont stériles, les vallées couvertes d'excellens pâturages : on récolte du blé vers les côtes. Launceston, sur la Thamar, en est la capitale. On y trouve aussi Falmouth, port de mer.

La PRINCIPAUTÉ DE GALLES, apanage du fils aîné du roi, renferme douze comtés, qui sont :

ANGLESEY : une île forme ce comté.

CAERNAVON : au milieu de ce comté se trouve le Snowdon, la montagne la plus élevée du canton et même de toute l'Angleterre. Cette contrée présente un aspect sauvage ; les habitans, dont les mœurs conservent depuis très-long-temps leur simplicité primitive, ont une langue qui tient beaucoup du celtique, et qui est commune à toute la principauté de Galles. Ils tirent leur origine de la Gaule Belgique. On nourrit dans tout le territoire beaucoup de bestiaux, qui en sont l'unique richesse. L'air y est froid et vif ; il y a des mines de cuivre, de plomb et des pierres à aiguiser. *Caernavon*, sur le Menay, en est la capitale.

DENBIGH : ce comté est traversé par la Clyde ; la vallée qu'elle arrose est fertile et produit du blé, le reste du territoire est presque stérile ; on y élève des bestiaux. Il y a des mines de plomb et de charbon. *Denbigh* en est la capitale.

FLINT : on y récolte du blé dans quelques vallées. Les habitans nourrissent des bestiaux qui leur produisent beaucoup de beurre et de fromage ; ils recueillent du miel dont ils composent une liqueur qui est leur boisson ordinaire. Les montagnes ont des forêts, des mines de plomb et de calamine, des carrières de pierres de taille et de pierres à chaux. La capitale *Flint* est sur la Dee.

MERIONET : le territoire offre des paysages très-pittoresques, et fournit beaucoup de moutons, du gibier et du poisson. Harlech, sur un roc près de la mer, en est la capitale.

MONTGOMERY : dans une partie de ce comté, des vallées et des plaines aussi agréables que fertiles, abondent en pâturages et produisent des grains ; on y élève beaucoup de moutons. Ces vallées sont arrosées par des rivières très-poissonneuses, où l'on pêche des saumons. L'autre partie est stérile : mais on y exploite des mines abondantes, sur-tout en plomb, et des carrières d'ardoises et de pierres à chaux. La capitale est du même nom.

CARDIGAN : les plaines y sont fertiles en blé ; de nombreuses troupes d'oiseaux d'eau peuplent les bords des rivières et des lacs qui coupent les plaines et les vallées. Une chaîne de montagnes stériles traverse ce comté au nord et au levant ; elles renferment des mines de plomb, de cuivre et même d'argent. *Cardigan* sa capitale est sur la rivière de Tiwy.

RADNOR : il y a des pâturages dans les montagnes et des champs de blé dans les vallées. Ce comté a pour capitale New-Radnor, située près de la Somergill.

BRECKNOCK, est couvert de montagnes, la plupart très-élevées et de vallées fertiles en grains et en pâturages qui nourrissent de nombreux troupeaux. *Brecknock* capitale est au confluent de la Honddey et de l'Usk.

PEMBROKE : ses montagnes ont de bons pâturages ; on récolte beaucoup de blé dans les vallées. Sa capitale *Pembroke* est située sur le havre de Milfort.

CAERMARTHEN, est très-fertile en grains et riche en pâturages ; les rivières fournissent beaucoup de saumons ; le bois et le charbon de terre y sont abondans ; la température y est douce. Sa capitale est *Caermarthen* sur la Towy.

GLAMORGAN : son territoire fournit beaucoup de plomb, de fer, de charbon de terre et de pierre à chaux. On y récolte du blé ; les bestiaux y sont nombreux. Sa capitale est Cardiff, sur la Taaf. On trouve dans le même comté Swansey, bon port de mer.

Les îles voisines de l'Angleterre sont :

1°. L'île de MAN, située dans la mer d'Irlande et qui dépend du comté de Cumberland. L'air y est sain, et la température ressemble à celle du nord de l'Angleterre. Cette île formoit jadis un royaume, et servit long-temps de rendez-vous aux Barbares qui venoient dévaster la Grande-Bretagne. Elle a dix lieues de long sur cinq de large. Ses montagnes sont stériles et renferment des mines de fer et de plomb ; ses plaines sont fertiles en grains, graines, racines et légumes. Les vallées abondent en excellens pâturages, et les côtes en oiseaux de mer. Cette île contient 20,000 habitans qui suivent la religion anglicane et parlent un irlandais mêlé ; ils sont doux et hospitaliers et font le commerce de laines, de peaux et de suif. La contrebande y est très-active. La capitale est Castletown ; les autres villes sont Peele, Douglas et Ramsay, toutes situées sur les côtes.

2°. L'île d'ANGLESEY, dans la mer d'Irlande, dépend de la principauté de Galles ; nous avons dit qu'elle formoit un comté. Elle a neuf lieues de long sur sept de large. On y trouve des remparts, quelques amas de pierres, que l'on dit être du temps des Druides. Elle fournit du cuivre, du marbre vert, du miel, des grains en abondance, des peaux et des laines. Beaumaris en est la capitale.

3°. Les SORLINGUES ou anciennes *Cassitérides*. Ces îles sont dans la mer d'Irlande, et dépendent du comté de Cornouailles. On en compte 140. Les plus considérables sont celle de Sainte-Marie qui a 600 habitans, et celle de Sainte-Agnès qui en a 300. Les autres sont moins peuplées. Quelques-unes ont de bons ports ; les autres ne sont que des écueils célèbres par de fréquens naufrages.

4°. L'île de WIGHT : elle est dans la Manche et dépend du comté de Hantz ; elle a treize lieues de long sur huit de large. L'air y est sain et le sol varié. Cette île produit beaucoup de blé. Il y a d'excellens pâturages, et 18,000 habitans qui ont de charmantes maisons de campagne et de très-belles fermes bâties en pierre. On y élève beaucoup de volailles ; il y a des paysages très-agréables : tout y annonce l'aisance et même la richesse. Newport en est la capitale ; Carisbrook, château dans l'île, a été la prison de Charles 1er.

5°. L'île de JERSEY, dans la Manche, est à six lieues des côtes de France ; elle a quatre lieues de long sur trois de large. On y compte 20,000 habitans qui suivent la religion anglicane et parlent un langage mêlé d'anglais et de français. Ils fabriquent beaucoup de bonneterie, et vont à la pêche de la morue. Des hauteurs escarpées rendent la côte N. inaccessible ; la côte S. est au niveau de l'Océan. Il y a beaucoup de vergers dont les fruits fournissent un excellent cidre ; des vallées très-fertiles sont peuplées de nombreux troupeaux. Le poisson et le gibier y sont très-abondans. Des manufactures de bas occupent les habitans et font négliger la culture d'un sol fertile. Saint-Helier en est la capitale. Cette ville a un port et un château ; elle faisoit jadis partie de la Normandie ; l'un des seigneurs de l'île s'étant établi en Angleterre, la propriété en est passée à la couronne. On y a découvert les ruines d'un temple de Druides.

6°. L'île de GUERNESEY, au N., est aussi grande, mais moins peuplée que la précédente ; elle n'a que 16,000 habitans. La religion, la langue, les productions sont les mêmes qu'à Jersey. Saint-Pierre, qui n'est qu'un bourg, en est le lieu principal. Il y a beaucoup de négocians qui font le commerce de vins, d'eaux-de-vie, &c.

7°. L'île d'ALDERNEY, au N. E. de Guernesey, a trois lieues de tour ; on y compte 1,000 habitans ; d'excellens pâturages y fournissent le moyen de nourrir beaucoup de bestiaux.

8°. L'île de SARK, à l'E., n'a que 300 habitans, qui fabriquent de la bonneterie, et retirent du sol tout ce qui est nécessaire pour leur nourriture.

Les Anglais ont en Asie de nombreux établissemens. Ils sont maîtres de vastes contrées dans l'Inde en-deçà du Gange ; ils possèdent presque en entier l'empire du Mogol, et ont pris l'île de Ceylan aux Hollandais. En Afrique, l'île de Sainte-Hélène leur appartient, et ils ont de nombreux comptoirs sur la côte de Guinée. Leurs colonies d'Amérique sont la Nouvelle-Bretagne, le Canada, les îles de Terre-Neuve, Saint-Jean, l'île Royale, les Bermudes et les Lucayes ; les îles de la Jamaïque, des Vierges, de l'Anguille, de la Barbade, de Saint-Christophe, d'Antigoa, de Montserrat, de la Dominique, de Saint-Vincent, de la Barbade, de la Grenade et de la Trinité.

Dans la Méditerranée, ils occupent Gibraltar et se sont emparés de l'île de Malte.

L'IRLANDE.

L'Irlande est l'ancienne Hibernie. Les Romains ne purent la soumettre. Elle fut le théâtre des expéditions et des hauts faits des héros du Nord qui l'envahirent. Non encore civilisés alors, ses habitans vivoient sous des huttes de paille. Elle eut ses rois jusqu'en 1172, que Henri II, roi d'Angleterre, profita de la division de deux princes irlandais pour s'emparer de ce royaume dont le pape l'avoit investi.

Cette île a 95 lieues de long sur 54 de large ; sa superficie est de 3,051 lieues carrées. On y compte 982 habitans par lieue, ce qui fait au total 5,000,000 d'habitans dont 4,000,000 sont catholiques. Le climat y est plus humide et moins froid qu'en Angleterre. Les vents de l'ouest couvrent cette île des brumes épaisses de l'Océan et y exercent toutes leurs fureurs. Il y a sur les côtes beaucoup de ruines de tours rondes qu'on croit avoir été construites par les Danois pour leur servir de fanaux.

Le sol de l'Irlande est en général uni, couvert de pâturages, très-fertile, et coupé de marais très-étendus. Celui d'Allen a 27 lieues carrées. Il y a beaucoup de lacs qui abondent en excellens poissons. Quelques-uns, entre autres celui de Killarney, dans le comté de Kerry, sont embellis des plus magnifiques perspectives. Ce lac est entouré de montagnes toutes couvertes de bois, de rochers et de précipices dans lesquels tombent, d'une très-grande hauteur, des torrens, et des ruisseaux ; d'autres montagnes peu nombreuses et d'une médiocre hauteur, éparses sur la contrée, renferment du charbon, du marbre, de la pierre, de l'ardoise, un peu de fer, du plomb et du cuivre. Quelques-unes même, comme la mine de Wicklow, contiennent de l'argent. On y a découvert un courant d'eau tellement imprégnée de cuivre, qu'on en retire des masses qui s'attachent au fer que l'on y plonge.

Il ne reste en Irlande que les traces ou les noms de ses anciennes forêts ; elles ont été détruites pour les usines et le chauffage. Des marais et des bruyères les ont remplacées en beaucoup d'endroits.

L'Irlande nourrit de petits chevaux très-bien faits, de beaux et vigoureux chiens de chasse, beaucoup de bétail et d'abeilles.

La principale rivière est le Shannon, qui forme plusieurs lacs et traverse cinquante lieues de pays. Les autres rivières sont le Ban, la Boyne, le Liffey, le Barrow, le Nore et le Suir. Plusieurs canaux facilitent les communications intérieures et l'exploitation des forêts dont on tire du bois de construction.

Les productions de la Nature sont à-peu-près les mêmes en Irlande qu'en Ecosse et en Angleterre. D'immenses pâturages nourrissent de nombreux troupeaux, dont les chairs se salent et deviennent un objet considérable de commerce.

Le peuple y a conservé les mœurs des anciens Bretons. Les familles vivent en commun dans des huttes fort basses construites en torchis. Le feu de tourbe est au milieu ; une cloison les sépare de l'étable. Une vache, un terrein planté de pommes de terre, de la volaille, sont la richesse des Irlandais. Ils vivent de pain grossier, de pommes-de-terre, d'œufs, de lard et de poisson. Leurs vêtemens sont très-simples. Les riches ont adopté les mœurs et les modes anglaises.

Les Irlandais sont, en général, bons, actifs, spirituels. Les hommes sont vigoureux, et les femmes fort belles.

La religion catholique y est la plus suivie, quoique presque toujours persécutée depuis la réformation. Il y a quatre archevêques et dix-huit évêques. Le rit anglican y forme la religion de l'Etat. Le presbytérianisme et quelques autres communions y ont aussi des sectateurs. L'ancienne langue irlandaise est un composé de celtique et de gothique. L'idiome anglais prévaut chaque jour de plus en plus en Irlande. Toute la gloire que les Irlandais peuvent acquérir dans les lettres et les sciences, qu'ils cultivent depuis très-long-temps avec succès, de même que par tous les autres moyens, se confond avec celle des Anglais dont on ne les distingue pas. On sait à peine en Europe que Steele, Sterne, Goldsmith, &c. &c. étoient Irlandais. L'Irlande étoit lettrée tandis que toute l'Europe demeuroit encore plongée dans les ténèbres de l'ignorance. Il n'y a en Irlande que la seule université de Dublin.

Les Irlandais se répandent en Angleterre, dans toute l'Europe et tout l'univers ; ils y ont fourni des hommes de mérite dans tous les genres et d'excellens militaires. Ce sont les troupes irlandaises qui rompirent la colonne anglaise à Fontenoy. Ils font, par l'entremise des Anglais, un grand commerce de toiles, de linons, lainages, chevaux, porcs, bétail, &c. de plomb, de cuivre, de fer tiré de leurs mines, de poisson salé, &c. qu'ils échangent pour les denrées des autres contrées. Le grand nombre de baies et de ports y facilitent le commerce.

L'Irlande fut réunie à la couronne d'Angleterre en 1162. Jusqu'en 1801, le gouvernement étoit presque le même que celui d'Angleterre ; il y avoit un lord-lieutenant du roi et un parlement qui est à présent réuni à celui de la Grande-Bretagne. Les catholiques n'y jouissent pas des droits civils. Les troupes soit de terre, soit de mer levées en Irlande, sont réparties parmi les troupes anglaises. L'ordre de Saint-Patrick est particulier au pays.

On divise l'Irlande en quatre provinces et trente-deux comtés.

Les quatre provinces sont : l'Ulster, le Connaught, le Leinster et le Munster.

Les comtés de l'Ulster sont :

Tyrconnel ou Donnegal, renommé par ses gras pâturages. Sa capitale est *Donnegal*, port de mer sur une baie du même nom.

Londonderry, pays fertile. Sa capitale est du même nom.

Antrim, fertile et célèbre par les amas énormes de basalte nommés chaussée des géants. Sa capitale est Carrickfergus, située sur une baie du même nom.

Tyrone, abonde en pâturages. Omagh en est la capitale.

Armagh, l'un des meilleurs territoires de l'Irlande. Sa capitale porte le même nom. Son archevêque est primat d'Irlande.

Down, pays montagneux. Sa capitale est Down-Patrick.

Fermanagh, pays couvert de bois et de marais. Sa capitale est Enniskilling, dans une île du lac Earn.

Monaghan, offre des montagnes, des bois et des forêts. Sa capitale est du même nom.

Cavan : ce comté est fertile en grains et en pâturages ; ses nombreuses rivières sont très-poissonneuses ; il y a beaucoup de marais et de grands lacs au milieu de vastes forêts. Sa capitale porte le même nom.

Les comtés de la province de Connaught sont :

Mayo : il abonde en grains, miel, pâturages et bestiaux. Sa capitale est Killala.

Sligo, montagneux et gras en pâturages. Sa capitale, sur la baie de Sligo est du même nom ; c'est un bon port.

Leitrim, abonde aussi en pâturages. Sa capitale est Carrick-sur-Shannon.

Roscommon : pays fertile en blé. Sa capitale est du même nom.

Galway : sur une côte parsemée de baies. La capitale est du même nom et offre un vaste port.

Les comtés de la province de Leinster sont :

Longford, fertile en blé. Sa capitale porte le même nom.

West-Meath : il a des lacs, des marais et des prairies. Sa capitale est Mullingar, sur la Foyle.

Est-Meath, fertile et peuplé. Trim, sur la Boyne, en est la capitale.

Louth : pays fertile, a pour capitale Drogheda, bon port sur la Boyne.

King's County ou Comté du Roi, ainsi nommé de Philippe ii, roi d'Espagne ; il a pour capitale Philip'stown.

Queen's County ou Comté de la Reine, ainsi nommé de la reine Marie ; il a pour capitale Marybourough.

Kildare, a de bonnes terres et des marais. Sa capitale est du même nom.

Dublin : comté fertile, a pour capitale *Dublin* qui l'est aussi de toute l'Irlande. Cette ville a une université et 200,000 habitans ; la Liffey, qui la traverse, coule entre de très-beaux quais desquels on peut charger les vaisseaux. Les maisons sont bâties en briques ; il y a quelques belles rues ; la principale est bordée d'arbres ; les casernes sont très-vastes.

Wicklow : ce comté a des mines de cuivre. Sa capitale, du même nom, est à l'embouchure du Leitrim.

Kilkenny, a des mines de charbon et des carrières de marbre. Sa capitale est du même nom.

Carlow : ce comté est couvert de forêts. *Carlow* sa capitale est sur le Barrow.

Wexford : le pays est fertile et produit beaucoup de grains ; il y a aussi de bons pâturages dans lesquels on élève beaucoup de bétail et d'excellens chevaux ; les rivières et les lacs sont peuplés de poissons et d'oiseaux d'eau. On y trouve une mine d'argent.

Les comtés de la province de Munster sont :

Clare : il produit de bons chevaux. La capitale porte le même nom.

Limmerick : pays fertile. *Limmerick* sa capitale est sur le Shannon ; c'est une des villes les plus importantes de l'Irlande.

Tipperary : il abonde en blé, bétail, mines de fer, de cuivre et de plomb. Sa capitale est Clonmel, sur le Suir.

Kerry : pays montagneux et couvert de forêts. Sa capitale se nomme Tralée. On y trouve aussi Dinglé, l'une des plus jolies villes d'Irlande.

Cork, a des montagnes, des forêts et des prairies. *Cork* sa capitale est sur la Lee : on y trouve aussi Kinsale, excellent port.

Waterford : comté fertile et très-peuplé ; des ports nombreux y facilitent le commerce. Sa capitale, du même nom, est sur le Suir.

Nous avons déjà parlé, à l'article d'Antrim, de la fameuse Chaussée des Géans. Buffon croit qu'elle a été formée par les laves d'un volcan qui parvenues sur le rivage de la mer s'y refroidirent par le contact de l'eau.

Il y a sur les côtes et près de l'Irlande beaucoup d'îles, dont les principales sont celles de Magée, Raglin, qui est la *Ricina* de Ptolémée et qui servit d'asyle à Robert i, roi d'Ecosse ; Tory, Aran, Achill, qui a douze milles de long et dix de large, Killeny, Valentia et Schyllingh.

LES PROVINCES-UNIES ou LA RÉPUBLIQUE BATAVE.

Les Celtes furent les premiers habitans de ces provinces qui firent long-temps partie des Pays-Bas. Ces pays, dans l'origine, dépendoient des Gaules et de la Germanie, et furent une conquête des Romains, puis leurs alliés. Les Francs s'en étant emparés au cinquième siècle, les Pays-Bas devinrent partie de la monarchie française, jusqu'à ce que la foiblesse des fils de Charlemagne autorisa des seigneurs particuliers à se partager. Ils formèrent alors dix-sept souverainetés, sous les titres de duchés, comtés et seigneuries ; savoir : le comté de Hollande, la Zélande, la seigneurie d'Utrecht, le duché de Gueldre, le comté de Zutphen, l'Over-Yssel, la seigneurie de Groningue, la Frise, le duché de Brabant, le marquisat d'Anvers, la seigneurie de Malines, les comtés de Flandre, d'Artois, de Hainaut, de Namur, les duchés de Luxembourg et de Limbourg. Réunies dans la maison de Bourgogne, ces provinces appartinrent ensuite à celle d'Autriche sous Charles-Quint ; mais son fils Philippe ii, roi d'Espagne, ayant voulu y établir l'inquisition, sous le gouvernement du duc d'Albe, la cruauté de celui-ci aliéna l'esprit des habitans et les excita à la révolte.

Les huit premières seigneuries se réunirent, partie de Gueldre et de Zutphen ne comptant plus que pour une, et formèrent une ligue sous la protection d'un stadhouder ou gardien du pays. Guillaume de Nassau, prince d'Orange, fut appelé à remplir cette fonction. De cette union résulta la République des sept Provinces-Unies ou de Hollande, depuis nommée République Batave, nom tiré de celui que portoit ancienne-ment une partie des habitans. Cette république est aujourd'hui alliée de la France et sous sa protection.

Les neuf autres provinces, subjuguées par le duc d'Albe, furent nommées Pays-Bas espagnols. Les Hollandais leur enlevèrent bientôt des villes en Brabant, en Flandre, en Limbourg et dans la Gueldre ; ils enlevèrent aussi Maestricht à l'évêque de Liège : ces conquêtes prirent le nom de Pays de Généralité. La France, au 17me siècle, s'empara d'une partie du comté de Flandre, de celui de Hainaut, du Luxembourg et de tout l'Artois. Ces pays furent nommés Pays-Bas français. En 1714, ce qui restoit aux Espagnols fut cédé à l'Autriche sous le nom de Flandre ou Pays-Bas autrichiens. Ces provinces, après d'inutiles tentatives pour se soustraire à la domination autrichienne, ont été cédées, en 1797, à la France, qui les avoit conquises en 1794. Elles portent aujourd'hui le nom de Belgique, et comprennent toute la partie des Pays-Bas conquise par les Hollandais et cédée à la France, à l'exception du Brabant hollandais. Le Pays de Liége fut compris dans cette cession en 1798. *Voyez l'article* Empire Français.

La partie des Pays-Bas qui forme la République Batave est bornée au N. et à l'O. par la mer d'Allemagne, au S. par la France et à l'E. par l'Allemagne. Elle a 1,425 lieues carrées, et 1,320 habitans par lieue, ce qui fait au total 2,000,000 d'habitans.

Le climat y est, en général, froid et humide ; le sol est bas et souvent au-dessous du niveau de la mer que l'on contient par des digues, dont la rupture a causé quelquefois l'inondation d'une grande quantité de villages. Ce pays présente l'aspect d'un vaste marais desséché, parsemé d'eaux salies par le limon, mais décoré de villes magnifiques, de bocages, de jardins, de prairies. L'air y est épais et nébuleux, excepté lorsque le froid l'épure. Peu de terres sont propres à l'agriculture ; mais de nombreux canaux y arrosent d'immenses pâturages augmentés par le dessèchement des marais qui couvrent encore une partie de la contrée. Vers le N. il y a de vastes bruyères. Aucune montagne ne rompt l'uniformité de ce sol humide, entrecoupé de canaux innombrables, dont les eaux dormantes et fangeuses infectent l'air pendant l'été. Outre ces canaux, le Rhin, la Meuse et d'autres rivières traversent la Hollande et y ont leur embouchure. Des écluses qui coupent tous ces canaux donnent la facilité d'inonder le pays et d'écarter les ennemis, à moins que la glace ne favorise leur invasion, comme elle a fait, celle des Français. Il y avoit dans l'intérieur beaucoup de places fortes. Aujourd'hui le gouvernement les fait démolir, parce qu'il les croit inutiles.

Les pâturages nourrissent de nombreux et magnifiques troupeaux qui fournissent à la subsistance des habitans. Ils retirent encore du sol, de la tourbe, de la garance, du tabac, des fruits, beaucoup de fleurs et du fer. Le charbon de terre, le bois de construction et les autres denrées de premier besoin leur viennent du dehors. Ils ont des moutons dont la laine est très-bonne ; les chevaux et le bétail y sont très-gros. Les côtes abondent en excellens poissons.

Les Hollandais se font remarquer par une excessive propreté ; ils sont aussi laborieux qu'industrieux et patiens. Ce n'est que par un travail assidu et pénible qu'ils parviennent à entretenir leurs digues, à creuser et nettoyer leurs canaux, à dessécher les marais, à défricher les landes et les dunes, à multiplier leurs bestiaux, à en retirer de gros produits, à se procurer des pêches abondantes de harengs, de morues et de baleines, et à construire les innombrables embarcations avec lesquelles ils traversent leurs canaux et naviguent sur toutes les mers. Les difficultés enflamment leur courage, lorsqu'un gain assuré leur en promet la récompense, et ils sont capables de tous les efforts pour défendre ce qu'ils ont acquis. Le Hollandais est flegmatique. Une lente persévérance fait le fond de son caractère. Les riches y aiment les tableaux, les gravures, les livres, les collections d'histoire naturelle, &c.

Les habitans de la campagne ont l'esprit lourd ; les marins sont brusques, francs, sans bienveillance ni affection : tous passent une partie de leur vie à fumer, occupation rendue nécessaire par l'humidité du climat et l'usage de la bière. Leurs formes extérieures sont, en général, mal dessinées ; ils sont petits, leurs visages n'offrent point de traits délicats, sur-tout dans les villages ; l'épaisseur, le peu de salubrité de l'air et les alimens en sont les principales causes. Teniers a peint au naturel les gens du peuple de cette contrée.

Aucune nation n'égale le Hollandais dans la science du commerce et de la banque. Son économie lui procure promptement de l'aisance et des richesses. La langue hollandaise est un dialecte de l'allemand. Quoique la littérature hollandaise ait peu de célébrité, cependant elle a fourni des ouvrages estimés. L'éducation n'est pas très-soignée en Hollande ; la science maritime et commerciale est celle qu'on y cultive avec le plus de soin.

Le calvinisme est la religion dominante : il y a beaucoup de catholiques, de juifs et d'autres sectaires.

La Hollande a donné le jour à quelques savans et littérateurs illustres : Erasme, Grotius, Boerhaave, Grævius, Burmann, Hemsterhuys, &c. y ont pris naissance. Elle a fourni à la célèbre école flamande beaucoup de peintres. Elle avoit cinq universités ; savoir : celles de Leyde, d'Utrecht, de Groningue, d'Harderwick et de Franeker. On les a remplacées par des écoles.

Les habitans fabriquent de la faïence, de la poterie, des pipes, objet considérable de commerce dans un pays où l'usage de fumer est général ; des sels, d'excellens papiers, de belles toiles peintes, des étoffes de soie, de coton et de laine. Il y a des moulins à scier le bois, des raffineries de sucre, des blanchisseries de cire, des tanneries, et une prodigieuse quantité de moulins à vent pour différens usages.

Les Hollandais font un commerce très-considérable et très-étendu d'épiceries, dont la récolte dans les Indes leur appartint long-temps. Ils envoient annuellement quatre cents navires à la pêche du hareng, de la morue ou de la baleine : jadis ces navires étoient beaucoup plus nombreux.

Les Provinces-Unies, dont l'influence étoit importante dans la balance politique de l'Europe jusqu'à l'invasion des Français, formoient une république fédérative, ayant pour chef le stadhouder. L'armée étoit
de

de 36,000 hommes. La dette passoit 5 milliards. Les revenus étoient de 84 millions; les dépenses en 1804 ont monté jusqu'à 130 millions. Des troupes françaises y sont à la solde du gouvernement.

Suivant l'ancienne division, dont les limites étoient à-peu-près les mêmes que la nouvelle, il y, avoit sept provinces; savoir : celles de Hollande, dont la capitale étoit Amsterdam ; de Zélande, dont la capitale étoit Middelbourg; d'Utrecht, dont la capitale portoit le même nom; de Gueldre septentrionale et de Zutphen, dont la capitale étoit Nimègue ; d'Over-Yssel, dont la capitale étoit Deventer ; de Frise, dont la capitale étoit Leuwarden ; à quoi il faut ajouter les îles du Zuyderzée et le Pays de Généralité, qui avoient pour capitale Bois-le-Duc.

Dans la nouvelle division, ces provinces forment huit départemens de mêmes noms, si ce n'est la Généralité qui porte aujourd'hui celui de Brabant; les capitales Amsterdam, Nimègue et Deventer sont remplacées par la Haye, pour la Hollande; Arnheim, pour la Gueldre, et Zwol, pour Over-Yssel.

La République a depuis peu un grand-pensionnaire.

Le département de Hollande est entrecoupé de fossés, de canaux, de digues, soit pour diriger le mouvement des eaux, soit pour les soutenir. C'est par ces moyens que cette contrée se garantit de l'inondation ; le sol étant si bas et quelquefois tellement au-dessous de la mer, qu'à l'égard de certains villages son niveau surpasse le toit des maisons. Il y a de vastes prairies peuplées de bestiaux dont les produits sont la principale richesse territoriale. L'air y est très-malsain, à cause des canaux et des tourbières, le sol humide, l'eau sale et insalubre.

La Haie est le centre du gouvernement et chef-lieu de ce département ; cette ville a de belles rues, coupées de canaux et bordées d'arbres.

On trouve dans le même département Amsterdam, ville fameuse construite sur pilotis au milieu d'un ancien marais. Cette situation, et les eaux naturellement stagnantes de ses canaux, y rendent l'air malsain. Son port est extrêmement vaste, bordé d'un long quai et forme une demi-lune. Cette ville a de très-beaux édifices ; un rempart fortifié l'entoure. En temps de paix, elle est l'une des plus commerçantes du monde.

Le département de Zélande est composé de six îles principales entourées de digues. Ces îles, qui ont beaucoup de pâturages, produisent d'excellent blé et de la garance. Les habitans s'adonnent sur-tout à la navigation. Le chef-lieu est Middelbourg dans l'île de Walcheren.

Le département de Brabant, a aussi d'excellens pâturages; il produit des grains et sur-tout du lin. La ville de Breda, son chef-lieu, est très-forte et très-commerçante; ses rues sont coupées de canaux.

Le département d'Utrecht jouit d'un air sain et d'un sol très-fertile, sur-tout en tabac; quelques cantons produisent du blé; les pâturages y sont excellens. La ville d'*Utrecht*, son chef-lieu, est belle et très-populeuse; elle communique avec Amsterdam par un magnifique canal bordé de maisons de campagne.

La Gueldre, cinquième département, n'a que très-peu de pâturages, mais elle récolte beaucoup de fruits; l'air y est pur; ses papeteries sont célèbres et très-actives. Son chef-lieu est Arnheim. Ses autres villes sont Nimègue, célèbre par la traité de 1679 ; Doesbourg et Zutphen.

Le département d'Over-Yssel est presque tout entier couvert de marais. On y récolte des grains sur les rives de l'Yssel; les toiles de ses manufactures sont très-estimées. Zwol sur l'Aa en est le chef-lieu. On y trouve aussi Deventer et Kempen.

Le département de Groningue nourrit un très-grand nombre de bestiaux, qui font sa principale richesse. On y fabrique beaucoup de fromages. *Groningue* sur la Hunse en est le chef-lieu.

La Frise, huitième département, produit beaucoup de blé ; ses pâturages nourrissent des chevaux très-estimés et des bestiaux nombreux. Les habitans fabriquent des briques à fours et de petits bâtimens de mer. Son chef-lieu est Leuwarden. On y trouve aussi Harlingen sur le Zuyderzée et Franeker.

L'île du Texel est très-fertile et nourrit beaucoup de moutons ; leurs laines et le fromage vert, fait avec leur lait, forment de bons articles de commerce. La rade de l'île est très-sûre.

L'île de Wieringen est aussi dans le Zuyderzée ; ses côtes sont couvertes de varech dont on fait de la soude ; l'intérieur fournit des pâturages et des grains ; on y élève beaucoup de moutons.

Cette contrée ayant été abandonnée par la mer, il y a près des côtes des îles basses très-étendues; les principales sont celles de Walcheren, de Sud-Beveland, Beveland, Schoonen, Over-Flakée, Stryen, Vlieland, Scheling, Ameland, Borkum, &c.

Les colonies hollandaises sont, en Asie, quelques établissemens en-deçà du Gange, Malacca, les îles de la Sonde et les Moluques qui produisent les épiceries. En Afrique, des comptoirs à la côte de Guinée, le Cap de Bonne-Espérance et tout le pays des Hottentots. En Amérique, les îles de Saba, Saint-Eustache, Curaçao et la Guiane hollandaise. *Voyez ces diverses contrées.*

L'EMPIRE FRANÇAIS.

La France a porté le nom de Gaule jusqu'à l'invasion des Francs qui lui donnèrent celui qu'elle a encore aujourd'hui. Elle étoit habitée par les Gaulois et les Celtes. Les Romains firent d'abord la conquête d'une partie de ce pays, qu'ils nommèrent Gaule Narbonnaise; le reste étoit divisé

I

en Belgique au N. , Celtique au milieu, Aquitaine au S. César s'étant emparé de toutes les Gaules, on les divisa en dix-sept provinces, qui comprenoient à-peu-près toute la France actuelle, en y joignant la Zélande et en en retranchant le Piémont.

Ces dix-sept provinces étoient : 1°. la *Germanie inférieure* : elle comprenoit la Hollande, le Brabant, les pays de Clèves et de Juliers, le Luxembourg et le Hainaut. 2°. La *Belgique deuxième*, composée de la Flandre, de l'Artois, de la Picardie, du Soissonnois, du Remois et du Chalonnois. 3°. La *Belgique première* : elle comprenoit le pays de Trèves et les Trois-Évêchés. 4°. La *Germanie supérieure*, remplacée aujourd'hui par le cercle du Bas-Rhin , le pays de Mayence et l'Alsace. 5°. La *Lyonnaise deuxième* , qui comprenoit les évêchés de Coutance , de Bayeux, de Lisieux, d'Evreux et quelques pays adjacens. 6°. La *Lyonnaise troisième* , composée de l'évêché de Saint-Pol, de ceux de Nantes, de Quimper, de Rennes, de Vannes, du Mans et de Tours. 7°. La *Lyonnaise quatrième* : elle avoit Paris, Meaux, Chartres, Orléans, Troyes, Sens et leur territoire. 8°. L'*Aquitanique deuxième* : elle occupoit le Poitou, la Saintonge , le Bordelais et l'Agenois. 9°. L'*Aquitanique première* ; elle tenoit la place du Berry, du Bourbonnais, du Quercy, de l'Auvergne, du Vélai, du Gévaudan et du Rouergue. 10°. La *Lyonnaise première* ; elle étoit composée du pays de Langres, du Nivernais et du Lyonnais. 11°. La *plus grande des Sequaniens* (*Maxima Sequanorum*) : elle occupoit le Suntgaw , la Franche-Comté et la Suisse. 12°. La *Novem Populanie*, ainsi nommée parce qu'elle renfermoit neuf peuples : c'étoient ceux d'Auch , de Cominges, de Tarbes, d'Oléron , du Couserans , de Dax , de Lescar , d'Aire et de Bayonne. 13°. La *Narbonnaise première* , ou le Languedoc. 14°. La *Viennoise* , formée principalement du Dauphiné et du pays des Allobroges ou Savoie. 15°. La *Narbonnaise deuxième* , ou la Provence. 16°. Les *Alpes Maritimes* , ou comté de Nice et pays adjacens. 17°. Les *Alpes Grecques* (*Alpes Graiæ*) : cette province comprenoit le Valais et autres lieux avoisinant le mont Saint-Bernard. Par la suite ces divisions se multiplièrent.

Les Francs, peuples Germains qui habitoient les bords du Rhin , firent de fréquentes incursions dans les Gaules , et obtinrent enfin des Romains la cession de terres dans la Belgique, où Pharamond établit son royaume. Ses descendans l'étendirent jusqu'à la Loire. D'autres Germains vinrent se partager les Gaules ; les Bourguignons y entrèrent en 406. Après s'être emparés de toute la partie limitrophe de la Suisse, ils occupèrent la Franche-Comté, la Bourgogne, la Savoie, le Dauphiné. Les Visigoths, chassés d'Italie, fondèrent un royaume à Toulouse ; ils envahirent ensuite toute l'Aquitaine et une partie de la Provence. Il ne resta plus aux Romains qu'une portion de la Champagne et de l'Ile-de-France.

Clovis, roi des Francs, anéantit la puissance des Romains dans les Gaules par la prise de Soissons, leur dernier asyle. Sa victoire de Tol-

biac sur les Germains le rendit maître des pays que ces peuples occupoient. Celle de Vouillé sur les Visigoths lui donna l'Aquitaine, et força ceux-ci à refluer en Espagne. Les enfans de Clovis subjuguèrent les Bourguignons, détruisirent leur royaume, et celui que les Ostrogoths avoient fondé en Provence. Par ce moyen la domination des Francs s'étant étendue sur les Gaules, on donna le nom de Royaume de France au pays qu'ils occupèrent.

D'autres conquêtes continuèrent d'agrandir ce royaume, sur-tout sous les rois de la seconde race, dont Pepin-le-Bref fut le chef. Ce monarque chassa les Sarrazins de la Septimanie ou Bas-Languedoc, soumit l'Aquitaine et se vit maître de toute la Gaule. Charlemagne, son fils, y ajouta d'immenses possessions en Germanie et en Italie. Les enfans de Louis-le-Débonnaire, fils et successeur de Charlemagne, se partagèrent l'immense empire fondé par leur aïeul ; Charles-le-Chauve eut la France; mais les gouverneurs des provinces se rendirent indépendans. Philippe-Auguste réunit sous son pouvoir plusieurs de ces provinces. Ses descendans imitèrent son exemple et recouvrèrent successivement les autres parties usurpées. Ainsi se forma la monarchie française telle qu'elle existoit avant la révolution. Elle étoit *absolue* , mais *tempérée*. Le peuple français étoit composé de trois ordres, le *clergé*, la *noblesse* et le *tiers-état*. Le roi avoit le pouvoir législatif. Les loix se rédigeoient et se discutoient dans son conseil. Lorsqu'il les avoit arrêtées, elles étoient portées au parlement, qui avoit le droit de *remontrances* seulement ; mais elles n'avoient force *obligatoire* que quand le parlement les avoit *vérifiées* et enregistrées. On avoit quelquefois convoqué les états-généraux, c'est-à-dire, des assemblées composées des représentans des trois ordres. Rarement cette mesure avoit opéré le bien. Des embarras de finances forcèrent Louis XVI, dernier roi, d'y recourir , et le parlement lui - même en provoqua la convocation. Il n'est pas de notre sujet d'entrer dans les détails de la crise politique qui en résulta. Le monarque fut sacrifié, la monarchie abolie et la France couverte d'échafauds. Bientôt sous la dénomination de régime républicain , on n'eut plus qu'une anarchie sanglante.

Vers la fin de 1795, à la suite d'une constitution formée par la Convention, et qui étoit la troisième depuis l'assemblée des états-généraux, le gouvernement prit une nouvelle forme. L'administration se composa de cinq directeurs, d'un conseil des Anciens et d'un conseil des Cinq-Cents. Par un décret particulier émané de la Convention, des membres tirés de son sein formèrent ces deux conseils jusqu'à la concurrence des deux tiers.

Ce nouveau régime ne fut pas sans agitation. Il subsista jusqu'au 18 brumaire an VIII (9 novembre 1799). A cette époque, le Directoire fut aboli et remplacé par une Commission consulaire exécutive provisoire. On procéda à la formation d'une constitution nouvelle, dite de l'an VIII. Trois consuls, dont le général Bonaparte étoit le premier, furent nommés. On établit un Sénat, un Corps législatif et un Tribunat. Les consuls ne devoient demeurer en fonction que pendant un certain temps. Le 14 thermidor an x (2 août 1802), Napoléon Bonaparte fut proclamé premier consul à vie. Le 28 floréal an xii (18 mai 1804) un sénatus-consulte régla que désormais le gouvernement de la République seroit confié à un empereur, et déclara NAPOLÉON BONAPARTE EMPEREUR DES FRANÇAIS. Il fut couronné par le pape Pie vii dans l'église métropolitaine de Notre-Dame de Paris, le 11 frimaire an xiii (2 décembre 1804).

Suivant la nouvelle forme de gouvernement, la dignité impériale est héréditaire dans la famille de Bonaparte, suivant l'ordre de primogéniture. Les femmes en sont exclues. L'empereur a la plénitude du pouvoir exécutif, l'initiative des loix, et la faculté de faire grace. Il nomme aux grandes dignités de l'Empire et aux divers offices; aux places de conseillers d'État, aux archevêchés et évêchés, aux emplois de judicature civile et criminelle, aux préfectures, &c.

Le nombre des sénateurs ne peut excéder 120. Le sénat est composé : 1°. des princes français; 2°. des titulaires des grandes dignités; 3°. des membres nommés par le Sénat sur les listes de candidats et la présentation de l'empereur; 4°. de ceux que l'empereur juge à propos d'élever à cette dignité.

Le Corps législatif, composé de 315 membres, se renouvelle chaque année par cinquième; il adopte ou rejette les loix proposées et discutées devant lui. Le Tribunat a 50 membres; il se renouvelle par moitié tous les cinq ans. C'est à ce corps qu'est attribuée la discussion des loix proposées par l'empereur.

L'ordre judiciaire est composé : 1°. de la haute-cour impériale; 2°. d'une cour de cassation, qui juge la validité des arrêts rendus en dernier ressort, sur les demandes des parties qui croient que les formes ont été violées à leur égard; 3°. de 32 cours d'appel, qui prononcent en dernier ressort sur les jugemens des tribunaux de première instance et de commerce; 4°. de 110 cours de justice criminelle; 5°. de 120 tribunaux de première instance; 6°. de 199 tribunaux de commerce; 7°. de 3,600 justices de paix.

Par le sénatus-consulte organique, les membres de la famille impériale portent le titre de princes français, et le fils aîné de l'empereur celui de prince impérial. L'empereur a créé d'autres princes et des maréchaux de l'Empire. Son génie puissant a su détruire les factions, il a rétabli le culte, fait publier un nouveau code civil uniforme pour tout l'Empire, remonté une marine respectable, réglé les finances. Il a rendu à la France le territoire qu'elle avoit sous Charlemagne, et l'a replacée au premier rang des États de l'Europe. Il a consacré l'uniformité des poids et des mesures, établi une police qui protège le commerce et la circulation des voyageurs, ordonné une refonte des monnoies, et la réparation des grandes routes. Par-tout des ateliers sont ouverts pour de grands travaux publics dont les uns sont destinés à ouvrir des canaux de navigation, les autres à assainir et embellir la capitale; ceux-ci à construire des nouveaux ponts, ceux-là à restaurer ou achever des monumens d'architecture, tous à remplir quelque but d'utilité.

On retrouve en France beaucoup de traces du séjour des Romains: les restes les plus remarquables de ces monumens anciens sont, à Paris, les bains de Julien; à Orange, l'arc de triomphe; près de Nismes, l'aqueduc nommé le Pont du Gard et dans cette ville la Maison carrée; à Arles, un obélisque de granit; près de Briançon, un roc percé, des vestiges de plusieurs camps, &c. On y admire aussi beaucoup d'églises gothiques, de vieux châteaux et des ruines d'antiques fortifications.

La France est bornée au N. par la République Batave, à l'O. par l'Océan, au S. par l'Espagne et la Méditerranée, à l'E. par le royaume d'Italie, la République Helvétique et l'Allemagne. Elle a 32,000 lieues carrées, 1,093 habitans par lieue, au total 32,000,000 au moins. La population a augmenté pendant et depuis la révolution. La France peut mettre aisément 1,000,000 de soldats sur pied; il y en a près de 500,000 enrôlés. Au moyen de la conscription militaire tout homme est soldat à vingt ans. Les forces navales, autrefois imposantes, déchues par diverses circonstances pendant la révolution, commencent à reprendre leur attitude respectable. Une marine se forme, des vaisseaux se construisent, et déjà des succès sur mer annoncent tout ce qu'on peut attendre d'amélioration dans cette partie. Le revenu est de 600 millions.

Le climat, en général tempéré, diffère extrêmement du S. au N. suivant les latitudes et l'élévation; aussi est-il sujet à de fréquentes et brusques variations. En France l'air est pur et salubre; le sol est l'un des plus fertiles de l'Europe, et il en offre toutes les productions; il n'est pas d'animal européen qui ne puisse y vivre, cet empire ayant dans ses nombreux départemens des cantons analogues aux diverses contrées voisines. Ainsi l'on y récolte toutes les espèces de grains, de graines, de fruits, de légumes, de plantes utiles ou médicinales, de la manne, et d'autres drogues, beaucoup de vins, d'huile d'olive, de la soie. On y a naturalisé beaucoup de végétaux étrangers. Depuis plusieurs années l'agriculture y a fait de rapides progrès, les circonstances ayant forcé beaucoup d'hommes instruits ou riches à s'en occuper et d'hommes pauvres à tirer de tous les sols le meilleur parti possible; mais dans quelques endroits la routine et l'ignorance y mettent encore des entraves. De nombreuses et vastes forêts y produisent du bois de chauffage et de construction. Parmi ces forêts les principales sont celles des Ardennes, d'Orléans, de Compiègne, de Villers-Cotterets, de Soignes; &c. Il y en a de moins étendues dans presque tous les départemens. On fabrique beaucoup de sel sur une partie des côtes de l'Océan et à l'île de Rhé. Dans le Languedoc on retire du kali, beaucoup de potasse, dont on fait du savon.

Les principales montagnes de la France sont, les Alpes, l'Apennin, les Pyrénées, les Vosges, le Jura, les Cévennes, le Cantal, le Puy-de-

Dôme, la Côte-d'Or, le Mont-Terrible. Il y a dans l'intérieur beaucoup de collines et de monticules. Les montagnes renferment des mines d'or, d'argent, de cuivre, de fer, d'étain, de plomb, d'ocre, de turquoise, de charbon; elles offrent aussi des carrières de marbre, d'albâtre, de jaspe, de granit, de gypse; d'excellentes pierres de taille, du grès, des terres, des argiles et des sables propres à beaucoup d'usages.

Les principales rivières sont, la Loire, le Rhône, la Garonne, la Seine, la Saône, la Charente, la Marne; elles ont en France leur source et leur embouchure; le Rhin, l'Escaut, la Meuse, la Moselle, la Durance, la Dordogne, le Lot, &c. auxquelles il faut joindre le Pô, le Tanaro et autres rivières du Piémont, &c. Il y a peu de lacs; les principaux qui sont ceux d'Annecy, de Léman et du Bourget, n'étoient pas dans l'ancien territoire français; celui d'Alligre est en Auvergne, où l'on remarque la source minérale d'Aigue-Perse, dont l'eau bout par l'élévation du gaz: les autres eaux minérales sont celles de Barrèges, de Bagnères, Forges, Saint-Amand, Sultzback, Plombières et Spa.

La pêche des côtes fournit d'amples provisions de thons, de harengs, d'anchois, de sardines, d'huîtres, &c. Les rivières ont du saumon, des aloses et toute sorte de poissons d'eau douce. Dans les diverses provinces se trouvent de nombreux troupeaux, dont on commence à améliorer les laines.

La langue française dérive du latin, du celtique et de quelques autres idiômes. Elle passe pour une des plus parfaites langues modernes. On la parle dans toute l'Europe, et les bons ouvrages composés en français l'ont fort accréditée. C'est vers le commencement du dix-huitième siècle qu'elle est parvenue à son plus haut point de perfection. Il règne dans les différentes provinces de France divers jargons qui s'éloignent plus ou moins de la pureté de la langue: les plus remarquables sont, le picard, le normand, le breton, le gascon, le languedocien, le béarnais, le provençal, l'auvergnat, &c.

Un nombre considérable de savans et de gens de lettres ont illustré la France, et dans ce genre de gloire elle ne le cède à aucune nation de l'Europe. Plusieurs de ses écrivains égalent, par le fond des choses et le mérite du style, les auteurs les plus célèbres de l'antiquité, et quelques-uns peut-être les surpassent. Nous nous contenterons de citer Montaigne, Descartes, Corneille, Racine, Molière, Boileau, Lafontaine, Bossuet, Fénelon, Montesquieu, Jean-Baptiste Rousseau, Voltaire, Buffon, Jean-Jacques Rousseau, &c.

Il n'est aucune science qu'on n'ait cultivée avec succès en France. Pour la médecine, elle s'honore d'Astruc, de Sénac, de Lieutaud, &c.; dans la physique, de Réaumur, de l'abbé Nollet, &c.; dans les mathématiques, de Clairaut, de Bézout, de d'Alembert, &c.; dans la botanique, de Tournefort, de Jussieu, de Vaillant, &c.; en chimie, de Lavoisier et d'un grand nombre d'autres. Elle a eu de bons orateurs, d'habiles historiens, des mathématiciens profonds. Rien en un mot ne manque à son lustre littéraire.

Une foule innombrable d'artistes en tous genres, particulièrement de peintres qui excellent sur-tout par le mérite de la composition, permet à la France de se placer à côté de l'Italie et au-dessus des autres contrées. Il suffit de nommer le Brun, le Poussin, le Sueur, Vernet, &c. Le Puget, Coysevox, Coustou, Houdon, &c. tiennent le premier rang parmi les sculpteurs. Une grande quantité de monumens civils et militaires dont la France est embellie ou qui servent à la défendre, rappellent des noms célèbres, tels que ceux de Vauban, le Nôtre, Mansard, Soufflot, &c.

Trois célèbres académies étoient établies dans la capitale de l'empire; savoir: l'académie française, l'académie des sciences et celle des inscriptions et belles-lettres. Elles furent supprimées à une époque où toute institution libérale étoit proscrite. Elles sont aujourd'hui remplacées par une seule compagnie savante qui embrasse toutes les branches de la littérature, des sciences et des arts: on lui a donné le nom d'*Institut national*. Il est divisé en quatre classes. La première, comme l'ancienne académie des sciences, traite des sciences physiques et mathématiques; la deuxième s'occupe de la langue et de la littérature françaises; elle tient lieu de l'ancienne académie française, et se forme comme elle de quarante membres; la troisième a pour objet l'histoire et la littérature ancienne, comme l'académie des inscriptions et belles-lettres; la quatrième enfin a pour attribution les beaux-arts.

Les universités ayant également été abolies, ainsi que les différens collèges, il a fallu donner à l'instruction une organisation nouvelle. Au collège de France, au musée d'histoire naturelle, sont ouverts des cours publics et gratuits sur divers objets d'histoire naturelle et de littérature ou langues anciennes et modernes. La médecine et la pharmacie ont des écoles; savoir: à Paris, à Montpellier, à Strasbourg, à Turin et à Gênes.

L'école vétérinaire d'Alfort, près Paris, a été conservée. Il y en a une seconde à Lyon.

Les villes de Paris, d'Aix, de Bruxelles, de Caen, de Coblentz, de Dijon, de Grenoble, de Poitiers, de Rennes, de Strasbourg, de Toulouse, de Turin, de Gênes, ont des écoles de droit; ce qui en porte le nombre à treize.

On a établi à Fontainebleau une école spéciale militaire.

L'école polytechnique prépare des sujets pour celles d'artillerie, du génie, des ponts et chaussées, des mines, &c. Enfin, un prytanée français, quarante-cinq lycées, un grand nombre d'écoles secondaires, et des écoles primaires, complètent le système de l'instruction.

Dans les provinces, des sociétés particulières qui ont pour objet soit la littérature, les sciences et les arts, soit l'agriculture, concourent aux progrès rapides des connoissances.

Les mœurs, les caractères, l'habillement diffèrent plus encore que la langue dans les divers départemens, si sur-tout on établit la comparaison entre des provinces éloignées. L'empire de la mode n'y opère pas des changemens continuels, et n'y met pas tout au niveau comme dans la capitale. Les hommes y sont les mêmes depuis des siècles.

Cette différence n'étonnera pas, si l'on songe que la monarchie française s'est composée successivement de peuples divers qui chacun avoient leurs habitudes et les ont conservées. En général, le caractère français est la gaîté. Il est peu de nations où il règne plus d'urbanité, et où les étrangers trouvent plus d'égards. On accuse les Français d'être légers et frivoles; ils sont en général bons et humains; et si ce qui s'est passé pendant quelques années de la révolution en donne une idée différente, il faut songer que les caractères s'altèrent dans les grandes convulsions, et qu'il ne faut pas juger les peuples d'après quelques circonstances particulières qui les jettent hors du cercle de leurs affections et de leurs sentimens ordinaires. On s'exposeroit à de bien grandes erreurs sur l'esprit et le bon sens d'un homme, si l'on prenoit pour base de l'opinion qu'on s'en forme, ce qu'il dit et fait dans l'accès d'une fièvre ardente.

Les logemens en France sont en général plus élégans que commodes ou propres, négligence qui pourroit venir de ce que la température et la salubrité du climat rend cette sorte de soin moins nécessaire.

Cette observation ne s'applique ni à la capitale ni aux grandes villes, où rien n'est communément négligé de ce qui peut contribuer à la commodité et aux agrémens de la vie. En France, dans les villes, les amusemens sont le jeu, le spectacle quand il y a des théâtres, les bals, &c.; dans les campagnes, des danses champêtres et quelques jeux d'exercice.

Les Français excellent pour le goût et l'élégance dans tous les arts. Des manufactures en tous genres, des fabriques où se travaillent les matières premières, rivalisent non-seulement avec celles de tout le continent, mais même avec les manufactures anglaises, pour les draps, les toiles, la bonneterie, la filerie, les porcelaines, les cristaux, l'acierie, la quincaillerie, &c. Une preuve de cette égalité de succès dans les produits de l'industrie, c'est que les Anglais achetent quelquefois en France des objets manufacturés, qu'ils marquent et revendent comme anglais. Les manufactures françaises les plus renommées sont celle de tapisseries des Gobelins, qui imitent les plus beaux tableaux; celles de tapis de la Savonnerie, de porcelaine de Sèvres, &c.; de cristaux du Creuzot, &c.; de draps de Louviers, &c.; de toiles de Flandre, de Laval, &c.; de dentelles de Valenciennes, d'armes à Charleville, de toiles peintes de Jouy, de glaces de Saint-Gobain, de vitriol à Urcel près Laon, de papiers à Angoulême, à Annonay, en Auvergne, à Limoges, &c. et une foule d'autres, tant anciennes que nouvelles. Des brasseries, des raffineries, des forges, des fonderies, des fabriques et des usines de tous les genres, travaillent les productions de la France et les matières brutes qu'elle tire de l'étranger.

Quelques-unes de ces fabriques néanmoins se vantent de progrès moins réels qu'apparens. Cette observation pourroit sur-tout s'appliquer à celles de papier, plus détériorées peut-être qu'améliorées par l'invention du papier vélin, dont la qualité est bien inférieure aux bons papiers employés par nos pères.

L'imprimerie, jadis florissante, honorée, encouragée et protégée par le gouvernement, est telle encore, que pour le goût, la teinte, l'élégance et la beauté des caractères, les Français ne le cèdent à aucune autre nation; mais en général elle a perdu sous le rapport de l'érudition, avantage qui se trouve aujourd'hui restreint aux presses de quelques imprimeurs de la capitale.

Le commerce étoit très-étendu avant la révolution; la France rivalisoit alors avec l'Angleterre et les nations les plus commerçantes pour les exportations. La guerre les a suspendues en grande partie; mais le commerce est encore très-considérable dans l'intérieur du continent; les vins, le sel, les huiles, le vitriol, les livres et les modes, l'orfévrerie, les broderies et tous les produits des arts et des manufactures sont ses objets principaux. Alimenté par la grande variété des productions qu'offrent les différentes contrées de la France, il a conservé, malgré la défaveur des circonstances, une activité et une étendue proportionnées à la nombreuse population de ce beau pays. La pêche du hareng, de la morue et de la baleine, dont les Français partageoient les profits, est aujourd'hui presque nulle pour eux. Quelques parties de l'industrie ont souffert, soit parce que rien ne restreint les entreprises devenues souvent le partage de mains ineptes, soit parce que les apprentissages sont négligés, soit enfin parce que des entrepreneurs malhabiles étant incapables de diriger la main-d'œuvre, et d'apprécier le mérite du travail, l'amour-propre des ouvriers n'a plus d'aiguillon. Quelques années de paix et le coup-d'œil d'un gouvernement éclairé suffiront pour faire disparoître cet inconvénient, et porteront le commerce et l'industrie française au plus haut degré de prospérité.

La navigation intérieure est facilitée en France par un grand nombre de rivières et de canaux. Les plus remarquables sont ceux, du *Languedoc*, qui joint la Méditerranée à l'Océan; de *Bourgogne*, qui fait communiquer la Loire avec la Saône; de *Briare*, entre la Loire et la Seine; de *Calais*, qui s'abouche avec ceux des Pays-Bas; du *Charolais*, entre la Saône et la Loire; de *Picardie*, de *Bruges*, de *Bruxelles*, d'*Ostende*, &c. On travaille à celui qui doit amener l'Ourcq à Paris; on en creuse en Bretagne qui seront très-favorables aux approvisionnemens maritimes, et beaucoup d'autres sont projetés.

La France avoit cinq ordres militaires: celui de Saint-Lazare, établi dans la Palestine dans le douzième siècle; celui de Saint-Michel, créé par Louis xi; celui du Saint-Esprit, par Henri iii; celui de Saint-Louis, par Louis xiv, et celui du mérite militaire, par Louis xv en faveur des officiers de ses troupes, nés dans les pays protestans. Ces ordres ont été abolis pendant la *révolution*. L'empereur y a substitué la Légion d'honneur, pour servir de récompense aux services tant militaires que civils ou littéraires. Elle est composée de seize cohortes; elle a des grands-officiers, des commandans, des officiers et des légionnaires. Un traitement est affecté à chaque grade.

Il y a en France liberté de conscience. La religion catholique romaine y est la plus suivie. Les luthériens et les calvinistes y ont des églises protégées par le gouvernement. Un concordat passé avec le pape, et une loi organique règle ce qui concerne le culte.

Avant la révolution on voyoit en France un grand nombre d'églises, d'abbayes, de couvens, de châteaux antiques, que l'on a démolis. Plusieurs de ces édifices méritent des regrets, les uns comme monumens, d'autres comme établissemens utiles.

Avant 1789, la France se divisoit de différentes manières, suivant que l'on considéroit, ou son gouvernement militaire, ou l'administration des finances et la police, ou la jurisdiction ecclésiastique, ou celle de la justice.

Sous le premier rapport, elle étoit partagée en quarante gouvernemens, dont trente-deux que l'on nommoit grands gouvernemens, formoient presqu'en totalité la division géographique du territoire français. De ces gouvernemens huit étoient au nord; c'étoit la Flandre française, l'Artois, la Picardie, la Normandie, l'Ile-de-France, la Champagne, la Lorraine et l'Alsace.

Treize occupoient le milieu de la France; c'étoit la Bretagne, le Maine, l'Anjou, la Touraine, l'Orléanais, le Berry, le Nivernais, la Bourgogne, la Franche-Comté, le Poitou, l'Aunis, la Marche, le Bourbonnais.

Enfin, il y en avoit onze au midi; savoir: la Saintonge avec l'Angoumois, le Limosin, l'Auvergne, le Lyonnais, le Dauphiné, la Guienne, le Béarn, le comté de Foix, le Roussillon, le Languedoc, la Provence.

A cela il faut ajouter le comtat Venaissin qui, bien que sous la domination du pape, étoit enclavé dans la France, et la principauté d'Orange, ancien domaine d'une branche de la maison de Nassau, mais que Louis xiv avoit réunis à la couronne.

Les huit petits gouvernemens étoient Paris, Boulogne avec le Boulonnais dans la Picardie, Saumur et le Saumurois entre l'Anjou et le Poitou, les deux évêchés de Metz et de Verdun, celui de Toul en Lorraine, la ville de Sedan et l'île de Corse.

Sous le rapport civil, la France étoit divisée en généralités ou intendances. On appeloit *généralité* l'étendue de jurisdiction d'un bureau de trésorier de France pour la répartition et la recette des impôts. Il y avoit à la tête de chaque généralité un commissaire du roi nommé intendant, ce qui avoit fait donner aux généralités le nom d'intendances. Les intendances étoient partagées en élections dans les pays qui n'étoient pas pays d'Etat. On appeloit *élections* des tribunaux où l'on jugeoit les contestations qui s'élevoient au sujet des impôts. Les officiers de ces tribunaux portoient le nom d'élus.

Les pays d'*Etat* avoient des administrations particulières, et régloient l'impôt dans des assemblées de la province.

On comptoit trente-deux intendances ou généralités; savoir: Paris, Amiens, Rouen, Alençon, Caen, Nantes, Tours, Orléans, Soissons, Châlons, Metz, Poitiers, Bourges, Dijon, la Rochelle, Limoges, Riom, Moulins, Bordeaux, Montauban, Toulouse, Auch, Montpellier, Lyon, Grenoble, Aix, Alsace, Lille, Franche-Comté, Roussillon, Pau, Maubeuge.

Sous le rapport religieux, la France étoit divisée en dix-huit grandes provinces ecclésiastiques, dont les chefs-lieux se nommoient archevêchés. Chaque archevêché avoit sous sa dépendance un certain nombre d'évêchés, qu'on nommoit suffragans. La réunion des archevêchés et évêchés formoit le clergé de France, l'un des trois ordres de l'Etat.

Nous joignons ici, comme tenant essentiellement aux connoissances géographiques et historiques, une liste des dix-huit anciennes provinces ecclésiastiques ou archevêchés, et des évêchés qui en dépendoient. Il y en avoit cinq au nord: savoir:

CAMBRAY: ses suffragans étoient Arras et Saint-Omer.

ROUEN avec six suffragans; savoir: Bayeux, Avranches, Evreux, Seez, Lizieux, Coutances.

PARIS avec quatre suffragans; savoir: Chartres, Meaux, Orléans, Blois.

REIMS avec huit suffragans; savoir: Soissons, Châlons-sur-Marne, Laon, Senlis, Beauvais, Amiens, Noyon, Boulogne.

SENS avec trois suffragans; savoir: Troyes, Auxerre, Nevers.

Le milieu de la France étoit occupé par trois archevêchés; c'étoit:

TOURS avec onze suffragans; savoir: le Mans, Angers, Rennes, Nantes, Quimper, Saint-Pol-de-Léon, Treguier, Saint-Brieux, Saint-Malo, Dol et Vannes.

BOURGES avec cinq suffragans; savoir: Clermont, Limoges, le Puy en Velay, Tulles, Saint-Flour.

BESANÇON n'avoit pour suffragant que Bellay.

On comptoit au milieu de la France les dix archevêchés suivans:

LYON avec cinq suffragans; savoir: Autun, Langres, Mâcon, Châlons-sur-Saône, Dijon.

EMBRUN avec cinq suffragans; savoir: Digne, Grasse, Vence, Glandève, Senez.

VIENNE avec quatre suffragans; savoir: Grenoble, Viviers, Valence, Die.

BORDEAUX avec neuf suffragans; savoir: Agen, Angoulême, Saintes, Poitiers, Périgueux, Condom, Sarlat, la Rochelle, Luçon.

AUCH avec dix suffragans; savoir: Dax, Lectour, Cominges, Couserans, Aire, Bazas, Tarbes, Oleron, Lescar, Bayonne.

Toulouse avec sept suffragans; savoir: Montauban, Mirepoix, Lavaur, Rieux, Lombez, Saint-Papoul, Pamiers.

Alby avec cinq suffragans; savoir: Rhodez, Castres, Cahors, Vabres, Mende.

Narbonne avec dix suffragans; savoir: Beziers, Agde, Carcassonne, Nismes, Montpellier, Lodève, Uzès, Saint-Pons, Aleth, Alais.

Arles avec trois suffragans; savoir: Marseille, Saint-Paul-Trois-Châteaux, Toulon.

Aix avec cinq suffragans; savoir: Apt, Riez, Fréjus, Gap, Sisteron.

Outre ces évêchés, neuf autres étoient suffragans d'archevêques étrangers; savoir: Saint-Claude, Metz, Toul, Verdun, Nancy, Saint-Diez, Perpignan, Orange et Strasbourg. Ainsi en France il y avoit en tout cent trente siéges tant archiépiscopaux qu'épiscopaux. Quelques-uns de ces siéges avoient le titre de duché et de comtés-pairies. Les ducs et pairs étoient l'archevêque de Reims, l'évêque de Laon et celui de Langres. Les comtes et pairs étoient les évêques de Beauvais, de Noyon et de Châlons-sur-Marne.

Sous le rapport de l'administration de la justice, la France étoit divisée en différentes cours supérieures; les unes portoient le nom de *parlemens*, et les autres de *conseils supérieurs.* Sous ces cours étoient des présidiaux et bailliages, qui jugeoient en première instance, avec la faculté d'appel aux cours dont ils ressortissoient. Les parlemens étoient au nombre de douze; savoir: celui de Paris, que l'on nommoit aussi cour des pairs, parce que les pairs y avoient droit de séance, et ceux de Toulouse, Rouen, Grenoble, Bordeaux, Dijon, Aix, Rennes, Pau, Metz, Besançon, Douai. Les conseils supérieurs étoient au nombre de quatre; savoir: le grand conseil siégeant à Paris avec diverses attributions, le conseil supérieur de Roussillon siégeant à Perpignan, le conseil supérieur d'Alsace siégeant à Colmar, et le conseil supérieur d'Artois siégeant à Arras.

Quoique toutes ces institutions aient été détruites pendant la révolution, et remplacées par un nouvel ordre de choses, il nous a paru nécessaire d'en donner une idée, sans laquelle celui qui liroit l'histoire des temps qui ont précédé l'époque présente, ne pourroit y rien comprendre. A ces anciennes divisions on a substitué celles dont nous allons faire mention.

Sous le rapport militaire, la France est aujourd'hui partagée en vingt-huit divisions, qui pourtant n'en font que vingt-sept, parce que la dix-septième est unie à la première. Chacune de ces divisions est commandée par un général de division. Les résidences de ces généraux ou chefs-lieux de division sont à Paris, Mezières, Metz, Nancy, Strasbourg, Besançon, Grenoble, Marseille, Montpellier, Toulouse, Bordeaux, Nantes, Rennes, Caen, Rouen, Lille, Dijon, Lyon, Périgueux, Poitiers, Tours, Bastia, Bruxelles, Liége, Coblentz, Turin et Gênes.

Un sénatus-consulte divise le territoire français en autant de sénatoreries qu'il y a de cours d'appel, c'est-à-dire en trente-deux sénatoreries. Elles sont à la nomination de l'empereur et possédées à vie. Les chefs-lieux sont Agen, Aix, Ajaccio, Amiens, Angers, Besançon, Bordeaux, Bourges, Bruxelles, Caen, Colmar, Dijon, Douai, Gênes, Greuoble, Liége, Limoges, Lyon, Metz, Montpellier, Nancy, Nismes, Orléans, Paris, Pau, Poitiers, Rennes, Rioms, Rouen, Toulouse, Trèves, Turin.

Nous avons vu que sous l'ancien régime la France avoit cent trente tant archevêchés qu'évêchés. Le concordat a considérablement réduit ce nombre: on ne compte plus dans tout le territoire français, que douze archevêchés, quoique son étendue soit considérablement accrue. Voici le nom de ces archevêchés avec celui des diocèses qui en dépendent:

Paris avec huit suffragans; savoir: Troyes, Amiens, Soissons, Arras, Cambrai, Versailles, Meaux et Orléans.

Malines avec sept suffragans; savoir: Namur, Tournai, Aix-la-Chapelle, Trèves, Gand, Liége et Mayence.

Besançon avec cinq suffragans; savoir: Autun, Metz, Strasbourg, Nancy et Dijon.

Lyon avec quatre suffragans; savoir: Mende, Grenoble, Valence et Chambéry.

Aix avec quatre suffragans; savoir: Nice, Avignon, Ajaccio et Digne.

Toulouse avec cinq suffragans; savoir: Cahors, Montpellier, Carcassonne, Agen et Bayonne.

Bordeaux avec trois suffragans; savoir: Poitiers, la Rochelle et Angoulême.

Bourges avec trois suffragans; savoir: Clermont, Saint-Flour et Limoges.

Tours avec sept suffragans; savoir: le Mans, Angers, Nantes, Rennes, Vannes, Saint-Brieux et Quimper.

Rouen avec quatre suffragans; savoir: Coutances, Bayeux, Séez et Evreux.

Turin avec sept suffragans; savoir: Saluces, Acqui, Coni, Asti, Alexandrie, Verceil et Yvrée.

Gênes avec six suffragans; savoir: Novi, Vintimille, Albenga, Savone, Sarzana et Noli.

Ce qui fait en tout douze archevêchés et soixante-trois évêchés, ou soixante-quinze siéges, tant archiépiscopaux qu'épiscopaux.

A l'ancienne division par gouvernemens a succédé, en 1790, celle par départemens, et ce fut un des premiers travaux de l'assemblée constituante. Ces départemens furent d'abord fixés à quatre-vingt-deux sans la Corse qui faisoit le quatre-vingt-troisième. L'occupation de l'Avignonais, de la Savoie et de quelques autres pays, la conquête de la Belgique, du pays de Liége et de celui de Trèves, en firent porter le nombre à cent trois. Au moyen de la réunion à l'empire français, de Genève et pays adjacens, du Piémont et de l'État de Gênes, il y a aujourd'hui cent dix départemens, sans ceux des colonies. A la tête de chacun de ces départemens est un préfet chargé de l'administration. Il est aidé d'un conseil de préfecture. Dans chaque préfecture est un conseil électoral de département. Le territoire du département est sous-divisé en arrondissemens communaux, dans chacun desquels est un sous-préfet, et dans chaque sous-préfecture est un collége électoral d'arrondissement.

En général, on a donné aux divers départemens des noms tirés ou des rivières qui y coulent, ou des montagnes qu'on y trouve, ou de leur situation, ou de quelqu'autre localité.

Nous décrirons d'abord les quatre-vingt-trois départemens établis sur l'ancien territoire de la France, auxquels il faut joindre les deux qu'on a établis en Corse. Nous parlerons ensuite des vingt-cinq connus sous le nom de départemens *réunis*, parce qu'ils ont été formés ou de territoires conquis, ou de pays qui ont demandé leur réunion à l'empire français.

Nouvelle division de l'ancien territoire français en quatre-vingt-cinq départemens, comparée à son ancienne division en trente-deux provinces.

1°. Le département du Nord, l'un des plus peuplés de la France; son territoire extrêmement fertile produit du blé, des pâturages, du lin, du chanvre, du tabac et des colzas; les bestiaux y sont très-nombreux et fournissent d'excellent beurre. Il correspond à la Flandre française, au Cambrésis et au Hainaut français. Son chef-lieu est Lille, capitale de la Flandre française, ville peuplée et commerçante, sur la Deule. Les autres villes sont Douai sur la Scarpe, chef-lieu d'une sénatorerie; Bergue, ville forte; Dunkerque, port de mer et patrie de Jean Bart; Cambrai et Valenciennes sur l'Escaut, la première de ces villes a un siége épiscopal; Avesnes, Gravelines, Cassel, Condé, Bouchain, le Quesnoi, &c.

2°. Le département du Pas-de-Calais: il est remarquable par sa fertilité; les habitans s'adonnent particulièrement à l'agriculture; ils récoltent du blé, du chanvre, des colzas; les pâturages y sont abondans. Ce département répond à l'Artois et au Boulonnais. Son chef-lieu est Arras, capitale de l'Artois, ville forte sur la Scarpe avec un siége épiscopal. Les autres villes sont Calais et Boulogne, ports de mer; Saint-Omer sur l'Aa, Béthune, Saint-Pol, Montreuil, Hesdin, Bapaume.

3°. Le département de la Somme: il produit beaucoup de blé, du chanvre, du lin, du colza, des graines huileuses, des légumes, des haricots, &c. On y nourrit une grande quantité de volaille et de moutons dont la laine est fort belle; il y a des forêts; on y brûle de la tourbe. La côte qui borde ce département est poissonneuse. Il comprend l'Amiénois avec le Santerre, qui appartiennent à la Haute-Picardie, le Ponthieu et le Vimeux, qui font partie de la Basse. Son chef-lieu est Amiens, capitale de la Picardie, évêché et chef-lieu de sénatorerie, sur la Somme, qui donne son nom au département. Les autres villes sont Abbeville sur la Somme, Saint-Valery à l'embouchure de cette rivière, avec un port; Saint-Riquier, Doulens, Péquigny, Corbie, Lihons, Péronne, Mont-Didier.

4°. Le département de la Seine inférieure: il produit du blé, des grains, du lin, du chanvre, du colza, de la navette et des pommes-de-terre. Il fournit du cidre, du poiré, des bestiaux et divers autres produits, des étoffes de fil, de coton, &c. Son chef-lieu est Rouen, archevêché et capitale de la Normandie, ville considérable et commerçante sur la Seine, et chef-lieu d'une sénatorerie. Les autres villes sont le Havre, à l'embouchure de la Seine; Dieppe et Fécamp, ports de mer; Harfleur, Neufchâtel, fameux par ses fromages; Forges, par ses eaux minérales; Caudebec, Gournay, dont le beurre est renommé, &c.

5°. Le département du Calvados tire son nom d'une chaîne de rochers qui bordent la côte depuis Caen jusqu'à Notre-Dame de Délivrance: il est remarquable par ses vergers de pommiers et de poiriers dont les fruits servent à faire des boissons. Il a des mines de fer, et produit des chevaux estimés; on y récolte des grains de diverses espèces. Son chef-lieu est Caen sur l'Orne, ville considérable et chef-lieu d'une sénatorerie. Les autres lieux principaux sont Bayeux, avec un évêché; Pont-l'Evêque, Lisieux, Falaise, dans un faubourg de laquelle se tient la fameuse foire de Guibrai; Vire, Orbec, Honfleur, Isigny, dont le cidre est renommé.

6°. Le département de la Manche: il fournit beaucoup de bestiaux que l'on y engraisse; le Cotentin nourrit de bons chevaux; les pâturages y sont excellens, les pommiers très-nombreux et très-productifs. Il fournit de la garance, des laines; on y fabrique du parchemin, de la dentelle, des toiles et des serges. Le chef-lieu est Saint-Lô sur la Vire. Les autres villes sont Coutances, siége épiscopal; Avranches, Cherbourg, port où depuis peu l'on a fait d'immenses travaux; Mortain, le fort de la Hogue, fameux par la bataille navale que le maréchal de Tourville y perdit en 1692 contre les Anglais.

7°. Le département de l'Orne: on y trouve des mines de fer très-abondantes, des carrières de granit, du cristal de roche, des terres à faïence et à briques. Le sol humide et bas y convient beaucoup aux pâturages, et l'on y élève une très-grande quantité de bestiaux, des chevaux et des porcs. Son chef-lieu est Alençon, fameuse par ses dentelles nommées *point d'Alençon*; elle est sur la Sarthe. Les autres villes sont Laigle, où l'on fabrique des épingles; Argentan, Domfront, Séez, avec un siége épiscopal; Mortagne, &c.

8°.

8°. Le département de l'EURE : il possède des mines de fer très-riches et des sources minérales ; le climat y est humide et froid ; on y fait un peu de mauvais vin, beaucoup de poiré très-fort et des cidres, que quelques propriétaires convertissent en eau-de-vie. Ce département a de plus, de belles prairies et des terres à blé. On y fabrique des toiles et des étoffes de laine. Son chef-lieu est Évreux, évêché, sur l'Iton. Ses autres villes sont Pont-Audemer, Louviers et Elbœuf, où sont de belles fabriques de draps ; Pont-de-l'Arche, les Andelys, patrie du Poussin ; Gisors, Gaillon, Bernay, Verneuil, Vernon, &c.

Ces cinq départemens composoient l'ancienne Normandie.

9°. Le département de l'OISE : il produit de tout, excepté du vin. On y trouve particulièrement de très-bons artichants, des grains, du lin et du bois. Il nourrit d'excellente volaille et des bestiaux ; la laine de ses moutons est très-estimée. Il y a des carrières de bitume qui sert à l'engrais. Son chef-lieu est Beauvais sur le Therain ; c'est la patrie de l'héroïne Jeanne Hachette, qui défendit cette ville en 1472 contre le duc de Bourgogne. Ses autres villes sont Clermont en Beauvoisis, Saint-Just, Compiègne, Breteuil, Senlis, Chantilly, Crespy, ancienne capitale du Valois, &c.

10°. Le département de l'AISNE : il produit toutes sortes de grains et graines, du fromage, du vin, du cidre, du bois ; le climat est tempéré, l'air sain. Il y a des carrières de pierres à bâtir, de grès, de sable, de gypse, de marne, d'argile, de glaise, de tourbe et des cendres vitrioliques. Son chef-lieu est Laon, située sur une montagne. Les autres lieux remarquables sont Soissons sur l'Aisne, évêché et chef-lieu d'une sénatorerie ; Château-Thiery, Saint-Quentin, renommé par son commerce, ses filatures et son canal ; Vervins, Marle, la Fère, qui a une école d'artillerie ; Chauny, Vaily, Braine, Villers-Cotterets, la Ferté-Milon, Saint-Gobain, simple bourg, mais où se trouve la plus belle manufacture de glaces de l'Europe.

11°. Le département de SEINE ET OISE : on y récolte du vin médiocre ; le cidre y est bon ; il produit une très-grande quantité de blé, de grains, de légumes, des fourrages et des fruits dont s'approvisionne Paris. Le chef-lieu est Versailles, ville bâtie par Louis XIV et ancienne résidence des rois de France ; elle a un siége épiscopal. Les autres villes sont Saint-Germain-en-Laie, Mantes sur la Seine, Pontoise, Corbeil et Poissy sur la Seine, Houdan, Rambouillet, Montlhéry, Dourdan, Etampes ; et dans le voisinage de Versailles, Saint-Cloud et Marly, bourgs dont le premier a un château qui sert de résidence à l'empereur, et l'autre est fameux par la machine qui fournit des eaux à Versailles.

12°. Le département de la SEINE : il est renfermé dans une enclave d'environ deux lieues de rayon. Son territoire, chargé d'engrais, produit des légumes et des grains en abondance ; mais Paris, son chef-lieu et capitale de tout l'empire, forme la plus grande partie de sa population et fait sa principale richesse. Cette ville, que l'on prendroit elle-même pour la réunion de plusieurs cités du premier rang, l'emporte, par son étendue par sa magnificence, par sa richesse, par ses nombreux établissemens non-seulement sur toutes celles de France, mais encore sur la plupart des capitales de l'Europe. Elle est située dans deux îles et sur les deux rives de la Seine, qui la coupe par moitié et la traverse, renfermée entre de magnifiques quais, que tout récemment on vient encore d'augmenter et d'embellir. Des boulevards ou longues avenues d'arbres, l'entourent dans sa presque totalité. Au-delà de ces boulevards sont des faubourgs immenses dont la plupart pourroient passer pour de grandes villes. Un nombre infini de rues dont plusieurs, sur-tout dans les anciens quartiers, sont trop étroites, mais dont beaucoup sont larges et bien alignées, en forment les communications. Dans l'intérieur sont de vastes places, dont les unes sont richement décorées, et les autres offrent des emplacemens commodes pour les marchés ou des foires. Les principales de ces places sont celle de Louis XV ou de la Concorde, celle du Carrousel devant le palais des Tuileries, celles de Vendôme, des Victoires, la place des Innocens, la place de Grève, celle nommée autrefois Royale, aujourd'hui des Vosges, celle qui doit être faite devant le portail de Saint-Sulpice, celle Dauphine aujourd'hui Desaix, &c.

Paris offre aux yeux des curieux un grand nombre d'édifices et de monumens publics, parmi lesquels on compte six palais ; savoir : celui des Tuileries où réside l'empereur, le Luxembourg affecté au Sénat, le palais autrefois Royal, affecté au Tribunat, et le palais dit autrefois de Bourbon où siège le Corps législatif, le palais de Justice occupé par les principaux tribunaux, et enfin le Louvre destiné à devenir le palais des sciences et des beaux-arts. Plusieurs églises sont remarquables par la beauté de leur architecture ; on peut citer parmi celles du genre gothique l'église métropolitaine de Notre-Dame, d'une immense étendue et dont les piliers et les voûtes sont d'une hardiesse et d'une légéreté qui étonnent ; les églises de Saint-Eustache, de Saint-Sulpice, de Saint-Roch, celle de Saint-Etienne-du-Mont, d'une architecture singulière, mais admirable par sa délicatesse, celle de Saint-Gervais, dont on admire le portail, ont chacune leur genre de beauté. La nouvelle église de Sainte-Geneviève, aujourd'hui le Panthéon, sera un chef-d'œuvre si l'on peut parvenir à y réparer quelques défauts de construction. Le dôme des Invalides est digne de la grandeur du siècle où il a été élevé, et peut être mis à côté de ce que Rome ancienne et moderne a de plus beau.

A ces édifices on peut ajouter les portes Saint-Martin et Saint-Denis, l'Ecole de Médecine, l'Ecole militaire, l'Hôtel des Invalides, l'Hôtel des Monnoies, le Val de Grace, l'Observatoire, les colonnades du Louvre et de la place Louis XV, et plusieurs autres bâtimens publics ou particuliers.

Neuf ponts principaux établissent la communication entre les deux côtés de la Seine ; on en construit un dixième. Quatre jardins publics offrent des promenades délicieuses, sans compter les Boulevards, le Champ de Mars et les Champs-Elysées. Quatre grands hôpitaux, l'Hôtel-Dieu,

K

la Charité, l'hôpital Saint-Antoine et celui de Saint-Louis, cinq autres petits hôpitaux accessoires, plusieurs autres hospices, comme Bicêtre, la Salpêtrière, les Incurables, la Maternité, sont ouverts à l'humanité souffrante; toutes les maladies y trouvent des secours; l'indigence et tous les âges des ressources. Les autres établissemens de bienfaisance sont l'institution des Sourds et Muets à Saint-Magloire, rue du faubourg Saint-Jacques; celui des Aveugles, ci-devant dit des Quinze-Vingts, rue de Charenton; un hospice des Ménages, destiné aux époux indigens; un hospice des Orphelins, et un autre des Orphelines, pour les enfans abandonnés, la Pitié, l'hospice des Vieillards à Chaillot, &c.

Paris semble être sur-tout, le sanctuaire des sciences et des arts. Nulle ville n'est plus riche en objets propres à les porter au plus haut degré de perfection; nulle part ceux qui les cultivent ne sont rassemblés en plus grand nombre. Là se trouve la Bibliothèque Impériale, d'une étendue unique, riche en éditions les plus estimées, en manuscrits les plus rares, en gravures anciennes et modernes les plus parfaites. A cette bibliothèque est joint un Musée des Antiques, contenant une ample collection de médailles, de pierres gravées et d'autres objets curieux et rares. Trois autres *bibliothèques* sont établies dans divers quartiers de Paris; savoir: celle de l'Arsenal, celle des Quatre-Nations à l'ancien collége de ce nom, et celle du Panthéon à l'ancienne abbaye de Sainte-Geneviève. Un Musée d'Histoire naturelle, un Musée des Mines, une belle Ecole botanique, des cours de toutes les sciences physiques offrent au Jardin des Plantes tous les moyens d'instruction; d'autres cours publics et gratuits sont faits au collége de France par les plus habiles professeurs. Un bureau des longitudes pour les observations astronomiques, un Observatoire et des Ecoles spéciales de Médecine, de Droit, de Législation, des Lycées, complètent tout ce qui a rapport aux sciences.

Des Ecoles de Peinture, de Sculpture et d'Architecture, une Ecole gratuite de Dessin, présentent les mêmes ressources pour les beaux-arts. La grande galerie des tableaux et le Musée Napoléon renferment ce que l'univers a de plus précieux dans les deux genres. Le Musée des Antiques aux Petits-Augustins a le mérite, ou peut-être le défaut, de renfermer dans un petit emplacement un grand nombre de monumens curieux, épars autrefois en différens lieux, mais dont il faut avouer qu'on lui doit la conservation.

Les arts de pur agrément n'y éprouvent pas une moindre faveur. Une Académie impériale de Musique et un Conservatoire sont établis rue Bergère pour les élèves qui se destinent à la culture de cet art; plusieurs salles de spectacles, pour la tragédie, la comédie, l'opéra-comique, sont répandues dans la capitale et destinées à l'exécution des diverses pièces anciennes ou nouvelles qui font honneur au génie national, ou dont l'oisiveté veut s'amuser.

Paris ne le cède non plus à aucune autre ville du côté du commerce, de l'industrie et des manufactures. On y trouve à s'assortir en tout genre, soit des productions nationales, soit de celles qui proviennent de l'étranger; tous les arts et métiers s'y exercent avec succès; les meilleurs ouvriers y affluent. De célèbres fabriques sont établies dans cette ville ou dans les environs. Telles sont la manufacture des Gobelins dans le faubourg Saint-Marceau, celle des glaces dans le faubourg Saint-Antoine, celle de la Savonnerie dans le voisinage de Passy, celles de porcelaines à Sèvres, d'armes à Versailles, et une quantité innombrable de fabriques particulières. Un Conservatoire des Arts et Métiers, rue Saint-Martin et à l'ancien prieuré de ce nom, reçoit toutes les machines en usage dans les arts mécaniques.

Paris enfin est le siége du gouvernement, le lieu de réunion des plus célèbres sociétés savantes de l'empire, le séjour du luxe, le centre des amusemens et des plaisirs, le théâtre de grandes vertus, et malheureusement aussi le réceptacle de beaucoup de débauche et de misère.

Les environs de Paris ne sont pas moins admirables par la beauté des sites, la commodité des routes, le grand nombre des châteaux, maisons de campagne, jardins, parcs, et par toutes les magnificences qui caractérisent ordinairement le voisinage des villes opulentes.

La population de Paris est sans cesse renouvelée par l'élite de la jeunesse des départemens. Elle est évaluée à environ 550,000 ames; on la portoit jadis par supposition à un million.

13°. Le département de SEINE ET MARNE, est propre à la culture des grains, dont il fournit une grande quantité; il produit aussi du vin, des légumes, des fruits, des laines; la forêt de Fontainebleau y est enclavée, ainsi que d'autres portions considérables de bois; il y a des fabriques de toiles peintes, de porcelaines, des papeteries, verreries et autres manufactures importantes. Son chef-lieu est Melun sur la Seine, patrie de Jacques Amyot, traducteur des Œuvres de Plutarque. Les autres villes sont Meaux, siége épiscopal sur la Marne; Coulomiers, Provins, Fontainebleau, chef-lieu d'une cohorte de la légion d'honneur; avec un château impérial et une Ecole spéciale militaire; Lizy, Lagny, Crécy, Montereau, nommée *Faut-Yonne*, parce que cette ville est au confluent de l'Yonne avec la Seine; Nemours sur le Loing.

Ces quatre départemens ont été formés de l'Ile-de-France.

14°. Le département des ARDENNES est en grande partie couvert par la forêt de ce nom. Il conserve des traces d'un volcan dans un cratère qui forme le bassin d'un lac au sommet d'une montagne. Au nord il y a dans les forêts quelques terres froides et presque incultes; vers l'Aisne on récolte des grains; au centre il y a beaucoup d'arbres fruitiers: il y a des mines de fer, des carrières de marbre et d'ardoise. Son chef-lieu est Mézières, ville forte sur la Meuse. Il a en outre Charleville, où est une manufacture d'armes; Sédan, qui a un arsenal; Donchery, Réthel, Ivoy-Carignan, petite ville très-ancienne; Philippeville, Rocroix, Givet, Mouzon, autrefois duché et domaine souverain; Vousiers, bourg où se fait un gros commerce de blé.

15°. Le département de la MARNE reçoit ce nom de la rivière qui le traverse. Le sol y est mêlé de craie et de cailloux; il produit des vins délicieux. L'air y est pur excepté près des marais : il y a des verreries et des fabriques d'ouvrages en acier. Son chef-lieu est Châlons sur la Marne. Ses autres villes sont Reims sur la Vesle, Sainte-Menehould, Vitry, Epernay, célèbre par ses vins; Sézanne, &c.

16°. Le département de l'AUBE, arrosé par la rivière de ce nom, est en partie couvert de vignobles; il y a des forêts très-étendues, le reste se compose de vastes plaines; le sol y est peu profond; les arbres y sont rares. Ce département produit des grains et des fourrages : il a des papeteries, des fabriques de bonneterie, &c. Le chef-lieu est Troyes, qui étoit regardée comme capitale de la Champagne. Cette ville située sur la Seine a un siége épiscopal; c'est la patrie de Girardon et de Mignard. On y fait d'excellente charcuterie. Les autres villes sont Nogent aussi sur la Seine, Bar-sur-Seine, Arcis-sur-Aube, Bar-sur-Aube, &c.

17°. Le département de la HAUTE-MARNE: il est ainsi nommé parce que la Marne y prend sa source; son territoire produit beaucoup de blé, du très-bon vin, du chanvre, du lin, du pastel ou guède, herbe qui sert à la teinture. Il y a des mines de fer et des carrières de pierres pour les meules à moulin. Son chef-lieu est Chaumont en Bassigny, patrie de Bouchardon. Les autres villes sont Langres, située à-peu-près dans le lieu le plus élevé de la France; Joinville, Château-Vilain-Vassy, Bourbonne, célèbre par ses eaux minérales; Saint-Dizier, &c.

Ces quatre départemens se partagent le territoire de la Champagne.

18°. Le département de la MEUSE : la rivière de ce nom y prend sa source. Il renferme de vastes forêts qui alimentent des forges et des verreries; le territoire produit du blé, du chanvre, du bois, &c. Son chef-lieu est Bar-sur-Ornain, auparavant Bar-le-Duc. Cette ville est environnée de coteaux qui produisent de très-bons vins. On trouve dans le même département Montmédy, ville forte sur une éminence, à côté de la petite rivière de Chiers; Stenay et Verdun, toutes deux sur la Meuse, la dernière de ces villes est célèbre par son commerce de dragées; Saint-Mihel, Commercy, avec un château bâti par le cardinal de Retz; Varennes, où fut arrêté Louis XVI; Clermont en Argonne, Vaucouleurs.

19°. Le département de la MOSELLE est traversé par la rivière de ce nom; il fournit des grains, des légumes, des fruits, des fourrages, du lin, du chanvre et du bois : il y a des mines de fer et de charbon de terre, des fonderies de canons, des fabriques de gros draps et de liqueurs. Son chef-lieu est Metz, siége épiscopal, chef-lieu d'une sénatorerie et ville fortifiée, sur la Moselle. Les autres villes sont Longwy, Thionville, Sar-Louis, bâtie par Louis XIV, Sarguem▓▓▓ Bitche, &c.

20°. Le département de la MEURTHE, est a▓▓▓ la rivière de ce nom; son territoire est assez fertile, et produit du blé, des graines, du vin, du bois. On y exploite des mines de fer et de charbon de terre, et on y trouve des sources d'eaux salées. Son chef-lieu est Nancy, jolie ville

en partie rebâtie nouvellement; c'étoit la capitale de la Lorraine : elle est siége épiscopal et chef-lieu d'une sénatorerie. Les autres villes sont Toul et Pont-à-Mousson, patrie de Barclay, toutes deux sur la Moselle; Château-Salins, ainsi nommé à cause de ses salines; Lunéville, avec un château magnifique autrefois résidence du roi Stanislas; Dieuze, Phalzbourg, renommée par ses liqueurs; Blamont, &c.

21°. Le département des VOSGES est borné au S. E. par les montagnes de ce nom qui occupent la moitié de son territoire, et dans lesquelles on récolte de l'orge, de l'avoine, du sarrazin, des pommes-de-terre. Elles sont couvertes de pâturages qui nourrissent de nombreux troupeaux; leur lait sert à faire des fromages très-estimés: ces montagnes fournissent beaucoup de bois de construction pour la marine et pour les ustensiles de ménage. On y trouve en outre des mines d'or, d'argent, de plomb, des carrières de marbre, du granit et beaucoup de sources minérales. Au nord on récolte du vin, des grains, des fourrages, du lin, du chanvre, &c. Il y a des forges, des papeteries, des verreries, des manufactures de scieries, de faïence, d'huile, des filatures de coton. Le chef-lieu est Epinal sur la Moselle. Les autres lieux remarquables sont Neufchâteau sur le Mouzon, Mirecourt, où l'on fabrique des violons et autres instrumens de musique; Saint-Diez sur la Meurthe, Remiremont, autrefois célèbre par son chapitre de chanoinesses; Plombières, dont les eaux minérales sont renommées; Rambervillers, &c.

Ces trois départemens répondent à la Lorraine.

22°. Le département du BAS-RHIN est borné vers l'E. par ce fleuve; il est couvert à l'occident de montagnes, dans lesquelles il y a de riches mines de fer, des mines de plomb et même d'anciennes mines d'or et d'argent, et des eaux minérales. Le pays est fertile en blé, herbages et vin; il est bien arrosé par le Rhin; il a d'autres rivières flottables qui favorisent son commerce alimenté d'ailleurs par les produits du sol, par les salines, le salpêtre, les usines, les fabriques de métaux en gros et en menus ouvrages; enfin les nombreuses manufactures en tous genres que ce riche département renferme. Le chef-lieu est Strasbourg, capitale de d'Alsace, sur l'Ill et à peu de distance du Rhin; c'est une ville forte et un siége épiscopal. Les autres villes du département sont Landau et Weissembourg, places fortifiées; Saverne, autrefois résidence des évêques; Bouquenon, Bouxvillers, Haguenau, Schelestadt, Marmoutiers, &c.

23°. Le département du HAUT-RHIN est, comme le précédent, borné par ce fleuve à l'E.; on trouve au midi d'excellens pâturages, des arbres fruitiers, des plantes médicinales très-estimées : il produit en outre toutes sortes de grains, de graines, de légumes et du bois. On y exploite des mines de fer, de plomb, de charbon de terre; il y a des forges très-considérables, des fabriques de draps, de toiles et de papier. Le chef-lieu est Colmar, siége d'une sénatorerie. Les autres villes sont Béfort, cédée à la France en 1648 par le traité de Westphalie; Mulhausen, qui formoit une petite république indépendante ; Neuf-Brissac, Delle, Huningue, Montbelliard, autrefois principauté ; Porentruy, ancienne résidence du prince-évêque de Bâle ; Delemont sur la Bysse, &c.

Ces deux départemens sont formés de l'Alsace.

24°. Le département d'ILLE ET VILAINE reçoit ce nom de ces deux rivières qui l'arrosent ; il y a d'excellens pâturages ; il fournit des grains, un peu de blé, des pommes-de-terre ; il possède des fabriques alimentées par les laines et les autres produits des bestiaux ; le beurre de la Prévalais est renommé. Son chef-lieu est Rennes, siége épiscopal et chef-lieu d'une sénatorerie. Les autres villes sont Saint-Malo, port sur la Manche ; Dol, Cancale, renommée par ses huîtres ; Vitré sur la Vilaine, Rédon sur la même rivière, avec un chantier de construction ; Fougères, &c.

25°. Le département des CÔTES DU NORD, est ainsi nommé de sa situation sur les côtes septentrionales de la Bretagne ; il produit des grains et sur-tout du maïs. Son chef-lieu est Saint-Brieux, siége épiscopal. Les autres villes sont Tréguier, dans une presqu'île ; Lannion, Guingamp, Châtel-Audren, Lamballe, Rostrenen, Loudéac, Dinan, &c.

26°. Le département du FINISTERRE : il termine la presqu'île de la Bretagne, et ne fournit que quelques espèces de grains. On y parle bas-breton. Le chef-lieu est Quimper, siége épiscopal ; c'est la patrie du jésuite Hardouin. Les autres villes sont Saint-Pol-de-Léon, Morlaix, port sur la Manche ; Brest, l'un des plus célèbres ports de France sur l'Océan ; Château-Lin, Landernau, Audierne, Quimperley, &c.

27°. Le département du MORBIHAN reçoit ce nom d'une lagune dans l'Océan ; il produit du blé, des grains, du maïs, du chanvre, du lin, des bestiaux, d'excellent beurre et du sel. On y pêche des sardines. Son chef-lieu est Vannes, port et siége épiscopal à deux lieues de la mer. Les autres villes sont le Faouet, Pontivi sur le Blavet, Ploermel, l'Orient, bâtie en 1720 pour être l'entrepôt de la Compagnie des Indes ; Hennebon, la Roche-Bernard, &c.

28°. Le département de la LOIRE INFÉRIEURE, prend ce nom de l'embouchure de ce fleuve située dans son enclave ; il produit beaucoup de grains, de fruits, de charbon-de-terre et de sel. Il a de gras pâturages et de riches manufactures. Le chef-lieu est Nantes sur la rive droite de la Loire et presqu'à son embouchure ; c'est une ville riche et très-commerçante ; elle a un siége épiscopal. Les autres villes sont Château-Briand, Ancenis sur la Loire, Paimbœuf à l'embouchure de la Loire, Savenay, Clisson, Machecoul, le Croisic, &c.

Ces cinq départemens sont formés de la Bretagne.

29°. Le département de la MAYENNE est arrosé par la rivière de ce nom ; il produit peu de grains, mais il fournit du lin, du chanvre, du cidre, d'assez mauvais vin, et nourrit beaucoup de bestiaux. Il y a des carrières de pierres et de marbre, des blanchisseries, des manufactures de draps et de toiles, et des forges. Son chef-lieu est Laval sur la Mayenne, lieu célèbre par ses toiles. Les autres villes sont Mayenne sur la rivière du même nom, Lassay, Sainte-Suzanne, Craon, Château-Gontier, &c.

30°. Le département de la SARTHE est arrosé par la rivière de ce nom ; il a un sol très-varié et approprié à plusieurs genres de productions : les principales sont des grains, des pâturages, des vins excellens, des fruits, des bestiaux, du gibier, du poisson, beaucoup de volailles exquises. Il a des mines de fer, du marbre, des ardoises ; on y a établi des forges, des verreries, des faïenceries, des papeteries, des manufactures de bougies et d'étamines. Le chef-lieu est le Mans, capitale de l'ancienne province du Maine ; cette ville est sur la Sarthe, à son confluent avec l'Huisne. C'est un siége épiscopal. Sa bougie et ses volailles sont renommées. Les autres villes sont Mamers sur la Dive, la Frenay, la Ferté-Bernard, Sillé-le-Guillaume, Bonnestable, Sablé sur la Sarthe, la Flèche, Château du-Loir.

Ces deux départemens occupent le Maine et le Perche.

31°. Le département de MAINE ET LOIRE est arrosé par ces deux rivières qui lui donnent leur nom ; il produit des grains, du vin, des fruits, du chanvre, du lin, du bois, du miel, un peu de soie ; il fait commerce d'huile, d'eaux-de-vie, de bestiaux, d'ardoises, de confitures sèches. Il répond à l'Anjou. Son chef-lieu est Angers sur la Mayenne ; c'est le siége d'un évêché et celui d'une sénatorerie. Les autres villes sont Ségré, Beaugé, Château-Neuf, Saint-Florent, Saumur sur la Loire, où se tinrent quatre conciles ; Cholet, &c.

32°. Le département d'INDRE ET LOIRE est arrosé par ces deux rivières et en a tiré son nom. Il fournit toute la France de pierres à fusil, abonde en grains, vins et fruits ; il a des manufactures d'étoffes et de toiles, et répond à la Touraine, pays si agréable qu'on le nommoit le *jardin de la France*. Le chef-lieu est Tours sur la Loire, siége d'un archevêché, patrie du père Rapin et de Destouches. Les autres villes sont Château-Renaud, Savigné, Amboise sur la Loire, Chinon, regardée comme la patrie de Rabelais, parce qu'il naquit dans le voisinage ; Loches, où est enterrée Agnès Sorel ; le château de cette ville servoit de prison d'État sous Louis XI.

33°. Le département d'EURE ET LOIRE, ainsi appelé des deux rivières de ce nom dont la première l'effleure à peine dans la partie septentrionale ; il répond à la Beauce, célèbre par sa fertilité en grains, qui lui a mérité le nom de *grenier de Paris* ; il produit aussi du vin médiocre, du bois, des laines. Son chef-lieu est Chartres, fameuse par le clocher de son ancienne cathédrale. Cette ville est sur l'Eure. On trouve dans ce département Dreux, Château-Neuf en Thimerais, Nogent-le-Rotrou sur l'Huisne, Ch[illegible], &c.

34°. Le département du LOIRET, dans lequel cette rivière prend sa source, a d'immenses vignobles dont on retire d'assez bon vin ; on y fait beaucoup d'excellent vinaigre et d'eau-de-vie. Il produit du safran.

On y trouve une belle forêt, connue sous le nom de forêt d'Orléans. Les rives du Loiret offrent des sites enchanteurs. Son chef-lieu est Orléans sur la Loire, évêché, chef-lieu de sénatorerie, ville fameuse par le siége que fit lever la pucelle d'Orléans en 1428 ; c'est la patrie du père Petau. Les autres villes sont Pethiviers, dont les pâtés sont renommés ; Neuville-aux-Bois, Courtenay, Montargis sur le Loing, Beaugency, Gien sur la Loire, &c.

35°. Le département de Loir et Cher est traversé par ces deux rivières ; il produit beaucoup de grains et de vins ; il s'y fait un grand commerce. Son chef-lieu est Blois sur la Loire. Les autres lieux sont Vendôme, patrie du poète Ronsard, Romorantin, Mondoubleau, Saint-Agnan, &c.

Ces trois départemens sont formés de l'Orléanais.

36°. Le département de l'Indre, dans lequel cette rivière a sa source, est fertile en grains, vins, chanvre, lin, &c. On y élève beaucoup de moutons, de bestiaux et de volaille. Il y a des mines de fer. Son chef-lieu est Château-Roux sur l'Indre. Les autres villes sont Châtillon-sur-Indre, Vatan, la Châtre, Issoudun, patrie du comédien Baron.

37°. Le département du Cher est arrosé par cette rivière ; il produit des grains, beaucoup de chanvre, du vin médiocre, des laines, du bois. Ses mines de fer sont sa principale richesse. Son chef-lieu est Bourges, siége d'un archevêché et d'une sénatorerie ; c'est la patrie des Pères Bourdaloue et Berthier. Les autres villes sont Sancerre, Méhun, où mourut Charles VII ; Lignières, Saint-Amand, Château-Meillant.

Le Berry forme ces deux départemens.

38°. Le département de la Nièvre, ainsi nommé parce que cette rivière y prend sa source, produit du blé, du vin, du bois, du charbon, du fer en très-grande quantité, de belles pierres blanches ; on y élève des bestiaux ; il y a des tanneries. Il répond au Nivernais. Son chef-lieu est Nevers sur la Loire, patrie du poète et menuisier Adam Billaut, dont les ouvrages sont connus sous le nom de *Chevilles de Maître Adam*. Les autres villes sont Cosne, Clamecy sur l'Yonne, Corbigny, la Charité, Château-Chinon sur l'Yonne, Moulins-Engilbert, &c.

39°. Le département de l'Yonne, est arrosé par cette rivière, et produit des grains de toute espèce, des légumes et des fruits, mais surtout du vin excellent ; il fournit aussi beaucoup de bois, de charbon, de bétail et de laine. Son chef-lieu est Auxerre sur l'Yonne. Les autres villes sont Sens et Joigny sur la même rivière, Tonnerre sur l'Armançon, Chablis, Avalon, Pont-sur-Yonne, Villeneuve-l'Archevêque, &c. La plupart de ces lieux sont entourés d'excellens vignobles.

40°. Le département de la Côte-d'Or reçoit ce nom d'une côte à qui ses riches vignobles l'ont fait donner ; il produit d'excellens vins. Ses mines alimentent beaucoup de fonderies et de forges. Son chef-lieu est Dijon, patrie de Bossuet et de Buffon, siége d'un évêché et d'une sénatorerie. Les autres villes sont Châtillon sur la Seine, Montbar, célèbre par la résidence de Buffon qui y composa son *Histoire Naturelle* ; Sémur en Auxois, Auxône, Arnay-le-Duc, Beaune, si fameuse par ses vins.

41°. Le département de Saône et Loire, ainsi nommé parce qu'il est arrosé par ces deux rivières, est célèbre par ses excellens vignobles. Il fait commerce de blé, de foin et de bétail. Son chef-lieu est Mâcon, renommée par ses vins ; cette ville est sur la rive droite de la Saône. Les autres villes sont Autun, évêché ; on y voit beaucoup de restes précieux de monumens antiques ; Châlons-sur-Saône, Charolles, Louhans, &c.

42°. Le département de l'Ain, ainsi nommé parce qu'il est arrosé par cette rivière, est rempli d'étangs et de marais qui y altèrent la salubrité de l'air. Quoique montagneux, il produit beaucoup de blé ; il a d'excellens fourrages, du vin et des mines de fer au N. O. Son chef-lieu est Bourg en Bresse, patrie de ce Faret dont Boileau se moque. Les autres lieux sont Nantua, à l'extrémité d'un petit lac ; Trévoux, où se faisoit autrefois un journal célèbre ; Mont-Luel, Belley.

La Bourgogne forme ces quatre départemens.

43°. Le département de la Haute-Saône, ainsi nommé parce que la Saône y prend sa source, est riche en pâturages et produit quelques grains, des vins et beaucoup de maïs. Le chef-lieu est Vesoul. Les autres villes sont Luxeuil, remarquable par ses eaux minérales ; Gray, prise par Louis XIV en 1668 ; Champlitte, &c.

44°. Le département du Doubs arrosé par cette rivière, a des forêts, des pâturages et des terres à grains dont les produits fournissent à son commerce. Son chef-lieu est Besançon, capitale de la Franche-Comté, ville forte, siége archiépiscopal et celui d'une sénatorerie ; elle est sur le Doubs. Les autres villes sont Baume sur la même rivière, Pontarlier, près du mont Jura et passage pour aller en Suisse ; Ornans sur la Louve, &c.

45°. Le département du Jura est ainsi nommé des montagnes du Jura qui le bornent à l'E. Il produit les excellens vins d'Arbois ; il a des mines de fer, de cuivre, de plomb et des eaux minérales. Le chef-lieu est Lons-le-Saulnier. Les autres villes sont Dole sur le Doubs, Arbois, Salins, qui a des sources salées ; Poligny, Saint-Claude, &c.

Ces trois départemens formoient l'ancienne province de Franche-Comté.

46°. Le département de la Vendée, ainsi appelé de la rivière de ce nom qui y prend sa source, est malheureusement devenu trop fameux par nos guerres civiles. Il est naturellement très-fertile. Le Bocage, qui forme sa première partie, fournit du blé, beaucoup de grains, et possède d'excellens pâturages remplis de magnifiques bestiaux. Le Marais, qui en forme la seconde portion, produit le plus beau blé de la France, a d'excellens pâturages peuplés d'un nombreux bétail, du bon vin presque sans culture, du sel et du lin. Le Gouvernement, après avoir pacifié ce département, fait aujourd'hui tout ce qu'il peut pour lui rendre son ancienne prospérité. Le chef-lieu étoit Fontenay, dit autrefois *le Comte* et depuis la révolution *le Peuple* ; c'est aujourd'hui Napoléon, ville nouvelle que l'empereur fait construire. Les autres villes sont Fontenay sur la Vendée, Luçon dans des marais, les Sables-d'Olonne port de mer, Montaigu, Challans, &c.

47°. Le département des DEUX-SÈVRES, ainsi appelé de deux rivières de ce nom, et dont l'une est désignée dans quelques cartes sous celui de Sèvre Nantaise et l'autre sous celui de Sèvre Niortaise, est voisin de celui de la Vendée et a partagé avec lui les malheurs de la guerre civile. Il est traversé par des collines boisées ; au S. O. sont des marais malsains. On y récolte du blé, du maïs, des fourrages, des noix, des châtaignes, un peu de vin. Il nourrit beaucoup de gros et de menu bétail. Son chef-lieu est Niort sur la plus méridionale des deux Sèvres ; c'est la patrie de Mme de Maintenon, qui naquit dans la prison de cette ville, où son père étoit renfermé. Les autres lieux remarquables sont Châtillon-sur-Sèvres, Argenton, Melle, Parthenay, Bressuire, &c.

48°. Le département de la VIENNE arrosé par cette rivière qui lui donne son nom, produit des grains, des fruits, a des pâturages. Il y a quelques manufactures, des papeteries, une forge. Le chef-lieu est Poitiers, siége d'un évêché et d'une sénatorerie, où se trouvent les restes d'un amphithéâtre et d'un aqueduc construit par les Romains. Les autres villes sont Châtelleraut, dont la coutellerie est renommée ; Givray sur la Charente, Loudun, patrie des deux Sainte-Marthe et de Théophraste Renaudot, premier auteur d'une Gazette de France ; Loudun est encore célèbre par l'histoire de la possession imaginaire des ursulines de ce lieu, dont fut accusé Urbain Grandier, et qui le fit condamner au bûcher. On trouve dans le même département Lusignan et Montmorillon.

Ces trois départemens sont formés du Poitou.

49°. Le département de la HAUTE-VIENNE, ainsi nommé parce que la Vienne y prend sa source, est montagneux et froid. Il produit beaucoup de sarrazin, un peu de seigle, des châtaignes ; il a de riches mines d'antimoine, de fer, de plomb, de charbon-de-terre ; on y trouve de la terre à porcelaine. Il nourrit beaucoup de chevaux et de bestiaux, et possède un grand nombre de bonnes fabriques de papier. Son chef-lieu est Limoges sur la Vienne, siége épiscopal, chef-lieu de sénatorerie et patrie du chancelier d'Aguesseau. Les autres villes sont Bellac, Rochechouart, Saint-Yriex, Saint-Léonard, le Dorat, Saint-Junien, Chalus, &c.

50°. Le département de la CREUSE, ainsi appelé parce que la rivière de ce nom prend sa source dans ses montagnes. Le sol y est peu fertile ; on y trouve d'excellens pâturages, beaucoup de seigle et d'avoine. Son chef-lieu est Gueret, capitale de la Marche, patrie de l'historien Antoine Varillas. Les autres lieux sont Aubusson, dont les tapisseries sont renommées ; Bourganeuf, Boussac, Evaux, la Souterraine, &c. Ces deux départemens sont formés de l'ancienne Marche.

51°. Le département de la CORRÈZE doit son nom à cette rivière qui y prend sa source. Le sol y produit du blé, des grains, du vin, des châtaignes, des truffes, des champignons, du genièvre dans les landes ; il y a des prairies artificielles dans lesquelles on élève des moutons d'Espagne ; il possède de riches mines de fer, de charbon-de-terre, de cuivre, de l'ardoise, de la pierre calcaire. Il répond à une partie du Limosin. Son chef-lieu est Tulle, patrie d'Etienne Baluze. Les autres villes sont Brives-la-Gaillarde, patrie du cardinal Dubois ; Ussel, Uzerche, sur un rocher escarpé.

52°. Le département de l'ALLIER, traversé par la rivière de ce nom, a des climats très-variés à cause des diverses élévations du sol ; *il produit* du blé, des fruits, des pâturages, du bois, du gibier ; il a des eaux minérales. Il est formé du Bourbonnais. Son chef-lieu est Moulins, capitale du Bourbonnais sur l'Allier ; les deux Lingendes et Gilbert Gaulmin qui donna lieu à la dénomination de *mariages à la gaulmine*, y sont nés. Les autres villes sont Gannat, la Palisse, Mont-Luçon, Saint-Pourcain.

53°. Le département de la CHARENTE INFÉRIEURE, ainsi nommé parce que cette rivière y a son embouchure, jouit d'un sol très-fertile. Les marais dans lesquels on fait entrer les eaux de la mer, fournissent beaucoup de sel ; on y pêche des huîtres, des sardines exquises et beaucoup de poissons. Il fait partie de l'Aunis. Son chef-lieu est Saintes, capitale de la Saintonge, sur la Charente. Les autres villes sont la Rochelle, siége épiscopal et port de mer ; Rochefort, avec un port spacieux ; Marennes, célèbre par ses huîtres ; Saint-Jean d'Angeli, Jonsac.

54°. Le département de la CHARENTE, que traverse la rivière de ce nom, n'a qu'un sol calcaire, sec, brûlant, et qui paroît nouvellement abandonné par la mer ; il est déjà fertile en blé et grains divers, en truffes, pommes-de-terre et safran, qui, avec ses vins, ses eaux-de-vie, ses papeteries, les plus parfaites de France, ses fonderies et le fer de ses mines, sont pour lui la source d'un commerce considérable. Il répond à l'Angoumois et à une partie de la Saintonge. Son chef-lieu est Angoulême, siége épiscopal, sur la Charente ; c'est la patrie de Balzac et d'André Thevet. Les autres villes sont Cognac, célèbre par ses eaux-de-vie ; Barbezieux, qui a des eaux minérales ; Ruffec, dont le voisinage possède des mines et des forges ; Confolens sur la Vienne, la Rochefoucault, &c.

55°. Le département du PUY-DE-DÔME, ainsi nommé d'une montagne à l'O. de Clermont, est en partie couvert d'une chaîne de monts d'un aspect imposant, dont la tristesse contraste avec la riante et fertile vallée de la Limagne qu'elles entourent. *Il produit* des grains, des fruits, des légumes, du vin, des pâturages excellens ; on y trouve des eaux thermales. Ses montagnes volcaniques ont des lacs dans leurs cratères. Ce département, qui comprend une partie de l'Auvergne, est très-intéressant pour les naturalistes. Son chef-lieu est Clermont-Ferrand, capitale de l'Auvergne, patrie de Pascal et de Domat; c'est un siége épiscopal, Les autres lieux sont Ambert sur la Dore, Issoire sur la Creuse, patrie des cardinaux Boyer et Duprat; Rioms, chef-lieu d'une sénatorerie; Thiers, &c.

56°. Le département du CANTAL, qui comprend le reste de l'Auvergne, reçoit son nom de la principale montagne qui s'y trouve. On y récolte un peu de vin assez bon, du seigle, du sarrazin; ses excellens pâturages nourrissent beaucoup de bestiaux. Ses principales fabriques sont des papeteries. Son chef-lieu est Aurillac, patrie de Gerbert qui devint pape sous le nom de Sylvestre II, et de Guillaume, évêque de Paris. Les autres lieux principaux sont Mauriac, près de la Dordogne; Murat, Saint-Flour, évêché, sur une montagne, &c.

57°. Le département de la LOIRE, ainsi nommé parce que cette rivière le traverse, produit du blé et un peu de vin : il a des mines de fer et de charbon. Son chef-lieu est Montbrison, patrie de Duguet. Les autres villes sont Roanne sur la Loire, Saint-Étienne en Forez, renommée par ses ouvrages en acier et en fer; Feurs, Saint-Rambert, &c.

58°. Le département du RHÔNE, borné à l'O. par ce fleuve, a des pâturages et produit les excellens vins de Côte-Rôtie et ceux du Beaujolais. Il donne aussi du blé et de bons fruits. Ses montagnes renferment des mines de plomb, de cuivre et des carrières. On y file beaucoup de coton. Ce département a un grand nombre de manufactures. Son chef-lieu est Lyon, ville ancienne et célèbre, au confluent de la Saône et du Rhône. C'est le siége d'un archevêché et d'une sénatorerie. Elle eut beaucoup à souffrir pendant la révolution, et fut punie cruellement de la résistance qu'elle opposa aux dominateurs de ces temps désastreux. Aujourd'hui le Gouvernement s'efforce de lui rendre son premier éclat, et d'en réparer les ruines. Elle est bien bâtie; les rues sont étroites et mal pavées. Il y a des vestiges d'antiquités, de beaux édifices, de nombreuses manufactures très-actives. Les autres villes sont Villefranche, capitale du Beaujolais; Condrieux, dont les vins sont célèbres, &c.

Ces deux départemens sont formés du Lyonnais.

59°. Le département de l'ISÈRE est traversé par la rivière de ce nom; il récolte d'excellens vins sur les montagnes, et possède de très-bons pâturages le long du Rhône; il produit en outre des grains, des fruits et des légumes. Il renferme un grand nombre de mines de divers métaux. Son chef-lieu est Grenoble sur l'Isère, siége d'un évêché et d'une sénatorerie. Les autres villes sont la Tour-du-Pin sur la rivière de Bourbe, Saint-Marcellin sur l'Isère, Vienne, célèbre et ancienne ville où se tint en 1311 un concile qui est le quinzième général; Pont-de-Beauvoisin, qui a des eaux minérales.

60°. Le département de la DRÔME, dans lequel la rivière de ce nom a sa source, est rempli de montagnes couvertes de bois jusqu'à la moitié de leur hauteur, le surplus est en pâturages; le terrain y est sec; il y a des oliviers, des mûriers, des amandiers, des vignes qui donnent le fameux vin de l'Hermitage, des terres très-utiles pour les fabriques, de la chaux, du sable à verre, &c. On y trouve des eaux minérales. Le chef-lieu est Valence, siége épiscopal, où mourut le pape Pie VII en 1799; l'empereur Napoléon y a fait élever un monument en la mémoire de ce pontife. Les autres lieux sont Die sur la Drôme, Montelimart, dans une plaine fertile, &c.

61°. Le département des HAUTES-ALPES, borné à l'O. par une partie de cette célèbre chaîne, est fertile en grains et en bois. On y recueille du vin, des noix, du chanvre. Les chèvres et les montons y sont très-nombreux. Il y a des minéraux, des cristaux, quelques fabriques. Son chef-lieu est Gap, au pied d'une montagne. Les autres villes sont Briançon et Embrun, toutes deux près de la Durance, la dernière est fort ancienne; Mont-Dauphin, &c.

Ces trois départemens sont formés du Dauphiné.

62°. Le département de la GIRONDE, ainsi nommé parce qu'il est arrosé par cette rivière, produit les excellens vins dits de Bordeaux et de Médoc. Cette belle ville est son chef-lieu et celui d'un archevêché et d'une sénatorerie. Elle réunit les avantages d'une grande ville de l'intérieur à ceux d'une ville maritime. Son port est un des plus beaux de la France. Ses places et ses quais sont magnifiques; mais les rues sont étroites et tortueuses. Bordeaux est bâtie en demi-lune autour du port. On y voit des antiquités romaines, des tours, d'anciennes enceintes de murs et divers autres monumens. Il y a beaucoup de riches manufactures. Elle fait, sur-tout pendant la paix, un commerce immense. Les autres villes sont Bazas, sur un rocher; Blaye, port très-fréquenté; la Réole sur la Garonne, Lespare, Libourne sur la Dordogne, Cadillac.

63°. Le département de la DORDOGNE est traversé par la rivière de ce nom de l'E. à l'O.; il est en général montueux, coupé de vallons étroits et peu fertiles. Sur les hauteurs, on ne voit que des châtaigniers, des bruyères, des genêts, un peu de seigle; dans les vallées et les plaines, il produit du vin, du blé, du maïs, des truffes excellentes. Il y a de très-bon gibier, des mines de fer inépuisables, des carrières de marbre, d'ardoises, de pierres meulières, des forges nombreuses et très-actives, des papeteries, des tanneries. Le chef-lieu est Périgueux, où l'on voit les restes d'un amphithéâtre. Les autres lieux sont Bergerac sur la Dordogne, Nontron, Riberac, Sarlat dans un fond, &c.

64°. Le département de LOT ET GARONNE est arrosé par ces deux rivières; il possède sur leurs bords des terres fertiles en grains; mais beaucoup d'endroits sont incultes. Il y a des vignes dont le vin est médiocre; du chanvre, de très-bon tabac, du liége et des pruniers très-productifs. On y trouve des mines de fer, des carrières de gypse, des fabriques de toiles à voiles, &c. Le chef-lieu est Agen sur la Garonne, siége d'un évêché et d'une sénatorerie. Les autres villes sont Marmande sur la Garonne, Nérac sur la Baise, Villeneuve-d'Agen sur le Lot, Tonnains, Clérac, Castel-Galoux, &c.

65°. Le département du Lot est partagé en deux par la rivière qui lui donne son nom : il produit du blé, du vin, des fruits, du bétail, des laines estimées. Son chef-lieu est Cahors, évêché, capitale du Quercy, patrie de Jean XXII et de Clément Marot; le Lot l'environne presque de toute part. Les autres villes sont Figeac sur la Selle, Gourdon sur le ruisseau de Sor, Montauban sur le Tarn, Martel, Moncuq et Lauzerte.

66°. Le département de l'AVEYRON, ainsi nommé parce que cette rivière y prend sa source, est montagneux, l'air y est sain; d'excellens pâturages y nourrissent une grande quantité de bestiaux. Il y a des mines de houille, d'alun, &c. des papeteries. Il fournit en outre du merrain, des pruneaux, l'excellent fromage de Roquefort, et tous les produits du bétail. Son chef-lieu est Rodez, ville ancienne près de l'Aveyron. Les autres lieux sont Espalion, Milhau sur le Tarn, Saint-Afrique, Entraigues, Saint-Geniés, Severac-le-Château.

67°. Le département des LANDES, ainsi nommé de la stérilité de son territoire, est coupé par l'Adour en deux parties; à sa gauche, le sol est moins pauvre, et les habitans sont moins malheureux; à droite, un vaste mélange de sables, de déserts, entrecoupés d'eaux stagnantes, ne sont habités que par des hommes dont la santé se ressent de l'insalubrité du pays. Le chef-lieu est Mont-de-Marsan sur la Midouse. Les autres villes sont Dax sur l'Adour, Saint-Sever sur la même rivière, Tartas sur la Midouse.

68°. Le département du GERS, ainsi nommé parce qu'il est traversé par cette rivière, est montagneux; il produit des grains, du vin, du merrain. On y élève beaucoup de mulets et de cochons. Son chef-lieu est Auch, capitale de la Gascogne, située sur le Gers. Les autres villes sont Condom sur la Baise, patrie de Scipion Duplcix; Lectoure, sur une montagne au pied de laquelle coule le Gers; Mirande, aussi sur une montagne près de la Baise; Lombez sur la Save, &c.

69°. Le département des HAUTES-PYRÉNÉES, ainsi nommé parce qu'il est borné par la partie la plus élevée de ces montagnes, a d'excellens pâturages dans ses vallées, des vignes et des mûriers sur ses coteaux. Ses montagnes contiennent des mines de fer, de plomb, des eaux minérales et thermales, de très-beaux marbres, des ardoises, du jaspe; elles nourrissent d'excellens chevaux et des ânes estimés pour leur vigueur. Le chef-lieu est Tarbes, dans une belle plaine sur l'Adour. Les autres villes sont Argelès, Bagnères, Barrèges et Cauterets, lieux renommés par leurs eaux minérales.

Ces huit départemens sont formés de la vaste province de Guienne.

70°. Le département des BASSES-PYRÉNÉES, borné par la partie la moins haute des montagnes de ce nom, fournit des sapins et des pins magnifiques; on y trouve des mines. Les plaines et les vallons donnent des grains et graines des espèces les plus utiles et du lin extrêmement fin; ses excellens pâturages nourrissent beaucoup de bestiaux. Il y a de riches manufactures. Il répond au Béarn. Son chef-lieu est Pau, qui l'est aussi d'une sénatorerie, sur une hauteur au pied de laquelle coule le Gave de ce nom; Henri IV y est né le 13 décembre 1557. Les autres lieux sont Bayonne, évêché, ville forte à une lieue de la mer; Mauléon, Oleron, Ortèz, Saint-Jean-Pied-de-Port, Lescar sur une colline.

71°. Le département de la HAUTE-LOIRE, ainsi nommé parce que cette rivière y prend sa source, est montagneux et froid; il n'a que des bois et des pâturages dans lesquels on élève beaucoup de bestiaux et de mulets très-recherchés. Le chef-lieu est le Puy, dit *en Velay*, parce qu'il étoit la capitale de ce pays; cette ville, située sur la montagne d'Anis, y forme comme un amphithéâtre. Les autres lieux remarquables du département sont Brioude sur l'Allier, que l'on y traverse sur un beau pont d'une seule arche; Yssengeaux sur le Lignon, Monistrol, Pradelles, &c.

72°. Le département de la LOZÈRE : une petite chaîne de montagnes qui en occupent la partie orientale lui donne son nom; c'est un pays montagneux et peu productif; il fournit néanmoins quelques grains et des châtaignes. On y trouve aussi des mines de plomb et des eaux minérales. Son chef-lieu est Mende, capitale du Gévaudan et siége d'un évêché. Les autres villes sont Florac, Marvejols, dans un beau vallon, &c.

73°. Le département de l'ARDÈCHE, ainsi nommé parce que cette rivière y prend sa source, est montagneux; il a conservé beaucoup de traces volcaniques et produit du vin et de la soie. Son chef-lieu est Privas. Les autres villes sont Annonay, renommée pour ses manufactures de papier; l'Argentière, Tournon, Aubenas, Viviers, capitale du Vivarais.

74°. Le département du GARD, ainsi nommé parce que cette rivière le traverse, est très-montagneux; il produit un peu de bon blé, des grains, des pommes-de-terre, beaucoup de vins dont on fait de l'eau-de-vie, du kermès, de la cire, beaucoup de soie, des pâturages et du sel. Il y a des mines d'argent et de cuivre peu productives; celles de plomb, de fer, de couperose et de houille le sont davantage. Les fabriques sont assez nombreuses. Son chef-lieu est Nismes, siége d'une sénatorerie, située dans une plaine riante; c'est la patrie de Domitius Afer, maître de Quintilien, et de Jean Nicot qui apporta le tabac en France. Elle a de précieux restes de monumens antiques, tels que les arènes et la maison carrée. Les autres lieux remarquables sont Alais sur le Gardon, près d'une belle prairie au pied des Cévennes; Uzès, le Vigan, Aigues-Mortes, port où saint Louis s'embarqua en 1248, et qui est maintenant à une lieue de la mer; Beaucaire, dont la foire est célèbre, &c.

75°. Le département de l'HÉRAULT, ainsi nommé parce qu'il est traversé par cette rivière; il produit des grains et des fruits. Il a pour chef-
lieu

lieu Montpellier, sur une colline à deux lieues de la mer ; c'est le siége d'un évêché et d'une sénatorerie, l'une des plus belles villes de France, et la patrie de saint Roch ; l'école de Médecine de Montpellier est célèbre depuis long-temps. Les autres lieux principaux sont Beziers, sur une colline dans une charmante situation, c'est la patrie de Jean Barbeyrac et de Paul Pélisson ; Lodève, renommée par ses draps et ses chapeaux ; Saint-Pons sur la Jaur, Pézenas près de l'Hérault, Agde sur la même rivière, Lunel, fameuse par ses vins, &c.

76°. Le département de l'AUDE tire son nom de cette rivière qui l'arrose. Il a des pâturages et des vignobles, et fait le commerce de draps. Son chef-lieu est Carcassonne, siége épiscopal, sur l'Aude. Les autres lieux sont Castelnaudary, sur une colline près du canal du Languedoc ; Limoux sur l'Aude, Narbonne, ville ancienne où se voient plusieurs restes d'édifices romains ; Saint-Papoul, Aleth, &c.

77°. Le département du TARN, ainsi nommé parce qu'il est arrosé par cette rivière, produit du blé, des grains, du chanvre, du maïs, des pommes-de-terre, des fourrages qui nourrissent beaucoup de bestiaux, des légumes, &c. Il a des mines de fer, de plomb et de houille. Le chef-lieu est Alby sur le Tarn ; les environs en sont délicieux. Les autres lieux sont Castres, patrie d'André Dacier ; Gaillac sur le Tarn, Lavaur, où se tint vers 1212 un concile contre les Albigeois ; Puy-Laurens, &c.

78°. Le département de la HAUTE-GARONNE, ainsi nommé parce qu'il est traversé dans sa longueur par la partie supérieure de ce fleuve, est montagneux et fertile ; il produit des grains et des pâturages dans lesquels on nourrit beaucoup de bestiaux et de mulets. Il y a des carrières de marbre et des sources d'eaux minérales. Il a pour chef lieu Toulouse, ancienne et grande ville sur la Garonne, siége d'un archevêché et d'une sénatorerie ; c'est la patrie de Cujas et de Campistron. Les autres villes remarquables de ce département sont Castel-Sarrazin et Muret, toutes deux sur la Garonne ; Saint-Gaudens près de la même rivière, Villefranche, &c.

Ces huit départemens sont formés de diverses provinces que renfermoit le Languedoc.

79°. Le département de l'ARRIÉGE, ainsi nommé parce qu'il est traversé par cette rivière, qui coule dans sa partie septentrionale. Les montagnes de ce département sont couvertes de bois ; on y trouve des plantes médicinales, des mines de fer et d'argent, de l'amiante et des eaux minérales. Ses plaines sont fertiles en grains, fruits excellens et vins médiocres. Il a des papeteries, des fabriques d'étoffes de laine et de chapeaux, des manufactures de serges et de toiles. Il comprend le comté de Foix. Son chef-lieu est Foix, capitale du comté du même nom, sur l'Arriège ; c'est la patrie de Bayle. Les autres lieux sont Pamiers, qui a des eaux minérales ; Saint-Girons sur la Salat, Mirepoix, &c.

80°. Le département des PYRÉNÉES ORIENTALES, ainsi nommé parce qu'il est borné par la partie des Pyrénées qui est le plus à l'orient, est un pays montagneux. Il produit des vins muscats et autres, de la soude, du miel, de l'huile d'olives, des soies, du fer, des grains, des fruits, et possède beaucoup de manufactures de draps, cuirs, bonneteries, dentelles et quantité de forges. Il répond au Roussillon. Son chef-lieu est Perpignan, capitale du Roussillon, située partie dans une plaine et partie sur une colline. Les autres villes sont Céret sur la Tech, Rivesalte et Collioure, renommées par leurs vins ; Prades sur la Tech, &c.

81°. Le département des BASSES-ALPES, ainsi nommé parce que ces montagnes y diminuent de hauteur, a des mines de cuivre, de fer, de plomb, de soufre, de vitriol, de jayet, des sources minérales et salées, des draperies et bonneteries. Son chef-lieu est Digne, siége épiscopal ; il y a des eaux minérales. Les autres villes sont Barcelonette, Forcalquier, capitale du comté du même nom ; Sisteron, sur la rive droite de la Durance ; Castellane, Sénez, Riez, où il se tint un concile en 439, &c.

82°. Le département des BOUCHES-DU-RHÔNE, ainsi nommé parce que ce fleuve, au moyen de plusieurs embouchures, s'y jette dans la mer à travers des terrains arides, nourrit dans les endroits moins stériles des bestiaux et des chevaux. Il y avoit beaucoup d'oliviers qui ont été détruits par le froid. Ce département produit du vin, de la soie, des laines, du sel, des olives, des fruits secs. Son chef-lieu est Marseille, ville célèbre, fondée par les Phocéens. Les Anciens l'appéloient la rivale d'Athènes et de Rhodes. Un port très-sûr facilite son vaste commerce, qui pourra souffrir de la réunion de Gênes à l'Empire français. La peste la ravagea en 1720. Marseille est partagée en ville *vieille* et *nouvelle*. Ce dernier quartier est fort beau. Les autres villes sont Aix, capitale de la Provence, siége d'un archevêché et d'une sénatorerie ; elle a des eaux minérales ; Tarascon, dans un terrain délicieux, vis-à-vis Beaucaire, avec laquelle Tarascon communique par un pont ; Arles, ville ancienne où se sont tenus plusieurs conciles et patrie de saint Ambroise ; la Ciotat, fameuse par ses vins. On nomme *Camargue* et *Crau* des portions de territoire renfermées entre les divers embranchemens du Rhône à son embouchure.

83°. Le département du VAR, ainsi nommé parce que cette rivière le traverse, est couvert d'étangs et de marais qui rendent l'air malsain. Il produit des olives, des oranges, des citrons. On y cultive le mûrier et l'on y récolte beaucoup de soie. Le chef-lieu est Draguignan, ville située dans un pays fertile et agréable. Les autres villes sont Toulon, port et ville considérable sur la Méditerranée, avec un arsenal maritime ; Brignoles, renommée par ses bonnes prunes ; Grasse sur une hauteur, Vence, Fréjus, où se voient des restes d'antiquités romaines, &c.

Ces trois derniers départemens renferment le territoire de l'ancienne Provence.

84°. Le département du GOLO : il prend son nom de la principale

L

rivière qui y coule; elle sort du lac Ino et va se jeter dans la mer à l'est. Le chef-lieu est Bastia, capitale de la Corse, et port de mer avec un fort château; elle est située sur la côte orientale. Les autres lieux principaux sont Calvi, sur une montagne escarpée qui domine le golfe de ce nom; Corte, au milieu de l'île, elle a une mine de cristal dans son voisinage; Saint-Florent, Oletta.

85°. Le département de LIAMONE, occupe la partie sud-ouest de l'île, et tire son nom de cette rivière qui l'arrose et s'y jette dans la mer. Son territoire produit beaucoup de vin. Le chef-lieu est Ajaccio, siége d'un évêché et d'une sénatorerie. Cette ville est située agréablement sur la côte occidentale, c'est la patrie de l'empereur NAPOLÉON 1er. Les autres lieux sont Sartène, près du golfe de Valinco; Vico, près de celui de Sagone; Saint-Bonifacio, près du détroit de ce nom.

Ces deux départemens sont formés de la Corse et de l'île d'Elbe, réunie à celui du Golo. La Corse est couverte de montagnes et de forêts; son territoire pierreux est peu productif. Elle est située dans la mer Méditerranée. On lui donne environ trente-cinq lieues de longueur. Elle produit du fer, de l'huile, du vin, des fruits, des amandes. Les Pisans, du temps des croisades, l'avoient enlevée aux Sarrasins; elle fut ensuite assujétie à la domination des Génois; elle secoua leur joug vers 1730, et Gênes qui ne pouvoit la conserver la céda à la France.

Il sera parlé plus bas de l'île d'Elbe. (*Voyez page* 86.)

Tel fut à-peu-près le premier travail de l'assemblée constituante pour la division de la France en départemens; elle n'en avoit décrété que quatre-vingt-deux, sans la Corse qui faisoit le quatre-vingt-troisième, et ces quatre-vingt-trois départemens embrassoient tout l'ancien territoire français assujéti à la domination des derniers rois. Bientôt le nombre des départemens s'accrut par l'occupation de différens territoires. Dès 1790, les Avignonais demandèrent leur réunion à la France; elle ne fut néanmoins consommée qu'en 1791. En 1792, on réunit la Savoie; en 1793, la ville et le comté de Nice, le Porentrui et quelques autres territoires. En 1795, la Belgique et le pays de Liége furent assujétis à la même administration. En 1800, en vertu de ses conquêtes et des traités qui en furent la suite, la France acquit le vaste territoire qui borde la rive gauche du Rhin. Enfin, plus récemment encore l'Etat de Gênes a demandé son incorporation à l'Empire français. Toutes ces réunions ont donné lieu à la formation d'un grand nombre de nouveaux départemens, dont nous allons donner la description topographique.

Départemens réunis ou nouveau territoire français.

86°. Le département de VAUCLUSE : il tire son nom de la fontaine, si célèbre par les vers de Pétrarque et par le nom de Laure; cette belle source est à trois lieues d'Avignon. La principale partie de ce département consiste en un sol pierreux, convenable à la vigne; aussi produit il une grande quantité de vins excellens et très-généreux. On y cultive le mûrier et l'olivier; il fournit du safran, de la garance, des laines et de la soie. Le chef-lieu est Avignon, capitale du Comtat, belle ville située sur le Rhône et patrie du fameux rabin Joseph Meïr; c'est le siége d'un évêché. Les autres villes sont Apt sur le Cavalon, où se voient des restes d'antiquités; Carpentras sur l'Auron, Orange, capitale de la principauté du même nom; Vaison, sur une montagne, &c.

Ce département est formé du territoire d'AVIGNON, qui appartenoit au pape, et fut acheté, en 1348, de la reine Jeanne par Clément VI; du COMTAT VÉNAISSIN, donné à Grégoire X, en 1273, par Philippe-le-Hardi; de la PRINCIPAUTÉ D'ORANGE, ancien patrimoine d'une branche de la maison de Nassau, cédée à la France à la paix d'Utrecht; enfin, d'une petite partie du diocèse d'Apt.

87°. Le département du MONT-BLANC, ainsi nommé d'une montagne de ce nom située dans son enclave, et qui est l'une des plus hautes de la Savoie et de l'Europe. Ce département est arrosé par l'Isère; il est peu fertile et difficile à cultiver. Presque par-tout, ce sont de hautes montagnes hérissées de rochers et coupées par d'affreux précipices. Quelques vallées y produisent du foin et du blé. Il est des cantons où l'on récolte un peu de vin. On y élève des bestiaux. Il y a des mines d'argent, de plomb, de charbon-de-terre, des carrières de marbre, d'ardoise, de sel gemme, et des sources d'eau salée. Le chef-lieu est Chamberry, capitale de la Savoie et siége d'un évêché; c'est la patrie de l'abbé de Saint-Réal. Les autres villes sont Annecy, au bord du lac du même nom; Moutiers sur l'Isère, c'étoit la capitale de la Tarentaise; Saint-Jean-de-Maurienne sur l'Arc, Montmelian, &c.

Ce département comprend la SAVOIE, d'abord comté, et érigée en duché en 1416. Elle faisoit partie de l'ancienne Gaule, sous le nom de pays des Allobroges. Les Bourguignons s'emparèrent de la Savoie. L'empereur Conrad la donna à l'ancienne maison de ce nom, qui en est demeurée en possession jusqu'à l'invasion des Français, en 1792. Les Savoyards sont laborieux; parmi les nombreux habitans de ce pays, les uns voués à la culture des terres, les forcent malgré leur stérilité de produire quelques grains et quelques fourrages; les autres se répandent dans toutes les contrées de l'Europe, où ils se livrent à différens services, et où à force de peines et d'économie, ils amassent quelque argent qu'ils reportent dans leur patrie.

88°. Le département des ALPES MARITIMES est ainsi nommé parce que la partie de ces montagnes qui le bornent avoisine la mer; la température y est douce et salubre; on y récolte un peu de blé et du vin, des citrons, des oranges, des cédras, et autres fruits semblables. Le pays a de bons pâturages et des forêts. Le chef-lieu est Nice, ville ancienne et port de mer; c'est le siége d'un évêché. Les autres villes sont Monaco, port sur la Méditerranée, située sur un rocher qui s'avance dans la mer, et capitale d'une principauté de ce nom ; Puget-Theniers sur le Var, Ville-Franche, &c.

Ce département est composé du Comté de Nice, ancien domaine de la maison de Savoie; de la Principauté de Monaco, apanage de la maison de Grimaldi, et de la Principauté d'Oneille, toutes deux enclavées dans l'Etat de Gênes. La France s'empara de ces pays en 1792.

89°. Le département de Jemmapes, ainsi nommé d'un village de ce nom, est remarquable par une victoire que les Français y remportèrent sur les Autrichiens en 1792. Le climat y est froid et pluvieux. Le sol et les productions y sont variés. Dans quelques parties on récolte du blé abondamment. Il y a des manufactures de porcelaines, de tapis, &c. On y exploite des mines de houille. Le chef-lieu est Mons sur la Trouille ; c'étoit la capitale du Hainaut. Les autres villes sont Charleroi sur la Sambre, Tournai sur l'Escaut, siége d'un évêché ; Binch, &c.

Ce département est formé du Hainaut autrichien et de partie du pays de Liége.

90°. Le département de la Lys tire son nom de cette rivière qui le traversant du sud-est au nord-ouest, va se jeter dans l'Escaut à Gand. Il produit des grains, du houblon, du tabac, du chanvre et des graines huileuses. On y nourrit des bestiaux. Il est coupé de canaux et bien boisé. Son chef-lieu est Bruges sur un canal ; c'est la patrie de Jean de Bruges inventeur de la peinture à l'huile ; Philippe-le-Bon y établit l'ordre de la Toison d'Or en 1429. Les autres villes sont Courtray sur la Lys, fameuse par ses toiles ; Furnes, sur un canal ; Ypres, aussi sur un canal et dans une plaine agréable ; Ostende, port de mer ; Dixmude, dont le beurre est renommé ; Nieuport, &c.

Ce département est formé de la partie occidentale de la Flandre autrichienne.

91°. Le département de l'Escaut, ainsi nommé de cette rivière qui le traverse du sud-ouest au nord-est ; les vallées y offrent d'excellens pâturages, et les coteaux y produisent de très-bons blés. On y récolte du houblon, du chanvre, des colzas. Il y a des raffineries de sucre, des fabriques de tapisseries et d'autres manufactures. Le chef-lieu est Gand, très-grande ville et capitale de la Flandre, sur l'Escaut et la Lys ; c'est le siége d'un évêché et la patrie de Charles-Quint. Les autres villes sont Audenarde ou Oudenarde sur l'Escaut, Termonde, au confluent de cette rivière et de la Dendre ; l'Ecluse ou Sluis, près de la mer ; Alost, le Sas de Gand, &c.

La partie orientale de la Flandre autrichienne forme ce département.

92°. Le département des Deux-Nèthes tire son nom de deux petites rivières qui viennent de l'est et vont se jeter dans l'Escaut. Le sol en général y est ingrat. Il y a cependant de bons pâturages, et l'on y nourrit beaucoup de bestiaux d'un très-gros produit. Il y a quelques forêts; on y récolte du chanvre, des colzas et du houblon ; on y trouve du charbon-de-terre. Le chef-lieu est Anvers, capitale de l'ancien marquisat de ce nom, et port excellent à l'embouchure de l'Escaut ; c'est la patrie de Rubens. Les autres lieux sont Malines, belle ville, célèbre par ses dentelles et siége archiépiscopal ; Turnhout, dans la Campine; Lillo , &c.

Ce département est formé de la partie orientale du Brabant.

93°. Le département de la Dyle, ainsi appelé d'une rivière de ce nom qui y coule, Il abonde en pâturages , grains et bestiaux. On y cultive le chanvre et d'autres plantes huileuses. On y élève de bons et robustes chevaux. Il y a des fabriques de toiles , de coutils , de dentelles, et beaucoup de brasseries, la bière y étant la boisson ordinaire. Le chef-lieu est Bruxelles, autrefois capitale du Brabant et de tous les Pays-Bas autrichiens. Elle est située sur la Senne. Il y a un palais impérial. C'est la patrie du célèbre médecin Vésale et de plusieurs peintres célèbres. Les autres villes sont Louvain, autrefois fameuse par son université; Nivelles , jolie ville sur la Thienne ; Tirlemont sur la Goète.

Ce département est formé de la partie méridionale du duché de Brabant.

94°. Le département de la Meuse inférieure, ainsi nommé parce que dans son enclave la Meuse approche de son embouchure. Il est peu fertile, excepté sur les bords de la Meuse. On n'y récolte que du seigle et des pommes-de-terre ; mais il y a de bons pâturages. On y trouve du fer, du marbre, du charbon-de-terre et de la pierre à bâtir. Son chef-lieu est Maestricht, grande et forte ville sur la Meuse ; elle appartenoit aux Provinces-Unies. Il y a une fabrique d'armes qui est renommée. Les autres lieux sont Hasselt, jolie ville sur le Demer; Ruremonde, au confluent de la Roër et de la Meuse ; Tongres, Saint-Tron, &c.

Ce département comprend une partie de l'ancienne seigneurie de Liége et des pays conquis par les Hollandais.

95°. Le département de l'Ourthe tire son nom d'une rivière qui y coule du sud au nord, et qui va se jeter dans la Meuse, à Liége. Les bois sont la principale production de ce territoire ; on y récolte cependant des grains, et il y a de bons pâturages. On y trouve aussi des carrières de marbre, des mines de fer et des eaux minérales. Son chef-lieu est Liége, ville considérable sur la Meuse, siége d'un évêché et d'une sénatorerie. Elle fait un gros commerce. Les autres villes sont Huy sur la Meuse ; il y a des eaux minérales ; Malmédy sur la Warge, Spa, dont les eaux sont renommées ; Stavelo, capitale d'une principauté de ce nom , de laquelle un abbé de l'ordre de S. Benoît étoit titulaire ; Falkemberg, qui faisoit partie des domaines des Provinces-Unies ; Limbourg, capitale du duché de ce nom.

Ce département est composé d'une partie de l'évêché de Liége, du duché de Limbourg et des principautés de Stavelo et de Malmédy.

L 2

96°. Le département de Sambre et Meuse, est ainsi nommé des deux principales rivières qui l'arrosent, et s'y réunissent à Namur. Il produit du blé et du seigle. On y trouve, principalement sur le bord des rivières, de bons pâturages qui donnent la facilité d'y nourrir des bestiaux. Les mines de fer y abondent ; de nombreuses usines et du bois en suffisance favorisent leur exploitation. On y trouve aussi du marbre et du charbon-de-terre. Le chef-lieu est Namur, capitale du comté de ce nom, sur la Meuse, et siége d'un évêché. Elle a une fabrique d'armes ; sa coutellerie est renommée. Les autres villes sont Dinant sur la Meuse, Bouvines, célèbre par la victoire de Philippe-Auguste, en 1614 ; Marche en *Famine*, Saint-Hubert, autrefois pélérinage fameux pour les personnes atteintes de la rage.

Le comté de Namur forme ce département.

97°. Le département des Forêts tire son nom de la quantité de bois qui le couvrent encore, et qui sont des restes de l'ancienne forêt d'Ardenne. Ses principales productions consistent en bois, blé et charbon-de-terre. Il y a des mines de fer, et beaucoup de forges où l'on fond le minerai et l'on façonne le fer. Il s'y fait un gros commerce de cuirs. Le chef-lieu est Luxembourg, place fortifiée par Vauban, et l'une des plus fortes de l'Europe. Les autres lieux sont Bitbourg, Neuchâteau, Chini, Bastogne, &c.

Le duché de Luxembourg forme ce département. Les neuf derniers que nous venons de décrire pris ensemble, composoient les Pays-Bas Autrichiens, si toutefois l'on en excepte le pays de Liége, dont la souveraineté appartenoit à son évêque. Ces pays, nommés aussi *Belgique*, sont arrosés par plusieurs rivières, dont les principales sont la Meuse, l'Escaut, la Dyle, la Lys, la Sambre et la Scarpe. Un grand nombre de canaux forment des communications intérieures extrêmement favorables au commerce. La Belgique a produit beaucoup de peintres fameux. Elle avoit de magnifiques églises ; on y trouve aussi des restes de monumens antiques. Le langage qu'on y parloit le plus communément étoit un hollandais corrompu. La langue française s'y accrédite.

98°. Le département de Rhin et Moselle, est ainsi nommé de ce que la Moselle s'y jette dans le Rhin à Coblentz. Il est montueux, mais fertile. On y récolte du blé en abondance ; il fournit une grande quantité de vin, du sel et de la houille. Il a des sources minérales. Son chef-lieu est Coblentz ; c'étoit la résidence de l'électeur de Trèves. Les autres villes sont Bonn, ancienne résidence de l'électeur de Cologne ; Simmern, capitale du duché du même nom ; Andernach, &c.

Ce département est formé de divers démembremens des archevêchés de Trèves et de Cologne, du margraviat de Baden et du Palatinat.

99°. Le département de la Sarre, ainsi appelé parce que cette rivière en arrose une petite partie, produit du blé, du chanvre, du lin, des vins dits de *Moselle*, parce que les vignes qui les produisent avoisinent cette rivière. Il est bien boisé ; on y trouve des mines de cuivre et du charbon-de-terre en abondance. Son chef-lieu est Trèves, ville d'une haute antiquité ; elle étoit capitale de l'électorat du même nom ; c'est aujourd'hui le siége d'un évêché et d'une sénatorerie. On y voit des restes de monumens anciens. Les autres villes sont Sarbruck, capitale d'une principauté de ce nom qui appartenoit à une branche de la maison de Nassau ; Birkenfeld sur la Nahe, Prum, Sarbourg, &c.

Ce département est composé d'une partie de l'archevêché de Trèves, du duché de Deux-Ponts, de la principauté de Sarbruck et du comté de Sponheim.

100°. Le département du Mont-Tonnerre, ainsi nommé d'une montagne qui est au centre de ce département, produit du seigle et du lin, du tabac. On y récolte les vins du *Rhin*. Il y a quelques mines. Son chef-lieu est Mayence, capitale de l'électorat de ce nom. On croit que c'est le berceau de l'imprimerie ; c'est du moins la patrie de Jean Fust, que quelques-uns regardent comme l'inventeur de cet art. Mayence est le chef-lieu d'un évêché. Les autres villes sont Deux-Ponts, capitale du duché du même nom ; Kaiserslautern, Spire et Worms, autrefois villes libres et impériales très-florissantes.

Ce département est formé d'une partie de l'archevêché de Mayence, du duché de Deux-Ponts, des évêchés de Worms et de Spire.

101°. Le département de la Roër tire son nom d'une petite rivière qui en traverse la partie occidentale du sud au nord-ouest. Le sol y est fertile et propre à toutes sortes de productions. On y recueille des grains, du tabac et de la garance. Il y a des mines de fer, de cuivre, de plomb, d'argent, et un grand nombre de fonderies et d'usines pour l'exploitation de ces minéraux. On y trouve aussi du charbon-de-terre et des eaux minérales. Le chef-lieu est Aix-la-Chapelle, ville autrefois libre et impériale, fameuse par ses eaux minérales, et dont Charlemagne avoit fait le siége de son empire ; on y voit son tombeau. Il y a un siége épiscopal. Les autres villes sont Cologne, capitale de l'électorat de ce nom ; on y fabrique une eau spiritueuse très-renommée ; Crevelt, fameuse par la bataille qui s'y livra le 23 juin 1758 ; Clèves et Juliers, capitales de ces duchés ; Gueldres, &c.

Ce département est composé d'une partie de l'archevêché de Cologne, des duchés de Juliers et de Clèves, de la Gueldre prussienne, &c. il forme, avec les trois précédens, la partie de l'empire d'Allemagne située sur la rive gauche du Rhin, réunie à la France pour faire de ce fleuve la limite entre les deux Etats.

Ces pays appartenoient à différens princes : Clèves étoit au roi de Prusse ; le duché de Juliers, celui de Simmern, le palatinat du Rhin, à l'électeur de Bavière ; Cologne, Trèves et Mayence aux électeurs de ce nom ; Worms et Spire à leur évêque ; Sarbruck au prince de Nassau, et Deux-Ponts au duc de ce nom. Un traité d'indemnités a réglé les dédommagemens qui ont été donnés à chacun de ces princes, en compensation de la perte de ces Etats.

102°. Le département du Léman, ainsi nommé du lac de Genève, connu anciennement sous le nom de lac *Léman*, doit sa prospérité plutôt à son industrie qu'à l'agriculture ; on y récolte cependant diverses sortes de grains et de très-beau chanvre ; il y a aussi de bons pâturages : mais les fabriques d'horlogerie, la bijouterie et la joaillerie occupent la plus grande partie des bras. La pêche du lac est abondante. Le chef-lieu est Genève sur le Rhône, ci-devant capitale d'une république ; c'est la patrie de J. J. Rousseau : le calvinisme y est la religion dominante. Les autres villes sont Bonneville, Thonon, patrie d'Amédée IX, duc de Savoie ; Gex, d'où l'on tire la plus grande partie des fromages vendus dans le commerce sous le nom de *Gruyère.*

Ce département est formé de l'Etat de Genève, du pays de Gex démembré du département de l'Ain, et de quelques cantons démembrés du département du Mont-Blanc.

103°. Le département de la Doire, tire son nom de cette rivière qui le traverse. Les pâturages et les bestiaux qu'ils servent à nourrir font la principale richesse de ce département. On y récolte du chanvre, des grains, du vin et des fruits. Il y a des mines de différens métaux et des eaux minérales. Ivrée sur la Doire en est le chef-lieu ; c'est un siége épiscopal et une place forte. On y voit des restes de divers édifices antiques. C'étoit la capitale du Cavanèse. Les autres villes sont Aoste, capitale du duché du même nom, où se trouvent aussi des restes d'antiquité ; Chivasso, près du Pô, &c.

Ce département est composé du marquisat d'Ivrée et du duché d'Aoste.

104°. Le département de la Sésia, ainsi nommé de la rivière de ce nom qui le borne à l'est, est remarquable par sa fertilité. Il produit du riz, des grains, du vin ; on y cultive le mûrier pour les vers à soie, et l'on y nourrit des abeilles. La volaille et le gibier y sont abondans. Les vallées offrent de bons pâturages. Son chef-lieu est Verceil près de la Sesia, jolie ville avec un siége épiscopal. Les autres lieux sont Biella, capitale du Bellèse ; Santhia, dans une plaine ; Masserano, capitale d'une petite principauté de ce nom, &c.

Le Masserano et la seigneurie de Verceil forment ce département.

105°. Le département du Pô, tire son nom de ce fleuve, qui le traverse de l'est à l'ouest. Il produit des vins, du blé, du riz, du chanvre ; on y nourrit des bestiaux, des abeilles, et l'on y élève des vers à soie. Il y a des mines, des eaux thermales, des fabriques de tout genre. Le chef-lieu est Turin, qui étoit la capitale du Piémont et la résidence du roi de Sardaigne ; elle est sur le Pô : c'est le siége d'un archevêché et d'une sénatorerie. Il y a un fort beau palais. Les autres villes sont Pignerol, à l'entrée de la vallée de Pérouse ; Suze, nommée *la clé de l'Italie*, à cause de sa situation sur la frontière ; Fenestrelles, &c.

Ce département est formé de la principauté du Piémont et du marquisat de Suze.

106°. Le département de Marengo, ainsi appelé d'un village près duquel s'est donnée en 1800, la fameuse bataille de ce nom. Il est assez productif, quoiqu'un peu marécageux. Il donne du grain, du vin et des fruits ; on y élève des bestiaux et des volailles, et l'on y fait le commerce de soie, de chanvre et d'autres productions. Le chef-lieu est Alexandrie, autrefois *Césarée*, nom que le pape Alexandre III fit changer en celui que cette ville porte aujourd'hui. C'étoit le siége d'un évêché, qu'on vient de transférer à Casal de Montferrat. Les autres villes sont Casal sur le Pô, capitale de Montferrat ; Valence sur une montagne près du Pô ; Asti, l'Acta Pompeia des anciens, sur le Tanaro ; c'est un siége épiscopal, &c.

Le Montferrat, une partie du Pavesan et le territoire d'Asti forment ce département.

107°. Le département de la Stura, arrosé par cette rivière, et par plusieurs ruisseaux, est un pays montagneux coupé par un grand nombre de vallées. Le sol n'y est point fertile. On y cultive le châtaignier, dont le fruit sert de ressource aux habitans ; on y récolte néanmoins un peu de blé et de riz, et l'on y nourrit des bestiaux. Le chef-lieu est Coni, au confluent de la rivière de Gesse et de la Stura ; c'est un siége épiscopal. Les autres lieux sont Saluces, capitale du marquisat de ce nom, sur une hauteur ; Savigliano, Albe, sur la rive droite du Tanaro, patrie du pape Innocent I, &c.

Ce département comprend le marquisat de Saluces et partie du territoire d'Acqui.

Les cinq départemens dont nous venons de donner la description, avec un sixième nommé du *Tanaro*, lequel a été supprimé, et dont le territoire a été réuni aux départemens formés de l'Etat de Gênes, composoient l'ancien Piémont, pays situé au pied des Alpes, et qu'on croit avoir pris son nom de cette position ; *Pedi montium.* Cette contrée faisoit partie de l'ancienne Lombardie, et comprenoit, outre la principauté de Piémont proprement dit, le duché de Montferrat et une portion du Milanez. Les comtes de Savoie, depuis devenus ducs, et enfin rois de Sardaigne, l'avoient depuis long-temps réuni à leur héritage, et y tenoient leur cour. La France s'empara du Piémont en 1799, et en 1802 il fut réuni à cet Empire pour en faire partie intégrante. C'est depuis ce temps qu'on l'a divisé en départemens.

108°. Le département de Gênes, ainsi appelé de la ville capitale de cet état, est un pays montagneux ; il produit du vin et des fruits. Le climat y est extrêmement chaud, mais l'air y est sain et pur. La ville principale est Gênes, dite la *Superbe*, à cause de la magnificence de ses édifices ; cette ville est située agréablement sur une colline près de la Méditerranée ; c'est un siége archiépiscopal. Les autres lieux sont Novi,

Bobbio sur la Trebia; Tortone sur une hauteur, avec une forte citadelle; Voghera, &c.

109°. Le département de Montenotte, non moins montueux que le précédent, produit peu de grains; mais le pays est riche en vignobles, plants d'oliviers et d'orangers; il a des manufactures d'étoffes de soie, et de velours. Son chef-lieu est Savone, port sur la Méditerranée, et place forte. Les autres lieux sont Port-Maurice, Acqui, évêché dont les eaux thermales sont renommées; Mondovi, célèbre par la victoire qu'y remporta Bonaparte le 21 août 1796; Céva, &c.

110°. Le département des Apennins, ainsi appelé de la chaîne des montagnes de ce nom, abonde en vins, fruits, soie, huile; on y fabrique du savon, des pâtes et des confitures. Il a pour chef-lieu Chiavari; les autres villes sont Sarzane, à l'embouchure de la rivière de Macra, &c.

Ces trois départemens sont formés de l'ancien Etat de Gênes, d'une partie du territoire d'Acqui, du marquisat de Céva, d'une portion de la principauté de Piémont et d'une portion du marquisat de Suze. La ville de Gênes remonte à une haute antiquité. Elle étoit déjà célèbre du temps des Carthaginois et des Romains. Les Goths et les Lombards s'en emparèrent successivement. Sous Charlemagne elle faisoit partie de l'Empire français. Devenue commerçante, elle forma une puissance maritime redoutable, et fit des conquêtes. Ses guerres avec Venise l'épuisèrent, elle eut recours à la France et se donna à Charles vii; bientôt elle reprit sa liberté qu'elle ne put conserver. S'étant offerte à Louis xi, et ayant été rejetée par ce monarque, elle subit le joug de François Sforce, duc de Milan; délivrée par André Doria, elle forma une république aristocratique qui subsista jusqu'à la révolution française. Le gouvernement y ayant alors changé de forme, elle prit le nom de république *ligurienne*. Tout nouvellement elle a demandé son incorporation à l'Empire français; on en a formé une vingt-huitième division militaire, et dans ce moment on travaille à l'organiser sur le même pied que les autres provinces du territoire français.

Pour compléter ce qui regarde les divers territoires de l'Italie qui sont soumis à la domination française, nous devons dire un mot des duchés de Parme, Plaisance et Guastalla. Parme et Plaisance furent long-temps un sujet de dispute entre les exarques de Ravennes et les Lombards. Ces duchés passèrent volontairement sous la domination du pape. Paul iii les détacha du domaine papal en faveur de son fils Pierre Farnèse. Ils appartinrent ensuite à la branche espagnole de la maison de Bourbon; de-là ils passèrent sous la domination française. Ces trois duchés, par décret impérial, doivent faire dorénavant partie de la vingt-huitième division militaire, et sont partagés en quatre arrondissemens ou subdélégations; savoir:

Parme, capitale du duché de ce nom; cette belle ville est défendue par une bonne citadelle. Les ducs y faisoient leur résidence. C'est la patrie du célèbre Lanfranc.

Plaisance, ainsi nommée à cause de la beauté et des charmes de sa situation; c'est la patrie du pape Grégoire x.

Guastalla, fameuse par une bataille donnée en 1734, et gagnée sur les Autrichiens par les Français et les Piémontais.

Pontremoli, sur la rivière de Magra, au pied de l'Apennin.

Départemens établis dans les Colonies.

Les Colonies ont aussi été assujéties à la division départementale. En Amérique il y avoit neuf départemens; savoir: cinq dans l'île de Saint-Domingue sous les dénominations suivantes: département du Nord, chef-lieu le Cap-Français; département de l'Ouest, chef-lieu le Port-au-Prince; département du Sud, chef-lieu les Cayes; département de Samana, chef-lieu Saint-Iago; département de l'Inganne, chef-lieu San-Domingo.

La Guadeloupe forme un département.

La Martinique, un.

La Guiane et Cayenne, un.

Sainte-Lucie et Tabago, un.

En Afrique, l'île de France et celle de la Réunion, autrefois de Bourbon, forment deux départemens. Le Sénégal avec ses dépendances a une administration particulière.

En Asie, les divers établissemens des Indes orientales, comme Pondichéry, Chandernagor, &c. forment un département. Ce qui fait en tout douze départemens coloniaux.

Il nous reste à faire mention des îles qui avoisinent la France, et qui sont soumises à sa domination.

La plus considérable est l'île de Corse, divisée, avec l'île d'Elbe, en deux départemens, comme nous l'avons dit. Les autres sont:

La petite île de Capraïa ou Caprée, célèbre par le séjour de Tibère; elle est montueuse et n'a qu'un seul havre. Ses habitans sont d'excellens marins; elle a un bourg du même nom, et produit des grains et des fruits.

L'île d'Elbe, dépendante, ainsi que la précédente, du département du Golo en Corse, est remarquable par ses mines d'or, d'argent, de cuivre, de fer, de calamite, d'amiante et d'aimant; elle produit des grains, des fruits, des vins dits de Veruut, très-estimés. Il y a beaucoup de gibier; les salines, les pêcheries augmentent ses richesses. La capitale est Porto-Ferrajo, avec une citadelle et un bon port. On y trouve aussi Porto-Longone.

Les deux îles de Lerins sont sur la côte de Provence. Celle de Sainte-Marguerite, qui est la plus grande, a une citadelle; la plus petite, appelée Saint-Honorat, produit du bois, des grains, du vin, des fruits, des légumes; les côtes sont poissonneuses. Elles sont du département du Var.

Les îles d'Hières, ou anciennes *Stœchades*, sont au nombre de trois et jouissent d'un éternel printemps; elles fournissent des oranges, des citrons, des olives et des plantes médicinales très-utiles. Elles font aussi partie du département du Var.

Toutes ces îles sont dans la Méditerranée; les suivantes sont dans l'Océan.

Les îles d'Ouessant, à la côte du Finistère, sont petites; il y a quelques hameaux, un village et un château.

Belle-Ile, sur la côte du Morbihan, a des plaines fertiles et agréables; le reste est couvert de rochers. Il y a des salines et beaucoup de moutons qui y paissent toute l'année.

L'île de Noirmoutiers, sur la côte de la Vendée, a des marais salans, des terres à grains, des vignobles et quelques pâturages. Le terrain bas est conquis sur la mer par des digues. Il y a un bourg du même nom.

L'île Dieu, sur la même côte, produit des grains et nourrit des bestiaux. Le bourg qui en est le chef-lieu porte le même nom.

L'île de Ré, sur la côte de la Charente inférieure et vis-à-vis la Rochelle, n'a que des vignobles et des salines. Il y a trois forts et un bourg.

L'île d'Oléron, qui est séparée de la précédente par le canal dit le Pertuis d'Antioche, a des vignobles, des terres à blé, des salines et des fabriques d'eau-de-vie. Les habitans, au nombre de 5,000, sont en général bons marins.

LA SUISSE ou LA RÉPUBLIQUE HELVÉTIQUE.

Cette contrée faisoit partie des Gaules et de la Rhétie; elle fut nommée Helvétie des Helvétiens, un des principaux peuples qui l'habitoient; le nom de Suisse lui vient du canton de Schwitz, qui fut un de ceux qui se distingua le plus dans la révolution à laquelle cette contrée doit sa liberté.

Après avoir fait partie de la Gaule du temps des Romains et de l'ancien empire français, la Suisse fut réunie à l'Allemagne, puis possédée par plusieurs souverains. La tyrannie qu'exerçoient sur les cantons de Schwitz, Underwald, Uri, les gouverneurs envoyés par l'empereur Albert, occasionnèrent une révolte : Guillaume Tell et trois autres confédérés, secondés par leurs concitoyens, s'emparèrent de tous les châteaux, formèrent une ligue de trois cantons, et battirent en bataille rangée quoiqu'ils ne fussent que 1,500, l'armée de l'empereur forte de 20,000 hommes. Cette victoire attira successivement les autres cantons dans la confédération : ils résistèrent avec succès à toutes les attaques des empereurs, qui se virent forcés de reconnoître leur indépendance en 1618.

Les Suisses étendirent leurs domaines par des conquêtes, et parvinrent à un point de puissance qui fit rechercher leur protection et leur alliance. Lors de la révolution de France, des principes et des intérêts opposés dans divers cantons, y allumèrent la guerre civile, par suite de laquelle les Français pénétrèrent dans cette contrée, et en chassèrent les Russes. Après l'avoir long-temps occupée, le gouvernement français lui rendit son indépendance, et lui donna une constitution démocratique à laquelle sont soumis non seulement tous les cantons, mais leurs anciens sujets et leurs alliés. Depuis ce temps le pays a joui de la tranquillité.

Le territoire de la république helvétique est borné au N. et à l'E. par l'Allemagne, à l'O. par la France, au S par la France et l'Italie. Il comprend 5,000 lieues quarrées, à raison de 600 habitans par lieue, ce qui fait au total 1,800,000 : il est en grande partie couvert de montagnes. Sur la cime des plus élevées sont des glaciers ou plaines immenses, tantôt hérissées de pyramides de glace, tantôt semblables à des torrens ou des fleuves rendus immobiles par le froid. Ces glaciers offrent des formes variées à l'infini; plusieurs imitent des ruines, des édifices, des fortifications et sont bordés de précipices. Au loin à l'entour s'étendent des neiges éternelles dont les masses se détachent souvent, et s'accumulant à mesure qu'elles roulent de la cime des montagnes, renversent les arbres, et ont quelquefois enseveli des villages.

De ces montagnes, et sur-tout du Saint-Gothard, descendent le Rhin, le Rhône, la Reuss, l'Aar, le Tésin, &c. La fonte des neiges entretient leurs sources et alimente des lacs nombreux, dont les principaux sont ceux de Genève, de Neuchâtel, de Lucerne, Zurich, Thun, Brients, Bienne et Morat : les premiers sont considérables; tous abondent en excellens poissons.

En hiver, le froid est rigoureux dans cette contrée; les montagnes demeurent couvertes de neige : en été la température varie suivant l'exposition au N. ou au S. et suivant l'élévation.

Nulle part l'industrie n'est plus ingénieuse et plus active : elle force les rochers mêmes à produire de la vigne, à se couvrir d'excellens pâturages; la charrue passe aux bords d'affreux précipices, et la fertilité règne sur des monts condamnés, ce semble, par la nature à demeurer stériles. Les productions principales sont des bois de différentes espèces, des grains, du vin, du chanvre et du lin. La Suisse nourrit un grand nombre de bêtes à cornes de la plus grande beauté, mais plus précieux encore par leur fécondité et par l'excellence de leur laitage. Les productions les plus générales sont l'orge, qui croît même près des glaciers, l'avoine, le riz; mais les pâturages forment la principale richesse.

Dans certains cantons de la Suisse il n'y a pas de forêts, et les habitans sont souvent réduits à brûler du fumier.

Ce pays est en général d'un aspect tour-à-tour imposant, agréable, sombre, ou romantique. Ces effets naissent du mélange des sites agrestes et des lieux cultivés; de bois épars, de hameaux et de pâturages sur des montagnes, de champs de blé ou de vignobles sur leurs plateaux ou sur leur pente ; de rocs escarpés, de précipices, de cataractes, de torrens, de montagnes qui se perdent dans les nues et dont les cimes sont couvertes de neiges et de glaces éternelles. Les peintres de la nature, éblouis par la prodigieuse variété des spectacles qu'elle leur offre dans cet étonnant pays, sont remplis d'admiration à la vue de ces tableaux que leur pinceau ne peut rendre. Les lieux les plus déserts, les plus inaccessibles sont peuplés de troupes de bouquetins et de chamois qui vivent sur les rochers, au milieu des précipices.

Les montagnes renferment des mines de fer, de plomb, de cuivre et d'argent, du cristal, du soufre, du zinc, de l'antimoine, du cobalt, de l'arsenic et du bismuth. Il y a des sources minérales.

On retrouve dans la Suisse peu de traces d'antiquité, si ce n'est des ponts hardis, des aqueducs et quelques vieux châteaux ; mais la nature a indemnisé ce pays en y multipliant ses merveilles. Parmi celles qu'on doit à l'industrie des hommes, on admire un petit couvent taillé dans le rocher par un hermite, un pont de bois jeté sur le Rhin dans un endroit où il est très-rapide, et large de 400 pieds, &c.

Tous les cantons ne professent pas la même religion ; ceux de Soleure, Fribourg, Lucerne, Zug, Schwitz, Underwald, Uri et Tessin, sont catholiques ; le calvinisme est suivi dans ceux de Bâle, Berne, Vaud, Schaffouse et Zurich : dans les autres, chacune des deux religions a ses sectateurs.

L'allemand est la langue générale de la Suisse, mais sur les frontières de France et d'Italie, on parle un français ou un italien corrompu. Il y a quatre universités ; savoir : celles de Bâle, de Berne, de Lausanne et celle de Zurich ; des écoles dans d'autres villes sont chargées de l'instruction. La Suisse a produit dans les belles-lettres, les sciences et dans les arts plusieurs grands hommes, entre autres, Gessner poëte, Haller médecin, et les Bernouilli. Genève a donné le jour à Bonnet, Casaubon, Saussure, Necker, Rousseau, Spanheim, Tronchin, Zimmermann, Lavater, Euler, Court de Gebelin, &c.

Les Suisses sont braves, laborieux, francs, fidèles, amis de la liberté et de leur patrie. Leurs mœurs sont simples et pures, si ce n'est sur les frontières et dans les villes où le commerce et le séjour des étrangers les ont corrompus. On les accuse d'aimer à boire, et leur penchant à cet égard est passé en proverbe. L'aisance et la propreté règnent jusque dans les chaumières ; les maisons sont presque toutes en bois.

Les Suisses excellent dans la mécanique usuelle : ils savent avec beaucoup d'art cultiver les montagnes, y pratiquer des routes, arrêter l'éboulement des terres, construire des chaussées, des ponts et des pilotis sur des torrens. Le climat varie suivant les sites ; les vêtemens, le caractère et les habitudes diffèrent dans les divers cantons Les Suisses sont scrupuleux observateurs de leur culte ; et quoique naturellement fort attachés à leur patrie, un grand nombre d'entr'eux l'abandonne pour s'établir par-tout où il se fait du commerce ; les premières maisons de négocians et banquiers dans les principales places de commerce d'Europe sont en grande partie d'origine suisse. Leur émigration est l'effet d'une grande fécondité dans la population et de la stérilité de leur sol. L'instruction que la jeunesse y reçoit généralement contribue encore à cet ordre de choses. Le surabondant de cette population fournit de très-bonnes troupes qui passent au service des puissances étrangères. La probité chez la classe aisée et la fidélité dans la classe laborieuse, font généralement estimer les Suisses, qui, en quelque lieu qu'ils habitent, n'oublient presque jamais les sites romantiques qu'ils ont quittés, la liberté dont ils jouissoient et la simplicité de mœurs dans laquelle ils ont été élevés.

Il y a en Suisse des manufactures d'étoffes de soie, de velours, de draps, de mousselines, d'indiennes, de toiles de coton, de lin et de chanvre, &c. ; des fabriques d'horlogerie, de quincaillerie, d'armes, de papiers, &c. Les paysans sont presque tous artisans, et les femmes mêmes font avec le sapin beaucoup d'ouvrages et de jouets d'enfans, que l'on débite dans les trois continens. Ces objets manufacturés sont une des principales branches de leur commerce qui consiste en outre en bestiaux, chevaux, vernis, plantes médicinales, kirchenwasser, drogues, marbre, cristaux et salpêtre ; ils reçoivent en échange des autres contrées divers articles nécessaires ou utiles.

Les treize cantons suisses étoient ceux de Bâle, de Soleure, de Berne, de Fribourg, de Lucerne, de Schaffouse, de Zurich, de Zug, de Schwitz, de Glaris, d'Underwald, d'Uri, d'Appenzel ; ils avoient pour chefs-lieux des villes du même nom ; à l'exception d'Underwald, dont la capitale étoit Stantz ; et d'Uri, dont la capitale étoit Altorf.

Jadis chacun des cantons avoit son gouvernement particulier ; il étoit aristocratique dans les cantons de Bâle, Berne, Soleure, Fribourg, Lucerne, Schaffouse et Zurich. La ville capitale de chaque canton exerçoit la souveraineté ; tout son territoire lui étoit assujetti. Six autres cantons, savoir ceux de Zug, Schwitz, Glaris, Appenzel, Underwald, Uri, étoient démocratiques, et tous les habitans avoient part au gouvernement. Ces cantons avoient des alliés qui étoient associés à la confédération helvétique, et formoient aussi des *républiques* : les sujets étoient soumis à la même forme de gouvernement que leurs souverains respectifs.

Les alliés des Suisses étoient les Etats de l'abbé de Saint-Gall, dont la capitale étoit *Saint-Gall* ; les Grisons, dont la capitale étoit Coire ; le Valais, qui avoit pour chef-lieu Sion ; la principauté de Neufchâtel, avec une ville du même nom, et le Vallengin, qui appartenoient au roi de Prusse ; la république de Genève, les Etats de l'évêque de Bâle, la ville de Bienne et la petite république de Mulhausen.

Les sujets des Suisses étoient Bade, Bremgarthen sur le Limat, Melinghen, entre le canton de Soleure et celui de Zurich ; le Rhintal, le Turgaw, les bailliages de Lugano, Locarno, Mendris et Valmaggia.

Les

Les sujets des alliés des Suisses étoient la Valteline, le comté de Chiavenna, celui de Tockembourg, dont Lichtenstein est la capitale, et le comté de Bormio vers l'Italie. Chiavenna, la Valteline et Bormio sont réunis au royaume d'Italie.

Aujourd'hui la Suisse a dix-neuf cantons, dont chacun est en particulier une république démocratique : tous sont réunis en une république fédérative, à la tête de laquelle est une diète annuelle, présidée par un landammann dont le pouvoir ne dure qu'an an. Cette diète se tient successivement à Fribourg, Berne, Soleure, Bâle, Zurich et Lucerne.

Les dix-neuf cantons sont ceux de Bâle, de Soleure, de Berne, composé de la partie N. de l'ancien canton ; de Vaad, composé de la partie S. ; de Fribourg, d'Argovie, composé d'une partie du canton de Berne, du pays de Baden, du Frickthal, des villes frontières de Rhinfeld et de Lauffenbourg ; de Lucerne, de Schaffouse, de Zurich, de Zug, de Schwitz, de Glaris, d'Underwald, d'Uri, du Tessin, composé des pays de Levantine, des Rivières, de Brenio, de Bellinzona, de Maggia, de Locarno, de Lugano et de Mendris ; celui de Thurgovie, celui de Saint Gall, composé du territoire du Rhinthal et du pays de Sargans, enfin celui d'Appenzel et celui des Grisons : la république de Neuchâtel et les Valons forment deux Etats séparés.

Le canton de Bale dans sa partie supérieure est froid et couvert de montagnes ; dans l'autre partie le climat est plus doux. Toutes deux possèdent d'excellens pâturages où l'on nourrit beaucoup de bestiaux. Ce canton produit aussi du vin et du blé. Il a des eaux minérales. Son chef-lieu est *Bâle* sur le Rhin, avec une université et une belle cathédrale gothique, où se tint en 1431 le concile de ce nom ; Erasme y est enterré.

Le canton de Soleure a des plaines fertiles, beaucoup de vignobles, de belles forêts, d'excellens pâturages et des bains. Son chef-lieu est *Soleure*, place forte sur l'Aar.

Le canton de Berne a des vignobles, et produit du blé, du lin et du chanvre : on y élève beaucoup de chevaux et de bestiaux ; il a de nombreuses manufactures et des fabriques de différens genres, particulièrement de clavecins. Son chef-lieu est *Berne*, dans une presqu'île formée par l'Aar ; elle a une université et une riche bibliothèque. Les autres villes sont Erlach sur le lac de Bienne, Burgdorff, Thoun, Brienz sur des lacs de même nom ; Hapsbourg, château ruiné, et chef-lieu antique d'un comté. Ce sont les comtes d'Hapsbourg qui forment la tige de la maison d'Autriche.

Le canton de Fribourg renferme beaucoup de montagnes couvertes de pâturages ; il produit en outre du blé, du vin et des fruits. Son chef-lieu est *Fribourg* sur la Sane ; elle a une siége épiscopal et une belle cathédrale. On trouve dans le même canton Gruyères, dont les fromages sont renommés.

Le canton de Vaud produit des vins très-estimés, des grains et possède de riches pâturages. Son chef-lieu est Lausanne, près du lac de Genève ; cette ville a une université : c'est la patrie du médecin Tissot. Les autres sont Yverdun, sur le lac de Neuchâtel ; Copet, où résidoit M. Necker ; Vévay, Nyon, sur le lac de Genève.

Le canton d'Argovie a les mêmes avantages que le précédent et en outre des mines de fer. Le chef-lieu est Arau ; les cantons protestans y tenoient leur diète particulière. Les autres villes sont Zoffingen sur le Wigger, Aarbourg sur l'Aar, Bremgarten sur la Russ, où sont des papeteries renommées ; Lentzbourg, Baden sur le Limmat, avec des eaux thermales ; Rhinfeld et Lauffenbourg, l'une et l'autre traversées par le Rhin.

Le canton de Lucerne au midi a des montagnes qui fournissent d'excellens pâturages pour de nombreux bestiaux. Au nord le pays est couvert de champs de grains, de prés et de bois ; il produit en outre beaucoup de fruits et de vins : il y a des eaux médicinales très-recherchées. Le chef-lieu est *Lucerne*, sur le lac de ce nom.

Le canton de Schaffouse produit un peu de blé, des fourrages, des fruits, du vin rouge. Il y a peu de montagnes et beaucoup de hautes collines. Le chef-lieu est *Schaffouse* sur le Rhin. Les autres villes sont Neuhausen, près de la fameuse cataracte du Rhin ; Stein, ville considérable sur ce fleuve.

Le canton de Zurich est fertile en grains, fruits, pâturages, légumes. Son chef-lieu est *Zurich*, avec une université.

Le canton de Zug a de bons pâturages, quelques vignobles, du blé, beaucoup de fruits et un grand nombre des châtaigniers très-productifs. Le chef-lieu est *Zug*, près d'un lac très-poissonneux du même nom et de la montagne de Margarten, fameuse par la bataille qui, en 1315, valut aux Suisses leur liberté.

Le canton de Schwitz est tout entier couvert de montagnes et de vastes forêts : il n'y a de pâturages qu'autour des lacs ; on y élève beaucoup de bestiaux. Le chef-lieu est *Schwitz*, simple bourg, situé agréablement.

Le canton de Glaris a beaucoup de pâturages, sur-tout dans les montagnes. On y élève une grande quantité de chevaux, de gros et de menu bétail, dont les produits, sur-tout en fromages, sont très-lucratifs ; il nourrit aussi beaucoup de volailles et de gibier ; il y a des forêts de beaux sapins, du cristal de roche, des carrières de marbre et d'ardoises, des eaux minérales et des bains très-fréquentés. Le chef-lieu est *Glaris*, où se tenoient les assemblées générales.

Le canton d'Underwald a d'excellens pâturages sur les montagnes et dans les vallées ; on y nourrit des bestiaux nombreux. Les fruits y sont abondans ; il y a de vastes forêts ; il produit peu de blé. On y trouve de belles carrières de marbre, et trois sources d'eau sulfureuse. Le chef-lieu est Stantz, où se tenoient les assemblées ordinaires des cantons du lac.

M

Le canton d'URI est coupé de vallées profondes et de hautes montagnes, dont la plus élevée, toujours couronnée de glaces, est le Saint-Gothard. Il y a très-peu de bois, des pâturages peuplés de nombreux bestiaux, un lac pittoresque bordé de rochers stériles, des mines de fer, du vitriol, du marbre veiné de blanc. Le chef-lieu est Altorf, situé au S. du lac des quatre cantons ; c'est la patrie de Guillaume Tell.

Le canton du TESSIN a des vignobles, des pâturages, beaucoup de grains et des fruits. Le chef-lieu est Bellinzona sur le Tessin ou Tésin et dans une plaine au pied des Alpes. Les autres lieux sont Lucarno et Locarno sur des lacs de même nom.

Le canton de THURGOVIE a des pâturages ; il produit du vin, du grain et des fruits. Le chef-lieu est Frawenfeld, sur une hauteur.

Le canton de SAINT-GALL offre les mêmes produits, à cela près que les prairies qui avoisinent la ville sont consacrées à des blanchisseries. Le chef-lieu est *Saint-Gall*, entre deux montagnes ; cette ville est bien peuplée et fait un assez gros commerce. Les autres lieux sont Weil, jolie ville sur la Thur ; c'étoit la résidence du prince-abbé de Saint-Gall ; Sargans près du Rhin, avec un château sur un rocher ; dans son voisinage sont des eaux minérales ; Wallenstadt sur un lac de même nom, &c.

Le canton d'APPENZEL produit beaucoup de grains, a des pâturages, du vin, des fruits, du lin, du cidre et de la tourbe. On y trouve aussi des eaux minérales sulfureuses. Le chef-lieu est *Appenzel, Abbatis Cella*, ainsi nommée parce qu'un abbé de Saint-Gall l'a fait bâtir dans le septième siècle.

Le canton des GRISONS est en partie couvert de montagnes ; les moins élevées fournissent d'excellens pâturages, de l'orge, du seigle et des fruits rouges ; les plus hautes n'ont que des pâturages. On récolte dans les plaines et les vallées beaucoup de grains, de légumes et de fruits. Il y a des vignobles. Le produit des troupeaux y est très-considérable, sur-tout en fromages et beurre. On y élève des porcs et des chèvres, quelques chevaux ; le gibier y abonde ; il y a des mines qui produisent du fer, du plomb, du cuivre et même de l'argent. On y trouve aussi des eaux minérales. Le chef-lieu est Coire, dans une plaine sur la Plessure, qui non loin de là va se jeter dans le Rhin ; cette ville a un siége épiscopal. Les autres lieux sont Ilantz sur le Rhin, Davos, &c.

La principauté de NEUCHATEL appartient au roi de Prusse : elle est au N. O. du canton de Fribourg, et produit du vin, des fruits, du chanvre, du lin, des pâturages. Sa population est de 44,000 habitans. On y fabrique des draps, des toiles peintes, des dentelles, de l'horlogerie, de l'orfèvrerie, du papier ; il y a des fonderies de cuivre. *Neuchâtel*, sur le lac du même nom, en est la capitale ; la rivière de Sion la traverse. Le comté de Vallangin fait partie de cette principauté.

Le VALAIS ou PAYS DE VAUD, situé au S. du canton de Berne, est une longue vallée entre les monts Gemmi, Grimsel, de la Fourche et Saint-Bernard. Il appartenoit jadis à l'évêque de Sion et au duc de Savoie ; depuis, il forma une république dont l'évêque étoit le chef ; à présent c'est un Etat démocratique, sous l'administration d'un grand-bailli. Sa population est de 100,000 habitans, tous catholiques.

Le climat et l'aspect du pays sont les mêmes qu'en Suisse. La principale des hautes montagnes qui bordent cette contrée, est le mont de la Fourche, d'où partent deux chaînes hérissées de rochers et de glaciers, et qui ne laissent de passages faciles que ceux du grand Saint-Bernard et du Simplon, lesquels, par une grande route qui part de Genève, donnent l'entrée en Italie. Le Rhône descend du mont de la Fourche, et traverse dans toute sa longueur cette vallée fertile en grains, vins, fruits et safran ; de nombreux bestiaux, des mines de charbon-de-terre, des carrières d'ardoises et de pierres à chaux en augmentent la richesse. Cette contrée a des eaux minérales.

Les principaux lieux sont Sion capitale, dans une belle plaine au pied de deux montagnes, il y a un évêque ; Saint-Maurice, fameuse par le martyre de la légion thébaine sous Dioclétien ; Martinach, et Leuck qui a des bains chauds.

L'ALLEMAGNE.

L'ancienne Germanie a pris le nom d'Allemagne des Allemands, l'un de ses anciens peuples. Cette contrée s'est agrandie d'une partie de la Vindelicie, de la Pannonie, de la Rhétie et du Noricum, au S. du Danube.

Les Romains la divisoient en Germanie supérieure, entre le Rhin et le Weser ; en Germanie du milieu, entre le Weser et l'Elbe ; et en Germanie inférieure, entre l'Elbe et la Vistule.

L'Allemagne, jadis couverte de forêts, ne suffisoit point à la nourriture des peuples nombreux qui l'habitoient ; cet excès de population en fit sortir plusieurs essaims qui se répandirent sur le territoire romain ; beaucoup furent exterminés dans ces expéditions. Les Romains envoyèrent dans l'intérieur du pays de grosses armées qui cherchèrent à s'y établir ; tantôt elles furent défaites, tantôt elles furent victorieuses, mais elles ne purent en faire la conquête entière, ni même y rester.

Lors de l'affoiblissement de l'empire, les Germains s'emparèrent de la moitié des provinces romaines, et dans le cinquième siècle les Hérules détrônèrent les empereurs de Rome. Les Goths et les Lombards occupèrent la Hongrie ; les Vandales, les Alains et les Suèves pénétrèrent en Espagne et s'en emparèrent ; les Angles et les Saxons débarquèrent dans la Grande-Bretagne qu'ils conquirent ; les Bourguignons et les Francs se rendirent maîtres de la Gaule.

Clovis défit les Allemands restés en Germanie, et les empêcha de pénétrer dans les Gaules ; il les soumit ensuite à son autorité. Charlemagne acheva la conquête de la Germanie; il possédoit en outre cette partie des Gaules qui forme aujourd'hui la France et qui s'étendoit en Italie. Il rétablit l'ancien empire d'Occident détruit par les Hérules, et le laissa à son fils Louis-le-Débonnaire. Louis-le-Germanique, l'un des trois fils de ce dernier, eut en partage l'Allemagne, où ses descendans régnèrent jusqu'en 911. Louis IV étant mort sans enfans, son héritier Charles-le-Simple, roi de France, fut écarté de l'empire par les Allemands, qui lui préférèrent Conrad, duc de Franconie. Cette élection rendit plus puissans les grands de l'empire; sous le successeur de Conrad, ils convertirent les provinces qu'ils gouvernoient, en souverainetés indépendantes. Othon 1er, qui vint après, ayant soumis l'Italie, se fit couronner empereur à Rome. Après lui, des princes de différentes maisons occupèrent l'empire. En 1273, le sceptre impérial passa dans la maison d'Autriche, en la personne de Rodolphe d'Hapsbourg. A quelques exceptions près, il y est demeuré jusqu'aujourd'hui.

L'empereur actuel, François II, a ajouté à son titre d'empereur d'Allemagne celui d'empereur d'Autriche, et a fait reconnoître cette dernière dignité héréditaire dans sa maison.

L'Allemagne a 24,860 lieues carrées, et 965 habitans par lieue; ce qui fait au total 25,000,000 d'habitans. Cette contrée est bornée au N. par le Danemarck et la Baltique; à l'O. par la mer d'Allemagne, par la République Batave et la France; au S. par la Suisse et l'Italie; à l'E. par la Prusse. Ses principales montagnes sont les Alpes, frontières de l'Italie. Ces montagnes renferment des mines d'argent, de cuivre, de plomb, de mercure, de sel, des pierres précieuses, de l'albâtre, du marbre, des ardoises, &c. Le territoire fournit les diverses productions de l'Europe. Il nourrit beaucoup de bestiaux, d'excellens chevaux, et tous les animaux communs aux contrées voisines.

Jadis l'Allemagne étoit presque toute couverte par la forêt Hercynienne, que l'on a défrichée en partie, et dont les restes les plus étendus portent aujourd'hui le nom de forêt Noire. Cette grande contrée est baignée par le Rhin, le Danube, l'Ems, le Weser, l'Elbe, l'Oder, l'Inn, &c. Il y a beaucoup de lacs, dont le principal est celui de Constance. Il s'y trouve aussi plusieurs belles cavernes très-étendues, dont quelques-unes sont d'anciennes carrières ou mines. On y admire beaucoup d'édifices gothiques soit civils, soit religieux.

Le climat y est en général salubre et tempéré, mais souvent il y règne des vents violens. Le sol, coupé de montagnes et de vallées, est fertile et très-productif; malheureusement ces avantages sont un peu négligés.

Les dogmes de Luther et de Calvin ont prévalu dans quelques contrées de l'Allemagne; les autres parties sont catholiques; souvent ces trois communions se rencontrent dans le même lieu.

La langue parlée en Allemagne est l'ancien germain, dont les dialectes diffèrent beaucoup entre eux. L'instruction est confiée à trente-six universités. Il y a en outre des académies des sciences à Vienne, à Leipsick, à Erfort, à Gottingue, à Manheim, à Ausbourg, &c. Elles ont produit un très-grand nombre de savans et de littérateurs. Parmi les premiers, on compte pour la médecine, Sthal, Van-Swieten, Hoffman, Haller; pour la botanique, Ruvinus et Dillénius; pour l'anatomie, Heister; pour la chimie, Margraff; pour la philosophie, le célèbre Leibnitz; pour l'astronomie, Kepler; Puffendorf et un grand nombre d'autres pour le droit public. Pour les diverses parties de la littérature, on peut citer Gottsched, Gellert, Hagedorn, Klopstock, Winckelmann, &c. Aujourd'hui l'Allemagne n'est pas moins féconde, et dans aucun pays on n'imprime plus d'ouvrages.

L'Allemagne a d'excellens musiciens et mécaniciens, de très-bons architectes, d'habiles peintres, sculpteurs et graveurs. Le caractère du travail de ces artistes consiste principalement dans l'exactitude du dessin et du coloris. Ils sculptent, peignent, dessinent et tournent avec beaucoup d'adresse, et se distinguent sur-tout par leur patience et leur étonnante industrie.

Les Allemands sont francs, honnêtes, hospitaliers, froids, phlegmatiques; ils aiment le vin et la table. La plupart cachent sous les traits de la bonhomie beaucoup de finesse. Ils sont très-bons soldats, bien disciplinés, et supportent patiemment les fatigues de la guerre. Les hommes, en général, sont grands et bien faits; les femmes ont un beau teint, et passent à juste titre pour belles, sur-tout en Saxe.

Il se fait un commerce considérable entre les divers Etats de l'Allemagne et les contrées voisines; ce commerce a pour objets principaux des grains, des vins et les productions végétales du pays, des chevaux, des bestiaux et leurs divers produits; du miel, de la cire, &c. Quant aux articles fabriqués, ce sont des ouvrages de sculpture, de ciselure ou gravure en divers métaux, bois, ivoire, marbre, &c. des bois de charpente ou de construction, des munitions de guerre, des porcelaines, faïences et cristaux, des étoffes de soie, beaucoup d'horlogerie et de bijouterie plus ou moins précieuse.

Les mœurs et les costumes varient selon les divers états; il en est de même des vêtemens dont quelques-uns sont très-bizarres. Ceux des femmes ne leur sont pas toujours avantageux. Ces considérations ne sont point applicables aux capitales qui, soumises à l'empire de la mode, se ressemblent assez par-tout.

La liberté de la presse est extrêmement gênée dans quelques contrées de l'Allemagne; l'importation des livres étrangers, sur-tout français, y est prohibée.

L'EMPIRE D'ALLEMAGNE.

On nomme *Empire d'Allemagne* ou *Corps Germanique* une république fédérative composée de divers Etats d'Allemagne, et dont l'empereur est le chef.

Sous Charlemagne cet empire étoit héréditaire; depuis, il est devenu électif.

Le pouvoir législatif y réside dans une diète, composée de l'empereur qui la préside en personne ou par commissaire, du collége des électeurs, de celui des princes, et des villes impériales. Ces électeurs ou princes exercent séparément la souveraineté dans leurs Etats respectifs. Le pouvoir de l'empereur devroit n'être qu'exécutif; mais l'étendue et la richesse de ses domaines lui donnent une influence qui le met quelquefois au-dessus de la constitution.

Il y avoit autrefois neuf électeurs, dont six catholiques; de ces six trois étoient ecclésiastiques. Ces électeurs étoient les archevêques de Mayence, de Trèves et de Cologne, le comte palatin du Rhin, le roi de Bohême et le duc de Bavière. Trois étoient protestans, savoir: le duc de Saxe, le marquis de Brandebourg et le duc de Brunswick-Lunebourg. Les électeurs furent ensuite réduits à cinq catholiques, le duché de Bavière s'étant trouvé réuni sur la même tête avec le palatinat du Rhin.

Depuis quelques années, les limites de l'empire d'Allemagne ont subi des changemens considérables. Tous les pays situés sur la rive droite du Rhin, lesquels faisoient partie de l'empire germanique ayant passé sous la domination française, il a fallu donner une nouvelle organisation à la constitution de l'empire. Il y a aujourd'hui dix électeurs titulaires; quatre sont catholiques, savoir: l'archevêque de Ratisbonne, le roi de Bohême, le duc de Bavière et le prince de Saltzbourg. Six sont protestans, savoir: le duc de Saxe, le marquis de Brandebourg, le duc de Brunswick-Lunebourg, les margraves de Baden et de Hesse-Cassel et le duc de Wurtemberg.

On comptoit jadis cinquante-deux villes impériales; le plus grand nombre de ces villes appartient aujourd'hui à des princes d'Allemagne; quatre sont passées sous la domination française; il ne reste maintenant de villes impériales que Hambourg qui a une université, Lubeck, Bremen, Francfort sur le Mein, Nuremberg et Augsbourg.

Les principaux ordres de chevalerie propres à l'Allemagne sont l'ancien ordre Teutonique, autrefois souverain, ceux de la Toison-d'Or, de la Concorde, du Mérite, de l'Aigle Noir et de l'Aigle Rouge.

D'après les nouvelles divisions du territoire de l'Allemagne, elle est partagée en neuf cercles, subdivisés en plusieurs Etats particuliers. A ces neuf cercles on joint la Bohême, dont nous parlerons à l'article des Etats d'Autriche, après avoir donné la description topographique des cercles et des Etats qu'ils renferment. Les cercles sont:

Celui de WESTPHALIE; il abonde en pâturages et bestiaux; on y élève beaucoup de chevaux et de porcs. La partie septentrionale est marécageuse et moins fertile que la méridionale. Il a de grandes forêts, des mines de cuivre, de plomb, de calamine, d'argent, de mercure; celles de fer sont les plus productives. On y trouve du cristal de roche, des eaux minérales, des salines, de la houille, de pierres à bâtir, du marbre. Il y a beaucoup de manufactures. Les luthériens y sont très-nombreux.

Ce cercle comprend la principauté d'Oost-Frise, le duché d'Oldembourg, le comté d'Hoya, la principauté de Verden, le comté de Bentheim, celui de Lingen, celui de Teklenbourg, le ci-devant évêché d'Osnabruck, les comtés de Diepholtz, de Minden, de Schaumbourg, de Munster, de Ravensberg, de Lippe, de Rietberg, de Pyrmont, le ci-devant évêché de Paderborn, l'évêché de Corvey, partie du duché de Clèves, le comté de la Marck, le duché de Westphalie, celui de Berg, le comté de Wied, partie de celui de Nassau, enfin la ville de Dortmund, située sur l'Ems et autrefois impériale.

Les villes principales de ce cercle sont Embden, capitale de l'Oost-Frise, port à l'embouchure de l'Ems; *Oldembourg*, capitale du duché de ce nom sur le Hunt; *Hoya*, capitale d'un comté du même nom sur le Weser; *Verden*, capitale de la principauté de ce nom, autrefois impériale, sur l'Aller; *Bentheim*, *Lingen* sur l'Ems; *Teklenbourg*, *Osnabruck*, siége d'un évêché fondé par Charlemagne; *Diepholtz*, *Minden* et *Rinteln*, toutes deux sur le Weser. Cette dernière est capitale du Schaumbourg. *Munster*, fameuse par le traité de 1648; *Ravensberg*, *Lippestadt*, Delmod, près de laquelle les Germains défirent les légions romaines commandées par Varus; *Rietberg*, *Pyrmont*, fameuse par ses eaux minérales; *Paderborn*, siége d'un évêché fondé par Charlemagne; *Corvey* sur le Weser; Wesel, capitale du duché de Clèves, au confluent de la Lippe et du Rhin; Ham, capitale du comté de Lamarck; Aremberg, capitale de la Westphalie; Dusseldorf, capitale du duché de Berg, renommée par une admirable galerie de tableaux; Neuwied, capitale du comté de Wied; Siegen sur la Sieg, Dillenbourg, *Nassau* sur la Lahn.

Le cercle de BASSE-SAXE produit une grande quantité de grains de toute espèce, beaucoup de pâturages où l'on élève un grand nombre de bestiaux. Il fournit aussi du lin, du cumin, du safran, de la garance; il y a des mines de presque tous les métaux et minéraux, excepté de l'or. Enfin, on y trouve beaucoup de bois, du miel, de la tourbe et des eaux minérales. Dans les villes, les manufactures sont nombreuses et florissantes.

Ce cercle comprend le duché de Holstein, divisé lui-même en Holstein propre, Ditmarsch, Stormarie et Wagrie; l'évêché de Lubeck, la ville d'Hambourg, le duché de Mecklenbourg, la ville de Brême, l'électorat d'Hanovre, qui lui-même est formé des duchés de Brême, de Lunebourg et de Lavenbourg; le comté de Danneberg, les principautés de Calenberg et de Grubenhagen, l'évêché d'Hildesheim, le pays d'Eischsfeld, le duché de Brunswick-Wolfenbuttel, qui comprend la principauté de ce nom; celle d'Halberstadt, les comtés de Blanckenbourg et de Wernigerode, le duché de Magdebourg, les villes de Goslar et Mulhausen.

Les villes principales sont Kiel, capitale du duché de Holstein et port sur la mer Baltique; Meldorp, près de la mer, Gluckstadt, ville forte sur l'Elbe; Altona sur le même fleuve, Neustadt, Eutin sur un lac du même nom; Lubeck, évêché luthérien; *Hambourg*, ville impériale et anséatique sur l'Elbe avec un port très-fréquenté; Cuxhaven, port à l'embouchure de l'Elbe; *Mecklembourg*, Schverin, Wismar et Strelitz dans le duché de Mecklembourg; Rostock, à une lieue de la mer Baltique; *Brême*, ville impériale et anséatique; Stadt, *Lunebourg*, Zoll sur l'Aller, *Lavenbourg* sur l'Elbe, Ratzbourg sur un lac du même nom, *Danneberg*, *Hanovre* sur la Leine, *Calenberg*, ancien château; Gottingue, sur un bras de la Leine, avec une célèbre université; Embeck, capitale de la principauté de Grubenhagen; *Grubenhagen*, ancien château; *Hildesheim*, siége d'un évêché catholique; Duderstadt, capitale du pays d'Eischfeld; *Brunswick* sur l'Ocker, *Wolfenbuttel*, célèbre par sa bibliothèque et résidence du duc de Brunswick; Halberstadt, Blankenbourg, *Magdebourg* sur l'Elbe; *Goslar* et *Mulhausen*, autrefois impériales, maintenant sous la domination du roi de Prusse.

Le cercle de HAUTE-SAXE produit toutes sortes de grains et de graines, des fruits et des légumes en abondance; il nourrit beaucoup de volaille, fournit du gibier, élève des bestiaux, des chevaux et des abeilles. Les eaux y sont très-poissonneuses. La mer y jette de l'ambre sur les côtes. Il y a beaucoup de bois, des mines de presque tous les métaux et minéraux, des carrières de marbre, de pierres, &c. Les manufactures et fabriques y sont très-nombreuses et très-actives. Les habitans sont Luthériens.

Ce cercle comprend le duché de Poméranie, divisé en prussienne et suédoise, le marquisat de Brandebourg. Les autres provinces qui composent le cercle de Haute-Saxe sont les marches de Pregnitz et d'Ukraine; les marches Vieille, Moyenne et Nouvelle; la principauté d'Anhalt, le duché de Saxe, la principauté de Hohenstein, les comtés de Stolberg et de Mansfeld, la principauté de Hall, le comté de Schwartzbourg, la Thuringe électorale, les principautés de Saxe-Eisenach, de Gotha, d'Erfort, de Weymar, d'Hildburghausen et de Cobourg; le comté de Querfurth, les pays de Mersebourg et de Naumbourg; les cercles de Neustadt, de Voitgland, de Leipsick, d'Erzgeburg et de Misnie formant l'électorat; le comté de Reuss et ses dépendances, la principauté de Saxe-Altenbourg et la ville de Nord-Hausen, ci-devant impériale.

Les villes principales du cercle de Haute Saxe sont Stralsund, capitale de la Poméranie suédoise, sur la Baltique, autrefois impériale et anséatique; Bergen, dans l'île de Rugen; Stettin sur l'Oder, capitale de la Poméranie prussienne; Berlin, capitale du marquisat de Brandebourg et du royaume de Prusse, sur la Sprée; cette ville a de beaux édifices, de belles rues, un vaste arsenal, plusieurs académies, des manufactures, &c. Potsdam sur le Havel, avec un château que se plaisent à habiter les rois de Prusse, celui de Sans Souci est dans le voisinage; Francfort sur l'Oder, célèbre par ses foires et par son commerce; Custrin, aussi sur l'Oder; Wittemberg, capitale du duché de Saxe, ville forte sur l'Elbe; Elrich, Eisleben, patrie de Luther; Halle, célèbre par son université; Langensalza, capitale de la Thuringe électorale; *Gotha*, célèbre par sa bibliothèque et son cabinet de curiosités; *Weimar*, Jena, avec une université; *Cobourg*, *Leipsick* sur la Pleisse, dont les foires sont renommées; Dresde, capitale de l'électorat de Saxe et résidence de l'électeur; *Nord-Hausen*, autrefois impériale, maintenant au roi de Prusse.

Le cercle du BAS-RHIN produit du vin, des grains, du chanvre, des fruits; il a des mines de presque tous les métaux, excepté d'or; on y trouve des pierres précieuses, du sel, du charbon de terre; il y a des fabriques. Les habitans sont catholiques.

Ce cercle comprend partie de l'ancien archevêché de Cologne, de celui de Trèves, de celui de Mayence, et partie du Palatinat du Rhin.

Les villes principales de ce cercle sont Lintz, qu'il ne faut pas confondre avec une autre ville du même nom capitale de la Haute-Autriche, celle dont il s'agit ici est située sur le Rhin et dans l'archevêché de Cologne; Ehrenbreisten, vis-à-vis Coblentz, dans l'archevêché de Trèves, place très-forte, mais les fortifications en ont été détruites dans la dernière guerre; Selingenstadt et Aschaffenbourg, toutes deux sur le Mein et dans l'archevêché de Mayence; Heidelberg, capitale du Palatinat du Rhin; Manheim, au confluent du Rhin et du Necker et l'une des résidences de l'électeur palatin; Mosbach sur le Necker, avec un beau château.

Le cercle du HAUT-RHIN est divisé en deux parties, la septentrionale que l'on nomme Hesse, et l'autre qui est la Wétéravie.

La Hesse se subdivise en haute et basse. La première est montagneuse et peu fertile; elle produit des vins. La basse produit un peu de toutes les espèces de grains, des fruits, du chanvre et du lin. On y élève beaucoup de bestiaux. Elle possède de belles forêts. Il y a des mines de fer, d'argent, de plomb, de vif-argent, de calamine, de charbon-de-terre, des carrières d'ardoises, de pierres à plâtre et à chaux, &c.

La Wétéravie est coupée en deux par la Lahn; il n'y a que la partie méridionale qui soit du cercle du Haut-Rhin.

Les manufactures sont assez nombreuses dans ce cercle. Il y a des eaux minérales.

Il comprend le landgraviat de Hesse-Cassel, le comté de Waldeck, celui de Witgenstein, l'évêché de Fulde, le comté de Solms, partie de celui de Nassau, celui de Catzennellenbogen, la ville et le territoire de Francfort sur le Mein, les comtés d'Issenbourg et d'Hanau, le landgraviat de Hesse-Darmstadt, le comté d'Erbach, partie de l'évêché de Worms et de celui de Spire; les villes de Wetzlar, de Friedberg et de

Gelnhausen, autrefois impériales. Ce cercle est habité par des catholiques et des protestans.

Ses villes principales sont *Cassel* sur la Fulde, capitale du landgraviat et résidence de l'électeur; Allendorf, remarquable par ses salines; Hombourg, *Waldeck*, capitale du comté de ce nom; *Fulde*, sur une rivière du même nom et patrie du savant jésuite Kircher; Usingen, qui donne son nom à une branche de la maison de Nassau; Wisbaden, où sont des eaux minérales; Offenbach sur le Mein, capitale du comté d'Isenbourg; *Hanau* sur la même rivière, capitale du comté de ce nom; *Darmstadt*, Bruchsal, dans l'évêché de Spire; *Wetzlar*, siége de la chambre impériale; *Friedberg* et *Gelnhausen*.

Le cercle de Franconie est très-peuplé; il a des pâturages, produit beaucoup de blé, des fruits, du chanvre, du lin, des légumes, de l'anis, du tabac, du houblon et du bois. On y éleve une grande quantité de bestiaux; il y a de bons vignobles au midi. On y trouve des mines de fer, des carrières de marbre et de pierres, des eaux minérales. Les manufactures y sont nombreuses.

Il comprend le comté de Henneberg, les évêchés de Wurtzbourg et de Bamberg, le margraviat de Bareith, le comté de Wertheim, le territoire Teutonique, la principauté de Hohenlohe, le comté de Schwartzenberg, le margraviat d'Anspach, la ville et le territoire de Nuremberg, l'évêché d'Eischtedt, les villes de Schweinfurth, de Rothenbourg, de Windsheim et de Weissembourg.

Les principales villes sont Meinungen ou Meiningen sur la Werra, capitale du comté de Henneberg, avec un beau château, résidence du prince; *Wurtzbourg*, siége épiscopal et capitale de principauté, autrefois sous la domination de son évêque; *Bamberg*, au confluent du Mein et du Rednitz; *Bareith* sur le Mein, capitale du margraviat; *Wertheim*, à la jonction du Mein et du Tauber; Marienthal ou Margentheim, chef-lieu de l'ordre Teutonique et résidence du grand-maître; Œhringen, capitale de la principauté de Hohenlohe; *Anspach*, sur une rivière du même nom; Schwebach, où sont des eaux minérales; *Nuremberg* sur la Pregnitz, l'une des villes impériales conservées et patrie d'Albert Durer; *Eischtedt*, évêché; *Rothenbourg* sur le Tauber, *Windsheim* et *Weissembourg* sur la Rednitz.

Le cercle de Souabe est l'une des plus belles et des plus fertiles contrées de l'Allemagne; il abonde particulièrement en blé, grains, vins, fruits, pâturages, bois, lin, chanvre et houblon; il nourrit beaucoup de gibier, de bestiaux, d'abeilles et de chevaux. Il a des mines d'argent, de fer, de cuivre, de soufre, d'agathes, des pierres précieuses, du marbre, de l'ardoise et du charbon-de-terre; il possède beaucoup de riches manufactures. Le pays est mêlé de catholiques ou luthériens.

Il comprend le margraviat de Bade et ses dépendances, le duché de Wurtemberg, la principauté d'Elwangen, celle d'Œttingen, le comté de Lowenstein, le Brisgaw, pays fertile, avec les villes frontières, la principauté de Hohenzollern, le comté de Hohenberg, la principauté de Furstemberg, le landgraviat de Nellembourg, le comté de Konigseck, l'évêché de Constance, la ville de Constance, l'évêché et la ville d'Augsbourg, le marquisat de Burgaw, le comté de Meindelheim, celui de Schabeck, la principauté de Kempten, le comté de Rothenfels, les villes de Wimpfen, de Heilbron, de Hall, de Gmund, d'Ulm, de Dunkelsburg, de Nordlingen, de Gegenbach, de Memmingen et de Kaufbeuren.

Les villes principales du cercle de Souabe sont *Baden*, capitale du margraviat de ce nom; elle a dans son voisinage des eaux minérales; Carlsruhe, résidence de l'électeur margrave; Dourlach, Rastadt, célèbre par le traité de 1714 et le congrès de 1798; Kelh, fort sur la rive droite du Rhin; Stutgard, capitale du duché de Wurtemberg, près du Necker et résidence de l'électeur; *Wurtemberg*, ancien château; Tubingen sur le Necker, avec une université; *Elwangen*, *Œttingen*, Fribourg, capitale du Brisgaw; Doneschingen, capitale du Furstemberg; *Furstemberg*, château qui a donné son nom à la principauté; *Nellembourg*, *Konigseck*, Mersbourg, *Constance* sur le lac du même nom; Dillingen sur le Danube, *Augsbourg*, fameuse par la confession de ce nom, et ville impériale conservée; il y a une université; *Kempten* sur l'Iller; *Wimpfen*, *Heilbron*, *Hall*, *Gmund*, *Ulm*, *Dunkelsbourg*, *Nordlingen*, *Gegenbach*, *Memmingen* et *Kaufbeuren*, villes autrefois impériales.

Le cercle de Bavière est naturellement fertile; mais l'agriculture y a été jusqu'ici fort négligée; elle y fait maintenant de rapides progrès. Il y a beaucoup de sources, de rivières et de lacs peuplés de poissons. On y trouve des mines d'argent, de cuivre, de plomb, de fer, de la terre à porcelaine, du sel et du marbre. On y élève des porcs, des abeilles, des chevaux et des moutons. Les cantons défrichés produisent des grains, des pâturages, des fruits, du houblon, du lin, du chanvre; il y a aussi du bois, des manufactures et des fabriques.

Ce cercle comprend le palatinat de Bavière, l'archevêché et la ville de Ratisbonne, le duché de Bavière divisée en haute et basse, l'évêché de Freisingen et partie de celui de Passaw.

Ses villes principales sont Amberg, capitale du palatinat de Bavière sur la Wils; c'est la *Cantiebis Armalausorum* des Anciens; Neumarck sur la Schwartz, Munich, capitale de la Bavière, sur l'Iser, résidence de l'électeur; Ingolstadt, ville forte sur le Danube, avec une université; Donawert et Neubourg sur le même fleuve; Landsberg sur le Lech, Wasserbourg sur l'Inn, Landshut, capitale de la Basse-Bavière, sur l'Iser; Abach, dans le voisinage de laquelle se trouvent des eaux minérales; Straubing sur le Danube, Freisingen sur la Mosach, siége d'un évêché; Passaw, qui étoit aussi le siége d'un évêché; Ratisbonne sur le Danube, où se tient la diète de l'empire.

Le cercle d'AUTRICHE est le plus considérable de l'Allemagne. Il comprend partie de l'évêché de Passaw, l'archiduché d'Autriche, divisé en Autriche haute et basse. Celle-ci est l'un des plus beaux et des plus fertiles pays de l'Allemagne; les pâturages y sont abondans, les vignes bien cultivées, les fruits très-communs. Elle produit en outre de la garance, du lin, du chanvre, du safran, du bois, de l'alun, du salpêtre, du vitriol, beaucoup de sel. On y élève des bestiaux, des abeilles et des vers à soie.

La Haute-Autriche est couverte en grande partie de montagnes, de lacs, de forêts et d'excellens pâturages. Il y a des mines de fer et de cuivre; du soufre, du charbon-de-terre et du sel. Les plaines et les vallées sont parfaitement cultivées.

Ce cercle comprend en outre l'archevêché de Saltzbourg, qui a d'excellens pâturages remplis de bestiaux, des lacs très-poissonneux, des forêts peuplées de gibier, des montagnes où sont des mines d'argent, de fer, de cuivre, de sel et des carrières de marbre.

La Styrie, qui est montagneuse et cependant abonde en grains, blé de Turquie, navette, vin, fruits, lin, chanvre, tabac, bois; elle a des vignobles au midi. On y élève beaucoup de bestiaux. Elle possède aussi des mines d'or, d'excellent fer et de cuivre; il s'y trouve du vitriol, des eaux minérales, et on y fabrique beaucoup de quincaillerie.

Le comté de Tyrol: ce pays a beaucoup de ressemblance avec la Suisse. Ses montagnes, bien cultivées, renferment des mines d'or, d'argent, de cuivre, de fer, de marbre, de l'albâtre, des cristaux, du sel, des eaux minérales. De riches coteaux y sont couverts de vignobles et de vergers; les vallées donnent une petite quantité d'excellent blé, du lin, du chanvre, et offrent de gras pâturages. On élève des vers à soie dans la partie méridionale. Les fabriques et les manufactures y sont nombreuses.

L'évêché de Brixen: le sol en est montagneux; il produit beaucoup de bons vins.

Celui de Trente; outre les mêmes productions, il a du chanvre, du lin, de la soie et beaucoup de bestiaux.

Le duché de Carinthie: il est montueux, produit un peu de blé, beaucoup de bois; il a des pâturages, quelques champs de grains, des vergers, des vignobles et des minéraux de toutes espèces, sur-tout du fer. Il y a beaucoup de rivières et de lacs remplis de poissons. On y élève un grand nombre de bêtes à cornes. Les fabriques de fer et d'acier y sont nombreuses et en grande activité.

La Carniole: cette contrée est pleine de montagnes; les unes sont couvertes de forêts, les autres ont en tout temps leurs cimes ensevelies sous la neige; la plupart renferment des mines de plomb, de cuivre, de vif-argent, du marbre, de l'alun, du vitriol, du cinabre et du sel. Les arbres les plus communs de ce pays sont les marroniers et les noyers. Les endroits cultivés produisent un peu de grains, du vin, des fruits, &c. On y élève des bestiaux.

Le Frioul autrichien; c'est un pays montagneux; il fournit beaucoup de bois de construction, de la soie et de très-bon vin. L'air y est mauvais, et les inondations sont fréquentes dans les campagnes.

L'Istrie autrichienne est un pays plat qui produit beaucoup de vins, d'huile, de bois de construction et une grande quantité de poissons. L'air y est malsain; les terres sont incultes, parce que les habitans s'adonnent presqu'uniquement à la navigation.

Les villes principales du cercle d'Autriche sont Lintz, capitale de la Haute-Autriche, sur le Danube; Braunau sur l'Inn; Vienne, capitale de la Basse-Autriche, qui l'est aussi de tout l'empire autrichien; elle est composée de la cité dite Vieille qui a d'anciennes fortifications, et dont les rues sont étroites, et des faubourgs qui ont de belles rues et de très-beaux édifices. Vienne réunit la plupart des avantages des capitales. On y trouve un mélange de toutes les nations de l'Europe. Les manufactures et le commerce y sont très-actifs. Lexembourg et Schonbrun, maisons de plaisance de l'empereur d'Allemagne, sont dans le voisinage de Vienne. Les autres lieux sont Saltzbourg sur la Saltza, capitale d'un Etat du même nom; Lauffen et Hallen sur la même rivière; Gratz, capitale de la Styrie, sur la Muër; Léoben sur la même rivière, fameuse par les préliminaires de paix qui y furent signés entre l'Autriche et la France en 1799; Inspruck sur l'Inn, capitale du Tyrol, avec une université; Bregentz, sur le lac de Constance; *Tyrol*, ancien château qui a donné son nom au pays; *Brixen*, capitale de l'Etat de ce nom; *Trente* sur l'Adige, où se tint le dernier concile général; Clagenfurth, capitale de la Carinthie; Laybach sur une rivière du même nom, et capitale de la Carniole; Goritz sur le Lisonzo, et capitale du Frioul autrichien; Gradisca, Aquilée, autrefois considérable et qui n'est plus qu'un bourg; Trieste, capitale de l'Istrie autrichienne et port sur le golfe de Venise; Prosecco, Fiume, &c.

La maison d'Autriche, la plus puissante en Allemagne, possède encore d'autres contrées dont l'ensemble forme ce que l'on appelle

LES ÉTATS ET POSSESSIONS DE LA MAISON D'AUTRICHE.

Outre les domaines que la maison d'Autriche possède dans les cercles de Souabe et d'Autriche, elle a de plus en Italie et à l'E. de l'Allemagne de vastes possessions. La population des Etats autrichiens est évaluée à 25 millions d'habitans, la force armée à 359,000 hommes, les revenus à 240 millions; la dette publique est très-considérable.

Ces autres Etats de la maison d'Autriche sont:

La BOHÊME, qui comprend le marquisat de Moravie, le duché de Silésie et le marquisat de Lusace.

Le climat de la Bohême est tempéré et très-sain; les habitans y vivent long temps. Cette contrée est entourée de montagnes et renferme beaucoup de forêts.

Les premiers habitans connus de la Bohême furent les Boïens, peuple gaulois qui s'y établit et lui donna son nom. Ils furent chassés par les Marcomans et les Esclavons. Ces derniers défrichèrent l'immense forêt dont ce pays étoit couvert. Jusqu'en 1061, les souverains de la Bohême n'eurent que le titre de ducs. A cette époque la Bohême fut érigée en royaume par l'empereur Henri IV en faveur d'Uratislas II. Un mariage fit passer cette couronne dans la maison d'Autriche, sous la domination de laquelle elle a conservé son ancien gouvernement, ayant des états-généraux composés de la noblesse, du clergé et des députés des villes.

Ce royaume renferme des mines d'or, d'argent, de mercure, de cuivre, de plomb, de fer, de soufre, de salpêtre, des grenats, des pierres précieuses. Il produit beaucoup de grains, du safran, du houblon, des légumes, du bois; il a de gras pâturages où il nourrit des moutons, des bestiaux et du gibier.

La Bohême compte 3 millions d'habitans; la plupart professent la religion catholique; mais le culte protestant y est libre. Les Bohémiens sont grands, bien constitués et très-braves; ils parlent l'allemand, indépendamment d'un langage dérivé de l'esclavon.

On fabrique en Bohême du verre très-estimé dans toute l'Europe, des glaces, du papier, de la poterie, de la quincaillerie, de la potasse, des cuirs, des joujoux, du fil, des dentelles, de la toile et des draps.

Les villes principales sont celles de Prague capitale, dans une vallée sur la Moldaw; il y a un archevêché et une université; Leutmeritz sur l'Elbe, dont les vins sont renommés; il y a un siége épiscopal; Egra sur l'Eger, partie dans une vallée, partie sur un roc; Pilsen et Konigsgratz, places fortes.

Le marquisat de MORAVIE, jadis habité par les Quades; il fut conquis par les Esclavons, qui le réunirent à la Bohême. Il est traversé du N. au S. par la Morave, qui se jette dans le Danube. Il abonde en grains, fruits, légumes, lin et tabac; on y nourrit beaucoup de bestiaux, d'abeilles et de volaille; il y a du gibier et du poisson. On en retire de l'argent, du fer, du plomb, du marbre, de l'alun, des pierres précieuses et du charbon-de-terre.

La Moravie a 1,200,000 habitans. Dans cette contrée la religion dominante est la catholique: on y tolère les protestans. C'est dans cette contrée qu'a pris naissance la secte des Frères Moraves. On y parle la même langue qu'en Bohême.

Elle a pour ville capitale Olmutz, qui a un beau collége; les autres villes sont Iglaw, dont la bière est renommée; Brinn, &c.

La SILÉSIE: elle faisoit partie du royaume de Pologne; elle en fut démembrée pour être réunie à la Bohême. Le roi de Prusse s'étant emparé d'une portion de cette contrée qui par la suite lui a été cédée, il ne reste à l'Autriche que la partie sud, dont la capitale est Troppaw sur l'Oppa. On y trouve aussi Teschen, capitale d'un duché du même nom. Pour le reste, *voyez la Prusse.*

Le marquisat de LUSACE: après avoir fait long-temps partie de la Bohême, il fut cédé par l'empereur à l'électeur de Saxe. Il produit des grains, du lin, du houblon, de la garance, du tabac et du bois. Il y a beaucoup de bestiaux et d'excellens pâturages. On y élève des abeilles, et le poisson y est abondant. Il possède des mines de fer, d'alun, de vitriol et des carrières de pierres.

La population de la Lusace est de 450,000 habitans, partie protestans, partie catholiques. On y parle la langue allemande; il y a des fabriques de draps, de toiles, de chapeaux, de lainages, un grand nombre de brasseries, et on y fait le commerce de lin. Les principales villes sont Bautzen ou Budisen sur la Sprée capitale, Zittaw et Gorlitz sur la Neiss, Soraw, Cotbus, &c.

La maison d'Autriche possède en Italie, le Véronèse oriental, le Vicentin, le Padonan, le Dogado, le Trevisan, le Feltrin, le Bellunèse, le Cadorin, le Frioul vénitien, et l'Istrie vénitienne. *Voyez l'Italie.*

Les villes principales de ces divers Etats sont Verone, qui fait partie du département du Mincio, dans le royaume d'Italie, *voyez l'Italie;* Vicence, ville forte, patrie de saint Caëtan et d'André Palladio; Padone, patrie de Tite-Live; Venise, capitale du Dogado et autrefois de tout l'Etat vénitien, l'une des plus belles villes de l'Europe, avec un arsenal magnifique et de superbes édifices publics; Trévise, patrie de Totila et du pape Benoît XI; Feltri, capitale du Feltrin, sur l'Azona; Bellune sur la Piave, Cadore, patrie du Titien; Udine, capitale du Frioul et résidence du patriarche d'Aquilée; Campo-Formio, célèbre par le traité entre la France et l'empereur d'Allemagne, en 1797; Capo-d'Istria, place forte et capitale de l'Istrie vénitienne, dans une petite île du golfe de Trieste, &c.

A l'E. de l'Allemagne, la maison d'Autriche a d'autres possessions non moins considérables. Ce sont:

La GALLICIE ou Galitzie occidentale; elle faisoit autrefois partie de la Pologne, dite la Petite-Pologne; elle fut donnée à l'Autriche dans le partage de ce royaume fait entre elle, la Prusse et la Russie en 1793 et 1795. Cette contrée a 1,500,000 habitans, et produit du blé, du sarrazin et des légumes. On y exploite des mines d'or, d'argent, de fer, de plomb et de sel. Les principales villes sont Cracovie capitale, sur la Vistule, avec un siége épiscopal et une université; Sandomir, place forte; Lublin et Chelm, cette dernière a un siége épiscopal.

La Gallicie orientale: c'est une portion de la Petite-Pologne; elle échut à l'Autriche dans le partage de 1772. Cette contrée forme un gouvernement

vernement dont la population est de 2 millions d'habitans; elle fournit des grains, des bestiaux, des chevaux et du gibier. La capitale est Lemberg ou Léopold, sur la Pierrewa, avec un siége archiépiscopal, une université, des colléges et deux synagogues. Les autres villes sont Zamosc, Belck, Prémistie ou Przemislaw, et Halitz sur le Dniester.

La HONGRIE: ce royaume faisoit partie de la Dacie et de la Pannonie. Dans l'intervalle du quatrième au neuvième siècle, il fut envahi successivement par les Vandales, les Goths, les Huns, les Lombards, les Avares, et enfin par les Ugurs, venus d'au-delà du Volga; c'est d'eux que lui vient le nom de Hongrie. Ces peuples demi-sauvages y vécurent presque sans forme de gouvernement jusqu'au moment où ils embrassèrent la religion chrétienne; elle les civilisa et adoucit leur férocité. Saint Etienne, leur premier roi, parvint au trône vers l'an 1000. Le royaume devenu électif après l'extinction de la race de Geysa, l'un de leurs rois, passa à des princes de différentes familles. Ce n'est que vers 1687 qu'il devint héréditaire dans la maison d'Autriche, sous la domination de laquelle la Hongrie conserve son ancienne constitution; ayant des états-généraux dont l'assemblée ou diète, composée du clergé, des nobles et des députés des villes, se réunit tous les trois ans à Presbourg.

Entre Bude et Pest, on traverse le Danube sur un pont de bateaux, qu'on dit avoir un quart de lieue de long. On voit à quelques lieues de Belgrade les ruines d'un magnifique pont de pierre construit sur le même fleuve par les Romains.

On divise cette contrée en septentrionale ou Haute-Hongrie, pays montagneux et qui jouit d'un air pur, et en méridionale ou Basse-Hongrie, dans laquelle la salubrité de l'air est altérée par la grande quantité de marais et de lacs dont plusieurs sont très-étendus et très-poissonneux. Le sol de la Hongrie est en général fertile; le pays est arrosé par le Danube, la Morava, le Wag, le Maros, la Theisse, la Drave et la Save.

Les principales montagnes de la Hongrie sont les monts Krapacks; ils la bornent au N. et sont très-élevés; la neige qui couvre leurs cimes alimente en se fondant les rivières et les nombreux ruisseaux qui prennent naissance dans leur sein. Il y a dans ces montagnes des mines d'or, d'argent, de cuivre, de fer, de mercure, de vitriol et de borax. Dans l'une d'elles près de Selitz, on admire une immense caverne dont les galeries sont d'une hauteur extraordinaire et d'une profondeur inconnue.

On récolte en Hongrie du bois, du blé, du sarrazin, du millet, des fourrages, des légumes, des fruits, du tabac, du safran, du houblon et d'excellens vins.

On évalue la population de la Hongrie à 7 millions d'habitans. Les Hongrois professent la religion catholique. Outre une langue formée de divers idiômes, ils parlent l'allemand et le latin. Ils sont, en général, très-bien faits, et leur vêtement, semblable à-peu-près à celui des hussards, leur donne un air guerrier. Peu laborieux, ils abandonnent autant qu'ils peuvent les travaux aux étrangers établis chez eux. L'état militaire est celui qu'ils préfèrent; ils fournissent beaucoup de cavalerie légère très-estimée et une bonne infanterie.

Les principaux articles de leur commerce sont les métaux qu'ils tirent de leurs mines, des chevaux et des bestiaux qu'ils élèvent, de la laine, des cuirs, des drogues, du miel et du sel.

La Haute-Hongrie a pour villes principales, Presbourg capitale, sur le Danube; c'est là que la diète s'assemble et que sont couronnés les rois de Hongrie; Schemnitz, qui a des mines et des eaux minérales; Neuhansel sur la Nitra; Tokai, renommée par son vin précieux; Pest, où il y a une université; Colocza sur le Danube, siége archiépiscopal; Grand-Waradin et Segedin, places fortes.

La Basse-Hongrie a pour capitale Bude sur le Danube, ancien séjour des rois. Les autres villes sont Gran ou Strigonie, archevêché, sur le même fleuve; Comorn, place forte; Sarwar, patrie de saint Martin; Albe-Royale, ancienne sépulture des rois de Hongrie. Cette dernière ville est très-ancienne.

Dans la Haute-Hongrie est le BANNAT DE TEMESWAR, canton dont la capitale, sur la rivière de Temès, a le même nom; on y trouve aussi Orsova, place forte sur le Danube. Ce pays produit de très-bon vin.

La TRANSYLVANIE est ainsi nommée parce qu'elle est entourée de montagnes couvertes de forêts; elle faisoit partie de la Dacie, et fut occupée successivement par les Daces, les Goths, les Huns, les Avares et les Hongrois, dont le roi l'unit à son royaume. Lorsque la Hongrie passa à l'Autriche, la Transylvanie resta indépendante; elle eut ses princes ou vayvodes. Les Turcs s'en étant emparés, la cédèrent en 1690 à l'Autriche.

L'air y est pur, la température douce, les productions sont les mêmes qu'en Hongrie. On y compte 1,500,000 habitans, qui étant un mélange de plusieurs peuples, diffèrent de religion, de langage, de mœurs et de costumes.

Les villes principales sont Hermanstadt, capitale et chef-lieu de gouvernement, sur le Zibin ou Ceben; Albe-Julie, très-ancienne ville, fondée par Marc-Aurèle, et Coloswar, où s'assemblent les Etats de la province.

De ce gouvernement dépend la BUKOWINE, contrée démembrée de la Moldavie et cédée par les Turcs à l'Autriche. Elle est montagneuse et couverte de forêts. On y compte 130,000 habitans qui suivent la religion grecque; Czernowicz sur le Pruth en est la capitale.

L'ILLYRIE: cette contrée forme un gouvernement qui comprend l'Esclavonie, la Croatie autrichienne, les Dalmaties autrichienne et vénitienne.

N

L'Esclavonie faisoit partie de l'Illyrie des Anciens ; les Esclavons qui l'occupèrent lui donnèrent leur nom. Elle fut soumise et réunie à la Hongrie par le roi Ladislas.

Une chaîne de montagnes très-élevées, qui renferment des métaux et des eaux minérales, la traverse dans toute sa longueur ; de vastes forêts, des lacs très-étendus et très-poissonneux la couvrent en partie ; le sol, quoique mal cultivé, produit par sa fertilité naturelle beaucoup de grains et de graines. On y nourrit un grand nombre de bestiaux, mais dont les habitans tirent peu de profit, parce qu'ils les abandonnent à l'intempérie des saisons et à la fureur des animaux carnassiers. Malgré le grand nombre de ceux-ci, il y a beaucoup de volaille et de gibier. Les lacs et les rivières y abondent en poissons. Le Danube fournit une grande quantité d'esturgeons. Les habitans de cette contrée sont au nombre de 400,000 ; ils diffèrent de mœurs et de langage. On y professe la religion catholique ; les autres cultes y sont tolérés.

Les villes principales sont Posega sur l'Oslava, capitale et place forte ; Gradisca sur la Save, sur la Drave Esseck, où l'on trouve beaucoup d'antiquités romaines : Szorem, patrie de l'empereur Probus et de Valère Maxime, autrefois Sirmich, où se sont tenus deux conciles ; Carlowitz, sur le Danube ; Peter-Waradin, place forte sur le même fleuve, et Semlin, gros bourg, aussi sur le Danube, lieu de passage entre la Turquie d'Europe et la Hongrie ou l'Autriche.

La Croatie autrichienne faisoit partie de l'Illyrie ; elle fut cédée à l'Autriche par les Turcs ; elle a 200,000 habitans, dont les mœurs, le langage, la religion, le vêtement et la nourriture, sont à-peu-près les mêmes qu'en Esclavonie. Les Croates fournissent d'excellentes troupes légères, auxquelles on a donné le nom de Pandours.

Les villes sont Zagrab ou Agram capitale, sur la rive gauche de la Save ; Waradin sur la Drave, dans le voisinage de laquelle sont des eaux minérales, et Carlstadt sur la Kulp.

La Dalmatie autrichienne ou Morlaquie fut cédée à l'Autriche par les Vénitiens ; elle est montagneuse et peu fertile. Elle a 200,000 habitans qui ont les mêmes mœurs, le même langage et qui professent la même religion que les Esclavons.

Cette contrée a pris le nom de Morlaquie, des Morlaques, anciens habitans de l'Albanie ; s'étant soustraits à la domination des Turcs, ils vinrent se réfugier sur le haut des montagnes de ce pays, où ils vivent du produit de leurs troupeaux. La plus grande partie professe la religion grecque, les autres sont catholiques. La capitale est Segna, située près de la mer Adriatique. On y trouve aussi Bukari, sur le golfe de Carnero.

La Dalmatie vénitienne a été cédée récemment à l'Autriche, par les traités de Campo-Formio et de Luneville ; elle a 100,000 habitans. Le sol y est montueux et peu fertile. Quant aux mœurs, au langage et à la religion, cette contrée diffère peu de la Dalmatie autrichienne.

Les villes principales sont Zara capitale, dans une presqu'île sur la mer Adriatique ; Sebenico et Spalatro, toutes deux ports de mer.

LA PRUSSE.

La Prusse faisoit partie de la Sarmatie européenne ; elle fut habitée par les Goths, les Ælyens et les Vénèdes. Elle a pris son nom des Borusses, ses anciens habitans. Ils étoient encore païens au donzième siècle, habitoient les forêts, y vivoient de chair crue, de sang de cheval, et pilloient leurs voisins. Les chevaliers teutoniques, appelés par Conrad, duc de Mazovie, vinrent de la Palestine mettre un frein aux brigandages des Borusses. Ils les subjuguèrent, et ces peuples s'étant faits chrétiens, le grand maître de l'ordre posséda cette contrée comme fief dont les rois de Pologne étoient suzerains. En 1525, le grand-maître, Albert de Brandebourg, ayant embrassé la réformation, se fit déclarer duc séculier, sous la condition toutefois de l'hommage à la Pologne. Bientôt après, cet hommage cessa, et les ducs de Brandebourg devinrent souverains indépendans, de ce pays. Ils aspirèrent par la suite à une plus haute dignité. En 1701 l'empereur Léopold érigea le duché de Prusse en royaume, en faveur de Frédéric 1er, qui prit la couronne ; mais il ne fut définitivement reconnu comme roi par toutes les puissances, qu'en 1713.

Ses successeurs s'emparèrent, en 1772, 1793 et 1795, d'une partie des Etats du roi de Pologne, leur ancien suzerain ; et par cet accroissement de territoire achevèrent ainsi de fonder l'un des plus puissans Etats de l'Europe. La discipline des troupes prussiennes, l'économie, la fermeté, la sagesse du gouvernement, sont les principales causes de l'agrandissement de cette monarchie et de sa force.

L'autorité est absolue en Prusse ; le gouvernement y est militaire, et la couronne héréditaire ; les femmes sont exclues du trône. La population de tous les Etats prussiens réunis, est de 8 millions d'habitans, et la force armée de 300,000 soldats. Les revenus du roi montent à environ 120 millions. L'Etat n'a point de dettes.

La Prusse a 9,000 lieues carrées, et 555 habitans par lieue. On la divise en orientale, occidentale, nouvelle orientale et méridionale.

La température de la Prusse est en général saine, mais froide et humide ; le sol y est assez fertile, les productions varient suivant les contrées : les principales sont du bois, des grains, du lin, du chanvre, de la poix, de la potasse, &c. Le pays nourrit beaucoup de chevaux, de bestiaux et les forêts sont pleines de bêtes fauves. Il y a des lacs très-poissonneux. Les principales rivières sont l'Elbe, l'Oder, la Vistule, le Pregel, le Niemen et la Sprée.

La population de ce royaume étant composée, outre les naturels du pays, d'un très-grand nombre d'habitans de diverses contrées de l'Europe, tels qu'Allemands, Suisses, Français, Hollandais, Anglais, Italiens, attirés par la protection d'un gouvernement sage, les mœurs, la religion, le langage y diffèrent suivant les nations.

La langue la plus usitée tient de l'esclavon; les religions catholique et luthérienne sont les plus suivies; la seconde est celle de la cour. Tout homme y naît soldat.

Les principaux articles de commerce que fournit la Prusse sont le bois, le goudron, la potasse, l'ambre jaune, le verre, les ouvrages en cuivre et en fer, des draps et d'autres étoffes, une grande quantité de peaux, des cuirs, des suifs, du poisson sec, &c.

La Prusse orientale comprend l'ancien royaume de Prusse : elle renferme beaucoup de lacs et de forêts; les terres cultivées produisent du grain, du chanvre et du lin; il y a d'excellens pâturages dans lesquels on nourrit un grand nombre de chevaux et de bestiaux. On pêche beaucoup de poisson dans les lacs et sur les côtes. La mer jette près de ces dernières, de l'ambre jaune. La Prusse orientale a deux départemens, l'un nommé *allemand*, dont la capitale est Konigsberg, port à l'embouchure de la Pregel. Les autres villes de ce gouvernement sont Pillau sur le golfe de Dantzick, Holland dans le Hockerland, Barteinstein sur l'Alle, &c. L'autre département, dit de *Lithuanie*, parce qu'il confine à cette contrée, a pour capitale Gumbinnen, et pour autres villes Tilsit sur le Niemen, et Memel, port sur la mer Baltique.

La Prusse occidentale a des forêts; on y récolte des grains et sur-tout du lin; on y élève beaucoup de bestiaux, et le poisson y est abondant. Cette contrée comprend une portion de la Grande-Pologne échue en partage au roi de Prusse en 1772. Elle a deux départemens, le premier est celui de la *Prusse occidentale propre*. Sa capitale est Marien-Werder, sur un bras de la Vistule; les autres lieux sont Dantzick, ville riche et très-commerçante avec un port près de l'embouchure de la même rivière; Elbing, sur un lac du même nom; Culm et Thorn, toutes deux sur la Vistule; Marienbourg, ville qui fait un grand commerce. L'autre département est celui de la *Netze*, ainsi nommé parce qu'il est arrosé par cette rivière; sa capitale est Bromberg, sur un canal qui joint la Netze à la Vistule.

La Prusse méridionale a beaucoup d'endroits marécageux; le reste de son territoire produit des grains de toute espèce. Elle comprend une partie de la Grande-Pologne acquise par la Prusse en 1793. On la divise en deux départemens; savoir: celui de *Posnanie*; sa capitale est Posna ou Posen sur la Warta, célèbre par ses foires. Les autres lieux sont Gnesne, ville archiépiscopale et primatiale, où les rois de Pologne se faisoient couronner. L'autre département est celui de *Kalisch*; sa capitale porte le même nom; c'est une place forte sur la Prosna. Les autres villes sont Lencicza, dans un marais au bord de la Bsura, et Siradie, dans une plaine sur la gauche de la Warta.

La Nouvelle Prusse orientale comprend le reste de la Grande-Pologne acquis par la Prusse en 1795 : elle a beaucoup de forêts, des pâturages et des plaines très-fertiles en grains. On la divise en trois départemens; savoir; celui de *Varsovie*; sa capitale est Varsovie, qui l'étoit autrefois du royaume de Pologne; elle est sur la Vistule : on y trouve aussi Rava, ville forte sur la rivière du même nom. Le département de *Ploczko*; sa capitale est Ploczko sur la Vistule. Le troisième département est celui de *Bialystock*; sa capitale est Bialystock sur le Narew; on y trouve aussi Bielsk, près l'une des sources du Narew.

Le roi de Prusse possède de plus en Allemagne, dans le cercle de Westphalie, la principauté d'Oost-Frise, le comté de Lingen, celui de Tecklenbourg, la principauté de Minden, partie du duché de Clèves, avec Wesel sa capitale; l'évêché de Munster, le comté de Ravensberg, l'évêché de Paderborn, le comté de la Marck.

Dans le cercle de Basse-Saxe, il a l'évêché de Hildesheim, le pays d'Eichsfeld, la principauté d'Halberstadt, le duché de Magdebourg, et les villes de Goslar et de Mulhausen.

Dans le cercle de Haute-Saxe, il possède la Poméranie prussienne, l'île d'Usedom et celle de Wollin, le marquisat de Brandebourg, partie de la principauté de Hohenstein, partie du comté et la ville de Mansfeld, la principauté de Hall, celle d'Erfort, et la ville de Nordhausen.

Les possessions du roi de Prusse dans le cercle de Franconie sont le margraviat et les villes de Bareith, celui de Culembalch et celui d'Anspach.

En Bohême, il a une partie du duché de Silésie, dont Breslau est la capitale; et une partie du marquisat de Lusace, dont la capitale est Cotbus.

Enfin, il possède la principauté et la ville de Neuchâtel en Suisse.

La Prusse n'a qu'une marine marchande et point de colonies.

Nous n'aurions offert qu'une idée imparfaite des Etats d'Allemagne, si après avoir donné la description topographique des cercles, et parlé des domaines de la maison d'Autriche et de ceux du roi de Prusse dans cette vaste contrée, nous ne faisions connoître les autres princes qui y sont possessionnés, et qui, bien que d'une puissance et d'un rang inférieurs à ces deux Etats principaux, n'en exercent pas moins la souveraineté chacun dans son enclave.

Les plus considérables de ces princes sont :

1°. L'électeur de Saxe. Ses Etats consistent dans le duché du même nom, le Voïgtland, la Lusace, partie de la Thuringe, de la Misnie et du Henneberg. La population de ces divers pays est évaluée à 204,000 ames, et le revenu à 30 millions de francs. La résidence du prince est Dresde, où il a un château magnifique.

2°. L'électeur palatin de Bavière. Ses Etats sont composés de la Haute et Basse-Bavière et du Haut-Palatinat. Il possédoit aussi le palatinat du Rhin, le duché de Deux-Ponts et quelques autres domaines auxquels il a renoncé. Il a reçu en indemnité la plus grande partie de l'évêché de Wurtzbourg, ceux de Bamberg, Freysingen, Ausbourg et Passaw, plusieurs abbayes et plusieurs villes impériales. Le revenu de cet État est évalué environ à 28 millions, et sa force militaire à 35,000 hommes en temps de paix. Il tient sa cour à Munich.

3°. L'électeur de Hanovre ou de Brunswick-Lunebourg. Cet Etat est composé du duché de Lunebourg, de ceux de Brème, de Lavenbourg, du canton de Verden, des pays de Calenbourg, de Grubenhagen, de Diepholtz, de Hoya, de Danneberg, &c. La population de cet électorat est d'environ 850,000 habitans ; son revenu de 23 millions de francs, et sa force militaire de 20,000 hommes. L'électeur est George III, roi d'Angleterre; mais dans le moment actuel le Hanovre est occupé par les Français.

4°. L'électeur duc de Wurtemberg. Ses Etats consistent dans le duché de ce nom, et d'autres pays que par le traité d'indemnités il a reçus en échange de ceux qu'il possédoit en Franche-Comté et en Alsace. La population des domaines du duc de Wurtemberg est évaluée à 600,000 habitans; son revenu à près de 6 millions, et la force militaire à 6,000 hommes. Stutgard est la résidence de ce prince.

5°. Le margrave électeur de Bade. Les Etats de ce prince consistent dans le margraviat de ce nom, une partie du Palatinat, partie des anciens évêchés de Spire, Bâle et Strasbourg, et plusieurs villes impériales. La population en est évaluée à 200,000 habitans. Le margrave électeur réside à Baden.

6°. L'électeur landgrave de Hesse-Cassel. Ses Etats sont composés de la Basse-Hesse, du comté de Catzenelbogen inférieur, de celui de Hanau, et de la principauté de Smalcalde. Cassel est le lieu de la résidence de ce prince.

7°. L'électeur de Saltzbourg. Cet électorat est formé de l'ancien archevêché de Saltzbourg ; il a été créé en faveur du grand-duc de Toscane et pour compensation des domaines qu'il perdoit en Italie. La population de cet électorat est évaluée à 290,000 ames.

Les autres princes possessionnés sont ceux de Brunswick, de Mecklembourg, de Hesse-d'Armstadt, plusieurs branches de la maison de Saxe, telles que Saxe-Weymar, Saxe-Gotha, Saxe-Cobourg, les princes de Nassau, &c.

Avant les derniers changemens, il y avoit en Allemagne un grand nombre d'Etats ecclésiastiques indépendans, supprimés aujourd'hui, et que nous devons faire connoître, à cause de leurs rapports avec l'ancienne géographie de l'Allemagne. Les principaux étoient :

L'électorat de Mayence; son siége et son titre ont été transférés à Ratisbonne. Les propriétés de cet électorat en Thuringe appartiennent aujourd'hui au roi de Prusse.

L'électorat de Trèves. Ses domaines sur la rive gauche du Rhin appartiennent à la France.

L'électorat de Cologne. Il est supprimé comme les deux précédens. La partie de ses domaines qui étoit sur la rive gauche du Rhin appartient à la France.

Les évêchés de Munster, d'Osnabruck et de Paderborn, formoient des Etats séparés. Le premier est supprimé; il fait, comme nous l'avons déjà dit, avec l'évêché de Paderborn, partie des domaines du roi de Prusse. L'évêché d'Osnabruck a été donné en dédommagement à l'électeur de Hanovre.

Les belles possessions de l'évêché de Liége ont été réunies à la France.

L'évêché d'Hildesheim a été sécularisé.

L'évêché de Fulde a été donné au prince de Nassau.

L'évêché de Wurtzbourg, avec ses domaines, également sécularisé, est aujourd'hui à quelques exceptions près au duc de Bavière. Le même prince a obtenu celui de Bamberg, le vaste et riche évêché d'Augsbourg, celui de Freysingen, partie de celui de Passaw.

L'archevêché de Saltzbourg a été sécularisé et érigé, comme nous l'avons dit, en électorat en faveur du grand-duc de Toscane.

L'évêché de Spire est partagé en deux parties, dont l'une est annexée à l'empire français, et l'autre appartient au margrave de Bade. Les abbayes impériales ont subi le même sort, et appartiennent aujourd'hui à des princes.

Il ne reste d'Etat ecclésiastique que l'évêché de Ratisbonne, devenu siége de l'archevêque électeur archi-chancelier de l'empire, au lieu de l'archevêché de Mayence supprimé. La dotation temporelle de ce siége a été formée de la principauté de Ratisbonne, d'Aschaffembourg et de son territoire, de quelques bailliages de la ville de Wetzlar, &c. Au titre d'archevêque électeur archi-chancelier a été attaché celui de métropolitain et primat de la Germanie.

LA POLOGNE.

Ce royaume, à présent anéanti, faisoit partie de la Sarmatie européenne, habitée par les Basternes et les Peucins. La grande quantité de gibier dont ses vastes forêts sont remplies, lui a fait donner le nom de Pologne, de *polu*, qui en esclavon signifie *chasse*.

L'histoire de la Pologne connue remonte à Lesko, son premier duc, en 550. Quelques auteurs prétendent que ce titre ne fut pris que par Cracus, l'un de ses successeurs, vers 700. Celui-ci passe pour avoir bâti Cracovie. Il paroît qu'un prince nommé *Piast* gouvernoit vers 850. On prétend qu'il étoit né paysan. Micislas, le quatrième de ses descendans, fut le premier prince chrétien ; il eut pour fils Boleslas 1, premier roi. Casimir-le-Grand, le dernier de cette race, donna des loix aux Polonais et bâtit des villes. Après lui on voit dans la liste des rois de Pologne un roi de Hongrie nommé Louis, qui gouvernoit en 1380. Sa mort fut suivie d'un interrègne. Vers 1386, Uladislas v ou *Jagellon*, grand-duc de Lithuanie, fut élu. La famille des Jagellons continua de régner jusqu'à Sigismond II, surnommé Auguste, qui mourut en 1573, et fut le dernier de cette dynastie. C'est après sa mort que Henri, duc d'Anjou, depuis roi de France sous le nom de Henri III, fut élu. Il quitta cette couronne pour venir prendre celle de France, et eut pour successeur Etienne Batrosi, prince de Transylvanie. Parmi les rois de Pologne l'un des plus illustres fut le fameux Sobiesky, qui força les Turcs à lever le siége de Vienne. Stanislas Leczinski, père de la reine de France, épouse de Louis XV, fut élu deux fois et ne régna point.

Le dernier roi fut Stanislas Poniatowsky, élu sous l'influence de la Russie, et qui prit le nom de Stanislas-Auguste. Son règne n'a été qu'une suite de troubles et d'agitations. Dès 1772, une partie considérable de ses Etats fut démembrée ; la Russie, la Prusse et la maison d'Autriche se la partagèrent. Ces trois puissances, en 1793, méditèrent et effectuèrent l'envahissement du reste de ce malheureux royaume, rayé aujourd'hui du nombre des Etats de l'Europe. Les Polonais résistèrent ; il y eut beaucoup de sang de répandu ; mais enfin ils furent obligés de céder. Stanislas abdiqua la couronne, et mourut simple particulier à Pétersbourg en 1798.

La Pologne avoit 250 lieues de long, 120 de large, 25,000 lieues carrées et 670 habitans par lieue ; ce qui fait au total une population de 14 millions. Le climat y est tempéré ; la grande quantité de lacs et de forêts en rendent l'air malsain. Le sol est fertile, et produit toutes les choses nécessaires à la vie, des fruits, des végétaux, des raisins, de la manne, &c. Il y a beaucoup de blé et d'excellens pâturages où paissent de nombreux troupeaux. On y trouve aussi des chevaux, des buffles, des élans, des daims, des sangliers, du gibier en abondance, des animaux sauvages et des oiseaux de proie ; les aigles et les vautours y sont communs.

Il y a dans cette contrée de vastes forêts, et quelques chaînes isolées de montagnes ; les monts Krapacks, frontières de la Transylvanie, passent pour les plus célèbres. Les rivières principales sont la Vistule, le Niemen, le Dniester et le Bog ou ancien *Hypanis*.

La Pologne a des mines d'argent, de fer, de cuivre, de plomb, de charbon de terre et de sel, des carrières de granit et de pierres, &c. du bois de construction, de charpente, &c. Ces différens objets, et de plus, la résine, la poix, la potasse, les produits du sol et des bestiaux, le miel et la cire forment les articles de son commerce intérieur. Le commerce extérieur est peu considérable ; il y a des manufactures de dentelles, de draps et d'étoffes de différens genres, et des fabriques de quincaillerie, &c.

Les Polonais sont en général endurcis à la fatigue, courageux, honnêtes, hospitaliers ; ils se plaisent aux exercices du corps les plus pénibles. Ils portent des bonnets fourrés, et leurs longs vêtemens à manches serrées, sont liés par une ceinture. Les paysans se couvrent en hiver de peaux de moutons ; ils ont en été un vêtement grossier. Tous aiment beaucoup à monter à cheval, et sont habituellement en bottes ; cette chaussure pour les riches est de cuir, et pour les pauvres d'écorce d'arbre.

Les femmes, qui ont à-peu-près le même costume que les hommes, et de plus une longue robe, bordée de fourrure, sont vives, modestes et soumises à leurs maris.

Les mœurs sont simples dans la classe inférieure, et les habitations y sont analogues à cette simplicité ; tous les logemens sont au rez-de-chaussée. Les nobles ont de très-grands priviléges, et vivent avec beaucoup de luxe ; ils habitent de magnifiques châteaux ; ils ont des gardes à pied, à cheval, un cortége de nobles pauvres et de nombreux vassaux, qu'ils nomment sujets, et qu'ils gouvernent despotiquement. Ils les forcent à cultiver la terre pour eux et à soigner leurs bestiaux, sans autre obligation de leur part que de faire bâtir pour les paysans des baraques de bois sur les terres que ceux-ci cultivent ; car ils ne peuvent exercer un autre métier sans la permission de leurs maîtres. Le clergé jouit également de grands priviléges : les bourgeois sont presque indépendans ; ils choisissent les chefs de leur corporation, règlent leur police, ont des cours criminelles, &c.

La religion dominante est la catholique ; mais on y souffre les autres cultes : il y a des protestans, des grecs, des juifs et d'autres sectes. La langue du pays dérive de l'esclavon ; on y parle aussi allemand et russe.

La monarchie étoit élective et mêlée d'aristocratie ; l'élection du roi se faisoit par la diète générale, composée des nobles et du clergé. Cette diète s'assembloit en pleine campagne près de Varsovie, dans une espèce de halle construite à cet effet. Le roi élu étoit sacré par l'archevêque de Gnesne ; après quoi il prenoit les rênes du gouvernement. Un sénat, composé des grands-officiers et des évèques, régloit les affaires conjointement avec lui. Les diètes se tenoient tous les deux ans ; elles étoient composées du roi, du sénat et des nonces ou députés choisis par les différentes provinces dans des diètes particulières.

Ce royaume n'ayant pas de côtes maritimes, étoit le seul de l'Europe qui n'eût ni marine ni colonies.

La Pologne, avant le partage, étoit divisée en trois grandes parties subdivisées en trente-un palatinats et deux comtés. La Grande-Pologne comprenoit douze palatinats, la Lithuanie deux duchés et huit palatinats, et la Petite-Pologne neuf palatinats.

L'empereur d'Allemagne possède une partie de la Petite-Pologne ; l'empereur de Russie l'autre partie et la Lithuanie ; le roi de Prusse a la Grande-Pologne. (*Voyez ces trois Etats pour les détails géographiques.*)

L'ESPAGNE.

L'Espagne, nommée par les anciens *Hispania*, fut peuplée par des Africains, des Gaulois, des Phéniciens, des Grecs, et des Carthaginois attirés par l'or de ses mines. Ces derniers en furent chassés par les Romains qui divisèrent l'Espagne en trois provinces et la gouvernèrent comme le reste de leur vaste empire. A la chute de l'empire romain, l'Espagne fut envahie par les Goths. Au commencement du 5ᵉ siècle les Suèves, les Vandales, les Alains se la partagèrent. En 584, les Visigoths en firent la conquête, et y élevèrent une monarchie puissante, qui fut bientôt détruite par les Arabes, Maures ou Sarrasins, que le comte Julien appela d'Afrique pour venger l'outrage fait à sa fille par le roi Roderic. Les gouverneurs Maures secouèrent le joug des califes d'Afrique. Ils s'approprièrent les provinces qu'ils régissoient et en formèrent des royaumes indépendans. Leurs rivalités fomentèrent de longues et cruelles guerres. Elles devinrent plus cruelles encore lorsque des princes chrétiens ayant conquis une partie de l'Espagne sur les Maures, y fondèrent de nouveaux Etats, entre lesquels la différence de religions excitoit des haines irréconciliables. Le premier de ces royaumes fut fondé dans les montagnes des Asturies par le prince Pélasge; il s'y étoit réfugié avec tous les nobles Visigoths après la malheureuse bataille de Xérès, qui rendit les Maures maîtres de l'Espagne. C'est de ce point, centre du christianisme dans cette contrée, que s'étendirent peu à peu les conquêtes faites sur les Maures par les anciens habitans. De ces conquêtes se formèrent successivement plusieurs royaumes chrétiens, qui furent enfin réunis en 1479 sur la tête de Ferdinand, roi d'Aragon, par son mariage avec Isabelle, reine de Castille. Ce prince reprit enfin aux Maures le royaume de Grenade, le seul qui leur restât. Il établit l'inquisition dans ses Etats, et insensiblement tous les Maures furent obligés de repasser en Afrique. Il y a peu d'années que l'on retrouva dans une solitude, au milieu des montagnes, les derniers restes de la postérité des Maures qui s'y étoient réfugiés.

A la mort de Ferdinand, l'Espagne passa dans la maison d'Autriche par le mariage de sa fille Jeanne avec l'archiduc Philippe. Leur fils Charles-Quint éleva ce royaume au plus haut degré de gloire, au moyen de la prépondérance que lui donnoit en Europe la possession de l'Allemagne, des Pays-Bas, d'une grande partie de l'Italie, &c.

Ce prince abdiqua comme roi d'Espagne en 1555, et laissa à son fils Philippe II, l'Espagne, les Pays-Bas, la Franche-Comté, les royaumes de Naples et de Sicile, la Sardaigne et le duché de Milan. La postérité de Philippe s'étant éteinte, la couronne passa dans la maison de Bourbon, en la personne du duc d'Anjou, petit-fils de Louis XIV, qui prit le nom de Philippe V.

Le roi actuel est Charles IV, l'un de ses descendans.

Les Romains ayant séjourné long-temps dans cette contrée qui donna des empereurs à Rome, y avoient construit des aqueducs, des théâtres, des cirques, des routes, dont on voit encore des restes. On y trouve aussi beaucoup de monumens du temps des Maures, et qui attestent leur magnificence.

L'Espagne a 16,745 lieues carrées, et 605 habitans par lieue, ce qui fait en tout 11 millions d'ames.

Cette population étoit autrefois beaucoup plus considérable ; mais elle a été diminuée de plus de moitié par l'expulsion des Maures, l'émigration dans les colonies, et dernièrement par la fièvre jaune.

Le climat de l'Espagne est très-varié ; l'air y est vif, souvent même très-froid vers les Pyrénées. Dans les provinces du Midi les chaleurs sont très-grandes pendant l'été. Le voisinage des montagnes dans l'intérieur, celui de la mer, l'élévation du terrain, apportent beaucoup de différence dans la température. Dans la partie méridionale les marais causent beaucoup de fièvres épidémiques.

Le vent du sud-est, appelé *solano*, exerce sur toute l'Espagne une fatale influence, et cause aux nerfs une grande irritation.

L'aspect général du pays est embelli par des pâturages, des plantes aromatiques, de riches vignobles, des bois d'orangers, des rivières, des montagnes, des collines couvertes de thym et d'autres plantes odoriférantes. Le sol est léger et fertile ; le gypse en forme le fond et fournit un excellent engrais.

Les principales montagnes de cette contrée sont appelées Pyrénées; leur continuation qui porte le nom de montagnes cantabriennes, se prolonge jusqu'à l'Océan atlantique. Plusieurs rivières prennent naissance dans ces chaînes ; les principales sont, le Douro, le Tage, la Guadiana, le Guadalquivir et l'Ebre.

Ces montagnes renferment des mines de fer, de plomb, de mercure, de soufre, d'alun, de cristal de roche; il y en avoit jadis de très-abondantes en or et en argent, et l'Espagne étoit pour l'ancien monde ce que le Pérou est pour l'Espagne ; mais la plupart de ces mines sont épuisées. Il y a des carrières de très-beau marbre, de jaspe, de porphyre ; on y trouve de l'aimant, des pierres précieuses, des diamans et beaucoup d'eaux minérales.

L'Espagne est couverte de nombreuses et vastes forêts, dont la plupart sont peu sûres et infestées de voleurs.

Il y a deux canaux, savoir: celui d'Aragon et celui de Quadarama. Plusieurs lacs y abondent en poissons et en truites excellentes.

Le défaut de culture empêche qu'on ne tire de la fertilité du sol les avantages qu'elle offriroit. Une partie considérable est convertie en pâturages, et sert à la nourriture des innombrables troupeaux de moutons qui parcourent ces provinces ; mais par-tout où le territoire est cultivé, il produit tous les grains qui réussissent dans le midi, des cannes à sucre, du safran, des oranges, des citrons, des figues, des olives et en général tous les végétaux des pays chauds ; d'excellentes vignes fournissent les vins délicieux de Malaga, d'Alicante, de Xérès, &c.

Les chevaux, sur-tout ceux d'Andalousie, sont très-beaux ; les bestiaux ainsi que les mulets y sont de bonne race ; les moutons sont très-estimés à cause de la finesse et de la longueur de leur laine. De-là vient que les divers gouvernemens de l'Europe cherchent à les acclimater dans leurs territoires, et déjà de grands succès couronnent ces efforts, sur-tout dans les contrées analogues à l'Espagne. Il n'y a en Espagne de bêtes féroces que des loups. Le gibier y est abondant et bon. Les mers y sont très-poissonneuses.

Les belles laines d'Espagne y alimentent beaucoup de manufactures ; on y fabrique aussi de très-belles et très-grandes glaces, des porcelaines, des ustensiles de cuivre, de la quincaillerie, des câbles et toutes sortes d'ouvrages avec le sparte, espèce de jonc. Ces objets, les laines, la potasse, les vins, l'or et l'argent d'Amérique, forment les principaux articles d'un commerce rendu très-facile par la grande quantité de baies et ports des côtes. Les baies les plus fréquentées sont celles de Biscaye, du Ferrol, de la Corogne, de Vigo, de Cadix, de Carthagène, d'Alicante, de Valence, de Rosa ; on peut y ajouter celle de Majorque, le port Mahon dans Minorque, et Gibraltar qui appartient aux Anglais.

Les mœurs, le costume, le langage, les formes même des habitans, varient suivant les différentes provinces de l'Espagne, autant qu'entre les différens royaumes de l'Europe ; cette différence est due à la diverse origine des peuples qui les habitent ; mais en général les Espagnols sont grands, bruns, très-braves, et d'une grande sobriété, ennemis du travail, passionnés pour une musique tendre, et enclins à la jalousie : ils ont beaucoup de droiture et de la noblesse dans l'ame ; le sentiment de ces qualités leur donne une sorte d'orgueil ; ils sont cérémonieux, et les nobles se croient supérieurs à tous les autres nobles de l'Europe. Ils préfèrent aux autres plaisirs les combats de taureaux. La religion catholique est la seule tolérée : la langue espagnole a pour base le latin mêlé avec l'idiome des Goths, des Sarrasins, &c. Elle est noble, grave, sonore, mélodieuse et facile à apprendre.

Quoique la liberté de la presse soit très-restreinte par l'inquisition, l'Espagne a produit des littérateurs célèbres ; les plus renommés sont Michel Cervantes, Quevedo et Lopez de Vega. Ce pays renferme beaucoup de richesses littéraires inconnues à l'Europe, le goût des lettres ayant été transmis aux Espagnols par les Maures, qui ont eu des auteurs très-distingués. L'Espagne a produit aussi un grand nombre de savans et de très-bons peintres, comme Velasquès, Murillo, Ribeïra et Coëllo.

Il y a pour l'instruction publique vingt-quatre universités, dont les plus célèbres sont celles de Salamanque, de Tolède, d'Avila, &c.

Le royaume est monarchique et héréditaire, même pour les femmes ; plusieurs provinces ont des droits et priviléges qui les rapprochent du gouvernement républicain. Les forces de terre sont, en temps de guerre, de 120,000 hommes, la flotte de soixante-dix vaisseaux. Les revenus du roi sont en Espagne de 142 millions et en Amérique de 234,214,000 liv. ; mais en temps de guerre cette ressource étrangère ne parvient ni aisément ni sûrement à sa destination ; la dette est de 386 millions. Il y a sept ordres de chevalerie ; les principaux sont ceux de la Toison d'or, de Saint-Jacques de Compostelle, de Calatrava, d'Alcantara, &c.

L'Espagne est divisée en quatorze provinces et royaumes ; savoir :

La GALICE : elle est en général montagneuse, mais elle a quelques plaines très-fertiles ; il y a beaucoup de ports ; les habitans descendent des Callaïques et sont très-actifs. Le pays fournit beaucoup de bois ; on y exploite des mines d'étain, d'argent et de vitriol, et l'on y fabrique des toiles. Sa capitale est Compostelle, dans une presqu'île ; ce lieu est fameux par son pélerinage ; c'est le siége d'un archevêché. Les autres villes sont la Corogne et le Ferrol, ports de mer. C'est dans la Galice qu'est le cap Finistère.

Les ASTURIES : cette principauté forme le titre de l'héritier du trône ; il y a beaucoup de montagnes et de forêts : elle est très-fertile en blé, fruits et vins. Les habitans, qui descendent des Asturiens, exploitent des mines d'or et élèvent d'excellens chevaux. La capitale est Oviédo, où il y a une société économique. On y trouve aussi Santillane sur la mer.

La BISCAYE : cette province a de vastes forêts et des mines de fer qui sont en exploitation ; elle produit du blé seulement pour sa consommation, peu de vin, des pommes, des oranges, &c. Les habitans descendent des Cantabres et fournissent de fort bonnes troupes légères. L'air y est doux et le territoire montueux. La capitale est Bilbao, à deux lieues de la mer et port fréquenté. Les autres villes sont Saint-Sébastien, port de mer, et Fontarabie, regardée comme la clef de l'Espagne.

Le royaume de NAVARRE est en grande partie montueux ; il y a des marais dans les vallées ; ce pays a un grand nombre de mines qui y ont attiré autrefois les Phéniciens. On y trouve du gibier et du poisson en abondance. Ses habitans descendent des Vascons, nommés depuis Gascons. La capitale est Pampelune, ville ancienne et forte sur les frontières de France, et qui se prétend fondée par Pompée. On y trouve aussi Tudela sur l'Ebre, et Roncevaux, célèbre par la défaite de l'armée de Charlemagne et par la mort de Rolland, l'un des *preux*.

Le royaume d'ARAGON n'a de sol fertile que le bord des rivières, le reste est montueux, sablonneux, stérile. Il y a des mines; on exploite celles d'or et de fer; ses habitans peu nombreux descendent des Celtibères. La capitale est Saragosse, ville ancienne sur l'Ebre et l'une des plus grandes de l'Espagne; c'étoit la résidence des rois d'Aragon. On y trouve aussi Huesca, évêché et vignoble renommé.

La CATALOGNE : cette province est couverte de montagnes garnies de forêts et de vergers ; elle produit des grains, des légumes, et nourrit des bestiaux excellens. Elle a des mines d'or très-riches, &c. des minéraux et des pierres précieuses : les Catalans, jaloux de leur indépendance, se révoltèrent en 1641, aidés par les Français qui furent maîtres du pays pendant dix ans. La capitale est Barcelonne, riche par ses manufactures et son commerce, avec un bon port sur la Méditerranée. Les autres villes sont Tortose, sur la rive gauche de l'Ebre ; Tarragone, qu'on dit avoir été bâtie par les Scipions, et Lerida, place forte.

Le royaume de LÉON, pays des anciens Vettons, a reçu son nom du séjour qu'y fit la septième légion romaine. Il est arrosé par le Duero, et fertile en blé et en vins; on y a commencé un canal. La capitale est Léon, très-peu peuplée, mais qu'on dit bâtie par l'empereur Galba. Les autres villes sont Salamanque, sur la rivière de Tormes, première université d'Espagne et le siége d'un évêché, &c.

La province d'ESTRAMADURE a des forêts entières d'arbres fruitiers, des plaines à blé, des vignobles, des pâturages peuplés d'excellens bestiaux, des carrières de marbre; elle est bien arrosée. La capitale est Badajoz sur la Guadiana, avec un pont qui est l'ouvrage des Romains. On y trouve aussi Placentia.

La VIEILLE-CASTILLE a pris son nom des anciens châteaux des Goths; une partie est montagneuse, l'autre a des plaines fertiles en blé et des pâturages peuplés de brebis qui donnent les meilleures laines; elle a d'excellens vignobles. La capitale est Burgos, siége archiépiscopal, sur l'Arlenzon. Les autres villes sont Valladolid, dans une situation délicieuse, et Ségovie, qui a des manufactures renommées.

La NOUVELLE-CASTILLE : cette province, qui est au centre du royaume, produit du blé, du vin, des fruits, et nourrit de petits chevaux excellens. Une partie de son territoire se nomme la Manche. La capitale est Madrid, l'ancienne *Mantua Carpetanorum*; c'est le séjour du roi, et la capitale de l'Espagne. Les autres villes sont Tolède, place forte près du Tage, et Guadalaxara où se fabriquent les précieux draps de vigogne.

Le royaume de VALENCE est en grande partie couvert de montagnes hérissées de rochers; il y a des plaines fertiles; on y élève des vers à soie; le pays produit du vin : il y a des mines, et des carrières de marbre, &c. La capitale est Valence, qui fabrique beaucoup de soie. Les autres villes sont Alicante, célèbre par ses excellens vins et port fréquenté.

L'ANDALOUSIE : cette province, la meilleure de l'Espagne, est très-fertile en toutes les productions du midi ; elle abonde en chevaux et bestiaux. Les chaleurs excessives y sont quelquefois tempérées par les vents de mer. Les habitans descendent des Vandales. La capitale est Séville, la plus considérable des villes d'Espagne après Madrid ; elle a de riches manufactures. Les autres villes sont Cordoue, environnée de forêts d'orangers et de citronniers, patrie de Sénèque et de Lucain ; Xérès de la Frontéra, dont les vins sont renommés ; Cadix, dans une petite île, l'un des plus grands marchés de l'Europe, et fondée par une colonie phénicienne ; et Gibraltar, forteresse qui est entre les mains des Anglais.

Le royaume de GRENADE est très-montueux; il est cependant fertile en vins, grains, fruits du midi, cannes à sucre : il produit beaucoup de soie; il y a des mines d'argent, de fer, &c. des carrières de marbre, de pierres de taille. On y fabrique de la cire et de la soude. La capitale est Grenade, siége d'un archevêché; elle a des manufactures de soie. Les autres villes sont Malaga, célèbre par ses vins et ses fruits, &c.

Le royaume de MURCIE : son territoire montueux produit de bon vin, de bons grains, des fruits et des légumes, du sucre, du miel, de la soude, &c.; la laine de ses troupeaux est très-belle. La capitale est *Murcie* sur la Segura ; elle fournit beaucoup de soie. On y trouve aussi Carthagène, bâtie par le carthaginois Asdrubal.

Les îles dans la Méditerranée qui dépendent de l'Espagne sont :

IVIÇA, la plus voisine du continent. Sa capitale porte le même nom. Elle a un bon port; des salines forment son principal revenu.

MAJORQUE fournit d'excellent miel; elle abonde en oliviers, vin et froment. Sa capitale est *Majorque*, qu'on nomme aussi Palma.

MINORQUE, fertile en grains, vins, fruits, a de riches pâturages peuplés de bestiaux. Sa capitale est Citadella. La plus forte et l'une de ses principales places est Port-Mahon.

L'Espagne a des colonies dans les trois continens. En Asie elle possède les îles Philippines, les îles Mariannes, les îles Carolines. En Afrique, les îles Fernand-Pô et d'Annobon dans le golfe de Guinée ; les Canaries, dans l'Océan Atlantique. En Amérique, elle a la Floride, le Nouveau-Mexique ou Nouvelle-Galice, le Mexique ou Nouvelle-Espagne, les îles de Cuba, Porto-Rico, et de la Marguerite, le nouveau royaume de Grenade, le Pérou, le Paraguay ou royaume de la Plata, le Chili, les îles Malouines. (*V. l'Asie, l'Afrique et l'Amérique.*)

LE PORTUGAL.

Le Portugal est l'ancienne *Lusitanie*; son nom actuel est, dit-on, composé des deux mots *oporto* et *calle*, dont le premier signifie port, et le second est le nom ancien de la ville maintenant connue sous celui d'O-porto. Cette contrée a suivi les destinées de l'Espagne dont elle étoit une
province,

province, jusqu'au moment où le roi de Castille, Alphonse vi, la donna sous le titre de comté à Henri de Bourgogne, pour le récompenser de ses victoires sur les Maures. Henriquez, fils de Henri de Bourgogne, les ayant battus de nouveau, prit le titre de roi. Ses descendans agrandirent ce royaume par de nouvelles conquêtes sur les Maures et par les découvertes que les Portugais firent en 1580 dans les Indes. Philippe ii, roi d'Espagne, s'empara de ce royaume, dont Antoine, dernier roi titulaire, mort en 1595, n'avoit pas laissé d'héritiers ; mais la pesanteur du joug espagnol détermina soixante ans après, les Portugais à le secouer. Ils élurent pour roi le duc de Bragance dont la postérité règne encore dans la personne de la reine Marie.

Ce royaume a 3,094 lieues carrées, 840 habitans par lieue, en tout 3 millions d'ames.

Le climat est sain ; l'air y est pur ; le froid est assez sensible en hiver, le sol est léger, mal cultivé et néanmoins fertile en grains, vins très-estimés, fruits de toute espèce et sur-tout excellentes oranges ; il est couvert au nord et au midi de montagnes dont les principales sont celles de Bola, Gaviao, Gerès, Sainte-Catherine, dans la province d'Entre Minho et Douro ; Lomba, Momil, dans celle de Tra-los-Montes; Alcova, Estrella, dans la province de Beira; Cimas, Ourem, Martinel, dans l'Estramadure ; Caldéiron, Portel, dans l'Alentejo ; Monchique et Caldéirraon, dans l'Algarve. Toutes ces montagnes renferment des mines d'or, d'argent, de plomb, d'étain, de fer, la plupart négligées; d'autres mines de charbon-de-terre, d'antimoine, de mercure, de bismuth, d'arsenic, de rubis et d'hyacinthes; il y a des carrières de marbre, de granit, &c. Caldas et Charves offrent des eaux minérales.

Les rivières les plus considérables sont le Douro, le Tage, la Guadiana, qui ont leurs sources en Espagne; le Minho, le Mondego, le Zezare, le Zatas, le Cadaon, &c. Les principaux lacs sont celui d'Obidos dans l'Estramadure, et celui d'Escura, au sommet d'une montagne dans la province de Beira ; les côtes abondent en excellens poissons.

Le Portugal nourrit des chevaux petits et maigres, mais pleins d'ardeur ; d'excellens mulets, des porcs, des chèvres, &c.

Les Portugais le cèdent aux Espagnols pour la taille et la forme du corps. Les femmes ont le teint un peu olivâtre, leurs traits sont réguliers; leurs yeux noirs et pleins de feu. Les riches ont des meubles de la plus grande magnificence ; les pauvres sont à peine logés et vivent de pain de maïs et d'ail. Les Portugais mènent en général une vie paisible et retirée, sans liaisons et sans plaisirs de société. Ils sont très-sobres, et passent une partie du jour à l'air pour jouir de l'heureuse influence d'un climat aussi sain qu'agréable. Le Camoëns, auteur de la Lusiade, est le plus célèbre de leurs littérateurs. Ils ont quelques historiens et commencent à y cultiver les sciences exactes. Le Portugal a deux universités, celle de Coimbre et celle d'Evora.

La langue portugaise est dérivée du latin.

La religion catholique est la seule qui soit tolérée en Portugal. L'inquisition y a lieu ; mais elle est aujourd'hui fort adoucie.

Il y a en Portugal quelques manufactures de draps et d'étoffes, de chapeaux, de papier, d'ouvrages en paille. On y fait d'excellentes confitures.

Tout le commerce étoit entre les mains des Anglais qui regardoient le Portugal comme une de leurs colonies. Ils en exportoient les vins, les oranges, les fruits confits, les huiles, les peaux, le tabac, le liége ; ils y portoient en échange les produits de leurs manufactures et toutes sortes de denrées. Aujourd'hui les ports du Portugal sont fermés à l'Angleterre.

La couronne de Portugal est héréditaire, même pour les femmes. Les revenus de l'Etat sont de 80 millions. Les forces de terre consistent en 25,000 hommes de troupes; celles de mer à peu-près en douze vaisseaux de ligne et six frégates.

Le Portugal est divisé en six provinces; savoir :

ENTRE MINHO ET DOURO, ainsi nommée parce qu'elle est entre ces deux rivières; elle a pour capitale Brague, dans une plaine et siége d'un archevêché; on y trouve les ruines de plusieurs monumens antiques. Les autres villes sont Viana, près de l'embouchure de la Lima; Porto, célèbre par ses vins, évêché, et chantier de construction.

TRA-LOS-MONTES : cette province est ainsi nommée parce qu'elle est au-delà des montagnes. Sa capitale est Bragance, d'où la maison régnante tire son nom. Les autres villes sont Miranda sur le Douro, autrefois capitale, et Villa-Réal.

BEIRA : cette province est montagneuse, mais fertile. Elle a pour capitale Coïmbre, avec une université; le pont et l'aqueduc sont des ouvrages romains. Les autres villes sont Lamego sur le Douro, Visco, siége épiscopal, et Guarda, place forte.

L'ESTRAMADURE, riche en vin, huiles, blé, légumes, oranges, &c. Sa capitale est Lisbonne, qui l'est aussi de tout le Portugal, et l'un des ports les plus fréquentés de l'Europe. Les autres villes sont Leiria, évêché et place forte; Setuval, dont les vins sont renommés et qui a des salines.

L'ALENTEJO offre à-peu-près les mêmes productions. La capitale est Evora, place forte, avec une université. Les autres villes sont Portalègre, évêché; Elvas, évêché, et Olivença, place forte près de la Guadiana.

L'ALGARVE a du vin, des figues et des amandes. Sa capitale est Tavira, près de l'embouchure de la Segna, et Faro, port sur la côte du golfe de Cadix.

Les Portugais ont des colonies dans les trois continens.

En Asie, ils possèdent des établissemens dans l'Inde en deçà du Gange dont ils conquirent et occupoient autrefois toutes les côtes; ils y ont aussi la ville de Macao.

En Afrique, ils ont des comptoirs à la côte de Guinée ; sur celle de Zanguebar, au Congo, au Monomotapa ; ils sont maîtres des îles du Prince et de Saint-Thomas, de celles du Cap-Verd et des Açores.

En Amérique, le Brésil et l'île Fernando de Noronha leur appartiennent. Ces colonies ont dépeuplé la mère-patrie, et leurs trésors ont énervé ses habitans. (*Voyez ces trois continens.*)

L'ITALIE.

L'Italie a conservé son ancien nom : la partie orientale se nommoit Grande-Grèce. Elle fut aussi appelée Hespérie, Œnotrie, Saturnie et Ausonie. Par-tout elle est couverte des plus beaux restes de monumens anciens. Les plus remarquables sont, à Rome, le Colysée; le Panthéon, la colonne Trajane, celle d'Antonin, les arcs de triomphe de Vespasien, de Septime-Sévère et de Constantin-le-Grand, l'amphithéâtre de Vérone, les voies Appienne, Flaminienne et Emilienne en partie détruites, les ruines des villes entières d'Herculanum, de Pompeia, &c. ensevelies sous les cendres du Vésuve; une grande quantité de débris de maisons, de ponts, d'aqueducs, de bains, de réservoirs; un nombre infini de bustes, de statues, et sans doute le sein de la terre en renferme davantage encore. La fondation de la plupart des villes de l'Italie remonte à des temps fort anciens.

L'Italie ancienne le disputoit à la Grèce pour le grand nombre de poètes, de littérateurs, d'artistes, d'hommes d'Etat, de guerriers, auxquels elle avoit donné le jour.

Les Romains qui furent long-temps les maîtres de l'Italie, centre de leur empire, faisoient remonter leur origine à une colonie de Troyens. Rome fut fondée par Romulus, 753 ans avant J. C. Ce prince soumit les peuples voisins et réunit leurs Etats aux siens; ses successeurs continuèrent de faire des conquêtes.

Rome devenue république, continua d'être guerrière. Les Gaulois, sous la conduite de Brennus, portèrent la guerre en Italie, prirent Rome, et la saccagèrent 387 ans avant J. C ; mais ils en furent chassés, et l'empire romain continua de s'étendre. Sous Jules César et Auguste il étoit à son plus haut point de grandeur, et avoit assujéti presque tout le monde connu. Bientôt il commença à déchoir, et Constantin acheva de l'affoiblir en transportant à Constantinople le siége du gouvernement. L'empire alors fut partagé en empire d'Orient et empire d'Occident. Les Barbares, que les Romains avoient réprimés plutôt que soumis, vinrent inonder l'Italie : les Goths, ayant Alaric pour chef, prirent Rome en 410, et la pillèrent. Genseric, à la tète des Vandales, en fit autant en 455; et Ricimer en 472. Enfin, Odoacre, chef des Hérules, détruisit l'empire romain dans l'occident, sous le règne d'Augustule, dernier des

empereurs, et y fonda un royaume, qui fut bientôt détruit par Théodoric, roi des Ostrogoths. Celui-ci à son tour, fut chassé par Bélisaire, général de Justinien, qui réunit l'Italie à l'empire d'Orient. En 547, les Goths, sous la conduite de Totila, s'emparèrent de nouveau de Rome ; mais Bélisaire la reprit.

En 551, les Goths étoient entièrement maîtres de l'Italie. L'année suivante, l'empereur envoia contre eux Narsès, qui défit et tua Totila. Theia succéda à ce prince ; bientôt après il fut vaincu et mis à mort. En lui finit la domination des Goths en Italie. Alors elle fut gouvernée par Narsès en qualité de duc, et ensuite par des Exarques, qui résidoient à Ravennes. D'un autre côté, les Lombards s'étoient emparés d'une portion de l'Italie, et y avoient formé un royaume, qui subsista jusqu'à Charlemagne. Ce monarque s'en étant emparé en donna la plus grande partie au pape. Il réunit le reste à ses Etats. Lorsque sa famille eut perdu sa puissance, il s'établit en Italie des principautés particulières; les papes y agrandirent aussi leurs possessions. Les empereurs d'Allemagne s'emparèrent ensuite de plusieurs provinces. Charles-Quint pilla Rome; après lui se formèrent de nouvelles principautés. Les empereurs d'Occident conservèrent long-temps l'Italie méridionale ou Grande-Grèce; les Maures la leur enlevèrent et furent chassés à leur tour par des seigneurs Normands qui fondèrent le royaume de Naples.

L'Italie a 1,500 lieues carrées, et 1,066 habitans par lieue ; ce qui fait au total 16 millions d'habitans. Son sol est en général très-fertile par-tout où il est bien cultivé. Il produit principalement des grains et du vin en abondance, de l'huile d'olive, des citrons et d'autres fruits.

Les principales rivières qui arrosent l'Italie sont le Pô, le Tésin, l'Adige, l'Arno, le Tibre, &c. Ces rivières ont leurs sources dans les Alpes, l'Apennin, le Vésuve et le Mont-Gibel ou l'Etna, qui sont les principales montagnes de cette contrée. Ces deux dernières sont des volcans fameux : le Vésuve est près de Naples, et le Mont-Gibel en Sicile. Les montagnes d'Italie renferment des mines d'or, d'argent, de fer, de cuivre, de plomb, de soufre et d'alun, des pierres précieuses, des matières volcaniques. Il y a des carrières de marbre et des sources d'eaux minérales.

Le climat de l'Italie, en général tempéré, est souvent très-chaud ; près des Alpes il est plus froid ; l'air y est pur, si ce n'est dans le voisinage des marais. La différence dans la position des divers Etats en apporte dans leur température et leurs productions. Les lacs Majeur, de Côme, d'Iseo, de Pérouse, de Garde, sont les principaux.

Les Italiens sont bien faits; ils ont la physionomie et les gestes très-expressifs. On leur reproche d'être jaloux et vindicatifs. Ils ont une très-grande aptitude pour les sciences, et l'Italie a fourni des savans du premier ordre dans tous les genres; on lui doit Galilée, Toricelli, &c. Elle est plus féconde encore en artistes célèbres; les Raphaël, les Michel-Ange, les Titien, les Léonard de Vinci, ont illustré ses écoles de peinture, de sculpture et d'architecture. Pendant long-temps elle eut seule des écoles de musique, dont les plus grands musiciens de l'Europe ont été les fondateurs ou les élèves. Non moins riche en hommes de lettres et en poètes, l'Italie compte parmi eux au premier rang, Le Dante, Pétrarque, Bocace, L'Arioste, Le Tasse, Bembo, Sannazar, Fracastor, Métastase, Alfieri, &c.

Les Italiens sont en général passionnés pour les spectacles, les bals et les mascarades. Leurs goûts, leurs mœurs, leurs vêtemens, varient beaucoup selon les diverses contrées. Leur langue est dérivée du latin; elle est douce, sonore, très-propre à la musique : le dialecte toscan est le plus pur, et la prononciation romaine la meilleure.

Autrefois l'Italie comprenoit la république de Gênes, la Savoie, le Piémont, le Milanez, les Etats de Venise, Mantoue, Parme, Modène, la Toscane, l'Etat de l'Eglise, le royaume de Naples et les îles. A présent la division est différente. Nous allons donner des détails sur chacune de ses parties selon la nouvelle division.

LE ROYAUME D'ITALIE.

Les Français, après avoir conquis l'Italie y avoient fondé une république, sous le nom de *République Cisalpine*; elle avoit pris depuis le nom de *République Italienne*. Sa forme étoit démocratique et elle avoit choisi pour président le chef du gouvernement français. Les trois colléges, savoir celui des propriétaires et ceux des lettrés et des commerçans, nommoient une consulte de huit membres, un président et un vice-président, dans lesquels résidoit le gouvernement. Il y avoit de plus un corps législatif et des ministres.

Cet Etat sentit bientôt que la forme de son gouvernement étoit peu convenable aux circonstances, et qu'il avoit besoin d'une garantie plus puissante. Le 17 mars 1805, les principaux membres du gouvernement offrirent à l'empereur des Français, fondateur de leur république, la couronne d'Italie, et Napoléon 1er fut couronné à Milan, le 26 mai suivant.

Le royaume d'Italie est administré par un vice-roi, qui exerce les fonctions à lui déléguées par S. M. l'empereur et roi. Le pouvoir législatif réside, comme auparavant, dans la consulte avec les modifications convenables. Le pouvoir judiciaire est exercé par des tribunaux formés d'après les principes constitutionnels. La force armée en temps de paix est de 60,000 hommes. Il y a deux universités fameuses, savoir celle de Bologne et celle de Pavie, et en outre un Institut national.

La population du royaume d'Italie est de 8,858,000 habitans. La contrée la plus fertile est la Lombardie qui abonde en mûriers, oliviers, orangers et autres arbres fruitiers. On y fait par an deux récoltes de grains; il y a du riz et du maïs. La soie est l'une des principales richesses du pays. Il y a dans les montagnes des mines de cuivre, de fer, d'alun et des carrières de très-beau marbre. Le poisson y est abondant et délicieux.

Les articles de commerce consistent dans toutes les productions du pays, telles que grains, chanvre, lin, riz, fruits secs, huiles, cire, miel, soies, gants et mouchoirs; des fromages et sur-tout ceux connus sous le nom de *Parmesans* et les pâtes d'Italie. Ce royaume reçoit en échange des draps et autres étoffes de France, des toiles de la Silésie, des mousselines de Suisse, des vins et eaux-de-vie de France, des marchandises du Levant et des autres parties du monde.

Les pays dont on avoit formé la république italienne étoient :

1°. Le MILANEZ: sous le nom d'ancienne Lombardie, il avoit autrefois été le centre de l'empire des Lombards en Italie. Il eut ensuite des ducs qui étoient les souverains les plus puissans de l'Italie. Le dernier de ces ducs n'ayant pas d'héritiers, Charles-Quint s'empara du Milanez pour le joindre à la couronne d'Espagne, à laquelle il resta attaché jusqu'à ce que la branche d'Autriche s'étant éteinte en Espagne, les empereurs le reprirent et en firent la LOMBARDIE AUTRICHIENNE.

Ses belles campagnes sont très-fertiles. Il a des manufactures de draps, de toiles, de gants et bas de soie, de galons, de broderies et d'ouvrages en cuir.

2°. Le pays de CHIAVENNA : il est entouré de hautes montagnes qui y concentrent la chaleur, et les exhalaisons du lac de Côme apportées par le vent du midi, y altèrent la salubrité de l'air. Il produit des vins, des fruits, des bestiaux, de la soie : on y fabrique de la vaisselle.

3°. La VALTELINE: c'est une vallée très-fertile, arrosée par l'Adda. Elle produit des grains, des fruits, du miel, de la soie et du poisson.

4°. Le pays de BORMIO, environné de montagnes élevées, toujours couvertes de neige; l'air y est froid et sain. Il produit des grains, nourrit de nombreux troupeaux et des abeilles. Il a des mines de fer, &c.

Ces trois pays étoient aux Grisons.

5°. Le BERGAMASQUE: il est montueux au N., et fournit des grains, des fruits et sur-tout de bonne laine et de la soie, manufacturées dans le pays ou qu'on exporte. On y prépare très-bien le musc, l'ambre et la civette.

6°. Le CRÉMASQUE : il est fertile en blé, lin et chanvre.

7°. Le BRESCIAN ou BRESSAN : il a des mines de divers métaux, des terres à blé, des vignobles dont on tire d'excellent vin, et des pâturages: on y fait beaucoup de fromages.

8°. Le VÉRONÈSE OCCIDENTAL : c'est un excellent pays, très-fertile en toutes sortes de productions; il a dans son enclave le lac de Garde qui est très-poissonneux.

9°. La POLESINE ou PRESQU'ÎLE DE ROVIGO : elle a d'excellens pâturages.

Ces cinq derniers pays faisoient partie de l'Etat de Venise.

10°. Le MANTOUAN: autrefois il formoit une petite république sous la protection des empereurs; ceux-ci le donnèrent en fief à des ducs : la maison de Gonzague le possédoit depuis le quatorzième siècle. Le dernier rejeton de cette famille ayant été mis au ban de l'empire, le duché de Mantoue passa sous la domination de la maison d'Autriche, et fut réuni au gouvernement du Milanez. C'est un pays de plaines, arrosé par le Pô, fertile en grains et en pâturages.

11°. Le Modénois : ce duché étoit un fief relevant de l'empire, et possédé par un prince de la maison d'Est. Il abonde en grains, vins et fruits; il y a des puits dont on retire de l'huile de pétrole.

12°. Le Ferrarois en partie exposé aux débordemens du Pô. C'est un beau et fertile pays, mais où l'air est mauvais à cause des marais.

13°. Le Bolonais : il est fertile en grains, lin, chanvre et miel.

14°. La Romagne : elle produit en abondance des vins excellens et du blé.

15°. Le duché d'Urbin : il est malsain et peu fertile.

Ces quatre dernières provinces faisoient autrefois partie de l'État ecclésiastique.

La république italienne étoit partagée en douze départemens. Le royaume d'Italie a conservé la même division.

1°. Le département d'Agogna, ainsi nommé parce que la rivière de ce nom y prend sa source; il est borné à l'est par le Tésin et le lac Majeur. Ce département est formé d'une partie du Milanez. Son chef-lieu est Novarre, siége d'un évêché et place forte; c'est la patrie de Pierre Lombard, surnommé *le maître des sentences*. Les autres villes sont Domo-Doscella, au pied des Alpes; Varallo, Arona, patrie de saint Charles-Borromée, sur le lac Majeur; Vigevano, dans une situation agréable près du Tésin, avec un château sur un rocher, &c.

2°. Le département de l'Ario, formé de partie du Milanez et des pays de Chiavenna, la Valteline et Bormio. Il est ainsi appelé du nom que portoit autrefois le lac de Côme, qui se trouve dans son enclave. Son chef lieu est Côme, patrie de Pline le jeune et de Paul Jove; elle est sur le lac du même nom. Les autres villes sont Varèse, Anghiera sur le bord oriental du lac Majeur, Lecco, &c.

3°. Le département d'Olona, ainsi appelé d'une rivière de ce nom qui le traverse. Il est formé de partie du Milanez. Son chef-lieu est Milan, ancienne capitale du duché de ce nom, et maintenant capitale du royaume d'Italie. C'est le centre du gouvernement et le siége d'un archevêché. Son église métropolitaine est une des plus belles d'Italie. Il y a une université et une bibliothèque célèbre. Les autres villes sont Pavie, au confluent du Tésin et du Pô, patrie de Boëce, de Cardan, &c.; elle a une université; Monza sur le Lambro, où se garde la couronne de fer qui sert au sacre des rois d'Italie. et qu'on dit faite d'un clou de la vraie croix; Marignan célèbre par la bataille de ce nom gagnée par François 1er en 1515; Gallarate, &c.

4°. Le département de Serio, ainsi appelé parce que cette rivière y prend sa source. Son chef-lieu est Bergame, sur une hauteur, siége épiscopal, et patrie des Albani et du jésuite Jean-Pierre Maffé. Les autres lieux sont Cluse, Breno sur l'Oglio, Treviglio, &c.

5°. Le département de la Mella, ainsi appelé de la rivière de ce nom qui se jette dans l'Oglio. Son chef-lieu est Brescia, ville forte avec un évêché, autrefois capitale du Brescian. Les autres villes sont Chiari près de l'Oglio, Verola-Alghisi, Salo sur le lac de Garde, &c.

6°. Le département du Haut-Pô, ainsi nommé parce qu'il est baigné par la partie supérieure de ce fleuve. Son chef-lieu est Crémone, sur le Pô et à sa jonction avec l'Adda; c'est un siége épiscopal et la patrie de Marc-Jérôme Vida. Les autres villes sont Crema, ville forte et évêché; Lodi, célèbre par la victoire remportée le 14 mai 1796; ses fromages nommés *Parmesans* sont renommés; Casal-Maggiore sur le Pô.

Ces trois derniers départemens sont formés du Bergamasque, du Crémasque et du Brescian, pays ci-devant à l'État de Venise, et de partie du Milanez.

7°. Le département du Mincio, ainsi nommé parce qu'il est arrosé par cette rivière après qu'elle est sortie du lac de Garde. Il est composé du Véronèse occidental et du Mantouan. Son chef-lieu est Mantoue, place forte, autrefois capitale du duché de ce nom, et située au milieu d'un lac formé par le Mincio; c'est près de cette ville dans un village, aujourd'hui nommé Pietola et autrefois Andès, qu'est né Virgile. Les autres lieux sont Castiglione, Peschiera, ville forte sur le lac de Garde; Vérone, siége d'un évêché sur l'Adige, patrie de Catulle, de Cornelius Nepos, de Vitruve, de Pline l'Ancien et d'autres hommes célèbres; Porto-Legnano, aussi sur l'Adige; Borgo-Forte, Revère sur le Pô, &c.

8°. Le département de Crostolo : il tire son nom de cette rivière qui y prend sa source, et se jette dans le Pô. Son chef-lieu est Reggio, évêché, qu'il ne faut pas confondre avec une autre ville de ce nom située en Calabre. Celle-ci étoit autrefois capitale du duché de ce nom; c'est la patrie de l'Arioste. Les autres lieux sont Massa-Carrera, célèbre par ses belles carrières de marbre blanc.

9°. Le département du Panaro, ainsi appelé de cette rivière qui y prend sa source et se jette dans le Pô. Son chef-lieu est Modène, évêché et capitale du duché de ce nom, et patrie du Tassoni; c'étoit la résidence du duc. Les autres villes sont la Mirandole, Castel-Nuovo, &c.

Ces deux départemens sont formés du Modénois.

10°. Le département du Bas-Pô, ainsi nommé parce que la partie inférieure de ce fleuve l'arrose, et qu'il y termine son cours en se jetant dans la mer. Il est formé du Ferrarois et de la Polesine de Rovigo. Son chef-lieu est Ferrare, située sur un des bras du Pô; c'est le siége d'un archevêché et la patrie du cardinal Bentivoglio et de Guarini. Les autres villes sont Rovigo sur l'Arigetto; c'étoit la résidence de l'évêque d'Adria; Adria, qui a donné son nom à la mer Adriatique, ville autrefois considérable, maintenant ruinée; Comachio, siége épiscopal, &c.

11°. Le département du RENO, ainsi nommé de cette rivière qui y prend sa source et se jette dans un des bras du Pô. Il est formé du Bolonais. Son chef-lieu est Bologne sur le Reno, l'une des villes les plus considérables de l'Italie, patrie de l'Albane, d'Ulysse Aldrovandus et de Thomas de Pisau. Son Institut est une des sociétés les plus savantes de l'Europe. Les autres villes sont Cento, Imola, patrie de Valsalva, dans une île formée par le Santerno; Vergato, &c.

12°. Le département du RUBICON, ainsi nommé de cette rivière qui y prend sa source et se jette dans la mer. Il est formé de la Romagne et de la partie septentrionale du duché d'Urbin. Son chef-lieu est Cesène, évêché, près du Savio et patrie de Pie VII. Les autres villes sont Forli, évêché, dans un terrain fertile; Faenza sur l'Amone, célèbre chez les Anciens par la beauté de son lin, et chez les Modernes parce qu'on croit que c'est là que la faïence fut inventée; Ravenne, près de l'embouchure du Montone, autrefois capitale de l'exarchat, et où le Dante est enterré; c'est un siége archiépiscopal; Rimini, où se tint en 371 un concile de ce nom; Pesaro, patrie de Clément XI, &c.

RÉPUBLIQUE DE SAINT-MARIN.

Cette république, restée indépendante, est enclavée dans la Romagne aujourd'hui département du Rubicon. Son origine remonte à plus de 1,300 ans. Elle étoit sous la protection du pape et gouvernée autrefois aristocratiquement par deux magistrats sous le nom de capitaines. La forme de son gouvernement est devenue démocratique. On y compte 5,000 habitans. Le territoire consiste presque tout entier en une montagne sur la cime de laquelle est placée la ville de *Saint-Marin*, capitale de la république et très-forte. Son commerce consiste en vins qui s'améliorent dans les cavernes de la montagne, en bestiaux et en soie.

ÉTAT DE VENISE.

Les Vénètes, peuples Gaulois qui habitoient le Padouan, pour se soustraire aux fureurs des Lombards, se réfugièrent dans des lagunes du golfe Adriatique, sur 72 petites îles où ils jetèrent les fondemens de Venise, vers 596. Des relations d'origine les avoient d'abord soumis à la ville de Padoue. Ils secouèrent bientôt la domination de la mère-patrie, et se choisirent un duc ou doge, vers l'an 709. Insensiblement ces magistrats se rendirent indépendans; mais dans le 12° siècle le sénat reprit la suprême autorité. Cette république lutta contre les empereurs, et son commerce l'ayant rendue puissante, elle fit avec les Croisés la conquête de Constantinople, acquit la Dalmatie et les îles de l'Archipel dites vénitiennes.

Le gouvernement y étoit entre les mains des nobles. Bonaparte en ayant fait la conquête y établit des municipalités. Venise fut ensuite cédée à l'empereur d'Allemagne qui la possède aujourd'hui. Une partie du territoire passa à la république italienne. La population est de 1,200,000 habitans.

Cet État avoit plusieurs provinces; les dix suivantes font maintenant partie des domaines de la maison d'Autriche:

Le Véronèse oriental, le Vicentin, qui a de bon vin et des eaux minérales; le Padouan, très-fertile; le Dogado, qui abonde en sel; le Trévisan, vaste verger planté de vignes et de mûriers; le Feltrin, montagneux, et qui produit du bois et du fer; le Bellunèze, partie de la Rhétie, montagneux et abondant en vins, en bois et en fer; le Cadorin, autre partie de la Rhétie, montagneux et qui produit du bois et du fer; le Frioul vénitien, montagneux, qui abonde en soie très-fine, en vin excellent et en bois; l'Istrie vénitienne, pays de plaines, malsain et mal cultivé, qui produit du vin, du lin et du bois.

Nous avons déjà parlé des lieux qui appartenoient à cet État en traitant des domaines de la maison d'Autriche. (*Voyez* page 96.)

LE PARMÉSAN ou ÉTAT DE PARME.

Cet État comprenoit les duchés de Parme, de Plaisance et de Guastalla, l'Etat Palavicin et le Val-di-Taro. Il en a déjà été fait mention à l'article de l'Empire Français, parce qu'il est aujourd'hui administré comme province qui en dépend. Nous nous contenterons de compléter ici ce qui regarde ces duchés. (*Voyez pour le reste* page 86.) Le territoire est fertile en blé, vins, pommes-de-terre et châtaignes; ses excellens pâturages nourrissent beaucoup de bon bétail; il a des mines de fer et de cuivre, des eaux minérales, et produit beaucoup de soie et de sel.

LA RÉPUBLIQUE LIGURIENNE ou ÉTAT DE GÊNES.

La réunion récente de cet État à la France ayant exigé que nous en parlassions lorsque nous avons donné la description topographique des départemens français, il nous reste peu de choses à en dire. Il a 63 lieues de long, 18 de large, 267 lieues carrées et 400,000 habitans. Sa marine et son commerce étoient jadis très-florissans; ce commerce consistoit en étoffes de soie, velours, pâtes, confitures, huiles, parfums, savons et fromages.

Le territoire étoit divisé en deux parties:

La RIVIÈRE DU PONENT, qui est la côte occidentale de la Méditerranée; elle avoit pour villes Vintimille, Oneille, chef-lieu d'une principauté qui appartenoit à la Sardaigne; Albenga, Noli, Savone et Gênes.

La RIVIÈRE DU LEVANT ou côte orientale de la Méditerranée; ses villes étoient Porto-Fino, Porto-Venere, Spezzia et Sarzane.

Voyez pour le reste pag. 85 et 86, où il est parlé des trois départemens français formés sur le territoire de la République Ligurienne.

LA RÉPUBLIQUE DE LUCQUES.

Cette république étoit aristocratique et sous la protection de l'empereur d'Allemagne. Depuis la conquête de l'Italie par les Français, la constitution a été changée en démocratique. Lucques est sur la Méditerranée. On compte dans l'État 120,000 habitans, qui sont les cultivateurs les plus laborieux de l'Italie. Sous leurs mains industrieuses leur territoire est devenu un vaste jardin; il abonde en vignes, fruits et grains. Il y a près de la mer d'excellens pâturages où paissent de nombreux troupeaux. Le Serchio, rivière très-poissonneuse, arrose ce pays. Le commerce consiste en huile et soie. Les villes sont Lucques et Via-Reggio port.

Les habitans ayant demandé à être gouvernés par un prince français, l'empereur Napoléon vient d'ériger cet État en principauté en faveur de son beau-frère le prince de Lucques et Piombino.

LA TOSCANE ou ROYAUME D'ÉTRURIE.

La Toscane étoit habitée par des peuples que les Romains soumirent. Long-temps après, au 16e siècle, les villes de cette contrée formèrent une confédération à la tête de laquelle étoit Florence. La maison des Médicis, riches négocians, étant devenue très-puissante, les Florentins lui déférèrent la souveraineté dans la personne de Côme, avec le titre de grand-duc de Toscane qui lui fut confirmé par les papes et les empereurs. Cette famille s'étant éteinte, après que ces princes eurent fait fleurir les sciences, les arts, la littérature et mérité de laisser leur nom à leur siècle, le duché passa dans la maison de Lorraine, en la personne de François 1er, devenu empereur, et par-là devint partie des domaines de la maison d'Autriche. Depuis, la France ayant conquis la Toscane en a fait un royaume, qu'elle a donné au fils du duc de Parme, dont la veuve est reine régente.

Ce duché fut autrefois beaucoup plus étendu: aujourd'hui on le divise en trois grands territoires, le Florentin, le Pisan et le Siennois. Sa population totale est de 950,000 habitans. Il produit des grains, des vins, des fruits, des légumes en abondance, du lin, de la soie, du safran et de la manne. Il a des mines de fer, des salines, des carrières de marbre, d'albâtre, de jaspe, &c.; des manufactures de draps, de toiles, d'étoffes de soie, d'or et d'argent; de velours, de satin, de porcelaine, de savon, &c.

Le FLORENTIN; sa capitale est Florence sur l'Arno, la plus belle ville d'Italie après Rome; elle a un siège archiépiscopal. Les autres villes sont Pistoïa, Arezzo, patrie de Gui Aretin, inventeur des notes de musique, et de Pétrarque; Cortone, où sont des restes de monumens antiques.

Le PISAN a pour capitale Pise sur l'Arno, siége archiépiscopal, à une lieue de la mer, et Livourne, dépeuplée récemment par la fièvre jaune, port célèbre.

Le SIENNOIS; sa capitale est Sienne, sur une colline et dans une plaine fertile; c'est la patrie des Socins et de beaucoup de personnages célèbres. Les autres villes sont Piombino, restée sous la domination française et donnée avec son territoire, par l'empereur Napoléon, à sa sœur la princesse Elisa et à son époux; Porto-Hercole et Orbitello, villes fortes; Chiusi, &c.

L'ÉTAT DE L'ÉGLISE.

Cet État, autrefois plus étendu, a pour origine la donation de Rome et de son territoire faite par Pepin et Charlemagne aux papes, qui, d'abord élus par le clergé et le peuple de Rome, confirmés ensuite par les empereurs, se sont rendus indépendans et ont reculé les limites de leurs possessions. Aujourd'hui, le pape est élu en conclave par les cardinaux, et ne reçoit point de confirmation. La guerre de la révolution a été funeste à l'État de l'Église; les possessions papales furent envahies, et Rome eut aussi sa révolution. Il se forma une république romaine qui ne dura pas long-temps. L'avant-dernier pape Pie VI, enlevé à ses États, fut conduit en France, et mourut à Valence. Pie VII lui a succédé, et occupe aujourd'hui le trône pontifical.

Cet État, dont Bologne, Ferrare et la Romagne ont été démembrées par le traité de Campo-Formio, a un territoire très fertile, mais mal cultivé. L'agriculture auroit besoin d'y être encouragée et améliorée. Il y a huit provinces; savoir:

Le duché d'URBIN, pour sa partie méridionale seulement: ce pays est malsain et peu fertile; il faisoit partie de l'Ombrie. Sa capitale est Urbin, patrie de Raphaël et siége archiépiscopal, sur une montagne. Les autres villes sont Fano, évêché et patrie de Clément VIII; Fossombrone et Sinigaglia, port sur la mer Adriatique.

Le PÉROUSIN ou PÉRUGIN, partie de l'ancienne Étrurie, est très-fertile en vins, grains et fruits. Sa capitale est Pérouse, patrie du Dante, près du Tibre.

L'ORVIETAN, partie de l'Étrurie, peu fertile, produit des grains et de l'huile. Sa capitale est Orviette, sur un rocher escarpé. Les autres villes sont Acqua-Pendente, patrie de Gregorio Leti, &c.

Le duché de SPOLETTE, qui faisoit autrefois partie de l'Ombrie, est marécageux et très-fertile en bons vins. Sa capitale est Spolette, évêché. Les autres lieux sont Terni, patrie de Tacite, et Narni, patrie de l'empereur Nerva.

La MARCHE D'ANCÔNE, ou l'ancien Picenum, produit des grains, du vin, du chanvre et du miel. La capitale est Ancône sur la mer, bon port, ville forte et siége épiscopal. Les autres villes sont Lorette, fameux pélerinage, et Recanati sur une montagne.

Le PATRIMOINE DE S. PIERRE, jadis partie de l'Étrurie, produit des grains, du vin, de l'huile et de l'alun. La capitale est Viterbe, siége épiscopal, au pied d'une haute montagne. Les autres villes sont Boisena, sur un lac du même nom ; Monte-Fiascone, évêché, près du même lac ; Civita-Vecchia, ville forte avec un bon port ; Bracciano, &c.

La SABINE, qui faisoit partie de l'ancien *Latium* habité par les Sabins, produit de l'huile et du vin. Sa capitale est Magliano sur une montagne, près du Tibre.

La CAMPAGNE DE ROME ; elle formoit la plus grande partie de l'ancien *Latium* jadis habité par les Volsques, les Rutules, les Herniques et les Æques. Cette province a de très-belles plaines ; mais elle est dénuée d'habitans, et il faut avoir recours à des bras étrangers dans le temps des moissons. Les marais Pontins, malgré les grands et utiles travaux entrepris par Pie VI, en couvrent encore une partie. Sa capitale est Rome, qui le fut autrefois de l'univers, et qui l'est aujourd'hui des Etats du pape et du monde chrétien. On sait que la fondation de cette célèbre et antique cité remonte à l'an 753 avant J. C. Aucune ville du monde n'est aussi riche en restes précieux de monumens antiques. Nul édifice public ne surpasse l'église de Saint-Pierre en magnificence, et n'en approche par la beauté de l'architecture. Nulle ville ne possède plus de tableaux, de sculptures, de monumens ; elle est sur le Tibre. C'est la résidence du pape. Les autres lieux sont Ostie, à l'embouchure du Tibre ; Tivoli, sur le Téverone qui y forme une belle cascade ; Villa-Adriani, où se voient de magnifiques restes d'antiquités ; Frascati, c'est l'ancien *Tusculum*, où Cicéron avoit sa maison de campagne ; Albano, bâtie sur les ruines de l'ancienne Albe ; Castel-Gandolfe, maison de campagne du pape ; Astura, où périt Cicéron, dans le voisinage des marais Pontins ; Terracine, près de la Méditerranée, &c.

LE ROYAUME DE NAPLES.

Ce royaume portoit autrefois le nom de Grande Grèce, à cause du grand nombre de colonies grecques qui s'y étoient établies. Les Romains dès les premiers temps de la république firent la conquête de ce riche territoire. Il fut enlevé aux empereurs de Constantinople par les Sarrasins, et à ceux-ci par les Normands, qui l'unirent à la Sicile et fondèrent le royaume des Deux-Siciles, dont il porte encore le nom. Il devint ensuite un simple duché dépendant de l'exarchat de Ravenne, et fut conquis par Charles de France, comte d'Anjou, frère de S. Louis. Ses descendans s'y maintinrent jusqu'à ce que cette maison s'éteignit dans la personne de Jeanne I, en 1382. Après elle, quelques rois de la maison de Duras ou Durazzo occupèrent le trône de Naples. Jeanne II, dernière souveraine de cette famille, fit en 1434 un testament en faveur de René d'Anjou ; mais Alphonse, roi d'Aragon et de Sicile, lui enleva ce bel héritage. Charles VIII et Louis XII y eurent des prétentions. Le royaume de Naples passa en 1700 sous la domination de Philippe V, roi d'Espagne ; et en 1705, entre les mains de l'archiduc Charles, depuis empereur sous le nom de Charles VI. Celui-ci le perdit en 1734 ; et par le traité de Vienne en 1736, le royaume de Naples fut cédé à l'infant Don Carlos,

dont le fils, Ferdinand IV, règne à présent. Cette monarchie est héréditaire et les femmes sont appelées à la succession. Les papes la regardent comme un fief de l'Eglise ; les rois de Naples leur payoient tous les ans une bourse de sept mille écus d'or, et leur faisoient offrande d'une haquenée. Depuis quelque temps la haquenée est refusée ; mais le pape fait faire une protestation pour la conservation de son droit.

Le royaume de Naples a en surface 3,500 lieues carrées ; on y comptoit 4,780,000 habitans : cette population a été diminuée par la guerre ; un horrible tremblement de terre vient d'y causer des ravages non moins affreux. L'air y est chaud ; le sol abonde en grains, fruits exquis, légumes, vins délicieux, safran, manne et riz. Le bétail y est nombreux et les chevaux très-estimés. Il y a de l'alun, du vitriol, du soufre, du cristal de roche, des marbres précieux et des minéraux. La laine et la soie y sont très-belles et en grande quantité ; le coton y réussit ; l'on y fabrique des habits, des bas, des gants, &c. avec la soie de la pinnemarine.

Ce royaume est divisé en quatre parties, et chacune de ces parties sous-divisée en trois provinces ; ce qui forme en tout douze provinces ; savoir :

1°. L'ABRUZZE, patrie des Sabins et des Samnites ; elle est fertile en grains, riz, safran et fruits, et possède de vastes forêts. Les trois provinces dans lesquelles elle se sous-divise sont :

L'*Abruzze ultérieure*. Sa capitale est Aquila, sur la rivière Pescara ; elle éprouva en 1703 un tremblement de terre qui fit périr 2,400 personnes. C'est un siège épiscopal. Les autres villes sont Celano, près du lac du même nom, &c.

L'*Abruzze citérieure*. Sa capitale est Chieti ou Theat sur une montagne, près de la Pescara ; l'ordre des Théatins y prit naissance. Les autres villes sont Sulmone, patrie d'Ovide ; Lanciano, fameuse par ses foires.

Le comté de *Molise*. Sa capitale du même nom n'est qu'un simple bourg.

2°. La POUILLE ou l'*Apulie* des Anciens. L'eau de citerne ou celle qui séjourne dans les rochers est la seule qu'on y ait ; les végétaux n'y sont nourris que par la rosée. La côte maritime qui est sablonneuse n'offre que des buissons de myrte et une herbe marine que paissent les buffles. Pendant la chaleur du jour ces animaux vont se coucher dans la mer. Les trois provinces dans laquelle se subdivise la Pouille sont :

La *Capitanate*. Sa capitale est Manfredonia, sur un golfe du même nom, avec un château, un port et un archevêché. Les autres villes sont Lucera, &c.

La *Terre de Bari*, avec une capitale du même nom. On y trouve aussi Barletta, jolie et forte ville sur le golfe de Venise ; dans le voisinage sont les ruines de Cannes, fameuse par la victoire d'Annibal.

La *Terre d'Otrante*. Sa capitale est Otrante, à l'embouchure du golfe de Venise, avec un archevêché et un port. Les autres villes sont Brindisi ou Brindes, ville ancienne et célèbre où mourut Virgile ; Tarente, autrefois considérable, sur le golfe du même nom ; Lecce, patrie de l'historien Scipion Ammirato.

3°. La Terre de Labour ; c'est l'ancienne Campanie, l'une des contrées les plus fertiles de l'Europe ; elle abonde en vins, grains, fruits, huile, safran et bétail. Il y a des pierres précieuses, des marbres, du soufre, de l'alun. On la subdivise en,

Terre de Labour propre : sa capitale est Naples, qui l'est aussi de tout le royaume. Cette belle ville a 350,000 habitans dont 30,000 lazzaroni, tourbe insolente et séditieuse. Naples est bâtie sur la mer dans une des plus délicieuses situations de l'univers, mais trop près du Vésuve ; elle a beaucoup de riches manufactures, et fait un commerce considérable avec les diverses nations de l'Europe. C'est la patrie de Velleius Paterculus, du cavalier Bernin, du Pergolèse, et de plusieurs autres personnages fameux. Les autres villes sont Portici, maison de plaisance du roi de Naples au pied du Vésuve ; Sorrento, patrie du Tasse ; Pouzzoli, port sur le golfe de Naples, riche en monumens antiques ; Ischia et Capri dans deux petites îles de ce nom ; Nola, où l'on prétend que les cloches ont été inventées ; Capoue, fameuse par ses délices qui perdirent l'armée d'Annibal, et que le dernier tremblement de terre vient de ravager ; Gaëte, patrie du cardinal Cajetan, et que Virgile dit avoir été ainsi appelée du nom de la nourrice d'Enée qui y fut enterrée ; Aquino, patrie de Juvenal et de S. Thomas d'Aquin ; Arpino, patrie de Marius et de Cicéron ; Monte-Cassino, berceau de l'ordre de S. Benoît.

La *Principauté ultérieure :* sa capitale est Benevent, au confluent du Sabato et du Calore ; elle fait partie du domaine pontifical. On y trouve aussi Avellino, presqu'entièrement détruite par un tremblement de terre, en 1694.

La *Principauté citérieure :* sa capitale est Salerne, au fond d'un golfe de ce nom, célèbre par son école de médecine. Les autres villes sont Amalfi, patrie de Flavio Gioia qu'on croit être l'inventeur de la boussole ; Cava, au pied d'une montagne ; Pesti, qui a de beaux restes d'antiquités.

4°. La Calabre ; elle comprend l'ancienne *Lucanie* et l'ancien *Brutium ;* elle est très-montagneuse. Cette contrée éprouva en 1783 un affreux tremblement de terre qui la couvrit de ruines. Elle abonde en toutes sortes de productions. On y nourrit de nombreux troupeaux ; on y élève des chevaux très-vigoureux ; il y a des mines d'or, d'argent, de fer et du soufre ; on y trouve de l'albâtre et du cristal de roche. Les provinces dans lesquelles on la divise sont :

La *Basilicate,* dont la capitale est Cirenza ou Acerenza, au pied de l'Apennin. Les autres villes sont Venosa, autrefois Venusia, patrie d'Horace ; Potenza, presqu'entièrement ruinée par le tremblement de terre de 1694.

La *Calabre ultérieure,* dont la capitale est Cosenza, dans une plaine fertile, avec un bon château. Les autres villes sont Cassano, Rossano, environnée de rochers ; l'ancienne Sybaris étoit à côté de cette ville.

La *Calabre citérieure :* sa capitale est Reggio de Calabre, sur le golfe de Messine, à l'extrémité de l'Apennin. Les autres villes sont Crotone, sur le golfe de Tarente, patrie du fameux athlète Milon, et séjour de Pythagore ; Cantazaro près de la mer, &c.

LES ILES VOISINES DE L'ITALIE.

Nous avons déjà parlé de quelques-unes de ces îles, telles que celles de Corse et d'Elbe et des petites îles d'Ischia et de Caprée, qui toutes font aujourd'hui partie de l'empire français. (*Voyez page* 80.) Celles dont il nous reste à traiter sont la Sicile, la Sardaigne, Malte, les îles de Lipari et les îles Ponces.

La Sicile appartient au roi de Naples. Cette île chez les Anciens portoit le nom de *Trinacrie.* Elle fut d'abord envahie par les Sicaniens, venus d'Espagne ; ceux-ci à leur tour furent soumis par les Sicules, peuples de l'Italie, qui lui donnèrent leur nom. Les Carthaginois la disputèrent long-temps aux Romains. Depuis la décadence de l'empire romain, elle a presque toujours suivi la destinée du royaume de Naples.

Elle a 70 lieues de long de l'E. au S. O. et 40 du N. au S. et 110,000 habitans. L'air y est pur et chaud ; le terrain excessivement fertile fournit avec abondance toutes les productions de l'Italie ; les cannes à sucre y réussissent. Les montagnes de Sicile renferment des mines de presque tous les métaux, des pierres précieuses et d'autres substances minérales ; on y trouve de superbes carrières de marbre et de porphyre. Plusieurs de ces montagnes sont volcaniques, et toute l'île offre des traces des fréquentes éruptions de l'Etna.

On divise la Sicile en trois provinces, qui sont :

La Vallée ou Val de Mazara. Ses villes principales sont Palerme capitale, sur la côte septentrionale de l'île au fond d'un golfe ; Trapani, célèbre par ses salines et par la pêche du thon et du corail ; *Mazara* sur la côte ; elle a donné son nom à la vallée ; Girgenti, qui est l'ancienne Agrigente, et où se trouvent des restes de monumens antiques.

Le Val de Demona : sa capitale est Messine, sur le *détroit* du même nom, l'un des meilleurs ports de la Méditerranée. On y trouve aussi Catane, sur le golfe du même nom. Cette ville fut renversée par un tremblement de terre en 1663. C'est dans cette partie de la Sicile que se trouvent le phare de Messine et l'Etna, aujourd'hui le mont Gibel.

Le Val de Noto : sa capitale est Noto, sur une montagne. Les autres lieux sont Syracuse, maintenant Saragoça, ville autrefois célèbre et patrie d'Archimède, mais déchue de son ancienne splendeur.

La

La Sardaigne : cette île fut peuplée par les Phéniciens. Les Carthaginois et les Romains s'en emparèrent successivement. Après la chute de l'empire romain, elle fut envahie par les Barbares. Les Sarrasins qui avoient poussé leurs conquêtes jusqu'en Espagne et en Afrique, leur succédèrent. Les Pisans et les Gênois ayant chassé ceux-ci, y dominèrent à leur tour. En 1350, Jacques II, roi d'Aragon, s'en empara; elle demeura entre les mains de l'Espagne jusqu'en 1708, que les Anglais s'en rendirent maîtres pour l'archiduc. En 1720, l'Autriche la céda au duc de Savoie avec le titre de royaume.

La Sardaigne a 60 lieues de long. Elle est montueuse et produit du vin, de l'huile, des fruits; elle nourrit beaucoup de bestiaux. Des marais en rendent l'air malsain. Elle a des mines, et ses côtes sont poissonneuses; on y pêche beaucoup de thons. Sa population est évaluée à 275,000 habitans.

Cette île se divise en deux parties. La plus au nord porte le nom de Cap Longodori. Ses villes sont Sassari, dans une plaine, sur la rivière de Torre; Castel-Arragonèse, bon port. L'autre partie de la Sardaigne s'appelle Cap de Cagliari. Ses villes sont Cagliari, capitale de l'île et port de mer, avec un château et une université; Oristagni, sur un golfe du même nom.

On joint à la Sardaigne l'île Asinara et celle de Saint-Pierre, toutes deux sur la côte occidentale.

Malte : cette île, suivant une ancienne tradition, fut conquise par les Carthaginois; de leurs mains elle passa dans celles des Romains, qui en furent chassés par les Sarrasins; ceux-ci furent dépossédés par les Normands. Elle appartint ensuite à Naples, à la France, à l'Espagne; le roi Charles-Quint la donna aux chevaliers de l'ordre de Saint-Jean, qui, après une belle défense, avoient été obligés de quitter l'île de Rhodes. Ces chevaliers ont occupé Malte jusqu'au moment où Bonaparte prit cette île en 1798. Les Français ayant été obligés de l'évacuer, les Anglais s'en emparèrent. Ils devoient la rendre à l'ordre, en vertu du traité d'Amiens; ils l'ont gardée et ils l'occupent encore aujourd'hui.

Cette île n'est qu'un roc nu et stérile de sa nature; l'industrie des habitans, aidée des sommes qu'y dépensoit l'ordre de Malte, en a fait une contrée presque fertile. Il y croît du blé, du coton, du cumin; on y élève une grande quantité d'abeilles; il y a aussi des légumes et d'excellens fruits, sur-tout des oranges. Les villes sont Malte ou la Valette, capitale et place très-forte, et la Cité Notable, ancienne capitale et évêché. Auprès sont les petites îles de Gozo et de Pandataria.

Les îles de Lipari sont au nombre de douze : on les nomme aussi Éoliennes, ou îles de Vulcain; elles prennent le nom qu'elles portent aujourd'hui de la plus grande d'entre elles, dont la capitale se nomme aussi Lipari. Les autres principales sont Volcano et Stromboli.

Les îles Ponces sont vis-à-vis le golfe de Gaëte; elles sont au nombre de trois. Celles de Tremiti ou de Diomède sont dans le golfe Adriatique sur la côté de la Capitanate. Les principales sont Caprara, S. Nicolo et S. Domingo.

La seule religion soufferte jusqu'ici en Italie est la catholique romaine. Il y a à Rome un tribunal de l'inquisition, mais dont la rigueur est fort adoucie.

L'EMPIRE TURC.

Ce vaste empire s'étend non-seulement en Europe, mais encore en Asie. Nous allons parler de ses possessions d'Europe, nous remettrons à parler de ce qui concerne le gouvernement turc quand nous traiterons des possessions du grand-seigneur en Asie.

LA TURQUIE D'EUROPE.

La Turquie d'Europe comprend toute l'ancienne Grèce et les contrées barbares dont elle étoit environnée. Elle fut prise sur les empereurs d'Occident par les Sarrasins. Lorsque la puissance des Sarrasins déclina, les Turcs, peuples de la Grande-Tartarie qui étoient à leur solde, s'emparèrent de ces belles provinces. Tamerlan, prince tartare, l'enleva à ces derniers, et fit périr le sultan Bajazet après l'avoir vaincu en bataille rangée. Des divisions entre les successeurs de Tamerlan fournirent aux Turcs l'occasion de recouvrer leur puissance. Ils s'emparèrent de Constantinople en 1453, firent la conquête de l'Égypte en 1517 et celle de Rhodes en 1522. La bataille de Lépante vint heureusement mettre un obstacle à ces progrès. Une partie de l'empire turc est aujourd'hui en proie à la rébellion, et le sceptre ottoman, si redoutable autrefois, chancelle en Europe. L'empereur régnant est Selim III.

La Turquie d'Europe a 34,000 lieues carrées, et 475 habitans par lieue; ce qui fait une population de 8 millions d'ames. L'air y est sain, mais chaud; les eaux y sont limpides et salubres, et les saisons régulières. Le sol, quoique mal cultivé, est excessivement fertile; il abonde en fruits excellens de toute espèce, en légumes, drogues et cotons très-estimés. On y élève des chevaux, des bestiaux et de la volaille d'une excellente qualité. On y trouve des mines de toute sorte de métaux, une grande variété de minéraux et des carrières de très-beaux marbres.

Les principales rivières sont le Danube, la Save, le Dniester, le Dnieper, le Don, le Marisa, le Vardasi. Quoiqu'il soit peu considérable, on ne peut se dispenser de faire mention du fleuve Pénée, si fameux dans l'histoire poétique; il passe à Larisse, traverse la Thessalie et se jette dans le golfe de Salonique.

P.

Cette contrée est entourée de plusieurs mers qui, par leurs divers enfoncemens dans les terres, forment des détroits et facilitent les communications. Parmi ces détroits les principaux sont celui de Constantinople, autrefois le Bosphore de Thrace, et celui des Dardanelles, autrefois l'Hellespont.

Les Grecs ou le peuple conquis forment encore aujourd'hui la plus grande partie de la population de la Turquie d'Europe. Ce sont eux qui cultivent les terres et qui sont chargés de tous les autres travaux de l'agriculture. Les Turcs y remplissent toutes les fonctions civiles et militaires. Quelques-uns néanmoins sont artisans ou négocians. Il y a en Turquie beaucoup de Juifs et d'étrangers de toutes les nations.

La partie de la Turquie qui répond à l'ancienne Grèce, est couverte de ruines de monumens antiques. Les plus remarquables sont, dans l'isthme de Corinthe, le temple de Neptune et le théâtre où l'on célébroit des jeux isthmiques. A peine peut-on faire un pas dans cette terre classique sans y rencontrer quelques vestiges précieux de l'antiquité. Athènes possède encore les restes du temple de Minerve bâti en marbre blanc, de ceux de Jupiter Olympien et de Bacchus, de l'aqueduc d'Adrien. On voit à Castrie, près du mont Parnasse, les débris du temple d'Apollon. Dans la Troade, on reconnoît encore les lieux décrits par Homère, et tout nouvellement on a découvert les tombeaux d'Achille, d'Hector, de Patrocle.

La Turquie se divise en quatorze provinces; savoir:

La CROATIE TURQUE: elle produit du grain et nourrit des bestiaux. Sa capitale est Wihitz, ville forte dans une île formée par l'Unna

La BOSNIE: autrefois royaume; Etienne, son dernier roi, fut écorché vif par ordre de Mahomet II. Elle a d'excellens pâturages, des vignobles et des plaines fertiles en grains; ses montagnes ont des mines d'argent. Les habitans sont Grecs. Ses villes principales sont Bosna-Seraï capitale, et Bagnalouk, résidence du beglierbey ou gouverneur.

La DALMATIE TURQUE: elle abonde en grains et vins. Autrefois elle formoit un royaume; aujourd'hui un pacha la gouverne. Sa capitale est Mostar, ville considérable. On y trouve aussi Narente sur un golfe. Dans cette province est enclavée:

La République de RAGUSE, dont le gouvernement est aristocratique; son territoire est stérile. Sa capitale est *Raguse*, port de mer, ville forte, riche et commerçante. On y trouve aussi Stagno, dans une presqu'île sur le golfe de Venise.

La SERVIE: c'est l'ancienne *Mœsie supérieure*; elle est peu cultivée; les pâturages y sont excellens, le gibier y abonde; elle a des mines d'argent. Sa capitale est Belgrade, grande et forte ville au confluent du Danube et de la Save. Les autres lieux sont Semendria, sur la rive droite du Danube; Uscopia et Nissa.

La VALACHIE: cette province faisoit jadis partie de la Dacie; elle a un vayvode. Elle est fertile en grains, vins et légumes; elle nourrit beaucoup de bestiaux, élève de bons chevaux et fournit du gibier. Ses montagnes, couvertes de forêts, renferment des mines. Les Valaques sont braves, mais soldats indisciplinés; la plupart quittent leur patrie. La capitale est Tergovisk sur la Sorata. Les autres villes sont Bukorest sur le Dumbrowitz, résidence d'un hospodar; Ibrahilow sur le Danube.

La MOLDAVIE fait partie de l'ancienne Dacie; elle est montagneuse, et abonde en gibier. Ses collines sont couvertes de forêts d'arbres fruitiers. Cette province est riche en troupeaux, bois, miel, cire, lin et chanvre. Ses villes sont Jassy capitale, résidence d'un hospodar, sur une rivière qui peu après se jette dans la Preuth, et Choczim, sur la rive droite du Dniester.

La BESSARABIE: cette province, habitée par des Tartares, est couverte de montagnes et de marais; quelques vallées produisent des grains: on y élève des bestiaux et des abeilles. Un pacha la gouverne. Ses villes sont Bender capitale, sur le Dniester, fameuse par le séjour qu'y fit Charles XII, roi de Suède; Bialogrod ou Akerman, place forte et port de mer; Kilia-Nova, à l'embouchure du Danube; Ismahil, sur le Danube; Oczacof, aujourd'hui aux Russes.

La BULGARIE: c'est l'ancienne *Mœsie inférieure*, qui ayant été envahie par les Bulgares, prit leur nom. Elle est en partie marécageuse et en partie montagneuse; ses montagnes ont d'excellens pâturages; les aigles y sont en grand nombre; quelques vallées et des plaines produisent des grains. C'est le théâtre des exploits militaires du fameux pacha Paswan-Oglou. Sa capitale est Sophie, bâtie sur l'emplacement d'une ancienne ville, nommée *Sardica Ulpia nova;* c'étoit la résidence d'un beglierbey. Les autres villes sont Widdin sur le Danube, résidence d'Oglou; Nicopoli aussi sur le Danube, ancien séjour des rois; Silistria, au confluent du Mizzova avec le Danube; Temiswar, sur la rivière de Temes; Varna, à l'embouchure de la rivière du même nom, dans la mer Noire. C'est sur les bords de la même mer près l'embouchure du Danube qu'étoit *Tomes*, lieu de l'exil d'Ovide.

L'ALBANIE: cette province comprend une partie de l'ancienne Epire et de l'Acarnanie. Ses habitans, issus des anciens Illyriens, sont grands, forts, très-bons cavaliers et fidèles à la domination turque; leur ancien roi Scanderberg s'est rendu fameux. Cette province a un pacha; elle est, sur-tout au nord, fertile en lin, coton et vin; il y a beaucoup d'abeilles. Sa capitale est Scutari sur le lac Zeta. Les autres villes sont Antivari, ainsi nommée parce qu'elle est à l'opposite de Bari dans la Pouille; Achrida, Dulcigno, bon port et place forte; Durazzo, ville ancienne sur le golfe; Butrinto, port de mer; Larta, sur un golfe du même nom; c'est sur ce golfe, nommé autrefois *Ambracie,* que se donna la bataille d'Actium; Preveza, &c.

La MACÉDOINE, où régna autrefois Alexandre: cette province est coupée de montagnes et bien arrosée de rivières; le tabac y réussit mieux que par-tout ailleurs ; elle produit aussi du vin, des grains, de l'huile et des fruits. Un pacha la gouverne. Sa capitale est Saloniki, autrefois *Thessalonique*, sur le golfe du même nom. Les autres villes sont Jénizzar, bâtie sur les ruines de l'ancienne Pella, patrie d'Alexandre; Contessa, port sur les côtes de l'Archipel; près de là est l'ancien Athos, aujourd'hui Monte-Santo, peuplé de moines grecs qui s'occupent de la culture des terres : cette montagne étend son ombre jusqu'à l'île de Stalimène, qui est l'ancienne Lemnos; on y trouve en outre Philippi, célèbre par la bataille de Philippe, où Brutus et Cassius furent défaits par Octave et Antoine; &c.

La ROMANIE ou ROMÉLIE : c'est l'ancienne *Thrace*; elle fut nommée Romanie ou Romélie parce que cette province est la dernière que les Romains aient possédée en orient. Elle a des montagnes froides et stériles, des vallées et des plaines fertiles en vin et en grains de diverses espèces. Elle est gouvernée par un pacha. Sa capitale est Constantinople, qui l'est en même temps de tout l'empire : cette ville, fondée par Constantin, occupe l'emplacement de l'ancienne Byzance; c'est la résidence du grand-seigneur; elle est sur le détroit qui joint la mer Noire à celle de Marmara, et sa situation passe pour une des plus belles de l'univers. Ses deux faubourgs, Péra et Galata, pourroient passer pour de grandes villes. Les autres villes sont Andrinople, place commerçante fondée par Adrien, sur la Maritz; Philippopoli sur la même rivière; Erekli, port sur la mer de Marmara; Gallipoli, sur le détroit des Dardanelles et résidence d'un pacha.

La JANIAH ou JANNINA est l'ancienne *Thessalie* : elle renferme l'Olympe, l'Ossa, le Pelion et le Pinde, montagnes célèbres, la vallée de Tempé, le fleuve Penée et un grand nombre d'autres lieux dont les anciens noms sont classiques et fameux dans la mythologie. Elle est coupée de montagnes fertiles, de vallées riantes et de belles plaines; elle abonde en toutes sortes de fruits délicieux, en coton et en grains; ses chevaux sont renommés et ses bestiaux excellens. Un pacha la gouverne. Ses villes sont Larissa capitale, que Virgile dit être la patrie d'Achille; Janiab; Joanina ou Janna, qui donne son nom à la province et qui est dans une île au milieu d'un lac; et enfin Farsa, autrefois *Pharsale*, célèbre par la victoire que Jules-César remporta sur Pompée.

La LIVADIE est l'ancienne *Achaïe* : elle renferme le Parnasse, l'Hélicon, le Cythéron, montagnes fameuses, et les Thermopyles. Cette province est montagneuse, et fertile en vins, grains et fruits. Ses villes sont Livadia capitale, qui a donné son nom à la province; Lépante, grande ville située sur le golfe de ce nom; Castri, que l'on croit être l'ancienne Delphes; Thiva, sur l'emplacement de la célèbre Thèbes; Atina ou Setine, sur celui d'Athènes, qui n'offre plus que des ruines et des souvenirs. La Livadie est gouvernée par un pacha.

La MORÉE est l'ancien *Péloponèse*, qui fut le théâtre de longues guerres, entre les Spartiates et les Athéniens : le nom de *Morée* que cette province porte aujourd'hui lui vient de la grande quantité de mûriers qu'on y cultive. Elle abonde en toutes sortes de fruits, grains et légumes; elle a des vignobles et de nombreux troupeaux. Un pacha la gouverne. Ses villes sont Trippolizza capitale, bâtie sur les ruines de l'ancienne Mantinée; Patras, sur le golfe de Lépante; Longonico, qui est l'ancienne Olympie, où se célébroient les jeux olympiques; Modon, place forte, sur un promontoire avancé dans la mer, avec un port-commode; Misitra, qui est l'ancienne Sparte; Maina, près du Cap Matapan; Napoli de Malvasia, célèbre par son vin de Malvoisie, et à côté de laquelle se voient les ruines du temple d'Epidaure; Napoli di Romania, qui est l'ancienne Nauplia; Argos et Mycènes, noms fameux; Corinthe, dont il ne reste que des ruines, &c.

De la Turquie d'Europe dépendent beaucoup d'îles, situées les unes dans l'Archipel, les autres dans la mer Adriatique : ces dernières forment aujourd'hui la République des Sept-Iles, nouvel Etat politique dont nous allons parler.

LA RÉPUBLIQUE DES SEPT-ILES.

Les îles qui composent ce nouvel Etat appartenoient aux Vénitiens. Elles furent cédées aux Français par le traité de Campo-Formio; ils en firent une république indépendante; elle devoit demeurer sous la protection de la France, de la Turquie et de la Russie. Cette dernière puissance s'y est rendue prépondérante.

Ces îles sont sur-tout peuplées de Grecs; leur religion y domine; la catholique y est protégée; on y tolère les autres. La population des Sept-Iles est évaluée à environ 190,000 habitans.

Ces îles sont :

CORFOU, qui est l'ancienne *Cocyre*, ou *île des Phéaciens*; elle est célèbre dans la mythologie par le naufrage d'Ulysse et les jardins d'Alcinoüs; elle a 40 lieues de tour, 60,000 habitans, et produit des grains, des vins, de l'huile, du miel et des fruits. *Corfou*, bon port et place forte, en est la capitale.

PAXOS : cette île a 6 lieues de tour; ses habitans s'occupent de la pêche, abondante sur leur côte, et de la culture des oliviers. Ils nourrissent aussi de nombreux troupeaux.

SAINTE-MAUR : cette île a 16 lieues de tour; on y compte 10,000 habitans; elle produit du blé, du vin, de l'huile, des fruits, des fromages et du sel. Amaxichi, place forte avec un port, en est la capitale.

THEAKI : nom moderne de l'ancienne Ithaque, patrie d'Ulysse; elle a 10 lieues de tour, et 3,000 habitans. Elle produit du blé, du vin, de l'huile, des fruits et des légumes. Son principal lieu est Vathi, simple bourg.

CÉPHALONIE a 60 lieues de tour; on y compte 60,000 habitans; elle produit du blé, du vin, des fruits. Argostoli, place forte vis-à-vis de l'Albanie et port excellent, en est la capitale.

ZANTE, nommée autrefois *Zacinthe*, qui n'a que 6 lieues de long sur 4 de large; on y compte 12,000 habitans et 50 villages; elle est agréable et très-fertile: on y fait un gros commerce de raisins de Corinthe et d'autres fruits; elle produit beaucoup d'huile et possède une fontaine de bitume. Sa capitale est *Zante*, sur la côte orientale de l'île, place forte avec un bon port. Les deux petites îles de Strivali, qui sont les anciennes Strophades, et celle de Sapienza, autrefois *Sphacterie*, en dépendent.

CÉRIGO; c'est l'ancienne *Cythère:* elle a 18 lieues de tour. Cette île, couverte de cailloux, est très-montagneuse; elle produit un peu de vin et de grains. Il y a beaucoup d'oliviers et de mûriers; elle possède des carrières de porphyre; ses montagnes sont peuplées d'une très-grande quantité d'oiseaux, tels que perdrix, cailles, &c. Sa capitale est *Cérigo*. Près de cette île est celle de Cérigotto, retraite de pirates.

ILES DE L'ARCHIPEL.

Les îles de l'Archipel se divisoient anciennement en Cyclades et Sporades. Elles font partie des Etats du grand-seigneur dans la Turquie d'Europe. Il les fait gouverner par un beglierbey, qui en est le chef général, et en outre par des pachas qui reçoivent les ordres de ce dernier. Ces îles sont:

CANDIE, qui est l'ancienne *Crète:* les Vénitiens l'avoient acquise du temps des Croisades, et elle fit long-temps partie de leurs domaines. Les Turcs la leur enlevèrent en 1669. Cette île a 60 lieues de long sur 20 de large, et 300,000 habitans; elle est presque toute couverte de montagnes; l'air y est bon, les eaux excellentes, et quoique sous le joug des Turcs, elle est extrêmement fertile en toutes sortes de grains, graines, fruits, légumes, vignes et coton, en huile, miel, soie et laine. Elle produit des vins délicieux; ses chiens et ses chevaux sont très-estimés; elle est riche en bois, gibier et poisson; mais elle n'a point de métaux. On y trouve des carrières de marbre. Sa capitale est *Candie*, sur la côte septentrionale dans une plaine fertile. Les autres lieux sont Retimo et Canée, toutes deux résidences d'un pacha.

MILO; c'est l'ancienne *Melos*; elle a 12 lieues de tour; l'air y est malsain. Elle produit du vin, des fruits, du coton; on y trouve du soufre et des minéraux. Sa capitale porte le même nom.

POLICANDRO: cette île est montagneuse et peu fertile; elle produit du bon vin, un peu de blé, du coton; elle n'a qu'un seul village.

SANTORIN a 9 lieues de tour; elle est couverte de pierres ponces; mais l'industrie de ses habitans a su la rendre productive. On y récolte des grains, d'excellent vin et du coton. Sa population est évaluée à 10,000 ames. Ses villes sont Castro capitale, et Pyrgos. C'est près de San-

torin que depuis 1707 jusqu'en 1711 une île nouvelle s'est successivement élevée du milieu des flots.

SERPHO: cette île est peu considérable et hérissée de montagnes entourées de précipices; elle a des mines de fer et d'aimant. Son nom ancien étoit Sériphos.

SIPHANTO, autrefois *Siphnos;* cette île a 9 lieues de long et 2 de large; ses campagnes riantes et fleuries produisent des grains et du coton; elle a des figuiers et des oliviers. Ses montagnes renferment des mines de plomb, de fer et d'aimant, des carrières de très-beau marbre. La capitale est Seraï.

SIKINOS, île presque déserte; elle a néanmoins d'excellens vignobles et produit des grains, du coton et de l'huile. Elle est peu considérable.

NIO, autrefois *Iôs*, a 12 lieues de tour; ses ports sont commodes et fréquentés. Elle produit d'excellent froment. *Nio* en est la capitale.

AMORGOS a aussi 12 lieues de tour, et pour capitale une ville de son nom avec un bon port. Elle produit des vins, des grains et de l'huile.

PAROS a 4 lieues de long et 3 de large; elle est presque déserte. Cette île a plusieurs ports; son marbre est très-beau et depuis long-temps célèbre. Les Vénitiens y ont détruit tous les oliviers. Elle est bien cultivée, abonde en bestiaux, et produit des grains, du vin, des fruits et du coton. Paréchia, simple bourg, mais qui conserve de précieux restes d'antiquités, en est le chef-lieu.

ANTIPAROS, vis-à-vis la précédente; elle est célèbre par une magnifique grotte remplie de belles stalactites. Elle produit des vins, des grains et du coton.

NAXIA; c'est l'ancienne *Naxos:* elle a 30 lieues de tour; c'est la plus fertile des îles de l'Archipel; elle produit toutes sortes de grains et de fruits, du lin, du coton, de la soie et de l'huile. Elle a de nombreux troupeaux, des carrières de marbre, des mines d'émeril, des eaux limpides et beaucoup de gibier. Les avantages dont elle jouit l'ont fait nommer la reine des Cyclades. On y compte 10,000 habitans. Sa capitale est *Naxia*.

THERMIA, autrefois *Cythnos*, a 5 lieues de long, 2 de large et 6,000 habitans. On y trouve beaucoup d'eaux thermales; elle est fertile en grains et vins, produit de la soie, du coton et de la laine. Elle a pour capitale une ville de même nom.

ENGIA, l'ancienne *Egine*, patrie des Myrmidons, a 5 lieues de long et 4 de large; elle est sablonneuse et aride. L'industrie de ses habitans l'a forcée à produire du blé et du coton. *Engia* en est la capitale.

COLOURI; c'est l'ancienne *Salamine:* elle a 20 lieues de tour; ses vallées sont fertiles en grains, et ses montagnes couvertes de pins, dont on retire beaucoup de poix. La capitale est Colouri.

ZIA; c'est l'ancienne *Céos:* elle produit de la soie en abondance, de l'orge et du vin. L'île a 6 lieues de long et 3 de large. *Zia*, son chef-lieu n'est qu'un bourg bâti sur l'emplacement de l'ancienne Carthea.

SYRA; c'est l'ancienne *Syros* : elle a 15 lieues de tour. On y trouve de belles ruines. Sa population est de 6,000 habitans, qui professent la religion catholique. Elle abonde en grains, coton, huile, vins et fruits. Sa capitale est Syros, sur une montagne.

SDILI (la petite); c'est l'ancienne *Délos*, patrie de Diane et d'Apollon, qui y rendoit ses oracles dans un temple fameux dont on reconnoît encore les ruines parmi le grand nombre de celles dont le sol est couvert. La grande Sdili n'est séparée de la petite que par un canal. Ces deux îles ne sont plus habitées.

MYCONI ou MICONE, nommée autrefois *Myconos*. Cette île n'a point d'eau en été; la culture y est négligée : on y récolte peu de grains, mais les vins et les fruits y sont excellens. Elle est très-commerçante; on y compte 4,000 habitans. Sa capitale est *Myconi*, port très-fréquenté.

TYNE; c'est l'ancienne *Ténos*. Elle a 7 lieues de long sur 3 de large, et fut autrefois très-puissante sur mer; elle avoit un beau temple de Neptune. On y compte 16,000 habitans. Elle est montagneuse et produit en abondance des grains, des fruits, des vins excellens, de la soie, du coton, du miel, &c. Sa capitale est San-Nicolo.

ANDROS: cette île avoit un fameux temple de Bacchus; elle a 30 lieues de long, et compte 12,000 habitans. Ses riantes et fertiles campagnes sont couvertes de vergers de citronniers, d'orangers, de grenadiers, &c. De nombreux arbousiers tapissent les pentes de ses montagnes; on fait une espèce de vin avec les fruits qu'ils produisent. L'île fournit de la soie, du coton, de l'huile, du miel, &c. Arna en est la capitale.

NEGREPONT ou EGRIPO; c'est l'ancienne *Eubée*; elle a 40 lieues de long sur 10 de large; jadis elle étoit très-peuplée. Elle produit des vins, des grains, des fruits délicieux, de l'huile, du miel et du coton. Ses beaux et vastes pâturages nourrissent un grand nombre de bestiaux. Elle a de très-beaux marbres. Sa capitale qui porte aujourd'hui le même nom, s'appeloit autrefois Chalcis. On y trouve aussi une autre ville nommée Castel-Rosso. Le canal qui se trouve entre cette île et la terre ferme, connu autrefois sous le nom d'Euripe, étoit fameux par son flux et son reflux.

SKYROS, autrefois *Scyros*, fameuse par le séjour qu'y fit Achille chez le roi Lycomède, a de belles ruines. Ses montagnes, peuplées de chèvres, renferment des carrières de très-beaux marbres. Elle a 6 lieues de long et 3 de large. Cette île fournit des grains et des fruits; sa capitale est *Skyros*.

SCOPELO, autrefois *Scopelos*; elle a 8 lieues de long, 4 de large et 12,000 habitans qui tous sont grecs: elle produit d'excellent vin qui a un goût de goudron. La capitale porte le même nom.

THASOS: cette île a 30 lieues de tour; elle possédoit autrefois des mines d'or et de pierreries, on ne les connoît plus aujourd'hui. Elle est fertile en grains, vins, fruits, huile et miel. On y trouve de beaux marbres et d'excellent bois de construction. *Thasos*, port de mer, en est la capitale.

SAMANDRAKI est l'ancienne *Samothrace*. Elle a 8 lieues de tour, et produit du blé, des vins et des fruits. La capitale, port de mer, porte le même nom.

LEMBRO, autrefois *Lembros*, a 10 lieues de tour; ses vallées sont fertiles en blé, fruits et vins; ses montagnes sont couvertes de bois. *Lembro* capitale a un port bien fortifié.

STALIMÈNE est l'ancienne *Lemnos*; elle étoit consacrée à Vulcain, et déserte au temps du siége de Troie; les Grecs y abandonnèrent Philoctète. Elle a des montagnes volcaniques, et produit des grains, des fruits, des vins, du coton, du miel, &c. On y compte 75 villages bien peuplés. Sa capitale se nomme *Stalimène*. Elle fait le commerce d'une terre médicinale dite *sigillée*. L'île a 10 lieues de long sur 6 de large.

TÉNÉDOS, dans le voisinage de Troie. Pendant le siége de cette ville, les Grecs s'y cachèrent pour mieux surprendre les Troyens. Elle a 15 lieues de tour et 6,000 habitans; on y récolte d'excellent vin muscat et beaucoup de fruits.

MÉTELIN; c'est l'ancienne *Lesbos* : elle a 20 lieues de long, 15 de large et 40,000 habitans. Le territoire est montueux et très-fertile en grains, vins et fruits; les figues y sont excellentes. Elle a de beaux marbres et fournit de l'huile en abondance. Le climat est délicieux. Sa capitale est *Mételin*, où se voient de belles ruines. Cette ville a un port et une citadelle.

SCIO; c'est l'ancienne *Chios*, l'un des lieux qui prétendent à l'honneur d'être la patrie d'Homère; on l'appeloit *le paradis de la Grèce*; elle a 15 lieues de long et 5 de large. On évalue sa population à 60,000 habitans, la plupart grecs. L'île est si bien cultivée qu'elle a l'air d'un jardin. Quoique montueuse, elle est très-fertile en grains, vins et fruits délicieux, en soie, coton, cire, huile et sur-tout en mastic, résine d'une odeur suave qui coule du lentisque. Scio a des manufactures d'étoffes de soie. Sa capitale est très-belle et porte le même nom que l'île.

SAMOS, patrie de Pythagore; elle étoit autrefois riche et puissante; elle a 12 lieues de long et 6 de large. On y compte 110,000 habitans. Ses montagnes couvertes de bois abondent en gibier; elle est fertile en vins, grains, fruits délicieux, en cire, miel, laine et soie; elle fournit de superbe marbre blanc. Ses villes sont Cora capitale, près de laquelle on voit les ruines de l'ancienne *Samos*, et Vati, port de mer. On y fabrique d'excellente poterie.

NICARI; c'est l'ancienne *Icaria*; elle est traversée par une chaîne de montagnes couvertes de bois propres au chauffage et à la construction;

elle a 8 lieues de long sur 3 de large. On y récolte un peu de grains, du miel et de la cire. La capitale porte le même nom.

PATHMOS n'est qu'un rocher stérile : cette île est peu peuplée, mais elle a d'excellens ports, qui sont d'une grande ressource pour ses habitans. S. Jean l'évangéliste y fut exilé et y composa son Apocalypse.

LÉRO, autrefois *Leros*, ancienne colonie de Milet, a un bon port ; ses montagnes sont stériles; mais elles renferment des mines de différens métaux et des carrières de marbre.

CALAMO, autrefois *Claros :* cette île a 6 lieues de tour ; elle est très-peuplée. Ses hautes montagnes renferment des mines. Elle fournit d'excellent miel. Ses habitans aiment la mer. *Calamo* qui en est la capitale a un bon port.

STANCHO, l'ancienne *Cos*, patrie d'Hippocrate et d'Apelles, a 10 lieues de long sur 4 de large; de hautes montagnes la dominent au midi ; le reste du sol est une vaste plaine d'une merveilleuse fertilité. Elle a d'excellens fruits et du vin muscat; ses riches pâturages nourrissoient jadis de nombreux troupeaux, dont la laine alimentoit de belles manufactures ; elles sont aujourd'hui détruites : on y récolte du miel et de la soie. La capitale est *Stancho*, avec un bon port, au pied d'une montagne et au fond d'un grand golfe.

STAMPALIE, nommée autrefois *Assipalæa ;* les côtes de cette île sont hérissées de petits promontoires; mais l'intérieur est une vaste plaine jonchée de fleurs. On y recueille un peu de vin, des fruits, du coton et de l'huile, produits peu proportionnés à la fertilité du sol, parce que l'industrie y est comprimée par les vices du gouvernement. L'île a 7 lieues de long sur 3 de large. *Stampalie* sa capitale a un bon port.

SCARPANTO, autrefois *Carpathos*, est montagneuse; ses hautes montagnes renferment des mines et des carrières de marbre; le gibier et le bétail y sont en abondance. Elle a 12 lieues de tour , et offre plusieurs bons ports dans son circuit. On y recueille des grains et du vin. La capitale se nomme aussi *Scarpanto*.

RHODES, autrefois *Rhodos*, ainsi nommée des rosiers qui y croissent en abondance. Elle a été le séjour des chevaliers de Saint-Jean-de-Jérusalem ,appelés alors , à cause de cela , chevaliers de Rhodes. Ils y soutinrent, en 1522, un fameux siége contre toutes les forces ottomanes commandées par Soliman, et furent obligés de céder au nombre , après la plus glorieuse résistance. L'île a 25 lieues de long sur 20 de large, et 50,000 habitans. Ses montagnes renferment des mines. Elle abonde en grains, vins, fruits , miel et coton. *Rhodes* sa capitale a un port à demi comblé ; c'est l'arsenal le plus important et le chantier principal de la marine turque. Outre la ville il y a dans l'île plusieurs bourgs.

Les grands souvenirs que rappelle la Grèce, exigeoient que l'on donnât quelques développemens à la description d'un pays si fameux autrefois , et dont l'histoire encore aujourd'hui présente tant d'intérêt.

L'ASIE.

L'Asie est baignée au N. par la mer Glaciale; à l'O. l'isthme de Suez la fait communiquer avec l'Afrique, dont la mer Rouge la sépare. Du même côté, elle est séparée de l'Europe par la mer Méditerranée, par l'Archipel, l'Hellespont, la mer de Marmara, par le Bosphore, la mer Noire, le fleuve du Don, par une ligne imaginée entre ce fleuve et les monts Ouraliques, et enfin par cette chaîne de montagnes. A l'E. elle est baignée par la mer du Sud; le détroit de Bering ne laisse entre elle et l'Amérique qu'un médiocre espace; au S. elle est bornée par la mer des Indes.

Ses principaux golfes sont le golfe Persique et celui du Bengale, dans l'océan Indien; le golfe de Siam et celui de Tunquin, dans la mer de la Chine; le golfe de Hoan-Haï et celui d'Amur, nommé aussi mer du Kamtschatka, dans l'océan ou mer Pacifique.

Les détroits principaux sont celui du Nord, entre la côte la plus orientale de la Grande-Tartarie et la côte la plus occidentale d'Amérique; celui de Malaca, entre la presqu'île de ce nom et l'île de Sumatra; celui de la Sonde, entre l'île de Sumatra et l'île de Java.

Les montagnes sont le Taurus, qui s'étend depuis la partie orientale de la Petite-Caramanie jusque dans les Indes; le Caucase, dont la chaîne commence à la mer d'Asof et va jusqu'à la mer Caspienne; l'Imaüs, dans la Grande-Tartarie, et les monts de Noss, qui sont une branche de l'Imaüs. Deux grandes chaînes de montagnes s'étendent de l'extrémité occidentale de l'Asie mineure et de la mer Noire jusqu'à la mer de la Chine et de la Tartarie. Ces montagnes ne renferment ni matière calcaire ni marbre, étant primitives. Les substances métalliques sont à la surface de la terre.

Les principaux lacs de l'Asie sont la mer Caspienne, à l'E. de la Méditerranée; le lac d'Aral, à l'E. de la mer Caspienne; et celui de Baïkal, au S. E. de la Sibérie.

Les fleuves sont l'Oby, le Jenisea, la Léna, l'Amur, le Hoang-Ho, le Kiang-Ho, l'Euphrate, le Tigre, le Sinde, le Gange, &c.

L'Asie est regardée comme le berceau du genre humain, et c'est celui des sciences et des arts. Après que la plupart de ses royaumes eurent été conquis et détruits par les Romains, elle suivit en grande partie le sort de leur empire. Les Sarrasins en occupèrent beaucoup de provinces; les Turcs après eux s'emparèrent des régions du milieu; les Russes envahirent toute la Tartarie, que l'on présume avoir été habitée la première, parce qu'elle est la plus élevée. Les autres nations européennes en occupèrent des parties plus ou moins étendues. Nous donnerons plus de développement aux détails historiques en parlant de chaque contrée.

L'Asie, en général, l'emporte sur toutes les autres parties du monde par la pureté de son atmosphère, la fécondité de son sol, riche en végétaux de toute espèce et d'une qualité, d'un parfum ou d'une utilité supérieure à ceux de toute la terre. Les animaux que l'Asie nourrit ont aussi des avantages sur ceux des autres parties du monde, soit par la force, soit par l'intelligence, soit par la beauté de la robe dont la Nature les a vêtus. Les habitans de l'Asie ont été les premiers civilisés; les sciences et les arts y furent cultivés et exercés dès l'antiquité la plus reculée. Aucune contrée n'est plus riche en pierres précieuses, en soie, en coton. Elle ne le cède qu'à l'Amérique pour les mines; mais son commerce y attire depuis long-temps presque tous les métaux précieux. Les Anglais doivent une grande partie de leurs richesses aux trésors qu'ils en ont enlevés.

On évalue la population de l'Asie à 508 millions d'habitans. Les religions qui y dominent sont le mahométisme et le paganisme qui l'un et l'autre se partagent en beaucoup de sectes: on y trouve un grand nombre de Juifs et de Chrétiens. Le gouvernement y est en général despotique.

On divise l'Asie en méridionale et septentrionale; nous commencerons par la description de la première.

L'ASIE MÉRIDIONALE.

Cette partie de l'Asie se subdivise en Turquie d'Asie, Arabie, Perse, Indes en-deçà et au-delà du Gange; la deuxième, en Grande-Tartarie, Chine et Corée.

LA TURQUIE D'ASIE.

Cette contrée a 58,000 lieues carrées, et 9 millions habitans; son histoire se confond avec celle des provinces dont nous donnerons la description topographique. Elle a conservé de magnifiques restes de son ancienne splendeur. A Balbec en Syrie sont les ruines immenses d'un temple qui égaloit une ville en grandeur et devoit l'emporter sur ceux de la Grèce. L'ancienne Palmyre, dans les déserts de la Syrie, couvre une vaste plaine de ses majestueux débris.

Les principales rivières sont l'Euphrate et le Tigre ; ses montagnes, le Taurus qui la traverse de l'O. à l'E., et le Liban dans la Syrie.

Quoique cette contrée soit mal cultivée, effet assez naturel d'un mauvais gouvernement, néanmoins elle ne le cède point en richesse à la Turquie d'Europe. Elle abonde en fruits, plantes médicinales ou utiles aux arts, drogues de toute espèce, légumes excellens, grains, riz, vin, coton et soie. Elle a des métaux et des minéraux en abondance ; mais toute la fécondité du sol ne peut remédier aux maux de l'esclavage, aux dévastations de la peste, aux angoisses de la famine, causée souvent par l'imprévoyance ou l'incapacité de ceux qui administrent.

Les Turcs, maîtres aujourd'hui de la Turquie d'Asie, sont originaires de la Grande-Tartarie ; après avoir conquis tout le pays qui est entre la mer Caspienne et le détroit de Constantinople, ils embrassèrent le mahométisme, et servirent dans les armées des Sarrasins d'Afrique. A l'époque où l'empire de ces derniers fut détruit, les Turcs, déjà maîtres de la Perse, envahirent plusieurs autres contrées, et notamment la Palestine, d'où les Croisés d'Europe ne purent les chasser. Au treizième siècle, Ottman, leur chef, s'empara de la Grèce appelée Turquie d'Europe. Tamerlan, prince tartare, ayant en 1402 vaincu Bajazet à la fameuse bataille d'Ancyre, humilia l'orgueil ottoman ; mais les querelles qui désunirent les successeurs de ce conquérant, permirent aux Turcs de relever leur puissance. Quoique souvent battus par Huniade, chef des Hongrois, et par le célèbre Scanderberg, roi d'Albanie, ils poussèrent leurs conquêtes en Europe. En 1453, Mahomet II prit Constantinople, et mit fin à l'empire d'Orient. Cette conquête fut suivie de celle de l'Egypte et de la prise de Rhodes sur les chevaliers de Saint-Jean. Heureusement la bataille de Lépante arrêta des progrès qui commençoient à menacer toute l'Europe. Cette puissance est bien déchue dans ces derniers temps et tout semble annoncer son déclin.

Les Turcs passent pour sincères ; ils sont robustes et poussent la bravoure jusqu'au fanatisme ; mais leurs troupes ne sont pas disciplinées. Indolens en temps de paix, ils deviennent actifs, infatigables sous les armes. Ils sont francs, généreux, hospitaliers et fidèles ; s'ils ne brillent point par l'instruction, on ne peut leur refuser beaucoup de bon sens. Leurs vêtemens sont larges et faits d'étoffes légères ; le turban est une partie essentielle de leur habillement. Extrêmement jaloux de leurs femmes, ils les tiennent enfermées et punissent de mort leurs infidélités. Il leur est permis d'avoir quatre épouses et autant de concubines qu'ils peuvent en nourrir. Naturellement paresseux et ennemis de tout mouvement inutile, ils passent une grande partie du jour sur des sophas, à fumer sans parler. Ils jouent beaucoup aux échecs et aux dames. Les grands ont une passion extrême pour la chasse, sur-tout aux bêtes féroces, et s'y livrent avec tout l'appareil et la magnificence qu'ils peuvent étaler. Les militaires s'exercent à lancer le javelot, à manier le cimeterre ou à tirer au but. Ils sont très-sobres, vivent en général de riz, mêlé de viande, de confitures, et boivent de l'eau et des sorbets. Leur religion défend le vin et les liqueurs fortes, dont néanmoins on prétend qu'ils se permettent l'usage en secret ; ils abusent de l'opium.

La religion de l'Etat est la mahométane, secte d'Omar. On nomme Coran le livre où ses dogmes sont enseignés. Les Turcs en parlant de Mahomet disent *le Prophète*, sans aucune addition, parce qu'ils le croient tel par excellence. Ils ont un carême qu'ils nomment *ramasan* ou *ramadan*, des prières fréquentes et la cérémonie de la circoncision. Le chef de la religion s'appelle *muphti* ; c'est un personnage très considérable. Il a sous lui un grand nombre de ministres inférieurs, nommés *derviches*. Les mosquées ou temples, les monumens religieux et sur-tout les tombeaux, sont en grand nombre.

Le langage du pays est un mélange d'ancien tartare, d'arabe, de grec, &c. L'instruction se borne à savoir lire et écrire, et à connoître le Coran. Ceux qui la poussent plus loin, étudient, outre la loi du prophète, la jurisprudence civile et religieuse, dans des colléges attachés aux principales mosquées. On y prend même des grades, et il y a quelques bibliothèques publiques.

Les Turcs abandonnent aux Juifs, aux Arméniens, aux Européens, tout le commerce extérieur et même la plus grande partie de celui de l'intérieur, se réservant les emplois civils, militaires et religieux. Ils excellent dans la fabrique des armes, travaillent tous les métaux avec une merveilleuse patience, mais sans goût. Les étoffes de coton, de soie, les tapis, les beaux maroquins, les cuirs, le savon, les équipages des chevaux, sont les principaux produits de leurs manufactures et les gros articles de leur commerce.

Le gouvernement est militaire et absolu ; par conséquent despotique. Il est héréditaire de mâle en mâle ; mais la succession y est sujette à de grands changemens, la force y faisant la première loi. Le chef de l'Etat se nomme grand-seigneur ou sultan ; il est qualifié de *sa hautesse* ; sa cour s'appelle *la Porte* ou *le sérail*, son conseil d'Etat *le divan*. Tous les grands officiers sont élèves du sérail et le prince hérite d'eux. Les revenus de l'Etat sont de 168 millions, provenant des douanes, des taxes sur les Chrétiens et d'un dixième du produit des terres. Les dépenses montent à 120 millions. La force armée est de 328 mille hommes, dont 40 mille aux frais du trésor ; les autres sont payés du produit des terres affectées à leur solde. Les provinces fournissent des auxiliaires ; beaucoup de volontaires grossissent les armées en temps de guerre.

La marine turque, jadis redoutable, est réduite à trente vaisseaux abandonnés dans les ports. La population totale de l'empire est de 17 millions d'habitans.

On

On divise la Turquie d'Asie en huit provinces, savoir :

1°. La Circassie : cette vaste contrée comprend le pays qui avoisine le mont Caucase ; une partie est soumise aux Russes, l'autre aux Turcs, la troisième est indépendante. Les Circassiens sont pasteurs, et joignent à cette profession le brigandage. Ils passent néanmoins pour hospitaliers. C'est de ce pays que sont sorties les premières milices de Mamelucks et qu'elles s'alimentent. Les Circassiens cultivent peu, et n'ont pas de villes. Les Circassiennes sont renommées pour leur beauté.

2°. L'Anatolie ou Natolie, appelée aussi l'Asie mineure, s'étend le long des côtes au sud de la mer de Marmara ; elle est souvent dévastée par la peste et les tremblemiens de terre ; ce qui, joint au défaut de culture, rend inutile la fertilité du sol. L'air y est sain. Cette contrée est montagneuse, et nourrit beaucoup de troupeaux. Elle a sept gouvernemens, qui sont celui de côtes d'Anatolie, de Kutaïé, de Sivas, de Trébisonde, de Konié, d'Adana et de Marasch.

Les villes de ces divers gouvernemens sont : Smyrne, l'une des principales échelles (1) du Levant, avec un port sur l'Archipel, au fond d'une grande baie, capitale du gouvernement d'Anatolie ; Burse, nommée aussi *Pruse* ou *Brousse*, résidence des empereurs turcs avant qu'ils eussent pris Constantinople ; Is-Nik, qui est l'ancienne *Nicée* où se tint le premier concile général ; Is-Nikmid, autrefois *Nicomédie*, port sur la mer de Marmara ; Erekli, bâtie sur les ruines de l'ancienne *Héraclée*, différente de celle d'Europe et port sur la mer Noire ; Sinope, patrie de Diogène dans une presqu'île sur la même mer ; *Kutaïé* ; capitale du gouvernement du même nom ; Angora, qui est l'ancienne *Ancyre* ; c'est près de cette ville que Tamerlan vainquit Bajazet 1, en 1402 ; Satalie, au fond d'un golfe du même nom ; Sivas, qui est l'ancienne *Sebaste*, capitale du gouvernement de Sivas ; Amasie, autrefois *Amasée*, patrie de Strabon et de Selim 1, empereur des Ottomans ; Tokat, Trébisonde, capitale du gouvernement de ce nom et de l'ancienne Cappadoce, autrefois chef-lieu d'une souveraineté qui portoit le nom d'empire ; Kirisonto ou Cerasonte, d'où Lucullus rapporta le cerisier ; Konié, l'ancienne *Iconium* ; Kaisarié, l'ancienne *Césarée* ; Tarsous, l'ancienne *Tarse*, patrie de S. Paul ; *Adana*, chef-lieu d'un gouvernement de ce nom, sous un climat délicieux ; Marasch, capitale d'un gouvernement de ce nom, patrie de Nestorins ; Sis, Malatiah, qui est l'ancienne *Mélitène*, près de l'Euphrate ; Semisat, qui est l'ancienne *Samosate*, patrie de Lucien, près du même fleuve.

3°. L'Arménie turque : ses habitans, presque tous occupés du commerce, sont Chrétiens, les uns catholiques, les autres eutichéens ; le pays abonde en chevaux et bestiaux. Les villes sont Erzerom, au pied

des montagnes et sur l'Euphrate, fameux marché pour les caravanes de Perse et des Indes ; Kars, sur une rivière du même nom ; Van ou Actamar, avec un château imprenable et sur un lac du même nom. Ces trois villes sont chefs-lieux de leurs gouvernemens respectifs.

4°. La Syrie ou Sourie : c'est l'un des pays les plus fertiles du monde, quoiqu'il soit mal cultivé, il abonde en grains, fruits et plantes. Il a de bons pâturages où de nombreux troupeaux de moutons s'engraissent. On le divise en quatre pachalics ; savoir : ceux d'Alep, de Tripoli, de Damas et d'Acre. Les villes sont Alep, chef-lieu et marché fameux ; c'est l'ancienne *Béroé* ou l'*Hieropolis* de Syrie ; Alexandrette, *Alexandria minor*, sur un terrain marécageux ; Antakié, l'ancienne *Antioche*, patrie de S. Jean-Chrysostôme ; Tripoli, de Syrie ; Latakié ou Ladakieh, l'ancienne *Laodicée* ; Kanobin, résidence du patriarche des Maronites ; Damas, chef-lieu de pachalick, ville de la plus haute antiquité, célèbre par ses ouvrages en acier ; Palmyre, que quelques-uns croient avoir été bâtie par Salomon et dont il ne reste que des ruines ; Acre, autrefois *Ptolémaïde*, prise et reprise plusieurs fois pendant les Croisades, et dont les Français firent et levèrent le siège dans leur dernière expédition d'Egypte ; Sour, l'ancienne *Tyr* ; Seyde, l'ancienne *Sydon* ; Beyrout, l'ancienne *Beryte* ; Balbec, autrefois *Heliopolis* ; Dair-el-Kamar, principale résidence des Druses.

5°. La Palestine ou l'ancienne *Judée* : c'est une vaste plaine arrosée pendant l'hiver par des torrens. Elle est naturellement fertile, mais peu cultivée ; elle produit du vin, des grains, du coton, du sésame, des fruits. Elle est souvent dévastée par les Arabes Bédouins. Les Turcs, ses maîtres, lui nuisent plus encore. Les habitans, excepté les montaguards des frontières, n'ont plus rien de leur ancienne intrépidité. Les villes sont Jérusalem, berceau du christianisme, habitée encore en partie par des Chrétiens, et visitée comme lieu de dévotion ; Naplouse, qui est l'ancienne *Sichem* ; Jaffa, l'ancienne *Joppé* ; Eriha, l'ancienne *Jéricho* ; Gaza, qui existoit du temps de Samson ; Bethléem, où Jésus-Christ vint au monde.

6°. Le Diarbek, est l'ancienne *Mésopotamie* : cette province est fertile en grains, fruits, coton et soie : il y a des mines d'argent. Le pacha est grand officier de l'empire. Elle a trois gouvernemens ; savoir : celui du Diarbeck propre, et ceux d'Ourfa et de Mosul. Leurs chefs-lieux sont *Diarbeck* ou *Diarbekir*, sur le Tigre et dans une plaine délicieuse ; *Ourfa*, ou l'ancienne *Edesse* ; *Mosul*, sur la rive droite du Tigre, d'où sont venues les mousselines.

7°. L'Irak-Arabi ; c'est l'ancienne *Chaldée* ou *Babylonie*, où il est vraisemblable que l'astronomie a pris naissance. Elle est divisée en deux gouvernemens, qui ont pour chefs-lieux Bagdad, sur le bord oriental du Tigre, ville commerçante, et Bassora, située sur un confluent de l'Euphrate et du Tigre près du golfe Persique. Cette province est fertile en blé, riz, légumes et fruits.

---

(1) On nomme *échelles* des villes maritimes qui font le commerce avec les Européens. Chaque nation y entretient un consul pour ses affaires commerciales.

8°. Le CURDISTAN; c'est l'ancienne *Assyrie*; il est aujourd'hui habité par les Curdes ou Kourdes, peuples pasteurs, errans et qui exercent le brigandage quand ils en trouvent l'occasion. ils sont tributaires des Turcs. Ce pays est montagneux et très-fertile en grains, &c. Il a d'excellens pâturages et de nombreux troupeaux. Sa capitale est Betlis, place forte.

Les Turcs possèdent en outre l'île de CHYPRE, qui a 100 lieues de long, 40 de large. et 80.000 habitans. Cette île forma un royaume au temps des Croisades. Richard Cœur-de-Lion, roi d'Angleterre l'ayant enlevée à Isaac Comnène et donnée à Gui de Lusignan, les descendans de celui-ci s'y maintinrent jusqu'en 1475. Jacques III, dernier roi, et un fils qu'il avoit eu de Catherine Cornaro, Vénitienne, étant morts, cette princesse se défit de la souveraineté de l'île de Chypre en faveur des Vénitiens. Les Turcs la leur ôtèrent en 1571, et y détruisirent la culture du coton, qui faisoit une de ses principales richesses. L'île produit un vin fameux, beaucoup de fruits, des grains et des légumes, du bois, des drogues, &c. L'air y est malsain. Il y a un pacha. Les villes principales sont Nicosie capitale. au milieu de l'île; Cérina, autrefois *Ceraunia*, port de mer; Baffa, qu'on croit bâtie sur les ruines de Paphos; Limassol, où sont des ruines qui passent pour celles d'Amathonte; et Famagouste, sur la côte orientale de l'île; cette dernière est l'ancienne *Arsinoë*.

De l'empire turc dépendent encore l'Arabie Pétrée et l'Egypte; jadis les royaumes des Maures d'Afrique étoient soumis à la même puissance; ils sont aujourd'hui ses tributaires ou du moins ses alliés naturels.

L'ARABIE.

Cette contrée a 525 lieues de long sur 470 de large; ce n'est qu'une vaste plaine de sables, dont les vents se jouent, les agitant comme des flots, et qui sont brûlés par les rayons d'un soleil toujours ardent. Aucune grande rivière n'arrose l'Arabie. Elle n'a que des puits, un petit nombre de sources, quelques ruisseaux ou de foibles rivières qui fertilisent des endroits privilégiés par la nature; mais dans ces endroits du moins on récolte. presque sans culture, des parfums, des drogues, des fruits, des grains, un peu de vin, et le meilleur café de la terre. Il n'y pleut qu'aux équinoxes. Les montagnes sont, dans l'Arabie Pétrée, l'Horeb et le Sinaï, toutes deux fameuses dans la Bible, et peuplées de quelques monastères de moines grecs, qui en cultivent différentes parties, et y récoltent du vin et autres productions nécessaires à la vie; dans l'Arabie Heureuse, les monts Gabel-el-Ared. Le climat y est chaud et souvent il y souffle des vents brûlans. Les détroits sont ceux d'Ormus et de Babel-Mandel.

L'Arabie est le berceau de la religion mahométane. Mahomet, son fondateur, l'y établit vers l'an 622. Ses successeurs, à la tête des Arabes ou Sarrasins, firent la conquête de la Palestine, de la Syrie, de la Perse, de l'Egypte. de la côte d'Afrique où sont aujourd'hui situés les royaumes Maures, et de presque toute l'Espagne. La France et peut-être toute l'Europe étoient menacées de devenir leur proie, lorsqu'en 732 Charles Martel les défit entre Tours et Poitiers, détruisit leur armée et arrêta leurs progrès.

Les Arabes doivent être distingués en deux classes, ceux des villes et ceux des déserts. Les premiers ont fait de tout temps et font encore aujourd'hui le commerce de leurs pays et des contrées avec lesquelles ils sont en relation. Aujourd'hui ils négligent presqu'entièrement la médecine, les mathématiques, l'astronomie, la chimie et la mécanique, sciences qu'ils cultivoient autrefois avec succès et dont l'Europe doit les premières connoissances à leurs ancêtres. Leur belle langue, alors la langue savante du monde, n'est plus guère connue que par ceux qui lisent le Coran. Les Arabes du désert sont encore ce qu'ils étoient dès la plus haute antiquité, pasteurs nomades et vivant de brigandage. Ils trouvent dans leurs nombreux troupeaux de chameaux et leurs chevaux de quoi satisfaire les besoins de leur vie vagabonde, et dans les dépouilles des caravanes les moyens de fournir au luxe de leurs chefs, aux fantaisies de leurs femmes, et même de quoi flatter leur avarice; car on prétend qu'ils enfouissent dans les sables des trésors également perdus pour eux et pour leur postérité.

Les Arabes en général sont de moyenne taille, basanés et maigres; ils ont les yeux et les cheveux noirs: leur vêtement consiste en une chemise bleue qu'ils serrent autour de leur corps avec une ceinture; ils joignent à cela des caleçons et des pantoufles. Ils ne portent point de bas. Les femmes arabes sont tellement enveloppées qu'on n'apperçoit que leurs yeux.

Les Arabes sont légers à la course et habiles cavaliers; ils manient avec adresse l'arc et la lance, se servent très-bien des armes à feu, sont sobres, ne boivent que de l'eau pure, et quelquefois du thé, du café ou des sorbets; mais ils ne font point usage des liqueurs fortes. Ils parcourent avec la plus grande rapidité les vastes déserts qui avoisinent leur patrie, surprennent les caravanes, les pillent et disparoissent avec leur butin. Le plus grand nombre a embrassé la religion mahométane; quelques-uns cependant sont païens.

Parmi les Arabes, les uns sont immédiatement sous la puissance du grand-seigneur, tels que ceux qui habitent l'Arabie Pétrée; d'autres sont soumis au shérif de la Mecque, d'autres enfin à des scheiks ou imans, c'est-à-dire vicaires du prophète; mais on conçoit qu'il est difficile de retenir sous le frein des loix, un peuple dont la vie est presque un vagabondage continuel.

Ce pays se divise en Arabie *Pétrée*, Arabie *Déserte*, et Arabie *Heureuse*.

L'ARABIE PÉTRÉE est l'ancien pays des Iduméens et des Madianites; elle est stérile et presque déserte. Son nom lui vient ou de la ville de Pétra, son ancienne capitale aujourd'hui en ruine, ou des rochers dont cette contrée est hérissée. Ses villes sont Suez, capitale actuelle, sur un golfe du même nom, à l'extrémité septentrionale de la mer Rouge, et Tor, qu'on croit être l'Elim de la Bible; tout près est un fameux monastère. C'est dans cette partie de l'Arabie que se trouvent les monts Horeb et Sinaï, dont nous avons déjà parlé.

L'ARABIE DÉSERTE, est encore plus stérile et moins peuplée que la précédente; c'est le pays des anciens Thémanites. Ses villes sont Médine, où se voient le tombeau de Mahomet et ceux d'Abukeker et d'Omar; Iambo, sur la mer Rouge, port de Médine, qui appartient aux Turcs; la Mecque, patrie de Mahomet, où se trouve le kaba, édifice révéré des Mahométans. Cette ville et son territoire forment le domaine du schérif. Gedda enfin ou Judda, où le grand-seigneur entretient garnison.

Dans la même partie de l'Arabie se trouve le NEDJIED-EL-ARED, pays des Bédouins; il renferme quelques oasis, c'est-à-dire quelques portions de territoire douées de fertilité, et qui sont comme des îles au milieu des sables.

L'ARABIE HEUREUSE est l'ancien pays des Sabéens; plus fertile et plus peuplée que les deux autres, elle offre dans plusieurs de ses parties des lieux délicieux. Elle contient plusieurs royaumes ou pays; savoir:

Celui d'YEMEN, qu'on peut regarder comme l'*Eden* de l'Arabie, à cause de sa fertilité et de ses productions précieuses. On en tire les aromates les plus rares, des fruits excellens et le meilleur café. Ses villes sont Sana, capitale au pied d'une montagne et dans une situation charmante; Saadi ou Saadah, ville forte; Moka, célèbre par son café; Aden, port de mer près du détroit de Babel-Mandel. Ce royaume est héréditaire.

Le royaume de FARTACH fournit, comme le précédent, du café, des gommes, des aromates; il a pour ville capitale *Fartach*, port de mer; les autres villes sont Kecem et Dafar, toutes deux ports de mer et commerçantes.

Le royaume d'HADRAMAUT produit des aromates et du café; il a pour villes Mareb, qui fournit de belles agathes, et Sahar, port de mer.

Le royaume d'OMAN, le plus fertile de tous, a pour capitale Mascate, entrepôt du commerce entre l'Arabie, la Perse et les Indes.

Le pays d'ELKATIF: sa ville capitale est *Elkatif*, sur la côte occidentale du golfe Persique.

LA PERSE.

Il est parlé des Perses dans l'Ecriture Sainte sous le nom d'Elamites; Abraham défit Chodorlohamor leur roi. Mais ce pays alors étoit peu considérable. Du temps même de Cyrus, les Perses étoient divisés en douze tribus qui, prises ensemble, ne faisoient que 120 mille hommes. Ce fut ce prince qui, 557 ans avant l'ère chrétienne, posa les fondemens de l'empire des Perses sur les ruines de celui de Babylone. Cet empire subsista jusqu'au temps d'Alexandre qui en fit la conquête et vainquit Darius, l'an 338 avant J. C. Les lieutenans de ce conquérant se partagèrent le vaste territoire qui formoit le premier empire des Perses. Leurs successeurs furent pour la plupart soumis par les Romains, qui cependant ne possédèrent jamais la Perse en entier. 248 ans avant J. C. s'étoit formé l'empire des Parthes, qui n'étoit que le renouvellement de celui des Perses sous un autre nom. A l'empire des Perses succéda, vers l'an 220 de l'ère chrétienne, ce qu'on appelle le deuxième empire des Perses. Vers l'an 632, les Sarrasins, commandés par Omar leur roi, envahirent ce pays. Au treizième siècle les Tartares Mongals s'en emparèrent. Gengis-Kan leur chef l'unit comme province à ses vastes Etats. Tamerlan, autre chef tartare, déposa les descendans de Gengis, et les siens furent à leur tour remplacés par la dynastie des sophis, dont le plus illustre fut Shah Abas, surnommé le Grand, lequel monta sur le trône en 1586. Cette maison s'éteignit en 1736, et son héritage fut envahi par Nadir-Shah, qui prit le nom de Thamas-Kouli-Khan, et fut assassiné en 1747. Après sa mort, plusieurs ambitieux se disputèrent le sceptre. Enfin, Khérim-Kan l'obtint, et la Perse, pendant trente ans que dura son règne, jouit des douceurs de la paix et d'un gouvernement paternel. A sa mort, en 1779, la Perse retomba dans les mêmes malheurs; aujourd'hui les Russes y ont porté leurs armes et menacent de l'envahir. Le gouvernement y est absolu et despotique.

On estime la population de la Perse à 10 millions d'ames. On n'a pas de données certaines sur la force militaire de cet Etat, mais on croit qu'il ne pourroit pas mettre sur pied une armée de 100,000 hommes. Les Perses n'ont point de marine; quelques pratiques de leur religion y mettant obstacle.

Cette contrée a 89,000 lieues carrées. Son climat est varié; l'air y est excessivement chaud dans les provinces du Midi; dans celles du milieu, il est pur, serein et tempéré. Le froid est très-vif dans les montagnes du Caucase et du Taurus. Ces montagnes renferment des mines de fer, de plomb, de cuivre, d'antimoine; on y trouve des turquoises, du soufre et du marbre. La Perse est en général montagneuse; elle a néanmoins de grandes plaines la plupart désertes. Elle est presque partout privée de rivières, si ce n'est au N. et dans quelques parties des montagnes à l'O. Le sol y est en général peu fertile, et mal cultivé. Il faut en excepter la partie du nord, qui est plus humide; les arbres y sont rares.

En Perse, le principal objet de la culture est le froment; on y récolte aussi du millet et du riz, nourriture la plus ordinaire des habitans. Le pays produit en abondance des fruits, des légumes, des vins excellens, et sur-tout des drogues médicinales de toute espèce.

Les principales rivières de la Perse sont le Kur, qui est l'ancien *Cyrus*, l'Aras, autrefois l'*Araxe*, le Gihon, le Margab, l'Hindemend, le Makhid, le Zinderoad ; les lacs principaux sont ceux d'Erivan, d'Urmia, celui de Niris, qui est salé, et celui de Zéré.

Cette contrée nourrit de très-beaux chevaux, des mules, des chameaux, des chèvres, des moutons excellens. Il y a des bêtes féroces et beaucoup de gibier dans les montagnes.

Parmi les nombreuses ruines qu'offre la Perse, on admire sur-tout celles de Persépolis, composées d'un amas de palais, de temples, de galeries, de colonnades à demi-renversées et couvertes d'inscriptions dont on prétend que les caractères ont de l'analogie avec les lettres des Scandinaves.

Les Persans sont communément grands et bien faits ; ceux des parties méridionales ont le teint un peu basané. Ils se rasent la tête, se coiffent de turbans fort riches, et portent des pantalons. Leur arme est un poignard. Ils se baignent fréquemment, fument et font usage de l'opium ; ils sont polis, hospitaliers, et très-spirituels. Ils aiment la musique, la chasse, les exercices d'armes. Ils sont habiles à manier un cheval, robustes, propres aux fatigues de la guerre et d'un caractère irritable. Ils célèbrent les funérailles de leurs morts avec beaucoup d'ostentation.

La Perse a produit un grand nombre de littérateurs et de savans. Hafiz est le plus célèbre de leurs poètes, et passe pour l'Anacréon de l'Orient : on peut citer encore Ferdusi, qui s'est distingué dans la poésie, et Sadi, excellent moraliste. Aujourd'hui les sciences sont peu cultivées en Perse.

La religion dominante est la mahométane, secte d'Ali, en quoi les Perses diffèrent des Turcs qui, ainsi que nous l'avons dit, sont de la secte d'Omar. Autrefois les Perses adoroient le feu. Cette ancienne secte se trouve aujourd'hui réduite à quelques Gaures ou Parsis, qui conservent leur culte antique et le livre sacré nommé Zend-Avesta. On trouve aussi en Perse des Chrétiens et des Juifs. Les premiers sont Nestoriens, suivent le rite syriaque et ont un patriarche.

L'ancienne langue persane se conserve dans les livres sacrés du pays. Celle que l'on parle aujourd'hui est altérée et mêlée de mots qu'y ont introduits les divers conquérans de la Perse.

Il y a dans cette contrée des manufactures d'étoffes de coton, de poils de chèvres, de chameaux, de laine, et sur-tout de soie, qu'on y travaille parfaitement ; les tapis passent pour les plus beaux du monde. On y fabrique aussi des velours, des brocards, des bijoux, du chagrin, du maroquin et d'autres cuirs, des armes, de la quincaillerie, &c.

On divise la Perse en quinze provinces ; savoir :

1°. Le DAGHESTAN, qui faisoit autrefois partie de l'Albanie. Il est habité par des Tartares mahométans peu civilisés, et indépendans. On y cultive une grande quantité de mûriers, et il produit des grains

et des fruits. La capitale est Tarkou ou Tarku, entre des rochers sur la côte orientale de la mer Caspienne.

2°. Le SHIRVAN, qui faisoit aussi partie de l'Albanie. Il est au sud du précédent. Il abonde en aromates et en soie. La chaleur y est tempérée par la proximité des montagnes. Ses villes sont Chamaki ou Samachie capitale, entre deux montagnes ; Derbent, port sur la mer Caspienne, et Bakou, dans le voisinage de laquelle sont des sources de naphte ou huile de pétrole.

3°. L'ARMÉNIE PERSANE ou l'ERIVAN, au S. du Shirvan. Sa capitale est *Erivan*, environ à 3o milles du mont Ararat. Dans le voisinage d'Erivan est un monastère où réside le patriarche des Arméniens.

4°. L'ADERBIJAN, qui faisoit partie de l'ancienne *Médie* ; cette province est riche en soie, blé, pâturages et bestiaux. Sa capitale est Tauris ou Tebris, ville commerçante à l'ouest de la grande chaîne du Caucase.

5°. Le GHILAN, qui faisoit partie de l'ancienne *Hircanie* ; il est marécageux, mais fertile en riz, vins, fruits, soie ; il s'y trouve de bons pâturages dans les montagnes ; ses forêts abondent en gibier. La capitale est Recht ou Rasbt, résidence d'un khan et entrepôt d'un gros commerce de soie.

6°. L'IRAK-AGEMI ; il faisoit partie de la Médie : on y trouve à l'orient des déserts couverts de sel ; le reste est fertile. Sa capitale est Ispahan, qui l'est aussi de toute la Perse, cité riche et commerçante ; elle étoit jadis beaucoup plus grande. Une partie de ses jardins sont labourés, et d'anciennes rues ne sont plus que des chemins. Les autres villes sont Hamadan, où est le tombeau d'Avicenne ; on croit que c'est l'ancienne *Ecbatane* ; Tahiran, résidence actuelle du roi de Perse ; Casban, entrepôt d'un gros commerce ; Casbin, célèbre par ses fabriques de sabres, &c.

7°. Le MAZANDERAN ; il faisoit partie de l'ancienne *Hircanie* ; le sol y est montagneux ; il produit de la soie, du coton, du riz, des cannes à sucre, des grains et des fruits. Il y a des mines de fer dans les montagnes, beaucoup de bêtes fauves et des tortues. Les villes sont Ferabad capitale, dans les montagnes qui bordent la mer Caspienne, et Esterabad, dont le voisinage fournit une racine précieuse pour teindre en rouge.

8°. Le KORASAN, qui est l'ancienne *Ariane*, est habité par la postérité des Usbecks. Il produit des grains, de la soie, des turquoises. La capitale est Herat, autrefois *Aria*, où sont les manufactures des plus beaux tapis. On y trouve aussi Nicabour, dont les haras fournissent de beaux chevaux.

9°. Le SABLISTAN, limitrophe des Etats du Mogol ; on l'appelle aussi Candahar du nom de sa capitale : c'est l'ancienne *Archosie*. Il est fertile en grains. *Candahar* capitale, est un lieu de passage pour aller de la Perse dans l'Inde.

10°. Le SIGISTAN; c'est l'ancienne *Draugiane*. Cette province est entourée de montagnes et en partie déserte. Sa capitale est Zarang, où l'on fait de belle porcelaine.

11°. Le KUSISTAN; c'est l'ancienne *Susiane;* il est situé sous un ciel brûlant, et produit des grains, des fruits et du sucre. Sa capitale est Suster, ville riche et populeuse, que l'on croit être l'ancienne *Suze.*

12°. Le FARSISTAN, qui est l'ancienne *Perse propre;* c'est une des provinces les plus fertiles; elle abonde en grains, vins et fruits excellens. Sa capitale est Shiras, dont les vins passent pour les plus délicieux de la Perse. Près de cette ville sont les ruines de Persépolis, incendiée par Alexandre.

13°. Le LARISTAN, qui faisoit partie de la Perse propre; c'est un pays brûlé et presque stérile, près de la mer. En avançant dans les terres on rencontre de belles plantations de palmiers, de citronniers, d'orangers, &c. Sa capitale est Lahar ou Lar, conquise par Shah-Abas.

14°. Le KERMAN, autrefois la *Caramanie;* elle est principalement habitée par les Parsis, qui fabriquent de belles étoffes de laine très-fine; elle a d'excellens pâturages et des champs fertiles en grains. Ses villes sont *Kerman* capitale, où se fabrique de belle poterie, et Bender-Abassi, port à l'opposite d'Ormus. Cette dernière ville se nomme aussi Gomron.

15°. Enfin, le MEKRAN, qui est l'ancienne *Gedrosie;* il est peu fertile et en grande partie désert. Ses villes sont Kie ou *Mekram* capitale, et Tis, port sur l'océan Indien.

Les îles dépendantes de la Perse sont ORMUS, qui a six lieues de tour. Elle est stérile, et son ancien commerce est tombé. BAHRAIN, qui a douze lieues de tour; elle est très-fertile en vins et fruits. On y pêche de belles perles.

L'INDE.

Cette contrée, qui a pris son nom du fleuve Indus ou Sinda, s'étend depuis la Perse jusqu'à la Chine; elle est bornée au nord par la Grande-Tartarie, et se divise communément en Inde en-deçà du Gange et Inde au-delà du Gange. Chacune de ces deux parties est terminée au midi par une presqu'île. La première se nomme Presqu'île Occidentale ou du Décan; la deuxième Presqu'île Orientale ou de Malaca. La population de toutes ces parties prises ensemble est de 60 millions d'habitans.

L'INDE EN-DEÇA DU GANGE.

Cette grande contrée a 96,765 lieues carrées : on la divise en Indostan propre et Presqu'île Occidentale.

1°. L'*INDOSTAN PROPRE.* Ce pays, nommé aussi EMPIRE DU MOGOL, est connu dès les temps les plus reculés. Il est parlé dans le livre de Job des teintures de l'Inde, et la fable dit que Bacchus fit la conquête de cette contrée. Alexandre-le-Grand y pénétra et vainquit Porus, l'un des rois du pays. Il paroît qu'alors la partie de l'ouest étoit partagée en plusieurs souverainetés. Dès le huitième siècle, des princes mahométans en avoient envahi quelques provinces, et y avoient introduit leur religion par la force des armes. L'an 1000 de l'ère chrétienne, Mahmoud de Ghisni conquit la partie du nord-ouest. Ses successeurs y régnèrent sous le nom de dynastie des Gaznavides. A celle-là succéda celle des Gaurides qui subsista jusqu'au treizième siècle. Tamerlan s'y signala par des victoires et des cruautés, et s'y forma un vaste empire vers 1400. Divers monarques y régnèrent jusqu'au fameux Aureng-Zeb, qui mourut en 1707.

A sa mort, diverses révolutions eurent lieu dans le Mogol. Nadir-Shah, surnommé Thamas-Kouli-Khan, s'y introduisit sous le règne de Mohammed-Shah, ravagea le pays et en emporta des trésors immenses. Depuis ce temps, ce vaste État a été démembré, et les gouverneurs se sont formé des souverainetés indépendantes dans les provinces qui leur avoient été confiées. Aujourd'hui les Anglais y dominent et y étendent chaque jour leurs conquêtes. On prétend que les provinces qu'ils y possèdent ou dont les chefs leur sont soumis, ont 15 millions d'ames. Ils sont maintenant en guerre avec Holkar, chef indien qui a pris le titre de roi de l'Inde.

Le climat de cette contrée varie suivant la position des lieux. Il fait très-chaud dans la partie méridionale; les montagnes qui sont au nord y refroidissent un peu l'air. Les orages y sont violens; l'air y est brumeux pendant la saison qu'on appelle l'hiver, et des pluies périodiques y régnent depuis juin jusqu'en septembre. Le sol y est en général d'une prodigieuse fécondité; dans beaucoup d'endroits c'est un terrein profond de six pieds, et aussi riche que celui des marais qui entourent Paris. Il produit des grains, du vin, des fruits, du sucre, des drogues, des épices, de l'indigo; du benjoin, de l'arèc et des parfums en abondance. Ses forêts de cocotiers sont une de ses principales richesses. Dans quelques-unes croissent des arbres d'une dimension énorme, et des plantes grimpantes qui s'attachent aux branches de ces arbres, y forment de nombreux berceaux, ou en rendent l'accès impénétrable. Ses montagnes, dont les principales sont les Gattes et les monts Naugracut, renferment des métaux, des minéraux et des pierres précieuses. Les principales rivières sont le Sinda, et le Gange, qui se déborde comme le Nil. On trouve dans l'Indostan des éléphans qui y sont très-gros et très-nombreux, des tigres, des panthères, des léopards, et plusieurs autres espèces d'animaux. Quelques-unes de ces espèces, comme les antelopes, ont les formes les plus élégantes. Le rhinocéros unicorne abonde dans les îles du Gange. Diverses sortes d'oiseaux y brillent des couleurs les plus vives, et un grand nombre de plantes s'y font remarquer par la beauté de leurs fleurs.

On y distingue trois sortes d'habitans, savoir des Mogols, des Indous ou Gentous et des Parsis.

Les Mogols sont les descendans des conquérans. L'empereur, les autres souverains et les officiers publics, étoient de cette race privilégiée; ils sont mahométans, de la secte d'Omar.

Les Indous ou Gentous sont les naturels du pays; ils se divisent en cinq classes ou castes; savoir celle des brames ou prêtres; des rajas ou militaires; des veiches ou beises, qui renferme les marchands et les cultivateurs; des choudres ou sudders, qui comprend les artisans; et enfin des parias, caste condamnée aux plus durs et aux plus vils travaux. Si l'on en croit les Indiens, ces castes remontent à la plus haute antiquité. Elles suivent la religion de Brama. Ce peuple a les mœurs douces, simples et pures; il est naturellement pacifique et porté au repos, caractère qui dans toutes les occasions l'a mis à la merci des ambitieux qui ont entrepris de le subjuguer. Parmi les usages des Indiens, l'un des plus remarquables est celui qui oblige les veuves à se brûler après la mort de leur mari; cette coutume barbare est néanmoins devenue beaucoup moins fréquente.

Les Parsis sont des Persans, fidèles à l'ancien culte du soleil et réfugiés dans les Indes.

On trouve dans la même contrée des Marattes, peuple guerrier qui descend des anciens nobles du pays, et des Banians, tribu paisible, qui s'abstient de chair, de poisson et qui a des hôpitaux pour les animaux.

Ces diverses classes forment une population très-nombreuse dans les deux presqu'îles. Les Gentous seuls montent à 100 millions. Il y a de plus 10 millions de Maures ou Mahométans, d'origine persane, arabe ou turque, dont l'ancienne domination fut détruite par Tamerlan, et des Chrétiens de toutes les nations que le commerce y a attirés.

La langue savante de l'Indostan, que l'on peut aussi appeler la langue sacrée, est le shanscrit. Les langues parlées y sont différentes suivant les diverses nations, et très-multipliées. Les livres indiens les plus importans sont les védas, &c. Quelques-uns ont été traduits, et n'ont pas répondu à l'idée qu'on s'étoit formée d'un peuple chez lequel Pythagore et d'autres philosophes célèbres étoient allés étudier la sagesse.

Les Brames presque seuls, sont savans et lettrés; ils connoissent un peu d'astronomie, de médecine et presque point d'anatomie; leurs poètes n'ont de guide que leur brillante imagination. Leurs historiens sont prolixes, diffus, et ont le style emphatique. Les maisons, en terre et en brique, n'ont qu'un étage; les amusemens sont simples et consistent communément en exercices religieux, ou à voir des danses.

Les Indiens excellent dans la fabrication des toiles de coton et des mousselines. Ils ont été à cet égard les maîtres des Européens. Rien n'est si simple que l'atelier d'un Indien, et rien ne surpasse sa patience; mais si ce peuple l'emporte sur tous ceux de l'Asie par son urbanité et sa douceur, il le cède à presque tous, et sur tout aux Japonais et aux Chinois, dans les arts et les sciences.

On fait dans l'Inde un commerce très-considérable de soie, de diamans, de pierreries, de riz, de sucre et de toutes les nombreuses productions de son sol inépuisable.

Jadis le grand-mogol ou empereur étoit souverain absolu; mais la foiblesse des derniers princes qui ont porté ce titre, l'ambition des gouverneurs des provinces, et plus encore les intrigues et les armes des Anglais, ont entièrement anéanti l'autorité dont jouissoit ce monarque, et conduit l'empire du Mogol à sa perte.

On compte vingt-trois provinces dans l'Indostan propre, savoir:

1°. Le CABOUL, au N. O. Sa situation est délicieuse. Il abonde en fruits, drogues médicinales, moutons excellens, remarquables par l'énorme grosseur de leur queue. La capitale est Caboul, près de la source du Sinda. Cette ville est regardée comme la clé de l'Inde.

2°. Le CACHEMIRE, à l'E.; c'est une vaste et délicieuse vallée, entourée de hautes montagnes. Le sol y est d'une fertilité admirable. Tout ce qui est nécessaire à la vie y abonde; mais les tremblemens de terre y sont communs. Les Cachemiriennes passent pour de fort belles femmes. La capitale est Cachemire; on y fabrique les beaux schals de ce nom avec la laine très-fine d'une espèce de chèvre. Sirinagur est une autre ville de la même contrée; nouvellement on en a publié une relation intéressante.

3°. Le LAHOR ou PANJAB; c'est l'une des plus considérables et des plus belles provinces de l'Indostan. Elle abonde sur-tout en sucre, chevaux, bestiaux. La capitale est Lahor, où les empereurs ont fait quelquefois leur résidence et qui a de belles manufactures d'étoffes.

4°. Le MOULTAN, au S. O. du Lahor; dans sa plus grande partie ce sont des sables brûlans rarement arrosés par les pluies. Cette province néanmoins ne laisse pas que d'être productive. Les cannes à sucre y réussissent, ainsi que le pavot qui sert à la composition de l'opium. La même province fournit aussi des noix de galle. Il y a des mines de fer et de soufre; on y élève des chevaux et des chameaux. Sa capitale est Moultan, sur la grande rivière de Chunab, non loin de sa jonction avec l'Indus.

5°. Le SINDI ou TATTA, au S. du Moultan; il est arrosé par le Sinda, qui l'inonde chaque année; il produit beaucoup de soie et de coton. Sa capitale est Tatta, sur ce fleuve, à l'endroit où se séparant en plusieurs branches, il forme un Delta.

6°. Le GUZARATE, sur l'océan Indien; les terres y sont sablonneuses. Il produit du riz, du coton, de l'indigo, de la soie. Il y a des fabriques d'étoffes d'or et d'argent. La capitale est Amadabad, près du tropique du Cancer; cette ville a un hôpital pour les animaux malades. Les autres lieux sont Baroach célèbre par ses blanchisseries; Cambaye, sur le golfe du même nom ; Surate, où plusieurs nations européennes ont des comptoirs, et Diu, dans une île du même nom qui appartient aux Portugais.

7°. Le Visapour, sur l'océan Indien. Cette province est très-étendue ; elle est occupée par les Marattes. Son sol fertile produit du blé, du riz, &c. Sa capitale est *Visapour*, dans le voisinage de laquelle sont des mines de diamans. Les autres villes sont Raolconde, Coulour, Daman, Bassaim, Salsette, Bombay dans une île, et Goa aux Portugais.

8°. Le Candish, province riche, fertile et très-peuplée. Sa capitale est Burhampour, où se fabriquent le plus beau fil d'or, et de belles toiles, &c.

9°. Le Bedor, qui appartient aux Marattes ; il est bien arrosé, et très-fertile en grains et en riz. Safarabad ou *Budor*, ville considérable, en est la capitale.

10°. Le Balagatte ; il est couvert de montagnes d'un accès difficile. Il appartient aussi aux Marattes. C'est un pays peu fertile. Amednagur, sa capitale, est grande, belle et riche.

11°. Le Télénoa ou Aurengabad, également occupé par les Marattes, produit du riz et du coton. Ses villes sont Doulctabad capitale, et *Aurengabad*, place forte.

12°. Le Naugracut est montagneux et peu fertile. Sa capitale est du même nom.

13°. Le Bauar, province fertile et tributaire des Anglais. Elle produit des grains, du riz, du sucre, des pavots. Sa capitale est Patna sur le Gange.

14°. Le Bengale, maintenant possession anglaise. Cette province, fécondée par les inondations du Gange, comme l'Egypte l'est par le Nil, est d'une extrême fertilité. Elle abonde en toutes sortes de productions végétales, dont la plupart donnent deux récoltes. On y trouve beaucoup de volaille et de gibier. Ses manufactures sont nombreuses, riches et florissantes. Elle s'étend à plus de 100 lieues des deux côtés du Gange, qui est révéré comme un fleuve sacré, et dont les bords sont couverts de temples et de pagodes magnifiques. Des villes, des villages très-populeux, de superbes édifices publics couvrent la surface de cette contrée. De nombreux canaux y favorisent le commerce. On y compte 12 millions d'habitans. Ses villes principales sont Maxoudabad capitale, sur le bras occidental du Gange ; Cassumbasar, Hougli, Chandernagor, où les Français ont un établissement ; Calcutta, entrepôt du commerce du Bengale et résidence du gouverneur de l'Inde pour les Anglais ; Dacca, autrefois capitale du Bengale.

15°. L'Orixa, contrée montueuse et sauvage, sur le golfe du Bengale ; les Marattes en occupent la plus grande partie ; le reste est aux Anglais. Elle produit du grain, du riz et du coton ; les chèvres des montagnes ont des bézoards, concrétions calculeuses regardées comme médicinales. Les villes principales sont Cattack, capitale et place forte ; Balassor, sur une bonne rade ; Jagrenat, célèbre par sa pagode où de tous côtés l'on vient en pélerinage.

16°. Le royaume de Golconde est fameux par ses diamans et ses vins blancs ; il abonde en grains et riz. On y trouve des mines de fer et de plomb. Ses villes sont Hederabad capitale ; *Golconde*, capitale d'un ancien royaume de ce nom ; jadis elle étoit célèbre par ses richesses ; aujourd'hui elle est presque déserte ; Masulipatam, sur la côte orientale ; ses toiles peintes sont renommées.

17°. Le Delhi ; les terres de cette province sont médiocres, mais au moyen d'une culture soignée et d'un travail assidu, les habitans y font jusqu'à trois récoltes de riz ; elle produit aussi des grains et du coton. La capitale est *Delhi*, rebâtie par Shah-Jehan sur les ruines de l'ancienne ville de ce nom. C'étoit une des résidences du grand-mogol.

18°. L'Asmer : cette province est aride, sablonneuse et n'a que des eaux de puits. On y récolte peu de froment, mais elle produit beaucoup de riz, de coton et de fruits. Sa capitale est *Asmer*, fameux pélerinage.

19°. Le Malva, pays montagneux ; il appartient aux Marattes, et produit du grain, du riz, du coton et de la soie. Sa capitale est Ougein, dont les rues sont plantées d'arbres ; ce qui lui donne l'aspect d'une forêt. On y trouve aussi Seronge, grand marché de toiles peintes.

20°. Le Bérar : cette province produit du blé, du riz, des légumes ; les cannes à sucre y réussissent parfaitement, et on y cultive le pavot ; les éléphans y sont communs ; on y nourrit de nombreux troupeaux de bœufs. Les Marattes possèdent une partie de cette province ; le reste dépend du Décan. La capitale est Nagpour, ville située presqu'au centre de l'Indostan.

21°. L'Helabas ou Ellehabad ; province montagneuse ; elle est traversée par le Gange. Il y a beaucoup de cotonniers. Les plaines y produisent toute sorte de grains et d'excellens melons. La capitale, nommée *Helabas* ou *Ellehabad*, est à la jonction de la Gemna et du Gange.

22°. Le Bénarès ; cette province est tributaire des Anglais. Elle produit de la soie et du coton. La capitale est *Bénarès*, qui a une mosquée célèbre et une école pour les Brames.

23°. L'Oude, au N. des provinces d'Helabas et de Bénarès ; elle est peu fertile ; sa capitale est Lucknow.

2°. La *PRESQU'ILE OCCIDENTALE* ou le *DÉCAN*, est traversée du N. au S. par la chaîne des Gattes, et se divise en *Côte de Malabar* à l'occident, et *Côte de Coromandel* à l'orient.

La *CÔTE DE MALABAR* comprend :

1°. Le royaume de Mysore, usurpé sur la famille des anciens rois par Hyder-Ali. Tippoo-Saïb, fils de ce prince, ayant fait la guerre aux Anglais, fut détrôné par eux et remplacé par un enfant de l'ancienne famille, sous leur tutèle ou plutôt sous leur domination. Le territoire de ce monarque de nom est restreint au Mysore, tel qu'il étoit avant les conquêtes de Hyder-Ali. Les Anglais et les Marattes se sont partagé le reste. Ce royaume est très-fertile; toutes les productions de l'Inde, et particulièrement le riz, le sucre et les épices s'y trouvent en abondance. Ses villes sont Séringapatnam, capitale des Etats de Tippoo, dans une île formée par le Caveri; *Mysore* autrefois capitale, Péripatnam, Bednor, Mangalor, sur la côte de Malabar; Barcelor, Canannor, Baliapatnam, Tellicheri, Mahé aux Français, Calicut sur le bord de la mer, premier port indien où aborda Vasco de Gama.

2°. Le royaume de Cochin; on y trouve des pierres précieuses; il produit du riz et des épices. Les villes sont *Cochin* capitale, sur une langue de terre de la côte de Malabar; le célèbre Vasco de Gama y est mort. Cranganor est une ville enlevée par les Anglais aux Hollandais.

3°. Le royaume de Travancor produit du riz, du poivre et du coton; il appartient aux Anglais. Ses villes sont *Travancor* capitale, sur la côte, avec un port; Anjenga, aussi port de mer, aux Anglais; Tegapatnam, port aux Hollandais.

La *Côte de Coromandel* n'a que des rades et point de ports; elle comprend:

1°. Le royaume de Carnate, qui est sous la domination anglaise; il abonde en riz et coton. Ses villes sont Arcot capitale, résidence du nabab; *Bisnagar*, Paliacate, aux Hollandais; Madras, l'un des principaux établissemens anglais; Méliapour ou Saint-Thomas, aux Portugais; Pondicheri, aux Français; Dévanapatnam ou Cuddalore, aux Anglais; Porto-Novo, aux Hollandais; Devicotta, aux Anglais.

2°. Le royaume de Tanjaor; il est bien arrosé et d'une merveilleuse fécondité; il produit du riz, du coton, des bois de teinture. Ses villes sont *Tanjaor* capitale, Tranquebar, centre dès établissemens danois dans cette province; Carical, aux Français; Negapatnam, aux Anglais.

3°. Le royaume de Maduré; il a de riches pêcheries de perles. Sa capitale est Tritchinapali, place forte.

Les îles qui appartiennent à l'Inde en-deçà du Gange sont:

Les Laquedives, au nombre de vingt; elles abondent en figues, cocos, ignames et fruits. Plusieurs sont inhabitées. On ramasse de l'ambre gris sur leurs côtes.

Les Maldives; elles sont divisées en treize groupes; plusieurs sont sans habitans; le sol de quelques autres n'est qu'un sable mouvant; presque toutes sont couvertes de cocotiers; on trouve sur leurs côtes une sorte de coquille univalve qu'on nomme *cauris*, et qui sert de monnoie dans les Indes orientales. On y pêche aussi du corail et de l'ambre; les détroits sont remplis de crocodiles. Ces îles sont soumises à un roi mahométan, qui réside à Malé, la plus considérable d'entre elles. Les ha-

bitans des Maldives sont excellens plongeurs; ils parlent l'arabe et une langue particulière.

L'île de Ceylan, située près du cap Comorin et qui n'est séparée de l'extrémité méridionale de la presqu'île que par un canal étroit, est l'ancienne *Taprobane*. Peu d'îles dans l'univers ont été autant favorisées par la Nature; aussi son extrême fertilité lui a-t-elle fait donner par les naturels du pays, le nom de *paradis terrestre*; elle réunit les productions les plus précieuses dans les trois règnes. On y trouve de l'or, de l'argent, du mercure, des diamans, des pierres précieuses, des perles, de l'ivoire, des bois précieux, du musc, des aromates, des fruits délicieux, des légumes de toute sorte, toutes les espèces de grain, du coton, de la soie, des épices, du gibier, de la volaille, du poisson, &c. Mais rien n'est parfait dans ce monde; elle a aussi des serpens venimeux, des fourmis très-incommodes, et des animaux féroces. Ses vastes forêts sont peuplées d'éléphans; l'air y est tempéré et salubre.

Cette île est habitée par les Chingulais, race originaire de l'Inde; ils ont un roi et sont idolâtres. La polygamie est en usage parmi eux. Quoiqu'ils ne soient pas arrivés à un haut point de civilisation, ils travaillent cependant les métaux avec assez d'adresse. Les Portugais avoient fait dans cette île des établissemens considérables, dont s'emparèrent les Hollandais; ceux-ci ont été forcés de les céder aux Anglais qui y dominent aujourd'hui. Les villes principales sont Candy capitale, c'est la résidence du roi; elle n'est pas éloignée du pic Adam, montagne élevée qui est au centre de l'île. Les autres lieux sont Colombo, où croit la meilleure cannelle; Negombo, bâtie par les Portugais; Jefanapatnam, port et place forte; Trinquemale, port principal de l'île au fond d'une baie.

Manar est une petite île voisine de Ceylan, et qui donne son nom à un golfe où se fait la pêche des perles.

L'INDE AU-DELA DU GANGE.

Cette contrée a 82,000 lieues carrées. Comme l'Inde en-deçà du Gange, on peut la diviser en deux parties, dont l'une est *avancée dans les terres* et l'autre forme la *presqu'île orientale* ou de *Malaga*. Son histoire est celle des divers Etats qu'elle renferme: ces Etats ont chacun un gouvernement et un langage particulier. Le paganisme et le mahométisme y sont professés; on y trouve quelques Chrétiens. L'air y est pur, mais très-chaud; le sol fertile et abondant en diverses productions.

La *Partie avancée dans les terres* comprend:

1°. Le royaume d'Azem ou d'Asham, l'une des contrées les plus-fertiles de l'Inde; elle produit du riz, du coton, des fruits, de la soie, de la gomme laque, du musc, de l'ivoire, du bois d'aigle, &c. Elle a des mines d'or, d'argent, de fer, de cuivre et de plomb. Les habitans sont païens. La capitale est Chandara, résidence du roi.

2°.

2°. L'empire Birman ; on y compte 18 millions d'habitans ; il se compose du royaume d'Ava et de ceux d'Aracan et de Pégu, réunis aujourd'hui en un seul Etat.

Le royaume d'Ava, fertilisé par la belle rivière d'Irraouaddy, qui communique par des canaux avec toutes les parties de l'empire, produit du blé, des fruits, du riz, du coton, du tabac, de l'indigo, du bétel, du benjoin, de la soie, de l'ambre, de l'ivoire, des pierres précieuses ; il a des mines d'or, d'argent, de rubis, de saphirs, de fer, de cuivre et de plomb ; il possède d'immenses forêts de theks, bois précieux pour la marine et pour toutes les constructions. Ce pays a une prodigieuse quantité d'éléphans.

Les Birmans étoient anciennement sujets du roi de Pégu. Las de ce joug, ils prirent les armes, et par leur bravoure, conquirent le royaume d'Ava, qui est aujourd'hui le centre de leur vaste empire. Leur religion est la même que celle des Indous. Le gouvernement y est despotique. Il y a une noblesse, mais les dignités n'y sont point héréditaires. Tout citoyen y naît soldat. En cas de guerre, le roi en fait marcher le nombre qu'il croit nécessaire.

Les Birmans sont vifs, inquiets, actifs, d'un caractère irascible et impatient, braves, féroces même sous les armes et pendant la guerre, doux et hospitaliers pendant la paix. Leurs femmes ne sont point enfermées, mais elles ne jouissent d'aucune considération. Ces peuples travaillent les métaux avec beaucoup d'adresse, et sont passionnés pour la musique et la poésie ; leur instrument principal ressemble à la flûte de Pan ; ils excellent dans les ouvrages de dorure, et décorent leurs édifices et leurs barques avec assez de goût.

Le climat de ce pays est sain ; les saisons y sont régulières ; le sol très-varié et généralement fertile. Les villes sont Ummerapoura capitale fondée récemment, place forte et séjour de l'empereur Birman ; Ava, autrefois capitale du royaume de ce nom, mais bien déchue depuis la fondation d'Ummerapoura ; Pagham, Sillah-Miou, Tongho, Prome sur le Menan-Kiu, et Kioum-Zaik.

Le royaume d'Aracan, coupé de rivières et de lacs, a des îles nombreuses et fertiles, et produit beaucoup de riz ; ses excellens pâturages nourrissent un grand nombre de bestiaux ; ses vastes forêts sont peuplées de buffles et de chameaux : il réunit tous les arbres fruitiers de l'Inde, et fournit au commerce, du sel, de l'ivoire et de la laine. La capitale est *Aracan*, située sur une rivière du même nom.

Le royaume de Pégu possède dans ses montagnes de vastes forêts de theks. Le pays plat, arrosé par la rivière de Pégu, fournit du riz ; on trouve aussi au Pégu des mines d'or, d'argent, de cuivre, d'étain et de rubis. Une sorte de moines ou prêtres, nommés *Talapoins*, y a de nombreux couvens. Les villes sont *Pégu*, autrefois capitale, mais rasée en 1757 par l'usurpateur Alompra, et Rangoun, sur le golfe de Bengale ; c'est l'un des principaux ports de l'empire Birman.

3°. Le royaume de Tonquin ; quoique sous la zône torride, il jouit d'un air tempéré par les pluies et par les rivières nombreuses qui l'arrosent. Il est très-peuplé ; les villages se touchent. Les Tonquinois sont superstitieux ; ils ont une grande vénération pour Confucius, communiquent peu avec les étrangers et ressemblent beaucoup en ce point et en beaucoup d'autres aux Chinois, leurs voisins. Les principales richesses de ce royaume sont la soie, du riz, des fruits délicieux et entre autres d'excellens ananas ; il n'y a point de vin ni de blé. Le Tonquin est partagé en deux provinces qui portent le nom de leurs capitales, Kecho et Héan, c'est dans la première que le roi fait sa résidence. On éprouve dans le golfe de Tonquin des ouragans terribles.

4°. Le royaume de Laos ou Lahos jadis puissant ; ses habitans ont le teint olivâtre et s'occupent en général de chasse et de pêche. Cette contrée abonde en riz, benjoin et gomme laque ; on y trouve des mines d'or, d'argent, de pierreries ; elle nourrit beaucoup d'éléphans, de buffles et de gibier. La rivière qui l'arrose est coupée de cataractes. La capitale du pays est Langione, résidence du roi.

5°. Le royaume de Cochinchine ; il est tributaire de la Chine, avec laquelle il a beaucoup d'analogie, ses habitans ayant à-peu-près la même religion, le même gouvernement. Comme l'Egypte, il est fécondé par les inondations de ses rivières, ce qui le rend l'un des pays les plus fertiles du monde. Il réunit toutes les productions utiles ou précieuses de l'Inde, nourrit des chevaux, des ânes, des mulets, des chèvres ; on y trouve aussi des éléphans, des singes et des tigres. Par les soins des missionnaires européens la religion chrétienne y avoit fait beaucoup de progrès, mais dans la suite elle eut à y souffrir de terribles persécutions. La capitale est Hué, résidence du roi, sur une rivière. Les habitans aisés y sont vêtus de soie ; ils ont la politesse des Chinois. Les maisons, construites en bambous, sont couvertes de paille et entourées de bosquets délicieux d'orangers, de limoniers, de bananiers et de cocotiers.

6°. Le royaume de Ciampa ou Tsiompa, est maritime et dépend de la Cochinchine ; il produit un peu de coton, de l'indigo et de la mauvaise soie. Ses habitans suivent la religion de la Chine ; ils vivent de poisson et s'occupent sur-tout de pêche ; ils sont grands, musculeux, bien faits, ont le nez applati et le teint d'un noir rougeâtre. Les forêts de cette contrée sont remplies de tigres et d'éléphans. Le roi réside à Padram, port de mer et capitale de ses Etats.

7°. Le royaume de Camboge ou Camboye est tributaire de la Chine ; il est traversé par une grande rivière dont les bords seuls sont habités ; le reste du pays est couvert de vastes forêts rendues désertes par des légions d'insectes venimeux, de serpens et de bêtes féroces dont elles sont infestées. Le pays produit du bétel dont les habitans font une grande consommation ; il fournit aussi du benjoin, du riz, de la cire et de la gomme laque. Les Cambogiens vendent aux Chinois beaucoup de vases de cuivre, de poêles de fer et des peaux. Le roi réside à *Camboge*, sa ville capitale, située sur le Mécon. Près de là se voient non sans étonnement les ruines d'une ancienne ville bâtie en pierre; l'architecture tient des formes européennes; dans le voisinage sont des traces de sillons.

8°. Le royaume de SIAM, dont les limites sont peu certaines. Il est peuplé de diverses nations très-différentes entre elles. Les Siamois sont petits, mais d'une figure peu agréable. Ils sont bien faits, très-sobres et paresseux; ce qui pourroit provenir de la chaleur du climat. Ils abandonnent à leurs femmes le soin du commerce, et à leurs esclaves les travaux pénibles, pour vivre dans la mollesse. Leur religion, ainsi que leurs mœurs, tiennent beaucoup de celles des Indons. Le souverain est despote, ses sujets l'adorent comme un dieu; leurs loix sont très-sévères; des étoffes légères forment leurs vêtemens. Ils aiment beaucoup les spectacles, et on dit qu'ils y excellent. Leurs édifices publics et leurs temples sont magnifiques. Quoique l'industrie y soit gênée par le despotisme, ils ont cependant des manufactures d'où sortent des ouvrages parfaits en or.

Le sol de ce royaume, extrêmement fertile, produit sur-tout beaucoup de riz, un peu de blé dans les lieux élevés, du coton excellent, du maïs, du benjoin, du bois de sandal. De vastes forêts fournissent de très-beaux bois et sont peuplées d'un nombre infini d'éléphans; on y trouve aussi des mines de tous les métaux et beaucoup de pierreries. Le pays est compris comme l'Egypte entre deux chaînes de montagnes et arrosé comme elle par un grand fleuve. Les villes sont *Siam* capitale, située dans une île et séjour du roi; Mergui, port sur le golfe de Bengale, et Ligor, port sur le golfe de Siam.

La *PRESQU'ILE ORIENTALE* renferme:

Le royaume de MALACA; ce nom dérive de celui des habitans que l'on appelle Malais; ces peuples sont mahométans, et ont une sorte de civilisation. Ils exercent la piraterie, et ne négligent rien pour surprendre à l'improviste les équipages, qu'ils massacrent ensuite avec fureur. Ils vivent de pain de sagou; leur langue est douce et très-répandue. Le pays produit de l'ivoire, du poivre, des cannes à sucre, de la gomme, du fer, &c. On assure que la rivière qui traverse la presqu'île roule de l'or. L'intérieur du pays, couvert de forêts, est habité par une race d'hommes plus grossiers que les Malais. Les villes sont *Malaca* capitale, où le roi fait sa résidence; Johor sur le détroit, et Patane sur le golfe de Siam; à la pointe de la presqu'île est le cap de Romanie.

Les îles de l'Inde au-delà du Gange sont:

Dans le golfe de Bengale,

1°. Celles d'ANDAMAN, habitées par un peuple non encore civilisé et que quelques-uns prétendent être canuibales. Ces îles sont au nombre de douze. La principale a 50 lieues de long sur 15 de large; elle a de vastes forêts peuplées d'arbres précieux, tels que l'ébenier et le jaquier, ou arbre à pain. La mer y est poissonneuse, et les habitans sont pêcheurs. Les autres îles ont peu d'étendue et sont inondées par des torrens.

2°. Les îles de NICOBARS: la plus grande a 10 lieues de long sur 5 de large; elle produit des ignames, des cocos, de l'aréque, des gommes, des patates et des nids d'oiseaux. On y élève des poules et des cochons. Les habitans ont le teint cuivré.

Dans le golfe de Siam les principales îles sont celles:

1°. De PULO-CONDOR; elles forment un groupe de dix îles, dont la plus grande a 10 lieues de tour; cette dernière est couverte de montagnes aiguës, en partie stériles et en partie peuplées d'animaux venimeux. Les Cambogiens, qui habitent quelques-unes de ces îles, en retirent du goudron qu'ils portent à la Cochinchine, ou vont y prendre des tortues.

2°. L'île de PULO-UBY; elle est peuplée de Malais, a 18 lieues de tour et fournit du bois.

3°. L'île de PULO-TIMON; ses montagnes sont couvertes d'arbres; ses vallées riantes et fertiles produisent des fruits et du bétel. Elle a 40 lieues de tour, et de toute part elle est bordée de rochers. Des Malais l'habitent et y élèvent beaucoup de bestiaux.

L'ASIE SEPTENTRIONALE.

L'Asie septentrionale comprend la Grande-Tartarie, la Chine et la Corée.

LA GRANDE-TARTARIE.

Cette contrée est l'ancienne *Scythie*. Quelques auteurs, à cause de la grande élévation d'une partie de son sol au-dessus du niveau de la mer, la regardent comme le berceau du genre humain, ou du moins comme l'une des contrées le plus anciennement peuplées.

De ce pays sont sortis à diverses époques des essaims nombreux de guerriers qui ont porté le ravage sur différentes parties du globe. Tels furent les Huns et les Goths, dont les irruptions en Europe remontent jusqu'au commencement du troisième siècle; les Turcs, qui renversèrent l'empire d'Orient, et fondèrent celui de Mahomet à Constantinople; les Tatares ou Tartares-Mogols, qui envahirent la Perse et les Indes; les Tartares-Mantcheoux, qui conquirent la Chine, et ont encore un prince de leur tribu assis sur le trône de ce vaste empire. D'un autre côté, une partie de la Grande-Tartarie a été conquise par les Russes, tandis que le reste est habité par des peuples différens qui obéissent à des khans ou chefs particuliers. Cette sorte de partage de la Grande-Tartarie a donné lieu à sa division en trois grandes parties connues sous les noms de Tartarie russe ou Russie d'Asie, Tartarie indépendante et Tartarie chinoise.

LA TARTARIE RUSSE ou LA RUSSIE D'ASIE.

Cette contrée a 667,452 lieues carrées ; on n'y compte guère que 9 habitans par lieue, ce qui fait au total 6 millions. Souvent on l'appelle *Sibérie*, quoiqu'à parler exactement le pays de ce nom n'en soit que la partie septentrionale. Quelques auteurs néanmoins croient qu'autrefois le nord de l'Asie étoit connu sous le nom de Siber ou de Sibérie. Quoi qu'il en soit, les premières conquêtes des Russes dans ce pays ne paroissent remonter que vers 1534, sous le règne d'Iwan IV, le premier des souverains de Russie qui porta le nom de czar. Vers le milieu du dix-septième siècle, les Russes s'étendirent vers l'orient jusqu'au fleuve d'Amur. Ce n'est que vers 1711 que le Kamtschatka leur a été soumis. Leurs conquêtes au sud et notamment celle du royaume mogol de Kesan et de celui d'Astracan datent du milieu du seizième siècle.

Le climat et le sol varient beaucoup dans cette vaste contrée. Le froid et les chaleurs sont insupportables dans la partie septentrionale ; l'air est plus tempéré vers le midi, et on y récolte des grains dans les cantons cultivés : on y élève aussi des chevaux et des bestiaux. Le nord est couvert de vastes forêts, peuplées d'animaux, dont les fourrures font la principale richesse du pays. Les peaux de renards noirs, de castors, d'écureuils, de loups cerviers, d'hermines, de martres, de zibelines, sont très-recherchées par les Turcs et les Chinois. Les arbres qui dominent dans ces forêts sont en général le pin, le cèdre, le bouleau, &c. Le cèdre sur-tout est d'une grande ressource pour les habitans qui savent en tirer une huile qui leur tient lieu de beurre, et qui se nourrissent de son fruit.

On remarque dans cette partie de l'Asie de vastes déserts sablonneux nommés *steps*, au milieu desquels se rencontrent quelques touffes de gazon et quelques bouquets d'arbustes rabougris, qui représentent en petit les oasis des déserts de l'Afrique.

La Russie asiatique nourrit aussi de nombreux troupeaux de rennes, les animaux les plus utiles du nord, des élans, des chevreuils, des sangliers, des loups, des ours, des mulets, des lièvres et beaucoup d'oiseaux. Elle a des mines d'argent, de fer, de cuivre et des pierres précieuses.

Les principales rivières de la Russie d'Asie sont le Volga, l'Irtisch', l'Oby, le Jenissea, la Lena. Les principaux lacs sont ceux de Piacinsk, de Baïkal et de Soumi. Il y a quelques lacs d'eau salée.

Outre les Russes qui sont établis dans cette contrée, elle est habitée par des Tartares qu'on peut diviser en deux classes. Les uns sont sédentaires, les autres nomades ou sans habitations fixes.

La plus nombreuse de ces tribus est celle des Ostiaks ; ils sont tributaires de la Russie, vivent de pêche et sont vêtus de peaux d'animaux et de poissons.

Les Samoïèdes sont petits et robustes ; leur visage est plat, leurs cheveux sont noirs et luisans, leurs oreilles grandes et relevées. Ils passent l'été sous des tentes de peaux, et se nourrissent de poisson et de viande crue. Ils se retirent pendant l'hiver dans des espèces de tanières ; leurs chariots sont traînés par des rennes. Ils ont plusieurs femmes, et noient, dit-on, les vieillards impotens.

Les Tunguses sont robustes et courageux ; ils bravent également la rigueur de l'hiver et les chaleurs de l'été, et conduisent dans leurs perpétuelles pérégrinations sur une immense contrée, de nombreux troupeaux de rennes, qui sont toute leur richesse. Ils s'occupent aussi de chasse et de pêche. L'hiver ils sont vêtus des peaux des bêtes qu'ils ont tuées. Quelques-uns sont cultivateurs.

Les Iakoutes et les Ioukagirs sont des Tartares dégénérés, soumis autrefois aux Mogols et qui ont secoué leur joug, en se retirant dans une contrée lointaine où ils ont porté leurs mœurs et leur langage ; ils ont beaucoup de ressemblance avec les précédens ; mais ils sont plus industrieux. Ils nourrissent des chevaux avec lesquels ils font des transports de marchandises.

Les Tschouschis sont nomades, de belle taille et de bonne mine ; leur caractère est doux et hospitalier ; ils ont l'ouïe très-fine et voient de fort loin. Ils sont habiles cavaliers, et adroits à la chasse ; ils tuent le gibier à coups de flèches, font commerce de la peau des animaux qu'ils ont tués et d'ivoire fossile, qu'ils échangent contre des ustensiles, des armes, du tabac et de l'eau-de-vie. Ils sont très-adroits à fabriquer des gants et des bas de peaux, et savent les orner de broderies de soie, d'or et de poils de rennes. Ils vivent l'été sous des tentes. Les rigueurs de l'hiver les forcent de se réfugier dans des tanières souterraines. Ils sont polygames et passionnés pour l'eau-de-vie.

Les Kamtschadales sont industrieux et adroits. Ils vivent de chasse et de pêche, et ne font usage que d'alimens froids ; ils aiment passionnément les liqueurs fortes. Ils sont doux, hospitaliers. Une figure large et ronde, de petits yeux, des joues proéminentes, le nez plat, des cheveux noirs et point de barbe, un teint basané, une petite taille, des vêtemens grotesques, en font des hommes presque hideux. Leurs cabanes sont enfoncées sous terre. Ils n'ont que des chiens pour animaux domestiques.

Les Vogouls sont petits, mais plus blancs que les Kalmoucks, auxquels ils ressemblent beaucoup ; ils s'occupent principalement de chasse, pour laquelle ils emploient également l'arc, les armes à feu ou les piéges.

Les Tscherémisses et les Mordouinés sont de laborieux cultivateurs ; ils élèvent beaucoup d'abeilles. Ils habitent des maisons qu'ils échauffent avec des poêles. Leurs femmes ont quelqu'élégance dans leurs vêtemens.

Les Kalmoucks descendent des Mogols chassés de la Chine; ils ont le nez petit, plat et écrasé vers le front; le menton court, et les joues proéminentes; leurs lèvres sont épaisses; leurs oreilles énormes et détachées de la tête, ce qui, joint à un teint rouge, une petite taille et une excessive malpropreté, rend leur aspect effroyable. D'excellentes qualités rachètent ces défauts extérieurs. Ils sont affables, hospitaliers, généreux: leurs habits sont de peaux, et presque dans la forme de ceux des Polonais. Leurs tentes sont faites de la même matière, avec beaucoup d'industrie. De nombreux troupeaux de rennes, des moutons et des chevaux, forment, avec le produit de la pêche et de la chasse, leurs principales richesses. Leurs loix sont sages, et leur religion est celle du Thibet. Ils ont pour mortels ennemis les Kirguis.

Les Tschouvasches habitent les forêts, sont grands chasseurs et font usage du mousquet.

Les Kirguis sont nomades; ils parcourent à cheval les déserts, et y promènent leurs nombreux troupeaux. Les plus riches d'entre eux possèdent jusqu'à 10,000 chevaux et jumens, 300 chameaux, 4,000 bêtes à cornes, 20,000 brebis et 2,000 chèvres. Ils vivent sous des tentes de feutre, du produit de leur chasse et de laitage. Leurs déserts sont de vastes plaines sablonneuses arrosées de rivières, dont quelques-unes se perdent dans les sables. Ces plaines ou steps, abondent en gibier et quadrupèdes dont les fourrures sont précieuses. Ces peuples sont mahométans et ennemis implacables des Kalmoucks. Leurs vêtemens sont fort simples; mais ils mettent beaucoup de luxe dans l'équipage de leurs chevaux; ils se font servir par des esclaves pris dans leurs courses: eux-mêmes sont indépendans.

La Russie d'Asie a douze gouvernemens.

1°. Celui de TOBOLSK; on y compte 500,000 habitans; il est fertile en blé et possède de bons pâturages, sur-tout au midi; il fournit des pelleteries et du poisson. Ses villes sont *Tobolks*, capitale de la Sibérie, au confluent des rivières de Tobol et d'Irtisch; elle fait avec la Chine un bon commerce. Sourgoult et Beresof, toutes deux sur l'Oby; Verkotourié, place forte près des monts Poyas; Tioumen, sur la Toura; Jeniseisk, sur le Jenisea, et Tomsk, entre deux bras de la rivière de Tom. De ce gouvernement dépendent cinq îles inhabitées, dont une très-grande nommée *Nouvelle-Zemble*, séparée du continent par le détroit de Vaigatz. Elles sont peuplées d'ours, de renards, et d'énormes amphibies.

2°. Le gouvernement d'IRKOUTSK; il est divisé en région de l'E. et de l'O.; c'est le plus grand de toute la Russie. Dans l'enclave de ce gouvernement se trouve le lac Baïkal. La région de l'O. est habitée par des Russes, qui trafiquent avec la Chine. Le sol est coupé de montagnes, de vallées très-agréables et de forêts peuplées d'animaux à fourrures précieuses. Il y a des eaux très-pures où l'on pêche beaucoup de poissons. Les villes sont *Irkoutsk*, sur la rivière Angara qui sort du lac Baïkal; Selinginsk, sur la Selinga; Kiachta et Naima-Tcha, bâties par les Russes et les Chinois pour leur commerce réciproque: Nertzinsk, sur l'Amur; Okhotsk, sur la mer d'Amur. La région de l'E., ou pays des Kamtschadales, est peu fréquentée par les Russes, parce que les rigueurs de l'hiver et les grandes inondations les éloignent de ces contrées. Les villes sont Kamtschatka, dans la presqu'île du même nom, et Avatcha, sur une baie qui forme un port.

Ces deux gouvernemens réunis forment la SIBÉRIE PROPRE, lieu où les monarques russes envoient en exil ceux qui tombent dans leur disgrace.

3°. Le gouvernement de PERM; il a d'excellens pâturages peuplés de bestiaux, et produit des grains, du sel, beaucoup de gibier et de poisson; on y trouve aussi des mines d'or, de cuivre, de fer, et des carrières de marbre. La capitale *Perm* est sur la Kama qui se jette dans le Volga.

4°. Le gouvernement de VIATKA; il est coupé de montagnes et de marais. Il produit du blé, du lin, des bois de construction, toutes sortes de graines, du miel; il nourrit beaucoup de bestiaux. On y compte 100,000 habitans, qui ont des fonderies et des forges de fer. La capitale est *Viatka*, sur la rivière du même nom.

5°. Le gouvernement de KASAN; il offre les mêmes productions que le précédent, et en outre du chanvre et des fruits. Il fut long-temps, sous le nom de Bulgarie, un royaume, dont la capitale a été détruite par Tamerlan. Ses ruines subsistent au N. de la nouvelle *Kasan*, capitale actuelle au confluent de la Kasanka avec le Volga.

6°. Le gouvernement de SIMBIRSK; on y compte 700,000 habitans, qui sont cultivateurs et pêcheurs. La capitale est *Simbirsk*, sur la rive occidentale du Volga.

7°. Le gouvernement de PENZA; il produit beaucoup de blé, de la vouède, nourrit des chevaux et des abeilles; il y a des fabriques de draps, de savon, de cuivre, de couperose, de verre, de potasse. La capitale est *Penza*, à l'embouchure de la Sura.

8°. Le gouvernement de SARATOF; plus de quatre-vingt-dix villages y sont peuplés de colons allemands, la plupart luthériens. On y élève des vers à soie et du bétail; il produit du blé, du chanvre et du poisson. La capitale est *Saratof*, sur la rive droite du Volga.

9°. Le gouvernement du CAUCASE, ainsi nommé de la chaîne des montagnes qui le traverse; il seroit stérile à cause des grandes chaleurs et faute de pluie, sans le débordement du Volga, qui le fertilise. Il a beaucoup de fruits et des raisins excellens.

Il faut ajouter à ce gouvernement la partie septentrionale de la CIRCASSIE conquise sur les Turcs, et que l'on *nommoit* jadis la *Circassie asiatique*. Les Tartares qui l'habitent élèvent beaucoup de troupeaux; ils ont aussi des chevaux. Leur religion est un mélange de christianisme et de mahométisme. Des kans les gouvernent. Le chef-lieu est Astracan dans une île à l'embouchure du Volga. C'étoit autrefois la capitale d'un royaume du même nom. Les autres villes sont Asof, poste fortifié sur la rive du Don, et Taman, dans une île du même nom de la mer d'Asof à l'embouchure du Cuban.

10°. Le gouvernement d'Oufa; il est couvert de montagnes dont les gorges sont défendues par des forts; il est riche en mines de fer, de cuivre et de sel, qui sont exploitées par une partie des habitans. Les autres sont laborieux cultivateurs. Un grand nombre de Persans se sont réfugiés dans ce gouvernement avec leurs trésors. La capitale est *Oufa*, entrepôt des marchandises de l'Inde que des Bukariens y apportent en échange de celles d'Europe.

11°. Le gouvernement de Kolivan; il est couvert de forêts de cèdres et riche en pâturages. Le pays fournit du grain et du sel; il y a des mines d'argent d'un produit considérable. La capitale est *Kolivan*, où il y a des forges.

12°. Le gouvernement de la Géorgie ou du Gurgistan: cette contrée est célèbre par la beauté de ses femmes, destinées à peupler les sérails de l'Asie. Elle comprend l'ancienne Colchide et l'ancienne Ibérie. Long-temps elle eut un souverain particulier, qui étoit tributaire des Turcs et des Perses; maintenant elle est presqu'entièrement aux Russes, sous la protection desquels le prince s'est placé. Elle contenoit la Mingrelie, l'Imirette, le Guriel, le Caket et le Carduel; on la nomme aujourd'hui la Grusinie russe. Elle abonde en vins et fruits excellens, grains, bestiaux, gibier, volailles, poissons, &c. Sa capitale est Téflis, au pied d'une montagne, sur la rive droite du Kur, autrefois le *Cyrus*, qui traverse ce gouvernement.

LA TARTARIE INDÉPENDANTE.

Cette contrée en général est habitée par diverses tribus de Tartares qui vivent de brigandages. Leur nourriture ordinaire consiste dans le produit de leurs troupeaux, de la chair de cheval et du lait de jument. Ils sont d'une taille au-dessous de la médiocre et d'une figure désagréable, mais forts. Ils ont la face large, le nez plat, les yeux noirs et petits. Nomades par goût et sans cesse occupés à la poursuite du gibier, ils ne restent guère dans le même lieu. Ils échangent avec leurs voisins l'excédent du produit de leurs chasses, ou de celui de leurs bestiaux, pour des draps et autres vêtemens à leur usage ou à celui de leurs femmes, ou pour des pièces d'or. Leur grande occupation est l'exercice du cheval; ils dressent les leurs avec une merveilleuse habileté, et n'en descendent que pour dormir; ils manient l'arc avec beaucoup d'adresse; fabriquent eux-mêmes leurs armes et préparent les peaux, qui leur servent de vêtemens. Les uns sont mahométans, les autres païens.

Cette contrée a 176,000 lieues carrées à-peu-près. Elle est arrosée par le Gihon; par l'Amur, qui est l'ancien *Oxus*; par le Sirr, l'Irghiz et le Turgai, qui se jettent dans la mer d'Aral, et enfin par le Dzui, &c. Les lacs sont la mer d'Aral et le lac Tengis; les principales montagnes sont le Belur, qui est l'ancien *Imaüs*, et sépare les deux Bukaries, l'Alak-Oula, l'Argjun, le Kisig-Tag, l'Ulug-Tag, &c.

La Tartarie indépendante se divise en cinq contrées; savoir:

1°. Le Turkestan, ancienne patrie des Turcs. Il est habité par quatre peuples différens; savoir: 1°. les Turkmans ou pasteurs mahométans; ils ont les mêmes mœurs et les mêmes habitudes que les Bédouins; ils sont nomades. 2°. Les Kasatz, non moins errans, et qui font de fréquentes incursions dans la Russie d'Asie. 3°. Les Mankats ou Karakalpaks, appelés ainsi du nom russe de leurs bonnets; ils sont nomades, et transportent leurs demeures sur des chariots. 4°. Enfin, les Porutes; tous ces peuples sont mahométans. La capitale du Turkestan est Otrar sur le Sirr. C'est dans cette ville que mourut Tamerlan.

2°. Le pays des Usbecks; il comprend la Grande-Bukarie, qui répond à la Sogdiane et à la Bactriane des Anciens, et le Karasm ou la Corasmie, pays des anciens Massagètes. Les habitans de cette contrée sont plus civilisés, mais ils n'en sont pas moins portés au pillage; ils parlent turc, sont mahométans et bons guerriers. Leurs femmes combattent avec eux. L'habillement de ce peuple ressemble à celui des Persans. Leur pays, arrosé par de nombreux canaux tirés du Gihon, est dans des vallées fertiles en blé et fruits délicieux; mais la culture y est très-négligée. Les montagnes renferment beaucoup de mines.

Les villes principales sont Corcang ou Urgheus, capitale de Karasm et résidence du khan; Samarkand, capitale de la Grande-Bukarie et autrefois de l'empire de Tamerlan, sur le bord méridional de la Sogd; Balk, centre du commerce de la Grande-Bukarie avec l'Indostan; Bokara, près du Gihon, célèbre par son commerce et ses manufactures; Afnana, simple bourg, &c.

3°. Le pays des Eleuths; il est plus élevé et plus froid que les autres contrées. Le climat en est beau, le sol assez fertile, mais la culture y est négligée. Les habitans sont nomades comme les autres Tartares, et passent leur vie à parcourir leurs vastes déserts. Quelques-uns suivent la religion de Mahomet, les autres sont idolâtres. Leur prince paie un tribut aux Chinois.

On divise le pays des Eleuths en trois parties, savoir la Calmaquie, la Petite-Bukarie, les pays de Turfan et d'Hami.

La *Calmaquie* a de belles plaines entre les montagnes dont elle est couverte. Ses villes sont Urga capitale, et Cialis.

La *Petite-Bukarie* a des plaines fertiles et de vastes déserts; ses montagnes renferment quelques mines; on y trouve beaucoup de plantes aromatiques. Les habitans font le commerce avec les contrées voisines. Irghen, sur la rivière du même nom, en est la capitale.

Les pays de *Turfan* et d'*Hami*. Les territoires des villes de ce nom sont fréquentés par les négocians qui vont à la Chine. Les habitans sont mahométans.

4°. Le Thibet ; suivant une ancienne tradition conservée parmi les habitans, cette contrée fut autrefois couverte par les eaux. Les rochers qui terminent les hautes montagnes sont presque tous fendus par le froid qui y est très-vif. Il y a des mines d'or, de plomb, de cinabre, de cuivre et du sel gemme ; le pays produit en outre du musc, des perles, des grains, du riz, de la rhubarbe, des fruits excellens. Les Thibetains nourrissent un grand nombre de moutons et de chèvres dont les peaux, les poils et les laines sont pour eux un bon article de commerce et d'échange avec les Chinois, qui achètent aussi leurs autres denrées. Ils sont aimables, hospitaliers, d'une forte constitution, habitent des maisons en forme de fours à chaux, connoissent depuis long-temps les arts et même l'imprimerie ; c'est-là que se fabriquent les cachemirs si recherchés. La religion de ce peuple est dérivée de celle des brames. Le lama ou grand-prêtre nomme un régent séculier qui est à présent un Chinois. Les villes sont Lassa capitale, sur le Burrampouter qui se jette dans le Gange ; Teschou-Loumbou, située entre des rochers ; Karka, marché fameux pour les pelleteries, et Thanseu, dont les draps sont renommés. Cette contrée est pour ainsi dire encore inconnue aux Européens.

5°. Le Boutan, contigu au Thibat ; il est rempli de montagnes dont les cimes sont toujours ensevelies sous la neige ; ses vallées sont fertiles en grains et fruits et mériteroient d'être mieux cultivées. Quelques parties sont couvertes de marais et de forêts désertes. Les Boutaniens sont grands et robustes ; ils savent fabriquer des armes et du papier d'écorce. Leurs villes sont Tascisudor capitale ; Chapareng, ville considérable et commerçante ; Paro et Buxadcouar, place forte.

Ces deux dernières contrées ont pour souverain le grand-lama, chef de la religion des Tartares, et qui dépend pour le civil de l'empereur de la Chine.

LA TARTARIE CHINOISE.

Cette contrée a 140,556 lieues carrées. Elle renferme un immense plateau, qu'on peut regarder comme l'un des lieux les plus élevés de la terre. Appuyé par d'énormes montagnes qui lui sont contiguës, il est lui-même coupé par d'autres montagnes et par le vaste désert de Colei ou de Shamo. Là ne se trouve plus ni eau ni végétation. Sans le secours du chameau, cette immense solitude seroit impraticable. Quelques oasis néanmoins s'y font voir d'espace en espace.

On divise la Tartarie chinoise en orientale et occidentale. La première, arrosée par l'Amur, a la même température et presque les mêmes productions que la France, au rapport de la Pérouse qui l'a parcourue et qui en parle avec éloge. Elle est habitée par les Mantcheoux qui s'emparèrent de la Chine et lui donnèrent des empereurs. Ces peuples, issus immédiatement des Scythes, sont adorateurs du dieu Fo. Ils connoissent en outre une hiérarchie d'esprits protecteurs ; mais ils n'ont ni temples ni idoles.

La partie occidentale est habitée par les Mongous ou Mogols, peuple jadis très-puissant. On les distingue en Mogols noirs, sujets de l'empereur de la Chine, et Mogols jaunes, qui sont seulement protégés par lui. Ils diffèrent beaucoup des Tartares proprement dits, et ne paroissent pas avoir la même origine.

Dans la partie orientale il y a trois gouvernemens. Celui de Tsit-Ci-Car, dont la capitale est *Tsit-Ci-Car*, ville nouvellement fondée ; c'est, dit-on, un lieu d'exil pour les Chinois. Ce gouvernement fournit de belles fourrures. Celui de Ki-Rin, dont la capitale, située sur le Songari, fleuve tributaire de l'Amur, porte le même nom. Ce gouvernement a vers le nord beaucoup de forêts remplies de plantes médicinales et au sud plusieurs villes. Enfin, le gouvernement de Chen-Yang, dont la capitale est *Chen-Yang*, où se trouve le mausolée de Xun-Chi, conquérant de la Chine et chef de la race régnante. Ce pays abonde en grains, fruits, légumes et en ginseng, plante fort recherchée des Chinois.

Deux îles à l'embouchure de l'Amur, peuplées de Tartares, dépendent de ce gouvernement, la première se nomme Tcho-Ka et l'autre Chi-ka.

L'EMPIRE CHINOIS.

Ce vaste empire se divise en trois grandes parties, savoir : la Tartarie chinoise dont nous venons de parler, la Chine, et les pays qui en sont tributaires.

LA CHINE.

L'empire de la Chine est de tous ceux de la terre celui dont les annales datent de plus loin. Son histoire remonte par une suite de faits à 2,500 ans avant J. C. Ce territoire cependant ne prend une forme régulière qu'environ 200 ans avant notre ère. Les Anciens connoissoient cette contrée sous les noms de *Serica*, pays de la soie, et de *Sina*, que des auteurs prétendent devoir plutôt appartenir au royaume de Siam. Il paroît démontré que les Chinois connoissoient les arts long-temps avant l'Europe : on ne peut guère douter que la boussole, l'imprimerie et la poudre à canon ne soient en usage parmi eux depuis 2,000 ans.

Dès une époque fort ancienne, la Chine étoit ouverte aux incursions des Tartares. Pour les arrêter un des empereurs fit construire une muraille très-forte et d'une immense étendue, qui descend dans les plus profondes vallées, s'élève sur les montagnes, et se joint à une barrière de pieux aux frontières de la Corée. Cet obstacle étant insuffisant, les Chinois appelèrent Gengis-Kan, chef mogol, pour les aider à repousser les Tartares-Kokonor qui menaçoient la Chine. Il prêta l'assistance qu'on lui demandoit; mais il la fit payer cher. Lui-même s'empara du pays. Ses successeurs en furent chassés; Xun-Chi, chef de Mant-cheoux, en a de nouveau fait la conquête. Il réunit autant qu'il étoit en son pouvoir les deux peuples, en donnant aux Tartares les loix et la police des Chinois, et à ceux-ci la discipline militaire et les armes des Tartares. Malgré ses efforts, la distinction des vainqueurs et des vaincus subsiste; les premiers ont conservé les principaux droits des conquérans, et les Chinois les ressentimens cachés d'un peuple vaincu.

La Chine a 144,222 lieues carrées, et environ 333 millions d'habitans, au rapport d'un mandarin qui en donna l'état à la dernière ambassade anglaise; état que ceux qui composoient cette ambassade regardent comme dressé d'après des pièces authentiques.

Le climat de la Chine est plus varié du nord au midi qu'en Europe; ce dont on peut juger en observant les latitudes. Le sol, dont la fertilité naturelle est augmentée par la merveilleuse industrie des habitans, produit une immense quantité de riz, de thé, de blé, de lin, de coton, beaucoup de légumes et de fruits de nature et de formes très-variées, des plantes aromatiques et médicinales de toute sorte, des arbres de beaucoup d'espèces, dont l'un des plus utiles est l'arbre à suif, des vernis très-estimés, de la soie, de la rhubarbe, &c.

Le territoire est arrosé par un nombre infini de rivières, dont les principales sont le Hoang-Ho ou Rivière Jaune, et le Kiang-Ho. Le canal Impérial, d'une largeur et d'une étendue immenses, est le plus bel ouvrage de ce genre qui ait été fait de main d'hommes. D'autres canaux secondaires y favorisent la navigation et le commerce. Plusieurs provinces possèdent de vastes et beaux lacs, très-poissonneux. Sur ces eaux existe, dans des barques, une seconde et innombrable population, composée de familles de pêcheurs ou d'hommes occupés au transport des marchandises. Ces hommes ne descendent presque jamais à terre, et ont poussé l'industrie jusqu'à se faire des jardins sur des radeaux de bambous recouverts de terre.

Plusieurs montagnes sont coupées en terrasses et fertilisées au moyen d'irrigations. La fécondité naturelle du sol y est entretenue par le soin que les Chinois mettent à la recherche et à l'emploi des engrais de toute espèce.

Si l'on peut ajouter foi néanmoins à un voyageur moderne (1), « on ne doit pas croire que le pays soit dans le meilleur état de culture possible ». Il est certain que les famines sont fréquentes à la Chine; mais cela peut tenir à d'autres causes, et il faut avoir bien examiné avant de contredire une opinion qui jusqu'ici paroissoit établie sur de bons documens.

La Chine est, en général, un pays plat. Ses frontières sont bordées

(1) M. John Barrow, *Voyage en Chine.*

de plusieurs chaînes de montagnes, qui s'avancent quelquefois jusque dans les provinces du milieu. Leurs cimes même les plus élevées ne sont pas dénuées de produits. Ces montagnes renferment en outre des mines de toute sorte de métaux, plusieurs minéraux précieux et des carrières de toute espèce qui sont exploitées avantageusement.

Dans ces montagnes, au sein des forêts et dans les plaines, se trouvent, outre les animaux de l'Europe, beaucoup d'éléphans, de rhinocéros et des oiseaux que la nature a décorés du plus riche plumage.

Les Chinois ont le nez court, la figure large et pleine, les joues proéminentes, la bouche large, les yeux bien fendus, mais peu ouverts et inclinés vers la racine du nez; les cheveux noirs et très-épais; ils n'en laissent sur leur tête qu'une petite touffe. La petitesse du pied, poussée jusqu'à la difformité, est regardée comme une grande beauté dans les femmes.

Les Chinois sont très-fidèlement attachés aux mœurs, aux opinions, aux formes des vêtemens, au langage que leur ont transmis leurs ancêtres. Si dans les arts et les sciences ils ont de beaucoup précédé les Européens, il s'en faut qu'aujourd'hui ils y soient leurs égaux: Depuis long-temps les connoissances sont parmi eux comme *stationaires*, et s'ils ont conservé ce qu'ils ont appris anciennement, ils ne l'ont pas beaucoup perfectionné. Imitateurs serviles dans les arts d'agrément, ils rendent exactement les formes et les couleurs des divers objets de la Nature; mais leurs ouvrages sont dépourvus d'ame et de feu; il n'y a ni plan, ni goût. Leurs tableaux sont sans vie, et ils n'ont aucune idée du clair-obscur.

Il paroit que les anciens Chinois adoroient un être suprême sous le nom de Tien, quoique quelques-uns prétendent que le Tien ne fût que le ciel visible. Ils lui offroient des sacrifices. Ils rendoient aussi un culte à leurs ancêtres et aux sages qui les avoient éclairés. Parmi ces derniers le célèbre Confutzé ou Confucius est l'objet d'une vénération particulière. Cette religion est encore aujourd'hui celle des lettrés. Vers l'an 65 de l'ère chrétienne, la secte de Fo s'introduisit à la Chine; elle y est aujourd'hui la religion du peuple, qui adore aussi des idoles particulières. Les prêtres de cette religion se nomment *bonzes*.

Les loix chinoises sont sages, très-anciennes et très-religieusement observées. La dynastie tartare y tient la main rigoureusement.

Les principaux édifices de la Chine consistent dans les palais de l'empereur, de très-belles pagodes, qui sont les temples des Chinois, et de hautes tours. Les canaux sont pourvus d'écluses simples et ingénieuses. Les grandes routes sont belles, pavées de larges dalles de granit, et bien entretenues; la plupart sont plantées d'arbres.

Les vêtemens des Chinois sont simples dans leur forme, amples, retenus par une ceinture et commodes. Les rangs y sont distingués par la couleur de l'habit et quelqu'autre marque particulière.

Le but de l'éducation chinoise est d'imprimer le goût de la vertu, les principes religieux, la pratique des actions louables, le respect pour les ancêtres et pour l'autorité paternelle. Les principaux objets d'instruction sont l'écriture, le calcul, la musique et les exercices militaires.

La langue chinoise n'a qu'un petit nombre de mots, presque tous monosyllabes; mais la combinaison des inflexions différentes dans la pronociation varie les significations à l'infini. L'écriture emploie des caractères presqu'innombrables; quelques auteurs ont cru qu'elle étoit hiéroglyphique, et la regardoient comme un reste informe de la peinture même des objets. M. Barrow, déjà cité, qui en a fait à la Chine une étude particulière, n'est pas de ce sentiment.

Les qualités qui distinguent les Chinois sont la douceur, la patience industrieuse dans les travaux, la régularité de mœurs, l'affabilité, la sobriété, l'attachement aux devoirs domestiques, aux loix, aux préceptes religieux. Les classes sont variées et distinctes; les principaux magistrats sont connus sous le nom de mandarins; la subordination entre eux s'observe strictement et très-sévèrement.

Il ne paroît pas que les Chinois soient très-versés dans l'art militaire. Leur timidité naturelle en fait de médiocres soldats; ils ont été facilement subjugués par les Tartares, qui forment dans la Chine une nation particulière et presque toute militaire.

L'empereur de la Chine, quoiqu'absolu, gouverne l'empire en père et se regarde plutôt comme le chef d'une grande famille, que comme un souverain. Il est Tartare, et passe une partie de l'année en Tartarie.

En Chine, le premier ministre n'est point exempt de la punition commune, qui consiste à recevoir un certain nombre de coups de bambou. Quelques gouverneurs de provinces, sur-tout de celles qui sont loin du siége de l'empire, se comportent par fois d'une manière assez despotique; mais quand leurs malversations parviennent à la connoissance de l'empereur, ils sont sévèrement punis.

Les Chinois fabriquent avec beaucoup d'adresse tous les objets de luxe ou d'utilité; les articles les plus répandus dans le commerce extérieur sont la porcelaine, l'encre connue sous le nom de la Chine, les ouvrages en laque, &c. Leur architecture ne ressemble en rien à celle de l'Europe, et moins encore aux beaux modèles que nous ont laissés les Grecs. Leurs maisons ont la forme d'une tente. Il paroît néanmoins qu'ils sont les inventeurs des voûtes. Ils excellent sur-tout dans la distribution et l'arrangement des jardins naturels; ceux de l'empereur de la Chine n'ont rien qui les égale.

Les missionnaires chrétiens avoient fait dans cette contrée un grand nombre de prosélytes. Admis dans le palais comme astronomes, mécaniciens et mathématiciens, ils ont souvent joui de la faveur du monarque chinois; mais des persécutions et l'attachement des Chinois à leurs anciens usages, ont plusieurs fois retardé ou arrêté le succès de leurs soins. Cependant les chrétiens sont en grand nombre, et y ont de très-belles églises.

L'armée chinoise est composée de 1,800,000 hommes, dont 1 million d'infanterie et 800,000 cavaliers; la cavalerie tartare est la meilleure. Les chevaux chinois sont petits, mauvais et sur-tout très-mal soignés, si l'on en croit M. Barrow.

La Chine est divisée en quinze provinces; sept de ces provinces sont dans la partie septentrionale, nommée jadis le CATHAY; et huit dans la partie méridionale, appelée MANGI. Les sept provinces du Cathay sont :

1°. SHEN-SÉE; elle est fertile en grains et fruits dans les plaines; beaucoup de bestiaux paissent dans les montagnes. Elle fournit des drogues, du musc, du miel; on y trouve des mines d'or et du charbon-de-terre. Elle a dix-huit millions d'habitans. Sa capitale est Singuan-Fou; les anciens monarques de la Chine y ont résidé.

2°. SHAN-SÉE : cette province éprouva en 1556 un affreux tremblement de terre : ses ravages sont aujourd'hui réparés. Elle est très-fertile en blé, millet et sur-tout en raisin; mais elle a peu de riz. Ses montagnes renferment des carrières de porphyre, de marbre, de jaspe et de pierre bleue pour la porcelaine; on y trouve aussi des mines de charbon-de-terre très-abondantes. Elle nourrit beaucoup de bestiaux. On y compte vingt-cinq millions d'habitans. La capitale est Tay-Yuen-Fou, qui a des fabriques d'étoffes et fait commerce de musc.

3°. PÉ-CHÉ-LÉE : cette province est traversée par le canal impérial; elle produit beaucoup de sel; mais le sol y est sablonneux et stérile. Les habitans s'y servent de brouettes à voiles. Les montagnes qui sont au nord fournissent du cristal, du porphyre et du marbre. La population est de trente-sept millions d'habitans. La capitale est la fameuse ville de Pékin, qui l'est aussi de tout l'empire. Elle est divisée en ville tartare et ville chinoise. Le palais impérial y forme comme une troisième ville. Les rues sont droites et les boutiques très-ornées. Elle est environnée de hautes murailles. Elle a trois millions d'habitans.

4°. SHAN-TUNG; le canal impérial traverse cette province et beaucoup d'autres canaux l'embellissent et la fertilisent; aussi, malgré la sécheresse du climat, y fait-on des récoltes abondantes de froment, de millet et de fruits. Les sauterelles la dévastent souvent. Le gibier y est abondant. Elle nourrit entre des vers à soie une espèce de chenilles dont le fil est plus fort que la soie. Elle a des mines de charbon. Sa population est de vingt-quatre millions d'ames. Confucius est né dans cette province. La capitale est Tsi-Nan-Fou, renommée par ses soies blanches.

5°. SÉ-CHUEN : les montagnes incultes dont cette province est hérissée renferment des mines d'étain, de mercure, et sont habitées par les Tartares-Miatsées. Elle a vingt-sept millions d'habitans. Les plaines produisent des grains, des fruits, du vin et de la rhubarbe. La capitale est

est Tching-Tou-Fou , ville très-commerçante, située dans une île formée par des rivières.

6°. Ho-Nan , appelée *le Jardin de la Chine* ou *Fleur du milieu* , à cause de sa beauté et de sa fertilité; elle fut jadis habitée par les empereurs. C'est une vaste plaine arrosée par le Hoang-Ho et par une grande quantité de canaux. Elle produit en abondance du blé, du riz, des fruits excellens. A l'occident, elle est bornée par une vaste chaîne de montagnes boisées. Ces montagnes renferment un lac bordé de manufactures de soie, à laquelle son eau donne un très-beau lustre. La population de cette province est de vingt-quatre et même de trente millions d'habitans. La capitale est Cai-Song-Fou, sur le Hoan-Ho.

7°. Kiang-Nan : cette province est maritime ; on y compte trente-deux millions d'habitans. Les bords de la mer y sont garnis de salines et de chantiers pour la construction des navires. Elle est arrosée par le grand canal , et produit, outre le blé et la soie, une immense quantité de coton jaune, dont on fait l'étoffe appelée du nom de Nan-Kin, sa capitale. La ville de Nan-Kin est remarquable par son port, ses fabriques de soie et sa tour en porcelaine de neuf étages.

Les huit provinces de la partie méridionale sont :

8°. Hou-Quang, appelée le *Grenier de la Chine* , à cause de la grande quantité de blé qu'on y récolte. Cette province est arrosée par un grand fleuve et beaucoup de rivières, de ruisseaux et de lacs. Sa population est de vingt-sept millions d'habitans. Elle a des mines d'or, de fer et d'étain , des fabriques d'étoffes de coton et de soie , des plantes médicinales , du papier , du bambou, &c. La capitale est Vou-Tchang-Fou sur le Kiang-Ho.

9°. Kiang-See; cette province produit beaucoup de soie et du riz très-estimé. Ses montagnes ont des mines d'or , d'argent , de plomb, de fer et d'étain. Les rivières sont bordées de bambous. Il y a dix-neuf millions d'habitans. Elle a de riches manufactures de porcelaine. Les femmes y sont assujetties à un travail fort rude ; elles traînent la charrue, tandis que le mari la dirige et sème. Sa capitale est Nan-Tchan-Fou , sur un lac et résidence d'un grand nombre de lettrés.

10°. Tche-Kiang : cette province est entrecoupée de canaux et fournit la meilleure soie ; ses fabriques sont très-florissantes. Le canal impérial la traverse ; elle est d'ailleurs entrecoupée d'autres canaux qui servent à arroser des rizières, mêlées de plantations de mûriers. On l'appelle le *paradis de la Chine*. Elle a vingt-un millions d'habitans. Les villes sont Hang-Tcheou-Fou, à l'embouchure d'une large rivière, et Ning-Po-Fou ou Nimpo, port commode ouvert aux étrangers.

11°. Fo-Cheng ou Fo-Kien , province maritime; elle a des montagnes qui renferment des mines de fer et d'étain , et même d'or; mais elles ne sont pas exploitées ; elle produit du riz et fournit des fruits , des oranges excellentes , du bois de construction , &c. On y fabrique beaucoup d'outils , d'étoffes et de toiles précieuses. L'air y est pur , mais très-chaud.

Sa population est de quinze millions d'habitans , qui parlent une langue particulière et font le commerce avec le Japon , &c. La capitale est Fou-Tcheou-Fou , située avantageusement pour commercer avec l'Inde et le Japon.

12°. Koei-Cheou : le pays est rempli de montagnes inaccessibles, qui renferment des mines d'or , d'argent , de mercure, de cuivre et d'étain. Il abonde en oiseaux sauvages. Les habitans , au nombre de neuf millions non compris les exilés que l'on envoie dans cette province , sont presque indépendans ; on y élève les meilleurs chevaux du pays. On n'y emploie que le chanvre dans les fabriques de toiles. La capitale est Koei-Yang.

13°. Yunan : cette province a des rivières qui roulent de l'or ; elle possède aussi des mines de ce métal précieux, d'argent, de cuivre jaune, de cuivre blanc , d'étain ; on y trouve des rubis et des pierres sonores dont on fait des instrumens de musique ; elle produit en outre du blé , du riz , de la soie, de l'ambre , de la gomme , du lin , des plantes médicinales. Elle a plus de sept millions d'habitans. Sa capitale est Yunan-Fou , sur les bords d'un lac : on y fabrique des tapis superbes.

14°. Quang-Si ou Quang-See ; les mines d'or de cette province sont exploitées au profit de l'empereur ; il y en a aussi d'argent et de cuivre ; le pays produit du blé , du riz , de la cannelle , de la cire blanche, des pierres qui servent à faire de l'encre, un arbre dont on mange la moelle. Sa population est de dix millions d'habitans. La capitale est Quei-Ling-Fou, où se fait la meilleure encre de la Chine.

15°. Quang-Tung, province qu'en Europe on appelle Canton ; elle a des mines d'or, des pierres précieuses ; elle produit du riz , des fruits et de l'indigo. On y compte vingt-un millions d'habitans. Ses villes principales sont *Quang-Tung* ou *Canton* , capitale de la province, dont le port est ouvert aux étrangers ; il s'y fait un commerce immense ; on y trouve aussi Macao, bâtie par les Portugais, où presque toutes les nations de l'Europe ont des comptoirs, mais moins florissante qu'autrefois.

Les îles les plus considérables qui avoisinent la Chine sont :

1°. Chang-Tohuen ou Sancian, à l'entrée du golfe de Quang-Tung; c'est là que mourut S. François-Xavier ; elle est stérile et presqu'inhabitée.

2°. Hai-Nan : elle a 75 lieues de long et 60 de large ; l'air y est malsain et les eaux y sont mauvaises. Elle a beaucoup d'habitans, auxquels elle fournit du riz, tous les fruits de la Chine, du sucre , du tabac, du coton, toute sorte de gibier , de l'indigo, du poisson , &c. On y trouve des mines d'or , une sorte de pierre azurée qui sert à colorer la porcelaine, du bois rose incorruptible et du bois d'aigle. Les montagnes du centre renferment un peuple indépendant, avec lequel il est défendu aux Chinois de communiquer, il ne leur est pas même permis d'acheter l'or de leurs mines.

8

PAYS TRIBUTAIRES DE LA CHINE.

Ces pays sont le Tunquin, la Cochinchine, le pays des Eleuths, le Thibet et le Boutan desquels nous avons donné la description. Il nous reste à parler de la Corée.

La CORÉE est une grande presqu'île qui a pour frontière la Tartarie chinoise. Elle a 150 lieues de long sur 100 de large. Les Japonais et les Chinois se la disputèrent long-temps ; elle fut enfin soumise par ces derniers, qui paroissent l'avoir peuplée dès l'origine. Du moins les Coréens ont la religion, la langue, l'écriture et les mœurs des Chinois. Leur roi est tributaire de la Chine. Les Japonais leur ont appris à cultiver le tabac ; ils en font un grand usage. Ils récoltent en outre des grains, du riz et des fruits. Ils exploitent des mines d'or, d'argent, de fer et de cuivre ; ils fabriquent du papier excellent et extrêmement fort. Leurs principaux articles de commerce sont des étoffes de coton et du linge. La Corée a huit provinces ; sa capitale est King-Ki-Tao, résidence du roi.

L'Asie a dans l'océan Pacifique beaucoup d'îles dont plusieurs sont très-considérables. Nous allons parler des principales.

LES ILES D'ASIE.

Les KURILES ; elles sont au nombre de vingt-une, et forment un groupe de peu d'étendue ; des courans rapides les séparent ; elles sont montagneuses, volcaniques et souvent agitées par de violens tremblemens de terre. Plusieurs sont inhabitées, et ne sont que des îlots sans bois, sur lesquels on vient à la chasse des loutres et des renards. Les autres îles de ce groupe ont ensemble à-peu-près 1,400 habitans, qui portent de longues barbes et vivent en général de pêche et de chasse. Les femmes préparent les alimens et fabriquent les étoffes. Tous les habitans sont chrétiens, et font commerce de pelleteries avec la Chine, le Japon et la Russie. De ces îles quatre seulement appartiennent aux Russes. On y trouve des pins et des sapins. Les autres dépendent du Japon ; leurs principales productions sont des bambous, des cannes à sucre et des fruits.

Les ALEUTS ou îles ALEUTIENNES : elles sont à l'E. du Kamtschatka, et forment un arc qui joint presque l'Asie à l'Amérique. On les nomme aussi îles de BEHRING. Toutes ne sont pas habitées. Les plus peuplées sont Ounalachka et Sithanaka. Les naturels ont les cheveux noirs, peu de barbe et le visage aplati. Ils vivent de pêche ; ils se servent d'arcs et de flèches. On trouve dans ces îles des canards, des perdrix, des aigles, &c. La polygamie y est permise. Les habitations ne sont que de pauvres cabanes.

Les îles aux RENARDS ou de FOX sont au S. des îles Aleuts et font peut-être partie de ce groupe. On en doit la découverte aux Russes. La grande quantité de renards qu'on y trouve leur a valu leur nom. Les naturels ressemblent à ceux des Aleuts, et ont les mêmes mœurs et les mêmes usages.

La terre de JESO ; elle a 130 lieues de long et 110 de large ; elle est converte de vastes forêts remplies d'animaux sauvages. Les habitans sont païens ; ils vivent de chasse et de pêche, et sont tributaires du Japon.

Les îles du JAPON : on en compte trois grandes qui sont entourées de plusieurs petites. Toutes ensemble forment le célèbre empire du Japon, fondé plus de 600 ans avant J. C. Autrefois le Daïri ou chef suprême de la religion, y étoit souverain absolu ; il exerçoit l'autorité civile et militaire. Seulement les armées étoient commandées par un général en chef appelé Kubo. Celui-ci profita de son crédit et des forces qui lui étoient confiées pour se rendre indépendant. Le Daïri est aujourd'hui borné à la suprématie religieuse.

Les Japonais adorent plusieurs divinités ; ils sont divisés en deux sectes qui reconnoissent l'une et l'autre un Dieu suprême ; mais l'une d'elles, comme les disciples d'Epicure, croient ce Dieu trop au-dessus de ses créatures pour qu'il attache quelque prix à leurs hommages. L'autre secte tire son origine de l'Indostan. Le christianisme fut introduit au Japon vers le milieu du seizième siècle par les jésuites. Il y fit de nombreux prosélytes ; mais de sanglantes et longues persécutions l'y ont entièrement extirpé. Les Hollandais sont aujourd'hui les seuls Européens qui puissent aborder au Japon : on a prétendu qu'on les y obligeoit de fouler aux pieds le crucifix ; cette anecdote est révoquée en doute par de bons auteurs.

Les loix du Japon sont peu nombreuses, mais sages et rigoureusement observées ; la police y est parfaite, et les crimes y sont rares.

Les Japonais sont d'une taille médiocre, bien faits, actifs, adroits et robustes ; ils ont les yeux petits, les cheveux noirs, le nez court ; leur teint est olivâtre ; leurs vêtemens sont de larges robes de soie ou de coton, suivant les rangs ; ils les nouent avec une ceinture. Ils sont respectueux et soumis envers leurs supérieurs et leurs parens, doux et polis entre eux.

La polygamie est en usage au Japon. Les femmes n'y sont point renfermées. Les Japonais n'y font aucun usage de vin, ni de nos autres liqueurs spiritueuses.

Les sciences et la littérature sont en honneur au Japon. On y cultive l'astronomie ; l'imprimerie y est en usage depuis long-temps ; mais les caractères ne sont pas mobiles, et le papier ne s'y imprime que d'un côté.

Les Japonais fabriquent avec beaucoup d'art de grands navires, des maisons, des édifices et des ouvrages fort beaux avec du sapin et du cyprès. On sait que leur porcelaine est très-fine et très-recherchée, et aucune nation ne les surpasse dans la fabrication des vernis. Il sort de leurs manufactures des étoffes d'or, d'argent, de soie, de coton et d'écorce. De cette dernière substance ils font des cordages, des mèches, &c. et de très-beaux papiers avec la feuille du mûrier. Leurs maisons sont en bois, peintes en blanc, à deux étages et commodes. Ils n'ont cependant ni chaises ni tables ; des nattes forment leur principal ameublement. Leur langage tient de celui des Chinois.

Quoique le sol des îles japonaises soit naturellement peu fertile, l'industrie y supplée. Elles produisent des grains, du riz, du thé, des fruits, du coton, de la soie, du camphre, &c. On y élève des chevaux et le bétail y est nombreux. Les montagnes renferment des mines d'or, d'argent, de fer, d'étain et de cuivre qui est, dit-on, le plus beau que l'on connoisse. Plusieurs de ces montagnes ont des volcans qui causent de violens tremblemens de terre. La chaleur de l'été est considérable dans ce pays. Souvent néanmoins elle est tempérée par les vents de mer ; l'hiver y est fort rude. En général la température est très-variable. Des pluies abondantes donnent au sol, naturellement stérile, une grande fertilité. Les orages et les ouragans y sont fréquens et dangereux.

Les îles principales du Japon sont celles de Niphon, de Kiusiu et de Sikok.

L'île de Niphon est la plus importante ; c'est le siége de l'empire ; sa capitale est Jédo, résidence de l'empereur séculier. Elle est grande et très-peuplée ; son port est peu profond ; un grand fleuve la traverse. Les autres villes sont Méaco, résidence de l'empereur religieux et entrepôt de toutes les marchandises du Japon ; Osaca, sur la rivière de Jedogawa et port commode.

Kiusiu ou Bongo est au S. O. de Niphon ; sa capitale est Nangasaki, dans le port de laquelle est une petite île où se fait le commerce avec les étrangers, auxquels on ne permet pas de passer outre.

L'île de Sikok, la plus petite des trois, est entre les deux autres. Sa capitale est Tossa.

Les îles de LIOU-KEOU sont au nombre de trente-six et forment un groupe, auquel la principale, appelée Lieou-Kiou, a donné son nom. Celle-ci a 70 lieues de long et 30 de large ; les autres sont petites. Autrefois ces îles étoient gouvernées par trois souverains, aujourd'hui elles n'en ont plus qu'un seul, qui est tributaire de la Chine ; la capitale est Kien-Tching, résidence du monarque et de laquelle dépendent beaucoup d'autres villes et villages. Les habitans sont polis. Leurs mœurs et leurs habitudes ressemblent beaucoup à celles des Japonais, dont ils ont d'ailleurs la religion. Le langage diffère de celui de la Chine et du Japon ; mais ils se servent des caractères japonais. Ils fabriquent des étoffes très-fines. Ces îles produisent des grains, du riz, du coton et des fruits ; le thé y est apporté de la Chine. Elles ont des mines de fer et de cuivre. Leur découverte remonte jusqu'au septième siècle ; mais les Chinois ne les assujétirent qu'au quatorzième.

L'île FORMOSE ; son vrai nom est Tai-Ouan. Les Européens ravis de la beauté de sa partie orientale, la nommèrent Formose. Elle est sous le tropique, et partagée en deux par une chaîne de montagnes. Cette île est habitée par des naturels et par une colonie chinoise. Les premiers sont encore à-peu-près dans l'état sauvage, quoique tributaires des Chinois, dont ils ont pris la religion, l'écriture et le langage. Plusieurs fois ils ont essayé de recouvrer la liberté, mais jusqu'ici sans succès. En 1782, la population de cette île étoit de 8 millions d'habitans ; la mer s'étant élevée à une très-grande hauteur, inonda toutes les parties basses et noya les habitans. Formose a 90 lieues de long et 50 de large ; elle est fertile en grains, riz, fruits, soie et coton. Son commerce est florissant. Il y a une garnison de 10,000 Chinois. La capitale est Tai-Ouang, qui a un port et une citadelle appelée le fort de Zélande.

Les PHILIPPINES ou MANILLES ont été découvertes par Magellan en 1521, et nommées d'abord îles de Saint-Lazare. On leur donna ensuite le nom de Philippines, en l'honneur de Philippe II, roi d'Espagne ; elles appartiennent aux Espagnols. On en compte dix grandes, dix moyennes et beaucoup de petites. Plusieurs ont des volcans ; d'autres sont coupées de grandes rivières, toutes sont arrosées par des pluies considérables de longue durée, causées par l'immense quantité de vapeurs qu'élève le soleil lorsqu'il passe au zénith de ces îles. Elles sont de plus exposées à des ouragans furieux et périodiques ; cependant elles sont extrêmement fertiles. Leurs principales productions sont du riz, des fruits, du coton, de l'indigo, du cacao, du tabac, de la casse, du café et des cannes à sucre lesquelles y viennent sans culture. On y fait jusqu'à dix récoltes de soie par an. On y nourrit beaucoup de gibier, de volaille et des porcs ; il y a des buffles et des singes. Les eaux sont poissonneuses ; les montagnes renferment des mines d'or et d'argent. Vingt de ces îles sont habitées ; et leur population monte à-peu-près à 3 millions d'hommes ; les habitans sont Malais d'origine, grands, bien faits, et ne le cèdent pas aux Européens pour la taille et la proportion des formes. Ils cultivent la terre et exercent les arts mécaniques avec beaucoup d'adresse et d'intelligence. Les femmes ont de longs cheveux noirs, qui traînent souvent jusqu'à terre. Leurs maisons sont construites de bambous ; ils vivent de riz et de poisson. Les Malais aiment le pillage, et s'exposent aux plus grands hasards pour satisfaire ce penchant. Les naturels sont en général mahométans ou idolâtres. Dans les établissemens espagnols la religion catholique est la dominante.

Les plus considérables de ces îles sont celles de Luçon et de Mindanao.

Luçon appartient aux Espagnols ; elle a 125 lieues de long sur 40 de large ; il y a plusieurs lacs, et une chaîne de hautes montagnes la traverse. Sa capitale est Manille, grande ville, bien fortifiée et qui fait un gros commerce ; elle a 12,000 habitans chrétiens.

L'île de Mindanao a 80 lieues de long sur 70 de large ; au sud, est un volcan qui ne cesse pas de jeter des flammes et qui par ce moyen fait les fonctions d'un fanal. Quoique montagneuse, cette île est très-fertile, sur-tout dans les vallées, communément arrosées par des ruisseaux limpides. La capitale, nommée aussi *Mindanao*, a un port fortifié. Les maisons y sont élevées sur des pieux pour se mettre à l'abri des reptiles dont la plupart sont venimeux. On trouve dans la même île, Sambuang, principal établissement espagnol.

Les autres îles sont Samar, Mindora, &c.

Les îles de la SONDE sont à-peu-près au nombre de douze ; quoiqu'elles aient des souverains, la plupart sont sous la dépendance des Hollandais. Les principales sont :

1°. Sumatra, au N. O. des autres. Elle est traversée par une chaîne de montagnes. On n'y connoît aucun des effets de l'hiver ; mais les orages y sont fréquens, et dans les montagnes le froid du matin est assez considérable pour obliger à allumer du feu. Le sol est gras et fertile ; les trois quarts de l'île sont couverts de forêts et de vastes marais. Elle est divisée en plusieurs royaumes. Les Malais occupent le sud sous la domination du roi de Bantam. Les Hollandais ont à Padang un établissement. Le fort Marlborough est aux Anglais. Cette île a 240 lieues de long sur 75 de large ; elle produit du riz, des fruits, du benjoin, du poivre et du camphre. L'île abonde en volaille, gibier et poisson ; les faisans y sont d'une grande beauté. On y trouve des civettes, des chevaux, des loutres, des porcs-épics, des crocodiles, des hippopotames, &c. Les forêts renferment des éléphans, des rhinocéros, des singes, des serpens, de gros lézards et sur-tout des tigres qui y sont très-féroces. Les montagnes renferment des mines d'or, d'argent, de fer, de cuivre et d'étain. Les maisons y sont construites en bois de bambous, couvertes avec des feuilles de palmiers et élevées sur des pieux. Les principales villes sont Achem, capitale d'un royaume de ce nom et centre du commerce de poivre ; Jambi, port au S. E. de l'île, et Palimban, au S. de Jambi.

2°. Banca ; elle est célèbre par ses mines d'étain que les Chinois préfèrent à celui de Cornouailles. Cette île est gouvernée par un roi. Sa capitale est *Banca*, résidence du souverain ; elle a un bon port. On nomme aussi *Banca* le détroit qui sépare cette île de celle de Sumatra.

3°. Bornéo, l'une des plus grandes îles du monde après Madagascar ; elle a 230 lieues de long sur 180 de large ; on eu connoît peu l'intérieur ; les côtes, sur-tout au nord, sont marécageuses et couvertes de forêts ; dans le centre sont de hautes montagnes volcaniques. Les tremblemens de terre y sont terribles et communs. Les naturels se nomment *Biajos* ; ils sont noirs, ont de longs cheveux, se tatouent de bleu et n'ont pour vêtemens qu'un morceau d'étoffe dont ils s'entourent les reins. Les autres habitans de cette île sont des Macassars qui viennent des îles Célèbes, des Javanais, des Malais et des Maures. Les Hollandais font à Bornéo le commerce exclusif de poivre. L'île fournit toutes les productions des tropiques, de l'or, des diamans, des bois de construction, du sel, du poivre, du sang de dragon, du camphre, du bois de sandal, &c. Les singes y sont communs, et l'on y trouve l'espèce nommée orang-outang. La capitale est *Bornéo*, bâtie sur pilotis. Les autres villes sont Benjarmassen, où les Hollandais ont un comptoir, &c.

4°. Java ; cette île a 200 lieues de long et 50 de large, une partie appartient aux Hollandais, le reste se partage entre les rois de Bantam et de Mataram. Elle est sujette aux tremblemens de terre et réunit toutes les productions minérales et végétales les plus précieuses et les plus utiles de l'Inde. On y trouve des moutons excellens, des chèvres, beaucoup de volaille, des tortues et du poisson. Dans les forêts de cette île sont des rhinocéros, des tigres ; il y a aussi des serpens, des crocodiles et beaucoup d'autres animaux sauvages. Les Javanais sont jaunes et d'une figure assez agréable ; ils parlent la langue malaise. La production végétale la plus singulière de cette île, est le bohon-upas, arbre qui produit un poison employé par les Malais pour rendre mortelles les blessures de leurs armes. La plupart des Javanais sont mahométans.

La ville principale de l'île est Batavia, capitale des possessions hollandaises, cité riche et populeuse, mais malsaine ; on prétend que chaque année il y meurt une personne sur trois. Elle est sur-tout habitée par des Chinois. Les autres villes sont Bantam, résidence du roi de ce nom et port commode ; Mataram, capitale d'un royaume du même nom, dont le souverain est idolâtre et dont le palais est, dit-on, gardé par des femmes armées.

5°. L'île de Baly ; elle n'a que 15 lieues de tour. Ses habitans passent pour les guerriers les plus braves de l'archipel oriental. Ils sont nègres et idolâtres. L'île abonde en riz et toutes sortes de fruits ; elle produit aussi du coton, du gingembre, des noix de cocos, &c. Elle est gouvernée par un roi. Sa capitale de même nom a une rade et un bon port, où les Chinois viennent échanger des armes pour des toiles du pays.

On sait peu de chose de Lambok et de Combava qui sont à l'E. de Baly ; les Européens ne les fréquentent guère.

Les MOLUQUES ou ILES AUX ÉPICES ; elles sont à l'E. de celles de la Sonde, et furent originairement découvertes par les Portugais : les Espagnols les leur disputèrent, mais sans succès. Au commencement du dix-septième siècle, les Hollandais s'en emparèrent; la plupart de ces îles leur sont encore soumises aujourd'hui, les rois qui les gouvernent étant dans leur dépendance. On prétend même qu'ils ont forcé ceux de Tidor et de Ternate d'arracher les muscadiers et les girofliers de leur île pour s'approprier exclusivement le commerce du girofle et de la muscade. Ces îles sont à-peu-près au nombre de vingt, et paroissent être sorties du sein de la mer par la violente explosion de quelques volcans; plusieurs jettent encore des flammes.

Les principales de ces îles sont:

1°. L'île Célèbes : elle a 160 lieues de long sur 70 de large; ses côtes sont coupées par des baies profondes; le terrain s'élève vers le centre, où sont des montagnes qui vomissent des flammes. L'île produit des épices, le pavot dont on fait de l'opium, du riz, de la cire, des fruits, du bois de construction, beaucoup de poisson; elle a des mines d'or, d'argent et de cuivre, des carrières de pierres; on y trouve des singes et des serpens fort gros. Les naturels, appelés Macassars, exercent la piraterie; on les a long-temps cru cannibales; ils font usage d'armes empoisonnées. Leurs maisons sont toutes élevées sur des pieux, à cause des inondations. Les Chinois et les Hollandais seuls y font le commerce. Les villes principales sont Macassar, capitale d'un royaume du même nom, où les Hollandais ont un comptoir; Bouthaim, port commode et poste fortifié, dans lequel les Anglais entretiennent garnison.

2°. Gilolo, au N. E. de Célèbes. Cette île est d'une assez grande étendue, ses côtes sont basses; mais le sol s'élève vers l'intérieur où se trouvent des pics d'une hauteur considérable. Elle produit du riz, du sagou, du girofle et de la muscade, et nourrit des buffles, des cochons, des chèvres, des daims, quelques brebis et des tortues énormes. Les Hollandais y ont des forts. La capitale de même nom est la résidence du souverain. Les habitans sont industrieux et habiles tisserands.

3°. Ternate : cette île a 10 lieues de tour; c'est la plus importante de toutes; elle est gouvernée par un roi ou sultan particulier qui est très-puissant, et qui, dit-on, peut mettre sur pied 90,000 hommes, mais de fortes garnisons hollandaises le tiennent en respect. Les habitans sont mahométans. Le sol est élevé et arrosé par des sources nombreuses; des pics s'y perdent dans les nues. Elle a un volcan. L'île abonde en gibier; on y élève des chèvres et des porcs. Les oiseaux y sont de la plus grande beauté. On y trouve une espèce de serpens longs de trente pieds. Elle produit en abondance la noix de coco, des bananes, des oranges, du girofle et tous les fruits de l'Inde. La capitale est Malayo; résidence du souverain.

4°. Tidor; cette île a 12 lieues de tour; elle produit le girofle et la muscade. Sa capitale du même nom est la résidence du souverain.

5°. Céram; elle a 70 lieues de long sur 25 de large; ses côtes sont basses; l'intérieur s'élève en montagnes qui forment une chaîne de l'E. à l'O. Elle étoit jadis occupée par les Hollandais, qui en arrachèrent les arbres à épices. Les habitans, armés par les Anglais, les ont chassés. L'île produit du sagou, de la muscade, des fruits. On trouve dans ses forêts le casoard, genre d'oiseau de l'espèce de l'autruche. La capitale où réside le souverain porte le nom de *Céram*.

6°. Amboine : elle fut découverte par les Portugais vers 1515. Les Hollandais la leur enlevèrent au commencement du dix-septième siècle. Elle a 25 lieues de tour, et 45 mille habitans, partie protestans et partie mahométans. Les Hollandais y ont concentré la culture des girofliers. Ces arbres s'y élèvent à la hauteur de cinquante pieds. L'aspect de l'île est magnifique; elle est couverte de montagnes boisées, coupée par des vallées fertiles et parsemée de hameaux; on y trouve des daims, des sangliers, des caspards. Les Hollandais y ont une garnison et sept forts; ils en avoient été dépossédés par les Anglais en 1796; mais elle leur a été rendue à la paix. Les naturels ressemblent aux Malais; ils s'enivrent d'opium, et sont alors fort dangereux. La capitale est *Amboine*, chef-lieu du commerce des épices et résidence du souverain; les maisons n'y ont qu'un étage à cause des tremblemens de terre qui y sont fréquens.

7°. Banda ou Lantor; cette île a 10 lieues de tour et appartient aux Hollandais qui y ont un fort. Elle est d'un accès difficile. La principale culture y est celle du muscadier. La capitale est *Banda*, résidence du souverain. D'autres petites îles voisines sont comprises sous la même dénomination.

8°. Florès; cette île n'a rien de remarquable.

9°. Timor : elle a 60 lieues de long sur 20 de large; les Hollandais y ont un fort et les Portugais quelques établissemens. Les habitans y sont noirs et vivent de blé d'Inde. Ceux des côtes sont civilisés; mais l'intérieur est habité par des hommes sauvages et cruels. Cette île abonde en cannes à sucre, épices, bois de sandal; on y trouve des mines d'or. Sa capitale est *Timor*, résidence du souverain.

L'AUSTRALASIE et LA POLYNÉSIE.

Sous cette double dénomination, nouvelle en géographie, quelques auteurs, et notamment *Pinkerton*, ont compris d'immenses territoires dont la découverte est récente et quelques autres qu'auparavant on joignoit à l'Asie. Cette idée n'est pas entièrement neuve : on la doit au président Desbrosses, qui proposa, il y a plus d'un siècle, de donner le nom d'*Australasie* aux contrées situées au sud de l'Asie, et nommément à la Nouvelle-Hollande, à la Nouvelle-Guinée et à la Nouvelle-Zélande. Par suite du même système, les nombreuses îles de l'océan Pacifique auroient été nommées *Polynésie*, d'un mot grec qui signifie plusieurs îles. Le motif de cette innovation se prend de l'étendue de quelques-unes de ces contrées, et de la distance qui sépare la plupart d'entr'elles des trois continens ; d'où il résulte qu'elles ne peuvent que difficilement se rattacher à l'un d'eux, et qu'il semble nécessaire d'en former une cinquième partie du monde à ajouter aux quatre autres.

D'après ce système pour le développement duquel nous suivrons *Pinkerton* en l'abrégeant, une ligne tirée des caps du centre les plus avancés de la Nouvelle-Hollande vers le N. et vers le S., formeroit la limite de partage entre l'océan Indien et l'océan Pacifique. Cette ligne imaginaire, prolongée vers le N., seroit le point essentiel de division qui serviroit à classer avec précision les îles qui se trouvent dans cette partie. Tout ce qui est à l'O. appartiendroit à l'Asie, tandis que tout ce qui se trouveroit de l'autre côté de cette ligne fictive dépendroit de l'Australasie et de la Polynésie. Le méridien qui passe par le 128° de longitude à l'E. de Paris, semble propre à former cette limite ; d'où il suit qu'Amboine étant rangée parmi les îles d'Asie, Timorland seroit partie de l'Australasie. La Nouvelle-Hollande seroit regardée comme un continent ou comme une grande île à laquelle se rattacheroient toutes celles qui y sont adjacentes. A l'Australasie appartiendroient en outre la Nouvelle-Zélande et la Terre de Van Diemen.

Quant à la Polynésie, les îles Pelew seroient les plus occidentales de cette division. La ligne tirée vers le N. par le 128° de longitude orientale, se plieroit de manière à renfermer l'île Rica de la Plata, située vers le 160° de longitude orientale, et à-peu-près par le 34° de latitude N. Cette ligne s'avanceroit ensuite vers l'E. pour comprendre les îles Sandwich. De là elle passeroit au S. vers le 120° de longitude O., jusqu'à ce que parvenue à la latitude méridionale de 50° à l'O., elle iroit rejoindre la limite de l'Australasie. Cette nouvelle division jetant, ce nous semble, de la clarté dans la classification des terres ou îles nombreuses découvertes nouvellement, nous l'avons adoptée dans cet abrégé.

Quelques géographes n'admettent que la Polynésie, et la divisent en occidentale et orientale, comprenant dans la première les pays et les îles que *Pinkerton* attribue à l'Australasie.

L'AUSTRALASIE.

D'après les lignes déterminées plus haut, l'*Australasie* doit comprendre, la Nouvelle-Hollande, la Nouvelle Guinée, les îles de l'Amirauté, la Nouvelle-Bretagne, la Louisiade, la Nouvelle-Irlande, les îles de Salomon, la Nouvelle Calédonie, les Nouvelles-Hébrides, la Nouvelle-Zélande, la terre de Van Diemen, et enfin toutes les îles découvertes ou à découvrir dans l'enclave des limites que nous avons établies.

La NOUVELLE-HOLLANDE est la plus grande des îles connues. Sa longueur de l'E. à l'O. est d'environ 43° de longitude, sous la latitude moyenne de 25° ; tandis que du N. au S. elle s'étend depuis le 11° de latitude méridionale jusqu'au 39°. Cette immense étendue lui a fait donner par quelques géographes le nom de continent ; il est bien certain néanmoins que pour la grandeur on ne peut l'assimiler à l'Europe, la plus petite des quatre parties du monde.

La Nouvelle-Hollande paroît avoir été découverte par les Hollandais au commencement du dix-septième siècle. Cook en prit possession en 1770, pour le roi de la Grande-Bretagne, et les Anglais y fondèrent en 1788 une colonie, d'abord dans un endroit que cet illustre navigateur avoit nommé Botany-Bay, et ensuite à Sidney-Cow, dont le local parut plus convenable. L'intérieur de ce grand pays n'est point connu. Les Anglais l'ont trouvé habité par trois ou quatre races d'hommes différentes, sans presqu'aucune civilisation. Ces hommes n'habitent que des huttes et vivent de pêche. Le climat, au moins dans les parties qui ont été visitées, est beau et salubre. La Nouvelle-Hollande étant située au-delà de l'équateur, les saisons y sont l'inverse de celles de l'Europe, et le mois de décembre est le plus chaud de ceux de l'année. On trouve à la Nouvelle-Hollande plusieurs sortes d'opossum et notamment le kangouroo, des belettes, des fourmilliers, l'aigle brun, diverses espèces de faucons, des perroquets, des outardes, des perdrix et des pigeons.

La NOUVELLE-GUINÉE ou PAPOU n'est séparée de la Nouvelle-Hollande que par un détroit auquel Cook, qui l'a découvert, a donné le nom d'Endeavour. On l'appelle aussi Terre des Papous. Elle est habitée par des hommes noirs et qui ont les cheveux laineux; leurs maisons sont construites au-dessus de l'eau sur des pieux. Le pays est extrêmement fertile, et semble n'attendre que des mains industrieuses qui veuillent lui faire produire tout ce qu'on peut exiger du sol le plus riche. Le cocotier s'y trouve en abondance.

Dans le voisinage de la Nouvelle-Guinée sont plusieurs îles. Celle de Waïou est considérable. Il en est plusieurs où croît le muscadier. Au S. sont celles de Timorland et d'Arroo; la première n'offre rien de remarquable, mais les îles d'Arroo sont l'une des principales résidences de l'oiseau de paradis.

Les ILES DE L'AMIRAUTÉ sont au N. E. de la Nouvelle-Guinée. Elles ont été découvertes et nommées ainsi par le capitaine Carteret; elles sont au nombre d'environ vingt, et jusqu'ici peu connues. La plus considérable se nomme Nouvelle-Hanovre.

La NOUVELLE-BRETAGNE n'est séparée de la Nouvelle-Guinée que par un détroit. Elle fut découverte par Dampierre. On croit qu'elle est divisée en plusieurs îles. Elle est montagneuse, couverte de bois, arrosée par plusieurs rivières, et donne tous les indices d'une grande fertilité. Le muscadier y croît. On y trouve des cocotiers, des ignames et du gingembre. Les habitans ressemblent à ceux de la Nouvelle-Guinée.

Au S. de la Nouvelle-Bretagne est la LOUISIADE, découverte par Bougainville, qui lui donna son nom. Elle est peu connue.

La NOUVELLE IRLANDE a été découverte par le capitaine Carteret. Les habitans y sont noirs et ont les cheveux laineux; mais ils n'ont ni les grosses lèvres ni le nez épaté des Nègres. Ils se servent de canots creusés dans des troncs d'arbre. Leurs armes sont des lances terminées par une hampe faite d'un caillou aiguisé. Le poivrier croît dans cette île.

Les ILES DE SALOMON sont au S. E. de la Nouvelle-Bretagne. On croit qu'elles ont été découvertes par l'espagnol Mendana en 1575. Elles forment un groupe assez étendu. Les naturels paroissent être de deux races; les uns ayant le teint cuivré et les autres étant noirs. On dit que ces îles ont des mines d'or.

La NOUVELLE-CALEDONIE. Cette île est au S. de celles de Salomon; elle fut découverte par le capitaine Cook. Les habitans ont le teint d'un brun foncé, et ressemblent à ceux de la Nouvelle-Zélande. Leurs cheveux ne sont point laineux et ils se rasent le visage. Leurs cabanes ont la forme d'une ruche, et sont assez propres. On trouve dans cette île le cocotier et l'arbre à pain, quoiqu'en petite quantité.

Les NOUVELLES-HÉBRIDES: elles sont au N. E. de la précédente. Elles furent ainsi nommées par Cook, à qui on en doit la découverte. Il paroît que la Terre du Saint-Esprit fait partie de ce groupe. Dans l'une d'elles, nommée Tanna, il y a un volcan et des eaux thermales. Les habitans sont basanés, bien faits, vigoureux et habiles à manier la pique. On y trouve la canne à sucre, l'igname et plusieurs sortes de fruits.

La NOUVELLE-ZÉLANDE est au S. de la Nouvelle-Calédonie. Tasman la découvrit en 1642, mais elle ne fut bien reconnue que par Cook en 1770. Il vérifia qu'un détroit la divisoit en deux grandes îles. Toutes deux sont habitées et jouissent d'une température à-peu-près semblable à celle de la France, dont la Nouvelle-Zélande forme presque les antipodes. Les naturels ont le teint d'un brun foncé, et les traits assez réguliers. Le suicide est commun parmi eux. Ils ont des prêtres, et des habitations commodes. L'étoffe de leurs vêtemens est tissue de leur beau lin. Ils sont antropophages, vivent de pêché et ont pour armes des lances et des dards. Leurs canots sont faits artistement; quelques-uns sont assez grands pour porter trente hommes.

La TERRE DE VAN DIEMEN fut découverte par Tasman, qui lui donna ce nom en l'honneur de Van Diemen, gouverneur-général des Indes orientales. Elle est au S. de la Nouvelle-Hollande, dont elle n'est séparée que par un détroit. Le sol y est élevé et diversifié d'une manière agréable. Les naturels sont noirs, d'une taille moyenne et ont les cheveux laineux. Ils peignent de rouge leurs cheveux, leur barbe et leur visage. Leurs cabanes ressemblent à celles des habitans de la Nouvelle-Hollande. Quelquefois ils se contentent pour habitations d'arbres qu'ils creusent au moyen du feu.

LA POLYNÉSIE.

Les îles principales comprises dans cette division sont celles connues sous le nom de Pelew; les Mariannes ou îles des Larrons, les Carolines, les îles Sandwich, les îles de la Société, les Marquises, les îles des Amis, celles des Navigateurs et celle de Pâques.

Les ILES PELEW : on doit la connoissance de ces îles à l'intéressante relation qu'en a donnée M. Keate, sur les mémoires du capitaine Wilson, qui, après y avoir fait naufrage, y passa plusieurs mois. Elles sont situées au N. E. de la Nouvelle-Guinée et au S. O. des Carolines, dont elles pourroient bien n'être que la continuation. Elles sont habitées par un peuple aimable, hospitalier et assez civilisé. Les hommes y vont nus ; ils peuvent passer pour bien faits, ne sont pas noirs, mais d'une couleur un peu plus foncée que ceux qui ont le teint cuivré. Les femmes n'ont pour tout vêtement que deux petits tabliers. L'un et l'autre sexe se tatouent. Le langage paroît dérivé du malais. Un roi y exerce l'autorité suprême ; des grands nommés *rupaks* forment son conseil. Les maisons, construites de planches ou de bambous, sont commodes. Ces peuples ont pour armes des piques, des dards et des frondes ; ils ne connoissoient point le fer. Leurs instrumens tranchans étoient faits avec de la nacre de perle ou avec l'écaille des moules. On y trouve beaucoup d'oiseaux et sur-tout des pigeons et des poules ; l'arbre à pain, le cocotier, la canne à sucre y croissent avec abondance.

Les MARIANNES furent découvertes par Magellan, en 1521, et nommées par lui ILES DES LARRONS, parce que les habitans lui parurent avoir un grand penchant à dérober, et beaucoup d'adresse dans l'exécution des vols qu'ils projetoient. Le nom de *Mariannes* leur fut donné sous Philippe IV, en l'honneur de Marie d'Autriche. Elles sont au nombre de douze ou quatorze ; mais toutes ne sont pas habitées. Les principales sont celles de GUAM et de TINIAN. L'arbre à pain y croît ; elles produisent en outre des ignames, des bananes, des oranges, &c. Guam a pour capitale Sant-Ignatio, où les Espagnols entretiennent garnison.

Les CAROLINES : elles forment un des groupes les plus étendus de l'océan Pacifique, et furent nommées *Carolines* en l'honneur de Charles II, roi d'Espagne. L'île d'HOGOLEU est la plus considérable, vient ensuite celle d'YAP ; les habitans de celle d'ULOA sont les plus civilisés. Chacune de ces îles est gouvernée par un chef. La polygamie y est en usage. Les armes dont se servent ces peuples sont des lances qui ont pour hampe un os pointu. Ils paroissent n'avoir aucun culte ; ils croient néanmoins à des esprits.

Les ILES SANDWICH : elles furent découvertes par Cook ; ce fut lui qui leur donna ce nom en l'honneur du comte de Sandwich à qui il avoit des obligations. Les habitans y ont le teint olivâtre et le nez aplati par le bout, ce qu'on attribue à leur habitude de se presser le nez l'un contre l'autre, lorsqu'ils se saluent. Quoique doux et sociables, ils offroient des victimes humaines. Ils portent les cheveux lisses, quelquefois frisés, et se servent d'éventails. Leurs vêtemens sont tissus d'écorce d'arbre. Ils aiment la guerre. Une natte serrée leur tient lieu de cotte-d'armes. Ils vivent de pêche et des productions de leur pays, dont les principales sont le fruit de l'arbre à pain, des ignames, la banane et des cannes à sucre. Les chefs se parent d'habits de plumes brillantes, dans les grandes cérémonies. Ces îles sont à-peu-près au nombre de douze. Les principales sont celles d'OWHYHÉE, où périt le capitaine Cook, le 25 février 1779 ; et MOWÉE, que visita la Pérouse.

Les ILES DE LA SOCIÉTÉ : elles sont situées vers le 17e degré de latitude S. et le 153e degré de longitude O. Elles forment un archipel de soixante ou soixante-dix îles. La plus considérable et celle qui a été le plus fréquentée est :

OTHAÏTI : elle est formée de deux péninsules réunies par un isthme. Ses côtes seules sont habitées. Elle fut découverte par le capitaine Wallis. Son sol, montagneux au centre, s'abaisse vers la mer, et offre des plaines bien arrosées et fertiles. On y trouve le cocotier, le bananier, l'arbre à pain, &c. Les côtes sont poissonneuses. Les habitans ont le teint olivâtre ; les femmes y sont belles ; elles aiment à se parer et à se parfumer. Les voyageurs les représentent comme peu réservées à l'égard des hommes. L'habit des deux sexes est à-peu-près le même, et consiste en étoffes travaillées dans l'île avec assez d'adresse. Les Othaïtiens obéissent à des chefs, qui presque tous sont d'une haute stature. Ils ont de longues pirogues qu'ils manœuvrent avec beaucoup d'habileté et dont ils se servent à la guerre. Leurs outils sont faits avec des os ou des pierres, et leurs armes sont des frondes ou des massues faites d'un bois dur. Leur langage est doux et harmonieux. Ils reconnoissent des esprits supérieurs auxquels ils rendent un culte ; ils admettent l'immortalité de l'ame, et immolent quelquefois des victimes humaines ; mais ce ne sont ordinairement que des criminels. Il y a dans l'île beaucoup de cochons. Ils font rôtir ceux qu'ils destinent à leurs alimens, en les enterrant tout entiers après les avoir préparés, dans des trous qu'ils ont échauffés au moyen d'un grand feu, et qu'ils recouvrent de cailloux brûlans.

Les autres îles principales de cet archipel sont ULITÉA, HUAHEINE, OTAHA, BOLABOLA, MARUA et OHETIROA ; cette dernière fut découverte par Cook.

Les ILES MARQUISES sont au N. E. de celles de la Société. Elles furent découvertes par Mendoza, et nommées *Marquises* en l'honneur de dom de Mendoza, vice-roi du Pérou. On les appeloit aussi ILES MENDOCES. Les naturels y sont remarquables par la beauté de leurs traits et les proportions gracieuses de leur taille. Les femmes sont les plus belles que l'on connoisse dans ces divers archipels. Les canots dont ce peuple se

sert

sert sont faits de bois et d'écorce d'arbres. La religion est à-peu-près la même qu'à Othaïti. On y trouve des cochons et de la volaille domestique. La plus grande de ces îles se nomme Noa-Beva. En 1774, Cook visita celles d'Ohittahoo et d'Ovehahoa.

Entre les îles de la Société et les Marquises sont les îles du Roi-George.

Les ILES DES AMIS: ce groupe est situé à l'E. de la Nouvelle-Calédonie. Le capitaine Cook les nomma ainsi à cause de l'accueil affable que lui firent les naturels. Tasman les avoit reconnues en 1643, et avoit donné à trois d'entre elles, les noms d'*Amsterdam*, de *Rotterdam* et de *Middelbourg*. On en compte environ soixante. Dans la plupart on trouve l'arbre à pain, le cocotier et des ignames. Les habitans ont le teint basané, et à-peu-près les mêmes traits qu'à Othaïti ; mais ils ont plus de gravité dans leur maintien. Ils élèvent des cochons et ont des chiens. Leurs mœurs, leurs usages, leur religion sont à-peu-près les mêmes qu'à Othaïti. L'île principale est Tongatahoo, la même que Tasman avoit nommée *Amsterdam*. Elle a pour tributaires les îles Fidji situées dans son voisinage.

Les ILES DES NAVIGATEURS : elles ont été découvertes par Bougainville, et sont au nombre de sept ; Pola est la plus grande. Après celle-là les plus considérables sont Oyolava, Maouna et Opoun. Oyolava est fertile et populeuse. C'est à Maouna que furent massacrés de l'Angle, Lamanon et quelques autres compagnons de la Pérouse. Le peuple de ces îles est d'une haute stature ; les femmes y sont jolies, mais de mœurs libres. Les habitations sont commodes, propres, couvertes de feuilles de cocotiers et quelques-unes même ornées de colonnades grossières. Le fer y est inconnu et les habitans paroissent en faire peu de cas. Ils fabriquent des outils avec du basalte, et s'en servent très-adroitement. Leur langage paroit dériver du malais. Le sol de ces îles est couvert d'arbres fruitiers et de plantes de toute espèce : on y trouve l'arbre à pain, la banane, la goave et des oranges. Les forêts sont peuplées d'un grand nombre de beaux oiseaux, et sur-tout de pigeons et de tourterelles, que les habitans savent apprivoiser.

L'ILE DE PAQUES : quelques auteurs croient qu'elle fut vue pour la première fois par Davis en 1686. D'autres la disent découverte par Mendana. Quoi qu'il en soit, elle fut nommée *île de Pâques* parce qu'elle fut apperçue le jour de cette solennité. Elle est à une grande distance des groupes que nous venons de décrire, et se rapproche de l'Amérique septentrionale, à laquelle il paroit cependant moins convenable de l'attribuer qu'à la Polynésie. Elle offre des traces volcaniques. Elle n'a point d'eaux courantes ; il y croît néanmoins diverses sortes de légumes, sur-tout des patates et des ignames. On y trouve le bananier et le mûrier à papier. Les habitans ressemblent aux autres naturels de la Polynésie.

On croit qu'il y a tout au plus 300,000 ames dans ce qu'on a pu reconnoître jusqu'ici de l'Australasie et de la Polynésie.

T

L'AFRIQUE.

Ce continent, le troisième en étendue, forme une grande presqu'île de 1,700 lieues de long sur 1,050 de large. Elle est coupée par l'équateur et dépasse de chaque côté la large bande comprise entre les tropiques et connue sous le nom de zone torride. Dans sa plus grande partie, elle est exposée à des chaleurs insupportables qu'augmentent encore des sables brûlans. D'immenses déserts la traversent, et suivant quelques géographes, en occupent peut-être la moitié. Les principaux sont ceux de Sahara et de Nubie. Quelquefois néanmoins au milieu de ces vastes solitudes on rencontre des endroits plus favorisés de la Nature, semblables à des îles verdoyantes, au milieu d'une mer de sable. Ces îles terrestres se nomment *oasis*. Leur fertilité est entretenue par des sources et même par des rivières qui se perdent dans les sables, après avoir fécondé ces cantons privilégiés.

L'Afrique est coupée de l'E. à l'O. par une vaste chaîne de montagnes, dont la partie la plus élevée est couverte de vastes forêts inhabitées. D'autres chaînes la traversent : les plus connues sont celles de l'Atlas, dont les îles Canaries paroissent être la continuation; de Sierra-Leone, entre la Guinée et la Nigritie; de la Lune, vers le centre de l'Afrique, &c. De grands fleuves arrosent quelques parties de l'Afrique; les principaux sont le Nil, qui prend sa source dans l'Abyssinie et qui se jette dans la Méditerranée après avoir traversé la Nubie et l'Égypte; le Sénégal, la Gambie et le Niger, qui sortent des montagnes de Sierra-Leone et dont les deux premiers versent leurs eaux dans l'océan Atlantique; le Zaïre, qui arrose le Congo; enfin, le Cuama et le Manica, qui prennent leur source dans le Monomotapa et se jettent dans le canal de Mozambique; &c. On y trouve aussi quelques lacs d'une grande étendue, tels que ceux de Maravie, de Tzana ou Dembea, qui sont les plus remarquables.

L'Afrique est, en général, soumise à des souverains absolus. On la divise en septentrionale, centrale et méridionale.

L'AFRIQUE SEPTENTRIONALE.

Cette première partie comprend la Barbarie et l'Egypte. Les peuples qui l'habitent ont le teint basané, et peuvent être divisés en chrétiens, mahométans et idolâtres. Ils sont civilisés du plus au moins.

LA BARBARIE.

Cette vaste région comprenoit jadis la Mauritanie, la Numidie et l'Afrique propre ou la Libye. Ces pays étoient gouvernés par divers rois, dont quelques-uns furent les alliés et d'autres les ennemis des Romains, qui finirent par faire de leurs Etats une de leurs conquêtes. A la chute de l'empire romain, la Barbarie fut envahie par les Vandales, soumise ensuite aux empereurs d'occident, puis conquise par les Arabes au dix-septième siècle. Le nom de Barbarie lui vient, suivant quelques auteurs, du mot *barbar*, qui signifie en arabe un son prononcé entre les dents, parce que, lors de leur conquête, le langage du pays parut aux Arabes formé de tels sons. D'autres prétendent que ce nom vient des *Berbers*, l'un des principaux peuples de ces contrées.

La Barbarie se divise aujourd'hui en Barbarie propre et Bilédulgerid ou Pays des Dattes.

LA BARBARIE PROPRE.

Le climat de la Barbarie propre est tempéré; le sol, quoique mal cultivé, y est extrêmement fertile; dans les plaines entre l'Océan et l'Atlas, croissent en abondance toute sorte de grains, du chanvre, du lin, des légumes. Les vergers produisent presque tous les fruits de l'Europe et de plus des dattes. De gras pâturages nourrissent un nombreux bétail. On y élève des chevaux très-estimés, des bœufs, des moutons, des porcs, des mulets, des chèvres. Il faut ajouter à tant de richesses une grande quantité de gibier et de magnifiques oiseaux. Les forêts et les déserts recèlent un grand nombre de lions, de tigres, de léopards, de hiènes redoutables, d'énormes serpens; mais on n'y voit point d'éléphans ni de rhinocéros.

Les rivières et les côtes y sont très-poissonneuses; on y trouve des mines de plomb et de fer, du sel et du nitre en grande abondance.

Presque tous les habitans sont mahométans. On peut les diviser en six classes; savoir : les peuples primitifs, des Maures ou Sarrasins, des Arabes, des Turcs qui y sont soldats, des Juifs en grand nombre et qui font le commerce, et quelques renégats, nom sous lequel sont connus des chrétiens qui ont abandonné leur religion pour le mahométisme.

Toute cette population, excepté les Juifs, exerce la piraterie. Jusqu'ici les puissances de l'Europe n'ont opposé aucune barrière à cet affreux brigandage, et se sont contentées de s'y soustraire par des tributs. La France presque seule a quelquefois vengé les insultes faites à son commerce, et revendiqué d'une manière imposante ceux des siens qui étoient tombés entre les mains de ces corsaires.

Ces peuples entendent assez bien la marine, mais ils sont mauvais constructeurs. Plus féroces encore que braves, ils écrasent sous le poids d'un dur esclavage les équipages et les passagers qu'ils enlèvent, et exigent pour les rendre de fortes rançons. Leurs vêtemens consistent dans une tunique de laine ou de soie qu'ils serrent avec une ceinture, et dans une robe longue de la même étoffe. Le peuple a les jambes nues; les bottines sont la chaussure des riches.

La Barbarie propre fait un assez gros commerce, dont les articles principaux sont des plumes d'autruches, de l'indigo, des raisins de Damas, de la poudre d'or, des dattes, du corail, des cuirs, des maroquins, du cuivre, des chevaux. Ils échangent ces objets pour des draps d'Europe, de l'écarlate et autres étoffes, des soieries, des épiceries, de la quincaillerie, &c. Le grand nombre de ports y facilite le commerce.

Les divers Etats de la Barbarie propre forment une grande association politique composée de l'empire de Maroc, dont le souverain est absolu, de l'Etat d'Alger, de ceux de Tunis et Tripoli, sorte de républiques aristocratiques, qui ont un chef nommé dey, autrefois soumis au Grand-Seigneur et aujourd'hui à-peu-près indépendant, quoiqu'il paie encore un tribut à la Porte.

L'empire de MAROC est l'ancienne *Mauritanie Tingitane*; il s'est formé de la conquête de plusieurs petits royaumes, dont chaque ville de son territoire actuel étoit la capitale. Il a neuf provinces. Le sol, en partie sablonneux et sec, quoique mal cultivé, est néanmoins très-fertile en beaucoup d'endroits. Les grains, les fruits, les fourrages, le coton, y sont excellens. Cet Etat est habité par des Maures, jadis chassés d'Espagne, et par des Nègres, des Arabes, des Chrétiens et des Juifs. Les naturels, nommés Brebers ou Berbères, se sont retirés dans les montagnes, où ils ont conservé leurs mœurs antiques et leur indépendance. Les villes sont *Maroc*, l'une des capitales de l'empire, et Saffié, port fortifié sur la mer Atlantique.

Le royaume de FEZ, autrefois indépendant, fait aujourd'hui partie de l'empire de Maroc. Le climat en est tempéré, et le territoire fertile. *Fez*, sa capitale, est une ville peuplée et commerçante; elle est bâtie en briques, et décorée de cinq cents mosquées construites avec magnificence. Elle est la première ville de l'Etat de Maroc pour les arts et la civilisation; c'est là que se vendent les plus beaux chevaux et que se fabriquent les meilleurs maroquins.

Les autres villes de l'empire sont Mequinez, où l'empereur de Maroc fait maintenant sa résidence; Salé, renommée par ses pirateries; Larache,

port sur l'Atlantique; Tanger, vers le détroit de Gibraltar; Ceuta, sur le même détroit, aux Espagnols, et Tetouan, aujourd'hui principal port mahométan.

L'Etat d'ALGER est composé de l'ancienne *Numidie* et de la *Mauritanie Césarienne*. Son territoire a 165 lieues de long sur 45 de large; le sol y est léger et fertile, quoique mal cultivé, sur-tout au N. Ses principales productions sont du blé, du vin, des fruits, des melons exquis, de l'huile, du miel et de la cire. La côte est très-poissonneuse; on y pêche du corail. Les montagnes renferment des mines d'or, d'argent, de plomb, de fer, d'alun et de salpêtre. Comme à Maroc, la population y est un mélange de plusieurs nations. Outre les divers peuples dont nous avons parlé en traitant de l'empire de Maroc, on trouve dans l'Etat d'Alger des Coloris, issus des Turcs et de femmes maures ou noires, et enfin des Cabyles, qui sont indigènes et habitent les montagnes. L'affluence et le commerce des Européens y ont donné lieu à un idiome mélangé que l'on nomme *langue franque*; il est composé de français, d'italien et d'espagnol. Le chef ou dey, qui prend aussi le titre de vice-roi, étoit autrefois nommé par le Grand-Turc, qu'il regarde encore comme son suzerain, et auquel il envoie quelquefois des secours d'hommes et de munitions; il préside un divan composé de huit cents personnes. Ce pays peut mettre sur pied une armée de 100,000 hommes. On le subdivise en trois gouvernemens partagés en provinces. Les villes principales sont *Alger* capitale, que Louis XIV fit bombarder à deux reprises différentes; Marsalquivir, place forte; Oran, meilleur port de l'Etat d'Alger, vis-à-vis Carthagène; Trémecen, situé dans une belle plaine; Bonne, port sur la Méditerranée; le Bastion de France, qui n'est plus qu'une ruine, et Constantine, autrefois *Cirthe*, située sur un rocher.

L'Etat de TUNIS comprend une partie de l'ancienne *Afrique propre*; c'étoit jadis un royaume, et plus anciennement ce pays fit partie de l'empire carthaginois. Son territoire produit du grain, du riz, des fruits et des plantes médicinales. On y trouve des mines de fer, de plomb, de plombagine, de l'albâtre, du cristal. Le bétail et les chevaux y sont petits; les déserts qui avoisinent l'Etat de Tunis sont infestés de bêtes féroces. Les Tunisiens passent pour l'un des peuples les plus civilisés des Etats barbaresques; ils ont des manufactures de velours de soie, de toiles et de bonnets rouges, coiffure ordinaire du peuple. L'autorité, comme à Maroc, est entre les mains d'un dey. Les villes principales sont *Tunis* capitale, près de laquelle se voient quelques débris des ruines de Carthage; Porto-Farina, qui est l'ancienne *Utique*; Souse, port sur la Méditerranée.

L'Etat de TRIPOLI est formé d'une partie de l'*Afrique propre* et de l'ancienne *Libye*. Son territoire est sablonneux et stérile; cependant on récolte sur les côtes des grains, des fruits, du safran. L'autorité est entre les mains d'un bey, soumis à la Porte et surveillé par un pacha. La capitale est *Tripoli*, ville fortifiée et autrefois florissante. Les autres villes sont Labda, port sur la Méditerranée et patrie de l'empereur Sévère; Gerbi ou Zerbi, dans le golfe de la Sidre, &c.

De l'Etat de Tunis dépend le canton de BARCA, presque désert et qui n'offre rien de remarquable. Sa capitale est Derne sur la Méditerranée.

LE BILÉDULGERID.

Cette contrée prend son nom de la grande quantité de dattes qu'elle produit; *Bilédulgerid* signifiant dans la langue arabe *pays des dattes*. Elle répond à l'ancienne *Gétulie* et à une partie de la *Libye*. Le sol y est en général aride et stérile. Il est habité par des Arabes mahométans et par des naturels du pays qui sont idolâtres. On y trouve des chameaux et des autruches. La chasse de celles-ci fait une des occupations et des ressources des habitans.

Le Bilédulgerid est divisé en huit cantons principaux; savoir:

1°. Le pays de SUS; il produit du blé, des cannes à sucre, des dattes et nourrit beaucoup de bestiaux. Les habitans sont les meilleurs soldats de l'Afrique. Leur capitale est *Sus*, ville grande, forte, et riche par son commerce. Ce pays dépend de l'empereur de Maroc.

2°. Le royaume de TAFILET; il est montagneux et sablonneux. On y récolte un peu de blé et de seigle; il fournit beaucoup de chevaux, des dromadaires et des chameaux, dont les habitans mangent la chair. Sa capitale est *Tafilet*, ville fortifiée et riche, dont le commerce consiste sur-tout en cuirs de buffles et maroquins. Le pays dépend de Maroc.

3°. Le pays de SUGELMÈSE, autrefois dépendant de Maroc, est aujourd'hui une république arabe. Le sol y est fertile, et produit des grains, des dattes et autres fruits. Il y a des mines de fer, de plomb et d'antimoine. Sa capitale est *Sugelmèse;* elle conserve les ruines des hautes et belles murailles qui jadis l'entouroient.

4°. Le pays de ZAB, qui fait partie de l'Etat d'Alger; il est infesté de scorpions; son sol est stérile, et manque d'eau. La capitale est Pascara, au pied de l'Atlas. Dans l'enclave de cette province est renfermé le canton de *Tegorarin.* On y trouve un grand nombre de villages bien peuplés; ses plaines sont le point de réunion des caravanes qui doivent traverser le désert de Sahara.

5°. Le BILÉDULGERID PROPRE, dépendant de l'Etat de Tunis; il est infesté de sauterelles et abonde en dattes. Sa capitale est Tousera.

6°. Le TECORT; c'est un petit royaume qui dépend de Tunis. Sa capitale *Tecort* est sur la pente d'une montagne.

7°. Le GADUMÉ, abondant en dattes et riche en mines d'argent; il dépend de Tripoli. Sa capitale est *Gadumé.*

8°. Le FEZZAN; c'est un vaste oasis ou île fertile au milieu de déserts arides; il renferme un grand nombre de villes et de villages. Il produit en abondance des dattes et des légumes. Il est gouverné par un sultan, tributaire de l'Etat de Tripoli. On y compte de 60 à 70,000 ames. Les Fezzanais sont mahométans. La capitale est Mourzouk, *rendez vous* des caravanes.

L'ÉGYPTE.

Si cette contrée n'est pas, comme quelques auteurs l'ont prétendu, le berceau des arts, du moins il est probable qu'elle a été peuplée dès la plus haute antiquité. C'est l'opinion d'Hérodote, et cette opinion est appuyée de preuves également fournies par la Nature et par les monumens des arts. Nous rangerons parmi les premières les immenses amas de sable et de limon, voiturés par le Nil à son embouchure, et qui y ont formé le vaste Delta, et les belles plaines qui le bordent dans la Basse-Egypte: les secondes ont pour fondement les fameuses pyramides, qui subsistent depuis si long-temps et qui ne peuvent avoir été construites que par des rois puissans, et maîtres de disposer d'une population nombreuse. On peut ajouter à cela les ruines imposantes dont l'Egypte est couverte, les traces de ses anciens canaux et de ses lacs, ses catacombes, ses profondes carrières, et plusieurs autres témoignages qui constatent l'antiquité la plus reculée.

Cependant l'histoire primitive de l'Egypte est enveloppée d'épaisses ténèbres. Les premiers faits qui la concernent se trouvent dans l'Ecriture-Sainte, où il en est parlé comme d'un royaume déjà très-florissant et civilisé du temps des patriarches. Nous la voyons ensuite conquise et dévastée par Cambyse, roi des Perses. Alexandre l'envahit 337 ans avant notre ère. Ptolémée, l'un de ses lieutenans, auquel, après la mort de ce conquérant, elle échut en partage, y fonda la longue et fameuse dynastie de son nom, qui ne s'éteignit que dans la personne de Cléopâtre. A la mort de cette princesse, l'Egypte passa sous le joug des Romains. Omar, successeur de Mahomet, s'en empara en 640. Sa postérité la gouverna pendant près de dix siècles. Saladin, le plus célèbre de ses successeurs, y fonda l'empire des Mamelucks, sur lesquels Selim 1er, empereur ottoman, en fit la conquête en 1517. Les Français, commandés par BONAPARTE, la prirent en 1798, et l'évacuèrent en 1801, l'abandonnant aux Anglais. Elle est aujourd'hui en proie aux factions, et à des partis qui se la disputent et la ravagent.

Cette contrée a 225 lieues de long sur 84 dans sa plus grande largeur. La chaleur y est presqu'insupportable pendant neuf mois de l'année; il n'y pleut presque jamais. Cette grande sécheresse, la blancheur des maisons et sur-tout un sable fin qui se mêle à l'air blessent les yeux et y rendent la cécité très-commune principalement pour les étrangers. Les plaines sont fécondées par l'inondation du Nil, fleuve qui la traverse dans toute sa longueur. La plus grande largeur de ce fleuve est d'environ un tiers de mille et sa profondeur de douze pieds. Il grossit en juin et les eaux se retirent en octobre. Quelques canaux en dérivent : les principaux sont ceux de Moez, d'Achmoun, de Karinen, &c. Les lacs les plus remarquables sont ceux de Menzaleh à l'ouest, de Bourlos, d'Edko vis-à-vis le précédent, de Maadieh au sud d'Aboukir, et qui n'en forme plus qu'un avec le lac Maréotis; le lac Kern, que quelques-uns croient être l'ancien Mœris; les lacs de Natron, &c.

Les plaines de l'Egypte étant annuellement fécondées par le Nil et dans les temps de sécheresse ou de moindre inondation arrosées au moyen des canaux et des vastes réservoirs que l'art a su ménager, sont d'une fertilité extrême. Il y croît en abondance du blé, de l'orge, du riz, du maïs, des légumes, des dattes, des figues, des oranges, des citrons et même des cannes à sucre. Il y a des pâturages excellens, qui nourrissent des chevaux, des bœufs, des moutons. Le buffle, le pélican et le crocodile ne quittent point le Nil. Ce fleuve, les vastes canaux qui en dérivent, et les lacs fournissent une quantité incroyable de poissons. Le chameau, nommé le *navire des déserts*, semble avoir été formé par la Nature tout exprès pour faciliter les transports dans les plaines sablonneuses qui avoisinent l'Egypte. Les autres animaux qu'offre la zoologie égyptienne sont la gazelle, le jakal, la hiène, l'ichneumon, l'autruche, un mouton à large queue, une espèce particulière de chèvre. On y élève beaucoup d'abeilles.

L'Egypte se divise naturellement en haute, moyenne et basse.

La HAUTE-EGYPTE, qu'on appelle aussi SAÏD, portoit autrefois le nom de *Thébaïde*, pays fameux dans l'histoire religieuse, par le choix qu'en avoient fait de pieux solitaires pour y mener la vie monastique. Cette contrée consiste dans une longue vallée large de trois ou quatre lieues de chaque côté du Nil qui l'arrose. Elle est fermée par deux longues chaînes de montagnes. La chaîne de l'E., du côté de la mer Rouge, semble en plusieurs endroits n'être qu'une haute muraille interrompue de distance en distance par des ravins. Ces montagnes, dont la masse paroît être toute entière de marbre, de jaspe, de granit ou de porphyre, ont fourni les matériaux des villes, des temples, des pyramides et des beaux obéliques qui subsistent encore ou sur les lieux mêmes, ou dans l'Egypte et en Europe. Les villes sont Girgé, capitale principale du Saïd, considérable et commerçante; Siout, sur les ruines de Lycopolis, près du Nil, où se voient des restes d'un amphithéâtre romain; Kous, autrefois *Coptos*, près de laquelle sont les ruines imposantes et colossales de la fameuse Thèbes aux cent portes; Esna ou Asna, qui est l'ancienne *Latopolis*, remarquable par ses tombeaux; Assouan, autrefois *Sienne*, où se tailloient les obélisques, et presque sous le tropique du Cancer; Ibrim, près de la cataracte du Nil à l'entrée de ce fleuve en Egypte.

La MOYENNE-EGYPTE, portoit autrefois le nom d'*Heptanome*; on l'appelle aujourd'hui le VOSTANI : là les deux chaînes de montagnes qui semblent ceindre l'Egypte s'écartent; l'une va gagner la mer Rouge, l'autre la Méditerranée, dont elle forme la côte. Les villes principales de cette partie de l'Egypte sont le Caire capitale, dont les rues sont étroites et tortueuses et l'air malsain; c'est l'entrepôt des caravanes. Le peuple y est d'une extrême malpropreté; les maisons ne sont que de misérables cabanes; celles des riches sont de lourdes masses de pierres ou de briques à peine éclairées par quelques fenêtres étroites et placées très-haut. Cette ville fut le chef-lieu de l'établissement des Français lors de leur invasion. La seconde ville est Fayoum, grande, populeuse et commerçante, dans un territoire abondant en fruits.

La BASSE-EGYPTE, nommée aussi le DELTA, parce que le terrain compris entre les deux branches principales du Nil et la mer, a la forme de cette lettre grecque, renferme non-seulement l'espace intercepté par les bras du fleuve, mais encore les côtes latérales et les déserts contenus entre les chaînes de montagnes dont nous avons parlé. Le sol y est fertilisé par les inondations du Nil, qui couvre alors une vaste étendue de pays, et ressemble à une mer, parsemée de villes et de villages bâtis sur les hauteurs, comme sur des îles. La capitale de cette partie de l'Egypte est Alexandrie, située sur la côte et près d'une des embouchures du Nil, ville autrefois célèbre et dont de belles ruines attestent l'ancienne splendeur. Dans son voisinage étoit le fameux phare destiné à guider les navigateurs. Les autres villes sont Aboukir, port sur la Méditerranée; Rosette, ville bien bâtie et commerçante; Damiette, sur un des bras du Nil, mais sur un autre emplacement que celle où aborda S. Louis, &c.

L'Egypte est habitée par des nations différentes. La plus remarquable est celle des Cophtes, que quelques auteurs regardent comme le peuple primitif de cette contrée, tandis que d'autres les prétendent venus d'Ethiopie. Ce qu'il y a de certain, c'est qu'encore aujourd'hui on leur trouve les mêmes traits qu'on remarque dans les momies et dans quelques anciennes peintures du pays. Ils ne ressemblent en rien aux Nègres. Ils nourrissent des abeilles et font éclore des poulets par des moyens artificiels. Dans les villes, ils s'occupent de l'éducation des enfans, auxquels ils apprennent à lire, à écrire et à compter. La plupart sont chrétiens; leur intelligence fait que les Turcs, presque tous militaires, les chargent de leurs affaires. Les femmes cophtes sont d'une taille petite, mais élégante; elles ont de beaux traits et de grands yeux noirs.

Outre les Cophtes, on trouve en Egypte des Arabes, des Mahométans et beaucoup de Juifs.

Les Arabes y sont établis de temps immémorial, et ont autrefois donné des souverains au pays sous le nom de rois pasteurs. Aujourd'hui les uns sont cultivateurs, d'autres vivent de brigandage, et quelques-uns nommés Bédouins sont épars dans le désert.

Les Mahométans ou Mogradiens sont ou négocians, ou guerriers, ou chargés de fonctions civiles. Enfin, les Juifs s'occupent du commerce.

La langue arabe est la plus répandue en Egypte ; on y parle aussi le grec moderne. La population est estimée à 4 millions d'hommes. Le gouvernement est entre les mains d'un divan composé de vingt-quatre beys ou chefs de Mamelucks, dont chacun est indépendant sur son territoire. Le Grand-Seigneur entretenoit en Egypte un pacha, plutôt prisonnier des beys que chargé d'aucune autorité. Seulement il percevoit le tribut d'usage. A l'arrivée des Français, la force armée du pays étoit de 8,000 Mamelucks, cavaliers achetés dans diverses contrées de l'Asie par les beys qui les prennent à leur service. Celui qui peut en attirer le plus grand nombre, soit par ses largesses, soit par la renommée de son courage et de ses vertus guerrières, est le plus puissant. Les Mamelucks sont bons cavaliers et se servent du sabre avec beaucoup d'adresse.

On fabrique en Egypte de belles toiles de lin et de coton, des schâls de laine très-fine, des eaux de senteur, des cuirs, du sucre, qui, avec les grains, le lin, le chanvre, le coton, les fruits, les drogues, la cire, le safran, forment les divers articles d'un commerce assez considérable. Les échanges se font pour des draps d'Europe, &c.

L'AFRIQUE CENTRALE.

A cette partie du continent africain appartiennent huit contrées principales, dont aucune n'a de limites géographiques, déterminées d'une manière précise. Ces contrées sont : 1°. le désert de Sahara ; 2°. la Nubie ; 3°. la Guinée ; 4°. le Congo ; 5°. la Nigritie ; 6°. l'Abyssinie ; 7°. la côte d'Ajan ; 8°. la côte de Zanguebar.

LE DÉSERT DE SAHARA.

Le mot *Sahara* ou *Zaara*, en arabe signifie *désert*, et cette contrée mérite en effet ce nom par excellence. C'est l'ancien pays des Garamantes. Il a plus de 45 degrés de longueur sur une largeur d'environ 12 degrés. Le sol est un sable rouge mêlé de grès, qui paroît n'avoir jamais été recouvert de terre végétale, et qui n'est susceptible d'aucune culture. Seulement à l'ouest se voient des arbres à gomme, et d'espace en espace des oasis ou terrains fertiles de différente étendue, couverts d'arbres, arrosés de quelques sources et peuplés, sont épars dans cette immense solitude comme des îles dans le vaste Océan. La chaleur y est insupportable : on y fait des trajets de cent et même de deux cents lieues sans trouver une goutte d'eau ; des caravanes néanmoins le traversent pour se rendre à Tombut. Tout désolé qu'est ce pays, il n'est pas sans habitans. Des Arabes et des Maures y possèdent des gommiers, et y errent avec leurs troupeaux. Ces déserts sont infestés de lions, de tigres, de léopards ; on y trouve aussi des autruches dont les plumes sont, avec le sel fossile et la gomme, les seuls objets de commerce.

On divise le Sahara en plusieurs déserts ; savoir :

Le Zanhaga, sur la côte ; les habitans font quelque commerce avec les Français de la Guinée. Il y fait si chaud que tout s'y corrompt. On y remarque le Cap-Bojador et le Cap-Blanc, découvert par les Portugais dans le quinzième siècle.

Le Zuenziga, à l'E. du Zanhaga ; il est habité par des Arabes très-féroces, lesquels font commerce d'esclaves noirs qu'ils vont surprendre dans l'intérieur ; il fournit beaucoup de sel.

Le Targa, moins aride que le précédent ; il a des pâturages, quelques puits de bonne eau et produit de la manne, qu'on va vendre à Agadès dans la Nigritie.

Le Lemta, solitude affreuse où tout manque ; c'est de là que sortirent les Almoravides qui ont fondé l'empire des Maures en Barbarie et dans l'Espagne. Les habitans sont voleurs et pillent les marchands qui vont trafiquer dans le pays des Nègres.

Le Berdoa a quelques cantons fournis d'eau et produit des dattes. Il y a trois petites villes et quelques bourgades.

Au N. du précédent est le désert de Rassem ou *Pays pétrifié*. Il est presqu'inhabité.

L'Etat d'Angela ou Ongela, sur les frontières septentrionales du Berdoa ; il a pour capitale une ville de même nom située au milieu d'une forêt de dattiers.

Au N. E. et le vers le désert de Barca est le pays de Siouah, oasis qui forme un Etat indépendant. Récemment M. Horneman a parcouru cette partie de l'Afrique. Il croit que Siouah est l'*Ammon* des Anciens. Ce pays produit des dattes, des figues, des grenades, des olives et du riz d'une espèce particulière. Il peut armer 1,500 hommes. La capitale, située sur une hauteur, se nomme *Siouah* ; elle est environnée de catacombes. Des ruines à Ounimibida ont paru à M. Horneman être celles du temple de Jupiter-Ammon, et des sources chaudes dans le voisinage assez semblables à celles dont parle Quinte-Curce, semblent confirmer cette conjecture.

LA NUBIE.

Cette contrée est entre l'Egypte et l'Abyssinie ; les Anciens la nommoient *Ethiopie*. De vastes déserts l'entourent de toute part ; elle n'a quelque fertilité qu'auprès du Nil, dont la plus grande cataracte se trouve dans son enclave, par-tout ailleurs elle offre un sable stérile ; la plus grande partie de l'année il y règne des chaleurs brûlantes : dans la saison des pluies l'air y est très-malsain. Elle produit des grains, des cannes à sucre, du bois de sandal, du tabac, du tamarin, de la poudre d'or, de l'ivoire et du musc. Elle nourrit des chevaux et des animaux féroces.

Il paroît que la religion chrétienne a été autrefois établie dans la Nubie. Aujourd'hui les Nubiens sont mahométans. Ils s'occupent d'agriculture et de commerce, et trafiquent avec les Egyptiens. Ils habitent des maisons ou plutôt des cabanes construites avec de la boue et couvertes de roseaux. En tout, c'est un pays misérable.

La Nubie est subdivisée en deux royaumes; savoir:

1°. Celui de DUNGOLA; la capitale porte le même nom; le souverain du pays y réside et y tient sa cour. Les autres villes sont Suakem, port célèbre sur la mer Rouge; c'étoit autrefois une ville florissante.

2°. Le royaume de SENNAR ou SENNAAR; il dépend du même souverain que le précédent: ses habitans diffèrent peu des Nègres. La capitale qui se nomme aussi *Sennaar*, et qui l'est de toute la Nubie, est située près du Nil; elle est très-grande et très-populeuse; le roi y a un palais entourée de hautes murailles. Cette ville est le centre du commerce de toute la contrée. Ce commerce consiste en esclaves, poudre d'or, gomme, ivoire, plumes, épiceries, fer, papier, &c. L'air y est malsain, surtout pendant les six mois de pluies. Il y a dans ce royaume une race d'hommes appelés Fungis qu'on dit être extrêmement féroce. Quelques auteurs ont prétendu qu'on y trouvoit la giraffe.

LA GUINÉE.

Cette contrée fut découverte dès le quatorzième siècle par des habitans de Dieppe. Au commencement du quinzième, les Portugais y abordèrent et y formèrent divers établissemens. Ils furent suivis par les Hollandais et les Anglais qui s'emparèrent de tout le commerce. Aujourd'hui les Danois et d'autres nations de l'Europe ont des comptoirs sur les côtes.

Le climat y est très-chaud et l'air malsain, sur-tout pendant la saison des pluies qui correspond à l'hiver; pendant l'été, la fraîcheur des nuits y tempère la chaleur. Le sol en général y est fertile; deux grandes rivières, savoir celle du Sénégal et celle de la Gambie, dans lesquelles d'autres viennent se jeter, arrosent le pays. Il produit des grains, des fruits, plusieurs sortes de gomme, des cannes à sucre, de l'ambre, de l'ivoire, de la poudre d'or. On y trouve plusieurs espèces d'animaux, beaucoup de beaux oiseaux, de perroquets et de paons. Ses moutons ont du poil au lieu de laine.

Les habitans sont noirs et idolâtres; ils font le commerce d'esclaves qu'ils enlèvent à leurs voisins, et vendent quelquefois jusqu'à leurs parens et leurs enfans. Ils vont presque nus, vivent de millet et de chair crue, négligent l'agriculture, et laissent à leurs femmes le soin de cultiver quelques morceaux de terre. Ils passent pour fourbes, paresseux, vindicatifs et voleurs. Du reste, ils sont bien faits et robustes. On divise la Guinée en septentrionale et méridionale.

La GUINÉE SEPTENTRIONALE s'appelle aussi le SÉNÉGAL, du nom du fleuve qui l'arrose et la fertilise. Ce pays fournit de la gomme, des esclaves et de la poudre d'or, que les Européens établis sur les côtes achètent des Foulahs, des Yalofs, des Feloupes et des Mandingues, peuples noirs qui habitent cette contrée et obéissent à des rois. Les villes ou plutôt les bourgades principales sont Medina, fortifiée d'un mur de terre et située près de la Gambie; Kour-Karami, ville mahométane; Joag, dans un canton fertile en oignons et en tabac; Gongadi, environnée de palmiers; Jarra, bâtie en pierre; Sampaka, les forts de Portendich, de Saint-Louis, de Podor, de Galam et d'Argnin, desquels le territoire joint à l'île de Gorée forme un département français; le fort de James est aux Anglais; Cacho, port sur l'océan Atlantique, appartient aux Portugais.

La GUINÉE MÉRIDIONALE se divise en côte de Malaguette, Guinée propre et Benin.

1°. La côte de MALAGUETTE; elle prend ce nom de la grande quantité de poivre qu'elle fournit. On la subdivise en plusieurs petits royaumes. La rivière de Sierra-Leone, dont la source est dans les montagnes de ce nom, la traverse. Les habitans sont très-adroits dans les ouvrages de sculpture, art qu'ils ont appris des Dieppois. Aujourd'hui les Anglais y font seuls le commerce.

2°. La GUINÉE PROPRE se subdivise en trois parties; savoir: la côte des *Graines*, qui abonde en riz, pois et fèves; la côte des *Dents*; elle fournit une grande quantité d'ivoire, de l'indigo, du coton; des fruits, des bestiaux, du gibier et du poisson; la *Côte-d'Or*, on en tire du musc, de la poudre d'or, des cannes à sucre, et elle abonde en poissons. Les lieux principaux sont la Mine, ainsi nommée parce qu'il s'y trouve des mines d'or, et le fort Nassau; ces deux postes appartiennent aux Hollandais; le cap Corse, renommé par un vin précieux presqu'aussi bon que celui de Constance; cette place est aux Anglais; Christianbourg, port appartenant aux Danois.

3°. Le BENIN; cet Etat est le plus puissant de la Guinée; il est gouverné par un roi qui peut armer 100,000 hommes. Le pays est couvert de bois et coupé de rivières; ses côtes sont poissonneuses; on y pêche le corail. Il fournit du poivre, de l'ivoire, de l'huile de palmier, des esclaves; articles qu'on échange pour des étoffes, des armes, des ustensiles, de la verrerie, &c. Les habitans sont idolâtres, et adorent des divinités subalternes qu'ils nomment *fétiches*. Ils ont néanmoins une idée confuse d'un Dieu tout-puissant; ils admettent la métempsycose et sont les plus civilisés des Nègres. La capitale se nomme *Benin*, ville considérable ; les maisons y sont basses, mais très-propres.

De ce royaume dépendent ceux de DAHOMÉ, peu connu, et d'OUARY ou WIRE ; il a un port sur l'océan Atlantique. Les Portugais y ont des comptoirs.

Les îles qui dépendent de la Guinée sont :

Celle de GORÉE, près du Cap-Verd ; elle est petite et très-peu productive ; mais sa rade est sûre et commode pour le commerce. Elle appartient aux Français.

L'île de FERNAND-PO, près le royaume de Benin ; elle est peuplée par des noirs très-féroces ; elle abonde en chèvres sauvages ; une grande quantité de veaux marins fréquente ses côtes. Les Espagnols y ont une forteresse qui sert de relâche aux bâtimens, et où ils trouvent des vivres et de l'eau. L'île a 6 lieues de long sur 4 de large.

L'île du PRINCE ; elle appartient aux Portugais : on y trouve de l'eau excellente, des ananas, des bananes, des patates, &c. Sa population consiste en 400 Portugais et 3,000 esclaves noirs. Elle nourrit beaucoup de porcs et de volailles. Sa longueur est de 7 lieues sur 3 de large.

L'île SAINT-THOMAS, qui appartient aux Portugais, a 40 lieues de tour ; elle produit du maïs, du riz, des cannes à sucre, des fruits, du gingembre, des raisins en abondance et en toute saison. Il y a des Européens et des Nègres.

L'île d'ANNOBON est aux Espagnols ; elle a 10 lieues de tour, et des vallées très-fertiles où croissent de superbes orangers ; elle produit du maïs, des fruits, du coton, de la volaille, du poisson en abondance ; les chèvres sauvages y sont en grand nombre. Sa population consiste en 150 noirs et quelques blancs.

L'île de SAINT-MATHIEU, petite et inhabitée, n'a d'avantageux qu'un lac d'eau douce.

LE CONGO.

Ce pays que l'on nomme aussi BASSE-GUINÉE, est sous la zone torride ; cependant il jouit d'un air assez tempéré, du moins lorsque la chaleur, naturellement excessive, est modérée par les vents et la pluie. Assez généralement le sol en est aride et sablonneux, mais dans beaucoup d'endroits c'est un terreau noir et très-fécond. On y récolte du maïs, du millet, des cannes à sucre, du tamarin, de la casse, des dattes, &c. Il y a des mines de fer et de cuivre, beaucoup d'éléphans, des lions, des tigres, des léopards, des singes et des serpens.

Ce pays est habité par des Nègres, qui sont les plus beaux de leur espèce ; ils vont presque nus et passent une partie du jour dans l'eau. Les uns sont païens et adorent des fétiches, les autres chrétiens ignorans. Ils font commerce d'ivoire, de casse, de tamarin et sur-tout d'esclaves qui sont très-recherchés.

On divise cette contrée en cinq royaumes.

1°. Le LOANGO, situé sur l'Océan. Les habitans sont grands, bien faits, vigoureux et civils ; ils ont l'usage de la circoncision et sont très-superstitieux. L'industrie ne leur est point étrangère : on y trouve des tisserands, des forgerons, des potiers, des charpentiers et des constructeurs de canots. Quelques voyageurs ont prétendu qu'ils sacrifioient des enfans à leurs idoles. Ce pays fournit au commerce, principalement des dents et des queues d'éléphans, du cuivre, de l'étain, du plomb, du fer, du bétail et des esclaves. Le territoire, dont la culture est abandonnée aux femmes, produit du blé, des cannes à sucre, des ignames, des patates, du manioc, du tabac en abondance, un peu de cochenille, des oranges, et plusieurs espèces d'arbres dont l'écorce sert à faire des étoffes. Le roi de Loango, dont les possessions sont très-étendues, est révéré comme un dieu. *Loango*, capitale du royaume, est le lieu de sa résidence ; cette ville est considérable ; les maisons y sont isolées et bâties au milieu de vergers de palmiers et de bananiers.

2°. Le CACONGO : ce royaume n'a que peu d'étendue. Ses habitans ont du goût et de l'intelligence pour le commerce, l'agriculture et la pêche ; ils fabriquent avec beaucoup d'adresse des étoffes, des vêtemens, des armes et des ustensiles de fer ; ils trafiquent avec les Hollandais et les Portugais. La capitale, ainsi que le pays, se nomme *Cacongo*.

3°. Le CONGO PROPRE, nommé aussi BASSE-GUINÉE ; il est arrosé par le Zaïre, dont les rives sont fréquentées par un grand nombre de crocodiles et d'hippopotames. La capitale est San-Salvador ; c'est aussi la résidence du roi qui y a un grand palais. Elle est en partie habitée par les Portugais ; ils y ont bâti des églises et établi un évêché. On y trouve aussi Bamba, Sogno et Pemba, capitales de provinces de même nom.

Le royaume d'ANGOLA est sous la domination des Portugais, et jouit du plus heureux climat. L'air n'y est point troublé par les ouragans ; on n'y est incommodé ni du froid ni des pluies ; la rosée y suffit pour seconder la fertilité du sol qui produit d'énormes cannes à sucre, des cocos, des ignames, des patates, des ananas, des pimens, du manioc, du maïs, des pois, &c. Les montagnes sont couvertes d'arbres, dont les fruits, tels que citrons, oranges, &c. sont délicieux. La côte est coupée de lacs très-poissonneux ; les plaines nourrissent de nombreux troupeaux. Les habitans sont idolâtres ; la polygamie est en usage parmi eux. Ils sont adroits à tirer de l'arc, mais paresseux, la Nature leur prodiguant sans culture tout ce dont ils ont besoin. Les Portugais et les Hollandais leur portent des draps, des armes, des ustensiles, des épiceries, des liqueurs, de l'huile, du sucre raffiné, qu'ils échangent pour des productions du pays, un peu d'or et des esclaves. Les Espagnols y ont une mine d'argent. La capitale est Saint-Paul-de-Loanda, sur la côte, grande ville, bien peuplée

plée et résidence des gouverneurs portugais, avec un port et un évêché. Le roi réside à Mapungo.

5°. Le royaume de Benguela n'a que peu d'étendue; l'air y est malsain; c'est un lieu d'exil pour les criminels du Portugal. On en tire du sel et des esclaves. Les habitans sont peu nombreux; il y a de vastes forêts remplies d'éléphans et d'animaux sauvages. La capitale de même nom, appelée aussi Saint-Philippe, a un port sur la mer Atlantique. On trouve dans le voisinage des mines d'argent.

LA NIGRITIE.

Cette contrée reçoit son nom du Niger qui l'arrose ou peut-être de ce qu'elle est le pays des Nègres. Le climat y est chaud, mais sain, le sol sablonneux et aride; quelques contrées produisent du riz, du millet, du lin, du coton, des dattes et des gommes. En général, le pays est infesté de bêtes féroces. Les habitans vont presque nus, sont noirs, brutaux, lascifs et paresseux. Les uns sont mahométans, les autres, idolâtres. Ils font le commerce d'esclaves, de poudre d'or, d'ivoire et d'ambre gris.

On divise cette contrée en vingt-quatre royaumes, la plupart peu connus; les plus remarquables sont:

1°. Le royaume d'Agadès, dont le territoire est fertile et bien arrosé; il renferme d'excellens pâturages, peuplés d'un grand nombre de bestiaux, fournit de la manne et du séné; les habitans font le commerce de sel qu'ils transportent sur des chameaux dans les autres contrées. La capitale se nomme Agadès, résidence du roi; ce prince y habite un palais bien fortifié.

2°. Le royaume de Bornou, qui est fort étendu et renferme une grande partie du cours du Niger, produit du riz, de l'huile et des fruits délicieux. Le roi de ce pays est très-puissant; les habitans qui sont pasteurs, mènent une vie patriarchale et n'ont guère d'autre demeure que des tentes.

3°. Le royaume de Tombut; il est arrosé par le Niger et fournit beaucoup d'or; le roi et les grands sont maures et mahométans; il y a des Juifs. La capitale se nomme Tombut, et n'a que des maisons de bois; le palais du roi est le seul édifice qui soit en pierre. Ce prince a un grand nombre de vassaux qui lui paient tribut. Le sol produit du blé, du riz, du coton; il y a des mines de cuivre.

4°. Le royaume de Bambara produit principalement du beurre végétal fait avec le noyau d'un fruit; il a de plus d'excellens pâturages. La capitale est Sego sur le Niger; les maisons y sont d'argile recouverte d'une couleur blanche.

5°. Le royaume de Darfour; quelques géographes le font dépendre de la Nubie; il n'a ni lacs ni rivières, dans les sécheresses on n'y trouve que de l'eau de puits. Le sol y est assez mal cultivé, il produit néanmoins des graines, des légumes, des fruits et de la gomme; on trouve dans les forêts tous les animaux de l'Afrique. Les habitans, dont le nombre ne passe pas 200,000, sont mahométans; la teinte de leur peau est d'un noir de jais; ils passent pour voleurs et méchans; c'est un mélange d'Ethiopiens, d'Egyptiens et d'Arabes. Ces peuples trafiquent avec l'Egypte des productions de leur pays. Ils lui fournissent aussi des esclaves et des chameaux, qu'ils échangent pour de l'ambre, de l'étain, des étoffes, des armes, &c. Ils sont gouvernés par un sultan, qui exerce une autorité despotique et profite seul du commerce qu'il fait faire par ses agens. Chaque année, pour honorer l'agriculture, il sème lui-même un champ. Les Nègres indigènes parlent le langage des Berbères et l'arabe. La capitale du Darfour est Cobbé, dont les maisons sont entourées d'arbres et sur-tout de palmiers.

L'ABYSSINIE.

Cette contrée, qui faisoit partie de l'ancienne Ethiopie, est l'une des plus anciennement peuplées de l'Afrique; elle fut autrefois riche et puissante; mais cette ancienne splendeur a disparu. Quelques-uns des peuples qui l'habitent sont civilisés depuis très-long-temps. Elle a été anciennement le théâtre de guerres sanglantes avec les Maures qui vouloient l'envahir. Le souverain y exerce une autorité despotique. Il décide en maître absolu dans les matières civiles et religieuses, et dispose à son gré des biens et de la vie des habitans qui naissent tous esclaves de la couronne; mais le pays est sujet à de fréquentes révolutions politiques, et plus d'une fois le monarque a été précipité du trône d'où il commandoit en maître absolu. Il tient sa cour sous des tentes, et change souvent de demeure.

Les Abyssins sont noirs, et descendent des Arabes; on les dit vifs, sobres, laborieux et robustes. Ils professent la religion chrétienne grecque, prêchée dans leur pays du temps de S. Athanase; aujourd'hui elle y est fort altérée et mêlée de superstitions. Leurs rites sont les mêmes que ceux des Cophtes et des chrétiens d'Egypte. Ils ont un évêque qui dépend du patriarche d'Alexandrie. La plupart habitent dans des villes et des villages situés sur des rochers, pour éviter les torrens qui, pendant les six mois de la saison des pluies, inondent les plaines. Leurs maisons en général sont de forme conique, bâties d'argile et couvertes de chaume. Quelques-uns sont logés dans des cavernes. Ils ont plusieurs femmes, trouvent la chair crue délicieuse, et font usage d'hydromel et de bière pour boisson. Leur langue, dérivée de l'arabe, a plusieurs dialectes.

Cette contrée est très-peuplée; outre les chrétiens, on y trouve des

Nègres, des Maures réfugiés d'Espagne, des Arabes, qui font le commerce, et des Turcs.

Les principales rivières qui arrosent l'Abyssinie sont le Nil, qui y prend sa source; le Bahr-el-Arreck ou Nil des Abyssins, nommé aussi Abawi; il a une cataracte; le Maleg, qui se joint à l'Abawi; l'Hanazo et l'Hawash; on croit que la première se perd dans les sables, l'autre se jette dans la mer Rouge. Ces rivières prennent leur source dans le sein d'une chaîne de montagnes qui traverse l'Abyssinie et la partage en deux parties : celle qui avoisine les côtes est abondamment arrosée par les pluies, au lieu que la partie de l'intérieur n'en reçoit jamais. Le climat y est tempéré; le sol est coupé de montagnes bordées de précipices; les vallées sont très-fertiles.

L'Abyssinie produit des grains d'Afrique de plusieurs espèces, du coton, du lin, des drogues, du miel, des fruits, des cannes à sucre, et nourrit beaucoup de bestiaux. Ses forêts sont peuplées d'un très-grand nombre de buffles; on y trouve aussi des chevaux, petits mais vifs, des éléphans, des rhinocéros, des panthères, des lions, une sorte de hiène fort cruelle, des gazelles, des crocodiles, des hippopotames, plusieurs espèces d'oiseaux, des insectes dont plusieurs sont très-dangereux, et entre autres une grosse mouche redoutable au lion lui-même. On prétend que la giraffe et le zèbre n'y sont pas inconnus.

La capitale de l'Abyssinie est Gondar, située sur une montagne; le roi ou negus y réside dans un vaste palais, bâti en pierre et flanqué de tours; on y compte 50,000 habitans. Les autres villes sont Axum, ancienne capitale, remarquable par ses magnifiques ruines antiques; elle n'avoit pas moins de quarante obélisques, outre un bassin très-vaste; Erkico, sur le bord de la mer Rouge; Ankecko, port de mer; Alata, près des cataractes du Nil.

Cette contrée fournit au commerce des aromates précieux, le cardamome, le gingembre, &c.

LA CÔTE D'AJAN.

Cette vaste côte est ainsi nommée parce qu'on y trouve de l'eau : elle est à l'E. de l'Afrique et au S. du détroit de Babel-Mandel. Lorsque les pluies ou les vents ne la rafraîchissent pas, la chaleur y est très-vive. Le sol est en général sablonneux et aride. Il s'y fait un grand commerce d'or, d'ivoire, d'ambre gris. Les habitans sont noirs; une partie a embrassé le mahométisme, les autres sont idolâtres.

On divise la côte d'Ajan en trois parties; savoir :

Le royaume d'ADEL : il est en partie couvert de marais et sans bois; l'air y est malsain et donne des fièvres. Ce pays produit de la myrrhe, de l'encens, du poivre, de l'or, de l'ivoire et des grains; d'excellens

pâturages y nourrissent beaucoup de bestiaux, des moutons à grosse queue et des vaches à cornes palmées. Les villes sont Auçagurel, où le roi réside; Zeila et Borbora, chacune avec un port sur le détroit.

Le royaume de MAGADOXO; la côte est habitée par des Arabes mahométans et par des Indiens, qui font un grand commerce d'or et d'ivoire; ils échangent ces articles contre des épices et des étoffes. L'intérieur des terres est occupé par des Cafres. Magadoxo capitale, a chaque année une foire très-fréquentée.

La république de BRAVA : c'est un État aristocratique, tributaire des Portugais; c'étoit jadis un royaume; elle est gouvernée par un conseil de douze personnes. Sa capitale, qui porte le nom de Brava, fut ravagée par Albuquerque; elle fait un grand commerce d'or, d'argent et d'ambre gris, et reçoit en échange des étoffes, &c.

LA CÔTE DE ZANGUEBAR ou D'IVOIRE.

Cette côte est humide et marécageuse; le climat y est chaud et malsain; le territoire, en général peu fertile, produit néanmoins en plusieurs endroits du blé, du millet, des oranges et d'autres fruits. Il y a des poules dont la chair est noire; les éléphans y sont si communs qu'on fait des palissades de leurs dents; l'or y abonde. Les habitans sont nègres; les uns sont mahométans, les autres idolâtres : dans les établissemens des Portugais qui sont en grand nombre sur cette côte, le christianisme est la religion dominante. Ce pays est divisé en six royaumes; savoir :

1°. Le royaume de MÉLINDE; il est gouverné par un roi mahométan qui exerce une autorité absolue; mais qui est tributaire des Portugais. La capitale est Mélinde, sur le Quilmanci, avec un port sur l'océan Indien : cette ville commerce en or, ivoire, cuivre, vif-argent, étoffes, fruits, épices, &c. Les Portugais y ont une factorerie.

2°. Le royaume de MONBAZA; il renferme des mines d'or. La capitale est Monbaza, ville populeuse avec un port sur l'océan Indien. Les Portugais y ont une forteresse. Le territoire est agréable et fertile. Ce pays fournit de l'ivoire, de la cire et du miel.

3°. Le royaume de QUILOA, au S. du précédent; il est gouverné par un monarque absolu et très-respecté de ses sujets; il paie un tribut aux Portugais. Sa capitale Quiloa, ville populeuse et considérable, est divisée en deux parties; l'une, nommée le Vieux-Quiloa, est sur le continent, le roi y réside; l'autre, appelée le Nouveau-Quiloa, a été construite dans une île par les Portugais.

4°. Le royaume de MONGALLO; on dit qu'il renferme des mines d'or; mais il est peu connu. La capitale porte de même nom.

5°. Le royaume de MAURUCA; il est moins connu encore, et n'offre rien de particulier. On sait seulement qu'il est gouverné par un souverain qui est le plus puissant de la nation des Macuas, laquelle habite le Zanguebar.

6°. Le royaume de Mozambique : cet État n'est pas considérable ; mais *Mozambique* sa capitale est célèbre. Elle est bien fortifiée et située dans une île de même nom. Son port est le meilleur de ces mers. Les Portugais y sont maîtres, et tous leurs vaisseaux s'y arrêtent pour se rafraîchir. Ce poste leur sert à maintenir sous leur domination tous les rois voisins. Il s'y fait un gros commerce des productions de l'Afrique, qu'on échange pour des épiceries et des pierres précieuses. Le roi est absolu ; il paie un tribut aux Portugais. Lui et les principaux habitans sont mahométans ; le reste de ses sujets est idolâtre.

L'île de Mozambique, dans laquelle la ville de ce nom est bâtie, abonde en palmiers, figuiers, dattiers, orangers et autres arbres fruitiers ; elle nourrit des bœufs, des moutons à grosse queue, des chèvres, des porcs dont la chair est excellente ; mais elle manque d'eau douce, qu'on est obligé d'aller chercher sur le continent.

On donne le nom de *Canal de Mozambique* au détroit situé entre cette côte et l'île de Madagascar.

L'AFRIQUE MÉRIDIONALE.

Cette vaste région, dont la plus grande partie est peuplée de Nègres, a été peu visitée ; elle comprend trois pays ; savoir : le Mataman, le Monomotapa et la Cafrerie.

LE MATAMAN.

Ce pays est composé de plusieurs provinces dont à peine on connoît les noms. On sait seulement que le sol y est sablonneux et le climat assez doux : peu d'Européens y ont pénétré. Les habitans sont Nègres, idolâtres et encore sauvages ; ils sont gouvernés par des rois. On croit que le Mataman a 150 lieues de long sur 80 de large.

LE MONOMOTAPA.

Cette contrée jouit d'un climat très-sain, quoique chaud ; le sol est fertile en riz, millet, cannes à sucre et fruits ; on y trouve presque tous les animaux sauvages et domestiques de l'Afrique, excepté le chameau ; Les habitans sont noirs et idolâtres.

On divise le Monomotapa en cinq royaumes.

1°. Le Monomotapa propre ; il renferme des mines d'or si abondantes que les Portugais en appellent le roi l'*empereur d'or*. Ce prince est très-puissant ; il est adoré par ses sujets comme une divinité. Son armée n'est composée que d'infanterie, faute de chevaux. Les villes sont *Monomotapa* capitale, Zimbaoë résidence du roi, et Tete ou Sant-Iago sur la Cuama, poste fortifié qui appartient aux Portugais.

2°. Le royaume de Manica ; il dépend du précédent. Sa capitale *Manica* est peu connue. On dit que dans son voisinage, il y a des mines d'or.

3°. Le royaume de Sofala, situé sur le golfe de même nom ; il produit beaucoup d'or et d'ivoire : on pense que sa capitale, nommée aussi *Sofala*, est l'*Ophir* de Salomon.

4°. Le royaume de Sabia ; sa capitale est Mambone, sur le canal de Mozambique.

5°. Le royaume d'Inhambane ; il est au S. du précédent. Sa capitale est Tonge. À l'arrivée des Portugais dans ce pays, le roi qui gouvernoit alors, se fit baptiser avec toute sa cour.

LA CAFRERIE.

Cette contrée, dont le sol est en général fertile et bien arrosé, jouit d'une température variée. Pendant l'été, la pluie presque toujours accompagnée de violens orages y diminue l'excessive chaleur ; les vallées et les plaines produisent beaucoup de végétaux et nourrissent des bestiaux nombreux. Les forêts sont remplies de lions, de tigres, de léopards, de hiènes, d'éléphans, de rhinocéros, d'autruches et de gazelles.

On divise la Cafrerie en deux parties ; savoir, le pays des Cafres et celui des Hottentots.

Le Pays des Cafres est au N. Ses habitans sont d'un noir foncé ; aussi le mot *cafre* en arabe signifie-t-il *noir*. Ils sont d'une grande et belle stature et moins laids que les autres Nègres. Des peaux d'animaux leur servent de vêtemens. Ils vivent principalement de chasse et du produit de leurs nombreux troupeaux de bœufs et de moutons. Les femmes seules cultivent les terres. On y récolte du blé, des haricots, du chanvre, du tabac et des melons d'eau. Les Cafres sont habiles à manier la lance, et s'exercent à la danse, à la lutte, à la chasse ; ils attaquent avec courage les bêtes féroces. Leurs huttes sont construites avec des branches d'arbres garnies de glaise et de fiente de vache.

Les Cafres sont idolâtres, et croient à l'immortalité de l'ame. Ils obéissent à un roi dont le pouvoir est héréditaire, mais très-limité. Ils communiquent rarement avec les étrangers.

Le Pays des Hottentots se divise en plus de vingt contrées ou peuplades différentes ; les unes indépendantes, les autres soumises aux Hollandais. Ce peuple, qui paroît faire une race à part, a les os des joues proéminens et larges, la mâchoire étroite, le nez plat et petit à sa base , les narines très-ouvertes , une grande bouche , de petites dents très-blanches , de grands yeux noirs et la peau d'un noir sale. Ils sont bien faits , avantage qui sur-tout est particulier aux femmes ; elles joignent à cela une voix douce et harmonieuse. Les Hottentots sont vétus de peaux d'animaux garnies de leur poil ; ils s'enduisent le corps de beurre mêlé de suie , ce qui leur donne une odeur insupportable ; ils sont très-robustes , adroits et d'une légèreté prodigieuse ; ils passent leur vie dans l'oisiveté , préfèrent à l'agriculture la garde de leurs troupeaux, avec lesquels ils parcourent la contrée : le lait qu'ils en tirent fait leur principale nourriture. Ils ne se livrent guère à l'exercice de la chasse, quoiqu'ils la fassent toujours avec succès pour écarter les animaux dangereux. Oublieux du passé , insoucians sur l'avenir, ils jouissent du moment présent, au sein d'une oisiveté qui leur plaît , et dont le besoin seul les fait sortir. Malheureusement ils ont conçu pour les liqueurs fortes que leur ont portées les Européens , une passion qui a altéré leur caractère paisible ; l'ivresse les met en fureur, et alors ils se portent aux plus grands excès. Dans leur état naturel, ils sont bienfaisans, hospitaliers, amis fidèles et zélés. Quelques-uns d'entre eux préparent les peaux et travaillent l'ivoire avec adresse. Leurs huttes , faites de longues branches courbées jusqu'à terre et recouvertes de peaux , ressemblent à des ruches. Ils connoissent peu la propreté. Tous sont idolâtres. Ceux qui habitent les colonies hollandaises du Cap et des environs , ont été corrompus par les vices de l'Europe, et ont beaucoup perdu de la simplicité de leurs mœurs.

Le Cap de Bonne-Espérance, nom donné à la pointe de terre qui termine l'Afrique, appartient aux Hollandais avec une grande partie du Pays des Hottentots. Ils l'acquirent d'un chef du pays en 1650, et s'y sont ensuite beaucoup étendus. Le territoire est en général composé de vastes plaines argileuses et stériles. Des chaînes de montagnes y courent de l'E. à l'O. Une petite portion sur le bord de la mer fut d'abord cultivée. Les Hollandais y essayèrent toutes les productions de l'Europe, et y plantèrent ce vignoble fameux qui porte le nom de Constance et produit l'un des vins les plus précieux du globe. Bientôt après il s'y forma des plantations de tous les genres ; ce pays fournit en abondance des fruits, des légumes et d'autres végétaux ; les vaisseaux qui vont aux Indes ou à la Chine y trouvent une excellente relâche et toute sorte de rafraichissemens. Mais une grande partie de cette vaste contrée est encore sans culture. L'air y est très-salubre , sur-tout dans les montagnes qui renferment des mines jusqu'à présent non encore exploitées. Le bois y est rare ; mais tandis que les Anglais ont occupé cette colonie, ils y ont trouvé du charbon-de-terre. Ce pays, qui a 200 lieues de long sur 100 de large, se divise en quatre districts ; la population hollandaise n'y monte pas au-delà de 20,000 ames , y compris les habitans de la ville du Cap. A ce nombre il faut ajouter 24 à 30,000 Mulâtres et Hottentots.

La capitale, ou plutôt le chef-lieu de la colonie, se nomme le Cap ;

elle est située à la pointe méridionale de l'Afrique , et bien fortifiée ; les maisons y sont bâties en briques et forment des rues larges et régulières, mais qui ne sont point pavées. En hiver des vents violens règnent sur cette côte. En été les eaux stagnantes des environs et les immondices qu'on laisse s'amonceler , causent des maladies épidémiques. Il y a un hôpital pour 6,000 malades , de vastes magasins pour la marine, un jardin botanique planté de légumes et de quelques végétaux exotiques. Les mouillages principaux sont False-Bay au S. et Table-Bay ou Baie de la Table au N. Les Européens qui y abordent paient un droit d'ancrage. Les Anglais s'étoient emparés de cette place en 1795 ; à la paix elle fut rendue aux Hollandais.

Outre cette ville il y a quelques autres établissemens. Celui de Constance , célèbre par ce vin précieux dont nous avons déjà parlé, est l'un des principaux.

Dans les temps modernes , plusieurs Européens de diverses nations ont parcouru et parcourent encore l'intérieur de l'Afrique ; ils y ont reconnu de nouveaux royaumes. Trois Anglais principalement, MM. Park , Brown et Horneman , ont donné des renseignemens utiles et curieux sur quelques contrées de l'intérieur. La Société Africaine ne néglige rien pour perfectionner cette partie de la géographie , et déjà elle peut citer des succès. Mais rien n'est assez avéré, et il reste encore trop de lacunes pour que , dans un abrégé tel que celui-ci, on puisse faire usage de ces découvertes.

LES ILES D'AFRIQUE.

Des îles qui appartiennent à l'Afrique, les unes sont dans l'océan Indien, les autres dans l'océan Atlantique.

Les îles de l'*océan Indien* sont :

1º. L'île de Socotora ; son territoire est d'une grande fertilité ; elle contient environ 200 millions d'acres d'excellentes terres ; elle produit des dattes, de l'excellent aloës, de l'ambre gris , de l'encens, des plantes, des drogues médicinales, de l'indigo, des grains , de la gomme , du musc. Tous ces objets s'échangent contre les marchandises de l'Inde et de l'Europe. L'air y est très-chaud. L'île a deux bons ports, et baies sont commodes. Les habitans sont Arabes et mahométans. Ils obéissent à un roi.

2º. L'île de Madagascar, que l'on a dit être la *Menuthias* des Anciens. C'est l'une des plus grandes îles de l'univers ; elle a 340 lieues de long sur 100 de large. Le climat y est très-chaud , le sol est arrosé dans toutes ses parties par des fleuves, des rivières et des ruisseaux , qui prennent leurs sources dans une longue chaîne de montagnes laquelle traverse l'île dans sa longueur. Ces montagnes renferment des mines d'argent, d'étain, de cuivre. On y trouve des pierres précieuses et de très-beau cristal de roche, extrêmement utile en optique. Le territoire est agréablement mélangé de vallées, de plaines couvertes de forêts et de prairies. Les forêts présentent une grande variété d'arbres; on y trouve l'oranger, l'ébénier, le citronnier, le bois d'aloës, d'énormes bambous, des bois pour la teinture, pour la construction et la mâture, des arbres à gomme, &c. Les savanes nourrissent de nombreux troupeaux; les plaines offrent des champs de riz, de patates, de légumes, des cannes à sucre, du tabac, de l'indigo, du poivre, du coton, &c. L'île produit aussi du miel et de la cire, beaucoup de volaille et de poisson.

Quelques nations européennes ont en vain tenté des établissemens à Madagascar. Les Français y avoient bâti le fort Dauphin à la pointe méridionale. En 1673 les insulaires égorgèrent la garnison et détruisirent leurs habitations.

L'île de Madagascar est partagée en plusieurs provinces ou Etats. Elle est peuplée de diverses races d'hommes, quelques-uns sont nègres, d'autres bruns ou couleur de cuivre, mais la plus grande partie est olivâtre; on les nomme *Madécasses*. Ces peuples obéissent à des chefs, dont l'autorité n'est pas considérable. Il paroit que la religion mahométane a pénétré à Madagascar; il y reste néanmoins des idolâtres. Les Madécasses connoissent l'écriture; ils ont même quelques livres d'histoire dans la langue du pays.

3°. Les îles Séchelles, dites aussi de l'Amirauté ou de Mahé, situées entre celle de Madagascar et la ligne, sont au nombre de six. Le sol en est marécageux, mais il est couvert de belles forêts et l'aspect en est très-pittoresque. Ces îles produisent du riz et abondent en palmiers; on y trouve des crocodiles monstrueux. Les Français y ont eu des établissemens. Les habitans sont basanés.

4°. L'île Rodrigue; elle est presque inhabitée, et fournit aux Français de l'Ile-de-France des tortues, du riz et des fruits. Ce fut une des stations choisies par l'Académie des Sciences pour l'observation du dernier passage de Vénus.

5°. L'Ile de France est de forme ovale; elle a 50 lieues de tour. On y trouve de hautes montagnes dont les cimes sont toujours couvertes de neiges, tandis que leurs flancs sont revêtus de forêts d'ébéniers et d'autres arbres d'Afrique. Un grand nombre de ruisseaux descendent de ces montagnes, et portent la fraîcheur et la fertilité dans les plaines; mais quelquefois ils se changent en torrens qui les ravagent: on récolte dans l'île du froment et du blé d'Inde deux fois l'an, du riz, du café, des cannes à sucre, du tabac, de l'aloës, du coton, de l'indigo, des épices, le fruit de l'arbre à pain, des bananes, des ignames, &c. On y nourrit des bestiaux; les tortues et toute sorte d'oiseaux y sont en abondance; les côtes sont poissonneuses. Quoique le climat soit chaud, la température est saine. On y compte 12,000 Noirs et 1,000 Blancs, ceux-ci sont presque tous Fran-

çais. Cette île, découverte par les Hollandais, avoit reçu d'eux le nom d'*Ile-Maurice*. Ces premiers possesseurs l'ayant abandonnée, les Français s'y établirent et la nommèrent *Ile-de-France*. C'est aujourd'hui une colonie florissante, et qui doit beaucoup à deux administrateurs excellens, La Bourdonnaye et Poivre. Elle a un très-bon port, et un beau jardin botanique; c'est l'entrepôt du commerce de l'Inde. Le port Louis, nommé depuis la révolution française le port Nord-Ouest, en est le chef-lieu.

6°. L'île de la Réunion ou de Bourbon, nommée autrefois *Ile-Mascareigne*, parce qu'elle fut découverte par un portugais de la maison de Mascarenhas, est de forme ronde; elle a 40 lieues de tour. Les Français s'y établirent vers 1657. On y compte aujourd'hui 89,000 habitans Français ou Nègres. Le climat, la température, les productions sont à-peu-près les mêmes qu'à l'Ile-de-France. On y cultive des légumes aussi bons que ceux d'Europe, du café qui approche, pour la forme, de celui de Moka, des gommes odoriférantes, des raisins, du benjoin. Elle a vers le sud un volcan dont les éruptions sont continuelles.

Les îles d'Afrique, de l'*océan Atlantique* sont:

1°. Celle de Madère; c'est un groupe de trois îles. Madère fut découverte par un gentilhomme anglais et conquise par les Portugais vers 1420; elle étoit alors couverte de forêts; on y mit le feu; l'incendie dura sept ans et fertilisa le sol. Ce beau pays est arrosé par beaucoup de ruisseaux; il y croît des fruits délicieux; la canne à sucre y est indigène. On y trouve aussi le cannelier. Un grand nombre de bestiaux y paît dans de gras pâturages; on y élève de la volaille. Il paroit qu'il y a eu autrefois des volcans, on en retrouve des vestiges dans plusieurs endroits. L'île principale a 25 lieues de long sur 20 de large. Elle ressemble à un jardin délicieux planté d'orangers, de citronniers et de grenadiers. Elle produit les excellens vins de Madère et de Malvoisie. La population y est de 64,000 habitans. Les Hollandais y ont une factorerie. La capitale se nomme Funchal; c'est la seule ville de l'île.

2°. Les îles Canaries; elles sont au nombre de huit principales; les Anciens les nommoient *îles Fortunées*, sans doute à cause de la pureté de leur ciel et de la fécondité de leur sol. Quelques auteurs y placent les fameux jardins des *Hespérides*. C'est de là que nous viennent les jolis oiseaux nommés *serins*. On y fait deux récoltes par an. Les productions et les animaux de l'Europe y réussissent. Ces îles produisent du sucre, de l'huile, de l'orseille, un peu de soie, du miel, des peaux, des fruits secs et confits, de la volaille et du bétail. Les poissons que l'on pêche en abondance sur les côtes sont un objet de commerce avec les Maures. Il y a des oliviers sauvages, des cyprès, des pins, des lauriers, &c. Il paroit que ces îles étoient connues dès 1367. Vers 1402, Jean de Béthencourt, gentilhomme normand et chambellan de Charles VI, en fit la conquête. Elles appartiennent aux Espagnols. On y trouva, lors de la découverte, un peuple à demi civilisé, auquel les Espagnols donnèrent le nom de *Guanches*, et qui n'avoit point l'usage du fer. Ils embaumoient les cadavres à la manière des Egyptiens. On y a retrouvé un grand nombre de leurs tombeaux et des momies très-bien conservées.

La principale de ces îles appelée *Canarie* a 50 lieues de tour ; elle est très-fertile sur-tout en grains. Sa capitale, nommée *Canarie*, est aussi celle de tout le groupe.

Les autres îles sont *Ténériffe* ; on y compte 68,000 habitans ; elle produit des grains et du vin. Son Pic, montagne volcanique, a, suivant le chevalier Borda, 1,904 toises au-dessus du niveau de la mer. Cette île a plusieurs villes ; sa capitale est Laguna, bien fortifiée ; on y fabrique des bas.

Palma ; elle a 10 lieues de tour, et produit le meilleur vin de ces îles ; elle possède d'excellens pâturages ; la canne à sucre y est indigène. La population de Palma est de 30,000 ames. La capitale porte le même nom. Un volcan y cause de fréquens tremblemens de terre.

L'*Ile-de-Fer* ; elle est peu considérable, mais elle mérite d'être remarquée, parce que c'est de cette île que la plupart des géographes français comptent le premier méridien. Louis XIII, en 1634, l'avoit ainsi ordonné par une loi.

Les autres îles se nomment *Hiero*, *Gomero*, *Forta-Ventura*, &c.

Les îles du Cap-Verd, ainsi nommées parce qu'elles sont vis-à-vis du cap de ce nom, sont au nombre de vingt, et environ à 100 lieues du continent. Elles furent découvertes vers 1460, par Antoine Noli, génois, au profit du roi de Portugal. Plusieurs sont stériles, quelques-unes même ne sont que des rochers inhabités, d'autres jouissent d'une grande fertilité. L'air y est excessivement chaud et malsain. On y compte 42,000 habitans. On y trouve du riz, du maïs, un peu de coton, des bananes, du vin, des légumes, de la garance, des fruits, des porcs, de la volaille, des singes, &c. Les principaux objets de commerce sont les peaux de chèvre et le sel.

Les principales de ces îles sont *Sant-Iago*, nommée aussi *Ribera* ; elle a 50 lieues de tour. Il y croît du coton, des cocos, des oranges et de la garance. On y trouve aussi le palmier et l'arbre à pain. La capitale est *Sant-Iago* ou Saint-Jacques, avec un port. Praya, autre ville aussi avec un port, est la résidence du gouverneur.

Brava ; cette île est au S. O. de la précédente ; elle a trois ports. On y trouve en abondance des grains, des fruits, des bestiaux, des chevaux, des ânes, des porcs et du poisson. Elle fournit du salpêtre et du sel ; le vin en est excellent. On diroit en la voyant un amas de montagnes élevées l'une sur l'autre. On n'y compte que 500 habitans. C'est

une relâche utile aux vaisseaux qui partent de Hollande, d'Angleterre et de France pour la Guinée ou les Indes.

Mayo, au S. E. de Sant-Iago ; elle produit du blé, des patates, des figues, des melons d'eau, des latanes, fruit d'une espèce de palmier, une sorte de coton et du sel en abondance. On y trouve des ânes sauvages. Elle a 700 habitans.

Ce groupe a quelques autres îles moins importantes, telles que *Bona-Vista*, *Santa-Cruz*, &c.

L'île de l'Ascension ; elle fut ainsi nommée parce qu'elle fut découverte par les Portugais le jour de cette fête. Elle est montagneuse ; les bâtimens des Indes occidentales y mouillent pour s'approvisionner de tortues dont elle abonde. Elle a 15 lieues de tour.

L'île Sainte-Hélène ; elle a 12 lieues de long sur 6 de large, et fut découverte par les Portugais, qui y transportèrent les animaux et les fruits propres à servir de rafraîchissemens aux équipages des vaisseaux européens. Les rochers qui l'entourent en rendent l'accès difficile. Elle produit en abondance du maïs, des patates, des ignames, des bananes, des figues, du raisin, des oranges ; on y trouve des bestiaux, des porcs, de la volaille et de très-bonne eau ; les montagnes sont couvertes de bois. On a remarqué dans l'île des traces d'anciens volcans ; elle appartient aux Anglais. On y compte 2,000 habitans. Les avantages qu'elle procure aux navigateurs l'ont fait appeler l'*Hôtellerie des Mariniers*.

Les Açores tirent leur nom du grand nombre d'éperviers et de faucons qu'on y trouva lors de la découverte. Elles sont au nombre de neuf, et à-peu-près à mi-chemin d'Europe et d'Amérique. L'air y est sain, le sol montagneux et très-fertile, mais exposé à des ouragans, à des tremblemens de terre et des inondations. Ces îles produisent du blé, du vin, des fruits, du pastel. Elles nourrissent beaucoup de bestiaux et de la volaille ; toutes appartiennent aux Portugais. Leur population est de 140,000 ames. Les principales de ces îles sont :

Tercère, qui a 15 lieues de long sur 6 de large. Elle est entourée de rochers et de forts qui en défendent l'accès. On y trouve un grand nombre de très-beaux cèdres et d'autres arbres propres à former des bois de construction ; elle produit en outre du grain, du vin, des fruits, et nourrit du bétail. Alphonse VI, roi de Portugal, y fut relégué, et mourut en 1683. La capitale est Angra, qui l'est aussi des Açores ; le gouverneur de ces îles et l'évêque y résident.

Saint-Michel, à 18 lieues de long sur 4 de large ; elle renferme trois bourgs et vingt-deux villages. Sa population est de 40,000 habitans. Le sol y est fertile et très-riche. L'île nourrit beaucoup de volaille et de gibier. Elle est sujette à de fréquens tremblemens de terre. On y fabrique du pastel et quelques étoffes. Sa capitale est Punta-del-Guda.

L'AMÉRIQUE.

L'Amérique occupe à elle seule un hémisphère. On l'appelle aussi le Nouveau-Monde, *Novus Orbis*, et quelquefois les Indes occidentales, parce que Colomb, lorsqu'il la découvrit, croyoit qu'elle faisoit partie de l'Inde. Elle a 2,800 lieues de long sur 1,700 dans sa plus grande largeur. A peine en soupçonnoit-on l'existence au commencement du 15ᵉ siècle.

Quelques navigateurs néanmoins y avoient déjà réellement abordé. En 1003, une colonie norwégienne s'étoit établie au Vinland, que quelques auteurs croient avoir fait partie du Labrador; mais ces navigateurs ignoroient qu'ils fussent sur un autre continent. On ne peut donc, malgré cette découverte et peut-être quelques autres, refuser à Christophe Colomb l'honneur d'avoir fait connoître l'Amérique. Il avoit un frère géographe, et dont la profession étoit de faire des cartes de géographie. En le voyant construire des mappemondes, Colomb s'étonnoit qu'il n'y eût sur le globe que 180 degrés qui fussent connus. Il imagina qu'en s'avançant vers l'ouest, ou l'on rencontreroit des îles, ou l'on parviendroit aux Indes par une route opposée au chemin ordinaire. Il étoit Gênois. Il offrit ses services à son gouvernement pour une expédition dont il croyoit qu'on pouvoit tirer une grande utilité; mais son projet fut rejeté comme chimérique. Il le proposa successivement à la cour de France, à celles d'Angleterre et de Portugal. Aucune ne l'agréa. Après huit ans de sollicitations à la cour d'Espagne, il parvint à faire adopter ses vues par la reine Isabelle, et mit à la voile le vendredi 3 août 1492 avec une escadre de trois vaisseaux. Il eut de grandes difficultés à surmonter, tant à cause de la variation du compas, qui fut alors observée pour la première fois, et qui rendit d'abord sa marche incertaine, que de la part de son équipage qui se découragea. Néanmoins le vendredi 12 octobre il parvint à une des îles de Bahama. Ayant remis en mer, il découvrit Saint-Domingue, appelée par les habitans *Haïti* et qu'il nomma *Hispaniola*. Il y établit une colonie et retourna en Espagne. A la suite de ce premier voyage, il en fit plusieurs autres qui donnèrent lieu à de nouvelles découvertes. Cet homme célèbre est mort à Valladolid en 1506, âgé de 59 ans.

Ce premier pas fait, plusieurs aventuriers coururent la même carrière. En 1497, Jean Cabot, vénitien, reconnut les côtes d'Amérique jusqu'à la Virginie. En 1499, une escadre sur laquelle étoit *Améric* Vespuce, florentin, ayant fait voile vers le continent méridional, cet aventurier habile dans la navigation publia une relation de ce voyage, la première

qui ait paru au sujet du Nouveau-Monde. De son nom on appela *Amérique* le pays qu'il faisoit connoître. Cette dénomination prévalut; on s'accoutuma à nommer ainsi cette grande partie du monde, et Vespuce usurpa un honneur qu'avoit mieux mérité Colomb.

En 1500, Cabral, amiral portugais, découvrit le Brésil. La même année Corto de Real, autre portugais, cherchoit un passage au nord et reconnut le Labrador. En 1513, Vasco de Nugnez aperçut le grand océan Pacifique, tandis que Jean Ponce de Léon, capitaine espagnol, découvroit la Floride. En 1534, une flotte armée à Saint-Malo, par ordre de François 1ᵉʳ, sous le commandement de Cartier, parvint au golfe Saint-Laurent, remonta le fleuve de ce nom, et donna au pays qu'il arrose le nom de Nouvelle-France, &c.

Quelques auteurs prétendent que l'Amérique avoit précédemment été peuplée par des habitans instruits dans les arts. Ils en tirent la preuve de quelques traces de fortifications en terre qu'on y trouva; tout cela est fort incertain. On a trouvé les arts dans l'enfance au Mexique et au Pérou; les autres peuplades de ces vastes contrées étoient plus ou moins sauvages.

Mais comment l'Amérique s'est-elle peuplée? Il seroit difficile de faire à cette question une réponse satisfaisante. La grande différence que l'on a trouvée dans les mœurs et les formes extérieures des indigènes a fait présumer que beaucoup de ces peuplades étoient issues les unes de naufragés de l'ancien monde; les autres d'hommes qui pouvoient y avoir abordé par sa partie septentrionale, laquelle on sait n'en être séparée que par un détroit de peu de largeur.

Il seroit difficile de donner, même par approximation, le nombre des habitans de ce continent, parce qu'il existe de vastes contrées peuplées de nations dont on ignore jusqu'au nom. Suivant un auteur américain qui s'est occupé de recherches à cet égard, la population de l'Amérique méridionale n'excède pas vingt millions, et celle de l'Amérique septentrionale ne va pas au-delà d'un million et demi. On divise en cinq espèces, les nations qui habitent aujourd'hui l'Amérique; savoir : 1°. les Américains naturels; ils sont en général couleur de cuivre, et n'ont pas de barbe; 2°. des Européens venus de l'ancien continent; 3°. des Nègres; 4°. des Créoles nés d'Européens et d'Américains; ils sont peu nombreux; 5°. des Mulâtres qui sont nés d'un Blanc et d'une Négresse; ils sont en grand nombre.

L'Amérique est une île environnée de deux grandes mers. A l'E. elle a l'océan Atlantique ; à l'O. la mer du Sud on l'océan Pacifique. Cette heureuse situation lui donne d'égales facilités pour le commerce avec l'Europe et avec l'Asie. Elle est divisée naturellement en deux parties, l'une nommée septentrionale et l'autre méridionale ; d'où il suit qu'elle renferme à peu-près tous les climats des autres continens. Elle est traversée dans plusieurs sens par de longues chaînes de montagnes : les principales sont celles des *Cordilières* ou *Andes* ; elles s'étendent du N. au S. dans le Pérou et le Chili jusqu'au détroit de Magellan. On croit que le point le plus élevé de cette chaîne est la cîme du Chimboraço, situé dans la province de Quito. On la voit, dit-on, de soixante lieues, et quoique sous la ligne, une neige éternelle la couvre. Dans l'Amérique septentrionale, il n'y a pas d'autre chaîne remarquable de montagnes que celle des Apalaches ; elle traverse les Etats-Unis du S. O. au N. E. Les principaux fleuves qui descendent de ces montagnes sont le Saint-Laurent, le Mississipi, le Missouri, l'Ohio, la rivière des Amazones, l'Orénoque, la Plata, &c. Les lacs dans l'Amérique septentrionale sont le lac Supérieur, le lac Michigan, le lac Huron, le lac Erié, le lac Ontario, &c. On trouve dans l'Amérique méridionale, les lacs Pasimo, Mica, &c. Quant aux productions, aux animaux, aux formes de gouvernement, nous en parlerons à l'article de chaque contrée.

L'AMÉRIQUE SEPTENTRIONALE.

Ce continent est divisé en huit grandes parties ; savoir : 1°. la Nouvelle-Bretagne ; 2°. le Canada ; 3°. la Nouvelle-Ecosse ; 4°. les côtes du Nord-Ouest ; 5°. les Etats-Unis ; 6°. la Floride ; 7°. le Nouveau-Mexique ; 8°. le Mexique ou la Nouvelle-Espagne.

LA NOUVELLE-BRETAGNE.

Cette contrée, que l'on appelle aussi la NOUVELLE-GALLES SEPTENTRIONALE, n'a pas de limites déterminées du côté du Canada, dont elle est frontière ; le reste est entouré par la mer et par le golfe Saint-Laurent. La partie septentrionale est couverte de montagnes ; la partie méridionale a de vastes forêts. Les vents du nord qui soufflent sur cette contrée pendant neuf mois consécutifs y occasionnent un froid si rigoureux, que les liqueurs fortes y gèlent, que le froid fait éclater les rochers, et que la glace des eaux courantes a jusqu'à huit pieds d'épaisseur. L'air est rempli de brumes épaisses et ténébreuses ; les aurores boréales y suppléent au soleil.

A peine quelques misérables arbustes croissent-ils sur un sol aussi disgracié. La rigueur du climat s'y oppose à toute végétation. On y voit épars quelques brins de riz sauvage et la terre est couverte d'une mousse épaisse qui sert de nourriture aux troupeaux de buffles et aux cerfs qui parcourent ces campagnes désolées.

Les habitans de ces déserts glacés vivent de chasse et de pêche ; leurs demeures sont des huttes couvertes de mousse et ensevelies sous les neiges. Les Anglais, à qui ce pays appartient, y ont formé quelques établissemens. Ils y viennent l'été et y achetent des naturels diverses sortes de pelleteries ; telles que des peaux de loups, de renards, de castors, de loutres, de martres, d'hermines, d'écureuils, de lièvres, d'outardes, d'oies, de canards et d'autres oiseaux. Ils pêchent aussi sur les côtes des baleines, des phoques, des morues : les rivières y nourrissent une grande quantité d'huitres, de brochets, de carpes, &c.

On divise la Nouvelle-Bretagne en trois parties ; savoir :

1°. Les CÔTES DE LA BAIE DE BAFFIN ; elles sont peu connues et très-peu fréquentées. La baie sert de retraite aux baleines poursuivies par les Européens dans les autres mers.

2°. Les CÔTES DE LA BAIE D'HUDSON ; on y trouve au printemps une quantité innombrable de cygnes, d'oies, de canards ; l'hiver il y a vers l'intérieur un aussi grand nombre de gelinottes et de lièvres. C'est là que sont les établissemens des Anglais ; ils consistent en cinq forts, où les Sauvages viennent échanger leurs fourrures précieuses contre quelques marchandises d'Europe.

3°. Le LABRADOR, découvert par Forbisher en 1576 ; il est habité par les Eskimaux, sauvages que tous les efforts des Européens n'ont point apprivoisés. Ce peuple ne ressemble point aux autres habitans de l'Amérique, mais plutôt aux Samoyèdes ou aux Groenlandais ; leur taille est au-dessous de la médiocre ; ils sont velus, portent de longues barbes, ont la face carrée, les yeux petits et la poitrine large. Ils connoissent peu les commodités de la vie, et vivent de chasse et de pêche. Ils sont très-habiles nageurs. Leurs canots sont construits avec des peaux ; ils ne laissent qu'une ouverture au milieu, dans laquelle ils s'introduisent comme dans un sac qu'ils nouent à leur ceinture. Dans ces frêles esquifs, ils affrontent les flots et les monstres marins.

LE CANADA.

Ce pays étoit habité par les Iroquois et par les Hurons. Les Français commencèrent à y former des établissemens vers 1539. En 1608, Champlain y bâtit Québec, qui en devint la capitale. Les Anglais s'en étant emparés, les Français y rentrèrent bientôt ; mais ils eurent de longues guerres à soutenir contre les Iroquois qu'ils dépossédoient. Enfin les armes européennes triomphèrent de cette nation, réduite aujourd'hui à quelques

quelques peuplades reléguées dans le Haut-Canada, où elles continuent de mener leur vie sauvage. Le Canada appartient aux Anglais depuis 1763.

Le Canada est aussi vaste que l'Europe, et sous la même latitude que la France; mais le climat y est plus froid et l'hiver y est extrêmement rude; ce qu'il faut attribuer à l'élévation du sol, à la grande quantité de forêts, de lacs, de rivières, et au voisinage de la baie d'Hudson d'où viennent des vents glacés. La principale rivière du Canada est le Saint-Laurent, l'un des plus beaux fleuves de la terre. Il se jette dans le golfe du même nom, après s'être grossi d'un grand nombre de rivières et avoir traversé plusieurs grands lacs. Ces lacs sont celui des Bois, le lac Supérieur, le lac Michigan, le lac Huron, desquels nous avons déjà parlé et qui n'en font réellement qu'un; ou plutôt c'est une mer d'eau douce, sur laquelle les Anglais ont des flottilles et même des frégates; nous citerons encore le lac Erié et celui d'Ontario.

Malgré les rigueurs d'un long hiver, le sol du Canada est très-fertile; il est couvert de vastes forêts de pins, de cèdres et de la plupart des arbres fruitiers de l'Europe. On y trouve le palmier, le cotonnier, le vinaigrier ou sumach glabre, le cerisier, le pommier, la vigne sauvage, l'érable à sucre et le houblon. Les forêts sont peuplées de toutes les bêtes fauves et carnassières de l'Europe, d'hermines, de martres, de loups, de chats cerviers, de castors, &c.; toute sorte d'oiseaux aquatiques habitent les bords des lacs, qui sont; ainsi que les rivières, remplis d'une grande quantité de saumons, d'esturgeons, de truites, de dorades, de congres, d'anchois, d'éperlans, de maquereaux, &c. lesquels remontent par le fleuve Saint-Laurent. De vastes et gras pâturages nourrissent d'immenses troupeaux. Il y a des serpens à sonnettes, des oiseaux-mouches, un oiseau blanc qui annonce le retour du printemps. On récolte au Canada des grains, du maïs, du riz, du tabac, des graines potagères, des citrouilles, des légumes, des melons, des plantes médicinales, &c.

Ce pays, très-élevé par lui-même, n'a pas de montagnes remarquables. Il renferme des mines d'argent, de fer, de plomb, de cuivre et de charbon.

La population est évaluée à 200,000 habitans. Elle est composée de Canadiens, de Suisses qui sont venus s'établir dans cette contrée, d'Anglais, d'Américains réfugiés des Etats-Unis, d'esclaves noirs et de Sauvages à demi civilisés. Ces derniers descendent des Iroquois et des Hurons qui ont embrassé le christianisme et se sont fixés dans la colonie. Quant aux Canadiens, ce sont de grands et beaux hommes, braves et très agiles, issus des Français qui ont fondé l'établissement.

On divise le Canada en deux parties ou gouvernemens, qui ont chacun leur constitution sous un gouverneur-général. On le subdivise en quatre districts civils et douze comtés militaires. Tous les Canadiens sont soldats depuis 20 jusqu'à 50 ans.

Le Haut-Canada n'est peuplé que de Sauvages; il y a quelques forts bâtis jadis par les Français sur les bords des lacs et des rivières. Yorck en est la capitale.

Le Bas-Canada contient les principaux établissemens européens. La capitale est Québec, qui a un bon port, une citadelle et des maisons fort belles. Elle fait le commerce de pelleteries. Il y a un évêque catholique. La seconde ville est Montréal, bien bâtie et bien fortifiée.

A l'embouchure du fleuve Saint-Laurent se trouve l'île d'Anticosti.

LA NOUVELLE-ÉCOSSE.

Cette contrée fut découverte par les Français, qui lui donnèrent le nom d'*Acadie*. Vers 1604, MM. de Monts et Champlain y établirent quelque colonies et y bâtirent Port-Royal. Les nouveaux colons s'y livrèrent avec ardeur à l'agriculture. Quelque temps après les Anglais s'en emparèren et lui donnèrent le nom de *Nouvelle-Ecosse*. En 1661, elle fut rendue à la France par le traité de Breda, et enfin cédée à l'Angleterre par celui d'Utrecht. Elle a servi de retraite aux royalistes des Etats-Unis, de sorte que sa population est aujourd'hui un mélange d'Anglais et d'Américains.

Le sol de la Nouvelle-Ecosse est pour la plus grande partie stérile ou couvert de forêts de sapins et de cèdres qui fournissent d'excellens bois de construction, &c. Il produit du blé, du lin, du chanvre. On y trouve des daims, des castors, une grande quantité d'oies sauvages et diverses autres espèces d'oiseaux. Les côtes sont poissonneuses; le hareng et la morue y abondent. Les brouillards épais qui pendant une grande partie de l'année couvrent la Nouvelle Ecosse en rendent le climat très-froid.

On la divise en deux parties; savoir :

La Nouvelle-Ecosse proprement dite; elle forme une presqu'île. Ses villes sont Halifax, qui en est la capitale, avec un port et une forteresse; Annapolis, sur la côte occidentale de la presqu'île. Il y a en outre quelques autres établissemens.

Le Nouveau-Brunswick; il n'est pas encore peuplé.

LA CÔTE DU NORD-OUEST.

La Côte du Nord-Ouest s'étend depuis la mer Glaciale jusqu'au Nouveau Mexique. Elle a plus de 1,200 lieues de longueur. C'est aux Russes qu'on en doit la première découverte; mais Cook et Vancouver sont les premiers qui l'aient visitée avec soin. D'autres Européens, et principalement Mackensie, ont pénétré dans son intérieur. Malgré cela on connoît peu les tribus sauvages qui en habitent quelques parties. Le climat,

X

le sol , les productions sont variés suivant les latitudes ; mais cependant toujours à-peu-près les mêmes que dans les parties correspondantes.

On divise cette contrée en quatre régions.

La première est inhabitée ; elle commence au-dessus du cercle polaire arctique à l'extrémité de la côte vers le nord. Elle se prolonge jusqu'au détroit du Nord ou de Bhering. D'énormes montagnes de glaces viennent sans cesse la heurter et s'y amonceler. Cette partie est stérile et n'est couverte que de mousse. De nombreux troupeaux de lions marins fréquentent ses rivages, l'intérieur est peuplé d'ours blancs.

La seconde région commence au détroit de Bhering ou du Nord , sous le 66° de lat. N. et finit au mont Saint-Elie, au 60° de lat. N. Cette montagne est d'une hauteur si considérable qu'on l'apperçoit de soixante lieues en mer. C'est dans cette région, qui est habitée , que se trouvent la pointe d'Alaska , la baie de Bristol , les golfes de Cook et du Prince-William.

La troisième région s'étend depuis le mont Saint-Elie jusqu'au mont Olympe au 46° de lat. N. La côte est coupée d'un grand nombre de golfes parsemés d'îles. Les principales de ces îles sont celles du Roi-George, de l'Amirauté, de la Reine-Charlotte, de Quadra et de Vancouver, où se trouve le port de Nootka.

La quatrième région comprend l'espace qui se trouve entre le mont Olympe jusqu'à la frontière septentrionale du Nouveau-Mexique. La côte est bordée de montagnes et n'a pas de rivières considérables, si ce n'est celle de l'Ouest, dont l'existence est encore douteuse ou qui du moins est peu connue.

On a trouvé sur ces côtes et dans les îles qui les avoisinent des Sauvages d'une haute taille, bien faits et braves, mais féroces. Le principal commerce de ces côtes consiste en pelleteries et belles fourrures, que les Anglais, les Espagnols et les Russes vont acheter des naturels du pays.

LES ÉTATS-UNIS D'AMÉRIQUE.

Ce qu'on appelle aujourd'hui les Etats-Unis étoient, il n'y a pas encore long-temps, des colonies anglaises sous la domination de la Grande-Bretagne. Des impôts exigés peut-être avec trop peu de ménagement, mécontentèrent les esprits, et donnèrent lieu à des hommes amis des principes républicains de diriger vers ce but l'opinion publique. Au mois de mai 1773 , il y eut une insurrection à Boston. En 1774 , un congrès général s'ouvrit à Philadelphie. On y rédigea une adresse au roi d'Angleterre. Les colonies y exposoient leurs griefs; elles demandoient paix , sûreté et liberté. Le gouvernement anglais ne répondit qu'en envoyant des troupes. Les Américains s'armèrent : on se battit, et le sang coula. Le 4 juin 1776, les colonies se déclarèrent indépendantes. En

1778 , la France reconnut leur indépendance, fit avec elles un traité d'alliance , et déclara la guerre à l'Angleterre. En 1782, après sept ans de lutte et de combats sanglans , l'Angleterre fut obligée de reconnoître l'indépendance de cette colonie, qui prit le nom d'ETATS-UNIS. Depuis ce temps ces Etats se sont agrandis d'une portion du Canada et de la Louisiane orientale, qui leur a été cédée par l'Angleterre; tout nouvellement ils ont acquis de la France la Louisiane occidentale , remise à cette dernière puissance par l'Espagne. Ces Etats sont donc maîtres d'un territoire immense. Il s'étend aujourd'hui depuis le Canada jusqu'au golfe du Mexique, et n'a même plus pour bornes le Mississipi, les prétentions de ce gouvernement se portant jusque sur la côte du Nord-Ouest et sur le Nouveau-Mexique. On conçoit que dans un espace aussi vaste , le sol et le climat doivent être très-variés du nord au sud ; ce qui influe nécessairement sur les animaux et les productions. En parlant de chaque Etat en particulier, nous donnerons les détails qui les concernent.

Ce grand pays est traversé dans sa longueur par la chaîne des Apalaches, dont plusieurs branches s'étendent de divers côtés. Ces montagnes renferment des mines de fer, de cuivre, de plomb, d'étain, d'alun, de sel et de charbon; des carrières de marbre et de pierre, et des sources d'eaux minérales. Il en descend un très-grand nombre de rivières, dont les unes vont à la mer et les autres se jettent dans le Mississipi, le plus grand fleuve de cette contrée. Les autres rivières sont le Missouri, la rivière des Illinois, l'Ohio, la Delaware, le Potowmack , la Savannah, &c.

La population de ces Etats est évaluée à 6 millions ; elle s'accroît chaque année considérablement , et s'accroîtroit plus encore sans les ravages de la fièvre jaune. Cette population est un mélange d'Européens de tous les pays et de toutes les sectes ; les Anglais, les Français, les Allemands en forment la plus grande partie.

Chaque nation y a porté son industrie particulière, et l'y a développée avec des succès rapides. L'agriculture, le commerce, les manufactures les plus nécessaires occupent les habitans; la culture y est presque aussi parfaite qu'en Angleterre. Il reste peu d'esclaves noirs dans la plupart de ces Etats, la constitution du pays en ayant défendu la traite et y ayant eu beaucoup d'affranchissemens.

Chacun des seize Etats-Unis forme une république particulière, dont le gouvernement est démocratique; de la réunion de tous ces Etats résulte une république fédérative; l'assemblée générale ou congrès se tient dans la nouvelle ville de Washington. Le pouvoir exécutif est entre les mains d'un président élu pour quatre ans. Un vice-président le supplée lorsqu'il est nécessaire. Le président commande les armées, a le droit de faire grace, signe les traités de paix , du consentement du sénat , et nomme les ambassadeurs après avoir pris son avis. Il y a un sénat ou grand - conseil ; il est composé de deux sénateurs de chaque Etat , élus pour six ans. Le conseil représentatif est de deux cents membres, élus pour deux ans. Le pouvoir législatif réside dans les deux conseils. Une cour suprème exerce le pouvoir judiciaire; des cours inférieures ont diverses attributions. Quant à chaque Etat particulier, il est gouverné d'après la constitution qu'il a adoptée, par un sénat et une chambre des représentans qui se renouvelle chaque année. Au reste, ces colonies étant originairement anglaises, leurs loix, leurs mœurs et leurs habitudes ont beaucoup d'analogie avec celles de l'Angleterre.

Cette forme de gouvernement peut assurer la solidité de la république des Etats-Unis, si la corruption des mœurs ne l'ébranle pas. Le congrès gouverne séparément les quatre territoires de l'Ohio, du Mississipi et des deux Louisianes, qui ne forment pas encore des Etats.

Les États-Unis ne tiennent sur pied d'autres troupes que celles qui sont nécessaires au maintien de l'ordre public et à la défense des frontières. Mais on évalue à 150,000 hommes leurs forces militaires, qui sont composées de milices. Les forces navales n'y ont pas été importantes jusqu'ici, et n'ont encore été employées qu'à réprimer les Barbaresques. Les revenus sont évalués à 11 millions.

Le langage du pays est celui de la mère-patrie. Les sciences et les lettres y sont cultivées. Plusieurs sociétés littéraires s'y sont établies. Des écoles et des collèges s'occupent de l'enseignement; Philadelphie et quelques autres villes ont des universités.

Cette république est divisée en seize Etats; savoir:

1°. Le NEW-HAMP'SHIRE; il a 1,054 lieues carrées et l'on y compte plus de 200,000 habitans; il est arrosé par beaucoup de rivières; la Piscataqua y a sa source et son embouchure, qui forme un bon havre. On y trouve de hautes montagnes, dont les principales sont Blue-Hills ou Montagnes-Bleues, le Monadock, le Washington, &c. Ce pays fournit des grains, du maïs, du lin, du chanvre, du houblon, de la potasse, du bois de construction, des chevaux, des bestiaux, de la volaille, de la poterie et des briques. On le divise en cinq comtés. Les principales villes sont Portsmouth capitale, avec un port excellent, et Concordia sur le Merrimack.

2°. L'Etat de VERMONT prend ce nom de ses montagnes couvertes d'arbres toujours verts. Il faisoit autrefois partie du New-Hamp'shire; depuis il fut annexé à l'Etat de New-Yorck, dont il acheta son indépendance. Le sol y est très-varié; il produit du blé, de l'orge, de l'avoine, des pois, du lin, des légumes; il y a d'excellens pâturages dans les lieux élevés. Les montagnes renferment des mines de fer, de plomb et des pyrites: dans ce moment on y établit des forges. On trouve aussi dans cet Etat des distilleries et des fabriques de sucre d'érable. Chaque famille manufacture elle-même ses vêtemens avec le lin, le chanvre et la laine du pays. La population est de près de 100,000 habitans. Cet Etat comprend onze comtés. Les villes sont Windsor capitale, sur le Connecticut, Rutland sur l'Otter, et Bennington au pied de la grande montagne.

3°. L'Etat de MASSACHUSET; sa population est de 440,000 habitans, dont 6,400 Indiens: le pays est montagneux, mais arrosé de beaucoup de rivières. Le sol y varie selon la situation; quelques cantons sont stériles et d'autres de la plus grande fertilité.

On divise le Massachuset en deux parties; savoir le district du Maine et celui de Massachuset.

Le premier est élevé sans être montagneux; on y trouve beaucoup de pâturages et des terres en bonne culture. Sur quelques-unes on récolte du chanvre. Ses habitans s'occupent de la pêche et font commerce de poisson sec; de grandes forêts y sont en exploitation; on en tire de très-beaux bois de construction et du bois de chauffage dont une partie est employée à fabriquer de la chaux. Le district du Maine est divisé en cinq comtés. Sa capitale est Portland, sur une baie avec une bonne rade.

Le district de MASSACHUSET a des mines de fer et de cuivre; il fournit au commerce, des grains, des fruits, et presque toutes les productions du nord de la France, du tabac, du fer travaillé, du bois, des chevaux, des bestiaux, de la poudre à canon, du poisson et de l'huile; il y a des raffineries de sucre, des moulins pour tous les usages, des fabriques de toiles, de lainages, de chapeaux, de toiles à voiles, &c. On construit des vaisseaux sur la côte et des barques dans l'intérieur. Ce commerce et ces manufactures sont favorisés par une communication très-facile entre toutes les villes, par les rivières, sur lesquelles sont jetés de superbes ponts, qui laissent passer les bâtimens. La population de ce district a été diminuée par la fièvre jaune. Ses villes sont Boston, capitale de l'Etat de Massachuset et qui étoit autrefois de toute la Nouvelle-Angleterre; elle réunit tous les avantages d'une grande ville maritime et d'une capitale de l'Europe; son port est excellent, la baie est très-spacieuse, il y a quelques beaux édifices. On trouve en outre dans cet Etat Cambridge, qui a une université.

4°. L'Etat de RHODE-ISLAND; il se divise en cinq comtés, qui renferment trente villes: on évalue sa population à 70,000 ames. Cet Etat se compose d'une île et d'un canton situé sur le continent. L'île, nommée *Rhode-Island* ou île de Rhode, a 5 lieues de long sur 2 de large, et forme un comté; elle produit des grains, du chanvre, du coton et du poisson. Sa capitale est Newport; elle est aussi celle de l'Etat. Le canton, qui porte le nom de PROVIDENCE, se divise en quatre comtés. Sa capitale, nommée de même *Providence*, est très-commerçante; elle a un beau collège. Ce pays produit des grains, des légumes, du fromage, du cidre, du bois, du fer travaillé, des chevaux, des bestiaux et des toiles. On y trouve des manufactures de coton, de laine, d'ustensiles, des forges d'ancres, des raffineries de sucre et des distilleries. Il y a aussi une mine de cuivre.

5°. Le CONNECTICUT; ce pays est arrosé par un fleuve de même nom; sa population est de 240,000 habitans. Il produit du blé, du maïs, des patates, des oignons, des fruits, du bois de charpente; on y élève des chevaux, des bestiaux et des vers à soie. Il y a un grand nombre de manufactures, des forges, des fonderies, des fabriques de clous, des manufactures de chapeaux. &c. Les villes sont Hartford capitale, dans une situation agréable, et New-London, bon port à l'embouchure de la Tamise.

6°. L'Etat de NEW-YORCK, a 2,667 lieues carrées; on y compte 340,000 habitans: il est divisé en vingt-un comtés. Il est très-riche et fait, après la Pensylvanie, le plus grand commerce de tous les Etats-Unis. Ce commerce consiste en blé, farines, bœufs, &c. Cette contrée produit du lin, du maïs, du chanvre, des fruits, du bois de construction et de charpente, et beaucoup de fer. Sa partie occidentale comprend le pays des Iroquois. La capitale est *New-Yorck*, grande ville maritime; on y construit des vaisseaux; il y a de nombreuses et belles manufactures. Les habitans sont doux et affables. Les autres villes sont Albany, sur la rivière d'Hudson, et Hudson, ville nouvelle sur la même rivière.

7°. Le NEW-JERSEY; cet Etat a 55 lieues de long sur 20 de large; on y compte plus de 260,000 habitans: il est divisé en treize comtés. Il produit des grains, du maïs, des fruits, du bois et du cuivre. Les villes sont Trenton capitale, sur la Delaware; Brunswick, sur le Rariton, et Newarck, renommée par la bonté de son cidre.

8°. La PENSYLVANIE; cet Etat a 1,667 lieues carrées; sa population est d'environ 600,000 habitans. Il fut fondé par le fameux Penn, chef des quakers, qui ayant reçu du roi d'Angleterre l'investiture de cette contrée, en acheta le territoire, des Sauvages qu'il en regardoit comme les propriétaires légitimes. Il y bâtit la ville de Philadelphie, dont le nom signifie *amour fraternel; c'est la capitale de l'Etat. Elle est située à 33 lieues de la mer entre deux rivières, savoir la Delaware et la Sckniskill; elle renferme 50,000 habitans, et forme un carré long; les rues sont larges, droites et bordées de trottoirs. Elle fait un commerce immense des productions du pays ou des objets qui y sont manufacturés et les échange pour des denrées d'Europe.

On divise la Pensylvanie en treize comtés. L'hiver y est rigoureux; en été on y éprouve de très-fortes chaleurs. Quoique l'air y soit pur et serein, les épidémies y sont fréquentes. Les principales productions de ce pays sont du sucre d'érable, de très-bon vin, des grains, &c. Il y a de vastes forêts et d'excellens pâturages. L'industrie, l'agriculture, le commerce y font des progrès rapides.

9°. L'Etat de DELAWARE est ainsi appelé de la baie du même

nom et de la rivière qui y verse ses eaux. Le territoire, quoique marécageux, est fertile en grains, lin, maïs, patates, oranges, pâturages; il fait un commerce considérable en farine et en bois de charpente. On le divise en trois comtés. Les villes sont Douvres capitale, près de la baie de la Delaware, et Wilmington sur cette rivière.

10°. Le MARYLAND; cet Etat est traversé du S. au N. par la baie de Chesapeak, qui reçoit le Potowmack et d'autres rivières; ce qui le coupe en deux parties, l'une à l'E. qui a huit comtés, et l'autre à l'O. qui en a onze. On porte sa population à 400,000 habitans, dont 100,000 sont ou étoient esclaves et 18,000 Indiens. Dans la partie de l'E. l'air est malain, parce que le sol y est marécageux; dans les montagnes, il est pur. Ces montagnes renferment des mines de fer en abondance. Les principales productions du pays sont le tabac, le maïs, les grains, le chanvre, le fer, des pommes, et des pêches dont on fait des liqueurs. On y trouve le noyer noir et le chêne. On y nourrit une grande quantité de porcs, dont il se fait un commerce considérable, ainsi que de farine. Les villes sont Annapolis capitale, sur la baie de Chesapeak; Fredericstown, Baltimore, sur la rive orientale du Patopsco, et la nouvelle ville de Washington destinée par tous les Etats auxquels elle appartient en commun, à être le siége du congrès et la ville fédérale. On l'a fondée en 1792; déjà elle a de beaux édifices publics, et il y a toute apparence qu'elle réunira un jour la plupart des avantages dont jouissent les plus célèbres capitales de l'Europe.

11°. La VIRGINIE; cet Etat s'étend jusqu'au fleuve de l'Ohio, et comprend une partie de ses rives; il est partagé en haute et basse par la chaîne des Apalaches; toutes deux sont bien arrosées de rivières; le terrain de la seconde vers les côtes est peu élevé au-dessus du niveau de la mer. Les fièvres y sont plus fréquentes que dans les montagnes. La température y est si variable, que dans le même jour on y éprouve des chaleurs très-vives et un froid assez rigoureux. Les montagnes renferment des mines de charbon, de fer, de plomb, de soufre et des pyrites; les forêts sont remplies d'arbres très-élevés, séparés les uns des autres par un intervalle, sans buissons ni broussailles. Cette contrée nourrit des chevaux et une grande quantité de bestiaux; on y trouve beaucoup de gibier, de la volaille et toute sorte d'oiseaux. Les plaines, couvertes d'arbrisseaux, sont émaillées de fleurs.

Les principales productions de la Virginie sont le *tabac*, que les habitans cultivent avec soin, des grains, du lin, du coton, du chanvre, des plantes médicinales, de l'indigo; il s'y fait aussi un gros commerce de bois de construction. Cet Etat est divisé en quatre-vingt-deux comtés. On porte sa population à plus de 800,000 habitans, parmi lesquels il y a plus de 15,000 Indiens et près de 40,000 esclaves. Les villes sont Richmond capitale, sur la rivière de James; Alexandrie, sur le Potowmack;

Norfolk, avec un port, mais dans une situation malsaine ; Winchester, à l'O. des montagnes Bleues, et Montecillo, au haut d'une petite montagne.

12°. La CAROLINE DU NORD ; elle a 3,777 lieues carrées ; on y compte près de 5oo,ooo habitans. Les Apalaches la divisent en deux parties. Le territoire est bas vers la mer; l'air y est malsain et les maladies y sont fréquentes, il y a un grand nombre de rizières. La partie haute est saine et bien arrosée de ruisseaux ; elle produit de plus que les autres Etats, des oranges, des citrons, du miel, de la soie et des baumes. Les arbres y sont d'une grosseur prodigieuse. On y élève beaucoup de bestiaux, mais l'agriculture et le commerce y sont gênés par le défaut de ports et par les difficultés de la navigation intérieure.

On divise la Caroline du Nord en cinquante-huit comtés. Les villes sont Raleigh, nouvelle capitale, fondée en 1791 en l'honneur de Walter Raleigh décapité sous Jacques 1er ; Edenton, ancienne capitale ; Lafayette, autre ville nouvelle, et Wilmington, sur la rivière de Clarendon.

13°. La CAROLINE DU SUD; elle est divisée en haute et basse ; dans cette dernière, qui occupe principalement les bords de la mer, l'air est malsain ; elle a beaucoup de rizières. Dans la haute on cultive le tabac et toute sorte de grains. Les pluies y sont extrêmement abondantes. On y récolte aussi des patates, des fruits, du lin, du chanvre, du coton, de l'indigo, de la garance, des plantes médicinales, de la soie, du bois et du miel ; elle nourrit un grand nombre de bestiaux. On y compte 4oo,ooo habitans.

La Caroline du Sud est divisée en neuf districts et quarante-trois comtés ou paroisses. Ses villes sont Columbia capitale, ville nouvelle, siége du gouvernement, et Charle'stown, au confluent de deux grandes rivières avec un bon port.

Ces deux contrées ont reçu leur nom de Français protestans qui s'y établirent du temps de Charles ix, sous la protection de l'amiral Coligny leur chef, lequel avoit l'intention de s'y réfugier.

14°. La GEORGIE ; cet Etat s'étend depuis la côte de l'océan Atlantique jusqu'au Mississipi, qui lui sert de limites et facilite son commerce. Entre les montagnes et l'Océan, le pays est très-plat, sans coteaux ni pierres ; il s'élève ensuite jusqu'aux Apalaches et aux Alléghanys. Il est arrosé d'un grand nombre de rivières ; il y a des rizières dans les lieux bas, et l'air y est malsain, comme il arrive ordinairement aux lieux propres à cette culture. Dans les endroits plus élevés on cultive le maïs, le tabac, le coton, le thé, les patates, l'indigo : on y trouve des figues et d'autres fruits ; le pays fournit en outre du bois de construction et de la soie. La population est évaluée à 16o,ooo habitans.

On divise la Géorgie en vingt-quatre comtés. Les villes sont Louisville, capitale et siége du gouvernement ; Savannah, ancienne capitale sur la rivière du même nom, et Augusta, sur la même rivière.

15°. Le KENTUCKY ; cet Etat, qu'arrose la rivière du même nom, n'étoit en 1774 qu'une vaste forêt ; il fut peuplé pendant la guerre de l'indépendance par l'Etat de Virginie, dont il dépendoit. La population y est évaluée à 32o,ooo habitans, dont beaucoup sont encore sauvages et idolâtres. On évalue sa surface, divisée en quatorze comtés, à 5,55o lieues carrées. Le climat y est très-sain et plus tempéré que dans les autres Etats. Le territoire y est extrêmement fertile, sur-tout en grains, maïs, patates, légumes, tabac et coton. Ses vastes forêts sont peuplées de buffles, d'ours, de daims, d'élans, &c. Les rivières sont très-poissonneuses. Les villes sont Francfort capitale, sur le Kentucky, Lexington, sur l'Elkhorn, &c.

16°. Le TENESSÉE ; cet Etat, traversé par la rivière de même nom, est peuplé vers l'O. par des nations sauvages. Il a plus de 1oo,ooo habitans. En 1796, année de son érection en Etat indépendant, sa situation avantageuse y attira plus de 3o,ooo émigrans. On y élève beaucoup de chevaux et de bestiaux ; ses forêts fournissent des fourrures et du bois de construction ; il produit des grains, du lin, du chanvre, du coton et le ginseng si estimé des Chinois. Le commerce y est peu considérable.

On divise le Tenessée en trois districts et onze comtés. La capitale est Knoxville, sur la rivière d'Holston qui se jette dans le Tenessée.

Il faut ajouter aux possessions des Etats-Unis le territoire de l'OHIO acheté par eux des naturels du pays, pour y établir des colonies, et la LOUISIANE qu'ils viennent d'acquérir de la France.

Le territoire de l'OHIO comprend l'immense espace qui s'étend au N. et à l'O. du fleuve de ce nom et qui est terminé par les lacs du Canada et le Mississipi. Il est arrosé par le Muskingum, le Hockocking, le Scioto, le Miamis, la Wabasch, l'Illinois, &c. On lui donne 45,666 lieues carrées. Un grand nombre d'Européens, séduits par la description avantageuse qu'on leur en faisoit et par des promesses pompeuses, y ont fait des acquisitions. Il ne paroît pas que le succès ait répondu à leurs espérances. Des hordes de Sauvages habitent encore les environs. Les trois nations principales sont celles des Ottagamis, des Hurons et des Illinois ; mais chaque jour le nombre de ces Sauvages diminue.

Ce pays offre une grande variété dans les sols ; il faut convenir qu'il peut un jour fournir des avantages considérables aux manufactures et à l'agriculture. Il a des situations délicieuses : on y trouve des sources de très-bonne eau, des rivières et des ruisseaux qui donnent une pêche abondante ; l'érable à sucre y est indigène. On y récolte en outre des grains de toute espèce, du maïs, du riz, des patates, des fruits, du lin, du chanvre, du coton, de l'indigo, du tabac, des plantes médicinales, des légumes; et il fournit du bois de construction, du fer, du plomb, du sel et du charbon-de-terre. Il nourrit beaucoup de bestiaux, de volaille et une immense quantité de gibier.

Cet État est divisé en cinq comtés. Sa population est évaluée à 70,000 habitans, y compris les Sauvages et les esclaves.

La LOUISIANE est une grande contrée qui est à l'O. du Mississipi. Elle faisoit autrefois partie de la Floride. On croit qu'elle fut découverte par Ferdinand Soto, espagnol; mais on n'y fit point alors d'établissement. Un français, nommé Th. Albert, y aborda en 1504. Vers 1672, le père Marquette, jésuite, et le Sieur Jolyot la reconnurent. Le gouvernement français ayant résolu d'y établir une colonie, on y envoya M. de la Salle qui lui donna le nom de Louisiane.

En 1717, ce pays fut cédé à la Compagnie des Indes. Elle y fit transporter des colons: divers obstacles ayant fait manquer l'expédition, la Compagnie remit la Louisiane entre les mains du roi en 1731. Elle fut ensuite cédée aux Espagnols, qui la rendirent à la France dans les derniers temps; des arrangemens entre le gouvernement français et les États-Unis la firent passer entre les mains de ceux-ci. Ses limites ne sont pas bien déterminées. Le sol et le climat varient beaucoup dans une aussi grande étendue. L'air y est assez sain, sur-tout dans la partie haute; la basse est marécageuse; en général la température y est douce, et le pays fertile. On y récolte du riz, de l'indigo, du tabac, du maïs, du coton et de la résine. Il y a d'excellens pâturages couverts de bestiaux et de beaux bois remplis de bêtes fauves et de gibier. La capitale est la Nouvelle-Orléans, bâtie en 1720; les environs en sont humides, mais très-fertiles.

Plusieurs tribus sauvages habitent cette contrée, dont le territoire se confond avec celui de la côte de l'Ouest.

LES FLORIDES.

Elles furent ainsi nommées par les Espagnols, parce qu'ils les découvrirent le jour de Pâques-fleuries; depuis elles ont été cédées par eux aux États-Unis. L'intérieur près des montagnes est extrêmement fertile en fruits, indigo, riz et végétaux de toute espèce; on y trouve en outre de la cochenille, de l'ambre gris, des gommes, du baume, des pierres précieuses, du cuivre, du mercure, du fer, du charbon-de-terre, du sel. Les forêts sont peuplées de chênes, de noyers, de pins, de cèdres, de palmiers et pleines de bêtes féroces. La partie orientale est sablonneuse et stérile; ses côtes sont poissonneuses: on y pêche des perles. La plupart des habitans sont sauvages.

La capitale de la FLORIDE ORIENTALE est Saint-Augustin, sur l'océan Atlantique; celle de la FLORIDE OCCIDENTALE est Pensacola, sur la baie de même nom.

LE NOUVEAU-MEXIQUE ou LE ROYAUME DE LA NOUVELLE-GALICE.

Ce royaume a 666 lieues de long sur 335 de large; le climat y est tempéré et le sol très-fertile, sur-tout en grains, maïs, riz, coton, liqueurs, fruits délicats, raisins délicieux; il y a de bons pâturages: on y trouve des mines d'or, d'argent, de cuivre, d'étain, des pierres précieuses et du cristal. Cette contrée nourrit des chevaux et des animaux sauvages; elle a de vastes plaines couvertes de très-bon sel.

Le royaume de la Nouvelle-Galice appartient aux Espagnols. Les mœurs y sont les mêmes que celles de la mère-patrie. La population consiste dans un mélange d'Espagnols et d'Américains qui professent la religion chrétienne. Quelques tribus indiennes y sont encore idolâtres et dans l'état sauvage. Un gouverneur qui dépend du vice-roi de la Nouvelle-Espagne y exerce l'autorité.

On divise le Nouveau-Mexique en six grandes parties; savoir:

1°. Le NOUVEAU-MEXIQUE PROPRE; il est montagneux et couvert de forêts. La capitale est Santa-Fé dans les montagnes, siège épiscopal.

2°. La CALIFORNIE, longue presqu'île où les Espagnols ont des établissemens; le climat en est sec et très-chaud, et le terrain montueux, sablonneux et stérile. On y nourrit beaucoup de chevaux, de bestiaux et de volaille. La mer y est très-poissonneuse; on y pêche des perles. Les habitans Indiens y sont très-basanés. La capitale est Monterey, qui est plutôt un village qu'une ville; c'est cependant la résidence du gouverneur.

3°. La NOUVELLE-NAVARRE; elle est située le long des côtes du golfe de Californie, et renferme plusieurs établissemens espagnols. Elle ressemble beaucoup à la Californie, dont elle est séparée par la mer Vermeille.

4°. La NOUVELLE-BISCAYE; elle est en général sablonneuse et peu fertile; elle possède des mines d'argent. La capitale est Durango, siège épiscopal.

5°. Le NOUVEAU-LÉON; ses montagnes renferment des mines.

6°. La NOUVELLE-GALICE; elle a la forme d'un grand triangle. Le climat y est tempéré, mais sujet aux grandes pluies, aux ouragans, aux tremblemens de terre. Ses nombreuses montagnes sont couvertes de pins. L'air y est très-sain, et les habitans y vivent long temps; ils sont robustes et passionnés pour la danse. On les accuse d'être paresseux.

Le territoire produit tous les fruits de l'Espagne ; on y récolte des grains, du maïs, du cacao, du poivre, des légumes, des cannes à sucre, du coton, de la cochenille. Il y a des mines d'or et d'argent, des bestiaux et du gibier. Cette province est partagée en plusieurs jurisdictions. Sa capitale est Guadalaxara, siége épiscopal et résidence du gouverneur.

LE MEXIQUE ou LA NOUVELLE-ESPAGNE.

Ce fut Fernand Cortez qui fit la conquête du Mexique. Cet empire étoit dès-lors à un assez haut point de splendeur. Il avoit plus de 500 lieues du levant au couchant. Il étoit gouverné par un roi puissant qui avoit sous lui des caciques ou princes préposés au gouvernement des différentes parties de ce grand Etat. Cortez, simple lieutenant de Velasquez, gouverneur de Cuba, en entreprit la conquête et réussit. Des hommes montés sur des chevaux, les armes à feu, des forteresses flottantes, dévoient répandre la terreur parmi une nation à qui tout cela étoit inconnu. Cortez s'empara de la personne de Montezuma. Cet empereur fut tué dans une émeute, et le Mexique demeura au pouvoir des Espagnols qui en tirèrent des richesses immenses.

Les Mexicains, naturellement doux, laborieux et intelligens, étoient déjà assez avancés dans la civilisation et dans les arts, quoique beaucoup de choses prouvassent que c'étoit encore un peuple nouveau. Ils travailloient les métaux, sur-tout l'or, avec une merveilleuse adresse. Leurs habitations, les palais des grands et de l'empereur étoient vastes, commodes et construits en marbre, jaspe et porphyre. Les édifices publics religieux, civils ou militaires avoient assez de solidité pour faire encore aujourd'hui l'admiration de ceux qui contemplent leurs débris. Ces peuples avoient des systèmes politiques et un culte aussi bien réglés que ceux de quelques peuples de l'Asie, dont il se pourroit qu'ils eussent tiré leur origine, quoiqu'on ne sache rien d'assuré à cet égard. Aujourd'hui cette nation est presque éteinte, et on chercheroit en vain son caractère primitif dans ceux des individus qui pourroient subsister encore ; la communication avec les Européens ayant dû, sinon le changer tout-à-fait, au moins l'altérer considérablement. On donne à ce pays 660 lieues de long sur 250 de large. Le sol y est extrêmement varié ; le climat en est malsain, surtout dans les endroits bas et marécageux.

Les montagnes de cette contrée renferment des mines d'or, d'argent, de cuivre, de mercure, de plomb et d'étain ; ses vastes forêts sont remplies d'arbres médicinaux et peuplées d'animaux féroces. Le territoire nourrit beaucoup de chevaux, de bestiaux, de gibier et de volaille ; il produit des grains et des fruits d'espèces très-variées ; des baumes, des résines, des drogues, des plantes salutaires, et d'autres qui sont extrêmement utiles aux arts ; de la soie, du miel, &c. Les cannes à sucre y abondent. Les rivières y sont poissonneuses.

Le Mexique est habité par des Espagnols, des Créoles, des Nègres esclaves, et par quelques peuplades d'indigènes qui y subsistent encore, et qui même conservent leur indépendance.

Ce pays est divisé en trois parties, savoir : le Mechoacan, le Mexique propre et le Guatimala. Les deux derniers sont subdivisés en gouvernemens.

1°. Le MECHOACAN ; il a pour capitale une ville de même nom ; on y fabrique une grande quantité d'ouvrages admirables en or et en argent ; c'est un siége épiscopal et le gouverneur y réside. Le territoire, que l'on subdivise en vingt-quatre parties, renferme beaucoup de mines d'or, d'argent, de cuivre et d'étain ; des eaux minérales et des salines. Les forêts fournissent des bois précieux, et sont peuplées de gibier et de bestiaux. Les endroits cultivés produisent des grains, du maïs, des fruits, des légumes, du coton et du miel. On y élève une grande quantité de vers à soie.

2°. Le MEXIQUE PROPRE ; il est au S. du Mechoacan, et produit du maïs, des olives, des grenades, des pommes de pin, des figues et beaucoup d'autres fruits, du lin, du chanvre, du coton, du sucre, du cacao, de la vanille, du tabac, des gommes, des bois précieux et du sel. Le bétail y est nombreux. On y recueille de la cochenille. Il est subdivisé en sept gouvernemens ; savoir :

Mexico ; il a pour capitale Mexico, qui l'étoit aussi de l'ancien empire du Mexique ; cette ville avoit alors 20,000 maisons, des temples, des palais, des ponts en marbre, de belles rues, des canaux, de magnifiques chaussées ; mais quelques-uns de ses édifices, et notamment la cathédrale, se sont enfoncés de plusieurs pieds, parce que le sol y est marécageux et cède en beaucoup d'endroits. Aujourd'hui Mexico a 80,000 habitans. Son territoire est bas, bien arrosé et très-fertile.

Tlascala ; ce gouvernement produit une grande quantité de fruits et nourrit beaucoup de volaille. Ses habitans, lors de l'invasion de Cortez, formoient une république ; ils se joignirent aux Espagnols et les aidèrent à renverser l'empire du Mexique. La capitale est Puebla de los Angelos, siége épiscopal ; elle a 60,000 habitans et fait commerce de coton, de porcelaine et de quincaillerie. On y trouve aussi *Tlascala*, ancienne capitale.

Acapulco ; ce gouvernement a pour capitale *Acapulco*, avec un port sur la mer du Sud ; cette ville est très-commerçante, mais malsaine. Outre les habitans Espagnols, on y trouve des Chinois, des Nègres et des Mulâtres.

La Vera-Crux ; le territoire de ce gouvernement est plat, stérile, sablonneux et entouré de montagnes. Sa capitale est *Vera-Crux*, grande ville, bien bâtie, avec un port où le commerce attire un grand nombre de vaisseaux. Elle est habitée par des Espagnols et des Mulâtres.

GUAXACA ; ce gouvernement fournit de la soie , du coton , du cacao , du blé , de la cochenille , de la casse et du cristal ; il y a des mines. Les rivières roulent de l'or. La capitale se nomme aussi *Guaxaca*.

TABASCO ; il est très-fertile et produit beaucoup de cacao ; les pluies y durent neuf mois. La capitale de même nom , et qui porte aussi celui de Nostra Sennora de la Vittoria , est entourée de palissades.

L'YUCATAN est une presqu'île qui s'avance dans le golfe du Mexique, et porte des marques d'une terre nouvellement abandonnée par la mer ; le terrain y est bas, uni, sans eaux courantes et plein de coquilles ; il produit beaucoup de miel , de coton, de cochenille, d'ambre et sur-tout du bois dit de *Campêche* , parce que c'est dans une ville de ce nom que s'en fait le commerce. Les autres villes sont Merida capitale, et Valladolid. Le climat de cette contrée est très-chaud.

3°. Le GUATIMALA ; c'est l'une des plus riches contrées de la Nouvelle-Espagne ; il s'y trouve plusieurs ports commodes , ce qui la rend très-commerçante. Ses côtes sont poissonneuses. Ses forêts sont remplies d'arbres à baume et peuplées de gibier. Elle nourrit beaucoup de chevaux, de bestiaux, de volaille ; elle abonde sur-tout en cacao, en indigo qu'elle seule cultive ; elle produit en outre des grains, des fruits, du sucre, du coton , des plantes médicinales. Elle forme quatre gouvernemens, savoir :

GUATIMALA ; sa capitale de même nom faisoit un commerce immense de cacao ; un tremblement de terre l'engloutit en 1773 avec 1,800 familles ; depuis on l'a rebâtie.

NICARAGUA ; ce gouvernement est sujet à de violentes chaleurs pendant six mois ; il y pleut le reste de l'année. Il produit du sucre, du cacao , des gommes , des baumes , du bois de construction, des fruits , et nourrit beaucoup de cochons. On pêche la pourpre sur ses côtes. La capitale est Saint-Léon , située sur le lac de Nicaragua.

COSTARICA ; ce gouvernement est ainsi appelé à cause des mines d'or et d'argent qu'il renfermoit ; elles sont aujourd'hui épuisées et abandonnées. Sa capitale est Carthago.

VERAGUA ; cette province abonde en maïs et en blé. Les habitans fabriquent le coton qu'ils teignent avec la pourpre qu'on pêche sur la côte. On y élève du bétail et des porcs. Il y a des mines d'or, mais elles sont peu productives. La capitale est Sant-Iago.

LES ILES DE L'AMÉRIQUE SEPTENTRIONALE.

Ces îles sont en très-grand nombre et situées, ou dans l'océan Atlantique, ou dans le golfe du Mexique, ou dans la mer du Sud appelée aussi océan Pacifique.

ILES DE L'OCÉAN ATLANTIQUE.

Ces îles sont :

TERRE-NEUVE ; elle a 117 lieues de long sur 66 de large; le détroit de Belle-Ile la sépare du Labrador , et la baie de Saint-Laurent du Canada. Ses côtes sont exposées à des brouillards, des orages, des neiges et des pluies continuelles; le ciel y est toujours nébuleux, et le froid long et rigoureux. Le sol , quoiqu'arrosé de plusieurs rivières, y est aride. On y trouve de bons pâturages , des forêts d'où l'on tire du bois de construction , et des mines de charbon-de-terre qui paroissent inépuisables. Il y a plusieurs bons ports. Les villes sont Plaisance, Bonavista et Saint-Jean. Les Français y ont eu des établissemens. Cette île appartient aujourd'hui aux Anglais. C'est dans son voisinage que se trouve le grand banc dit de Terre-Neuve ; il a 200 lieues de long sur 80 de large. On y pêche une immense quantité de morues. Le fond s'élevant sans cesse par le dépôt des coquillages, il en résultera sans doute un jour une île semblable à celle de Terre-Neuve.

SAINT-JEAN, au S. O. de la précédente, est plus fertile que Terre-Neuve ; les côtes en sont poissonneuses; elle nourrit beaucoup de bestiaux et de gibier, et appartient aux Anglais. Sa capitale est Charlot'stown.

L'ILE-ROYALE ou le CAP-BRETON , située à l'entrée du golfe Saint-Laurent, et séparée de l'Acadie par un détroit ; cette île a 80 lieues de tour ; elle est hérissée de rochers. On pêche beaucoup de morues sur ses côtes. Les eaux et la mousse la recouvrent presque par-tout; aux endroits plus élevés elle produit des grains, des légumes, des fruits, des bois , du chanvre, et nourrit des chevaux, des bestiaux, du gibier et de la volaille. Elle appartenoit aux Français ; les Anglais en sont aujourd'hui les maîtres. Sa capitale est Louisbourg; cette ville a un excellent port.

Les îles de SAINT-PIERRE et de MIQUELON; elles sont peu considérables, et appartiennent aux Français , qui s'y arrêtent lors de la pêche de la morue.

Les BERMUDES , ainsi nommées de Jean Bermudez, espagnol , qui les découvrit vers 1522 ou 1527. Elles portent aussi le nom d'îles SUMMER , parce que George Summer y fit naufrage en 1619. Elles appartiennent aux Anglais. On y éprouve des ouragans qui occasionnent beaucoup de dommages. Elles forment un groupe de peu d'étendue ; mais elles sont fertiles. Leurs productions principales sont du maïs, du tabac , des limons et autres fruits délicieux , de la soie, du bois de construction , des cèdres que les habitans emploient à construire des brigantins très-légers, &c. La plus grande de ces îles se nomme Saint-George ; elle renferme une ville de même nom laquelle a un port défendu par de bonnes forteresses.

ILES

ILES DU GOLFE DU MEXIQUE.

Ces îles forment dans le golfe du Mexique un arc de cercle qui s'étend depuis la pointe de la Floride jusqu'aux bouches de l'Orenoque dans l'Amérique méridionale. On leur a donné le nom d'ANTILLES. Quoiqu'elles soient situées sous la zone torride, et qu'elles aient deux fois le soleil perpendiculaire, elles ne sont cependant point inhabitables, parce que pendant l'été la chaleur y est tempérée par des brises de mer. Pendant l'hiver, ou plutôt dans la saison des pluies, elles sont exposées à de terribles ouragans qui dévastent tous les fruits de la terre, et souvent même changent la face du sol. Le climat y est malsain pour les Européens, sur-tout lorsqu'ils y donnent dans quelqu'excès. Elles sont habitées par des Blancs, des Noirs esclaves, des affranchis et des Mulâtres. Les principales productions de ces îles sont le sucre, les grains, des fruits propres au pays, des drogues, &c. On y fabrique beaucoup d'excellentes liqueurs, dont l'usage immodéré, joint à des alimens très-échauffans et à la débauche, ont fait périr beaucoup d'Européens nouvellement débarqués.

On distingue les Antilles en Grandes-Antilles ou îles du Vent, et Petites-Antilles ou îles sous le Vent.

Les GRANDES-ANTILLES comprennent :

1°. Les LUCAYES : ce sont les premières terres que découvrit Christophe Colomb ; elles s'étendent depuis la Floride jusqu'à Cuba ; plusieurs sont inhabitées. Les principales sont *Bahama*, qui donne son nom au détroit, et *la Providence* ; elles produisent du maïs et des fruits. Ces îles appartiennent aux Anglais, et servent de retraite aux corsaires qui viennent y vendre leurs prises.

2°. L'île de CUBA ; elle fut découverte par Christophe Colomb en 1494. C'est l'une des plus grandes îles de la terre ; elle a 230 lieues de long sur 40 de large. Elle est traversée par une chaine de montagnes couvertes de forêts de cèdres ; ces montagnes renferment des mines d'or, de fer et de cuivre. Ses côtes sont basses et inondées dans la saison des pluies. Dans la partie du milieu on recueille presque toutes les productions de l'Amérique ; l'île nourrit beaucoup d'abeilles et de bestiaux. Elle appartient aux Espagnols. Ses villes sont la Havanne, dont l'excellent port est l'entrepôt de l'Espagne ; on y trouve aussi Sant-Iago.

3°. La JAMAÏQUE ; cette île, qui a 60 lieues de long sur 22 de large, offre l'aspect d'un printemps perpétuel ; elle est traversée par une chaîne de rochers et sujette à des tremblemens de terre. C'est une des colonies les plus importantes des Anglais, par sa force, par sa situation et par ses productions. On y recueille des grains, des légumes, des fruits, du sucre, du café, du cacao, du coton, de l'indigo, des bois précieux et des drogues ; elle nourrit des chevaux, des volailles, des porcs et des

tortues. Ses côtes sont poissonneuses. Sa population est de 280,000 habitans, dont 250,000 sont nègres et esclaves. Les villes sont Sant-Iago, capitale et siége du gouvernement ; King'stown, l'un des principaux ports de l'île. Autrefois Port-Royal étoit la capitale ; des tremblemens de terre l'ont fait abandonner.

4°. SAINT-DOMINGUE, découverte par Christophe Colomb le 6 décembre 1492 ; elle a 150 lieues de long sur 60 de large. L'air y est pur et sain dans les lieux hauts et les montagnes, mauvais sur les bords de la mer et pestilentiel près des eaux stagnantes ou des terres nouvellement défrichées. Les montagnes y renferment des mines d'or, d'argent, de fer, de cuivre, de mercure, du talc et du cristal. De ces montagnes descendent plusieurs rivières qui fertilisent les plaines et produisent, soit naturellement, soit par la culture, du maïs, du manioc, du sucre, du café, du cacao, du coton, du thé, de l'indigo, du tabac, des fruits délicieux de beaucoup d'espèces, des ananas, des plantes médicinales, d'autres qui sont utiles aux arts, des drogues, du bois d'acajou, du bois d'ébène, &c. Cette île n'avoit point d'animaux indigènes ; on y a transporté dès chevaux et des bestiaux.

L'île de Saint-Domingue appartint d'abord aux Anglais ; mais les Français s'y étant établis, une partie leur fut cédée par le traité de Ryswick, et devint entre leurs mains une des plus florissantes colonies européennes. En 1789, elle comptoit 562,000 habitans, dont 450,000 Noirs esclaves et beaucoup de Mulâtres. Les principes nouveaux, établis lors de la révolution française et des changemens précipités dans le régime de cette île, y allumèrent le feu de la guerre civile. Des massacres affreux y eurent lieu ; la plupart des Blancs en furent victimes, et ceux qui y échappèrent prirent la fuite. Par des arrangemens particuliers, les Espagnols cédèrent à la France la portion qui leur appartenoit. Aujourd'hui l'île est en la possession des Noirs, qui lui ont fait reprendre son ancien nom d'Haïti. Le poste de Santo-Domingo est la seule place dont ils ne soient pas maîtres. Le reste du pays est couvert de ruines.

Depuis la réunion de la partie espagnole, Saint-Domingue étoit divisée en cinq départemens ; savoir : celui du *Nord*, qui avoit pour chef-lieu le Cap-Français ; celui de l'*Ouest*, dont le chef-lieu étoit le Port-au-Prince, ville considérable avec un excellent port ; celui du *Sud*, dont le chef-lieu étoit les Cayes ; celui de *Samana*, dont le chef-lieu étoit Sant-Iago, et enfin celui de l'*Ingane*, qui avoit pour chef-lieu Santo-Domingo.

5°. PORTO-RICO, à l'E. de Saint-Domingue, a 35 lieues de long sur 15 de large. Les montagnes sont couvertes de bois utiles ou précieux ; les vallées, arrosées de beaucoup de rivières, sont extrêmement fertiles ; il y croît une grande quantité de mancenilliers, arbre vénéneux, du maïs, du riz, des légumes, des fruits, du sucre, du café, du coton, du lin, des drogues. Cette île est aux Espagnols. La capitale se nomme aussi *Porto-Rico*.

Y

6°. Saint-Jean ; cette île qui a 9 lieues de tour appartient aux Danois ; elle produit du maïs, des fruits, du sucre et du café. La capitale porte le même nom.

7°. Saint-Thomas a 6 lieues de tour ; sa capitale, nommée aussi Saint-Thomas, a un bon port. Cette île appartient aux Danois, dont les riches établissemens viennent d'être détruits par un violent incendie. Elle produit du maïs, du sucre et du coton.

8°. Sainte-Croix a 30 lieues de tour ; elle a trois cent cinquante plantations et plus de 20,000 colons. Elle produit du café, du sucre, du coton, des fruits, du tabac, de l'indigo, du maïs. Elle appartient aux Danois. Sa capitale porte le même nom.

9°. Les Vierges forment un groupe de petites îles ou rochers stériles. Elles sont aux Anglais et aux Danois.

10°. L'Anguille a 10 lieues de long sur 3 de large. Elle n'a point de villes, et appartient aux Anglais. On y élève des bestiaux : elle produit d'excellent tabac, un peu de sucre, du coton, des patates, du millet et des fruits.

11°. Saint-Martin ; cette île produit le meilleur tabac des Antilles ; elle a des salines, des eaux poissonneuses, des cannes à sucre. Elle appartient à la France.

12°. Saint-Barthelemy ; cette île a 8 lieues de tour ; elle est entourée de cayes dangereuses ; son port est excellent. Le milieu de l'île est montagneux, le reste d'une fertilité médiocre, produit du sucre, du coton, du tabac, de l'indigo ; on y trouve du bois et du fer. Il n'y a point de ville remarquable. Aux Suédois.

13°. La Barboude ; elle n'est abordable que vers l'ouest ; des bancs de sable et des rochers l'entourent de tous les autres côtés. Sa population est de 1,500 habitans. On y récolte en petite quantité les principales productions des Antilles, ainsi que d'excellens cocos, du poivre, du gingembre, &c. Le bétail y est nombreux et le gibier commun. On y élève beaucoup de porcs. Elle appartient aux Anglais. Il n'y a pas de ville remarquable.

14°. Saba ; il y tombe des pluies fréquentes ; elle produit d'excellens choux, plusieurs légumes exquis et du coton. Elle est d'un accès difficile et n'a point de port. Cette île a 5 lieues de tour.

15°. Saint-Eustache ; elle a 10 lieues de tour : c'est un rocher de forme conique, dont les pentes, bien cultivées, produisent du tabac et du sucre. Le sommet est peuplé de bêtes fauves. Il n'y a point de rivières, mais seulement des étangs et des citernes. Ces deux dernières îles sont aux Hollandais.

16°. Saint-Christophe ; elle a 7 lieues de long sur 5 de large. On y récolte des fruits, du sucre, du gingembre et d'autres productions américaines. Aux Anglais.

17°. Nièves ; quoique peu considérable, elle fournit beaucoup de sucre, de coton et de café. Elle appartient aux Anglais.

18°. Antigoa ; cette île, peu favorisée de la Nature, manque d'eau ; cependant l'industrie des Anglais, à qui elle appartient, lui fait produire du sucre, du tabac, &c. Elle a 20 lieues de circuit, et de tous côtés des écueils en rendent l'accès difficile. Son port, qui est le meilleur des Antilles, sert au radoub des vaisseaux : on y emploie le bois de l'île. Elle a 7,000 habitans Blancs et 30,000 Noirs. La capitale est Saint-Jean, où est le port.

19°. Montferrat ou Montserrat ; cette île renferme des montagnes couvertes de cèdres ; ses vallées sont fertiles en sucre, indigo, coton et gingembre. Des tremblemens de terre et de violens ouragans l'ont souvent bouleversée. Elle appartient aux Anglais.

20°. La Guadeloupe est traversée par un canal ; elle abonde en fruits, gingembre, coton, indigo, et fournit beaucoup de sucre. Elle a 20 lieues de long sur 18 de large. La capitale est la Basse-Terre, avec un bon port.

21°. La Désirade, Marie-Galande et l'île des Saintes, forment avec la précédente un département français. Ces îles réunissent toutes les productions des Antilles, et n'ont pas de villes.

22°. La Dominique ; elle a 9 lieues de long sur 4 de large ; sa forme est ovale ; le sol en est maigre, mais propre au café : les coteaux sont couverts d'arbres de la plus grande beauté. L'île produit du maïs, du coton, du tabac, du cacao, et nourrit beaucoup de porcs et de volaille. Il n'y a pas de villes remarquables. Elle est aux Anglais.

23°. La Martinique ; c'est aujourd'hui l'une des plus importantes colonies françaises ; elle fut deux fois prise par les Anglais, et deux fois rendue. Elle a 20 lieues de long sur 10 de large ; et forme un département. L'intérieur de l'île est couvert de montagnes, d'où descendent plusieurs rivières ; on y cultivoit jadis beaucoup de cacaotiers qui ont été détruits par le froid ; à présent elle fournit de l'excellent café, du sucre, du maïs, du manioc, du gingembre, du coton, de l'indigo ; on y fabrique des liqueurs exquises. Sa population est évaluée à 110,000 habitans Blancs, Mulâtres ou Noirs. Le chef-lieu est Fort-Royal.

24°. Sainte-Lucie ; cette île a 12 lieues de long sur 6 de large ; elle produit beaucoup de bois de charpente ; depuis que les forêts y ont été diminuées, l'air y est devenu plus sain. Dans l'intérieur se trouvent des montagnes volcaniques. Le sol est fertile, et fournit du sucre, du coton, du café, du cacao. Les Anglais l'ont prise plusieurs fois et toujours rendue aux Français. Le chef-lieu est appelé le Carénage ; c'est un très-bon port. Il n'y a pas de ville importante.

25°. Saint-Vincent a 7 lieues de long sur 5 de large ; elle produit du bois de construction, du tabac très-estimé, du sucre, de l'indigo, des fruits délicieux. On y trouve l'arbre à pain, et les sources y sont excellentes. Elle appartient aux Anglais. Il y reste quelques sauvages Caraïbes, foibles rejetons de l'ancienne population des Antilles. King'stown en est la capitale.

26°. La Barbade a 7 lieues de long sur 5 de large; on y compte 18,000 habitans blancs et 70,000 noirs. Elle fut découverte par les Anglais sous le règne de Jacques 1ᵉʳ. On la divise en onze paroisses, dont la capitale est Bridge'stown. Les Anglais, qui la possèdent, en retirent du sucre, du tabac, du coton, de l'indigo et du gingembre.

27°. La Grenade; elle appartient aux Anglais, auxquels les Français l'ont prise et rendue plusieurs fois. Dans le milieu de l'île, au sommet d'une montagne, est un lac d'où sortent plusieurs rivières qui contribuent à la fécondité du sol. Avant qu'elle fût ravagée, on y récoltoit en abondance du sucre, du café, de l'indigo, du tabac. La capitale est Saint-George, avec un bon port.

28°. Tabago; cette île forme avec Sainte-Lucie un département français; elle a 12 lieues de long sur 3 de large; on n'y éprouve point d'ouragans comme dans les autres Antilles. On dit que c'est là que fut trouvé le tabac, qui en a pris son nom. Outre les autres productions des Antilles, elle fournit le sassafras et le copal. Le gibier y est abondant, sur-tout le sanglier. L'île est bien arrosée de rivières. La capitale est George'stown, bon port de mer.

29°. La Trinité appartient aux Anglais; elle a 110 lieues de tour, et plus de 22,000 habitans, en y comptant 16,000 Noirs, et 1,000 Indiens. Son sol réunit toutes les productions des Antilles. Saint-Joseph en est la capitale.

Les PETITES - ANTILLES ou ILES SOUS LE VENT sont au nombre de douze, dont les principales sont :

1°. La Marguerite; son étendue est de 14 lieues de long sur 8 de large; elle offre le spectacle d'une verdure continuelle; de fréquens brouillards y suppléent aux eaux courantes qui lui manquent. Quoique mal cultivé, son sol est fertile; il produit du maïs et des fruits. L'île abonde en pâturages, dans lesquels on élève beaucoup de bestiaux; mais le bois y est rare. Elle appartient aux Espagnols. Jadis on pêchoit des perles sur ses côtes. Monpadre en est le chef-lieu.

2°. L'île Blanche; elle n'a rien de remarquable.

3°. Tortuga-Salaga; elle est inhabitée.

4°. Orchila; le sol en est uni et fertile; on y trouve diverses sortes de plantes curieuses, des chèvres et des lézards en grand nombre.

5°. Cubagua ou l'Ile des Perles; elle est stérile; il y a du sel, des huîtres perlières et des oiseaux de mer.

6°. Curaçao ou Curacou; elle a 10 lieues de long sur 5 de large; elle appartenoit aux Hollandais, qui en avoient fait un établissement important; les Anglais la leur ont enlevée en 1800. Elle a des salines et produit du sucre et du tabac. On y fabrique une excellente liqueur de son nom. La capitale, nommée aussi *Curaçao*, a un bon port et de vastes magasins toujours remplis de marchandises d'Europe et des Indes occidentales; elle est belle et très-commerçante.

7°. Aruba; on y nourrit beaucoup de bétail que les habitans vont vendre à Curaçao, dont l'île d'Aruba est voisine, &c.

L'AMÉRIQUE MÉRIDIONALE.

L'Amérique méridionale occupe à-peu-près la moitié du nouveau continent. On ignore l'origine de sa population. Quelques auteurs pensent qu'elle vient d'Afrique. Quant au climat, cette partie de l'Amérique se trouve du côté du nord exposée aux ardeurs de la zone torride, et du côté du sud aux horreurs des froids antarctiques. Elle comprend huit grandes parties, savoir : 1°. la Guiane, 2°. le nouveau royaume de Grenade, 3°. le Brésil, 4°. le pays des Amazones, 5°. le Pérou, 6°. le Paraguai ou royaume de la Plata, 7°. le Chili, 8°. la Terre-Magellanique.

LA GUIANE.

Cette contrée, qui a 320 lieues de long sur 225 de large, forme une espèce d'île, étant bornée dans l'intérieur par l'Orénoque, la rivière des Amazones et le Negro. Ses côtes, bordées d'écueils, sont en général d'un difficile accès. Le territoire jusqu'aux montagnes est couvert de landes, de forêts, de marais immenses; l'air y est très-malsain, sur-tout pendant les pluies qui tombent durant sept mois de l'année; les autres mois il y règne une grande sécheresse occasionnée par des chaleurs très-vives, que tempèrent néanmoins quelquefois les vents de mer. Dans les montagnes, l'air est meilleur. En général le sol y est très-fertile, la grande chaleur et l'humidité, premières causes de la végétation, y agissant sans cesse comme de concert; mais il est mal cultivé. Le pays fournit beaucoup de bois de construction et de bois de teinture. On y trouve des forêts de palmiers et de cacaoyers, des bananes, des épices et diverses sortes de drogues, entre autres l'ipécacuanha. On y cultive le maïs, le coton, le café, le sucre, le tabac, la vanille, le rocou, &c.

Les forêts, les déserts et les marais sont remplis d'une grande quantité de bêtes féroces, de reptiles et d'insectes venimeux, qui en rendent l'accès et plus encore le séjour très-dangereux.

Cette vaste contrée se partage entre quatre nations, savoir : les Français et les Hollandais, qui en occupent les deux plus grandes parties; le reste appartient aux Espagnols et aux Portugais. On y trouve en outre, sur-tout loin des côtes, un assez grand nombre de nations sauvages et des Nègres fugitifs échappés des colonies et contre lesquels on fait souvent des expéditions qui ne sont point sans danger.

La Guiane française a 150 lieues de long sur 75 de large ; on y compte 12,000 habitans Blancs ou Noirs, sans la garnison ; ce pays forme un département subdivisé en huit cantons. Ses lieux principaux sont :

Cayenne, capitale située dans une île du même nom ; c'est le chef-lieu du gouvernement. Cette ville ou plutôt ce bourg a un bon port et une citadelle.

Sinnamary, endroit malsain, devenu fameux pendant la révolution française par la déportation d'un grand nombre de malheureux dont la plupart devinrent victimes de ce climat brûlant, et du dénuement affreux auquel ils furent exposés.

La Guiane hollandaise ; on donne aussi à cette colonie le nom de *Surinam*, rivière qui l'arrose. Ce pays a 200 lieues de long sur 180 de large, et 34 lieues de côte. On y compte 44,000 habitans, parmi lesquels il y a 40,000 Noirs. Les Anglais se sont emparés de cette colonie en 1799, et l'ont rendue aux Hollandais en 1802. La capitale est Paramaribo, ville assez considérable, dont les rues sont plantées d'orangers. Les autres villes sont Demerary, Essequibo, &c.

La Guiane espagnole forme une province du nouveau royaume de Grenade.

La Guiane portugaise s'étend le long de la rivière des Amazones.

LE NOUVEAU ROYAUME DE GRENADE.

Cette vaste contrée a plus de 77,700 lieues carrées ; le climat en général y est extrêmement chaud et humide ; ce qui le rend malsain, surtout vers le nord. La température néanmoins y varie suivant la direction des Cordilières qui traversent ce pays. Les cimes principales de cette chaine, sont le Chimboraço, le Pichinça, l'Ilinissa, le Cotopasbi, l'Altar et le Fanga, qui est près de Quito. On croit que ces cimes sont les plus élevées de la terre. La pluie y tombe quelquefois en torrens et y cause des inondations fréquentes. La principale rivière est l'Orénoque. Les montagnes renferment des mines d'or, d'argent, de fer, de cuivre, de plomb, de sel, des émeraudes, des pierreries et des perles. Ses vastes forêts sont remplies de bois précieux et utiles, et peuplées de bêtes féroces, de reptiles et d'insectes venimeux. En général, le sol en est fertile, il produit du maïs, du riz, des légumes, des fruits, du sucre, du cacao, de la vanille, des plantes médicinales, des baumes, du miel ; il nourrit des chevaux, des bestiaux, de la volaille, du gibier ; les eaux sont poisonneuses. Ce pays appartient à l'Espagne. La population est composée d'Espagnols, d'Américains civilisés et de plusieurs tribus sauvages.

On divise le nouveau royaume de Grenade en trois provinces, savoir :

Terre-Ferme, la Nouvelle-Grenade proprement dite et la province de Quito. Il est subdivisé en vingt-un gouvernemens.

1°. La TERRE-FERME : cette contrée est sous la zone torride ; le climat y est humide et chaud, et le sol est en général montagneux ; les plaines y sont fertiles en grains, maïs, coton, tabac, cacao et fruits. On y élève des bestiaux et des porcs ; il y a beaucoup d'animaux sauvages, de très-beaux oiseaux, des reptiles et des insectes venimeux. Elle renferme des mines d'or et d'argent. On la divise en deux gouvernemens, savoir :

Panama ; ce gouvernement a pour capitale une ville du même nom ; on y fait commerce de perles. La seconde ville est Porto-Belo, que l'on nomme le *Tombeau des Espagnols*, à cause de l'insalubrité de l'air.

Le Darien : c'est le second gouvernement de Terre-Ferme. *Darien* est sa ville capitale.

2°. La NOUVELLE-GRENADE PROPRE : elle est divisée en onze gouvernemens, savoir :

Carthagène ; il a pour capitale une ville du même nom, qui est en même temps capitale du royaume ; le vice-roi y réside. Cette ville est grande, riche et commerçante. Sa population est de 5,000 habitans. Son port est commode.

Sainte-Marthe ; ce gouvernement a aussi pour capitale une ville du même nom qui autrefois étoit considérable. Elle est entourée de montagnes. Son port est commode.

Vénézuela ; cette province appartenoit précédemment aux Velsen d'Augsbourg qui la remirent entre les mains des Espagnols. Elle a pour capitale Maracaïbo, sur un grand lac qui communique avec le golfe du Mexique : on y construit des vaisseaux.

Caracas ; on y jouit d'un air très-sain. La capitale est Saint-Léon, située dans une belle plaine. Ce gouvernement fournit beaucoup de sucre et de cacao.

Cumana ; la capitale qui est du même nom a un port sur le golfe du Mexique. Ce gouvernement fournit du tabac, des perles et du poisson salé. Ses plaines sont inondées par des torrens ; il se trouve dans son enclave quelques tribus sauvages.

Pauia ; ce gouvernement a des lacs salés, des eaux thermales et des mines de sel. On y élève des lamas et des vigognes. Sa capitale est Guyana sur l'Orénoque.

Choco ; il fournit une grande quantité de cacao ; ses bois sont peuplés de tigres, de sangliers, de singes ; les crocodiles y sont très-communs. La capitale est Novita.

Popayan ; le territoire de ce gouvernement est très-fertile ; il produit des légumes, des fruits, du sucre, du tabac, du coton. Sa capitale, nommée aussi *Popayan*, a 20,000 habitans, et fait un très-grand commerce ; elle est couverte à l'O. par une chaine de montagnes appelées l'M.

Antiochia; ce gouvernement a des mines très-riches; il fournit aussi des pierres précieuses et du cristal. Sa capitale est Santa-Fé-de-Bogota qui a des manufactures.

Saint-Jean-de-Jiron a du minerai d'or; il abonde en cacao, tabac, coton, sucre et fruits. Sa capitale porte le même nom.

Les gouvernemens de Saint-Jean-de-los-Llanos, San-Faustino et de Mariquita, formoient autrefois la Nouvelle-Andalousie. Ce qu'on en sait, c'est que les plaines sont sujettes aux inondations, qu'elles produisent du tabac, du maïs, et que les côtes y sont poissonneuses; on y pêche des perles. Il y a de bons ports.

3°. QUITO; cette province, dont le territoire est très-élevé, est située entre deux chaînes de montagnes. Les Espagnols y occupent, entre les Cordilières, une vallée fertile, longue de 80 lieues sur 15 de large. C'est l'une des plus belles contrées du globe; le printemps y est perpétuel; mais les pluies et les tremblemens de terre y causent d'affreux ravages. Le territoire produit le meilleur quinquina et d'ailleurs du grain, du riz, des légumes, des fruits, du cacao, de la cochenille, les plus riches métaux, des pierreries, du sel, des marbres précieux. Cette province a plusieurs sortes de manufactures. On y élève des bestiaux. Quito se subdivise en six gouvernemens, qui sont:

Esmeraldas, nommé ainsi à cause de la grande quantité d'émeraudes qu'il fournit. On en tire en outre un grand nombre de productions précieuses; les rivières y roulent de l'or. Sa capitale est Limones, port très-commerçant sur la mer Pacifique.

Quito; ce gouvernement avoit des mines; elles sont aujourd'hui épuisées et abandonnées; on y élève des bestiaux. Quoique ce pays soit situé sous la ligne, on y jouit d'une température assez douce, avantage dû sans doute à l'élévation du sol et au voisinage de montagnes d'une prodigieuse hauteur, toujours couvertes de neige. La capitale se nomme aussi *Quito;* elle est bâtie sur le penchant du Pichincha, et fut bouleversée par un tremblement de terre en 1755.

Quixos, nommé aussi Canelos, à cause de l'abondance des cannelliers qui y croissent; ce gouvernement produit du coton et du tabac; il y a des mines. Le climat y est chaud; les pluies y sont continuelles, et les Indiens y font de fréquentes incursions. La capitale se nomme aussi *Quixos.*

Guyaquil; il fournit de très-beaux bois de mâture et de construction; on trouve sur les côtes le coquillage appelé pourpre. La capitale de ce gouvernement se nomme aussi *Guyaquil;* elle a un bon port où l'on construit des vaisseaux; elle fait un grand commerce.

Cuença; ce gouvernement a des manufactures de toiles et des raffineries de sucre; on y nourrit beaucoup de bestiaux; il fournit aussi des grains, des fruits et des légumes.

Jean-de-Bracamoros; il fournit du tabac et d'excellent cacao. Sa capitale est Loxa.

LE BRÉSIL.

Cette contrée a plus de 104,400 lieues carrées; elle fut découverte pour le Portugal par dom Pedro Alvarez Cabral en 1500. C'est la principale ressource de la monarchie portugaise; elle y possède environ 1,200 lieues de côtes, et en a tiré des richesses immenses. Il y fait des chaleurs excessives; mais le climat est sain, et le sol extrêmement fertile; ce pays fournit des bois de construction; d'autres dont on fait usage dans la médecine; plusieurs, comme celui appelé bois de Brésil, employés pour la teinture; du tabac en grande quantité, des baumes, des drogues et les autres principales productions de l'Amérique. On y trouve des mines d'or et de diamans: sur ses côtes, on pêche la baleine et beaucoup d'autres poissons. On y nourrit des bestiaux et de la volaille; il y a beaucoup de singes. On évalue la population du Brésil à 200,000 Blancs et 600,000 Noirs. Il peut rester de la population indigène environ 100,000 individus, dont une partie est civilisée et a embrassé le christianisme; les autres continuent à mener la vie sauvage. Ils vivent de chasse, de pêche et des produits de leurs champs qu'ils font cultiver par leurs femmes.

Le Brésil est divisé en quatorze capitaineries, savoir:

1°. Para; cette contrée, en partie stérile, est malsaine. Elle est habitée par des Indiens qui s'occupent de la pêche et de l'exploitation des bois précieux que renferment les forêts. Elle produit aussi du sucre, du coton, du cacao, de la vanille, du café, du girofle et du bois de Brésil. On lui donne 50,000 habitans. Sa capitale est *Para*, ville commerçante.

2°. Maragnan; cette capitainerie produit le meilleur coton de l'Amérique; on trouve de l'ambre gris sur ses côtes. La capitale est Saint-Louis, ville bâtie par les Français.

3°. Siara, qui produit beaucoup de bois. La capitale de même nom a un port sur l'Atlantique.

4°. Rio-Grande; cette province prend son nom de la rivière qui l'arrose; le froment et la vigne y réussissent, mais on n'y fait pas de vin; on y compte 12,000 habitans. Sa capitale porte le même nom.

5°. Paraïba; on y trouve le meilleur sucre du Brésil et des bois de teinture: on lui donne 20,000 habitans. La capitale porte le même nom.

6°. Itamaraca; on y nourrit beaucoup de bestiaux. La capitale, nommée aussi *Itamaraca*, a un port sur l'Atlantique.

7°. Fernambouc; cette capitainerie a des plaines bien arrosées; elle est fertile en sucre et coton; ses montagnes sont couvertes de forêts; on y élève beaucoup de bestiaux, dont les cuirs forment un grand objet de commerce. La capitale est Olinda, qui a un port très-commerçant.

8°. Sérégine ; les côtes de cette province sont très-poissonneuses. La capitale porte le même nom.

9°. La Baie de tous les Saints ou Bahia ; elle fournit du maïs, du coton, de la cannelle ; on y nourrit une grande quantité de bestiaux. La capitale, située dans la baie de même nom, est San-Salvador.

10°. Ilhéos ; elle produit des fruits, du sucre, du coton, des bois de construction ; ses côtes sont poissonneuses. Sa capitale est Paya.

11°. Porto-Seguro ; le pays renferme des mines de pierres précieuses et d'émeraudes ; il produit beaucoup de sucre. La capitale de même nom est très-commerçante.

12°. Spiritu-Santo ; cette capitainerie, très-fertile en fruits, produit aussi du sucre, du maïs, du tabac, du coton ; les naturels, appelés Margajats, se sont unis aux Portugais dont ils avoient long-temps été les ennemis. La capitale de même nom a un port.

13°. Rio-Janeiro prend ce nom de la rivière qui l'arrose ; on y trouve des mines d'or, de la cochenille et du sucre en abondance. La capitale, nommée aussi *Rio-Janeiro*, est belle, bien située et sous un beau ciel ; les maisons sont en pierres, les rues sont pavées et garnies de trottoirs. Le vice-roi du Brésil y réside.

14°. Saint-Vincent ; on y trouve une grande quantité de sangliers dont on fait d'excellens jambons ; ce qui fournit un gros article au commerce de cette capitainerie ; on en tire en outre du sucre, du coton, du bois et des cuirs. La capitale se nomme *Saint-Vincent*, port sur l'océan Atlantique ; il y a une autre ville nommée Saint-Paul.

LE PAYS DES AMAZONES.

On croit que cette contrée, qui a 750 lieues de long sur 400 de large, fut découverte par Orellana, capitaine espagnol ; elle est traversée par un fleuve qu'il nomma *Rivière des Amazones*, parce qu'il avoit rencontré des femmes guerrières sur ses bords. M. de la Condamine, qui a parcouru cette rivière depuis sa source jusqu'à son embouchure, n'y en vit point ; mais il dit avoir appris des gens du pays qu'elles avoient existé. Ce fleuve immense a plus de mille lieues de cours. On dit que son embouchure est de quatre-vingts lieues de large. Il n'y a plus que quelques bourgades sur ses rives, les naturels s'étant retirés dans l'intérieur du pays à l'aspect des Européens. La Rivière des Amazones se nomme aussi le *Maragnon*. Le climat de ce pays est malsain, soit parce que la chaleur y est excessive, soit à cause de la grande quantité d'eaux dormantes et de forêts qui couvrent le territoire ; ces eaux, ainsi que celles du fleuve, sont extrêmement poissonneuses ; les forêts, dont on a défriché quelques portions, sont remplies de tigres, d'élans, de singes, de perroquets et d'autres oiseaux, de chauve-souris, de serpens à sonnettes et de plusieurs autres espèces de reptiles et d'insectes venimeux. Le fleuve nourrit des lamentins, des tortues et des crocodiles énormes, qui servent de pâture aux tigres.

Les habitans sont sauvages et vivent de chasse et de pêche. Les jésuites étoient parvenus à y réunir plusieurs peuplades qu'ils avoient converties au christianisme. Les Espagnols et les Portugais y ont formé des établissemens pour le commerce des pelleteries.

LE PÉROU.

Ce nom rappelle l'idée de l'or ; aucune partie connue de la terre ne renferme une plus grande quantité de ce métal précieux. Outre les mines qui le produisent, il y en a de mercure, de platine, qu'on n'a point encore trouvé ailleurs, de cuivre, d'étain, de soufre, de bitume, de sel violet veiné comme le marbre, de pierres précieuses.

Le Pérou a 600 lieues de long sur 200 de large ; la plus grande partie des côtes est couverte de marais ; le reste est inondé pendant six mois par les eaux qui descendent des montagnes. On y trouve aussi de vastes déserts de sable hérissés de rochers qui vont se joindre aux Cordillières dont les sommets sourcilleux et regardés comme les plus hauts du globe, sont couverts d'une neige qui ne fond jamais ; à leurs pieds se voient de vastes forêts de bois utiles ou précieux, peuplées de lamas et de vigognes. C'est de cette contrée que nous vient le quinquina, écorce d'un arbre qui croît dans le voisinage de Quito, le baume dit du Pérou, et l'ipécacuanha, poudre qui résulte de la trituration d'une plante de la famille des rubiacées. On y cultive la vigne et on y fait du vin. Quoiqu'il n'y pleuve point, le sol fécondé par des rosées abondantes, est fertile dans beaucoup d'endroits ; il abonde en sucre, riz, maïs, cacao, vanille et toutes les productions de l'Amérique méridionale.

Ce grand pays étoit depuis plus de quatre cents ans gouverné par des rois nommés *Incas*, lorsqu'en 1525 François Pizarre partit de Panama pour en aller faire la conquête. Atapualipa, le dernier des Incas, y régnoit alors. On peut juger de la richesse immense de cette contrée par l'offre que fit ce prince à Pizarre, de lui payer pour sa rançon autant d'or qu'il pouvoit en tenir dans une chambre de vingt-deux pieds de long, dix-sept de large et six pieds de haut. Les Espagnols prirent l'or, et Atapualipa fut étranglé. Il reste des anciens Péruviens quelques peuplades peu nombreuses ; le surplus de la population est composé d'Espagnols et de métis, issus des mariages contractés entre le peuple conquérant et les vaincus.

On divise le Pérou en quatre gouvernemens, subdivisés en jurisdictions ; savoir :

1°. Le gouvernement de Lima : son territoire est un amas de cailloux déposés par la mer, et recouvert de terre végétale entraînée des montagnes par les eaux ; il est très-fertile en grains, maïs, légumes, fruits et raisins dont on fait du vin ; en cacao, vanille, casse, coton, tabac, huile et cochenille : on y élève des chevaux et des bestiaux. Les côtes sont poissonneuses. Il y a des fabriques importantes. La capitale est *Lima*, bâtie par Pizarre dans une plaine spacieuse ; le vice-roi de la province y réside. Elle réunit tous les avantages d'une capitale de l'Europe ; mais elle est sujette à des tremblemens de terre. Les autres villes sont Truxillo, port de mer, et Caxamarca, où sont des eaux thermales.

2°. Le gouvernement de GUANCAVELICA : ce pays renferme une mine de mercure très-précieuse. Le territoire fournit à-peu-près les mêmes productions que celui de Lima. La capitale, nommée aussi *Guancavelica*, placée dans les Cordilières, est exposée toute l'année à des froids rigoureux. Les autres villes sont Arequipa et Arica, chacune avec un port sur la mer Pacifique.

3°. Le gouvernement de TARMA ; on y nourrit une grande quantité de bestiaux, dont les laines forment un grand objet de commerce. Il y a des mines très-abondantes de plusieurs sortes de métaux, excepté de fer. Les forêts fournissent du bois de construction, du quinquina et du gibier. Les vallées sont fertiles en grains, maïs et patates. Il y a dans les montagnes plusieurs forts construits à l'effet de contenir les Indiens. La capitale, *Tarma*, a de riches manufactures de laine. La seconde ville est Guanuco.

4°. Le gouvernement de Cusco ; on y trouve des mines d'or, d'argent, de sel, de salpêtre, du coton, du sucre, du quinquina, des baumes. La capitale, qui se nomme aussi *Cusco*, est grande et commerçante ; elle a 40,000 habitans. Dans le même gouvernement se trouve la ville de Guamanca.

LE PARAGUAY.

Le Paraguay est un grand pays dont l'étendue n'est pas fixée d'une manière bien précise. Il fut découvert en 1516, et tire son nom de la rivière du Paraguay qui le traverse. On le nomme aussi le ROYAUME DE LA PLATA ; il fut long-temps célèbre par les missions qu'y avoient établies les jésuites. Ces religieux, par leur zèle, par ce dévouement que la charité chrétienne peut seule inspirer, étoient parvenus à réunir un nombre considérable d'Indiens encore sauvages et épars dans leurs forêts. D'hommes sans règle et adonnés à toute sorte de vices, ils en avoient fait un peuple civilisé et vertueux. Ils les avoient réunis en bourgades, nommées *doctrines*. Chacune de ces bourgades étoit habitée par une peuplade heureuse où l'on ne connoissoit ni besoin ni vice. Un

religieux, sous le nom de *père*, gouvernoit chacune de ces peuplades, et n'y commandoit que pour l'avantage de ceux qui lui étoient assujettis. Tout le monde travailloit, tout étoit réglé comme dans un monastère. Ces Sauvages étoient devenus bons agriculteurs, et même bons guerriers. Point de querelle parmi eux : tout étoit mis en commun, et on pourvoyoit aux besoins de tous. On avoit pris soin qu'ils n'eussent aucune communication avec les Espagnols, pour les conserver dans la pureté de l'institution. Rien peut-être depuis les temps apostoliques, n'avoit été plus parfait comme peuplade religieuse ; rien n'avoit jamais été plus sage comme peuplade politique. Cependant ces établissemens, infiniment supérieurs à tous ceux qu'avoient jamais formés les législateurs les plus célèbres, furent calomniés. Ils sont aujourd'hui rentrés dans l'ordre commun, où sans doute ils ont pris les vices et contracté les besoins des associations politiques.

Le territoire du Paraguay a 600 lieues de long sur 400 de large. Le climat y est chaud, mais sain, le sol fertile et arrosé par de belles rivières. Ce pays réunit toutes les productions de l'Amérique méridionale, a les mêmes animaux et possède les mêmes richesses minérales.

Le Paraguay se compose de deux grandes parties, subdivisées en dix gouvernemens.

La première est la partie nord-ouest du Pérou, qui lui a été réunie ; les Cordilières la traversent du N. au S. Elle produit des légumes et des fruits en quantité, du cacao, de la vanille, de la cannelle, du coton, du tabac, du quinquina et des bois utiles ou précieux. Elle nourrit des chevaux, des bestiaux, du gibier. Il y a beaucoup de mines très-riches. Les gouvernemens sont au nombre de six ; savoir :

1°. Le POTOSI ; il est fameux par ses mines d'argent et de mercure, dont il se fait un grand commerce dans la capitale, appelée aussi *Potosi*. Le territoire est stérile.

2°. Le PUNO ; il a pour capitale Lipez, où se fabrique de la poudre à canon. La seconde ville est Atacama.

3°. SANTA-CRUX DE LA SIERRA ; sa capitale porte le même nom ; il y a en outre quelques bourgades d'Indiens chrétiens.

4°. La PLATA ; sa capitale, située près de la rivière de même nom, est très-riche en mines d'argent.

5°. MOXOS ; ce gouvernement est très-étendu ; l'air y est chaud et humide, et le sol très-fertile. On y trouve toutes les productions de ces contrées, telles que sucre, cacao, coton, quinquina, &c. Ses vastes forêts sont peuplées de tigres, d'ours, de sangliers, &c.

6°. CHIQUITOS ; il est habité par des Indiens et fournit beaucoup de miel et de cire.

La seconde partie est le PARAGUAY proprement dit : on le divise en quatre gouvernemens ; savoir :

1°. Le PARAGUAY, qui comprenoit les missions ; il fournit des grains, des fruits, des plantes médicinales, des légumes, du sucre, du coton, du tabac; il nourrit des chevaux, des bestiaux, du gibier, de la volaille, les eaux y sont poissonneuses. Ses villes sont l'Assomption capitale, et Ciudad-Réal.

2°. Le TUCUMAN; on y élève un très-grand nombre de bestiaux, de mules et de chevaux; il abonde en toutes sortes de grains et de fruits; le sol y est fertile et bien arrosé: on y fait du vin. Les forêts renferment du bois de campêche, du buis, du gayac, des pins, des noyers et des palmiers. Le gibier et les mouches à miel y sont en grande quantité. Les villes sont Sant-Iago capitale, San-Miguel et Cordova.

3°. BUENOS-AYRES porte ce nom, ainsi que sa capitale, à cause de la salubrité de l'air et de la beauté de sa position: ce pays produit du coton, de l'herbe du Paraguay ou psoralier glanduleux, puissant vermifuge. On y élève beaucoup de mules. Les autres villes sont Santa-Fé sur la Plata, l'Assomption sur une rivière de ce nom, &c.

4°. MONTE-VIDEO, à l'E. du gouvernement de Buenos-Ayres; il est presque inculte. La capitale, nommée aussi *Monte-Video*, est bien fortifiée; elle fait commerce de bestiaux et de cuirs.

LE CHILI.

Ce pays fut découvert vers 1525 par dom Diègue d'Almagre. Il s'étend le long de la mer du Sud. On lui donne 22,890 lieues carrées. Il n'y a néanmoins qu'un petit nombre d'habitans, lesquels sont Espagnols, Indiens et métis. Les Péruviens en firent autrefois la conquête, aidés par les Espagnols, auxquels il resta après la ruine des conquérans. Le climat y est doux et sain, et le territoire extrêmement fertile; il produit toute sorte de grains et tous les fruits du tropique. On y trouve des mines abondantes, des chevaux, des bestiaux, du gibier et des tortues. Ses rivières roulent de l'or et sont très-poissonneuses.

On divise le Chili en quatre gouvernemens; savoir:

1°. SANT-IAGO; il renferme des mines d'or, d'argent, de plomb, de cuivre, d'étain; on y élève une grande quantité de vers à soie et de chevaux. La capitale du même nom l'est aussi de tout le Chili; elle fut détruite par un tremblement de terre et rebâtie en briques cuites au soleil. Le capitaine-général y réside. Elle fait un grand commerce de quincaillerie. Les autres villes sont Valparaiso, qui commerce en blé; Coquimbo, qui trafique en vins, huile, savon, chevaux, bestiaux et cuirs.

2°. La CONCEPTION; ce gouvernement produit des grains, du sel et des cuirs. La capitale, nommée aussi la *Conception*, est vaste; les maisons y sont basses, à cause des tremblemens de terre.

3°. BALDIVIA; ce gouvernement renferme des mines d'or et de vastes forêts bien fournies de bois de construction. Le sol y est fertile. La capitale de même nom a un bon port bien fortifié.

4°. L'île de CHILOÉ; elle a 40 lieues de long sur 10 de large; les pluies y sont continuelles et détruisent souvent la récolte des grains, des lins et des chanvres qu'on y cultive. Il y a des mines d'or; les moutons fournissent la meilleure laine du Chili; ses forêts fournissent d'excellent bois de construction; elles sont remplies de sangliers, dont on fait d'excellens jambons, objet d'un commerce considérable. Chiloé est entourée d'un grand nombre d'autres îles. Sa capitale est Castro.

LES TERRES MAGELLANIQUES.

Cette contrée appelée originairement CHIQUA, se nomme aussi le PAYS DES PATAGONS, nom des peuples qui l'habitent. Elle forme la pointe la plus méridionale de l'Amérique. Les Espagnols regardent ce pays comme une dépendance du Chili; mais l'intérieur n'en est point connu. Il fut découvert en 1520 par Ferdinand Maghellaens, que nous nommons Magellan. Cet illustre navigateur le côtoya et découvrit le détroit qui porte son nom. Les Patagons, habitans de cette contrée, vivent de pêche et de chasse. Ils sont d'une haute taille, et furent pris d'abord pour des géans. On est revenu aujourd'hui de cette exagération. Bougainville, qui eut une entrevue avec eux, n'en trouva pas dont la taille fût au-dessous de 5 pieds 5 à 6 pouces, ni au-dessus de 5 pieds 9 à 10 pouces. Ils paroissent doux et sociables, sont presque toujours à cheval, n'ont point de maisons et campent à la manière des Tartares. Des peaux de bêtes leur servent de vêtemens. Le climat de ce pays est tempéré; le sol est fertile, mais il n'y a pas de culture. On y trouve des bœufs et des chevaux dans l'état sauvage, et beaucoup d'autres animaux de plusieurs espèces.

LES ILES DE L'AMÉRIQUE MÉRIDIONALE.

De ces îles les unes sont dans l'océan Atlantique et les autres dans l'océan Pacifique. Les premières sont celles de

FERNANDO-DE-NORONHA; elle appartient aux Portugais; ils y ont bâti un fort: cette île, dont le gouvernement espagnol a fait un lieu d'exil, est habitée par des métis et par des Indiens. On n'y vit que de tortues ou de denrées apportées du continent, parce que la terre, quoique bonne, n'y est point fertilisée par les pluies. On y trouve une grande quantité de plantes anti-scorbutiques.

Les MALOUINES ou îles FALKLAND; elles sont couvertes de lacs et d'étangs, et le terrain y est très-humide: on s'y chauffe avec de la tourbe.

tourbe. Les côtes sont poissonneuses et couvertes d'oiseaux aquatiques. Il paroit qu'elles furent découvertes par Americ Vespuce. Bougainville, en 1764, y fit un établissement pour la France, qui les céda aux Espagnols en 1767. Elles seroient propres à servir de relâche aux vaisseaux qui font le voyage de la mer du Sud par l'ouest. Le nom d'îles Falkland leur fut donné par les Anglais, qui prétendent y avoir des droits.

La Terre de Feu, *Terra del Fuego* ; elle reçut ce nom de Magellan, qui y apperçut un grand feu lorsqu'il la découvrit. Son étendue est de 130 lieues de long sur 80 de large, en y comprenant tous les îlots dont on ne connoit pas les passes. Elle est couverte de hautes montagnes glacées, dont quelques-unes sont probablement volcaniques. Des nations sauvages mènent une vie errante et misérable dans ces déserts.

La Terre des Etats ; elle est au S. de la Terre de Feu ; mais point assez connue pour qu'on puisse décider si elle est seule ou bien si c'est un groupe d'îles. Elle fut découverte en 1616 par Jacques Le Maire, qui donna son nom au détroit qui la sépare de la Terre de Feu. Elle est habitée par des peuples sauvages.

L'île du Roi-George ; elle est stérile et sans habitans.

La Terre de Sandwich ; on croit que c'est un groupe de plusieurs îles ; leur aspect offre aux navigateurs de hautes montagnes couvertes de neige et de glaces. On les croit inhabitées.

Les îles de l'océan Pacifique sont celles de

Gallapagos ou Galapa ; ce groupe d'îles de peu d'étendue est sous la ligne. Il est inhabité et rempli de tortues.

Saint-Ambroise et Saint-Félix ; elles n'ont point d'habitans.

Juan-Fernandez ; elle est nommée ainsi de Juan Fernando qui la découvrit. Elle servit de relâche à l'amiral Anson dans son voyage autour du monde, et il en fait une description charmante. C'est cette île qui a donné lieu au roman de Robinson Crusoé. On raconte qu'un nommé Alexandre Selkirk, écossais, fut abandonné dans cette île par son capitaine, et que revenu en Angleterre long-temps après, il fournit quelques mémoires à Daniel de Foë, qui des récits de Selkirk et de ce que son imagination y ajouta, composa l'histoire de Robinson telle qu'on la connoit.

L'île de Juan-Fernandez est couverte d'une verdure éternelle ; l'eau y est bonne, et le port en est sûr.

Telle est l'esquisse que nous nous proposions de tracer du tableau général de la terre que nous habitons. Nous avons essayé de donner une idée de ce qu'on a pu en connoître jusqu'ici. Il reste encore de vastes contrées à parcourir dans l'intérieur de l'Afrique, et probablement des îles à découvrir dans le vaste Océan, sur-tout vers les points du globe où l'intérêt n'a pas conduit les navigateurs.

Nous avons tâché de mettre dans les descriptions que nous avons faites des lieux et des mœurs, toute l'impartialité et l'exactitude dont nous pouvons être capables. On voudra bien se souvenir au reste que nous n'avons prétendu donner qu'un court abrégé des connoissances géographiques.

FIN.

A PARIS, DE L'IMPRIMERIE DE CRAPELET, RUE DE LA HARPE, N° 19.

Z

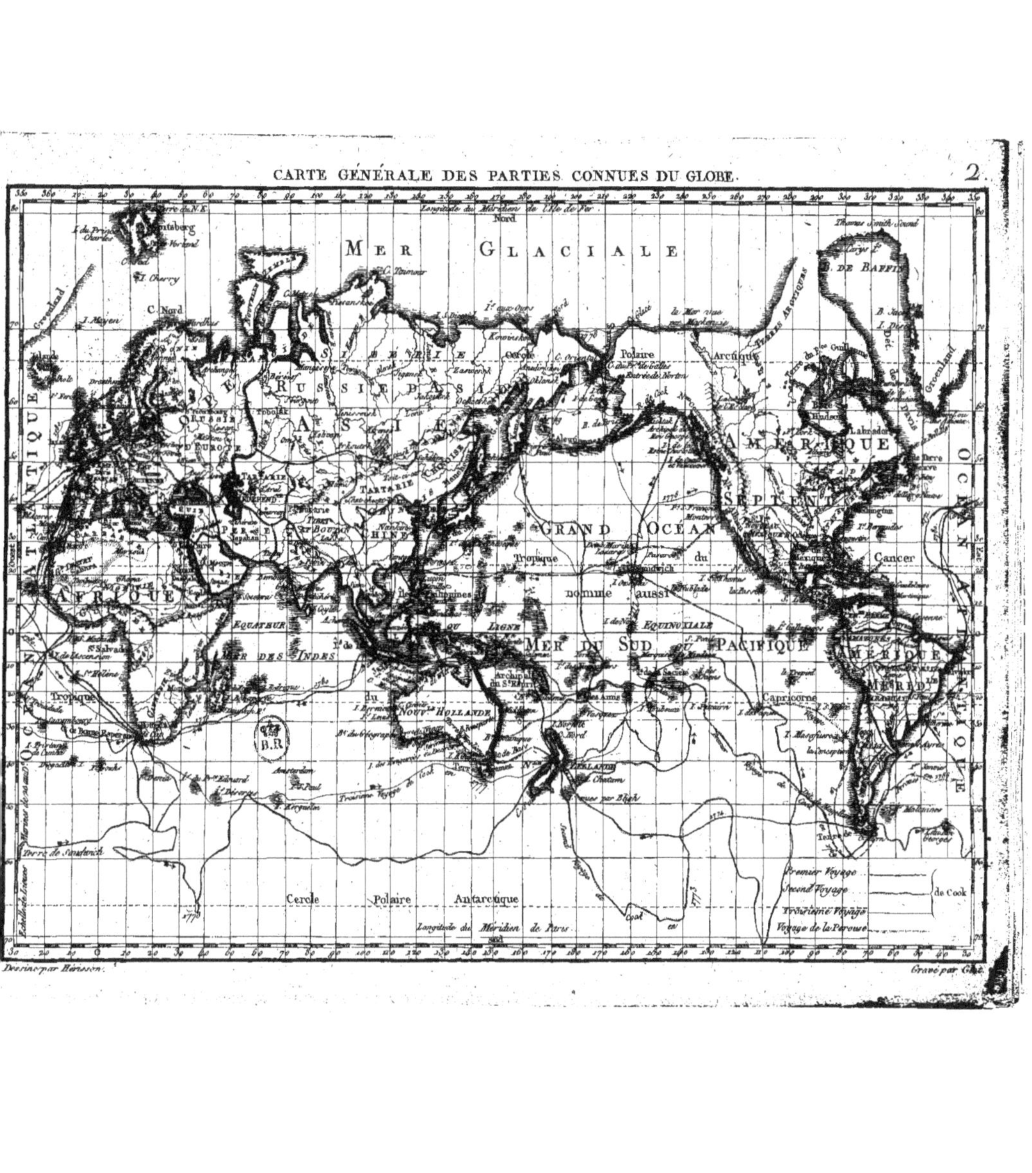

MER GLACIALE
Longitude du Méridien de l'Ile de Fer
Nord
GRAND OCÉAN
nommé aussi
PACIFIQUE
MER DU SUD
MER DES INDES
OCÉAN ATLANTIQUE
AFRIQUE
ASIE
RUSSIE D'ASIE
SIBÉRIE
TARTARIE
CHINE
PERSE
RUSSIE D'EUROPE
AMÉRIQUE
SEPTENTRIONALE
AMÉRIQUE
MÉRIDIONALE
NOUVELLE HOLLANDE
Tropique du Cancer
Tropique du Capricorne
Équateur ou Ligne Équinoxiale
Cercle Polaire Antarctique
Longitude du Méridien de Paris
Sud
B. DE BAFFIN
Groenland
Premier Voyage
Second Voyage
Troisième Voyage
Voyage de la Pérouse
de Cook
Dessiné par Hérisson.
Gravé par Giraldon.

Dessiné par Hérisson.
Glob. Sc. 2.
LE MONDE CONNU DES ANCIENS.
Nord
Sud
Est
Ouest
MER ATLANTIQUE
OCÉAN ÉTHIOPIEN
AFRIQUE
EUROPE
ASIE
ARABIE
INDE
LIBYE
NIGRITIE
ÉTHIOPIE INTÉRIEURE
SÉRIQUE
SINES
MER ÉRYTHRÉE
MER DES INDES
MER PRASODES
Tropique du Cancer
Équateur
Ligne Équinoxiale
Arctique
Desert de la Lybie Indre.
Pont Euxin
Ophir
Agisymba
Golfe de Barbarie
Taprobana I.
Longitude du Méridien de Paris
Longitude du Méridien de l'Isle de Fer.

LE MONDE ROMAIN
OCÉAN OCCIDENTALE
Nord
HIBERNIE
BRETAGNE
CALÉDONIE
OCÉAN
GAULE
BELGIQUE
Lyonnoise
AQUITAINE
NARBON.
GERMANIE
SAXONS
VANDALES
GUTES
LUGII
SARMATIE
DACIE
PONT EUXIN
BASTARNES
ROXOLANS
AMAZONES
ALANI
MER CASPIENNE
IBÉRIE
ARMÉNIE MAJ.
ASIE MINEURE
BITHYNIE
GALATIE
ESPAGNE
BÉTIQUE
OCÉAN ATLANTIQUE
MER MÉDITERRANÉE
MER ADRIATIQUE
ITALIE
SARDAIGNE
SICILE
ÉPIRE
MACÉDOINE
GRÈCE
CRÈTE
MAURITANIE Césarienne
MAURITANIE Tingitane
NUMIDIE
GÉTULIE
Tripolitaine
Cyrénaïque
Nasamones
Marmarique
LIBYE
ÉGYPTE
ARABIE DÉSERTE
ARABIE HEUREUSE
PALMIRE
Ouest
Est
Sud
Tropique du Cancer
Tropique du Cancer
Longitude du Méridien de Paris

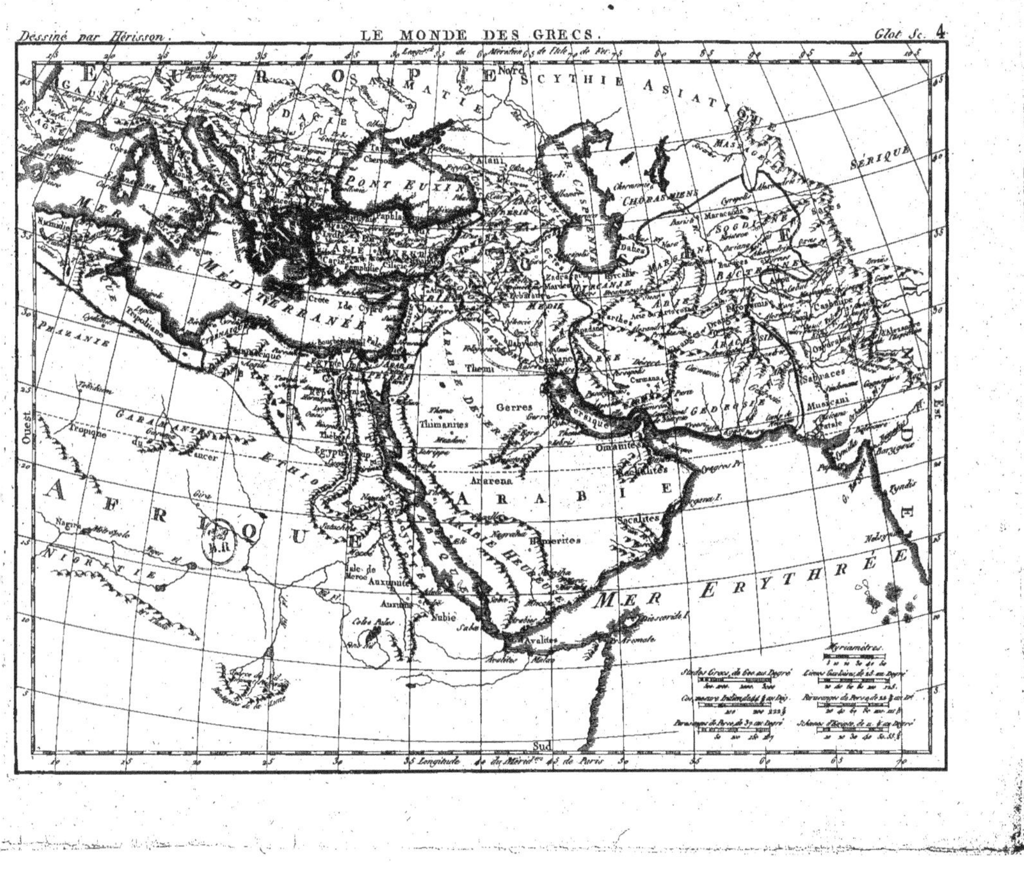
EUROPE
GAULE
ESPAGNE
DACIE
SARMATIE
PONT EUXIN
SCYTHIE ASIATIQUE
SÉRIQUE
MASSAGETES
CHORASMIENS
SOGDIANE
BACTRIANE
HYRCANIE
MARGIANE
MÉDIE
ARABIE DESERTE
BABYLONE
PERSE
GÉDROSIE
PERSIQUE
Crète Ide de
MÉDITERRANÉE
MER
CYRENE
PHAZANIE
GARAMANTIQUE
Tropique du Cancer
ÉTHIOPIE
Egypte sup.
Gerres
Thimanites
Gerra
Thema
AFRIQUE
NIGRITIE
Nagara
Ile de Meroe
Auxumites
Ausinu
Nubie
Saba
Avalites
Anarena
ARABIE
ARABIE HEUREUSE
Homerites
Sacalites
Dioscoride I.
Aromata
MER ERYTHRÉE
INDE
Sud
Nord
Ouest
Est
Longitude
du Méridien de l'Isle de Fer
Myriamètres.
Stades Grecs, de 600 au Degré
Lieues Gauloises, de 25 au Degré
Parasanges de Perse
Schoenes d'Egypte
Longitude au Méridien de Paris

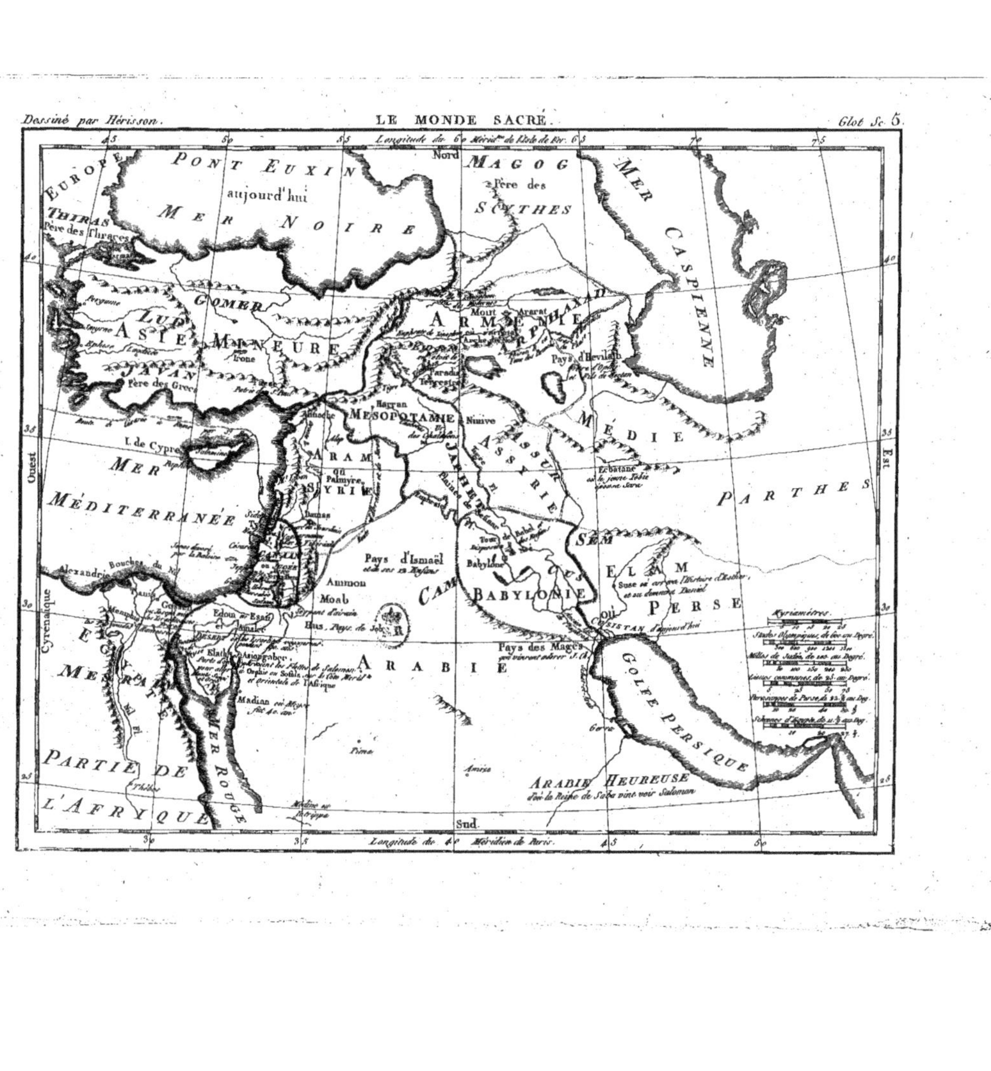

Dessiné par Hérisson.
LE MONDE SACRÉ.
Glot Sc 5.
Longitude du 6e Mérid. de l'Isle de Fer.
Nord
Sud
Longitude du 4e Méridien de Paris.
Ouest
Est
EUROPE
PONT EUXIN aujourd'hui
MER NOIRE
THIRAS
Père des Thraces
MAGOG
Père des SCYTHES
MER CASPIENNE
GOMER
ASIE MINEURE
LUD
JAVAN
Père des Grecs
ARMENIE
Mont Ararat
ARPHAXAD
Pays d'Hevilah
MESOPOTAMIE
Harran
Ninive
MÉDIE
Ecbatane
PARTHES
ARAM
Palmyre
SYRIE
I. de Cypre
MER MÉDITERRANÉE
ASSUR
ASSYRIE
JAHH
SEM
Damas
Pays d'Ismaël
Alexandrie
Bouches du Nil
Ammon
Moab
Edom ou Esaü
CAM
Babylone
BABYLONIE
ELAM
Suse
PERSE
Us, Pays de Job
Pays des Mages
ÉGYPTE
Madian ou Mian
ARABIE
GOLFE PERSIQUE
MER ROUGE
Asiongaber
PARTIE DE L'AFRIQUE
Cyrénaïque
ARABIE HEUREUSE
d'où la Reine de Saba vint voir Salomon
Kyriamètres.

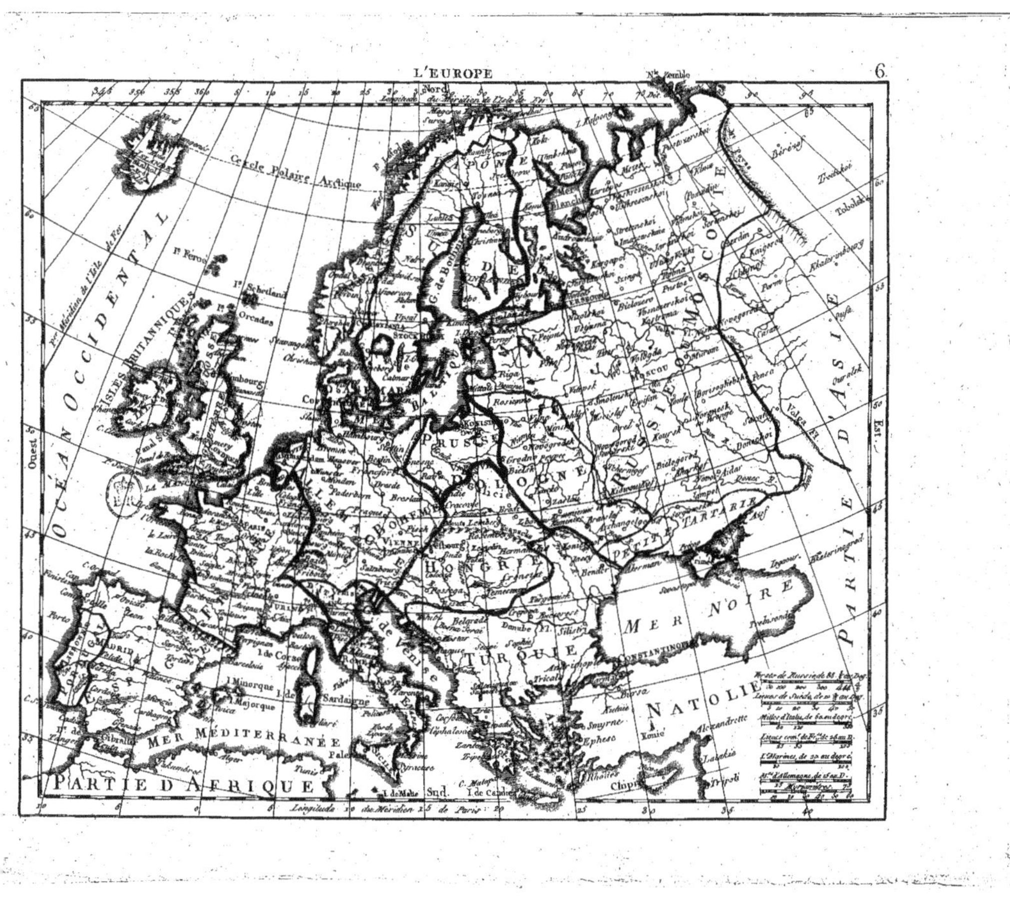
L'EUROPE
Nord
Cercle Polaire Arctique
OCÉAN OCCIDENTAL
ISLES BRITANNIQUES
Pr Méridien de l'Isle de Fer
Ouest
MER BALTIQUE
RUSSIE MOSCOVITE
PARTIE D'ASIE
Est
POLOGNE
PRUSSE
ALLEMAGNE
HONGRIE
VIENNE
PARIS
MADRID
PETITE TARTARIE
MER NOIRE
TURQUIE
CONSTANTINOPLE
NATOLIE
Golfe de Venise
Sardaigne
Minorque
Majorque
MER MÉDITERRANÉE
PARTIE D'AFRIQUE
Sud
Tunis
Longitude du Méridien de Paris

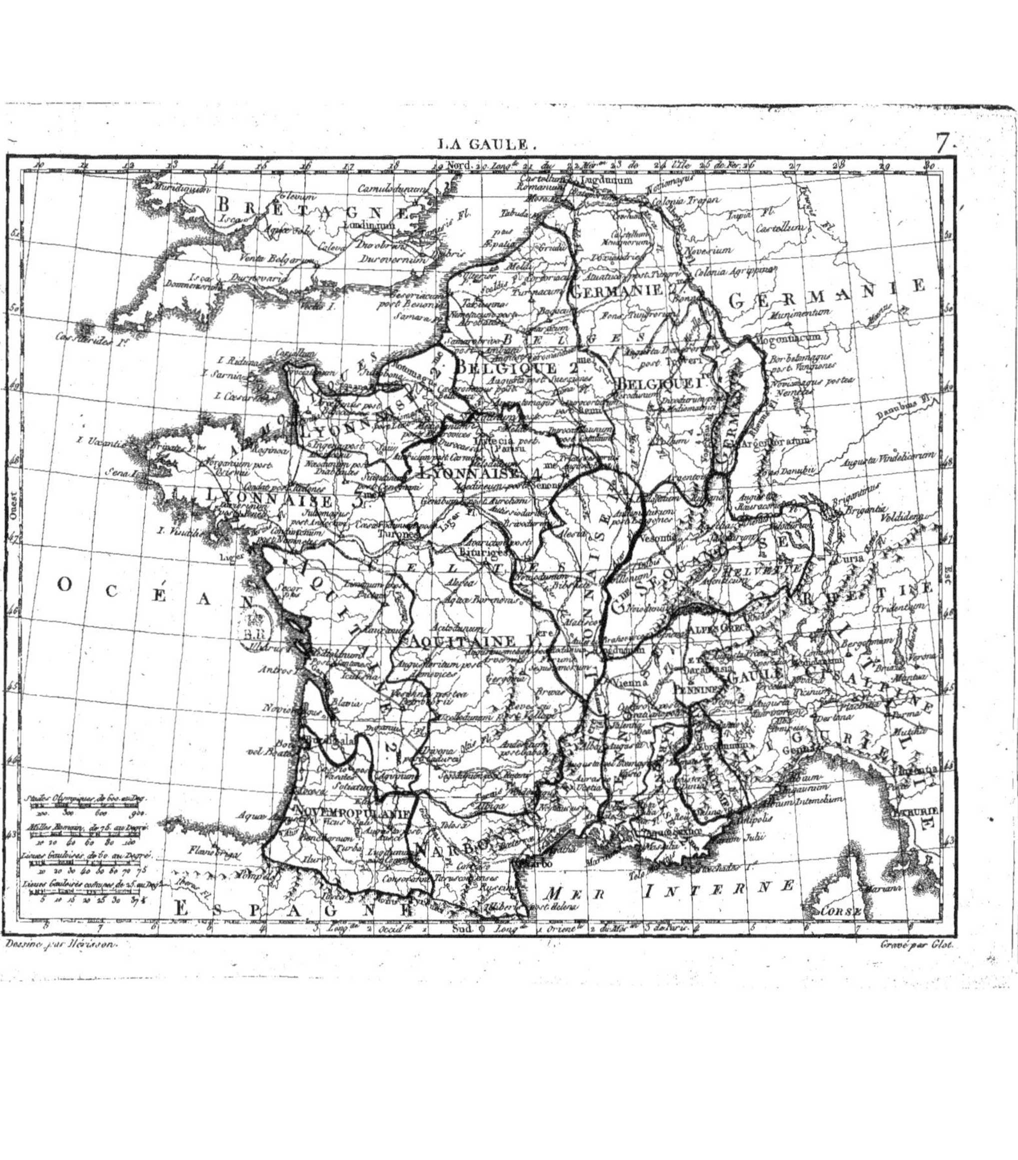
BRETAGNE
GERMANIE 2
GERMANIE
BELGES
BELGIQUE 2
BELGIQUE 1
Mogontiacum
LYONNAISE 2
LYONNAISE 4
LYONNAISE 3
Lutetia parisiorum
Parisii
LYONNAISE
SEQUANOISE
HELVETIE
RHETIENE
AQUITAINE
ALPES GREC.
GAULE CISALPINE
PENNINE
LIGURIE
Lugdunum
Colonia Trajana
Colonia Agrippina
Bituriges
Turones
OCÉAN
NOVEMPOPULANIE
NARBON
ESPAGNE
MER INTERNE
CORSE
ETRURIE
Aquae
Massilia
Nord
Ouest
Est
Sud
Long. Occid.le du Mér. de Paris. Orient.le
Stades Olympiques, de 600 au Deg.
Milles Romains, de 75 au Degré.
Lieues Gauloises de 60 au Degré.
Lieues Gauloises coupées de 25 au Deg.

OCÉAN SEPTENTRIONAL
Longitude 30 de l'Isle 35 de Fer. Nord
MER DU NORD
MER D'ALLEMAGNE
MER BALTIQUE
ISLANDE
I. DE FÉROE
LAPONIE DANOISE
LAPONIE SUEDOISE
LAPONIE RUSSIENNE
RUSSIE D'EUROPE
MER BLANCHE
GOLFE DE BOTHNIE
GOLFE DE FINLANDE
FINLANDE
STOKHOLM
GOTHLAND
Oland
ESTONIE
LIVONIE
COURLANDE
PETERSBOURG
Riga
POLOGNE
PRUSSE
ALLEMAGNE
Dantzik
Konigsberg
ANGLETERRE
ECOSSE
I. Schetland
I. Orcades
C. Dungsby
G. de Muray
Aberdeen
G. de Forth
Newcastel
Whitby
Flamborough
Humber R.
Cercle Polaire Arctique
Ouest
Est
Longitude Est du 15 Méridien de Paris. Sud
Milles de Suéde, de 10 ½ au Degré
Lieues comm.es de France, de 25 au D.é
Lieues Marines, de 20 au Deg.é
Lieues de Danemarck, de 15 au Deg.é
Myriametres

Nord. 50 Longitude 55 du Méridien 60 de l'Isle de 65 Fer. 70 75
MER GLACIALE
NLE ZEMBLE
Mer de Karskoe
I. Bites
Det. de Waygatz
Kurskoe
Nord Cap
Survoé I.
Wardhus
Enara
LAPONIE RUSSIENNE
B.R.
Kola
Kildain
Ponoi au Noss
C. Kanin
Nawaie Kola
Achastrow
Kandalax
Imba
Kuzomen
Mezen
GOUVERNEMENT D'ARCHANGEL
Torneo
Carta
Uleå
MER BLANCHE
Zatolesa
Solowetskoi
Ponoura
ARCHANGEL
Cholmagory
Kewrol
Lamplekoi
Kurskoi
Troichoi
Ola
Ebna
Pinega
Peczora
GOUVTE DE VOLOGDA
Wasiljewa
Uspenskoi
Wilenskoi
R. Wologda
Pomeria
Wisterskoi
Ocnewa B.
Lamwa
Nikola Silenskoi
Ust Waszkoi
Iarenski
Pyndinskoi
Sangareskoi
GOUVTE D'USPIUG
Pinuga
PERMIA
Enidor
Pyduzi
Pesma
Kajaua
GOLFE DE FINLANDE
Wilma
Lac Ladoga
Kargopol
Pyndinskoi
Piluchki
Grola
Kaigrod
PROVINCE DE VIATKA
Nicolskoi
Perm
Kungur
Finlande
INGRIE
GOUVTE DE NOVGOROD
Archangelskoi
Kologrew
Troichoi
Chlynow
ou Viatka
Polpjesew
Perm
RIGA
Wenden
YAROSLAW
KOSTROMA
Orlow
VIATKA
DE CASAN
Miednik
Brätian
Walki
NIJNOI NOVGOROD
Murom
Montelinshoi
Ouest
Est
RUSSIE D'ASIE
Golfe de Bothnie
Golfe de Finlande
Sud
25 30 Longitude du Méridien 35 de Paris 40 45 50 55

LA RUSSIE 2.ᵐᵉ FEUILLE.
Longitude du 3.ᵉ Méridien de l'Isle de Fer Nord
RUSSIE D'ASIE
PRUSSE
GALICIE
TURQUIE D'EUROPE
NOVOGOROD
KOSTROM
SMOLENSK
LITHUANIE
DE MINSK
PODOLIE
UKRAINE
PETITE TARTARIE
GOUV. DE KIOW
GOUV. D'OREL
SIMBIRSK
GOUV. D'ORENBOURG
SARATOF
PAYS DES COSAQUE DU DON
GOUV. D'ASTRACAN
CAUCASE
CIRCASSIE
Astracan
MER CASPIENNE
MER NOIRE
MER D'AZOF
G.ᵉ DE
Bouches du Danube
Kilia
Akerman
Bender
Iassi
Bachsaisaie
Asof
Koslow
Longitude du Méridien de Paris. Sud
Versts de Russie.
Lieues communes de France.
Lieues Marines.
Myriamètres.

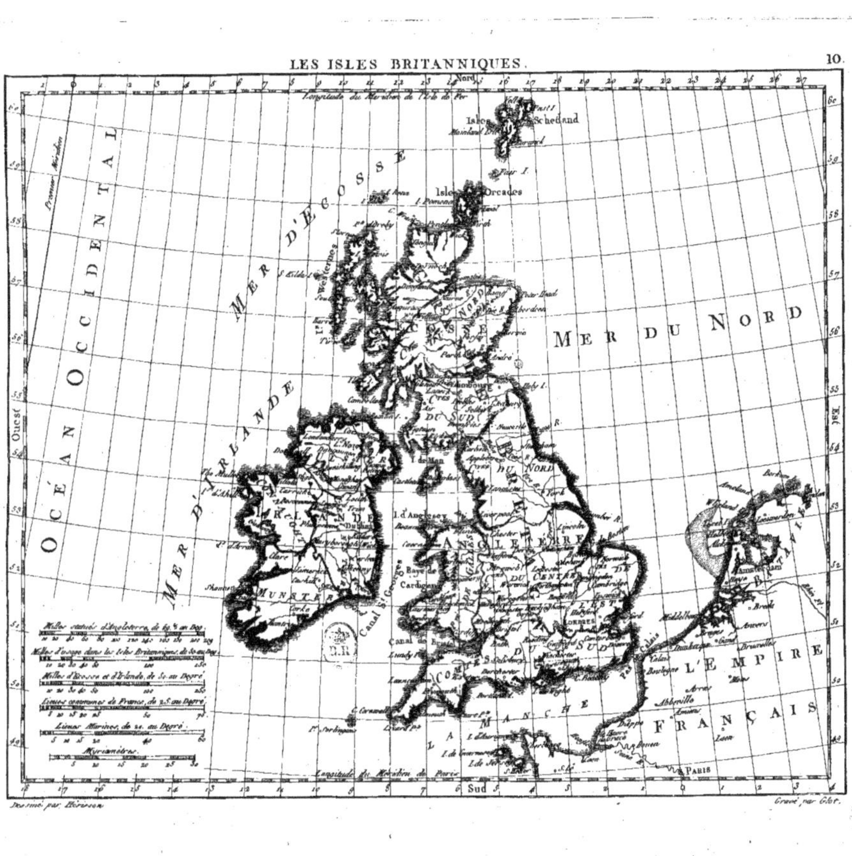
OCÉAN OCCIDENTAL
MER D'ÉCOSSE
MER DU NORD
MER D'IRLANDE
ANGLETERRE
IRLANDE
MANCHE
L'EMPIRE FRANÇAIS
Isles Schetland
Isles Orcades
MUNSTER
Nord
Sud
Ouest
Est
Dessiné par Thierceon
Gravé par Giet.

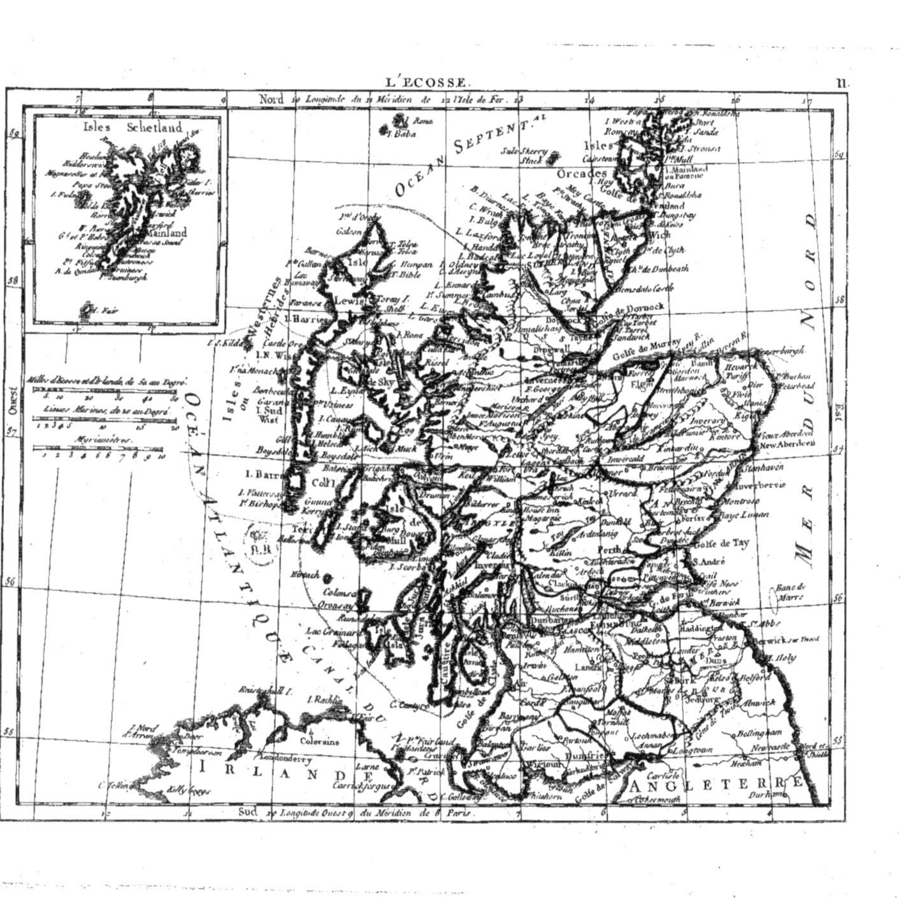
Isles Schetland
Mainland
Isles Orcades
OCÉAN SEPTENTAL
OCÉAN ATLANTIQUE
MER DU NORD
CANAL DU NORD
Isles Westernes ou Hébrides
Lewis
Harris
Isle de Sky
I. Barra
Col I.
Golfe de Murray
Golfe de Tay
Banc de Marrs
IRLANDE
ANGLETERRE
Dumfries
Londonderry
Nord
Sud
Ouest
Est
Milles d'Ecosse et d'Irlande, de 60 au Degré
Lieues Marines, de 20 au Degré
Myriamètre

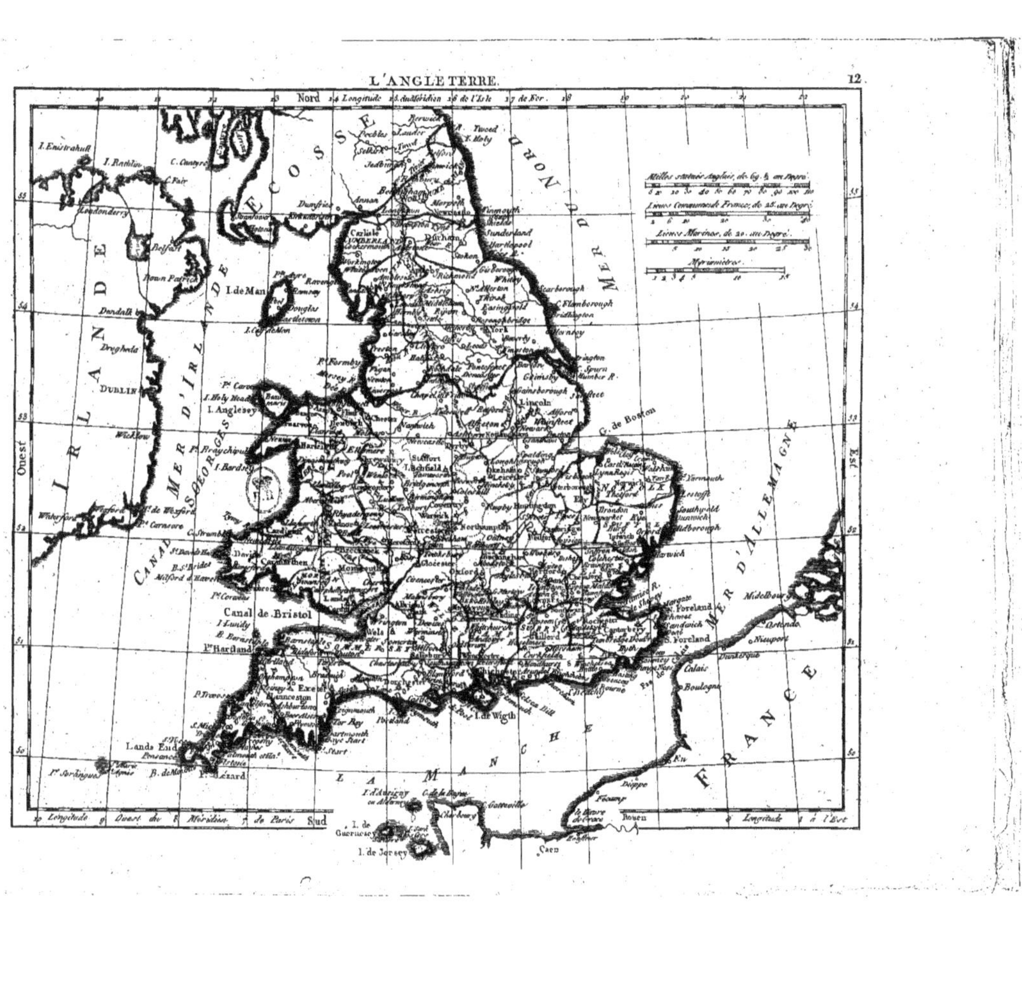
L'ANGLE TERRE.
ECOSSE
IRLANDE
MER D'IRLANDE
MER DU NORD
MER D'ALLEMAGNE
FRANCE
LA MANCHE
CANAL St. GEORGES
Canal de Bristol
DUBLIN
Londonderry
Belfast
I. de Man
I. Anglesey
Lands End
Penzance
Lincoln
G. de Boston
York
Yarmouth
Calais
Boulogne
Dieppe
Rouen
Caen
I. de Guernesey
I. de Jersey
I. de Wight
Ouest
Est
Nord
Sud
Longitude Occidentale de Paris
Longitude à l'Est

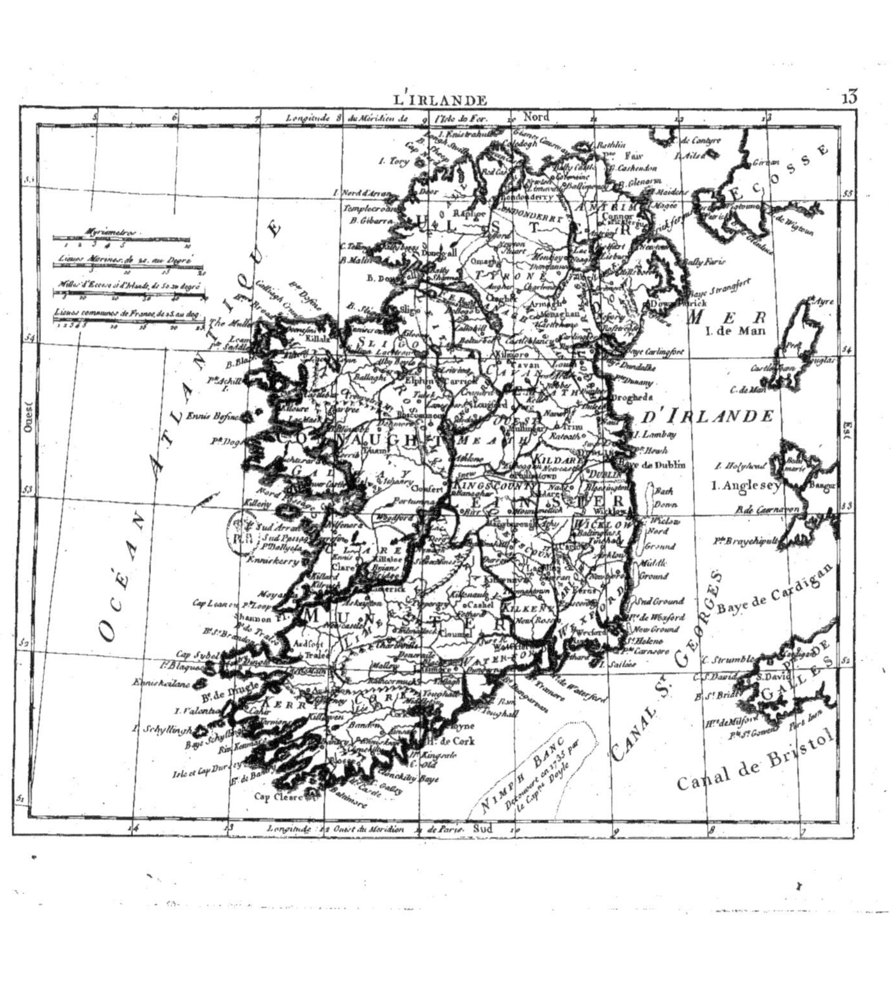
ECOSSE
OCÉAN ATLANTIQUE
MER D'IRLANDE
I. de Man
I. Anglesey
CANAL St. GEORGES
Baye de Cardigan
PAYS DE GALLES
Canal de Bristol
ULSTER
TYRONE
ANTRIM
LONDONDERRY
CONNAUGHT
SLIGO
MEATH
KILDARE
KINGS COUNTY
LEINSTER
WICKLOW
CLARE
MUNSTER
LIMERICK
KILKENNY
WATERFORD
KERRY
CORK
DUBLIN
Baye de Dublin
Drogheda
Dundalk
Carlingfort
Waterford
Cap Cleare
NIMPH BANC
Découvert en 1775 par
le Capne Doyle
Longitude Ouest du Méridien de Paris   Sud
Longitude du Méridien de l'Isle de Fer   Nord
Ouest   Est
Myriametres
Lieues Marines, de 20. au Degré
Milles d'Ecosse et d'Irlande, de 60 au degré
Lieues communes de France, de 25 au deg.

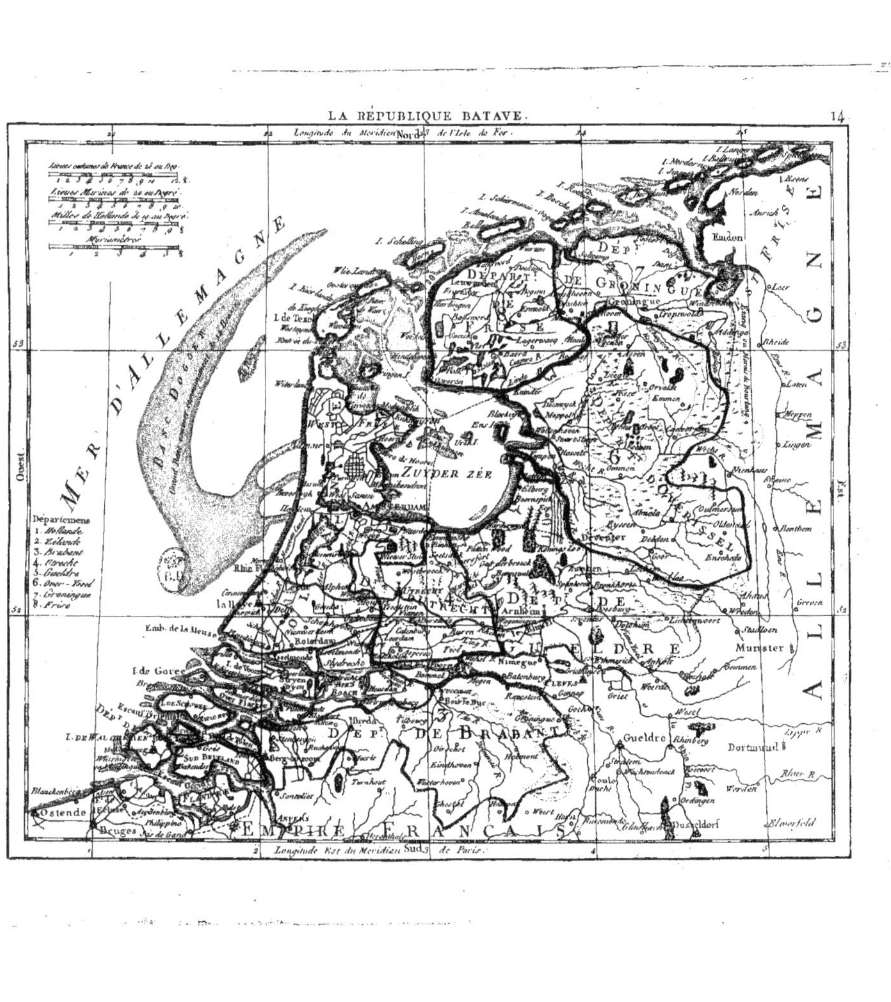
Longitude du Meridien Nord de l'Isle de Fer.
Lieues communes de France de 25 au Degré
Lieues Marines de 20 au Degré
Milles de Hollande de 15 au Degré
Myriamètres
Départemens
1. Hollande
2. Zélande
3. Brabant
4. Utrecht
5. Gueldre
6. Over-Yssel
7. Groningue
8. Frise
MER D'ALLEMAGNE
Ouest
ALLEMAGNE
Est
ZUYDER ZÉE
DÉP.T DE GRONINGUE
Groningue
DÉPART. DE FRISE
FRISE
GUELDRE
Munster
Arnhem
DÉP.T D'UTRECHT
DÉP. DE BRABANT
Breda
Bois-le-Duc
Ostende
Bruges
EMPIRE FRANÇAIS
Longitude Est du Meridien Sud de Paris.
I. de Texel
I. Schelling
I. de Gorée
Emb. de la Meuse
Rotterdam
Amsterdam
Deventer
Gueldre
Rhinberg
Wesel
Dusseldorf
Dortmund
Rheine
Lingen
Meppen
Eindhoven
Tilbourg
Turnhout
Anvers

ANGLETERRE
LA MANCHE
ALLEMAGNE
FLANDRE
PAYS BAS
PICARDIE
ISLE DE FRANCE
LORRAINE
CHAMPAGNE
NORMANDIE
BRETAGNE
MAINE
ORLEANOIS
BERRY
SUISSE
OCÉAN
POITOU
MARCHE
BOURBONOIS
LIMOSIN
AUVERGNE
ANGOUMOIS
SANTONGE
SAVOIE
PIEMONT
GUIENNE
DAUPHINÉ
GASCOGNE
PROVENCE
Bordeaux
Marseille
Toulon
Golfe de Lyon
ROUSSILLON
MER MÉDITERANÉE
Pyrenées
Monts
Pampelune
ESPAGNE
CORSE
Longitude Ouest de Paris.
Longitude Est de Paris.

MER DU NORD
LA MANCHE
ANGLETERRE
OCÉAN
ESPAGNE
MER MÉDITERRANÉE
GOLFE DE LYON
I. DE CORSE
SARDAIGNE I.
HELVÉTIE
ÉTATS DE L'ÉGLISE
ETRURIE
Ouest
Est
Nord
Sud
Barcelone
Bilbao
Saragosse
Pampelune
Ajaccio
Bonifacio
Cassel
Prague
Budissen
Leipsick
Munich
Strasbourg
Berne
Zurich
Ulm
Nuremberg
Ratisbonne
Dessiné par Herisson

Longitude du Méridien de l'Isle de Fer
Nord
Hakerford
Carmarthen
Langharn
Pembroke
S. Branscw
Urk
Neath
Bridgend
Landaff
Cardiff
Monmouth
Gloicester
Cirencester
Berkeley
Bristol
Bath
Bauwet
Wels
Bridgwater
Ambresbury
Ivelchester
Salisbury
Dunkton
Tewksbury
Chip Norton
Oxford
Abingdon
Walingsford
Newbury
Malborough
Chippenham
Basingstoke
Stokbridg
Winchester
Horsham
Buckingham
Luton
High Wycombe
Reading
Windsor
Ewell
Guilfort
Midhurst
Arundel
Hitching
Walden
Hertford
Chelmsford
Brentwood
LONDRES
Bromley
Graessend
Maidstone
Tunbridge
Grinsted
Rie
Lewis
Saffron
Ipswich
Colchester
Maldon
Leugh
Tamise R.
Queenboro
Rochester
Cantorbery
Douvres
Hith
New Romney
Hastings
Pevensa
Harwich
Margate
Thanet
Sandwich
Beachy Head
Boulogne
Dovre
CANAL DE BRISTOL
Lundy I.
Combmartin
Barnstaple
Hartland
Bideford
Tarrington
Chimligh
Tiveton
Exeter
Lime
Charmouth
Bridport
Corfe
Newport
Yarmouth
Sandown
I. de Wight
Pt. Portland
Plymouth
Southampton
Lymington
Chichester
Portham
Pt. Cornaval
Cap Cornaval
Penzance
Falmouth
Truro
Dartmouth
Salcomb
Eddistone
Pt. Start
Pt. Lizard
ANGLETERRE
Launceston
Topsham
Newton
Abbotton
Dartmouth
Torbay
EXPLICATION DES SIGNES.
Préfectures.
Sous-Préfectures.
Archevêchés.
Evêchés.
Chefs-lieux des Anciennes Métairies
Chefs-lieux des Cohortes de la Légion d'honneur
Chefs-lieux des Sénatoreries
Préfectures Maritimes.
LA MANCHE
I. de Grenesey
ou Guernesey
I. de Jersey
I. d'Aurigny
Vauville
le Wal
Gros Net
Herms
Cers
C. de la Hague
Cherbourg
C. de Gatteville
Barfleur
Montebourg
Valognes
Montivilliers
le Havre
HonfIeur
Pt. l'Evêque
Trouville
Dieppe
Fécamp
Yvetot
Bolbec
ROUEN
SEINE INFÉRIEURE
Bayeux
St. Lo
Coutances
Granville
Avranches
Vire
Falaise
Argentan
Almeneche
DU CALVADOS
Bernay
DE L'EURE
Louviers
Les Andelys
EVREUX
Ouest
Est
Ouessant
I. de Bas
I. de Brehat
Aberwrac
Lannion
Morlaix
Landernau
St. Pol
Brest
Landerneau
Guingamp
S. Brieux
Dinan
St. Malo
Paimpol
FINISTERRE
CÔTES DU NORD
ILLE ET VILAINE
RENNES
Montfort
Vitre
MAYENNE
Mayenne
Laval
SARTHE
ALENÇON
DE L'ORNE
Domfront
Mortagne
L'EURE ET LOIR
CHARTRES
Nogent
Chateaulin
Douarnenez
Pont l'Abbé
Quimper
Loudeac
Ploermel
Longitude Ouest du Méridien de Paris.
Sud

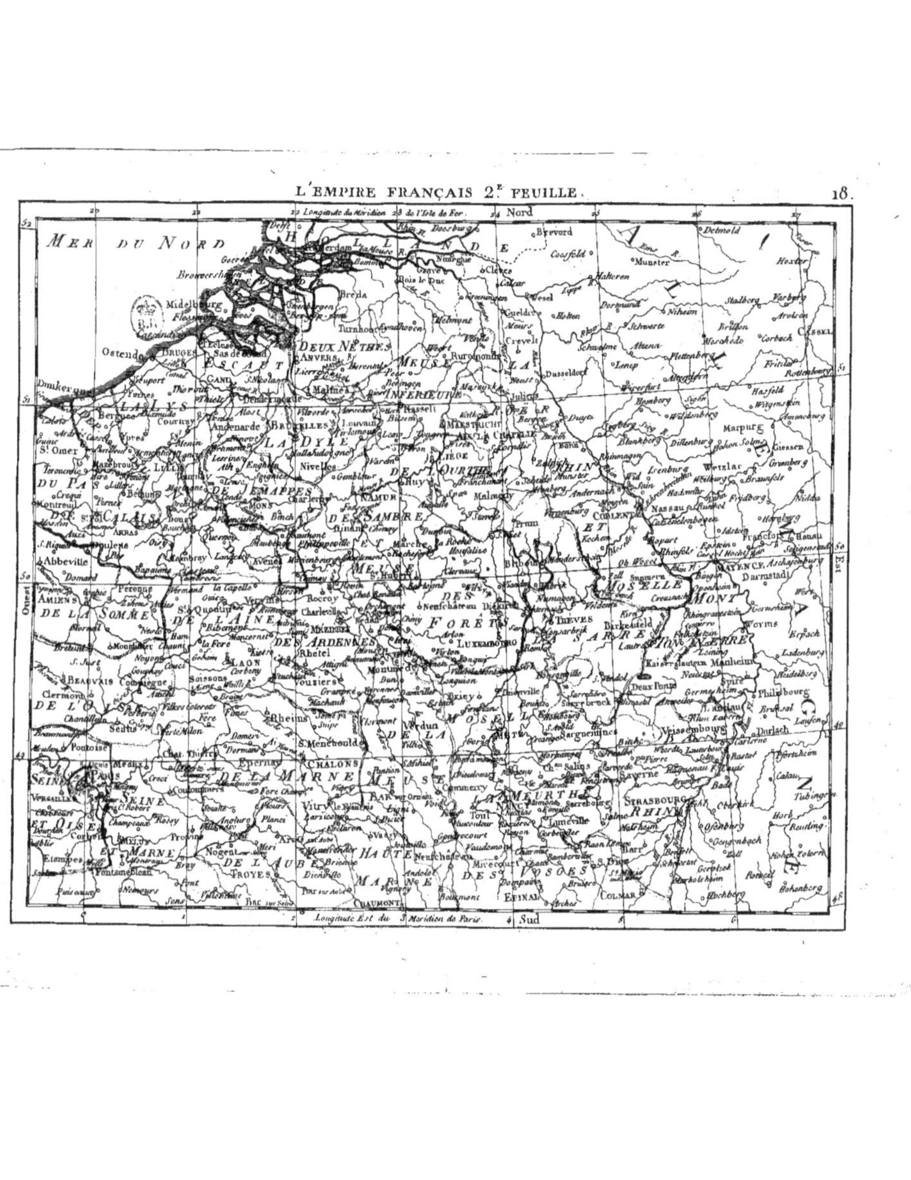

MER DU NORD
HOLLANDE
Detmold
Hoxter
Munster
Coesfeld
Cleves
Calcar
Wesel
Bois le Duc
Breda
Midelbourg
Ostende
BRUGES
Dunkerque
GAND
DEUX NETHES
ANVERS
MEUSE
INFERIEURE
Ruremonde
Dusseldorf
Marpurg
DE LA LYS
BRUXELLES
Louvain
Maestricht
DE LA DYLE
LIEGE
DE L'OURTHE
Nassau
COBLENTZ
St Omer
LILLE
DE JEMAPPES
NAMUR
DE LA SAMBRE
MONS
Charleroi
Dinant
DU PAS
DE Sᵗᵉ CALAIS
ARRAS
Francfort
Abbeville
MAYENCE
Darmstadt
DE LA SOMME
AMIENS
St Quentin
Charleville
DE L'AISNE
Rhetel
DES ARDENNES
FORETS
LUXEMBOURG
TREVES
MOSELLE
MONT
DE LA SARRE
TONNERRE
LAON
Soissons
Vouziers
MOSELLE
METZ
Mannheim
Deux Ponts
DE L'OISE
Rheims
Verdun
DE LA MEUSE
Pontoise
Strasbourg
CHALONS
DE LA MARNE
BAR
MEURTHE
STRASBOURG
SEINE
SEINE
ET OISE
Versailles
Toul
DU RHIN
ET MARNE
Nogent
HAUTE
Neufchateau
DES VOSGES
TROYES
DE L'AUBE
MARNE
EPINAL
COLMAR
CHAUMONT
Longitude Est du Méridien de Paris.   Sud

Nord Longitude Ouest du Méridien de Paris.
CÔTES DU NORD
FINISTERRE
MORBIHAN
VANNES
QUIMPER
Belle Isle
I. de Noirmoutier
I. Dieu
Sables d'Olonne
LA VENDÉE
OCÉAN
CHARENTE
I. de Ré
la Rochelle
I. d'Oléron
ROCHEFORT
Tour de Cordouan
INFER.
Lesparre
BORDEAUX
LA GIRONDE
LE LOT
LA DORDOGNE
PÉRIGUEUX
CORRÈZE
Brives
H.ᵗᵉ VIENNE
LIMOGES
CHARENTE
ANGOULÊME
DEUX SÈVRES
NIORT
POITIERS
LA HAUTE VIENNE
L'INDRE
CHATEAUROUX
CREUSE
L'INDRE
LOIR ET CHER
BLOIS
CHER
Romorantin
LOCHES
TOURS
SAUMUR
CHINON
MAINE ET LOIRE
ANGERS
NANTES
LOIRE INFER.
la Loire
L'ISLE ET VILAINE
RENNES
MAYENNE
LAVAL
LE MANS
SARTHE
Mamers
EURE ET LOIR
CHARTRES
Fougères
Villaine
ALENÇON
Nogent le Rotrou
Bonneval
Loudéac
Ploërmel
Quiberon
Sud Longitude du Méridien de l'Isle de Fer
Ouest
Est

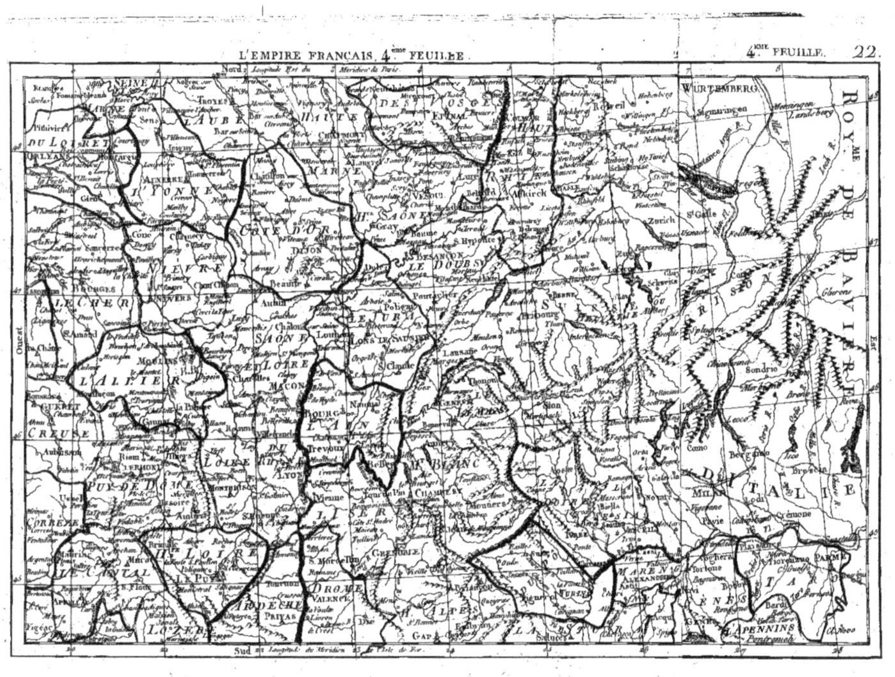

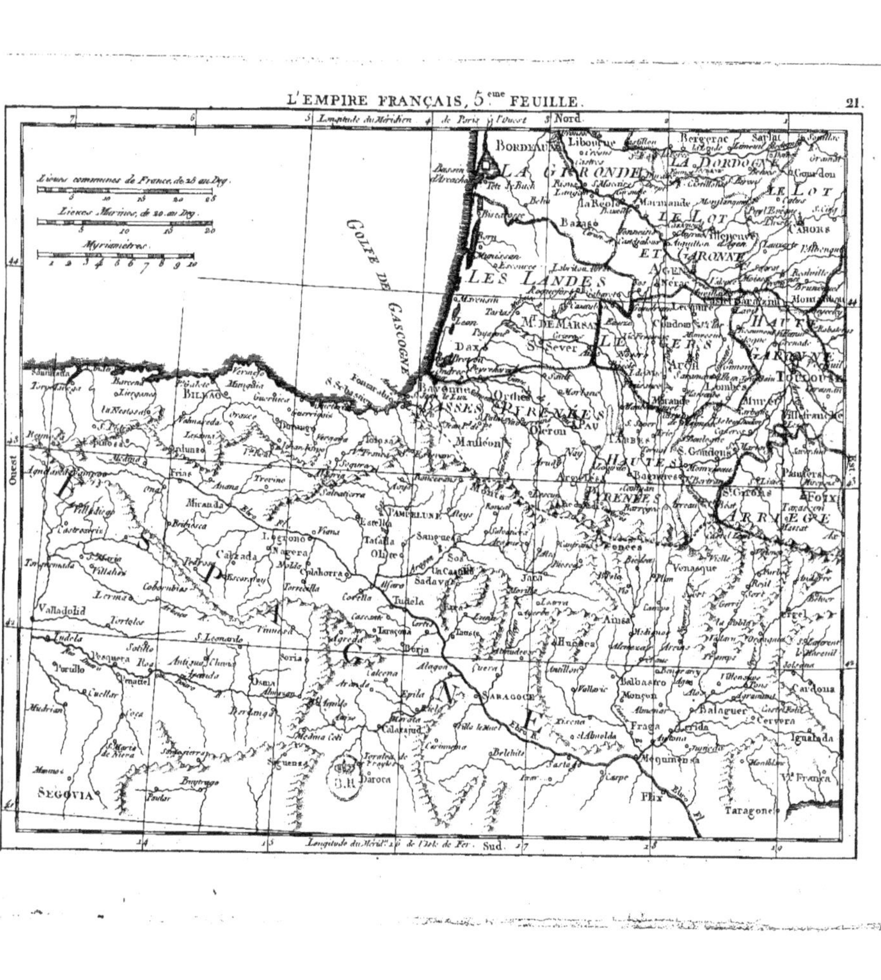
Lieues communes de France, de 25 au Deg.
Lieues Marines, de 20 au Deg.
Myriamètres.
GOLFE DE GASCOGNE
BORDEAUX
LA GIRONDE
Libourne
Bergerac
Sarlat
LA DORDOGNE
LE LOT
CAHORS
ET GARONNE
AGEN
LES LANDES
M. DE MARSAN
LES GERS
GARONNE
Dax
S. Sever
TOULOUSE
BASSES PYRENEES
Bayonne
Orthez
PAU
Oléron
Mauléon
HAUTES
PYRENEES
S. Gaudens
S. Girons
FOIX
ARRIÉGE
BILBAO
S. Sebastien
PAMPELUNE
Estella
Logrono
Tafalla
Olite
Sanguesa
Jaca
Calahorra
Tudela
Huesca
Valladolid
Soria
Balbastro
Monzon
Fraga
Lerida
Cervera
Igualada
Almenda
Calatayud
SARAGOCE
Epila
Daroca
Belchite
Mequinensa
Carpe
Flix
Taragone
SEGOVIA

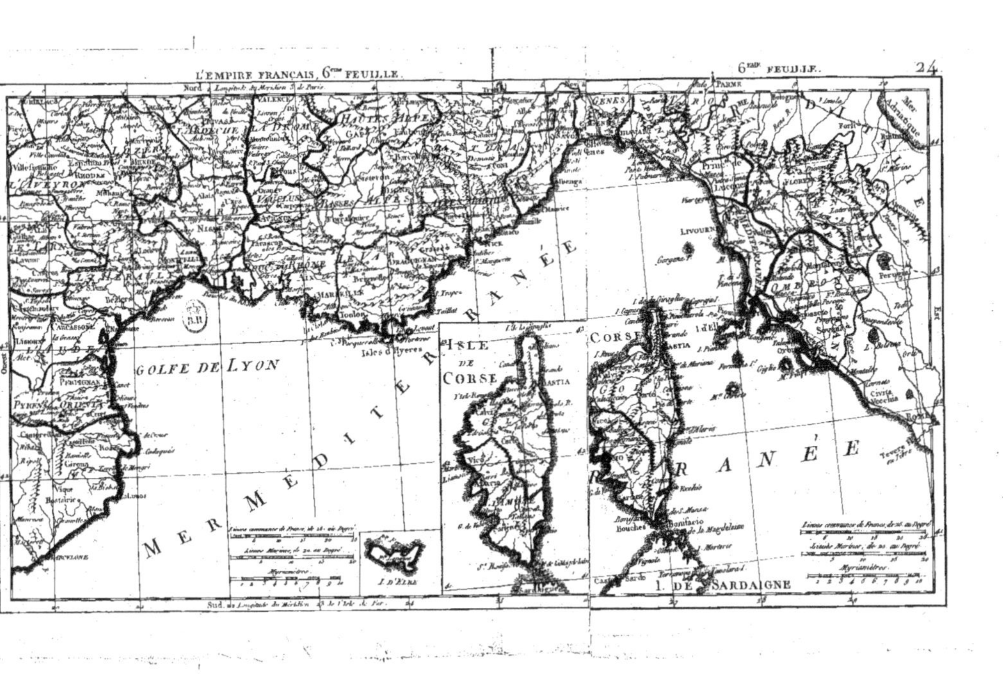

L'EMPIRE FRANÇAIS, 6.me FEUILLE.
6.me FEUILLE.
24
Nord. Longitude du Meridien de Paris.
GOLFE DE LYON
MER MEDITERRANÉE
ISLE DE CORSE
CORSE
I. D'ELBE
I. DE SARDAIGNE
Lieues communes de France, de 25. au Degré.
Lieues Marines, de 20. au Degré.
Myriamètres.
Sud. au Longitude du Meridien de l'Isle de Fer.

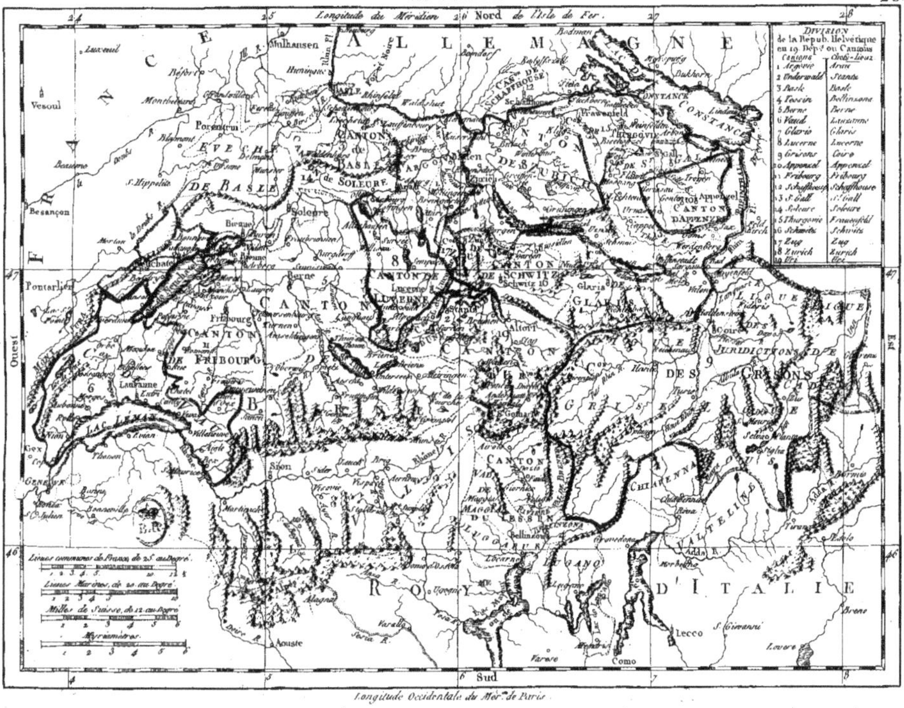

Longitude du Méridien 26° Nord de l'Isle de Fer.

Longitude Occidentale du Mér.ᵉⁿ de Paris

DIVISION
de la Repub. Helvétique
en 19 Dep.ᵗˢ ou Cantons

Cantons	Chefs-Lieux
1 Argovie	Arau
2 Underwald	Stantz
3 Baske	Basle
4 Tessin	Bellinzone
5 Berne	Berne
6 Vaud	Lausanne
7 Glaris	Glaris
8 Lucerne	Lucerne
9 Grisons	Coire
10 Appenzel	Appenzel
11 Fribourg	Fribourg
12 Schaffhouse	Schaffhouse
13 S. Gall	S.ᵗ Gall
14 Soleure	Soleure
15 Thurgovie	Frauenfeld
16 Schwitz	Schwitz
17 Zug	Zug
18 Zurich	Zurich
19 Uri	Uri

MER D'ALLEMAGNE
SUEDE
DANEMARCK
MER BALTIQUE
PRUSSE OCCID.le
PRUSSE MERID.le
NOUV.le PRUSSE
EMPIRE DE RUSSE
LUSACE
SILESIE
GALICIE OCCID.le
GALICIE & LODOMIRIE
OR.le DE POLOGNE
EMPIRE FRANÇOIS
RHIN
BOHEME
MORAVIE
HAUTE HONGRIE
HONGRIE
BASSE HONGRIE
TRANSILVANIE
WURTEMBERG
SUISSE
CARINTHIE
ITALIE
GOLFE DE VENISE
ETAT DE L'EGLISE
ETRURIE
TURQUIE D'EUROPE
Amsterdam
Paris
Vienne
Berlin
Buda
Cracovie
Lemberg
Temeswar
Bucoreste
Danube Fl.
Nicopoli
Philippopoli
Cattaro

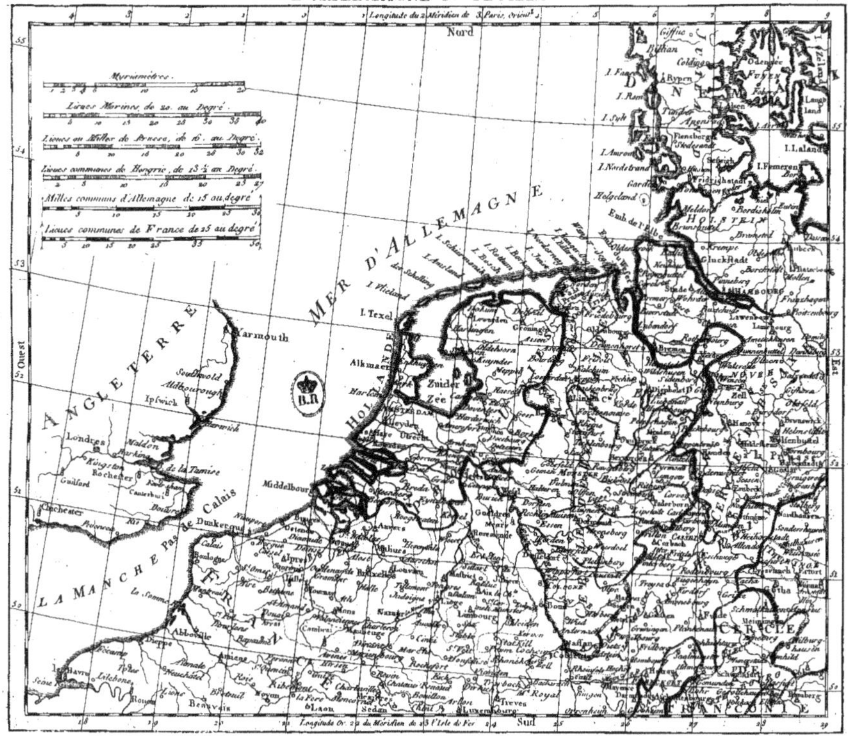
Longitude du 2.ᵉ Méridien de 3.° Paris, Orient.ᵉ
Nord
Myriamètres.
Lieues Marines de 20. au Degré.
Lieues ou Milles de Prusse, de 16. au Degré.
Lieues communes de Hongrie, de 13 ½ au Degré.
Milles communs d'Allemagne de 15 au degré.
Lieues communes de France de 25 au degré.
MER D'ALLEMAGNE
ANGLETERRE
Yarmouth
Southwold
Aldbourough
Ipswich
Londres
Maldon
Kingston
Rochester
Guilford
Chichester
Calais
Pas de Dunkerque
LA MANCHE
FRANCE
Abbeville
Amiens
Beauvais
Le Havre
Rouen
Sedan
Laon
Luxembourg
Longitude Or. 22 du Méridien de 18 l'Isle de Fer
Sud
Ouest
Est
HOLLANDE
I. Texel
Zuider Zee
Alkmaer
Middelbourg
Middelbourg
Middelbourg
GUELDRE
HOLSTEIN
HAMBOURG
DANEMARK
I. Fanoe
I. Syldt
I. Amrom
I. Nordstrand
Holgeland
I. Laland
I. Femeren
Brunsbutel
Gluckstadt
Emb. de l'Elbe
Bremen
FRANCONIE
CERCLE
Luxembourg
B.R.

Nord
MER BALTIQUE
ZELAND
SKANE
Bornholm
Isle et P.ᵗᵉ DE RUGEN
STRAL SUND
COPENHAGUE
Rugenwalde
Colberg
Stettin
BERLIN
Francfort
ELECTORAT
DE SAXE
DRESDE
PRAGUE
BRESLAU
Ohlau
Brieg
Oppeln
Glatz
ROYAUME DE PRUSSE
KONIGSBERG
WARSOVIE
POSNANIE
Thorn
GALICIE
CRACOVIE
SANDOMIRZ
SILESIE
Ouest
Est
Sud
ORIENT

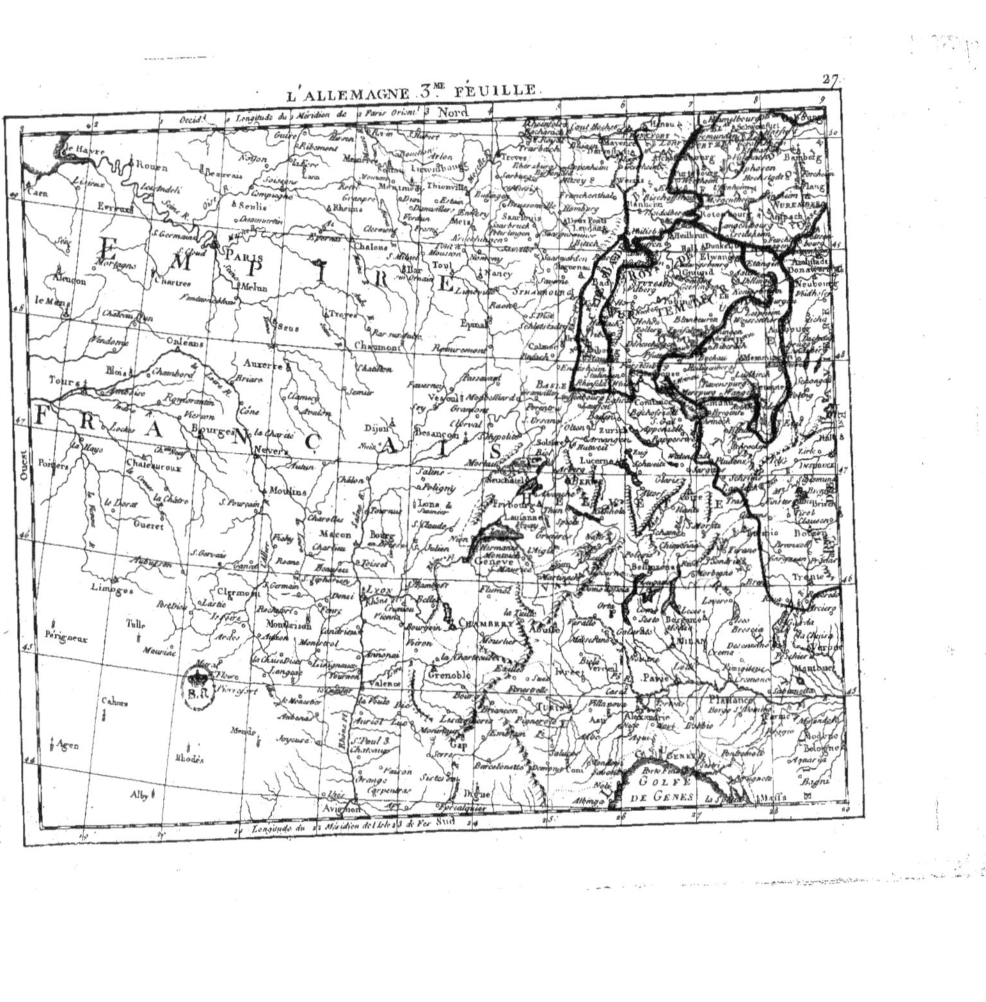

Longitude du Méridien de l'Isle de Fer Nord
BOHEME
PARTIE DE MORAVIE
MARQ.
ARCHIDUCHE D'AUTRICHE
DUCHE DE STIRIE
HONGRIE
BUDE
CARNIOLE
DUCHE DE CARINTHIE
S.
VENISE
G. de Trieste
DALMATIE
COMTÉ DE TRIEST
SERVIE
BOSNIE
TURQUIE
DE VENISE
BELGRADE
Ouest
Est
Longitude Est du Méridien de Paris Sud

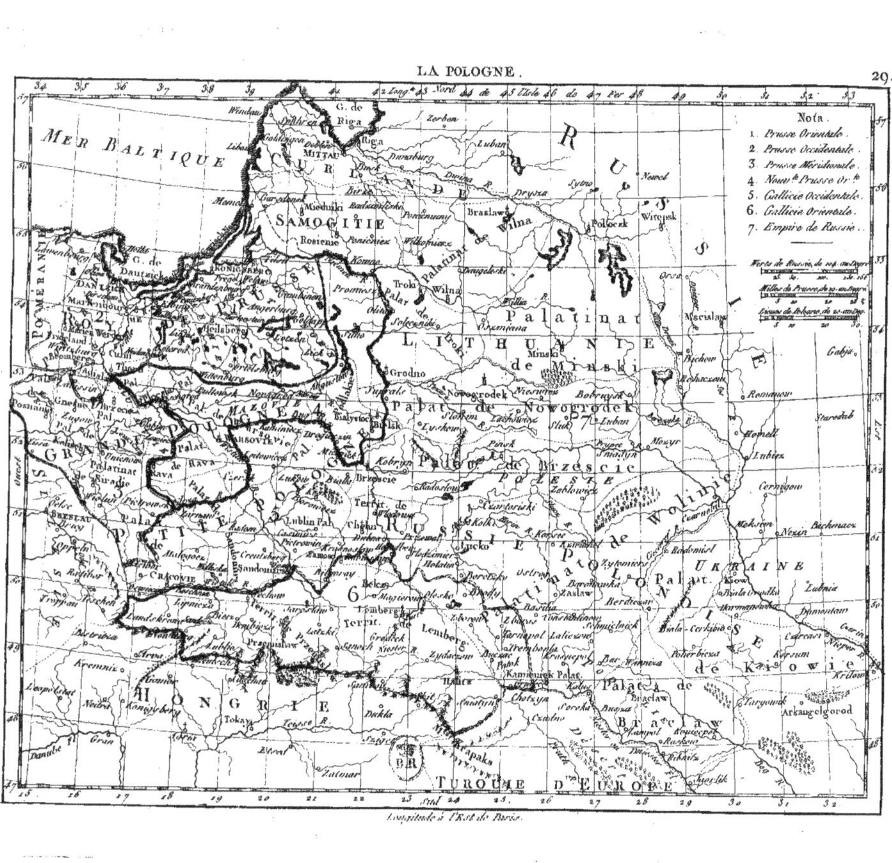
MER BALTIQUE
POMÉRANIE
CURLANDE
SAMOGITIE
LITHUANIE
Palatinat de Minski
Palatinat de Nowogrodek
Palatinat de Brzescie
POLESIE
RUSSIE
Palatinat de Wolinie
UKRAINE
POLONOISE
Palat. de Kiowie
Palat. de Braclaw
HONGRIE
TUROUIE D'EUROPE
MER BALTIQUE
Riga
G. de Riga
MITTAU
Dantzick
KONIGSBERG
Wilna
Troki
Grodno
Minsk
Pinsk
CRACOVIE
Lemberg
Tarnopol
Braclaw
Arkangelgorod
Longitude à l'Est de Paris.

Nota.
1. Prusse Orientale.
2. Prusse Occidentale.
3. Prusse Méridionale.
4. Nouvᵉˡˡᵉ Prusse Orˡᵉ
5. Gallicie Occidentale.
6. Gallicie Orientale.
7. Empire de Russie.

L'EMPIRE FRANCAIS
GOLFE DE BISCAYE
OCÉAN ATLANTIQUE
Ouest
Est
ASTURIES
BISCAYE
GALICE
NAVARRE
ROYAUME
DE LÉON
VIEILLE CASTILLE
ARAGON
CATALOGNE
PYRÉNÉES
Gironne
Barcelone
C. de Creus
Saragosse
Madrid
Toléde
NOUVELLE CASTILLE
VALENCE
ESPAGNE
I. Minorque
I. Majorque
Palma
Ivica I.
I. Cabrera
Ciudad Real
LA MANCHE
MURCIE
C. de Palos
Carthagene
ANDALOUSIE
Cordoue
SEVILLE
GRENADE
DE GRENADE
Almeria
C. St Vincent
ALGARVE
PORTUGAL
LISBONNE
le Tage R.
R. Douro
Oporto
MINHO
Coimbre
ESTRAMADURE
BADAJOZ
Elvas
Detroit de Gibraltar
Gibraltar
Ceuta
Tanger
Tetuan
Larache
MER MÉDITERRANÉE
AFRIQUE
Alger
Tenis
Oran
Melilla
Tremesin
Méliana
Mostaganem
C. Ortegal
C. Finistère
Coroghe
St Jacq
Mondonedo
Oviedo
St Sebastien
Bayonne
Pampelune
Jaca
Huesca
Barbastro
Solsona
Vique
Tortose
Valladolid
Palencia
Burgos
Osma
Avila
Segovie
Calahorra
Teruel
Tarragone
Murviedro
Valence
C. St Martin
Alicante
Lorca
Segura
Cadix
Ronda
Malaga
Antiquera
Ecija
Lucena
Baeza
Jaen
Ubeda
Nord
Sud
Long.
Longitude du Méridien de Paris.
Lieues communes de France
Lieues Marines
Myriametres
Dessiné par Perrason
Gravé par Gibé

SUISSE
BAVIERE
ALLEMAGNE
SAVOYE
PIEMONT
DUCHÉ DE PARME
ÉTAT DE VENISE
GOLFE DE VENISE
DALMATIE
Isle Longue
Golfe de Gênes
Embouch. du Pô
Ravenne
Commacchio
FLORENTIN
TOSCANE
DUCHÉ D'URBIN
Sinigaglia
Ancône
Fermo
Livourne
I. Gorgona
I. Capraia
I. d'Elbe
BASTIA
OMBRIE
Spolette
ISLE DE CORSE
Ajaccio
Stato della Presidii
Civita Vecchia
ROME
CAMPAGNE DE ROME
ABBRUZZE
MOLISE
Bonifacio
la Testa
I. Asinara
Porto
Sassari
ISLE DE SARDAIGNE
I. Ponza
I. Ischia
Salerne
Toulon
Hières
Isles d'Hières
Genève
Lausanne
Grenoble
Turin
Gap
Embrun
Antibes
Longitude du Méridien de l'Isle de Fer. Nord
Longitude du Méridien de Paris. Sud
Milles communs d'Italie, de 60 au Degré
Lieues Communes de France, de 25 au Degré
Lieues Marines, de 20 au Degré
Myriamètres

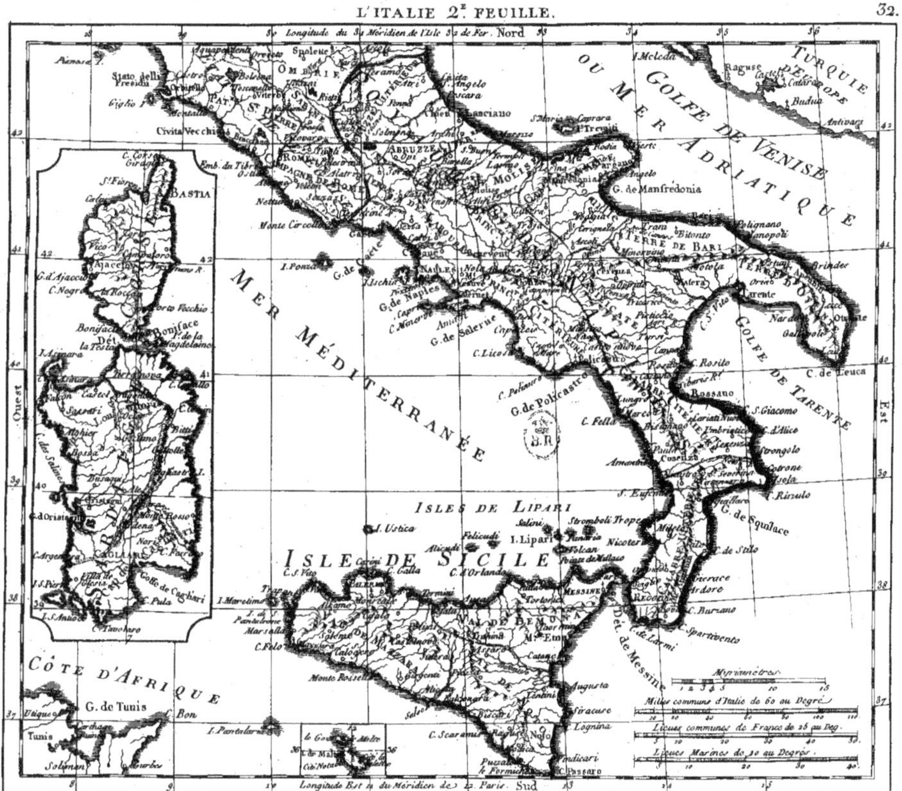
Longitude du Méridien de l'Isle de Fer. Nord
TURQUIE D'EUROPE
GOLFE DE VENISE OU MER ADRIATIQUE
MER MÉDITERRANÉE
G. de Manfredonia
TERRE DE BARI
TERRE D'OTRANTE
GOLFE DE TARENTE
C. de Leuca
Rossano
G. de Squilace
C. de Stilo
ISLES DE LIPARI
Stromboli
I. Ustica
I. Lipari
Volcan
ISLE DE SICILE
Nicotera
Det. de Messine
MESSINE
REGGIO
C. Passaro
CÔTE D'AFRIQUE
G. de Tunis
Bon
Tunis
Carthage
I. Pantalaria
BASTIA
Ajaccio
Bonifacio
CAGLIARI
MER MÉDITERRANÉE
Ouest
Est
Naples
G. de Naples
G. de Salerne
G. de Policastro
Rome
OMBRIE
ABRUZZE
MOLIS
Civita Vecchia
Spolete
Millimètres
Milles communs d'Italie de 60 au Degré.
Lieues communes de France de 25 au Deg.
Lieues Marines de 20 au Degré.
Longitude Est du Méridien de Paris. Sud

Longitude du Méridien du Nord de l'Isle de Fer
RUSSIE D'EUROPE
Braclaw
Cathermoslaf
Passau Danube Fl
Caevan
VIENNE
PRESBOURG
ALLEMAGNE
Saltzbourg
Inspruck
Clagenfurth
HONGRIE
Bude Port
MOLDAVIE
Dnieper
Trente
Gros Vardein
TRANSILVANIE
BESSARABIE
Pricop
CRIMÉE
Laybach
VENISE
Ziget
Cerben
Comacchio
BANNAT DE
Temeswar
FLORENCE
BOSNIE
Ancone
SERVIE
VALACHIE
MER NOIRE
ITALIE
GOLFE DE VENISE
DALMATIE
BULGARIE
Rome
Chiesi
Ouest
Bari
NAPLES Salerne
Acerenza
MACEDOINE
ROMANIE
CONSTANTINOPLE
Golfe de Marmara
Est
Otrante
Salonique
Bursa
Cosenza
RÉPUBLIQUE DES SEPT ISLES
Kutaïé
Reggio
Céphalonie
LIVADIE
ARCHIPEL
Smyrne
à COGNI
Milles de Turquie, de 88 ⅓ au Degré
Autres Milles de Turquie, de 80 au Degré
Lieues communes de France, de 25 au D.
Lieues Marines, de 20 au Degré
Lieues communes de Hongrie, de 15 au D.
Myriamètres
MER I. DE CANDIE MÉDITERRANÉE
Longitude du Méridien Sud de Paris

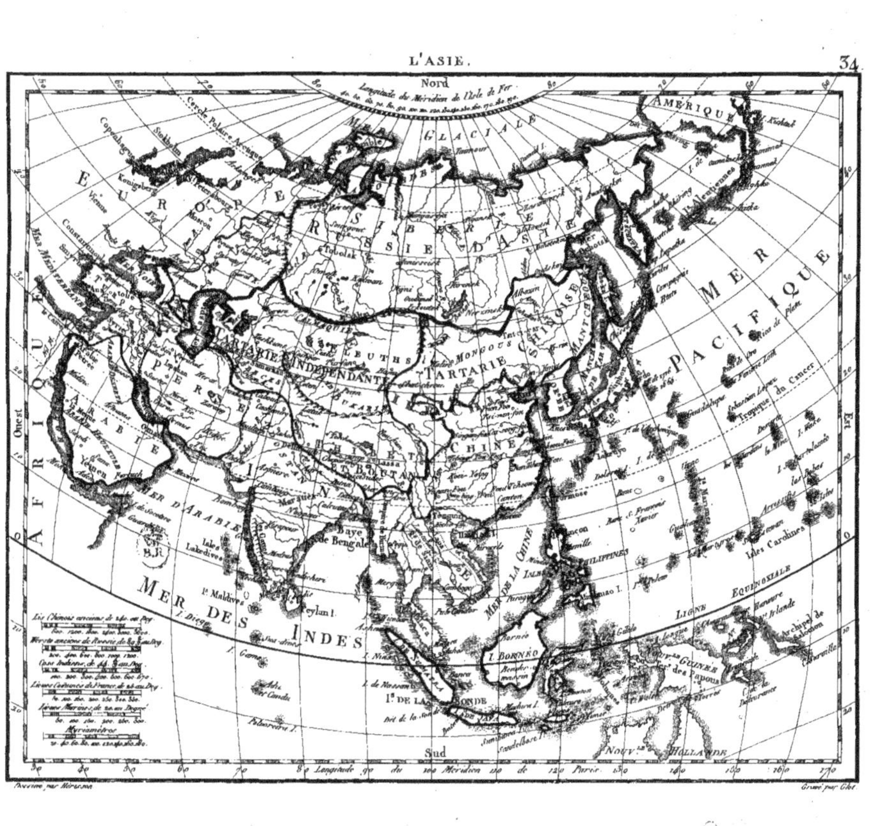
Nord
Longitude du Méridien de l'Isle de Fer.
MER GLACIALE
AMÉRIQUE
EUROPE
RUSSIE D'ASIE
SIBÉRIE
ASIE
MER PACIFIQUE
AFRIQUE
TARTARIE INDÉPENDANTE
TARTARIE
MONGOUS
PERSE
ARABIE
MER D'ARABIE
INDE
THIBET
CHINE
MER DES INDES
Baye de Bengale
Ceylan I.
I. Maldives
I. DE LA SONDE
Les Chinois comptent de 240. au Deg.
Verste ancienne de Russie de 104 au Deg.
Ouss Indienne de 44 au Deg.
Lieues Communes de France de 25 au Deg.
Lieues Marines de 20 au Degré
Myriamètres
FILIPPINES
I. Carolines
LIGNE ÉQUINOXIALE
I. BORNEO
NOUVᵉ HOLLANDE
Sud
Longitude du Méridien de Paris
Est

Longitude 50 du Méridien 55 Nord de l'Isle de 60 Fer.

RUSSIE D'EUROPE

RUSSIE D'ASIE

MER D'AZOF

MER NOIRE

Aznacan

Bouches du Volga

Cathermograd

Tergovisk

Danube Fl.

Sophie

TURQUIE D'EUROPE

Andrinople

CRIMÉE

Constantinople

Iseboli

CIRCASSIE

GEORGIE

Teflis

Tcheren

Tarkou

Chamaki

ANATOLIE

Kutaie

Angora

Smyrne

ARMÉNIE

Mont Ararat

Erivan

Nakсхpan.

Kars

Erzeroum

Van

MER CASPIENNE

PERSE

Tauris

Reshi

Lac d'Urmia

Ormia

Cachon

Diarbekir

KURDISTAN

Mosul

Hamadan

I. DE CHYPRE

I. DE CANDIE

MER MÉDITERRANÉE

SYRIE

Alep

Damas

Tarabolos ou Tripoli

Désert de Syrie

Bagdad

Euphrate

Korah

ARABIE

Karem R.

Suster

Bassora

Golfe Persique

Rosette

Damiette

EGYPTE

le Caire

Suez

MER ROUGE

ARABIE

Jerusalem

Ouest

Est

Milles Arabes, de 65 ½ au Degré.

Milles Géographiques, de 60 au Degré.

Lieues communes de France, de 25 au Degré.

Lieues Marines, de 20 au Degré.

Myriamètres.

30 Longitude du Méridien 35 Sud de Paris. 40

Longitude du Méridien Nord de l'Ile de Fer.

GÉORGIE
Tiflis
Erivan
MER CASPIENNE
KHARAZMIE
Désert
Chiewa
Mer d'Aral
Urghens Gihon
TURKESTAN
GRANDE BUKARIE
Bochara
Samarkand
Balk
KHORASAN
Djordjan
Comis
Cohestan
Desert Sale
JEMI
SPAHAN
Héra
Tabas
Tartarie
SIGISTAN
Arrokhage
DAHASTAN
INDE
Cahoul
HOUSISTAN
Bassora
FARSISTAN
Schiras
KERMAN
MECRAN
ARABIE
GOLFE PERSIQUE
I. Shittuar
Bahhrein
LARISTAN

Parasanges de Perse, de 3o. au Deg.
Lieues communes de France, de 2o. au Deg.
Parasanges ou Agachs de Turquie de 2o. ½ au D.
Lieues Marines, de 2o. au Degré
Myriametres

Longitude Orientale Sud du Méridien de Paris

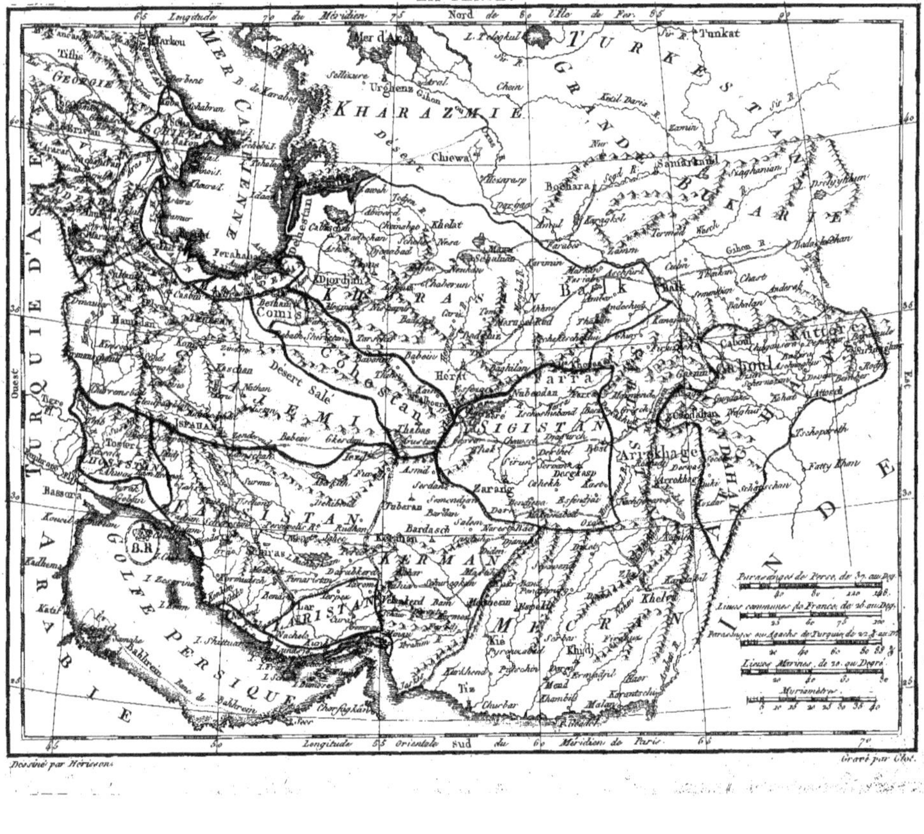

Dessiné par Hérisson.

Gravé par Giot.

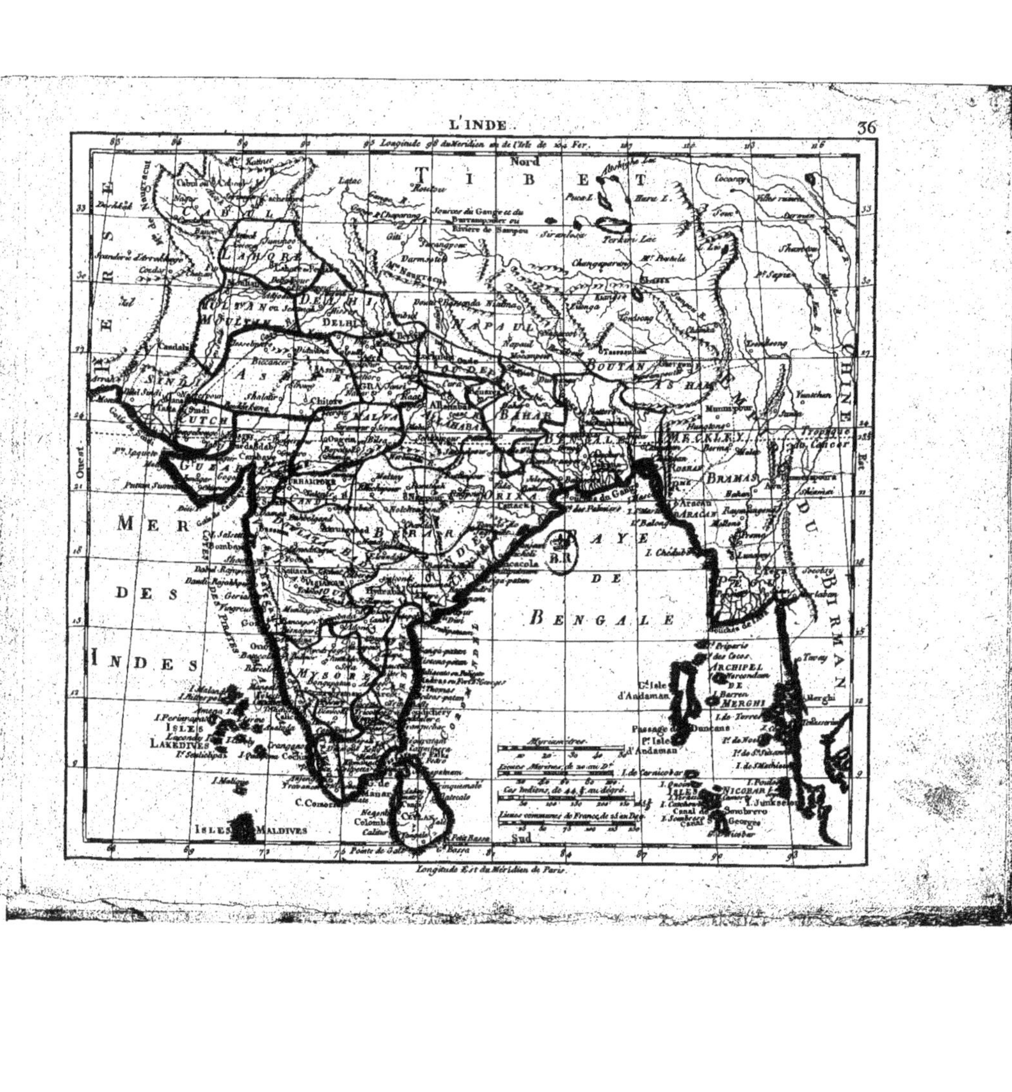
L'INDE
Nord
TIBET
Longitude du Méridien ou de l'Isle de Fer
CABOUL
LAHORE
DELHI
NAPAUL
BOUTAN
ASSAM
MULTAN
AGRA
OUDE
BAHAR
BENGAL
MECKLEY
MALWA
ALLAHABAD
ORIXA
BRAMAS
ARACAN
GUZARATE
BERAR
CUTCH
SINDE
MER
PAYS
DE
BENGALE
DES
INDES
MYSORE
ARCHIPEL
DE
MERGHI
ISLES
LAKEDIVES
L'Isle
d'Andaman
Passage de Duncans
NICOBAR I.
CHINE
BIRMAN
DU
ISLES MALDIVES
C. Comorin
Colombo
CEYLAN
Pointe de Galle
Sud
Longitude Est du Méridien de Paris.

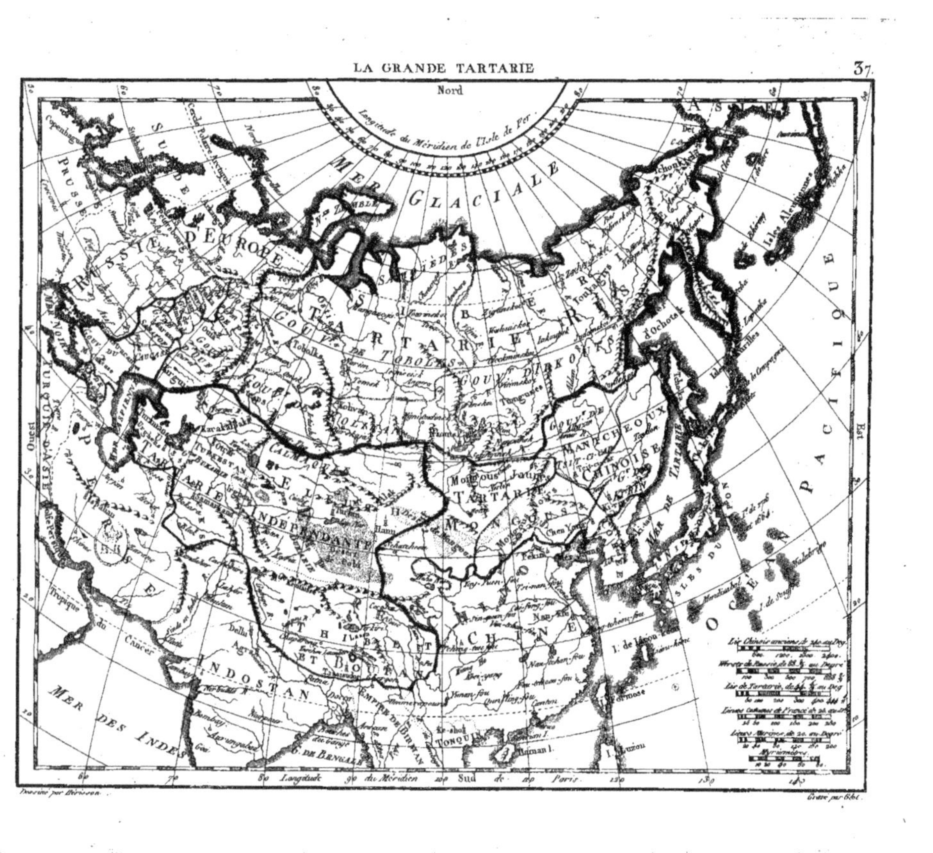

Nord
Longitude du Méridien de l'Isle de Fer
MER GLACIALE
ASIE
RUSSIE D'EUROPE
SUEDE
PRUSSE
TARTARIE RUSSE
SIBERIE
GOUV.t DE TOBOLSK
GOUV.t D'IRKOUSK
GOUV.t DE MANTCHEOUX
TARTARIE CHINOISE
MANTCHEOUX
TARTARIE INDEPENDANTE
MONGOLIE
THIBET
BOUTAN
CHINE
INDOSTAN
EMPIRE BIRMAN
TONQUIN
MER DES INDES
G.e DE BENGALE
OCEAN PACIFIQUE
ISLES DU JAPON
Tropique du Cancer
Longitude du Méridien Sud de Paris
Est

ELEUTS
KALKAS
TARTARIE CHINOISE
MONGOUS
Cobi Desert nommé en Tartarie
Shamo
Nord
MER DE TARTARIE
ISLE CHISSA
MER DE TARTARIE
TANGU
SHENSI
SHANTUNG
HOANG HAY ou Mer Jaune
ORDOS
TIBET
SETCHUEN
OCEAN
ISLES DU JAPON
EMPIRE DE BIRMAN
TONQUIN
QUANG SI
QUANTONG
OCEAN
PACIFIQUE
Tropique du Cancer
MER DE LA CHINE
Sud.
Ouest
Est
Dessiné par Herisson.
Gravé par Giraldon.

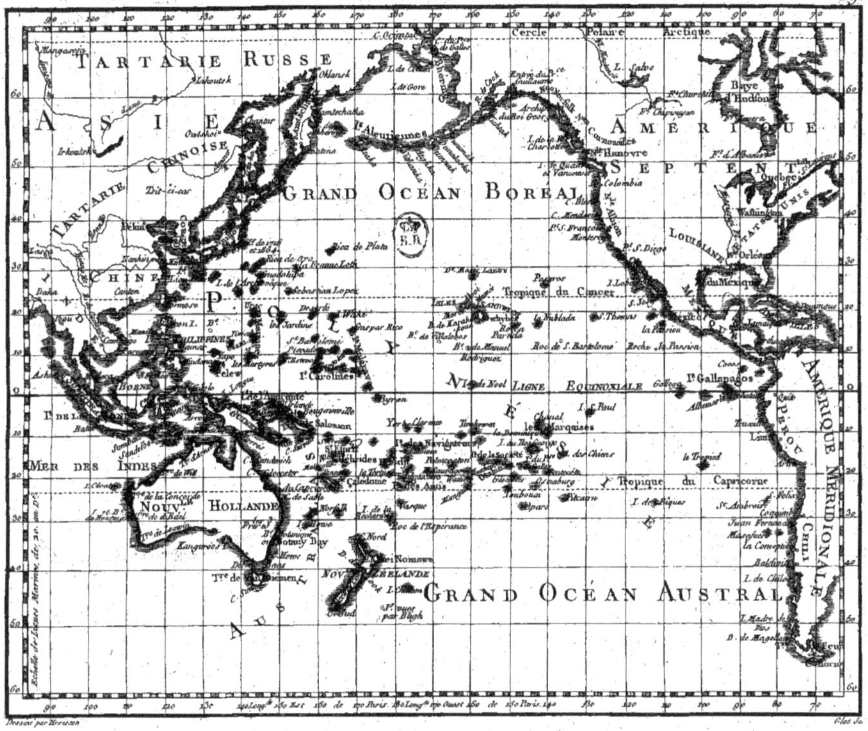

Cercle Polaire Arctique
C. Orientale
TARTARIE RUSSE
ASIE
CHINOISE
TARTARIE
CHINE
Baye d'Hudson
AMERIQUE
SEPTENT.le
GRAND OCÉAN BORÉAL
LOUISIANE
ÉTATS UNIS
Golfe du Mexique
POLY
Tropique du Cancer
I. Gallapagos
LIGNE ÉQUINOXIALE
NÉSIE
les Marquises
I. Carolines
BORNÉO
PHILIPPINES
MER DES INDES
NOUV.le HOLLANDE
NOUV.le ZELANDE
Tropique du Capricorne
AUST
GRAND OCÉAN AUSTRAL
AMERIQUE MERIDIONALE
PEROU
CHILI
D. de Magellan

Dessiné par Herisson
Clet Sc.

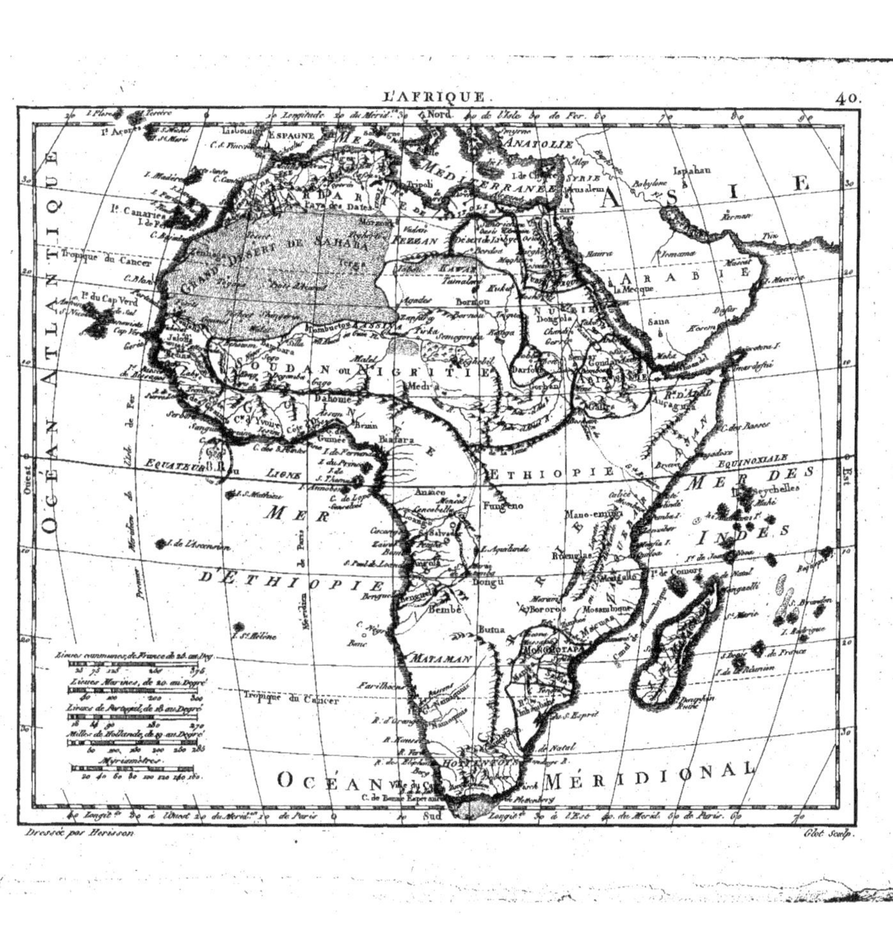

Dressée par Hérisson

Glot Sculp.

Longitude de Nord Méridien de l'Isle de Fer
MER MEDITERRANÉE
LISBONNE
PORTUGAL
ESPAGNE
I. Majorque
GOLFE DE SARDAIGNE
Palerme
SICILE
ITALIE
Tripoli
TURQUIE d'Europe
I. de Négrepont
I. DE CANDIE
Ouest
Est
ESPAGNE
ALGER
TUNIS
ROYme DE FEZ
EMPIRE DE MAROC
ROY. DE MAROC
SUS
BARBARIE
BILEDULGERID
BELAD-EL-DJERID PROPRE
TRIPOLI
Lebida
Golfe de la Sydre
CANTON DE BARCA
DESERT DE TRIPOLI
TIGORARM
TAFILET
GUENZIGA
LEMTA
BERDOA
Berdoa
GRAND DÉSERT DE SAHARA
Tropique du Cancer
Desert de Bilmah
Kanem
TERGA
Agades
Zegzeg
DESERT DE
KASSINA
Zanfara
Kassina
Cano ou Ghana
Tombuctoo
Benown
NIGRITIE
Millies de 76. au Degré
Lieues Légales de Castille, de 26 2/3 au Degré
Lieues communes de France, de 25 au Deg.
Lieues Marines, de 20 au Degré
Myriamètres
Longitude à l'Ouest   Longitude à l'Est   Sud du Méridien de Paris

Dressée par Hérisson.
Glot sculp.

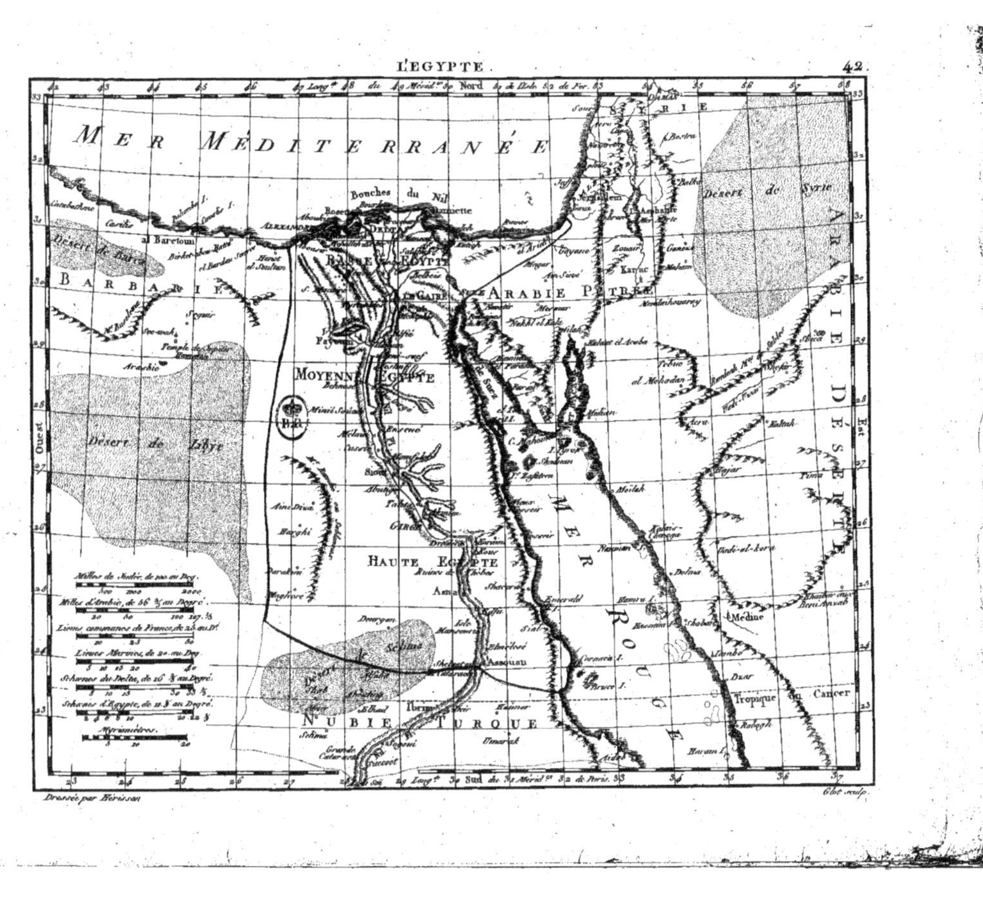
MER MÉDITERRANÉE
Bouches du Nil
Desert de Syrie
ARABIE
BARBARIE
Desert de Barca
Desert de Libye
BASSE EGYPTE
ALEXANDRIE
Rosette
Damiette
ARABIE PÉTRÉE
Le CAIRE
MOYENNE EGYPTE
Beni Souef
Minia
Suez
DÉSERT
HAUTE EGYPTE
MER ROUGE
Girgé
Esné
Assouan
NUBIE TURQUE
Ibrim
Tropique du Cancer
Grande Cataracte
Myriamètres
Dressée par Herisson
Glot sculp.

Nord
ASIE
MER GLACIALE
MER PACIFIQUE
OCÉAN ATLANTIQUE
B. DE BAFFIN
B. D'HUDSON
LABRADOR
Nouv. Bretagne
LOUISIANE
NOUV. MEXIQUE
MEXIQUE
G. DU MEXIQUE
la Havane
Gfe. DES ANTILLES
AMÉRIQUE MÉRIDION.
Longitude du Méridien de l'Isle de Fer
Méridien de l'Isle de Fer
Cercle Polaire
Davis
Ouest
Est
Sud
Longitude Ouest, du Méridien de Paris
LIGNE ÉQUINOXIALE
Milles Statuts Anglais de 69 ½ au Dé.
Milles Anglais d'Usage, de 60 au Dé.
Lieues du Canada, de 20 au Deg.
Lieues communes de France, de 25 au Dé.
Lieues Marines, de 20 au Degré.
Myriamètres.
Dessiné par Herrisson.
Gravé par Glot.

Longitude du Méridien de l'Isle de Fer
AMERIQUE
Nord
OCÉAN
ATLANTIQUE
NOUV. ROY.
DE GRENADE
EQUATEUR OU LIGNE EQUINOXIALE
PAYS DES AMAZONES
BRESIL
San Salvador
PARAGUA
OU ROYAUME
DE LA PLATA
Tropique du Capricorne
MER DU SUD
CHILI
OCÉAN
MÉRIDIONAL
TERRE MAGELLANIQUE
Terre de Feu
Horn
Sud
Terre des Sandwich
Lieues d'Espagne et de Portugal, de 17 ½ au Deg.
Lieues Légales de Castille, de 26 ½ au Degré
Lieues communes de France, de 25 au D.
Lieues Marines, de 20 au Degré
Myriamètres
Dessiné par Herisson
Gravé par Giot

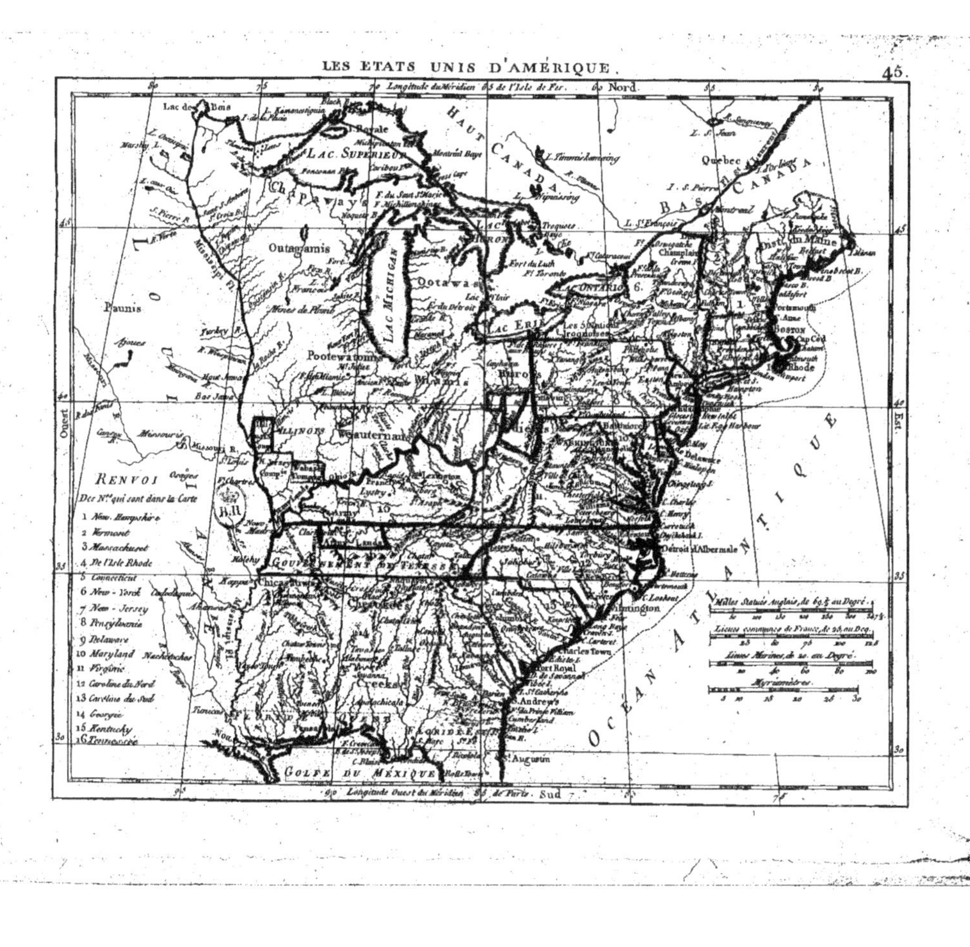
Longitude du Méridien de l'Isle de Fer. Nord.
HAUT CANADA
BAS CANADA
Quebec
Lac de Bois
LAC SUPÉRIEUR
Montréal Baye
Chipaways
Outagamis
Ootawas
LAC MICHIGAN
Pootewatomis
LAC ERIÉ
ONTARIO
Iroquois
Dist. du Maine
BOSTON
Rhode
Portsmouth
Renvoi
Des N.os qui sont dans la Carte
1 New-Hampshire
2 Vermont
3 Massachuset
4 De l'Isle Rhode
5 Connecticut
6 New-Yorck
7 New-Jersey
8 Pensylvanie
9 Delaware
10 Maryland
11 Virginie
12 Caroline du Nord
13 Caroline du Sud
14 Georgie
15 Kentucky
16 Tennessee
ILLINOIS
Wabantern
Ouest
Est
GOUVERNEMENT DE TENNESSEE
Cherokee
Chicacas
Creeks
FLORIDE
Wilmington
Charles Town
Savannah
St. Augustin
Détroit d'Albemarle
OCÉAN ATLANTIQUE
GOLFE DU MÉXIQUE
Milles Statuis Anglais, de 69 ¾ au Degré
Lieues communes de France, de 25 au Deg.
Lieues Marines, de 20 au Degré
Myriamètres
Longitude Ouest du Méridien de Paris. Sud

Longitude du Méridien 65 de l'Ile de Fer
Nord
GOLFE DU
MÉXIQUE
FLORIDE
ÎLES LUCAYES OU DE BAHAMA
OCÉAN ATLANTIQUE
I. Abaco
Grand Banc de Bahama
S.t Salvador
Tropique du Cancer
Milles marins d'Angleterre
Lieues légales de Castille
Lieues communes de France
Lieues Marines
Myriamètres
Canal de Bahama
MER DE HONDURAS
GRANDE
ANTILLES
PETITES ANTILLES
Misteriosa
Ficosa
Santanilla
G.d Cayman
Porto Rico
Cayo d'Argent
Cayo de Noël
S.t Christophe
GUADELOUPE
la Dominique
MARTINIQUE
S.te Lucie
S.t Vincent
la Barbade
AMÉRIQUE SEPTENTRIONALE
MER DES CARAÏBES
ÎLES SOUS LE VENT
ÎLES DU VENT
la Grenade
Tabago
Providence
S.t André
S.te Marthe
Carthagène
Maracaybo
Caracas
Cumana
Barcelona
Valencia
la Marguerite
DE LA TRINITÉ
Carthage
Panama
AMÉRIQUE MÉRIDIONALE
Orenoque
B.ches de l'Orenoque
Sud
Longitude Occidentale du Méridien de Paris
Dessiné par Hérisson
Gravé par Glot.